BIBLIOTHECA UNIVERSITATIS

Bibliotheca Universitatis

Livros Impressos dos Séculos XV e XVI do
Acervo Bibliográfico da Universidade de São Paulo

Coordenação Geral
Sistema Integrado de Bibliotecas da USP - Departamento Técnico

Coordenação Técnica (Obras Raras)
Dra. Rosemarie Erika Horch

Coordenação de Equipe (Área Técnica)
Bibl. Márcia Rosetto

Pesquisa e Normalização
Bibl. Edijanailde Costa Ribeiro

edusp

Imprensa Oficial

Ficha catalográfica elaborada pelo
Departamento Técnico do Sistema Integrado de Bibliotecas – USP

Universidade de São Paulo. Sistema Integrado de Bibliotecas.
Departamento Técnico
Bibliotheca Universitatis : Livros Impressos dos Séculos XV e XVI do Acervo Bibliográfico da Universidade de São Paulo / coordenação técnica Rosemarie Erika Horch ; coordenação de equipe Márcia Rosetto ; pesquisa e normalização Edijanailde Costa Ribeiro. – São Paulo : Edusp : Imprensa Oficial, 2000.
712 p. – (Uspiana – Brasil 500 Anos)

ISBN 85-314-0545-9 (Edusp)
ISBN 85-7314-015-1 (SIBi-USP)

1. Livros impressos - Séc. XV 2. Livros impressos - Séc. XVI I. Horch, Rosemarie Erika. II. Rosetto, Márcia. III. Ribeiro, Edijanailde Costa. IV. Título.

CDD 011.44
CDU 094

Depósito Legal na Biblioteca Nacional, conforme Decreto nº 1825, de 20 de dezembro de 1907.

Edusp – Editora da Universidade de São Paulo
Av. Prof. Luciano Gualberto, Travessa J, 374
6º andar – Ed. da Antiga Reitoria – Cidade Universitária
05508-900 – São Paulo – SP – Brasil Fax (0xx11) 3818-4151
Tel. (0xx11) 3818-4008 / 3818-4150
www.usp.br/edusp – e-mail: edusp@edu.usp.br

Printed in Brazil 2000

Foi feito o depósito legal

Esta coleção, composta de 12 títulos, é parte integrante da "Estante USP – Brasil 500 Anos", publicações aprovadas pelas Comissões da Universidade e pela Comissão Nacional para as Comemorações do V Centenário do Descobrimento do Brasil.

SUMÁRIO

ÍNDICES

USPIANA – BRASIL 500 ANOS

ESTA COLEÇÃO, reunindo doze títulos, marca a presença editorial da Universidade de São Paulo nas comemorações dos 500 anos do Brasil. A importante efeméride foi, de vários outros modos, amplamente celebrada em nosso âmbito acadêmico, incluindo encontros científicos, exposições, conferências, seminários, espetáculos e eventos diversos. Os livros, porém, a respeito dos freqüentes vaticínios de virtualistas equivocados, ainda são formas de registro com grau mais elevado de permanência.

Assim, estas obras lançadas pela Edusp e criteriosamente programadas pela nossa Comissão das Comemorações USP – Brasil 500 Anos vêm contribuir para fixar ainda mais a memória de uma celebração histórica.

A coleção Uspiana – Brasil 500 Anos é também fruto de larga reflexão dos intelectuais acadêmicos, uma vez que as obras dela constantes foram selecionadas dentre projetos enviados após consultas a todas as Unidades e Órgãos de Integração da Universidade.

A escolha dos títulos procurou ser abrangente e representar as várias áreas do saber existentes na instituição. Acertadamente, não explora somente os vínculos temáticos. Tem, como escopo, a reunião de estudos problematizadores da cultura européia, as inter-relações do Brasil com a África e com o continente americano de modo geral e as culturas autóctones. É, por isso mesmo, um legado para o terceiro milênio, constituído por obras de referência, inventários, análises críticas e proposições.

Ao reunir esforços para lançar esta edição, a Editora da Universidade de São Paulo e a Imprensa Oficial do Estado fixaram no mais elevado patamar uma frutífera parceria de vários anos. Desenvolveram, para esta coleção, um trabalho de grande alcance, cuja impressão foi precedida de cuidadosa organização de texto e imagem, valorizando a iconografia e documentos inéditos ou pouco conhecidos.

Não há como privilegiar especificamente qualquer uma das obras desta coleção que, em sua íntegra, reflete a pluralidade acadêmica e oferece ao leitor uma visão simultaneamente retrospectiva, atual e prospectiva do nosso país. Esperamos que o seu conteúdo seja útil para o entendimento ainda maior do nosso processo civilizatório e seus correspondentes desafios.

Jacques Marcovitch
Reitor da Universidade de São Paulo

Prefácio

Detentora de considerável acervo bibliográfico, a Universidade de São Paulo, por meio das bibliotecas do Sistema Integrado de Bibliotecas, é responsável pela manutenção, conservação preventiva e atualização de suas coleções, apresentadas em formatos e suportes variados e produzidas ao longo dos séculos de nossa civilização.

Assim é que poderemos encontrar, dentre essas obras, desde um incunábulo de 1493 até as mais recentes publicações, produzidas em meio magnético. Especial atenção vem sendo dada pelo SIBi/USP, em sua programação de trabalho, ao acervo mais antigo, com providências para a descrição e preservação adequadas de seus materiais. Desejamos ressaltar o apoio financeiro oferecido pela Fundação de Amparo à Pesquisa do Estado de São Paulo (Fapesp) – Projeto 95/08066-0 – para o restauro de 167 obras que integram o presente Catálogo. Nesse sentido, o trabalho primoroso de especialistas muito contribuiu para preservar essa coleção. É oportuno mencionar, também, o suporte oferecido por essa Fundação a projetos individuais das Bibliotecas das Unidades de Ensino e Pesquisa da Universidade, para adequação dos ambientes de armazenagem dessas obras.

Inicia-se, portanto, a publicação dos catálogos, com o Catálogo dos Livros Impressos dos Séculos XV e XVI. Pretendemos, assim, possibilitar às futuras gerações o acesso a essas informações, seja pela consulta à *Bibliotheca Universitatis* que ora vem a público, seja pelo interesse que elas possam desenvolver pela pesquisa das obras em questão, que atestam a atividade intelectual de nossos antepassados.

Apresentamos as nossas congratulações às equipes bibliotecárias e especialistas que trabalharam com dedicação e entusiasmo no preparo da presente edição.

Agradecemos à Comissão Organizadora das Publicações USP, dedicada às Comemorações USP – Brasil 500 Anos, pela honrosa escolha do presente Catálogo para integrar o conjunto de obras a serem editadas nessa programação.

Gian Carlo Gasperini
Presidente do Conselho Supervisor – SIBi/USP
(1994-1999)

Introdução

É com satisfação que estamos acompanhando o desenvolvimento do projeto que resultou na elaboração do presente Catálogo, que relaciona parte das obras antigas e raras dos acervos bibliográficos da Universidade de São Paulo. Oriundas de doações e de aquisições especiais, todas constituem valioso patrimônio intelectual, destinado ao estudo e labor universitários, e que vêm recebendo tratamento técnico conveniente, assim como os cuidados necessários para a sua preservação nas bibliotecas componentes do Sistema Integrado de Bibliotecas da USP – SIBi/USP.

O trabalho exige competência e dedicação dos profissionais nele envolvidos, criando oportunidades para o seu aperfeiçoamento técnico. Com vistas ao desenvolvimento desse Catálogo, deve ser ressaltada a participação efetiva dos bibliotecários do Sistema, seja nas bibliotecas, seja no Departamento Técnico, os quais com entusiasmo e determinação desempenharam as suas tarefas. Na impossibilidade de nomear todos, permitimo-nos fazer-lhes um agradecimento especial, através da bibliotecária do DT/SIBi Edijanailde Costa Ribeiro, presente desde a fase inicial dos trabalhos. Pudemos também ter em nossa equipe, em diversas etapas, bibliotecários especialmente contratados com o apoio da Comissão de Patrimônio Cultural, desta Universidade, cuja participação foi relevante. Desejamos reconhecer o prestígio dessa Comissão ao nosso projeto, por meio de seus Diretores, Professores Doutores Nestor Goulart Reis Filho, José Sebastião Witter, Murillo Marx, Diva Benevides Pinho e Maria Cecília França Lourenço.

Para a concretização desta publicação, os profissionais bibliotecários realizaram as descrições bibliográficas sob a coordenação técnica da especialista Professora Doutora Rosemarie Erika Horch, que assumiu a responsabilidade de aplicar e multiplicar o conhecimento de que é detentora nessa área, com persistência e dedicação, a quem apresentamos o nosso reconhecido agradecimento. Tivemos, também, a colaboração especial da Professora Doutora Ana Maria de Almeida Camargo, em alguns momentos desse projeto, cujo texto sobre o assunto integra essas páginas iniciais.

A nossa satisfação se estende também ao trabalho de conservação preventiva e restauro das publicações apresentadas neste Catálogo, com o auxílio financeiro da Fundação de Amparo à Pesquisa do Estado de São Paulo (Fapesp), para o qual tivemos a participação da Comissão de Estudos do SIBi/USP – Meta 6 – *Gerenciamento das Atividades de Preservação e Conservação Preventiva dos Acervos Bibliográficos*, com destaque para a sua Coordenadora, a Bibliotecária Dione Seripierri, e de profissionais competentes da área de restauro, completando, assim, todo o ciclo de tratamento técnico e armazenagem adequada desses materiais nas bibliotecas do Sistema.

Esperamos que este primeiro produto consista em incentivo para a continuidade dos demais catálogos em andamento, oferecendo à comunidade acadêmica, aos bibliotecários, bibliófilos, bibliógrafos, especialistas e interessados em geral mais uma fonte de consulta e estudo.

Rosaly Favero Krzyzanowski
Diretora Técnica – SIBi/USP (1994-1999)

A Universidade e seu Papel

"[...] o estudantado deveria envolver a universidade como lugar de uma permanente revolução intelectual, pois através dela o acervo metodológico do conhecimento é transmitido junto com as tentativas cautelosas, ousadas e, contudo, exatas de novos métodos" (Benjamin, 1984)[1].

A Edição Pioneira do presente Catálogo representa uma coligação de esforços, em primeiro lugar de natureza humana, através dos escritores, pensadores, ilustradores, editores e dos técnicos dedicados a produzi-lo. Acrescentem-se outros empenhos, tanto organizacionais nas questões de patrimônio da Universidade de São Paulo, que remontam à criação da Comissão de Patrimônio Cultural (CPC), ao final de 1986, quanto financeiros, concretizados na reunião de órgãos a colaborar financeiramente para a iniciativa, sensibilizados pela necessidade de se identificar tal conjunto e, mais, colocá-lo à disposição do público, aqui também se incluindo, entre outros, a CPC, que, desde 1993, tem como membro de seu Colegiado o Sistema Integrado de Bibliotecas (SIBi). Cabe ressaltar que decisiva para levar a termo tal iniciativa é a existência, no SIBi, de plano diretor com princípios e levado a termo com obstinação, conquistando a conjugação fundamental de diferentes variáveis.

A USP, ao oferecer esta edição aos estudiosos, aprimora as condições para cumprir uma de suas finalidades estelares: organizar o acervo de conhecimento e de métodos, expressos por palavras e formas, acumulado nos li-

1. Walter Benjamin. *Reflexões: a criança, o brinquedo, a educação*. São Paulo: Summus, 1984. p.37.

vros. Pérolas escondidas em conchas representam uma potencial riqueza, assim como livros condenados a poucos. Desafio louvável é transformar a posse em bem comum, demandando generosidade e operosidade diária em análise, indexação, inventário, difusão, conservação e restauração, tarefas altamente especializadas a merecer apoio e exigir competência. Deseja-se breve atualização deste Catálogo, em face da esperada ampliação, com a certeza de que as obras aqui arroladas possam subsidiar novos questionamentos, aprofundamentos e incentivo à crítica, à dúvida e à criação da comunidade em geral, aprimorando-se o humano.

Maria Cecília França Lourenço
Coordenadora da Comissão de Patrimônio Cultural – USP e Docente
de História da Arte – Faculdade de Arquitetura e Urbanismo – USP

Livros – Envolvimento de uma Vida Inteira

As faculdades e instituições de pesquisa que formam a Universidade de São Paulo representam um centro multidisciplinar de ensino.

O conjunto de suas bibliotecas especializadas, nas mais diversas áreas do saber, compõe imenso patrimônio cultural. Embora os acervos devam estar sempre atualizados em relação às novas descobertas científicas, abrigam, também, obras que podem ser consideradas verdadeiras pedras angulares na evolução do conhecimento humano; já outras foram escritas como testemunho de uma época, ou do período histórico vivido pelo autor. Muitas entraram através de doação, ou quando da aquisição de bibliotecas particulares e consideradas importantes por sua especificidade, por interessarem a determinada instituição. Hoje, representam considerável fator em seu todo, mas para diretores e bibliotecários é, muitas vezes, motivo de preocupação a conservação das obras mais antigas, tendo em vista as gerações fu-turas. Não que tais livros sejam sempre grandes raridades – merecem, no entanto, nosso respeito pelo que significam para o desenvolvimento humano. E é isto que, há muito tempo, foi percebido por bibliotecários americanos e europeus.

No início deste século criou-se uma comissão para levantar e catalogar as obras impressas no século XV. Seu objetivo era a publicação de um catálogo descritivo de todos os incunábulos, com o máximo de detalhes. Várias circunstâncias, porém, impediram a finalização deste trabalho até hoje.

Após a Segunda Guerra Mundial, ao se tomar conhecimento das perdas irreparáveis que algumas bibliotecas haviam sofrido, elaborou-se um projeto que relacionasse todas as obras impressas nos séculos XVI, XVII e XVIII. Para as do século XVI ainda houve tentativa de centralização, e foram publicados alguns volumes do *Index Aureliensis*, antes de se optar pela realização de catálogo individual por biblioteca, dentro de suas próprias possibilidades, para então os dados de cada livro serem reunidos num centro bibliográfico.

Mas, qual a razão de relacionar obras apenas até o século XVIII? Porque no final deste período já tinham sido inventadas máquinas que permitiam impressão mais rápida e mais homogênea, além de diminuírem os custos da prensa manual. Os livros deixavam de ser "indivíduos", e entravam no processo de massificação...

A partir do século XIX, vemos surgir bibliografias, ou catálogos, de determinadas coleções importantes, de assuntos específicos ou de autores individuais.

O meu envolvimento no trabalho de Obras Especiais iniciou-se na Seção de Obras Raras da Biblioteca Nacional, do qual resultou o "Catálogo de Incunábulos da Biblioteca Nacional do Rio de Janeiro"(1956), seguido do "Catálogo dos Folhetos da Coleção Barbosa Machado", publicado nos *Anais da Biblioteca Nacional*, volume 92, em oito tomos (1974-1988). Com a mudança para São Paulo, iniciei o trabalho no então recém-criado Instituto de Estudos Brasileiros, a convite do Prof. Sérgio Buarque de Hollanda. Por ocasião do Encontro Internacional de Estudos Brasileiros: I. Seminário de Estudos Brasileiros, em 1971, tive a oportunidade de organizar uma exposição das obras do século XVI, existentes no IEB àquela época (*Bibliotheca Selecta*). Posteriormente, o levantamento das obras do período estendeu-se às outras bibliotecas da Universidade, ocasião em que se iniciou a descrição das mesmas, porém de forma incipiente. Quando o SIBi e a Comissão de Patrimônio Cultural assumiram o projeto, foi formada uma equipe, e o mesmo evoluiu, ainda que levasse alguns anos para realizar o meu sonho, acalentado nos idos da década de setenta.

O projeto do SIBi/USP – Sistema Integrado de Bibliotecas da Universidade de São Paulo – prevê o levantamento, a descrição e a conservação adequada de todas as obras existentes nas diversas bibliotecas da USP publicadas dos séculos XV ao XVIII. Dos séculos XIX e XX, serão relacionadas apenas aquelas consideradas mais importantes e/ou raras.

Este Catálogo, ora apresentado, mostra o que os diversos acervos das bibliotecas da USP possuem de obras do século XVI. Do século XV só existe uma, que se acha aqui incluída.

Os 224 livros arrolados representam parcela mínima do que foi editado pelos países naquela época. O Brasil não entra nesse rol, porque a imprensa só foi introduzida no país em 1808. Aliás, com a expansão das tipografias mundo afora, cresce o número de títulos em progressão geométrica no decorrer dos séculos.

A descrição bibliográfica neste Catálogo é a mais detalhada possível, por ser o livro um produto eminentemente manual e individual. Em alguns casos, pudemos mostrar a variação existente dentro da mesma edição. Sempre que viável, tentamos comparar obras a exemplares descritos em outros catálogos. Mesmo assim, há livros que não conseguimos localizar nas fontes consultadas, o que pode significar serem obras desconhecidas ou bastante raras, mas que nem sempre o são.

Procuramos descrever tudo o que está impresso na folha do título, bem como o estado de conservação de alguns exemplares, e o mesmo procedimento quanto à encadernação. Um projeto de restauro e conservação dessas obras foi realizado, permitindo assim a sua armazenagem apropriada. As folhas e páginas dessas publicações foram examinadas uma a uma, com o objetivo de verificar possíveis erros na paginação, ou a falta de folhas, sendo cada ocorrência devidamente assinalada. A seguir, semelhante processo com relação às assinaturas – pequenas letras ou números que servem para indicar ao encadernador as folhas de um caderno. Certos símbolos, ou letras gregas, impressos e utilizados para as assinaturas, foram indicados por meio da palavra "vinheta", ou escritos por extenso, dada a circunstância de o computador, embora seja metáfora do progresso, não ter a possibilidade desse tipo de reprodução, ou de indicação exata do que aparece no livro, anteriormente obtida com outros meios – algo que gostaríamos pudesse ter sido feito.

Existem obras citadas cuja descrição apresenta menor detalhamento, pela dificuldade de acesso às mesmas no momento da realização desse inventário. Assim, também, em algumas descrições foram colocadas reticências em relação a palavras, devido à impossibilidade de uma leitura exata do que estava impresso, possivelmente pela ação de algum inseto voraz...

Indicamos fontes bibliográficas nas quais vêm mencionadas as obras descritas. Procuramos, em alguns casos, destacar a importância da obra, ou de seu autor.

Nesta ocasião, queremos agradecer o apoio irrestrito por parte da direção do SIBi, nas suas várias administrações, e atualmente sob a responsabilidade de Rosaly Favero Krzyzanowski. O nosso reconhecimento é extensivo às Senhoras Diretoras das várias Bibliotecas visitadas e de suas equipes, que nos auxiliaram no levantamento preliminar das obras em questão, e na tarefa de elaborar a sua descrição, principalmente na Faculdade de Direito e no Instituto de Estudos Brasileiros, onde se concentrou grande parte desse material.

Agradecemos, também, a intervenção construtiva da Comissão de Patrimônio Cultural da USP que possibilitou, a partir de um dado momento, a contratação de bibliotecárias, que fizeram parte da equipe em várias etapas do presente trabalho. Em especial, agradecemos a Edijanailde Costa Ribeiro, do Departamento Técnico do SIBi, que nos tem acompanhado desde o momento em que se cogitou agilizar a feitura do Catálogo para o século XVI. Outras bibliotecárias do DT/SIBi, Maria Inês Conte e Márcia Rosetto, cuidaram da supervisão de revisão do texto, digitação e pesquisas complementares. A todas, nosso sincero agradecimento pelo maravilhoso trabalho de cooperação e paciência.

Rosemarie Erika Horch
Assessora Técnica em Obras Raras,
Bibliotecária, de 1964 a 1980, e
Pesquisadora, de 1981 a 1988, em
Obras Raras, do Instituto de
Estudos Brasileiros – USP

Obras Antigas, Preciosas e Raras: O Livro Como Documento

O Projeto de Identificação do acervo bibliográfico da Universidade de São Paulo, cuja primeira etapa dá conta dos mais antigos títulos aqui encontrados, torna oportuna a retomada de um velho tema, ao qual bibliotecários, colecionadores, alfarrabistas e pesquisadores vêm dispensando, de forma recorrente, sua atenção: o próprio estatuto do livro raro. Como defini-lo?

Poderia parecer um contra-senso discutir critérios de raridade na ocasião em que se descrevem obras dos séculos XV e XVI. Afinal, estamos diante de peças tão antigas, tão distantes de nós, tão diferentes do livro moderno, que ninguém hesitaria em atribuir a todos os itens deste catálogo o conceito que reservamos, habitualmente, para objetos difíceis de serem encontrados.

A todos eles caberiam, em princípio, as gradações máximas estabelecidas por John Carter no seu clássico *ABC for book-collectors*[1] a raridade absoluta – que é a propriedade não só de qualquer livro de edição muito pequena, mas daquele cujo total de exemplares sobreviventes é definitivamente conhecido e reduzido – e a raridade relativa, baseada no número dos que

1. John Carter, *ABC for book-collectors*. London: Rupert Hart-Davis, 1952. p. 148-149.

restaram e na associação deste quesito à freqüência com que aparecem no mercado e são procurados pelos colecionadores.

Embora não se conheçam com precisão as tiragens da época, é possível estimá-las em torno de 1000 e 1500 exemplares, número suficientemente elevado para dar conta do investimento inicial dos impressores (papel e composição) e atender ao público consumidor. Tais cifras, indicadas por Febvre e Martin[2] para caracterizar a constituição do mercado de livros quinhentista, e que assumem para nós – decorridos tantos anos – expressivo valor referencial, não possuem contraponto na disponibilidade atual dos títulos então publicados. O acervo da Universidade de São Paulo oferece boas amostras dessa redução drástica operada pelo tempo: além de obras com número limitado de exemplares conhecidos[3] há aquelas que desfrutam de notória singularidade entre as demais, por não constarem das bibliografias consultadas; é o caso de *Expeditio in Africam ad Argieram,* de Villegagnon (1542), *Chronica del Peru,* de Cieca de Leon (1554), *Commentarius in consuetudines feudorum,* de Duarenus (1564), *Commentaria,* de Menochius (1565), *Brocardica,* de Azo (1568), e *Commentariorum,* de Antonio Gomez (1596).

O critério da antigüidade, na definição do livro raro, costuma privilegiar as primeiras edições, cuja tiragem reduzida exprime, antes de mais nada, a desconfiança em relação a seu eventual sucesso junto aos leitores. Tais edições são mais raras ainda quando, depois de condenadas pelo zelo implacável das mesas censórias, têm alguns de seus exemplares salvos do recolhimento ou da fogueira. Nosso acervo inclui uma dessas raridades: o *Compendio* sobre os sacramentos, publicado em 1541, cuja circulação foi proibida em virtude do anonimato. Há ainda o caso de obras que ficaram famosas porque escaparam, não à censura, mas à revisão do próprio autor; os erros tipográficos cometidos na biografia de São Francisco Xavier escrita pelo jesuíta Turselino fazem de sua primeira versão, de 1593, uma peça altamente cobiçada pelos colecionadores.

O cotejo das sucessivas edições e impressões da mesma obra, no entanto, longe de resultar na exclusiva valorização das mais antigas, permite estabelecer diferenças importantes entre elas. Não se trata de tarefa fácil, como o atestam

2. Henri-Jean Martin, Lucien Febvre, "O comércio do livro", em *O aparecimento do livro.* Trad. Fulvia M.L. Moretto e Guacira Marcondes Machado. São Paulo: Unesp – Hucitec, 1992. p. 313-353.

3. Entre outros títulos, podem ser citados: a *Cosmographiae introductio,* de Apiano (1533), os *Consiliarii regii,* de Budé (1534), o *Iudiciarii processus compendium,* de Alciato (1537), e o livro de São Bernardo (1575), com dois exemplares consignados por bibliógrafos, além do nosso; e os tratados de jurisprudência de Alciato (1538), Bossi (1562) e Afflitto (1568), as *Lettere del Giapone* (1591) e o *De indulgentiis,* de Bellarmino (1599), com apenas um.

as inúmeras polêmicas travadas entre os bibliógrafos para determinar a precedência de uma tiragem sobre outra – *Les trois mondes,* de La Popelinière, é um caso típico, com três edições publicadas em 1582 – ou para fixar as características de uma obra cujos exemplares disponíveis, aparentemente da mesma origem editorial, divergem entre si[4]. O fato é que, desse cotejo, saem favorecidas às vezes as versões posteriores. Não possuímos a primeira edição do *Isolario* de Bordone, datada de 1528; a nossa, no entanto, feita em 1534, é extremamente significativa por trazer a notícia da vitória de Pizarro no Peru, ocorrida um ano antes. Das inúmeras edições da obra de Boemus[5] – *Omnium gentium mores* –, a que pertence ao acervo da Universidade de São Paulo, de 1542, é a única a incluir a descrição das ilhas Molucas feita por Transsilvanus. Há maior número de mapas na edição de 1575 do *Theatrum orbis terrarum,* de Ortelius, do que na primeira, de 1570. E mais páginas nos *Avvisi della Cina* de 1588 do que na edição do ano anterior.

Na qualificação de um livro, o aspecto gráfico se impõe de forma quase absoluta. Obras editadas com esmero e obras ilustradas configuram modelos da "famosa arte da imprimissão", atendendo às necessidades da pesquisa iconográfica e ao gosto dos colecionadores, atraídos sempre – e muitas vezes em razão do "status" que lhes proporciona, conforme o dizer irônico de Rubens Borba de Moraes em *O bibliófilo aprendiz*[6] – pelas estampas, mapas e ornamentos em geral. Na verdade, os livros ilustrados, produzidos em pequenas edições e a preços altos, alcançam facilmente a condição de raros, quando não são distinguidos com classificações especiais na maioria das bibliotecas[7]. Há

4. Vejam-se, a esse respeito, os títulos: *Antiquitatum romanarum,* de Paulus Mantius (1557), que apresenta diferente número de linhas à p. 80, ao contrário de outros exemplares da mesma impressão; *Histoire d'un voyage,* de Jean de Léry (1578), com duas impressões divergentes quanto ao registro do local; *Historia navigationis,* do mesmo autor (1586), com variantes em relação ao nome do tipógrafo; e *Das vierdt buch,* de Girolamo Benzoni (1594), exemplar que reúne nada menos que três estados da mesma edição.

5. A primeira edição é de 1520.

6. A ironia, nesse caso, recai sobre os colecionadores de viajantes do século XIX: Debret, Rugendas e Ribeyrolles. Rubens Borba de Moraes, *O bibliófilo aprendiz: prosa de um velho colecionador para ser lida por quem gosta de livros, mas pode também servir de pequeno guia aos que desejam formar uma coleção de obras raras antigas ou modernas.* São Paulo: Companhia Editora Nacional, 1965. p. 52.

7. A exemplo das "obras magistrais ou ricas" da Biblioteca Nacional de Lisboa. José Feliciano de Castilho Barreto e Noronha, *Relatorio acerca da Bibliotheca Nacional de Lisboa, e mais estabelecimentos annexos: dirigido ao Ex$^{mo.}$ Sr. Ministro e Secretario d'Estado dos Negocios do Reino, no 1º de janeiro de 1844.* Lisboa: Typographia Lusitana, 1845. t. 4, p. 39.

exemplos magníficos neste catálogo, a começar do *Liber chronicarum* de Schedel (1493), considerado o mais ricamente ilustrado dentre os incunábulos. As xilogravuras de Wohlgemuth e Pleydenwurf – cujo número excessivo é, no juízo de Pollard, quase "um atentado contra o bom gosto"[8] – representam um considerável avanço em relação à técnica anteriormente empregada. Outro destaque é o da obra de Thevet, *Les singularitez de la France Antarctique* (1558), que segundo Rubens Borba de Moraes está entre os mais belos livros franceses do século XVI, com notáveis xilogravuras (atribuídas, em parte, a Jean Cousin) cujo valor artístico só é superado pelo seu interesse como documento etnográfico; a célebre imagem do índio fumando e a descrição desse hábito que ali aparecem teriam sido responsáveis, na sua opinião, pela introdução do tabaco na França[9]. A caricatura contra Villegagnon apensa à *Histoire des choses memorables* (1561) faz desta obra uma peça bibliográfica de grande raridade, do mesmo modo que as inúmeras ilustrações espalhadas pelo livro de arquitetura de Vitruvius Pollio (1567). Os mapas, por sua vez, já libertos nessa época dos monstros medievais que os povoavam, desfrutam de um prestígio especial entre as raridades. Vale lembrar o conjunto de xilogravuras do já citado *Isolario* de Bordone (1534); o mapa-múndi de Hans Holbein inserto no livro de viagens de Grynaeus (1555); a representação do Novo Mundo contida em *L'arte del navegar,* de Pedro de Medina (1555), com impressionante fidelidade aos contornos do istmo do Panamá; os mapas que se encontram na obra de Ptolomeu[10] (1573); aqueles feitos por Hogenberg no atlas de Ortelius (1575); e os gravados em cobre da *Relationi Universali* de Botero (1599).

Do ponto de vista estético, outros elementos concorrem para o especial apreço dos livros. Pode-se mesmo dizer que a obra rara, à semelhança de determinadas peças custodiadas por museus, deve ser vista como artefato: seu estatuto documental tem como requisito básico a integridade. As condições precárias de conservação e as mutilações implicam, nesse sentido, a

8. Alfred W. Pollard, *Early illustrated books: a history of the decoration and illustration of books in the 15th and 16th centuries.* London: Kegan Paul, Trench, Trübner & Co., 1893. p. 63.

9. Rubens Borba de Moraes, *Bibliographia brasiliana: rare books about Brazil published from 1504 to 1900 and works by Brazilian authors of the Colonial period.* Revised and enlarged edition. Los Angeles – Rio de Janeiro: University of California – Kosmos, 1983. p. 857-858 (UCLA Latin American Center Publications, Reference Series, 10).

10. A respeito do renascimento da geografia clássica e das sucessivas impressões da obra de Ptolomeu, ver: R.V. Tooley, *Maps and map-makers.* London: B.T. Batsford, 1949. p. 19 e ss.

própria desvalorização dos livros[11]. Em contrapartida, os exemplares que mantêm proximidade com a fisionomia original – seja pela textura interna, como ocorre com as *Tabule Astronomice* de Alfonso de Cordoba (1503), seja pela encadernação da época, como vemos nas guardas de madeira e no pergaminho do *Wunderwerck und wunderzeichen buch* de Goltwurm Athesinus (1557) – assumem valor inestimável. Mas supor que tais características dão conta do que efetivamente é apreciado entre as obras raras é ter uma idéia simplista do assunto. As marcas do tempo e do uso são igualmente desejáveis, sobrepondo-se ao seu valor intrínseco. Nossas bibliotecas fornecem uma amostra interessante das modalidades de interferência admitidas por consenso. Temos encadernações feitas por Chambolle, Duru e Gruel[12], que se notabilizaram, no século XIX, pela habilidade em copiar modelos antigos[13]. Temos ex-libris, carimbos e anotações que testemunham surpreendentes domicílios anteriores, como ocorre com livros que pertenceram à Real Biblioteca[14] ou à Livraria Pública de São Paulo[15]. Temos ainda curiosos registros manuscritos marginais, a exemplo do que se deixou no tratado de jurisprudência de André Tiraqueau (1546): "On y trouve tout ce qu'il est possible de dire pour un contre les femmes".

Os diferentes ângulos pelos quais é possível caracterizar as obras raras não excluem sua apreciação como conjunto. É nessa perspectiva que as diferenças e os níveis que se estabelecem entre elas enquanto individualidades tendem a desaparecer, colocando-as, de certo modo, num patamar capaz de conferir outros significados à sua reunião. O contexto mais imediato (mas não o único) em que tais obras assumem o estatuto de séries documentais por excelência é o da própria história da imprensa. Aqui estão, como que deliberadamente escolhidos para ilustrar suas características na época, representantes dos diversos pontos por onde se difundiram, a partir de Mogúncia, as oficinas de impressão européias. Temos livros feitos pelos mais famosos tipógrafos

11. Podemos apontar, em nosso acervo, alguns casos lamentáveis de ausência de páginas e de perfurações: as obras de Eusebius (1567), Mascardus (1587), Gallonius (1594) e Filipe Dias (1597).

12. Como as que guarnecem os livros de Américo Vespucci (1503), Grynaeus (1555) e Dietterlin (1598).

13. Louis-Marie Michon, *La reliure française*. Paris: Larousse, 1951. p. 124-127 (Arts, Styles et Techniques).

14. *Commentariorum*, de Pedro da Fonseca (1593).

15. A coleção de viagens de Ramusio (1550-1606).

da Alemanha, Itália, França, Suíça, Holanda, Espanha e Portugal[16]. A amostragem permite recompor perfeitamente a cartografia do livro no século XVI e a proximidade dos editores não só com os centros universitários, culturais e religiosos, como Roma e Paris, mas também com aqueles que desfrutaram de posição estratégica nas rotas comerciais, como Veneza e Lyon[17]. Permite igualmente observar um fenômeno típico da imprensa na fase em que começa a assumir o caráter de verdadeira indústria, obediente às leis do mercado: o aparecimento de grandes "famílias" de livreiros, que operam simultaneamente em vários lugares; de uma das mais famosas, os Giunta, temos livros publicados em Florença, Veneza, Salamanca e Lyon. Mas não são apenas a procedência e a distribuição geográfica que conferem a tais livros o valor de testemunhos da história da imprensa na sua "idade de ouro". Refletem eles também, como conjunto, a introdução de novas técnicas e, por que não dizer, de uma estética que os separa definitivamente dos manuscritos[18]. A letra gótica vai cedendo lugar a caracteres de forma arredondada, o latim é gradativamente abandonado em favor das línguas vulgares, as folhas passam a ser dobradas em cadernos, as páginas recebem números, aparecem as folhas de rosto com títulos que são verdadeiros prospectos, a técnica de ilustração se aperfeiçoa, impõe-se, por fim, o acabamento textual que definirá, para os tempos futuros, a identidade do livro.

Ao subordinar o conceito de obra rara ao de interesse, no conhecido verbete da *Encyclopaedia Britannica*[19] sobre o assunto, Pollard não pronunciou, como poderia parecer de imediato, um lugar-comum. A raridade de um livro desprovido de interesse – e o interesse é conformado por inúmeras variáveis de tempo e espaço – não teria qualquer cabimento. Um olhar panorâmico sobre as obras descritas neste catálogo permite ver alguns dos gêneros mais produzidos e consumidos na época: os tratados de jurisprudência e teologia, os manuais de arquitetura, as crônicas, as cosmografias, os relatos de viajantes. Permite ainda distinguir aqueles que, em termos numéricos (sobretudo pelas sucessivas edições e traduções de que foram objeto), represen-

16. Como se pode verificar pelo "Índice geográfico de tipografias e tipógrafos".

17. São dessas quatro cidades, aliás, a maioria das obras que possuímos.

18. A eliminação do manuscrito pela imprensa não foi, como se poderia supor, um fenômeno imediato e regular. "Até por volta de 1550", diz Zumthor, "as duas técnicas mais colaboram do que se opõem". Paul Zumthor, *A letra e a voz: a "literatura" medieval*. Trad. Amálio Pinheiro. São Paulo: Companhia das Letras, 1993. p. 111.

19. Ver 11. edição.

tam um inequívoco interesse do público leitor na época em que circularam. Um bom exemplo é o da literatura de viagens, com que os contemporâneos "se desprenderam das preocupações religiosas"[20] e puderam exercer "o fascínio geral pelo mundo imediato da natureza e os mundos remotos dos países exóticos"[21]. Não é preciso encarecer aqui o valor que tais obras conseguiram manter através dos tempos, transmudadas em fonte retrospectiva para as mais diversas áreas do conhecimento. Referindo-se à coleção de viagens de Montalboddo, de que possuímos a edição veneziana de 1517, J.C. Rodrigues manifestou o maior entusiasmo: "Não é uma joia o livro, mas uma constellação de joias"[22]. O interesse permanente, nesse como em outros casos, aponta para a categoria das chamadas raridades tradicionais, constituída pelos livros que adquiriram a reputação de importantes e que dispõem, independentemente de sua procura no mercado, de "valor residual"[23].

Não se poderia finalizar essa caracterização sem mencionar o valor simbólico que os livros assumem como objetos de coleção, depois de apartados de suas funções primárias e investidos de outros significados[24]. E se esse fenômeno justifica certas preferências, é capaz também de oferecer explicações para as lacunas que se percebem nos grandes conjuntos de obras antigas. Alguns livros se tornam preciosos porque a grande demanda que tiveram originalmente não foi proporcional ao prestígio que sua custódia (por pessoas e instituições) poderia determinar. Cartilhas, livros de orações, romances de cavalaria e manuais de boa conduta, entre outros gêneros populares, são ausências visíveis em nosso acervo, a despeito do enorme interesse que tais documentos despertam hoje entre os estudiosos. Como bem observou Robert Escarpit[25], aos livros estão tradicionalmente associados valores e funções de contornos definidos, já que, à semelhança dos objetos de arte, se inscrevem

20. Jean-Alexis Néret, *Histoire illustrée de la librairie et du livre français des origines à nos jours. Avec deux cent dix figures dans le texte*. Paris: Lamarre, 1953. p. 39.

21. Robert Darnton, "História da Leitura", em Peter Burke (org.), *A Escrita da História: Novas Perspectivas*. Trad. Magda Lopes. São Paulo: Unesp, 1992. p. 199-236 (Biblioteca Básica).

22. J.C. Rodrigues, *Bibliotheca Brasiliense: catalogo annotado dos livros sobre o Brasil e de alguns autographos e manuscriptos pertencentes a ...: I- descobrimento da America: Brasil colonial: 1492-1822*. Rio de Janeiro: "Jornal do Commercio", 1907. p. 436.

23. Roderick Cave, *Rare book librarianship*. Second, revised edition. London: Clive Bingley, 1985. p. 27.

24. Ver, a respeito: Marc Guillaume, *La politique du patrimoine*. Paris: Galilée, 1980.

25. Robert Escarpit, "Les fonctions du livre", em *La révolution du livre*. 2e éd. rev. Paris: Unesco, 1972. p. 31-52.

numa rede de circunstâncias em que comércio, investimento, fetichismo, consumo ostentatório e modismos dos mais variados matizes desempenham um importante papel.

Ana Maria de Almeida Camargo
Docente da Faculdade de Filosofia, Letras e Ciências Humanas – USP

Organização e Arranjo do Catálogo

O Catálogo relaciona os livros, publicados nos séculos XV e XVI, existentes nos acervos bibliográficos da USP, em ordem cronológica de publicação e agrupados por século. Um *Suplemento* das obras do século XVI acrescenta sete títulos do período.

As obras descritas são precedidas por um *número seqüencial*, ao qual remetem os vários *índices*, também distribuídos por século, e incluídos ao final do presente Catálogo. No canto superior direito de cada *entrada* aparece a data correspondente à publicação e, no canto inferior direito, é indicada a sigla da Unidade da USP em cuja Biblioteca ou coleção a mesma se encontra.

As entradas de autores foram normalizadas de acordo com as formas encontradas nas bibliografias consagradas da área e com as normas de descrição do *Código de Catalogação Anglo-americano*, 2ª edição (AACR2), dando-se preferência às formas latinas dos nomes. A descrição do conteúdo seguiu a mesma ordem das informações existentes na publicação. Nem sempre foi possível transcrever, neste Catálogo, os sinais gráficos exatamente como constavam na obra. Os títulos das obras, bem como os nomes de cidades, de tipografias e tipógrafos são apresentados tais como figuram nas páginas de rosto dos volumes descritos. Na seqüência, aparecem a colação, a foliação e/ou paginação e as assinaturas; ainda são encontradas as notas referentes ao exemplar descrito, ao tipo de letra, às iniciais, aos mapas, às estampas, à tinta, à marca tipográfica e ao formato. Na maioria das entradas, há informações e comentários extraídos das *obras de referência* consultadas, indicadas pelas respectivas abreviaturas ou formas pelas quais elas são conhecidas. Uma lista dessas obras foi também incluída no início deste volume.

As ilustrações, em sua maioria, referem-se às páginas de rosto das publicações descritas; algumas delas, no entanto, destacam a encadernação e o restauro efetuado nesse material. As dimensões das ilustrações nem sempre correspondem aos originais fotografados.

Obras de Referência Consultadas

AACR2 — CÓDIGO de catalogação anglo-americano. 2. ed. São Paulo : Febab, 1983.

ADAMS — ADAMS, H. M. *Catalogue of books printed on the continent of Europe*: 1501-1600 in Cambridge Libraries. Cambridge: Cambridge University, 1967. 2 vols.

ADB — ALLGEMEINE deutsche Biographie. Neudruck der l. Auflage von 1875. Berlin : Duncker & Humblot, 1967-1971. 56 vols.

AMEAL — SANTOS, José dos. *Catálogo da notável e preciosa livraria que foi do conde de Ameal [João Correia Aires de Campos]*. Porto: Tip. da Sociedade de Papelaria, 1924. 6 fls. prels., 774 p.

ANSELMO — ANSELMO, António Joaquim. *Bibliografia das obras impressas em Portugal no século XVI*. Lisboa: Biblioteca Nacional, 1926. x, 367 p. (Publicações da Biblioteca Nacional).

ASHER — ASHER, G. M. A bibliographical and historical essay on the Dutch books and pamphets relating to New-Netherland and to the Dutch West India Company and to its possessions in Brazil, Angola etc... Amsterdam: M. Israel, 1966. Lii, 238 p. + 22 p. + 23 p.

ATKINSON	ATKINSON, Geofroy. *La littérature géographique française de la Renaissance. Répertoire bibliographique*. Paris: Auguste Picard, 1927. 563 (2) p., facs.
AZEVEDO-SAMODÃES	ver SAMODÃES
BARB. MACH.	MACHADO, Diogo Barbosa. *Bibliotheca Lusitana histórica, crítica, e cronológica, na qual se compreende a notícia dos authores portuguezes, e das obras, que compuzerão desde o tempo da promulgação da Ley da Graça até o tempo presente...* Lisboa Occidental: Officina de Antonio Isidoro da Fonseca, Ignacio Rodrigues & Francisco Luiz Ameno, 1741-1759. 4 vols.
BB	MORAES, Rubens Borba de. *Bibliographia Brasiliana:* a bibliographical essay on rare books about Brazil published from 1504 to 1900 and works of Brazilian authors published abroad before the Independence of Brazil in 1822... Amsterdam: Colibris, 1958. 2 vols., il. ______. *Bibliographia Brasiliana*: rare books about Brazil published from 1504 to 1900 and works by Brazilian authors of the Colonial period. Revised and enlarged edition. Los Angeles: UCLA Latin American Center Publications, University of California, Rio de Janeiro: Kosmos, 1983. 2 vols., il.
BERGER	BERGER, Paulo. *Bibliografia do Rio de Janeiro de viajantes e autores estrangeiros: 1531-1900*. Rio de Janeiro: São José, 1964. xiv, 326 p.
BIOG. UNIV.	SOCIÉTÉ DES GENS DES LETTRES ET DE SAVANTS. *Biographie universelle ancienne et moderne*. Editée par Joseph François et Louis Gabriel Michaud. Paris: L. G. Michaud, 1811-1828. 52 vols.
BN PARIS	BIBLIOTHÈQUE NATIONALE (França). *Catalogue général des livres imprimés de la Bibliothèque Nationale*. Paris : Imprimerie Nationale, 1897-[98].
BOEHME	BOEHME, Max. *Die grossen Reisesammlungen des 16. Jahrhunderts und ihre Bedeutung*. Amsterdam: Meridian, 1968. 164 p.
BONACKER	BONACKER, Wilhelm. *Kartenmacher aller Laender und Zeiten*. Stuttgart: Anton Hiersemann, 1966. 243 p.
BOSCH	KOPPEL, Susanne. *Biblioteca Brasiliana da Robert Bosch Gmbh...* Rio de Janeiro: Kosmos, 1992. 516 p.
BRUNET	BRUNET, Jacques-Charles. *Manuel du libraire et de l'amateur de livres...* 5. ed. Originale entièrement refondue, et augmentée d'un tiers par l'auteur. Paris: Firmin Didot, 1860-1880. 8 vols.
CARAYON	CARAYON, Auguste. *Bibliographie historique de la Compagnie de Jésus, ou, Catalogue des ouvrages relatifs à l'histoire des jésuites depuis leur origine jusqu'à nos jours*. Paris: Auguste Durand, 1864. 2 fls. prels., 612 p.

CAT. DAS BÍBLIAS DA BN RIO	ANNAES da Bibliotheca Nacional do Rio de Janeiro. Rio de Janeiro: Leuzinger, 1895. vol. 17.
CAT. RES.	CATÁLOGO dos Reservados da Biblioteca Geral da Universidade de Coimbra. Coimbra: Ordem da Universidade, 1970. xvi, 753 (+6) p., facs.
CBN Madrid	BIBLIOTECA NACIONAL (Espanha). *Catálogo de incunables de la Biblioteca Nacional.* Publicado por Diosdado Garcia Rojo y Gonzalo Ortiz de Montalván. Madrid: [Tipografia Blass], 1945. viii, 622 p., 2 fls. não nums.
CHURCH	CHURCH, E. D. *A catalogue of books relating to the discovery and early history of North and South America...* New York : Dodd, Mead, 1987. 5 vols.
CIBN Rio	BIBLIOTECA NACIONAL (Brasil). *Catálogo de incunábulos da Biblioteca Nacional do Rio de Janeiro.* [Pela bibliotecária Rosemarie E. Horch]. Rio de Janeiro: Ministério da Educação e Cultura, 1956. 377 p., 3 fls. não nums. ______. *I. Repertório bibliográfico nacional de obras dos séculos XV e XVI.* Rio de Janeiro: Biblioteca, 1989. 77 p., il. (Coleção Rodolfo Garcia, 23).
CIM	GAMA, João de Saldanha da. *Catálogo da exposição permanente dos cimélios da Bibliotheca Nacional...* Rio de Janeiro: Typ. de G. Leuzinger & Filhos, 1885. 1059 + (12) p., 5 ests.
COLLIJN	KUNGLIGA BIBLIOTEKT (Suécia). *Katalog der Inkunabeln der kgl. Bibliothek in Stockholm*, von Isak Collijn... Stockholm : [Armqvist & Wiksells boktryckeria], 1914-. vol. ests., facs.
DIC. HIST. PORTUGAL	DICIONÁRIO Histórico de Portugal. Dirigido por Joel Ferrão. Lisboa: Iniciativas Editoriais, 1963. 4 vols.
DOMMER	DOMMER, A. V. *Die aeltesten Drucke aus Marburg in Hessen 1527-1566.* Nieuwkoop: B. de Graaf, 1961. x, 182 p.
EBERT	EBERT, Friedrich Adolf. *Allgemeines bibliographisches Lexikon.* Leipzig: F. A. Brockhaus, 1821-1830. 2 vols.
ENC. ITAL.	ENCICLOPEDIA Italiana di Scienze, Lettere ed Arti... Roma: Istituto Giovanni Treccani, 1929-1939. 36 vols.
ESPASA	ENCICLOPEDIA Vniversal Ilustrada Evropeo-Americana. Madrid: Espasa-Calpe, 1927. 70 vols.
FIGANIÈRE	FIGANIÈRE, Jorge Cesar de. *Bibliographia historica portugueza, ou catálogo methodico dos auctores portuguezes, e de alguns estrangeiros domiciliados em Portugal...* Lisboa: Typographia do Panorama, 1850. viii p., 1 f. não num., 349 p., 5 fls. não nums.

FRISIUS — ORTROY, Fernand van. *Bio-bibliographie de Gemma Frisius, fondateur de l'école belge de géographie, de son fils Corneille et de ses neveux les Arsenius.* Amsterdam: Meridian, 1966. 418 p., ests.

GARRAUX — GARRAUX, A. L. *Catalogue des ouvrages français et latins au Brésil (1500-1898).* 2. ed. Rio de Janeiro: J. Olympio, 1962. xxvii, 519 p.

GAUZ — GAUZ, Valeria. *Considerações sobre o uso do catálogo de obras raras na Biblioteca Nacional*: subsídios para viabilizar a automação do catálogo principal e otimizar o atendimento ao público local e a outras bibliotecas. Rio de Janeiro, 1990. 177 p. (Dissertação de mestrado apresentada para obtenção do grau de mestre em Ciência da Informação do IBICT/UFRJ).

GAY — GAY, Jean. *Bibliographie des ouvrages relatifs à l'Afrique et à l'Arabie.* Catalogue méthodique de tous les ouvrages français & des principaux en langues étrangères... Amsterdam: Meridian, 1961. xi, 312 p.

GRAESSE — GRAESSE, Jean George Théodore. *Trésor de livres rares et précieux, ou, Nouveau dictionnaire bibliographique...* Dresden: Rudolf Kuntze, 1859-69. 8 vols.

HAIN-COPINGER — HAIN, Ludwig Friedrich Theodor. *Repertorium bibliographicum, in quo libri omnes ab arte typographica inventa usque ad annum MD. Typis expressi, ordine alphabetico vel simpliciter enumerantur vel adcuratius recensentur.* Milano: Goerlich, 1948. 2 vols. in 4.

HAMBURGER ANTIQUARIAT n. 207 — HAMBURGER ANTIQUARIAT. *Katalog 207*: Buecher aus vier Jahrhunderten von 1500 biz zum fruehen 19. Jahrhundert. Hamburg: Hamburger Antiquariat, 1900. 235 p., il.

HARRISSE — HARRISSE, Henry. *Bibliotheca Americana vetustissima:* a description of works relating to America published between the years 1492 and 1551. Madrid: Victoriano Suarez, 1958. 2 vols.

HARRISSE BAV-ADD — _____ & SANZ, Carlos. *Otras adiciones a la Biblioteca Americana vetustissima.* Madrid: Victoriano Suarez, 1958-1960. 5 vols.

HORBLIT — SOTHEBY, Londres. *The celebrated library of Harrison D. Horblit Esq.* London: Sotheby, 1974. 2 vols. Tudo o que foi publicado até a letra G.

HORBLIT — COLLECTOR'S choice: a selection of books and manuscripts given by Harrison D. Horblit to the Harvard College Library. Cambridge: The Houghton Library, 1983. 45 p.

IA — INDEX Aureliensis. Catalogus librorum sedecimo saeculo impressorum. Geneva: Aureliae Aquensis, Fondation Index Aureliensis, 1965-. Em curso de publicação.

IFS ou Inoc — SILVA, Inocêncio Francisco da. *Diccionario bibliographico portuguez*. Estudos de Inocêncio Francisco da Silva applicaveis a Portugal e ao Brazil. Lisboa: Imprensa Nacional, 1858-1923. 22 vols.

FONSECA, Martinho da. *Aditamentos ao dicionário bibliográfico português de Inocêncio Francisco da Silva*. Coimbra: Imprensa da Universidade, 1927. 5 fls. prels., 377 p.

SOARES, Ernesto. *Diccionario bibliographico portuguez* : estudos de Innocêncio Francisco da Silva aplicáveis a Portugal e ao Brasil. Guia bibliográfico por Ernesto Soares. Coimbra: Biblioteca da Universidade, 1958. xxviii, 1 f. não num., 762 + (1) p.

SOUZA, José Soares de. *Índice alfabético do Dicionário Bibliográfico Português de Inocêncio Francisco da Silva*. São Paulo : Departamento Municipal de Cultura, 1938. 264 p.

JCBROWN — BROWN, John Carter. *BibliotecaAmericana:* catalogue of the John Carter Brown Library in Brown University. Providence: Brown University Library, 1919-1931. 3 vols.

JCR — RODRIGUES, José Carlos. *Biblioteca Brasiliense*: catálogo anotado dos livros sobre o Brasil e de alguns autógrafos e manuscritos pertencentes a J. C. Rodrigues... Parte I. Descobrimento da América: Brasil Colonial. 1492-1822. Rio de Janeiro: Jornal do Commercio, 1907. 680 p.

KEIP n. 395 — KEIP KG. *Antiquariats-Angebot Nr. 395*. Alte Drucke. Buecher des 16. bis 19. Jahrhunderts – Geschichte, Politik, Recht, Wirtschaft. Frankfurt am Main: Keip KG – Wissenschaftliches Antiquariat, [19-?]. p. 41-101. Apenas a parte referente ao Direito.

KEIP n. 410 — KEIP KG. *Alte Drucke*. Buecher des 16. bis 19. Jahrhunderts – Geschichte, Politik, Recht, Wirtschaft. Frankfurt am Main: Keip KG – Wissenschaftliches Antiquariat, [19-?]. p. 3-60. Apenas a parte referente ao Direito.

KEIP n. 492 — ANTIQUARIAT und Verlag Keip GmbH. *Antiquariats-Angebot Nr. 492*. Jurisprudenz vom 16. zum 19. Jahrhundert. Frankfurt am Main: Antiquariat und Verlag Keip GmbH, [19-?]. 115 p., il.

KEIP n. 509 — ANTIQUARIAT und Verlag Keip GmbH. *Antiquariatskatalog Nr*. 509. Alte Drucke, Recht, Geschichte. Frankfurt am Main: Antiquariat und Verlag GmbH, 1990. 88 p., il.

KEIP n. 521 — ANTIQUARIAT und Verlag Keip GmbH. *Antiquariatskatalog 52* : Recht, Wirtschaft und Gesellschaft Alte Drucke und wertvolle Buecher. Frankfurt am Main : Antiquariat und Verlag Keip GmbH, 1991. 125 p., il.

KOEMAN — KOEMAN, C. *Atlantes Neerlandici:* bibliography of territorial, maritime and celestial atlases and pilot books, published in the Netherlands up to 1880. Amsterdam: Theatrvm Orbis Terrarvm, 1967-1985. 6 vols., fotos.

KOSMOS 250 — RARIDADES para os bibliófilos do séc. XV ao séc XIX inclusive livros do Brasil e América. Rio de Janeiro : Kosmos, [1961?]. 102 p.

LC — ASSOCIATION OF RESEARCH LIBRARIES. *A catalog of books represented by Library of Congress printed cards*. Ann Arbor, Michigan: Edwards Brothers, 1942-1982.

LECLERC — LECLERC, Ch. *Bibliotheca Americana:* catalogue raisonné d'une... collection de livres anciens et modernes sur l'Amérique et les Philippines... Paris: Maisonneuve, 1867. vii, 407 p.

_____. *Bibliotheca Americana:* histoire, géographie, voyages, archéologie et linguistique des deux Amériques et des îles Philippines. Paris: Maisonneuve, 1878. xx, 737 p., 1 f., 102, 127 p.

MAGGS 429 — BIBLIOTHECA AMERICANA ET PHILLIPINA. *Part I.* London: Maggs, 1922. 575 p., 12 fls. não nums., facs.

MAGGS 465 — BIBLIOTHECA AMERICANA ET PHILLIPINA. *Part IV.* London: Maggs, 1925. 557 p., 13 fls. não nums., il. ests. facs.

MAGGS 479 — BIBLIOTHECA AMERICANA. *Part V.* London: Maggs, 1926. 676 + (24) p.

MAGGS 495 — BOOKS printed in Spain and Spanish books printed in other countries. London: Maggs, 1927. xv, 869 p., 3 fls. não nums., ests. facs.

MAGGS 502 — BIBLIOTHECA AMERICANA. *Part VII.* London: Maggs, 1928. 832 p., 15 fls. não nums., il. facs.

MAGGS 508 — BIBLIOTHECA NAUTICA. *Part I.* Books, prints and manuscripts relating naval battles and the science of naval warfare shipbuilding and the art of navigation pirates, buccaneers, and privateers, shipwrecks and disasters at sea. London: Maggs, 1928. 200 p., 4 fls. não nums., il. ests. facs.

MAGGS 519 — BIBLIOTHECA ASIATICA ET AFRICANA. *Part IV.* Books relating to the discovery, history and exploration of various parts of Asia and Africa during the years 1450-1670... London: Maggs, 1929. 264 p. ests. facs.

MAGGS 546 — BIBLIOTHECA BRASILIENSIS. *Catálogo annotado de livros raros de alguns authographos e manuscriptos importantíssimos e de gravuras sobre o Brasil e o descobrimento da América 1493-1930 AD.* London: Maggs, 1930. 369 + (9) p.

MAGGS 612 — SPANISH America and the Guianas: selection of eight hundred books. London: Maggs, 1935. 2 fls. não nums., 118 (2) p. front.

D. MANUEL	MANUEL II, Rei de Portugal. *Livros antigos portuguezes 1489-1600,* da Bibliotheca de Sua Majestade Fidelissima... London: Maggs, 1929-1935. 3 vols. facs.
M. DOS SANTOS	SANTOS, Manuel dos. *Bibliografia geral ou descripção de livros tanto de autores portuguêses como brasileiros e muitos de outras nacionalidades impressos desde o século XV até a actualidade...* Lisboa : Tipografia Mendonça, 1914-1917. 2 vols. il. facs.
MILLARES CARLO	MILLARES CARLO, Agustin. *Libros del siglo XVI.* Mérida, Venezuela: Universidad de los Andes, 1978. 187 p., facs.
NEBENZAHL XXI	NEBENZAHL, Kenneth. *Frontier Americana:* discovery, exploration and travel in the Western Hemisphere. Chicago: K. Nebenzahl, [19-?]. 200 itens (Cat. 21).
NEPOMUCENO	TRINDADE, Luiz. *Catálogo da Livraria do fallecido distincto bibliographo e bibliophilo José Maria Nepomuceno...* Lisboa: Francisco Arthur da Silva, 1897. f. prel., 392 p. Catálogo nº 46.
NUGGETS	STEVENS, Henry. *Historical Nuggets Bibliotheca Americana or a descriptive account of my collection of rare books relating to America...* London: Whittingham and Wilkins, 1862. 2 vols.
P. DE MATOS	MATOS, Ricardo Pinto de. *Manual bibliographico portuguez de livros raros, clássicos e curiosos.* Porto : Livr. Portuense, 1878. xii, 582 + (1) p.
PALAU	PALAU Y DULCET, António. *Manual del librero hispano-americano*: bibliografía general española e hispano-americana desde la invención de la imprenta hasta nuestros tiempos... 2. ed. corregida y aumentada. Barcelona: Librería Anticuaria de A. Palau, 1948-1977. 28 vols.
PALHA	PALHA, M. Fernando. *Catalogue de la bibliothèque de M. Fernando Palha.* Lisbonne: Imprimerie Libanio da Silva, 1896. 4 vols.
PHILLIPS	PHILLIPS, Philip Lee et al. *A list of geographical atlases in the Library of Congress*: with bibliographical notes. Washington: Gov. Printing Office, 1909-1922. 9 vols.
POLAIN	POLAIN, Marie Louis. *Catalogue des livres imprimés au XVe siècle des bibliothèques de Belgique.* Bruxelles: Société des Bibliophiles & Iconophiles de Belgique, 1932. 4 vols. facs. (alg. desd.)
PROCTOR	PROCTOR, Robert George Collier. *An index to the early printed books in the British Museum...*: with notes of those in the Bodleian Library. London : K. Paul, Trench, Truebner, 1898-1903, B. Quaritch, 1938-1960. vol. facs.

RAEDERS — RAEDERS, Georges. *Bibliographie franco-brésilienne (1551-1957).* Collaboration de Edson Nery da Fonseca. Rio de Janeiro: Instituto Nacional do Livro, 1960. 260 + (1) p. (Coleção B 1, Bibliografia 11).

RAUCH II & III — LIVRES précieux et autographes des XVe et XVIe siècles. Mies [Vaud]: Nicolas Rauch, 1949. 189 p. il. facs. Catalogue nº 2.
CHOIX de livres du XVe au XIXe siècle... Mies [Vaud]: Nicolas Rauch, 1949. 223 (1) p. Catalogue nº 3.

RENOUARD — RENOUARD, Ant. Aug. *Annales de l'imprimerie des Alde, ou histoire des trois Manuce et de leurs éditions.* Paris : Renouard, [1803]. 2 vols. + 1 vol. de Suplemento.

SABIN — SABIN, Joseph. *Bibliotheca americana:* a dictionary of books relating to America from its discovery to the present time... New York: J. Sabin, 1868-1936. 29 vols.

SALVÁ — SALVÁ Y MALLEN, Pedro. *Catálogo de la Biblioteca de Salvá.* Valencia: Ferrer de Orga, 1872. 2 vols.

SAMODÃES — SANTOS, José dos. *Catálogo da importante e preciosíssima livraria que pertenceu aos condes de Azevedo e de Samodães.* Enriquecida de notas bibliográficas e notícias de várias edições de muitas das obras descritas... Porto : Empresa Literária e Tipográfica, 1921-1922. 2 vols., il.

SANTA CASA — SANTA CASA DA MISERICÓRDIA DE LISBOA. *Catálogo das obras impressas nos séculos XV e XVI*: a coleção da Santa Casa da Misericórdia de Lisboa. Lisboa, 1992. 135 p.

SANTOS — ver M. dos SANTOS

SER. LEITE — LEITE, Serafim, S. J. *História da Companhia de Jesus no Brasil.* Lisboa: Livr. Portugalia, Rio de Janeiro: Civilização Brasileira, Instituto Nacional do Livro, 1938-1950. 10 vols.

SCHULTE — SCHULTE, Johann Friedrich von. *Die Geschichte der Quellen und Literatur des canonischen Rechts von Gratian bis auf die Gegenwart.* Graz : Akademische Druck- und Verlagsanstalt, 1956. 3 tomos em 2.

SOMMERVOGEL — SOMMERVOGEL, Carlos, S. J. *Dictionnaire des ouvrages anonymes et pseudonymes publiés par des religieux de la Compagnie de Jésus,* depuis sa fondation jusqu'à nos jours. Paris: Librairie de la Société Bibliographique, 1884. vol.

STREIT — STREIT, Rob. *Bibliotheca Missionum.* Muenster i. W.: Archendorffschen Buchhandlung, 1916-. Em curso de publicação.

TELLES DA SYLVA — TELLES DA SYLVA, J. A. *Manuscritos & livros valiosos*. Com um ensaio bibliográfico "Como se organiza uma biblioteca privada" por Alberto Navarro [Visconde da Trindade]. Lisboa : Sociedade Industrial Gráfica, 1972. vol. 2, 405 p., il.

TERNAUX-COMPANS — TERNAUX-COMPANS, Henri. *Bibliothèque Américaine ou Catalogue des ouvrages relatifs à l'Amérique qui ont paru depuis sa découverte jusqu'à l'an 1700*. Paris: Arthur Bertrand, 1837. viii, 191 p.

TIELE — TIELE, P. A. *Nederlandsche Bibliotheque van Land- en Volkenkunde*. Amsterdam: Frederick Muller, 1884. vii, 288 p.

TIP. PORT. séc. XVI — SIMÕES, Maria Alzira Proença. *Catálogo dos impressos da tipografia portuguesa do século XVI* : a colecção da Biblioteca Nacional. Lisboa: Biblioteca Nacional, 1990. 402 p.

VAN ORTROY — ORTROY, Fernand van. *Bibliographie de l'oeuvre de Pierre Apian*. Amsterdam: Meridian, 1963. 118 p., 1 f. não num.

VOULLIÈME-BERLIN — VOULLIÈME, Ernst Hermann. *Die Inkunabeln der Koeniglichen Bibliothek und der anderen Berliner Sammlungen*. Leipzig: O. Harrassowitz, 1906. vi p., 1 f. não num., 399 (1) p. (Beihefte zum Zemtralblatt fuer Bibliothekswesen, XXX).

WIESER-MAGALHÃES — WIESER, Franz. *Magalhães-Srasse und Austral-Continent auf den Globen des Johannes Schoener*... Amsterdam : Meridian, 1967. vii, 122 (2) p., mapas desd.

Siglas das Unidades e Coleções USP Indicadas no Catálogo

EP	Escola Politécnica
FAU	Faculdade de Arquitetura e Urbanismo
FD	Faculdade de Direito
FD-BTA	Faculdade de Direito – Biblioteca Tullio Ascarelli
FE	Faculdade de Educação
FFLCH-CS	Faculdade de Filosofia, Letras e Ciências Humanas – Ciências Sociais
FFLCH-H	Faculdade de Filosofia, Letras e Ciências Humanas – História
IAG	Instituto Astronômico e Geofísico
ICB	Instituto de Ciências Biomédicas
IEB	Instituto de Estudos Brasileiros
IEB-JBM	Instituto de Estudos Brasileiros – Coleção Juarez Bezerra de Menezes
IEB-JFO	Instituto de Estudos Brasileiros – Coleção José Feliciano de Oliveira
IEB-LAM	Instituto de Estudos Brasileiros – Coleção Lamego
MAC	Museu de Arte Contemporânea
MAE	Museu de Arqueologia e Etnologia
MP	Museu Paulista

Abreviaturas Usadas

assin.	assinatura
ca.	cerca de
cap.	capítulo
cm	centímetro
col.	coluna
desd.	desdobrável
f.	(área de paginação) folha
fl.	(área de autor) floresceu
fl.	(área de descrição) folha
fls.	folhas
i. e.	isto é
liv.	livro
m.	morte
m. ca.	morto, cerca de
n.	nascimento
nº	número
num.	numerada
nums.	numeradas
p.	página

p.	padre
prels.	preliminares
s.	santo
S. J.	Sociedade de Jesus
séc.	século
supl.	suplemento
t.	tomo
trad.	tradução
v.	volume
vols.	volumes

Catálogo
Século XV

1.

SCHEDEL, Hartmann, 1440-1514. 1493

Liber Chronicarum. Nürnberg, Anton Koberger, 12 de julho de 1493.

20 fls. prels. não nums., 299 fls. nums., 9 fls. não nums., paginado de: [20] Foliū I-CCXCIX. -- Sem assinatura. [a(6) b(6) c(8) d(6) e-g(4) h-l(6) m(2) n(4) o-q(6) r(2) s(6) t(6) u-z(4) A(4) B(4) C-F(6) G(2) H(6) I(4) K-M(6) N(2) O(4) P-Z(6) aa-nn(6) oo(4) pp(60].

Bom estado de conservação.
Notas marginais manuscritas.
Texto em gótico.
Exemplar todo colorido à mão.
Inúmeras gravuras e dois mapas.
Título gravado.

F. a, título gravado: REgistrum// huius ope=// ris libri cro=// nicarum// cu figuris et ymagi=// bus ab inicio mudi://

F. 1b: em branco.

F. 2a, tabela a, em duas colunas; col. a: Tabula operis hui vetem// poribus mundi. vt historia reruqz ceteraru ac// vrbiu in se sparsim varieqz scripta. Exoptati// singula facilia inuentu sint iuxta seriem Alpha=// beti nomia rerum sut ordinata. Ediretroqz cu=// ius rei nominis nuerus apparens charta folio// rum indicat.// [mais abaixo:] ( ) Aron vir fuit eloquens et// summus...

F. 7a, col. a: (E)Jula fili Chus a quo eiulei XIIII// Eystet...

F. 20b, col. b, linha 47 termina a tabela: Zozimus papa natione grecus CXXXIII// Finit registrum//

F. 21a, paginado: Foliu I// Epitoma operu sex dieru de mudi fabrica Prologus Foliu I// ( )Vm apud doctissimos et prestantissimos vi-// ros q vera naturaz et historiaz tradiderut de mudi fabrica: ac prima ho// minu generatione:..

Linha 64 termina o prólogo: mosaica littera de celebratis operibus sex dieru edocet: cursim absoluemus.//

F. 21b, gravura de página completa a representar Deus-Padre com as seguintes palavras gravadas: Ipse dixit et fca sut ipe madau creata sut//

F. 22a, pag. Folium II (I)N principio creauit deus celum et terra. Terra autem erat ina// nis vacua: tenebre erat sup faciem abissi:...

F. 27a, pag. Folium VII, gravura que representa Adão e Eva no Paraíso, donde estão a ser expulsos; abaixo, na col. a: (C)Vnqz suggerente diabolo in forma ser=// pentis...

F. 272b, vem a menção relativa à imprensa: (A)Rs imprimendi libros hijs temporibus primu in germania enata e. Quatum igit littera studiosi// germanis debeant nullo satis dicendi genere exprimi potest. hanc apud maguntia rheni vrbem so// lerti ingenio libro imprimendoru ratio. 1440. inuenta fuisse aiut. Hoc tempore in omes fere orbis... Termina a menção na linha 10: doctus quilibet esse potest. Te duce qn ars hec mira reperta fuit.//

Na linha 23 segue a citação relativa a Mattiolo Mattioli, médico de Perúsia; aí Schedel denomina-se (M)Atheolus perusinus medicus doctissimus. hoc tpe medico ac ph'o... mo// narcha. oimqz liberaliu cuctaruqz scientia. facile princeps. pceptor// meus eruditissim. Que ego hartmanus Schedel Nurebergensis. doctor pa=// tauinus, tribus anis ordinarie legente auscultaui.

F. 278b, linha 34, termina:... Nos quoqz si quid strepere inter'olores poterimus. aliquid seorsum inueniemus. quod de tan=// to rege ad posteros referamus. Hec habuimus. que per ociu Nurembergense adijceremus. Vos valete // bon cosullte ex Nuremberga.x.Kal'as Junias. Anno ab incarnatione saluatoris xpi Millesimo quadrin=// gentesimononagesimotercio.// Abaixo, seguem o monograma gravado de Schedel, depois um aviso, porque as folhas paginadas de CCLVIIII a CCLXI estão em branco: (C)Artas aliquas sine scriptura pro sexta etate

SCHEDEL, Hartmann. *Liber chronicarum*, 1493. Xilogravura sobre a criação do mundo.
Figura 1 – nº de catálogo 1 (Séc. XV)

deinceps relinquere couuenit. iudicio posterio q eme-// dare. atqz gesta principum priuatorum succedentium perscribere possunt. Non em omnia// possumus omnes. Et quandoqz bonus dormitat homerus. In terra em aurum queritur... de fluuiorum// alueis splendens profertnr [sic] gloria. pactolusqz ditior est ceno qz fluento. Varij quoqz mirabilesqz motus// in orbe indies exoriuntur. Qui nouos requirunt libros. quibus ordine referantur. Pauca tamen de vlti=// ma etate vt perfectum opus relinquatur in fine operis adijciemus.//

As folhas CCLVIIII, CCLX e CCLCI estão em branco, apenas com o título corrente: Sexta etas mundi e a paginação das folhas.

F. 292a, começa a 7a. idade do mundo ( )Vod erat officium suscepti libri. auspício christo. quauis// rudibus pene verbis compleuimus prout ingenij mediocritas tulit. Decursus em propo// siti operis sex etatibus: ad metam nostri temporis prouecti sum. Estqz annus quinqua// gesimus tercius imperij gloriosissimi imperatoris Friderici tercij. Ac filij eius incliti re-// gis maximiliani septimus. Moderniqz sumi pontificis Alexandri sexti annus sui pontifi// catus primus....

F. 292b, gravura de página inteira, que representa o fim do Anticristo.

F. 294a, gravura, representando a dança dos mortos, abaixo da mesma os seguintes dizeres:

(M)Orte nihil melius, vita nil peius iniqua

...

F. 294b, segue um poema de 29 versos, impresso em duas colunas:

(Q)Vam fragilis sit vita hominu. qz plena maloruz

...

F. 295b, gravura, que representa o juízo final.

F. 296a, linha 22, termina: dominu nostru. per quem est deo patri omnipotenti. cum spuscto gloria impiu in secula seculo Amen.// [mais abaixo:] (C) Ompleto in famosissima Nurembergensi vrbi Operi// de hystorijs etatum mundi. ac descriptione vrbium. fe=// lix imponitur finis. Collectum breui tempore Auxilio docto// ris hartmani Schedel. qua fieri potuit diligentia. Anno xpi// Millesimo quadringentesimo nonagesimotercio. die quarto// mensis Junij.// Deo igitur optimo. sint laudes infinite.//

F. 296b: em branco.

F. 297a, p. CCLXVII, é um suplemento à 6a. idade do mundo: (V)Eteres re scriptores parcissime de Germania locuti sunt. ac si ea natio extra orbem ia=// ceret... linha 47:... Cu igit hoc op // historia ex officina nurmberge prodeat que vrbs inclita in medio ferme germanie sita est ppauca de germa// nia in calce libri absoluemus pmittendo historia Enee pij scd'i romani pontificis rerum vbiqz gesta in euro// pa sub friderico tercio romano impatore....

F. 297b: Sum pius Eneas fama super ethera notus// Debaixo deste moto, falsamente atribuído a Virgílio, vem uma gravura, que representa o Papa Pio II e o imperador Frederico III, cujos nomes estão impressos acima da gravura. Abaixo segue:

Parcere prostratis scit nobilis ira Leonis//

Tu quoqz fac simile quisquis regnabis in orbe//

F. 298a, p. CCLXVIII: Reuerendissimi patris domini Enee de picolominibus cardinalis// S. Sabine de his que sub cesare Friderico tercio impatore p Germaniam Europam gesta sunt cu loco // descriptione ad d. Anthoniu cardinale hilerdensem incipiunt feliciter.// [mais abaixo:] (A)Ntonio sacro sancte romane ecclesie presbitero cardi// nali hilerdensi appellato patri suo colendissimo Eneas eiusdem ordinis....//...salutem plurimam dicit. Podragantem me nuper artheti// cis doloribus (vt soleo) laborantem Librarius quidam theotonicus adijt libellu affe// rens in quo romano cesaru non tam gesta qz nomina pauca demoribus contineba// tur vsqz ad wenceslau Caroli quarti filiu Cuqz illi opusculo qtuor impatores deesse// viderent. Na Beneuenustus himolensis eius operis auctor sub wenceslao decesse-// rat. Rogauit me librarius vt adijcerem libello quod deerat. nolui turbare homine. compleui ad etatem no// stram impatorum numeru breuitatem illius qui precesser at imitatus. At cum subiret mentem multa ma// gna inter christianos gesta esse ab eo tempore quo fridericus imperium accepit vsqz in hanc diem opuscu// lum seorsum edere statui... Linha 21:... Ex vrbe Roma// quarto Kalendas aprilis Anno dni M.cccc.lviij.// Finis prohemij Sequitur historia// [mais abaixo:] Que sub Friderico tercio ei... nomis imperatore apud Europeos et// qui nomine christiano censentur insulares homines gesta ferunt...

F. 307b, linhas 23 a 47, está anunciado um Additio de Schedel ao texto de Enéias Sílvio Piccolomini (Pio II). Este começa na folha 308a, paginada CCLXXXVIII.

Termina à f. 318b, linha 40: nicarum quoqz rerum moderator et arbiter esse videtur.//

F. 319a, paginada CCXCIX, vem a legenda do mapa: (D)Eclaratur situ ymagineqz germanie in seqnti tabella depicta. occurrit dictu strabonis libro septimo.// germani gallica natione imitantes.... Linha 52 termina: Plura immensa dicenda forent de religione. iusticia. fide, que omnia ne tedij arguar omitto.//

F. 319b e folha 320a trazem a carta da Europa Central.

F. 320b traz o colofão: (A)Dest nunc studiose lector finis libri Cronicarum per// viam epithomatis breuiarij compilati opus qdem// preclarum. a doctissimo quoqz comparandum. Continet// em gesta. quecuqz digmora sunt notatu ab initio mudi ad// hanc vsqz teporis nostri calamitatem. Castigatuqz a viris//

SCHEDEL, Hartmann. *Liber chronicarum*, 1493. Páginas de texto, com xilogravuras.
Figura 2 – nº de catálogo 1 (Séc. XV)

doctissimis vt magis elaboratum in lucem prodiret. Ad in// tuitu autem preces prouidoru ciuiu Sebaldi Schreyer// Sebastiani Kamermaister hunc librum dominus Antho// nius Koberger Nuremberge impressit. Adhibitis tame vi// ris mathematicis pingendiqz arte peritissimis. Michaele// wolgemut et wilhelmo Pleydenwurff. quaru solerti acu-// ratissimaqz animaduersione tum ciuitatum tum illustrium// virorum figure inserte sunt. Consummatu autem duodeci-// ma mensis Julij. Anno salutis nre. 1493.
Folhas 321 e 322: em branco [não contidas em todos os exemplares e parecem também não pertencer à obra].
Folha 323a: De Sarmacia regione Europe// Abaixo uma gravura e depois desta: De regno polonie et eius initio// Segue uma pequena gravura, que representa um globo, um cetro e uma coroa, depois, então, ( ) Voniam de Boleslao (qui tercius Sarmacie rex existit) paulo post metio fiet. quare de terra sarma// cie, et quo pacto illa regium sceptrum...
Folha 327b: Ab deum optimu maximu de his que mirabilia gessit pro iustissi// mo excelso maximiliano rege romanorum// Segue, então, um poema em versos sáficos (17 estrofes), impresso em duas colunas:
(A)Vctor princeps operose mundi//
...
Spiritussanctus deus sequatur//
Trinus vnus.//
Laus deo//
Folha 328: em branco.

É uma das obras mais conhecidas do século XV, além da *Bíblia* de Gutenberg. É também a mais ricamente ilustrada entre os incunábulos.
Os artistas que produziram as xilogravuras contidas neste volume foram Michael Wohlgemuth e seu enteado Wilhelm Pleydenwurf, ambos mestres de Albrecht Duerer. Elas são aproximadamente 2.000, algumas repetidas. Representam, entre outros, os acontecimentos históricos da Bíblia, os Papas, os fenômenos da natureza, tais como cometas, terremotos, animais, anomalias, etc; vistas de numerosas cidades, destacando-se as de Nuremberg, Viena, Basiléia, etc.; quando o impressor não possuía uma vista original da cidade, simplesmente repetia a gravura de alguma cidade menos conhecida, fato este bastante usual na época. Os tamanhos das gravuras são diversos, havendo algumas que ocupam duas páginas.
O mapa da Europa Central é uma cópia aumentada da *Geographia* de Pomponius Mela (Veneza, Erhard Ratdolt, 1482), que por sua vez baseou-se no mapa do Cardeal Nicolau de Cusa. O outro mapa representa o mundo antigo.

Estas crônicas formam um gênero muito difundido em toda a Idade Média e mesmo ainda no Renascimento. Eram em geral bastante volumosas e apresentavam muitas ilustrações. Tratavam em prosa e verso dos acontecimentos mundiais, desde a criação do mundo até as profecias do Apocalipse. Traziam menos história, mas em compensação historietas, lendas, anedotas, etc. Para o mundo muçulmano existem crônicas semelhantes. Quanto mais o texto se aproximava da época em que vivia o autor, eram mais atualizadas as informações. Assim, no verso da f. 252 há uma curta notícia sobre a invenção da imprensa em 1440 na cidade de Mogúncia.

O impressor desta obra monumental, Anton Koberger, foi um dos mais famosos. Talvez seja o tipógrafo mais conhecido do século XV. Sua atividade editorial e impressora era tão vasta que as 24 prensas de sua propriedade eram insuficientes para o serviço, tendo que mandar imprimir em Basiléia e Lião. Sua atividade comercial em livros levou-o a ter filiais em Augsburgo, Basiléia, Erfurt, Frankfurt sobre o Meno, Hamburgo, Ulm, Viena, Veneza e em diversas outras localidades.

A obra foi traduzida para o alemão por Georg Alt e publicada no mesmo ano desta.

CBN Madrid 1.688; CIBN Rio 163; Cim. 6; Collijn 964; Hain-Copinger 14.508; Polain 3.469; Proctor 2.084; Voullième-Berlin 1.743; Sabin 77.523.

IEB-LAM

CATÁLOGO
SÉCULO XVI

1.

CÓRDOBA, Alfonso de, séc. XVI. 1503

Tabule Astronomice// Elisabeth Regine.// Cum gratia et Priuilegio.//

16 fls. não nums., sendo a última em branco. -- Assinatura: A-B(8).

Excelente estado de conservação, que faz pensar não se tratar de original, mas de uma edição fac-similar, impressa em papel antigo.
Letra gótica.
Exemplar comprado em dezembro de 1957 por Cr$ 1.665,00 na livr. Kosmos.

Verso da página de rosto: em branco.
F. 2a-2b: Diuis Fernando et Elisabeth Hispanie et Sicilie Regi/ // bus. Alfonsus artiũ et medicine doctor Reuerendissimi dñi// Cardinalis borgia medicus: humilissime dicit.// ...
F. 3a, assin. A iij: [vinheta pequena] Canones tabularũ Elisabeth Regine serenissime Hispa// nie et Sicilie. a magistro Alfonso de Corduba artium et me// dicine doctore: ac Reuerẽdissimi dñi Cardinalis borgia me/ // dico editi: Feliciter Incipiunt.// ... [em 60 capítulos]

F. 15b, no final: [vinheta pequena] Finiunt Canones tabularum Elisabeth.// Regine Hispanie Serenissime.//

Palau menciona uma edição de Veneza de Ratdolt em 1485 com 51 folhas; uma outra de Veneza, às expensas de Petri Liechtensteyn de 1503, com 36 folhas. Refere-se ainda a edições de 1517 e 1524. Nenhuma delas, porém, confere com o nosso exemplar acima descrito.
Conforme informações gentilmente cedidas pela Bayerische Staatsbibliothek em Munique, esta edição é de Veneza, às expensas de Petrus Liechtensteyn, de 1503, cujo texto tem 16 fls. não nums. e mais 36 fls. não nums., com as "Tabule Astronomice// Elisabeth Regine// felicibus astris// incipiunt//", que faltam neste exemplar.

Palau 61.824.

IAG

2.
VESPUCCI, Américo, 1451-1512. 1503?

Alberic(us) vespucci(us) laurẽtio// petri francisci de medicis Salutem plurimã dicit// [marca tipográfica]//

8 fls. não nums. -- Assinatura: a(8).

Impresso em pergaminho.
Texto enquadrado por um leve traço vermelho.
Inicial desenhada em azul.
Iniciais ornamentadas.
Letras maiúsculas em vermelho e azul feitas à mão.
Figuras das estrelas e o triângulo em ouro e vermelho.
Encadernado por Chambolle-Duru.

Verso da página de rosto e da f. 8: em branco.

Segundo Harrisse (BAV nº 26) trata-se da edição latina mais antiga, da qual se conhecem apenas quatro exemplares.
Exemplar que pertenceu ao Duque de Chartres.

VESPUCCI, Américo. *Alberic(us) vespucci(us)...*, 1503?. Página de rosto.
Figura 3 – nº de catálogo 2

Embora a anotação refira que é inteiramente manuscrito, a marca tipográfica e os tipos indicam ter sido impresso por Jean Lambert, em Paris.
É uma das obras mais belamente impressas.

BB v. 2, p. 350-1; Church v. 1, p. 42; Harrisse BAV nº 26; JCBrown v. 1, p. 40; Sabin 99.327.

IEB

3.
GREGORIUS, s., bispo de Nyssa, 331-ca.394. 1513

[página de rosto emoldurada] [em gótico:] Diuini Gregorij Nys// sae [em tipos latinos:] Episcopi qui fuit frater Basilii Magni Libri octo.// I De Homine.// II De Anima.// III De Elementis.// IIII De viribus Animae.// V De volũtario & inuoluntario.// VI De Fato.// VII De libeto arbitrio.// VIII De Prouidentia.// Item oratio Gregorii Nazianzeni.// Basilius de differentia V się & Hypostatis// Et quaedam alia.// [marca tipográfica]// Venundatur cum quibusdam aliis in// aedibus Ascensianis.//

36 fls. nums. (Erros de paginação: F. XXXIII. i. e. F. XXV). -- Assinatura: Aa-Dd(8) Ee(4).

Verso da página de rosto: Iodocus Badius Ascensius Beato Rhenano Selenteñ. S.// [mais abaixo, linha 12:] "... Ad Idus Maias// M.CCCCC.XIII."//
F. 2a-2b: [em gótico:] Librorũ [em tipos latinos:] Capita.// CAPITA LIBRORVM GREGORII NYSSENI EPISCOPI.// ...
Da f. 3a em diante segue-se, então, a obra de São Gregorius.//
Verso da f. 35: DVAE EPISTOLAE GREGORII NAZIANZENI AD THEMI// STIVM PERIPATETICVM, BEATO RHE=// NANO SELESTENSI INTERPRETE.//
F. 36a: mais a carta: GREGORIVS NAZIANZENVS THEMISTIO// BENE AGERE.// que termina à linha 17: DVARVM EPISTOLARVM GREGORII NAZIANZENI AD// THEMISTIVM PHILOSOPHVM BEATO RHE=// NANO
SELESTENSI INTERPRETE// FINIS.// [mais abaixo, o colofão:] In ędibus Ascensianis sabbato post Pente=// costen. M.CCCCC.XIII.//
F. 36b: em branco.

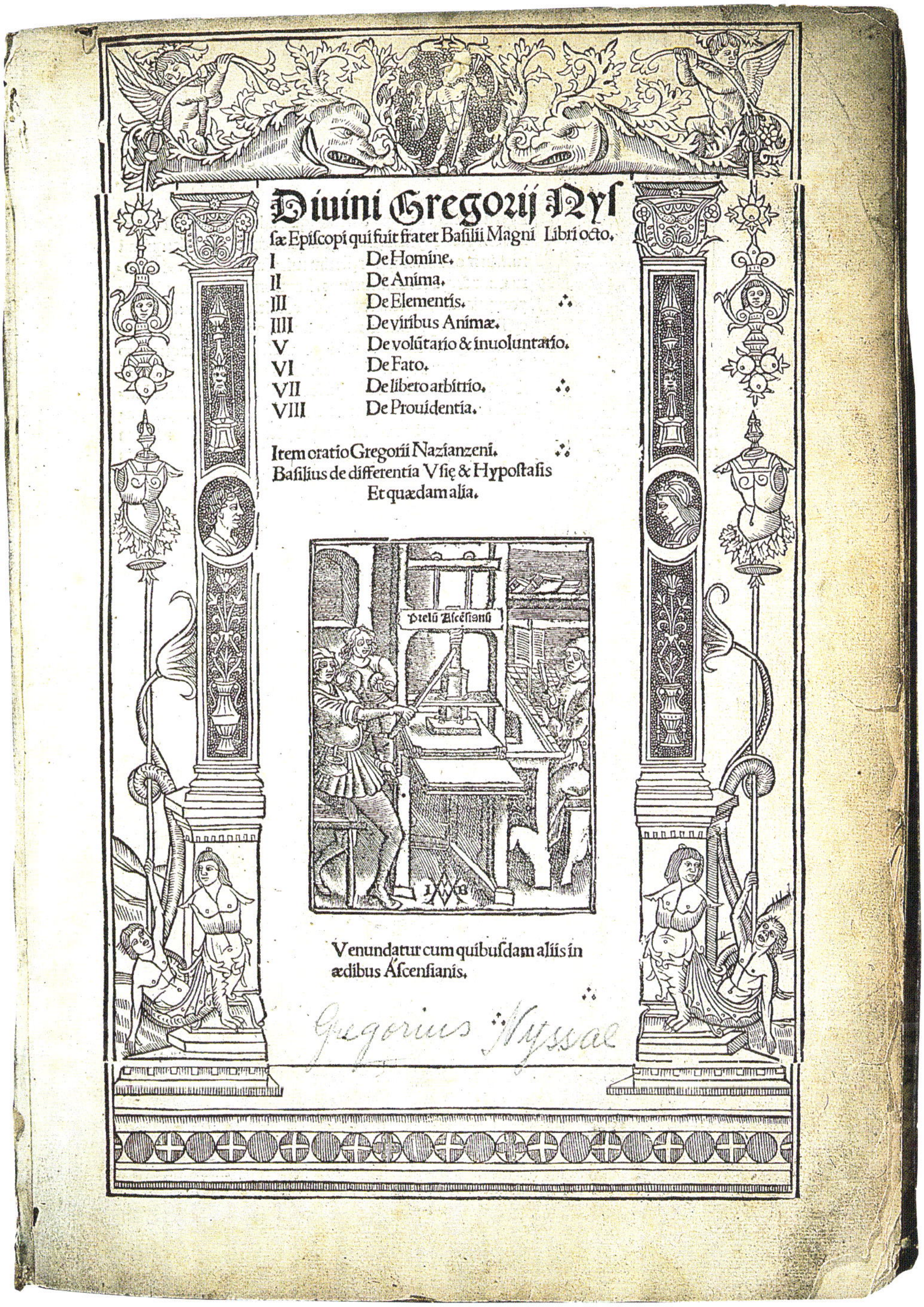

GREGORIUS, s., bispo de Nyssa. *Diuini Gregorij Nyssae Episcopi qui fuit frater Magni libri octo,* 1513. Página de rosto.
Figura 4 – nº de catálogo 3

Encadernado com: *Grammatici illustres*. / S. Gregorius, bispo de Nyssa (ver nº 4).

IEB-LAM

4.

GRAMMATICI. 1516

[página de rosto emoldurada] [em gótico:] Grammatici illustres// [em tipos latinos:] XII.Musarũm charituqz numerum aequantes hac// serie sequuntur:praemisso tamen indice.// Diomedis bene repositi Lib.tres. Folio. I.// Q.Rhemnii Palaemonis ars secunda. Fo.XXXVII.// Aspri Iunioris Grammatici ars.Fo. XI.// Aelii Donati Grammatici Editio prior.Fo. XII.// Eiusdem Editio Posterior. Fo. XLII.// Eiusdē de Barbarismo Vitiis & Tropis.F.XLVI.// Seruius Honoratus in secũdã editionem.Fo.XLVII.// Sergíus Grammatícus in eandem. Fo. LI.// Phocas de nomíne & verbo. Fo. LIIII.// Idem de Aspiratione. Fo.LXXXIII.// Caper de Orthographía & latinitate. Fo. LIX.// Agraetius de Orthographía & proprietate. Fo.LXI.// Probi Grammatici institutiones artium. Fo.LXII.// Eiusdem Catholica.Fo. LXX.// Cornelius Fronto.de vocum differtiis. Fo.LXXX.// Grãmaticus alter de punctis & accẽtibus.Fo.vltimo.// [marca tipográfica]// Venundãtur in aedíbus Ascensianis.//

6 fls. prels. não nums., 84 fls. nums. (Erros de paginação: F. XXI. i. e. F. XX). -- Assinatura: a(6) b-l(8) m(4). (Erros de assinatura: f ii i. e. fiij).

Notas marginais impressas.

Verso da página de rosto: Ioannes Theodericus Bellouacus Antonio Theoderico// itidem Bellouaco Patruo suo Salutem.// [datado no fim:] "... Ex Parrhisiis Idi=// bus Iuliis. Anno post Christum natum Quingentesimo decimo sexto supra millesimum.// [um pouco mais abaixo:] "Eiusdem ad studiosam pubem de Iodoco Badio Ascensio// Hexastichon."//
F. 2a-6a: ANNOTATIONVM INDEX.// [em três colunas.]
F. 6b: Sequuntur quaedam erratula collegendista// bellis depraehensa.//
Iniciando-se agora a foliação. Não daremos a descrição de seu conteúdo, uma vez que na folha de rosto vem indicado detalhadamente.
A obra termina à F. LXXXIIII., linha 37. Logo em seguida, vem o colofão com os seguintes dizeres: Impressa sunt haec illustrium Grammaticorum opera// in officina Ascensiana. Parrhisijs.// Anno. M.DXVI. Ad// Nonas Iu=// lias.//

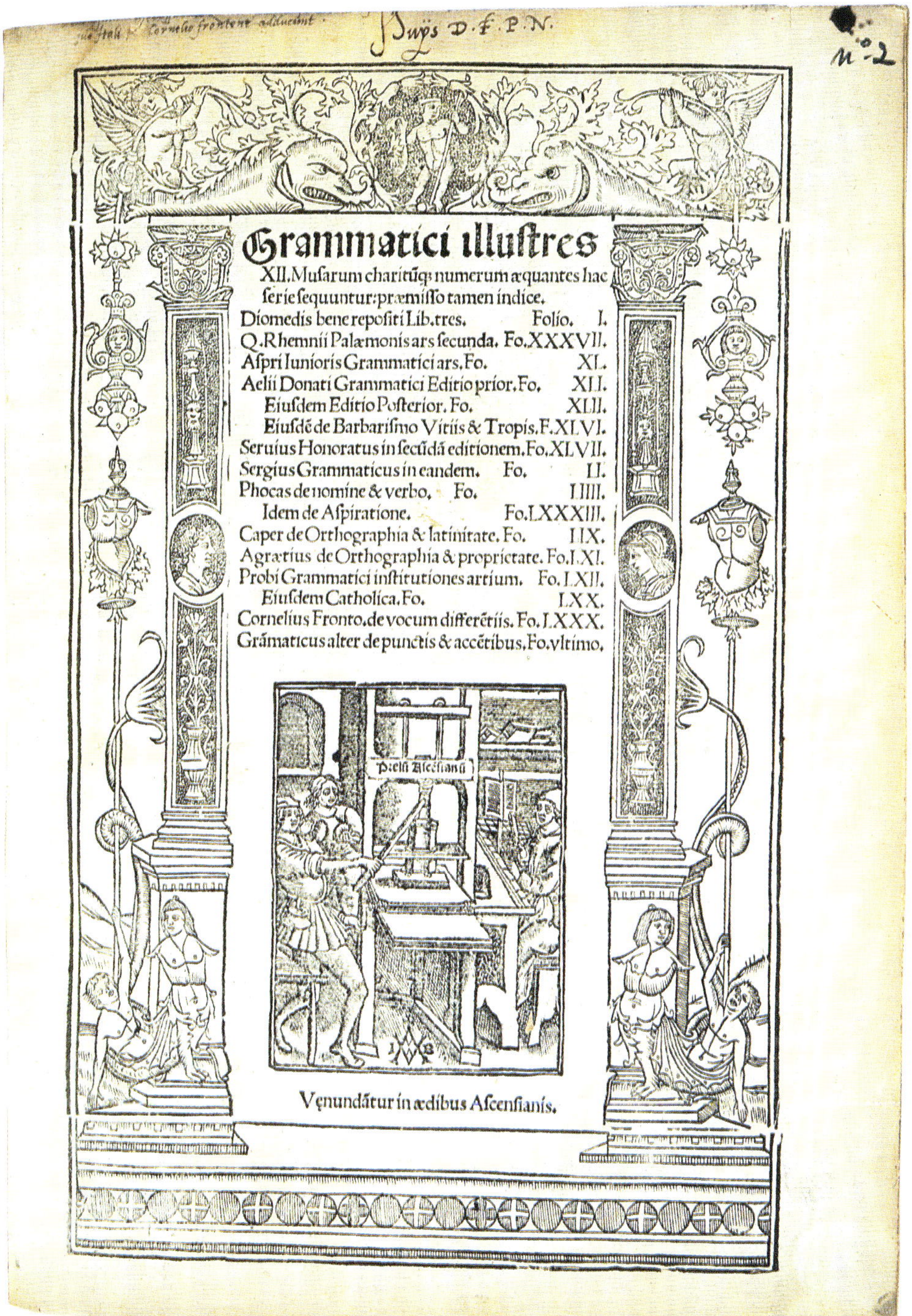

Grammatici illustres
XII. Musarum charitũq; numerum æquantes hac serie sequuntur: præmisso tamen indice.
Diomedis bene repositi Lib. tres. Folio. I.
Q. Rhemnii Palæmonis ars secunda. Fo. XXXVII.
Aspri Iunioris Grammatici ars. Fo. XL.
Aelii Donati Grammatici Editio prior. Fo. XLI.
Eiusdem Editio Posterior. Fo. XLII.
Eiusdẽ de Barbarismo Vitiis & Tropis. F. XLVI.
Seruius Honoratus in secũdã editionem. Fo. XLVII.
Sergius Grammaticus in eandem. Fo. L.
Phocas de nomine & verbo. Fo. LIIII.
Idem de Aspiratione. Fo. LXXXIII.
Caper de Orthographia & latinitate. Fo. LIX.
Agrætius de Orthographia & proprietate. Fo. LXI.
Probi Grammatici institutiones artium. Fo. LXII.
Eiusdem Catholica. Fo. LXX.
Cornelius Fronto de vocum differẽtiis. Fo. LXXX.
Grãmaticus alter de punctis & accẽtibus. Fo. vltimo.

Venundãtur in ædibus Ascensianis.

GRAMMATICI ilustres XII musarũm charituqz...., 1516. Página de rosto.
Figura 5 – nº de catálogo 4

Verso da última página de rosto: em branco.
Encadernado com: *I De Nomine.* / S. Gregorius, bispo de Nyssa (ver nº 3).

Adams G-939; Ebert 8.777.

IEB-LAM

5.
FRACANZANO DA MONTALBODDO. 1517

[em preto:] Paesi nouamente ritrouati per// [em vermelho:] la Nauigatione di Spagna in Calicut.Et da Alber// tutio Vesputio Fiorentino intitulado Mon// do Nouo: Nouamente Impressa.// [vista de Veneza, gravura]//

124 fls. não nums. -- Assinatura: A(4) b-q(8).

Encadernação inteira em pergaminho.
Bom estado de conservação, não apresentando restauros.
Texto em duas colunas.

Página de rosto: Título em preto e vermelho.
Verso da página de rosto-4a: Tabula cômunis.//
F. 4b: Mõtalboddo Fracan.al suo amicissimo Ioãmaria// Anzolello Vicentino.S.//
Da f. 5a em diante, segue-se, então, a obra dividida em seis livros e subdividida em 142 capítulos, que contêm o seguinte:
O primeiro livro – as viagens de Cadamosto ao cabo Verde e ao Senegal [Cap. I – xlyii];
O segundo – a viagem de Pedro de Cintra ao Senegal feita em 1462 e escrita por Cadamosto; a primeira viagem de Vasco da Gama [de julho de 1497 a 10 de julho de 1500] e a primeira viagem de Pedro Álvares Cabral [9 de março de 1500 a 10 de julho de 1501]. [Cap. xlyiii. – lxx.];
O terceiro – continuação da viagem de Cabral [Cap. lxxi – lxxxiii.];
O quarto – contém as três primeiras viagens de Cristóvão Colombo, as viagens de Alonso Negro e Pinzon. [Cap. lxxxiiii. – cxiii.];
O quinto – refere-se à terceira viagem de Vespucci, publicada na edição de 1507 pela primeira vez em italiano [Cap.cxiiii – cxxiiii.];
O sexto e último livro é constituído de: carta do correspondente D. Cretico a Domenico Pizani e por este enviada à república de Veneza, relativa à viagem de Cabral; – carta referente ao tratado concluído entre o rei de Portugal e o

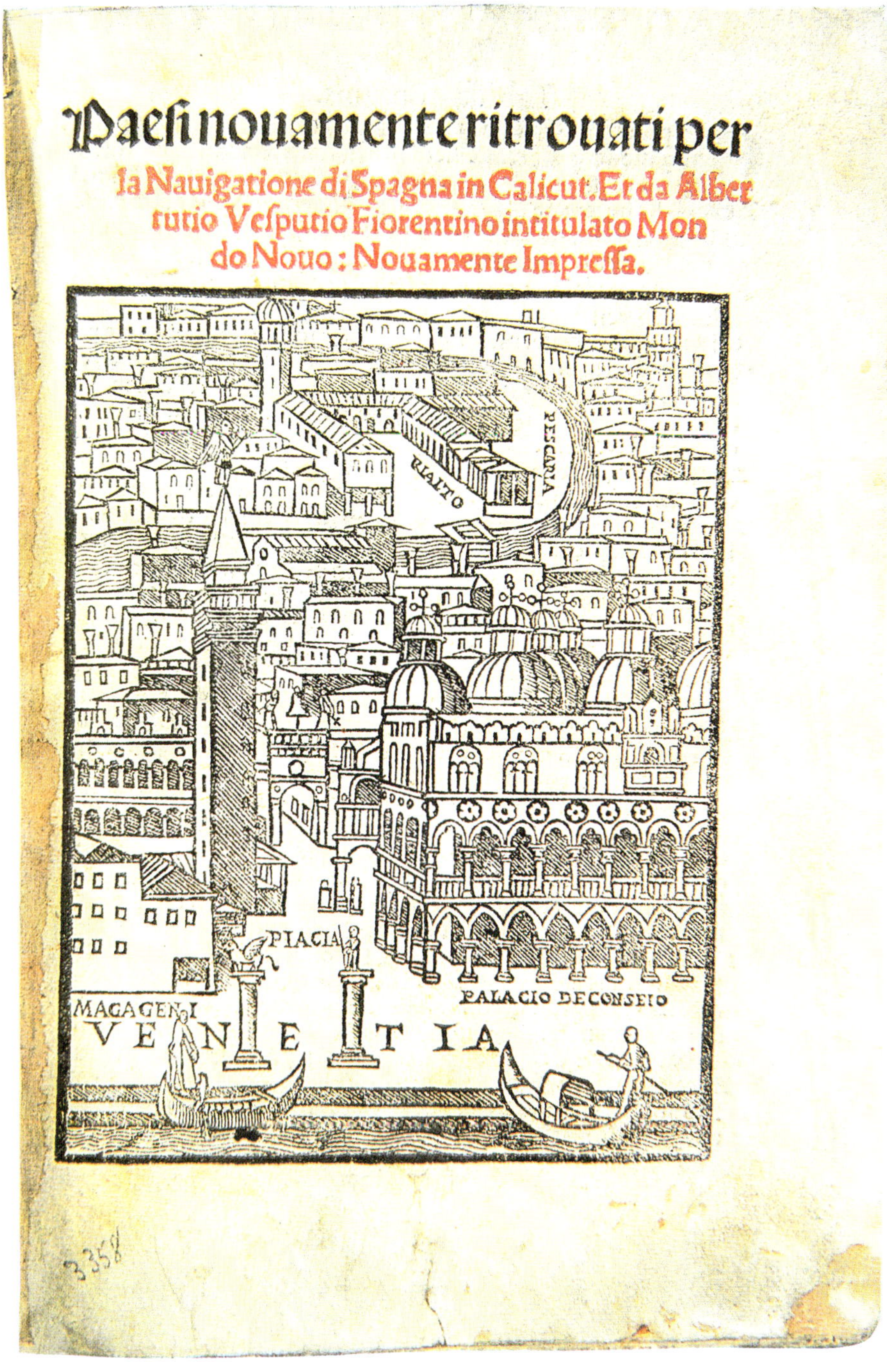

Fracanzano da Montalboddo. *Paesi nouamente ritrouati per la nauigatione di Spagna in Calicut*, 1517. Página de rosto com vista da cidade de Veneza.
Figura 6 – nº de catálogo 5

de Calcutá; – carta do embaixador de Veneza em Portugal P. Pasquaglio, tratando da primeira viagem de Gaspar Cortereal; – carta de Francisco de la Saita a Pasquaglio sobre a expedição de João da Nova as Índias Orientais; – relação do índio José [trazido por Cabral a Portugal]; – descrição de Carangonor e Calicut; – carta do rei de Portugal ao papa Júlio II, a propósito das descobertas e navegações portuguesas na Ásia. [Cap. cxxy – cxlii]
F. 124a [final]: Vale.// REGISTRO.// Tutti sono quaterni excepto a che e duerno.// [vinheta pequena] Stampata in Venetia per Zorzi de Rusconi milla-// nese: Nel. M.ccccc.xyii.adi.xyiii. Agosto.//
Colofão: Stampata in Venetia per Zorzi de Rusconi milla- // nese: Nel.M.ccccc.xyii.adi.xyiii.Agosto.

Coleção de viagens, uma das primeiras editadas, foi inicialmente publicada em Vicenza, 1507, ano de que datam duas edições, uma com 142 e a outra com 143 capítulos – depois temos as edições impressas em 1508, 1512 e 1519 e as de Veneza do ano de 1517 e 1521. Foi traduzida para o latim por Archangelo Madrignano em 1508. São do mesmo ano também as traduções em alemão e "Plattdeutsch". A primeira edição francesa, cuja tradução é de Mathurin de Redouver, é de 1516, com várias reedições.
Serviu esta coleção de modelo para as de Grynaeus e tantos outros.
A vista de Veneza, existente também na edição de 1521, foi reproduzida em outras obras do século XVI, e não é relacionada ao texto da obra.

BB v. 2, p. 70; Brunet v. 5, col. 1.158; Church 41; Harrisse 90, + Add. 52; Leclerc 2.582; Nuggets 2.747; Sabin 50.053.

IEB

6.
DANTE ALIGHIERI, 1265-1321. 1520

[todo o texto da página de rosto impresso em vermelho:] OPERE DEL DIVI-NO// POETA DANTHE CON SVOI COMENTI:// RECORRECTI ET CON OGNE DI-// LIGENTIA NOVAMENTE IN// LITTERA CVRSIVA// IMPRESSE.// [em vermelho:] ✠ [abaixo, ao centro, uma xilogravura, impressa em preto, representando S. Bernardo. Do lado esquerdo da gravura, em vermelho: In Bibliothecae// e do lado direito: S. Bernardini]//

12 fls. prels., 441 i. e. 440 fls. nums. (Erros de foliação: 47 i. e. 48; 122 i. e. 111; 107 i. e. 117; 256 i. e. 156; 239 i. e. 230; 232 i. e. 237; 266, invertida; 267

i. e. 270; 403 i. e. 408; pula de 438 para 440). -- Assinatura: AA(12) a-z(8) π(8) aa-zz(8) ππ(8) \\(8) ɪɪ(8) A-E(8). (Erros de assinatura: ff iijj i. e., ff iiij).

Diversas folhas estão encadernadas em lugar indevido.
Encadernação sem estar fixada ao livro.
Exemplar restaurado.
Notas marginais impressas.
Texto rodeado por comentários.
A página de rosto acha-se emoldurada por quatro xilogravuras, em forma de barras; em sua parte superior, traz representações de anjos e na parte inferior representa Deus com Adão e Eva e a serpente. Há pequenas xilogravuras no começo de cada canto.

F. 1b-12b: COMENTO DI CHRISTOPHORO LANDINO FIORENTINO SOPRA// LA COMEDIA DI DANTHE ALIGHIERI POETA FIORENTINO.//
F. 1a: em branco.
F. 1b: uma xilogravura, representando Dante andando na floresta sendo ameaçado por três animais.
F. 2a: CANTO PRIMO DELLA CANTICA O VERO CO-// MEDIA DEL DIVINO POETA FIORENTINO DANTHE// ALEGHIERI [sic].//
Segue, então, a obra.
F. 2a-194b: Inferno em 34 cantos.
F. 195a-323a: Purgatório em 33 cantos.
F. 323b-438a: Paradiso em 33 cantos.
F. 438b, ao pé da página: [vinheta pequena] Fine del... cento Chrisforo Landino Fiorẽtino sopra la comedia di Danthe poeta ex// cellentissimo reuista emendata diligẽtemente per el reurendo maestro Pietro de Figino// maestro in theologia ⁊ excellente predicatore del ordine de minori ⁊ ha posto molte cose in di// uersi luoghi che ha truouato mancare si in lo texto come nella grosa etiam nouiter per altri// excellenti huomini?. Impressa in Venetia per Miser Bernardino stagnino Trino de mon// ferra. Del M.CCCCC. XX A. dei XXVIII. Marzo.//
F. 440 i. e. 439a: QVI COMINCIA IL CREDO DI DANTHE//
F. 441 i. e. 440a-b: PATER NOSTRO DI DANTHE// [e mais para o fim] AVE MARIA DI DANTHE// [abaixo, segue o REGISTRO// e a marca tipográfica].
Verso da f. 440 e a folha seguinte: anotações antigas.

A *Divina Comédia* foi escrita entre 1313 a 1321. Sua primeira edição impressa data de 1472. Seu título original era apenas “La Comedia”. O acréscimo de “Divina” só foi feito em 1555.

Observando-se formalmente o poema, este está submetido ao número três. É composto em tercetos e são três os episódios – inferno, purgatório e paraíso. O céu tem 3 curvaturas, 3 x 3 degraus descem para o inferno, Lúcifer tem 3 faces como contrapartida para a Santíssima Trindade.

É a visão de um peregrino pecador que necessita do auxílio superior que o guie. Ele o encontra em Virgílio, representante da razão e da filosofia, que o leva através do inferno e do purgatório, e em Beatriz, alegoria da revelação e da teologia. Ela assume conduzi-lo, como homem purificado que agora é, para a região da bem-aventurança eterna e a Deus. Esta peregrinação é, portanto, o caminho da salvação.

Dante era natural de Florença e pertencia à burguesia da época. É considerado o maior poeta da Itália. Fez estudos filosóficos e teológicos em sua cidade natal. Envolveu-se na luta entre os partidos dos Guelfos e Gibelinos. Pertenceu ao Conselho da cidade. Por ser o chefe dos Gibelinos perdeu todas as suas funções e bens com a subida ao poder dos Guelfos. Foi desterrado. Fixou-se inicialmente em Verona. Viveu também em Lucca e, possivelmente, em Paris. Faleceu em Ravena em 14 de setembro de 1321.

Adams D-90; Ebert 5.702 cita uma edição anterior, de 1516, e faz apenas menção dessa de 1520.

FD

7.

ANGELIO (Angelius), Niccolò, Bucinensis. 1521

LIBRI DE RE RVSTICA// A NICOLAO Angelio, uiro consumatissimo nuper// maxima diligentia recogniti,& typis excusi, cum in/ // diae & expositione omnium dictionum. Ca/ // tonis. Varronis. Columellae. Palla/ // dij. quae aliqua enucleatione// indigebant.// Additis nuper commentarijs Iunij Pompo. Fortunati in librum// De cultu hortorum, cum adnotationibus Philippi Beroaldi.// M. Catonis LIB. I.// M. Terentij Varronis. LIB. III.// L. Iunij Moderati Columellae.
LIB. XII.// Eiusdem de arboribus Liber separatus ab alijs.// Palladij LIB. XIIII// De duobus dierum generibus,simulq; de umbris// & oru, quae apud Palladium.//

1ª foliação: 20 fls. prels., 222 fls. nums., 2ª foliação: 126 fls. nums. (Erros de foliação: 1ª foliação: 34 i. e. 33; 70 i. e. 69; 2ª foliação: 235 i. e. 21; 238 i. e. 22; 237 i. e. 23; 238 i. e. 24; 249 i. e. 35: 250 i. e. 36; 211 i. e. 37; 252 i. e. 38; 252 i. e. 39; 253 i. e. 40; 215 i. e. 41; 256 i. e. 42; 291 i. e. 77; 292 i. e. 78; 293 i. e.

79; 294 i. e. 80). -- Assinatura: AA(8) (f. A 8 colocada, após a assin. BB 12) BB(12) (na qual foram intercaladas BB y(4) e BByl(4)) a-z(8) &(8) τ(8)℞(8) Aa(8) Bb(6). Da segunda foliação: A(10) B-O(8) P(12) (falta a última folha). (Erros de assinatura: Diij e Diiij i. e. Ciij e Ciiij; Fij, Fiij e Fiiij i. e. Eij, Eiij e Fiiij; Liij e Liiij i. e. Kiij e Kiiij).

Restaurada.
Reencardernação em estilo francês, com nervuras e revestimento em couro pleno.
Notas marginais manuscritas.
Alguns tipos gregos.
Ilustrações no texto.

Verso da página de rosto: PHILIPPVS IVNTA FRANCISCO VICTORIO// VIRO CLARISSIM[...]//
F. 2a-17b: ENARRATIONES NICOLAI ANGELII BVCINEN// SIS uiri doctissimi super nonnullis dictionibus, quae in his uoluminibus sci// tu dignissimae leguntur.//
F. 18a-20a: ALDVS LECTORI.S.//
F. 20b: AMBROSIVS NICANDER TO-// letanus in corretroris laudem.//
Começa, então, a obra em si, apresentando as seguintes contribuições:
F. 1[a]-24b: M. CATO DE RE RVSTICA.//
F. 25a-79a: M.T.VARRONIS REI RVSTICAE.//
F. 79b-222b: L. IVNII MODERATI COLVMELLAE// DE RE RVSTICA...//
Com nova paginação e assinaturas segue a obra.
F. numerada 1a-50b: LVCII IVNII MODERATI// COLVMELLAE DE RE// RVSTICA LIBER// VNDECIMVS.//
Fls. numeradas 51a-125a: PALLADII RVTILII TAVRI// AEMILIANI VIRI ILLV// STRIS DE RE RVSTICA.//..
F. 125a, abaixo do texto: Florentiae per heredes Philippi Iuntae. Anno domini// M.D.XXI. Die.XXVIII. Mensis Septembris// Leone Decimo Pontifice Max.//
F. 125b: em branco.
Falta a última folha, que possivelmente era também em branco.
O *Index Aureliensis* cita só cinco exemplares conhecidos.

Adams S-807; IA 105.672.

FD

8.

ALCIATO, Andrea, 1492-1550. 1530

De verborum significatione libri quatuor. Eiusdem in tractatum eius argumenti veterum iureconsultorum commentaria. Lugduni, Sebastian Gryphius, 1530.

278 p., 7 fls., não nums. (Erros de paginação: 8 sem numeração; 49 i. e. 79, 100 sem numeração; 111 i. e. 110). -- Assinatura: [a(2)]-a(6) b-g(6) h(8) i-z(6) A(6). (Erros de assinatura: h 4 i. e. c 4).

Restaurada.
Reencadernação flexível em pergaminho.
Acondicionada em caixa com pH neutro.
Notas marginais impressas.
Falta folha de rosto.
Na contracapa há uma nota escrita a lápis: "Holzschnitt von Hans Frank" (xilogravura de Hans Frank), que também não consta da obra.

P. 3-4: [vinheta] AMPLISS. VIRO FRAN// CISCO A TVRNONE ARCHIEPI// SCOPO BITVRIG.// ANDREAS ALCIATVS, IVRECONS.// S.P.D.// [datado no fim de]: Biturigibus Kal'.Maij.// M.D.XXIX.//
A partir da p. 5 começa, então, o texto propriamente dito, e que vai até à p. 99: [vinheta] ANDREAE ALCIATI// IVRISCONS. DE VERBORVM SI-// GNIFICATIONE...//
P. 100: em branco.
P. 101-278, impressas em duas colunas: [vinheta] ANDREAE ALCIATI// IVRISCONS. DE VERBORVM SI-// GNIFICATIONE COM-// MENTARIA.//
P. 278, abaixo do texto vêm o registro e o colofão: SEBASTIANVS GRY// PHIVS GERMA// NVS EXCV// DEBAT// LU// GDVNI,// ANN. M.D. XXX.//
F. 1a, impressa em quatro colunas: INDEX LEGVM SVB RVBR. DE VERB. SIGNIF.//
F. 1b-6b, impressas em quatro colunas: ELENCHVS// DICTIONVM QVAE// in Commentarijs enodantur, in quo hoc ignorandum non// est, ...//
F. 7a, impressa em três colunas: LEGES, IVRE-// consultorumqz loca praeter caeterorum// traditiones hoc in libro obiter// declarata sint.// [mais abaixo, impresso normal: ERRATA.]//
F. 7b: [marca tipográfica]// SEBASTIANVS GRYPHIVS// GERMANVS EXCVDE// BAT LVGDVNI// ANNO// – // M. D. XXX.//

O *Index Aureliensis* cita apenas oito exemplares.

IA 102.876.

FD-BTA

9.

APIAN, Peter, 1495-1552. 1533

[vinheta] COSMO [vinheta]// GRAPHIAE INTRODVCTIO// cum quibusdam Geometriae ac Astro// nomiae principijs ad eam// rem necessarijs,// [gravura xilográfica]// M. D. XXXIII.

31 fls. nums. (com exceção das duas primeiras, que não trazem numeração alguma, mas correspondem à numeração 1 e 2, respectivamente). -- Assinatura: A-D(8) (falta a última folha, que contém a marca tipográfica).

Restaurada.
Reencadernação estilo museológica com revestimento em pergaminho.
Acondicionada em caixa com pH neutro.
Inúmeras ilustrações xilográficas no texto.
Nas folhas 29 e 30 vem a reprodução do mesmo mapa, mostrando a Península da Grécia.

Verso da página de rosto com uma gravura astronômica.
F. 2a, assin. A ij: IN QVO DIFFERAT// Geographia à Chorographia.// Caput. I.//
Título no cabeçalho: verso: RVDIMENTA e frente COSMOGRAPHIAE. [só no verso da última folha temos as duas palavras juntas na mesma linha].

As indicações tipográficas, que estão na folha que falta ao exemplar, são as seguintes: Venetijs per Io. Antonium & Fratres de Sabio ,// sumptu & requisitione D. Melchioris// Sessae. Anno Domini// MDXXXIII,// Mense Iulio.// Segue, então, a marca tipográfica com as iniciais M.S.[Melchior Sessa].
Houve diversas edições desta obra no século XVI. A primeira edição apareceu em Ingolstadt em 1529. Esta edição, acima descrita, é a primeira de Veneza. Van Ortroy menciona apenas 2 exemplares, que conseguiu localizar em 1902.

Encadernado com: *De liberis recte instituendis*. / Jacopo Sadoleto (ver nº 10).

Harrisse 202; Harrisse Supl. 100; Horblit 46; IA 106.420; JCBrown v. 1, p. 107; Sabin 1.743; Van Ortroy 84.

IAG

10.

SADOLETO, Jacopo, cardeal, 1477-1547. 1533

IAC. SADO// LETI// DE LIBERIS RE=// CTE INSTITVEN=// DIS, LIBER. [marca tipográfica]// M D XXXIII.//

52 fls. nums. -- Assinatura: A-F(8) G(4).

Bom estado de conservação.
Notas marginais manuscritas.
Ex-libris de Claude J. Blum.

Verso da página de rosto: em branco.
F. 2, assin. A 2: IAC. SADOLETI// AD GVLIELMVM// BELLAIVM// Langeum, De liberis// rectè instituendis// Liber.//
Colofão: Venetijs per Io. Antonium et Fratres de Sabio, sumptu &// requisitione D. Melchioris Sessae. Anno Do-// mini M D XXXIII. Mense Iulio.//

Encadernado com: *Cosmographiae introduction.* / Petrus Apianus, 1533 (ver nº 9).

IAG

11.

BORDONE, Benedetto. 534

[página de rosto emoldurada] [em preto:] ISOLARIO// [em vermelho:] DI BENEDETTO BORDONE// [em preto:] Nel qual si ragiona di tutte l´Isole del mon-// do, con li lor nomi autichi & moderni,// historie, fauole,& modi del Ioro vi// uere,& in qual parte del ma// re stanno,& in qual pa// rallelo & clima// giaciono.// Con la gionta del Monte del Oro// nouamente ritrouato.// [em vermelho:] CON IL BREVE DEL PAPA// [em preto:] Et gratia & priuilegio della Illustrissi// ma Signoria di Venetia co-// me in quelli appare.// [em vermelho:] [vinheta pequena]// [em preto:] M D XXXIIII//

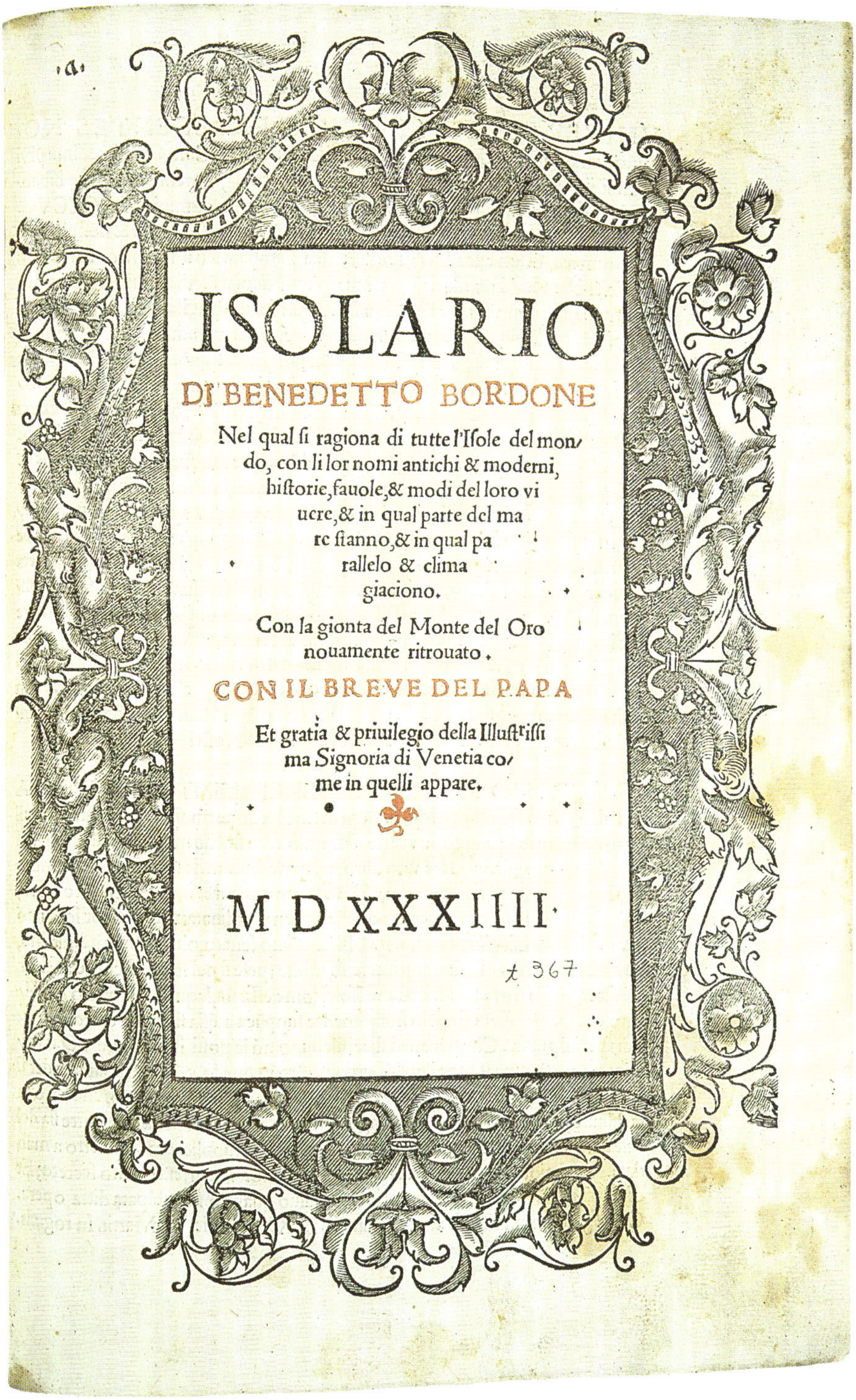

ISOLARIO

DI BENEDETTO BORDONE

Nel qual ſi ragiona di tutte l'Iſole del mon/
do, con li lor nomi antichi & moderni,
hiſtorie, fauole, & modi del loro vi
uere, & in qual parte del ma
re ſianno, & in qual pa
rallelo & clima
giaciono.

Con la gionta del Monte del Oro
nouamente ritrouato.

CON IL BREVE DEL PAPA

Et gratia & priuilegio della Illuſtriſſi
ma Signoria di Venetia co/
me in quelli appare.

M D XXXIIII

BORDONE, Benedetto. *Isolario...*, 1534. Página de rosto.
Figura 7 – nº de catálogo 11

4 fls. não nums., LXXIIII fls. nums. -- Assinatura: AA(4) A-D(6) E(4) BB(2) DD(2) CC(2) F(2) G-M(6) N(8). (Erros de Assinatura: XVIII i. e. XIV; XLIII i. e. XLIIII).

Bom estado de conservação.
Restauradas algumas folhas.
3 mapas e uma vista em folha dupla e mais 109 mapas no correr do texto.

Verso da página de rosto, acima: VNIVERSIS ET SINGVLIS PRAESENTES NO,// stras literas...//
Verso da página de rosto, abaixo: SERENISSIMO PRINCIPE ET EXCELLENTISSIMO SENA// to Il.//
F. 1a-3b: DI BENEDETTO BORDONE ALLO ECCELLENTE// CIRVGICO MESER BALDASSARRO BORDONE// NIPOTE SVO DELLE ISOLE DEL MONDO// PROEMIO.//
F. Ia-XVIIIb: LIBRO PRIMO//
F. XIXa-LXVIa: LIBRO SECONDO//
F. LXVIb-LXXIIIIa: LIBRO TERZO//
Final [f. LXXIIII]: Impresse in Vinegia per Nicolo d´Aristotile, detto Zoppino, nel mese// di Giugno, del. M.D. XXXIIII.//

O *isolario*, ou livro das ilhas, foi a forma cartográfica introduzida e desenvolvida na Itália durante os séculos XV e XVI. Assim como o *portolano* ou guia de pilotos ao qual está relacionado, tem a sua origem no Mediterrâneo, como guias ilustrados para os viajantes do mar de Egeu e do Levante.
O livro de Bordone foi o segundo *isolario* impresso, tendo sido o primeiro da autoria de Cristóforo Buondelmonte publicado com anotações de Henricus Martellus Germanus entre 1480 e 1490. A primeira edição da obra de Bordone é de 1528 (Existe uma edição fac-similar publicada em Amsterdam, em 1966, com introdução de R. Skelton).
Bordone seguiu em diversos aspectos a forma tradicional e o estilo de seus antecessores. A obra é dividida em três livros: o primeiro se dedica explicitamente às ilhas e penínsulas do oceano ocidental. À f. X aparece uma vista – *à vol d´oiseaux* – da cidade do México (=Temistitan) antes de sua destruição por Cortez. À f. XIX inicia-se o segundo livro que descreve as ilhas do Mediterrâneo e onde encontramos uma vista em folha dupla da cidade de Veneza. A partir do verso da f. LXVI começa a descrição das ilhas do Oceano Índico e do Oriente. E finalizando a obra: no verso da f. LXXIII vem a "Copia delle lettere del prefetto della In-// dia la noua Spagna detta, alla Cesarea Maesta

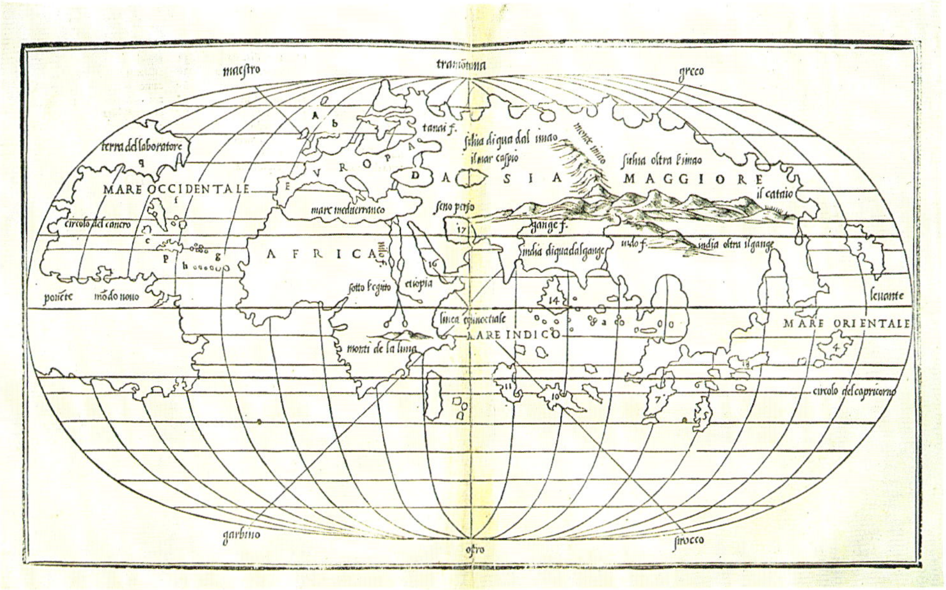

BORDONE, Benedetto. *Isolario...*, 1534. Mapa-múndi de forma oval, xilogravado em folha dupla.
Figura 8 – nº de catálogo 11

rescritte. ..." Ao fim da f. LXXIIII temos o "Registro" e o colofão. O verso da folha está em branco.

As folhas iniciais não numeradas trazem no verso da folha de rosto dois privilégios: um do papa Leo X dado ao impressor e datado de 5 de junho de 1521 e o outro do Senado de Veneza para o livro, datado de 6 de março de 1526. Segue a carta-dedicatória de Benedetto Bordone a seu sobrinho Baldassare Bordone e mais uma introdução.

Seus três mapas, de folha dupla, não se encontram logo após a introdução onde deveriam figurar, mas em nosso exemplar estão deslocados, no meio do texto. Representam estes mapas: a Europa, o Mar Egeu e mapa mundial de forma oval. (Sobre este mapa existem diversos estudos, entre os quais destacamos os trabalhos de AE Nordenskioeld, *Facsimile Atlas*, 1970; H. Harrisse, *Découverte et évolution carthographique de Terre-Neuve*, London – Paris, 1900; R. Almagiá, "Intorno alle carte e figurazioni annesse all´Isolario di Benedetto Bordone", *Maso Finiguerra*, II (1937), p. 170-86; R. Almagiá, "On the cartographic work of Francesco Rosselli", *Imago Mundi*, VIII (1951), p. 27-34.)

Seu texto histórico e descritivo é compilado de matéria já impressa anteriormente, não sendo de grande originalidade. O interesse principal do livro reside em seus mapas xilográficos.

Outra particularidade especificamente desta edição é a "Copia delle lettere del prefetto della India...", que contém a notícia da conquista do Peru e a vitória de Pizarro em 5 de março de 1533, um ano antes da publicação da obra de Bordone.

Sobre esta carta vide as diversas edições citadas por Harrisse em sua BAV (nº 193, 195 e outras obras em que foram publicadas).

BB v. 1, p. 98 (apenas menção); Harrisse 187 – ADD. 107; JCR 427; Leclerc 181; Maggs 479-3.927; Phillips v. 1, p. 163; Sabin 6.419.

IEB

12.

BUDÉ, Guillaume, 1467-1540. 1534

ANNOTATIONES// GVLIELMI BVDAEI PARI// siensis, Secretarii Regii in Quatuor & Viginti Pandectarum Libros, Ad// Ioannem Deganaium Can=// cellarium Franciae.// Auctae & recognitae, & accuratius nitidiusqz ab// Iodoco Badio Ascensio Impressae.// [marca tipográfica]// VENETIIS M D XXXIIII//

20 fls. prels., 271 fls. nums., 1 fl. não num. (em branco). -- Assinatura: aa-bb(8) cc(4) AA-ZZ(8) AAA-LLL(8).

Restaurada.
Reencadernação flexível em pergaminho.
Notas marginais impressas.
Alguns tipos gregos.

Verso da página de rosto: em branco.
F. 2a-3b: GVLIELMI BVDAEI// PARISIENSIS, REGII SECRETARII// IN ANNOTATIONES AD LI// BROS PANDECTARVM.// PRAEFATIO.// Ad Illustrissimum Virum Ioannem Deganaium// Concellarium Franciae.//
F. 4a-20b, impresso em duas colunas, col. a: [vinheta pequena] Rerum & verborum in sequen-// ti opere praecipue adnotando-// rum Index.//
Segue a obra que finaliza à f. 271b.
F. 271b, abaixo do texto, segue: Index Chartarum.//
[mais abaixo:] Venetiis apud Octauianum Scotum.// M D XXXIIII.//
Última folha: em branco.
Encadernado com esta obra, segue-se com paginação e assinaturas em separado: GVLIELMI BVDEI// CONSILIARII REGII,// libellorumq́; Magistri in Prae=// torio, Altera A Editio// Annotationũ in// Pandectis.// Ex libro Quadragesimo Septimo Digest.// [marca tipográfica]// Venetiis.// M D XXXIIII.//

8 fls. prels., 104 fls. nums. -- Assinatura: a(8) A-N(8) (no entanto, falta a última folha).
Restaurada.
Reencadernação flexível em pergaminho.
Notas marginais impressas.

Verso da página de rosto: em branco.
F. 2a-3a: G.BVDAEVS DAVIDI// BVRESIO CONSILIARIO REGIO IN// CVRIA ROTOMAGENSI. S.// [datado de:]... Parisiis// octa. Calend.// Iunias.// M D XXVI.//
F. 3b-7b, em duas colunas, col. a: [vinheta pequena] Reliquarum Annotationum// Gul. Budaei in legum Pan// dectas Index.//
F. 8: em branco.
Segue, então, o texto que vai até à f. num. 104a.
F. 104 b: em branco.
Falta a última folha, provavelmente também em branco.

O *Index Aureliensis* só menciona dois exemplares desta edição: uma em Cracóvia e outra em Lawrence Univ. Libr. E informa que a obra tem dois volumes. Existe para o mesmo ano uma outra edição que é de Basiléia, de Thomam Wolffium.

IA 126.706.

FD-BTA

13.
VOCABULARIUM... 1535

Vocabularium vtriusqz Iuris// difficillimas quasqz voces iuxta rece-// ptos iuris interpretes ediscerens Nouissi-// me diligẽtiori cura recognituz, & emen-// datuz. Supraqz omnes alias ex-// ternas editiones plurimis// Vocabulis locupleta-// tum que ad p[er]fectio-// re ordine redi-// ta fuere.// Accedit insuper Compendium de orthographis// Domini Alberice De Rosate,// [marca tipográfica]// Venetiis. M. D. X X X V.//

251 fls. nums., 1 fl. sem num. (Erros de foliação: 82, o 2 de cabeça para baixo; 103 i. e. 111; 119 i. e. 117; 117 i. e. 119; 208 i. e. 206; 206 i. e. 208). -- Assinatura: a-z(8) α(8) β(8) χ(8) A-E(8) F(4).

Restaurada.
Reencadernação flexível em pergaminho de cabra.
Acondicionada em caixa com pH neutro.
Texto impresso em gótico, em duas colunas.

Verso da página de rosto: [vinheta pequena] Studiosis Legum Professoribus Ticinensis Gymnasij// Octauianus Scotus Secundus. S.D.//
A partir da f. 2a, começa o vocabulário, que finaliza à f. 250b.
F. 251a-251b: [vinheta pequena] Incipit breue compendio// luz de Orthographía domi-// ni Alberici de Rosate.//
F. 251b, abaixo do texto, segue o "Registrum" e, mais abaixo, o colofão: [vinheta pequena] Venetijs apud Octauianum Scotum.// [marca tipográfica]//
Folha final: em branco.

FD-BTA

ANNOTATIONES
GVLIELMI BVDAEI PARI
siensis, Secretarii Regii in Quatuor &
Viginti Pandectarum Libros, Ad
Ioannem Deganaium Can-
cellarium Franciæ.

Auctæ & recognitæ, & accuratius nitidiusq; ab
Iodoco Badio Ascensio impressæ.

VENETIIS M D XXXIIII

BUDÉ, Guillaume. *Annotationes Gvlielmi Bvdaei parisiensis, secretarii regü in quatuor & viginti pandectarum libros...*, 1534. Página de rosto.
Figura 9 – nº de catálogo 12

14.

JUSTINIANUS I, imperador do Oriente, 483-565. 1535

[em preto:] [vinheta] [em vermelho:] Institutiones J.Ciuilis [em preto:] [vinheta] // Ultima Editio Institutio// [em vermelho:] num Imperialium: seu elemen-// torum Diui Iustiniani Imperatoris,// omniuz que ad hanc vsqz diem// edite sunt, Emen-// datissima.// [em preto:] [vinheta] // [marca tipográfica]// – // [em vermelho:] [vinheta] [em preto:] Venetiis. M. D. XXXV.//
28 fls. prels., 381 i. e. 383 fls. nums., 1 fl. sem num. (em branco). (Erros de foliação: de 296 volta para 295). -- Assinatura: aa-cc(8) dd(4) a-z(8) τ(8) ( )(8) ( )(8) A-Y(8).

Restaurada.
Reencadernação flexível em pergaminho. Para maior proteção do corte dianteiro foram feitos abas e fechos.
Notas marginais impressas e anotações manuscritas.
Impresso em duas colunas.
Texto rodeado de comentários.
Tipo predominante: gótico, há também alguns tipos latinos e gregos.
Pequenas xilogravuras encimando os inícios dos capítulos.
Impressões em preto e vermelho.

Verso da página de rosto: [em vermelho:] [vinheta] [em preto:] Clarissimo, & Excellentissimo Iurisconsulto. D.Andreę// Alciato, Octauianus Scotus secundus.S.P.D.//
F. 2a-9a, col. a: [em preto:] [vinheta], [em vermelho:] Carmina rubricaru ferme to// tius iuris ciuilis. Et primo pp̃mi// libri institutionũ imperialiũ sere// nissimi Imperatoris Iustiniani// que sunt número .xxvj.//
F. 9b-10a: [em vermelho:] Tabula alphabetica rubrica[rum] institutionum.//
F. 10b-17a: [em vermelho:] Tabula alphabetica Paragraphorum.//
F. 17a-27b, col. a: [em preto:] vinheta pequena [em vermelho:] Tabula facilis & ampla com// prehendens [secundu]m numeruz folio[rum]// oẽs materias singulares: quas// ex glosis extractas in eadẽ mar// gine signatas reperire licebat.//
F. 28a: [em preto:] [vinheta pequena] [em vermelho:] Cicero in dialógis de oratore: de facilitate// iuris perdiscendi.// [mais abaixo, em preto:] vinheta pequena, [em vermelho:] Alphabetum Grece & Latine expositum.//
F. 28b: [vinheta pequena em preto] [em vermelho:] Iustinianẽ vocanda sint hec legum cunabula: (vt// Iustinianus appellat) an Institutiones.//
Segue, então, a obra, que vai até à f. 381.

F. 214a: Encontramos uma xilogravura com o título: Arbor ciuilis.//
F. 381a, abaixo do texto: [vinheta pequena em vermelho] [em preto:] Venetijs apud Octauianum Scotum.// [mais abaixo:] [vinheta pequena em preto] [em vermelho:] Registrum.//
F. 381b: Marca tipográfica.
Folha final, em branco, com texto manuscrito.

"Enquanto uma comissão de juristas recebeu do imperador Justiniano I o encargo de reunir todas as fontes do direito em um livro (em 533 foram publicados os Digestos), o imperador Tribonius encarregava a dois professores de direito, Theophilus e Dorotheus, de escreverem um manual para os iniciantes em direito que corresponderia ao estado do direito na época e que deveriam substituir as Instituições de Gajus. As "Institutiones" foram terminadas no ano de 533 (publicadas em 21 de novembro de 533) e receberam a força da lei" (Keip nº 410).

FD-BTA

15.

ALCIATO, Andrea, 1492-1550. 1537

ANDREAE// ALCIATI MEDIOLA-// nensis, Iudiciarij processus compen-// dium, atqz adeo Iuris vtriusqz// praxis, in gratíam stu-// diosorum nunc// primum typis// excusa. [marca tipográfica com os seguintes dizeres ao seu redor: VINCENTIVS// DE.PORTONARIIS// DE.TRIDINO.DE// MONTE. FERRATO//] M. D. XXXVII.// [vinheta pequena] Veneunt Lugdu, apud Vincentium Portonatium.// CVM PRIVILEGIO.

12 fls. prels., 244 fls. nums. (Erros de foliação: 121 i. e. 221). -- Assinatura: †(8) ††(8) a-z(8) A-G(8) H(4).

Restaurada.
Reencadernação flexível em pergaminho de cabra.
Acondicionada em caixa com pH neutro.
Algumas notas manuscritas.
Algumas notas musicais antigas coladas na capa anterior interna.

Verso da página de rosto: em branco.
F. 2a: TYPOGRAPHVS LECTORI// SALVTEM.//

F. 2b: em branco.//
F. 3a-11a: [vinheta] INDEX [vinheta]// TITVLORVM ET// eorum quae in singulis// per ordinem tra-// ctantur.
F. 11b e 12: em branco.
F. 1(a)-123a: ANDREAE// ALCIATI MEDIOLANEN// sis Iureconsulti, Praxis aurea, qua// quis veluti Thesei filo ductus,// ex legum pariter & Cano-// num labyrintho facili-// me sese extrica-// uerit.//
Verso da f. 123: em branco.//
F. 124a-161b: SECVNDA// PARS PROCESSVS// iudiciarij quae diffinitiua// appellatur.//
F. 162-214b: [vinheta] TERTIA// PARS PROCESSVS IUDI-// ciarij, quam finitiuam vocant.//
F. 215a: [vinheta] ORATIO// DE ARTIBVS FVTVRO// iurisconsulto & necessarijs &// frugiferis, compa=// randis.// ITEM// [vinheta] CONSI [vinheta]// LIVM DE COMPEN=// diaria discendiiura// Ciuilia, ra=// tione// Authore Christophoro// Hegendorphino.//
F. 215b: DE ARTIBVS.// PROTESTATIO// ad lectorem.//
O texto segue até à f. 235b.
F. 236a-243a: [vinheta] CONSI- [vinheta]// LIVM DE COMPEN-// diaria discendi iura Ciuilia ratione,// ad Mauricium Breunlerũ. I.V.// Licentiarũ, Authore Chri-// stophoro Hegendor-//phino.//
F. 243a, ao pé da página: Lugduni apud Franciscum// Iustum. Anno dñi.// M CCCCC// XXXVI.//
F. 243b: em branco.
F. 244: em branco.

O *Index Aureliensis* menciona apenas um exemplar na Bibliothèque Nationale de Paris e um na Deutsche Staatsbibliothek, em Berlim.
Alciati, eminente humanista e jurista, foi o fundador da jurisprudência científica da época moderna. Nasceu em 1º de maio de 1492 em Alzate, perto de Como. Foi professor de Direito em Avignon, Milão, Bourges, Pávia, Bolonha, Ferrara e novamente em Pávia, onde veio a falecer em 12 de janeiro de 1550.

IA 102.907; Schulte v. 1, parte 3, p. 448.

FD-BTA

16.

ALCIATO, Andrea, 1492-1550. 1538

AVREVS// ANDREAE ALCIATI// IVRECONSVLTI PRAE// SVMPTIONVM//TRACTA=//TVS,// Ioannis Nicolai Arelatani I. V. D.// studio peruigili amplissimis auctus// additionibus, argumẽtis ac índice ele//mentario de more exornatus, studio=// Soru ergô nunc primu in Lucem exit.//Apud Vincentium Portonarium.// Lugduni M. D. XXXVIII,// Cum Regis Priuilegio ad sexennium.//

563 p., 45 fls. não nums. (*falta* a última folha). -- Assinatura: a-z(8) A-S(8).

Restaurada.
Reencadernação flexível em pergaminho de cabra.
Acondicionada em caixa com pH neutro.
Notas marginais impressas.
Algumas notas manuscritas.

Verso da página de rosto: em branco.
P. 3-5: Privilégio do rei, datado de Lyon, 3 de dezembro de 1537.
P. 6-11: ¶ Inclytae Reipub. Arelatensi,eiusq?; prosenescalo// Antonio Arlerio bene merito, Ioan=// nes Nicolaus Arelatanus, // foelicitatem.// [datado de:] Lugduni Idibus De=// cembribus Anno a Christo nato sesquimillesimo trigesi=// mo septimo.//
P. 12: Censura Totius operis.//
A partir da p. 13 começa, então, o texto propriamente dito, que finaliza à p. 563.
P. 563b: em branco.
Nas folhas não numeradas de la até 45b segue: INDEX ALPHABE=// ticus Andreae Alciati, Mediolanensis Iuris utriusq:// doctoris, in tractatu praesumptionum, ita or// dine digestus ut cuiuis legenti quo=// ta praesumptionis, regulae,// numeri, et paginae,// ultro se offe=// rat.//
A última folha, provavelmente em branco, falta.

Mencionado no *Index Aureliensis* com único exemplar em Muenster – Biblioteca Universitária.

IA 102.918.

FD-BTA

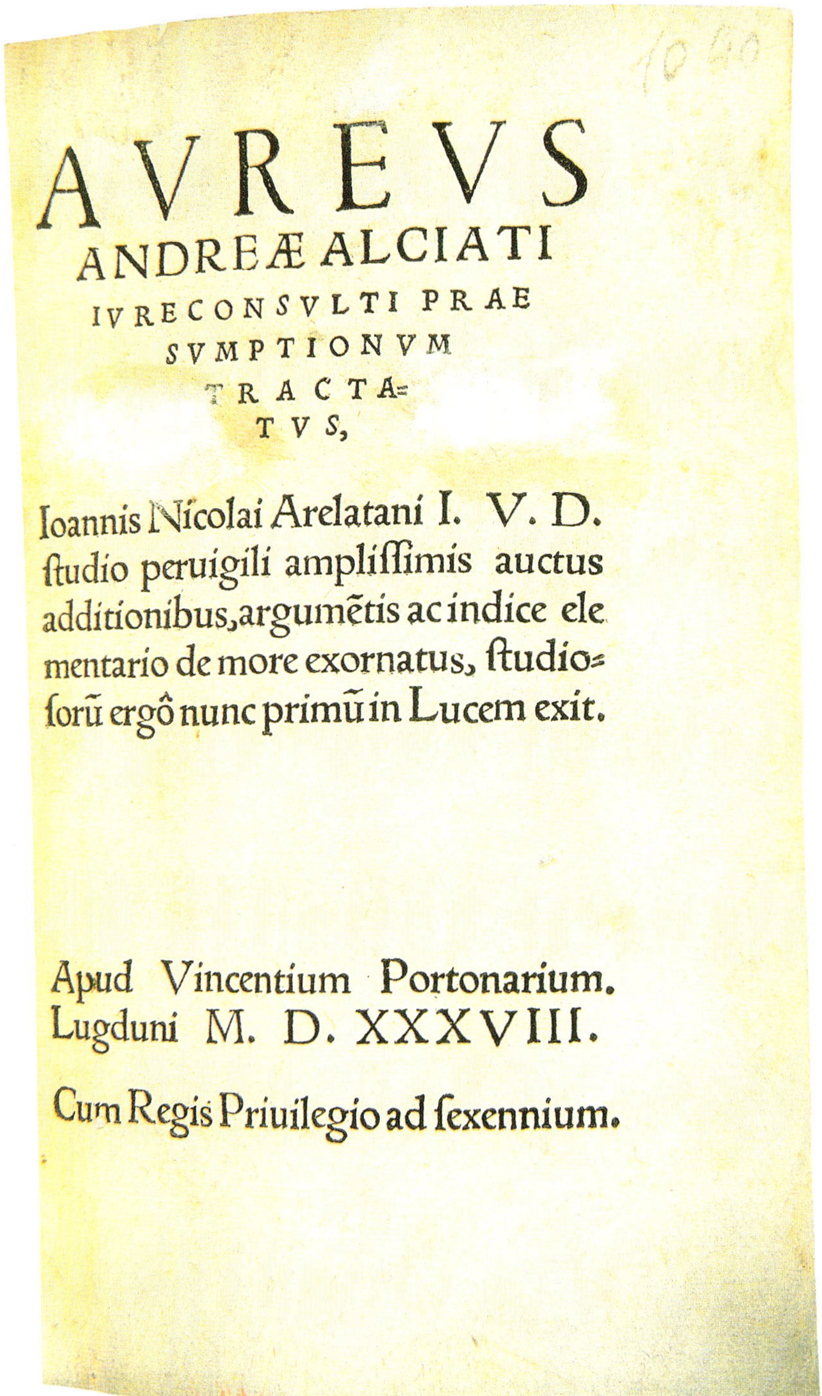

AVREVS
ANDREÆ ALCIATI
IVRECONSVLTI PRAE
SVMPTIONVM
TRACTA-
TVS,

Ioannis Nicolai Arelatani I. V. D.
ſtudio peruigili ampliſſimis auctus
additionibus, argumẽtis ac indice ele
mentario de more exornatus, ſtudio-
ſorũ ergô nunc primũ in Lucem exit.

Apud Vincentium Portonarium.
Lugduni M. D. XXXVIII.

Cum Regis Priuilegio ad ſexennium.

ALCIATO, Andrea. *Tractatvs, Ioannis Nicolai Arelatani I. V. D. studio peruigili amplissimis...*, 1538. Página de rosto.
Figura 10 – nº de catálogo 16

17.1.

ORDENAÇÕES DE D. MANUEL. 1539

O livro não tem folha de rosto. A primeira folha é preenchida por uma xilogravura representando as armas portuguesas.
A obra acha-se dividida em cinco livros, cada um com paginação e assinaturas próprias.

Livro primeiro.

4 fls. prels., clx [160] fls. nums. (Erros de foliação: xxxviij i. e. xxxix). -- Assinatura: A(4) a-i(8) k(7) l-v(8).

Exemplar com furos, restaurado, mas em folhas soltas.
Não tem reclamos.
Anotações manuscritas, mas antigas.

F. 1a: Emblema português [restaurado].
F. 1b: "Aluara sobre os livros das ordenacoens que vo al// teza mandou imprimir."// [datado de:] "dez & sete dias de Junho de mill & quinhentos & trinta."//
F. 2a: Prólogo.// [carta de D. Manuel]
F. 2a-4a: [vinheta pequena] Seguese a tauoada deste primeyro// liuro das ordenações.//
F. 4b: em branco.
Seguem-se, então, as folhas numeradas até a f. clx, o primeiro livro das ordenações.
F. num. clx, ao pé da página:[vinheta pequena] Aqui acaba o p̃meiro liuro// das ordenações.
Foi impresso em// ha cıdade [sic] de Seuilha em casa de Juã Crõbergcr.// [.:.] [.:.]// [vinheta pequena]
Verso da f. num. clx: em branco.

17.2.

Livro segundo. 1539

2 fls. prels., lxix [69] fls. nums., 1 fl. não num. -- Assinatura: .:.(2) aa-gg(8) hh(10) ii(4). (Erros de assinatura: l. i. e. liiij).

F. 1a-2b: [vinheta pequena] Seguese a tauoada deste segundo li-// uro das ordenações. Tem duas folhas.//
Da f. num. 1 segue o segundo livro das ordenações manuelinas: [vinheta pequena] Aqui começa o segundo liuro.//
A f. não num., no final, contém no anverso o colofão: [vinheta pequena] Aqui acaba o segundo liuro// das ordenações. Foy impresso em a// muyto nobre & muyto leal cida=// de de Seuilha en casa de Juan Crõberger.// .:. .:.// .:.// a b c d e f g h i. Todos som quadernos// saluo h que he quinterno: & i que he duerno.//
Verso da f. não num.: em branco.

17.3.
Livro terceiro. 1539

3 fls. prels., xcvj [96] fls. nums. -- Assinatura: A(3) aaa-mmm(8).

F. 1a: Emblema heráldico português.
F. 1b-3b: [vinheta pequena] Seguese a tauoada deste terceiro li=// uro das ordenações.//
O terceiro livro finaliza com o colofão no final da fl. xcvj verso: [vinheta pequena] Aqui acaba o terceiro liuro// das ordenações. Foi impresso em ha// muyto nobre e leal cidade de// Seuilha en casa de Joam// Crõberger .:.//

17.4.
Livro quarto. 1539

2 fls. prels., lxv [65] fls. nums. 1 fl. não num. (Erros de foliação: xxii i. e. xxiiij). -- Assinatura: AAA(2) aaaa-gggg(8) hhhh(10).

F. 1a-2b: [vinheta pequena] Seguese atauoada [sic] deste quarto liuro.// Após o texto do quarto livro, vem na f. não num., no final, o colofão: [vinheta pequena] Aqui acaba o quarto liuro// das ordenações. Foi impresso em a// muyto nobre & muyto leal ci=// dade de Seuilla en casa d'// Juan cronberger.// [.:.] [.:.]// [.:.]// aaaa bbbb cccc dddd eeee ffff gggg hhhh (i.é., hhhhh).// [vinheta pequena] Todos sam quadernos saluo .h.// que he quinterno.//
Verso desta folha apenas com anotações manuscritas.

17.5.

Livro quinto. 1539

4 fls. prels., xcvij [97] fls. -- Assinatura: ✠(4) A-L(8) M(10) (faltando a última folha).

F. 1a-4b: Tauoada do quinto liuro.//
F. 4b: em branco.
Segue, então, o quinto livro, com que se encerra esta obra.
Na folha final, faltante nesta obra, consta o colofão, que copiamos conforme está em Palau: "Foy impresso em ha cidade de Lixboa per Jacobo [sic] Crõberger alemão aos onze dias de mes de Março. Anno de Mil y quinientos y xxi annos. Deo gratias. Terceyra impressam M.D.XXXIX annos [1539]".

A primeira edição das *Ordenações Manuelinas* é de 1514. Contudo, em 1521 foi publicada outra edição (edição definitiva), novamente compilada. É de 1526 a segunda dessa nova compilação; a terceira é esta, de 1539, cujos quatro livros saíram em Sevilha e só o quinto em Lisboa. Todas elas são extremamente raras. Juan Cromberger deve ser filho de Jacob Cromberger, impressor renomado.

Cat. Res. nº 1.763 (exemplar com falta de diversas páginas); Palau 202.462 (informa que na Bib. Nac. de Madrid existe "un ejemplar defectuoso."); *Dic. Hist. Portugal* v. 3, p. 208-9.

FD

18.

COMPENDIUM SEPTEM SACRAMENTORUM. 1541

[título dentro de uma moldura] [vinheta pequena] Compendiũ septem// sacramentorum autho=// ritatibus scripturarum,// cũ distichis interpositis// compositum [...]// [vinheta pequena] Sũt preterea authoritates de peccatis om=// nibus: de decem preceptis: de quinqz sensibus// De virtutibus et donis spiritus sancti: de pe=// nis inferni et purgatorij: et d'gaudijs paradisi// Deinde additi sunt tractatus de cẽsuris eccle=// siasticis de presulibus clericis et religiosis.// postremo ponitur catalagus sentenciarũ com=// plures vtiles sermones continens.// [...]//

138 fls. não nums. -- Assinatura: a-q(8) r(10).

Notas marginais manuscritas.
Letra gótica.

Verso da página de rosto: [vinheta pequena]...[com furos] sacramentis// in genere.//
F. 67b: [vinheta pequena] Tractatus de cẽsuris eccle// siasticis. de presulibꝰ clericis// et religiosis. auctoritatibus// scripturarum cum distichis// interpositis compositus.//
F. 94b: [vinheta pequena] Catalogus sentẽtia=// rum auctoritatibus scripturarũ.// cum distichis interpositis// cõpositus. Complures// non inutiles sermo// nes continẽs.//
Termina à f. 138b; linha 24: [vinheta pequena] Finis. Gloria. Laus.// Et honor deo.:.// M. D. XLI.//

Anselmo informa a respeito desta obra: "Notícia extraída de M. Carvalho, r. XXXIV, que diz haver na B. da Univ.de Coimbra um ex. desta obra, encadernado com o 'Liber de scholastica disciplina', imp. por Germão Galharde, em 1532".
No Catálogo dos "Reservados" da Biblioteca Geral da Universidade de Coimbra, nº 738, vem mencionado um exemplar desta nossa obra com a observação: "Tem a nota de proibido por não indicar autor".

Anselmo 1.110; Cat. Res. nº 738.

IEB-LAM

19.1.
SCRIPTORES REI RUSTICAE. 1541

MARCI// CATONIS,// AC// M. TEREN.// VARRONIS// DE RE RVSTI-// CA LI-// BRI,// *// Per Petrum Victorium,ad ue=// terum exemplarium fidem,suae inte// gritati restituti.// [vinheta]// [marca tipográfica]// LVGDVNI APVD SEB.// GRYPHIVM,// 1541.//

8 fls. prels., não nums., 214 p., 9 fls. não nums. (Erros de paginação: 63 i. e. 67). -- Assinatura: *(8) a-o(8) p(4).

Notas marginais manuscritas.
Na última folha, marca tipográfica diferente daquela encontrada na folha de rosto.

Verso da página de rosto: em branco.

Compendiũ septem sacramentorum, autho-
ritatibus scripturarum,
cũ distichis interpositis
compositum. p: Ioh: Fer
Sũt preterea authoritates de peccatis om-
nibus: de decem preceptis: de quinq3 sensibus
De virtutibus et donis spiritus sancti: de pe-
nis inferni et purgatorij: et d gaudijs paradisi
Deinde additi sunt tractatus de cẽsuris eccle-
siasticis de presulibus clericis et religiosis.
postremo ponitur catalagus sentenciarũ com-
plures vtiles sermones continens.

Compendiũ septem sacramentorum authoritatibus scripturarum, cũ distichis interpositis compositum..., 1541. Página de rosto.
Figura 11 – nº de catálogo 18

F. 2a-4b: PETRVS// VICTO-// RIVS// MARCELLO// CERVINO CAR-// DINALI// SAL.// [datado no final:] ... Dat. XII.// Kalend. Quinti=// les. M. D.// XLI.// Florentia.//
F. 5a-7b: INDICES, QVIBVS QVID// singulae partes huius libri conti=// neant, ostenditur.//
F. 8a-8b: LOCI ALIQVOT COLVMEL=// – ... [exemplar com furos]
P. 1-71: MAR. CATO// DE RE RV// STICA.//
P. 72-75: VARRONIS RERVM RVSTI-// CARVM DE AGRICVLTVRA,... [exemplar com furos]// BRI PRIMI CAPITA.//
P. 76-214: M. TER. VAR// RONIS RERVM RVSTICA-// RVM DE AGRICVL// TVRA LI=// BER I.// [dividido em três livros].
P. 214- f.9a: INDEX EORVM// QVAE HABENTVR IN M.// Catonis & M.Ter. Varronis de// re rustica libris.// [em duas colunas]
F. 9a [final]: ERRATA.//
F. 9b: Marca tipográfica.

19.2. 1541

PALLADII// RVTILII TAVRI// AEMILIANI, VIRI// ILLVSTRIS,// DE// RE RVSTICA// LIBRI XIIII.// [vinheta]// [marca tipográfica]// APVD SEB. GRYPHIVM// LVGVDVNI [sic],// 1541.//

184 p., 4 fls. não nums. -- Assinatura: Aa-Mm(8).

Verso da página de rosto: em branco.
P. 3-184: PALLADII// RVTILII TAVRI AEMI=// liani uiri illustris, de re rustica.// [dividido em 14 livros.].
F. 1a-4a: INDEX EORVM// QVAE HABENTVR IN// Palladij de re rustica libris.// [em duas colunas.]
F. 4b: Marca tipográfica diversa da folha de rosto e das outras da primeira obra do volume.

MP

20.
SCRIPTORES REI RUSTICAE. 1542

PETRI// VICTO-// RII// Explicationes suarum in Catonem, Varro=// nem,Columellam Castiga-// tionum.// [vinheta]// [marca tipográfica]// APVD SEB. GRYPHIVM// LVGDVNI,// 1542.//

144 p. (Erros de paginação: 105 i. e. 101). -- Assinatura: a-h(8) i(7) (Falta a última folha, teria a marca tipográfica?).

Verso da página de rosto: em branco.
P. 3-5: PETRI VI=// CTORII EXPLI=// CATIONES SVARVM// in Catonem, Varronem, Co=// lumellam castiga=// tionum.//
P. 5-32: IN M. CATO-// NEM.//
P. 33-134: IN M. VARRO-// NIS, RERVM RV=// STICARVM// ...
P. 134-144: PETRI VI=// CTORII IN COLVMEL-// LAE, DE RE RVSTICA,// libres, castigatio=// nes.//

A obra completa consta de cinco partes: Catonis ac Varronis de re rustica libri. – Columellae de re rustica libri. – Palladii de re rustica libri. – Enarrationes vocum priscar. per G. Alexandrinum. – Petri Victorii explicationes suarum castigationum.
Adams cita apenas as edições de 1535 (814) e 1537 (816), publicadas com as três primeiras partes.
Brunet (v. 5, col. 246), ao mencionar as diversas edições, indica que "on trouve difficilement ces 5 part reunies". Informa também que foram reeditadas mais uma vez pelo mesmo Seb. Gryphius em 1548-9.
Ebert (nº 20741), ao indicar esta edição e a de 1548-9 elaborada com os comentários de Petrus Victorius, declara-as de certo valor, devido aos mesmos comentários.
Brunet ainda se refere às diversas marcas tipográficas encontradas no decorrer das diferentes partes. Menciona também os comentários de Victorius, impressos em 1541, mas não faz referência a esta obra de 1542.

Brunet v. 5, col. 246; Ebert 20.741.

MP

21.
BOEMUS, Johann, fl. 1500. 1542

Omnium Gen=// TIVM MORES, LEGES,// & Ritus, ex multis clarissimis rerũ// scriptoribus, à Ioanne Böemo// Aubano Teutonico nuper// collecti, & nouissimè// recogniti.// ACESSIT LIBELLVS DE// Regionibus Septentrionalibus earumq́z Gen=// tium ritibus, veterum Scriptorum se=// culo ferè incognitis, ex Iacobo//

Zieglero Geographo.// PRAETEREA, EPISTOLA MA=// ximiliani Transsyluani lectu perquam// iucunda,ad R. Card.Salzburgen.// DE MOLVCCIS INSVLIS.// & aliis pluribus mi=// randis,// ANTVERPIAE,// In aedibus Ioan. Steelsii, Anno// à CHRISTO nato// M. D. XLII.//

123 fls. nums., 21 fls. não nums. (Erros de foliação: 95 i. e. 59; 57 i. e. 67; fls. sem paginação: 1, 2, 3; falta a paginação 61, porém, 62 há duas vezes seguida). -- Assinatura:A-S(8).

Obra em ótimo estado de conservação.
Não foi restaurada.
Notas marginais impressas.
No verso da última folha marca editorial de Steelsivs.

Verso da página de rosto: Hendecasyllabon// ad Lectorem.//
F. 2a-2b: Carta dedicatória a: SIGISMVNDO GRYMAVGV=// stano, optimarum artium & Medicinae// eximio Doctori, Ioan. Boemus// Aubanus Teutonicus. S.//
F. 3a-19b: De Origine ho// MINIS OPINIO THEO=// logorum vera.//
F. 20a-58b: De Asia & ce=// LEBRIORIBVS EIVS// Gentibus, LIBER II.//
F. 59a-123a: De Europeis// MEMORABILIORIBVS// GENTIBVS.// Liber Tertius.//
F. 123b-7a, não numeradas: De regionibus// septentrionalibus.// earumq́z gentiu ritibus, veterum scri=// ptorum seculo ferè inco=// gnitis.//
F. 7b-19a, não numeradas: De Moluccis// Insvlis atqve aliis// pluribus mirandis, quae nouissimè Ca=// stellanorum nauigatio Sereniss. Impera=// toris Caroli V. auspicio suscepta, nuper// inuenit: Maximiliani Transsyluani ad// Reuerendiss. Cardinalem Saltzbur=// gensem Epístola lectu perquam// iucunda.//
A carta data de 24 de outubro de 1522.
F. 19b-20a, não numeradas: INDEX CAPITVM// trium Librorum Ioannis Boemi de// omnium Gentium moribus.// CAPITA LIBRI PRIMI.//
F. 20b-21a: Carta de ANDREAS PALEOSPHYRA.// Gundelfingius Lectori S.// Abaixo desta carta a indicação do tipógrafo e no verso a marca editorial de Steelsius.
Colofão: Typis Ioan. Graphei//

A obra de Boemus foi por diversas vezes impressa, e sua primeira edição publicada em *Augustae Vindelicorum, in officina Sigismondi/Grimn..., 1520.* Basicamente a obra constava dos três livros referentes à África, Ásia e Europa. Posteriormente, cada editor foi modificando a obra, reorganizando-a e atualizando-a.

A edição de 1542 é a única das edições de Boemus que contém a descrição *De Moluccis Insulis*, da autoria de Maximilianus Transsylvanus (m. 1538), inicialmente editada em Colônia em 1523. Veja, porém, o que Palau (158.775-7) escreve a respeito da cronologia desta descrição.
Traz a mesma a primeira relação da viagem de circunavegação de Fernão de Magalhães.

Bonacker p. 156; Harrisse BAV-ADD. 136; Palau 31.246 e 158.778; Wieser-Magalhães p. 107-115 (com reprodução parcial da descrição).

IEB

22.
VILLEGAGNON, Nicolas Durand de, 1510-1571? 1542

CAROLI .V. IM=// PERATORIS EXPEDITIO// in Africam ad Argieram,per Nico=// laum Villagagnonem Equi=// tem Rhodium.// Norimbergae apud Iohan. Petreium// Anno M. D. XLII.//

10 fls. não nums. -- Assinatura: A(4) B(6).

Ex-libris de Alexander Meyrick Broadley e da USP – Faculdade de Filosofia, Ciências e Letras.

Verso da página de rosto: AMPLISSIMO VIRO D. G. BEL=// laeo Langaeo, Subalpinarũ gentium Proregi, & pri=// mi ordinis Equiti apud Christianiss. Francorũ// Regem, Nicolaus Villagagnon Eques// Rhodius Gallus. S. D. P.//
F. 2a, assin. A ij: CAROLI V. IMPERATORIS EX// peditio in Africam ad Argieram: per Nicolaum// Villagagnonem Equitem Rhodium.// Termina à f. 10a. F. 10b: em branco.

Brunet 28.406; Gay 1.084.

IEB-LAM

23.
VILLEGAGNON, Nicolas Durand de, 1510-1571? 1542

CAROLI.V.IMPERATORIS// EXPEDITIO IN AFRICAM// AD ARGIERAM: PER// Nicolaum Villagagnonem Equi=// tem Rhodium Gallum.// Ad D. G. Bellaium Langaeum Subalpinarum// gentium Proregem, & primi ordinis// Equitem apud Christianissimum// Francorum Regem.// [marca tipográfica]// Non sine priuilegio, ut in multis alijs.// Venetijs M D XLII.//

19 fls. não nums. -- Assinatura: A-D(4) E(3).

Encadernação inteira em couro com o emblema dos Aldus no lado externo da capa.
Minúsculas para as iniciais.

Verso da página de rosto: em branco.
F. 2a-2b: AMPLISSIMO VIRO D. G.// Bellaeo Langaeo, Subalpinarum gentium Pro=// regi, & primi ordinis Equiti apud Chri=// staniss. Francorum Regem, Nico=// laus Villagagnon Eques Rho// dius Gallus. S.D.P//
F. 19b: Venetijs per Ioan. Ant. & Petrum fratres de Ni=// colinis de Sabio, Expensis vero Dni// Francisci Toresani de Asula,// M D X L I I,// Mense Augusta.//
É a descrição de uma testemunha ocular da expedição.

Anotação manuscrita no livro: "Único expl. completo conhecido" mais outra "perfect – excepively rare"(sic).
Afirma Brunet que esta edição é mais rara do que a de Paris, do mesmo ano.

Brunet v. 5, col. 1.235; Renouard v. 1, p. 301.

IEB

24.
PICCOLOMINI, Alessandro, arcebispo de Patras, 1508-1578. 1543

DE LA INSTITVTIONE// DI TVTTA LA VITA DE// L'HVOMO NATO NOBILE,// E IN CITTA LIBERA,// LIBRI.X. IN LINGVA// IOSCANA. DOVE E PERIPATETI=// camente e Platonicamente, intorno à le cose de

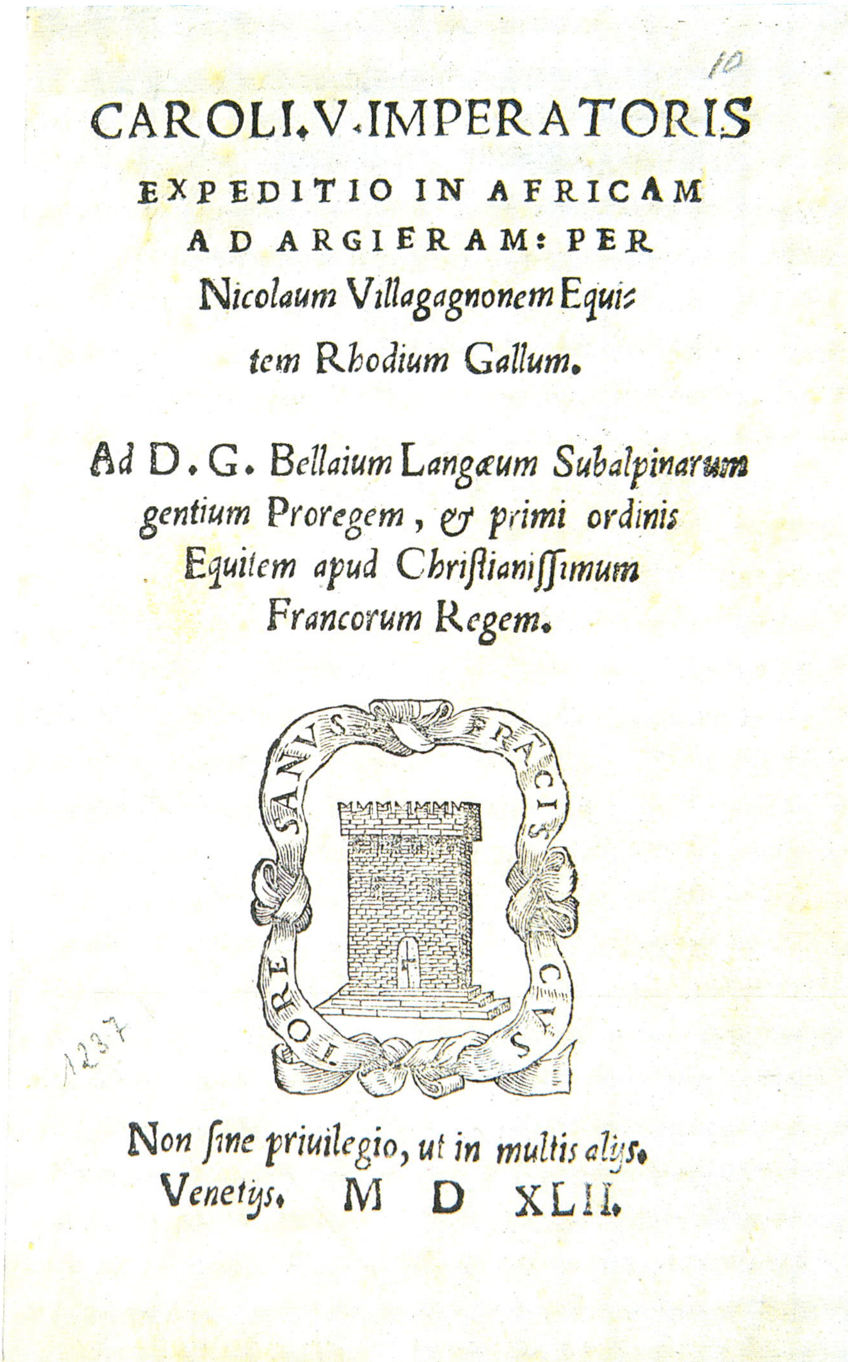

CAROLI. V. IMPERATORIS
EXPEDITIO IN AFRICAM
AD ARGIERAM: PER
Nicolaum Villagagnonem Equi-
tem Rhodium Gallum.

Ad D. G. Bellaium Langæum Subalpinarum
gentium Proregem, & primi ordinis
Equitem apud Christianissimum
Francorum Regem.

Non sine priuilegio, ut in multis alijs.
Venetijs. M D XLII.

VILLEGAGNON, Nicolas Durand de. *Caroli. V. imperatoris expeditio in Africam ad Argieram...*, 1542. Página de rosto.
Figura 12 – nº de catálogo 23

l'Ethi// ca, Iconomica,e parte de la Politica,e raccolta la// somma di quanto principalmente può concor// rere à la perfeita e felice vita di quello.// Cõposti dal S. ALESSANDRO// Piccolomini,à beneficio del Nobi=// lissimo funciullino Alessandro// Colombint, pochi giorni// innanzi nato; figlio de// la Immortale Mad-// LAVDOMIA// Forteguerri.// ALQVALE [HAVENDOLO EGLI// Sostenuto à battesino] secondo l'usanza de i// Compari,de i detti Libri fa dono.// M. D. XLIII.//

8 fls. prels. não nums., 271 fls. nums., 1 fl. não num. (Erros de foliação: de 40 pula para 49; de 56 volta para 41 indo até 57; de 184 volta para 183; 106 i. e. 206; de 214 volta para 213; de 220 passa para 225; de 244 passa para 246; duas folhas com 246). -- Assinatura: *(8) A-Z(8) AA-LL(8) (o caderno F está deslocado entre os cadernos G e H).

Verso da página de rosto: em branco.
F. 2a-4a: ALLA NOBILISSIMA E BELLISSIMA// Madõna. La molto Virtuosa Madõna LAVDO-// MIA Forteguerri de Colombini, Comare// Honoratissima e Osseruandissima.// ... [datado de:] "Di Padoua, il primo giorno de l'anno. M.D.XL."//
F. 4b-8b: LA TAVOLA DI QVELLE COSE,// che si contengano nella presente opera.//
Segue, então, a obra propriamente dita, subdividida em dez livros.
A última folha, não numerada, está em branco.

Encontramos a obra mencionada em catálogo das bibliotecas de Oxford, Inglaterra.

Adams P-1.107.

IEB-JFO

25.
VESALIUS, Andreas, 1514/15-1564. 1543

ANDREAE VESALII// BRVXELLENSIS, SCHOLAE// Medicorum Patauinae professoris, de// Humani, corporis fabrica// Libri septem.// [este título encontra-se na parte superior de uma gravura que mostra um médico [Vesalius?] fazendo uma demonstração de anatomia, rodeado por muitas pessoas.]
Ao pé da página, dentro de um oval: CVM CAESAREAE// Maiest. Galliarum Regis, ac Senatus Veneti gra-// tia & priuilegio, ut in diplomatis eorundem continentur.// [abaixo da gravura, ao centro:] BASILEAE.//

5 fls. prels., 659 i. e. 663 p., 18 fls. não nums. (Erros de paginação: 148 i. e. 140; 150 i. e. 148; 179 i. e. 177; 237 i. e. 235; 462 i. e. 262; 266 i. e. 268; 175 i. e. 273; 267 i. e. 297; 288 i. e. 298; de 312 volta para 213; falta a p. 353/4 e mais uma sem numeração; 566 i. e. 366; 396 i. e. 388; de 391 pula para 492; 511 i. e. 513; 658 i. e. 662; 659 i. e. 663). -- Assinatura: *(5) A-Z(6) a-1(6) m(7) n-o(6) p(4) (faltam duas) q-z(6) Aa-Ll(6) Mm(8).

Encadernação nova e em pergaminho.
Exemplar com algumas manchas de água, alguns furos restaurados sem afetar o texto.
Notas marginais impressas e manuscritas.
Tipos hebraicos.
Inúmeras xilogravuras no texto e outras de página inteira.
Folha de rosto gravada foi restaurada, colocando-se uma folha no verso.
Ex-libris "di Romeo Fusari".

Verso da página de rosto: em branco.
F. 2a-4b: AD DIVVM CAROLVM// QVINTVM, MAXIMVM, INVICTISSIMVM// QVE IMPERATOREM, ANDRAE VESALII// in suos de Humani corporis fabrica libros, Praefatio.// [datado de:] Patauij. Calend. AUGUSTI, anno post natum CHRISTVM// M.D.X.LII.// [mais abaixo:] TYPOGRAPHVS LECTORI.//
F. 5a-5b: IOANNI OPORINO GRAECARVM LITE// RARVM APVD BASILIENSIS PROFESSORI// amico clarissimo suo.// [assinado:] Venetijs, nono Calendas Septembres.// Tuus And. Vesalius.//
Segue, então, a obra propriamente dita e que se divide em sete livros, que começam respectivamente às páginas: 1, 169, 257, 315 i. e. 415, 355 i. e. 455, 559 e 605. O texto termina na p. 659 i. e. 663.
No verso tem: LOCORVM INTER EXCVDENDVM OPERARVM INCVRIA// deprauatorum emendatior lectio.//
Nas folhas finais, sem numeração e impressas em três colunas, temos:
F. 1a-17b: RERVM ET VERBORVM// IN PRAECEDENTIBVS DE HUMANI CORPORIS// FABRICA LIBRIS MEMORABILIVM INDEX, IN QVO PRIMVS NV// merus paginam, secundus uersum indicat...
F. 17b, mais abaixo do índice: SERIES CHARTARVM.// em que vem mencionado que o caderno com assinatura m possui um "semifolium" e "Sic & p, propter insuendam figuram triemio efficitur." Com isso está provado que faltam as respectivas páginas.
F. 18a, ao centro: BASILEAE, EX OFFICI-// NA IOANNIS OPORINI,// Anno salutis reparatae M D XLIII.// Mense Iunio.//

VESALIUS, Andreas. *Andreae Vesalii Brvxellensis, Scholae...*, 1543. Página de rosto, provavelmente desenhada por Ticiano e gravada por Stephan van Kalkar.
Figura 13 – nº de catálogo 25

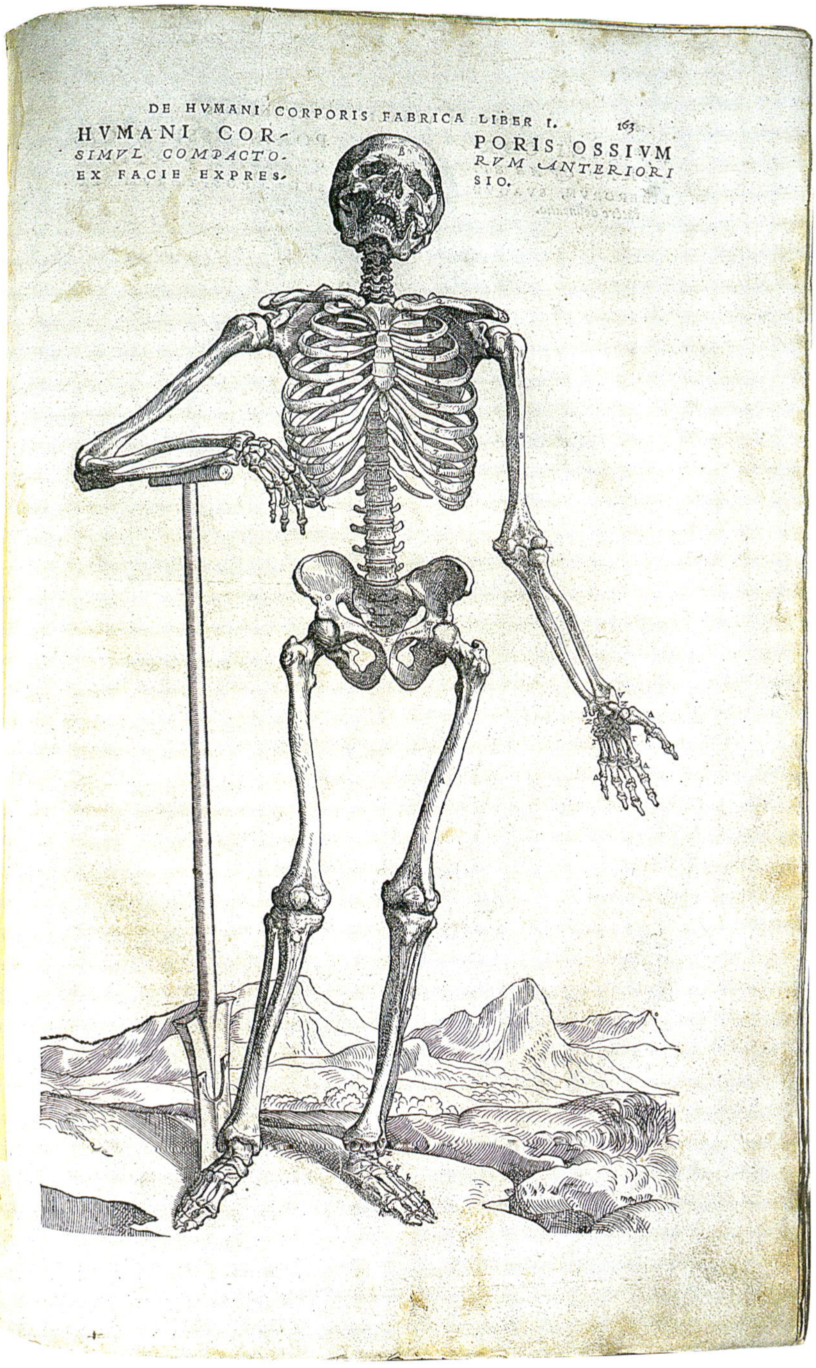

VESALIUS, Andreas. *Andreae Vesalii Brvxellensis, Scholae...*, 1543. Detalhe de xilogravura do esqueleto humano, provavelmente desenhada por Ticiano e gravada por Stephan van Kalkar.
Figura 14 – nº de catálogo 25

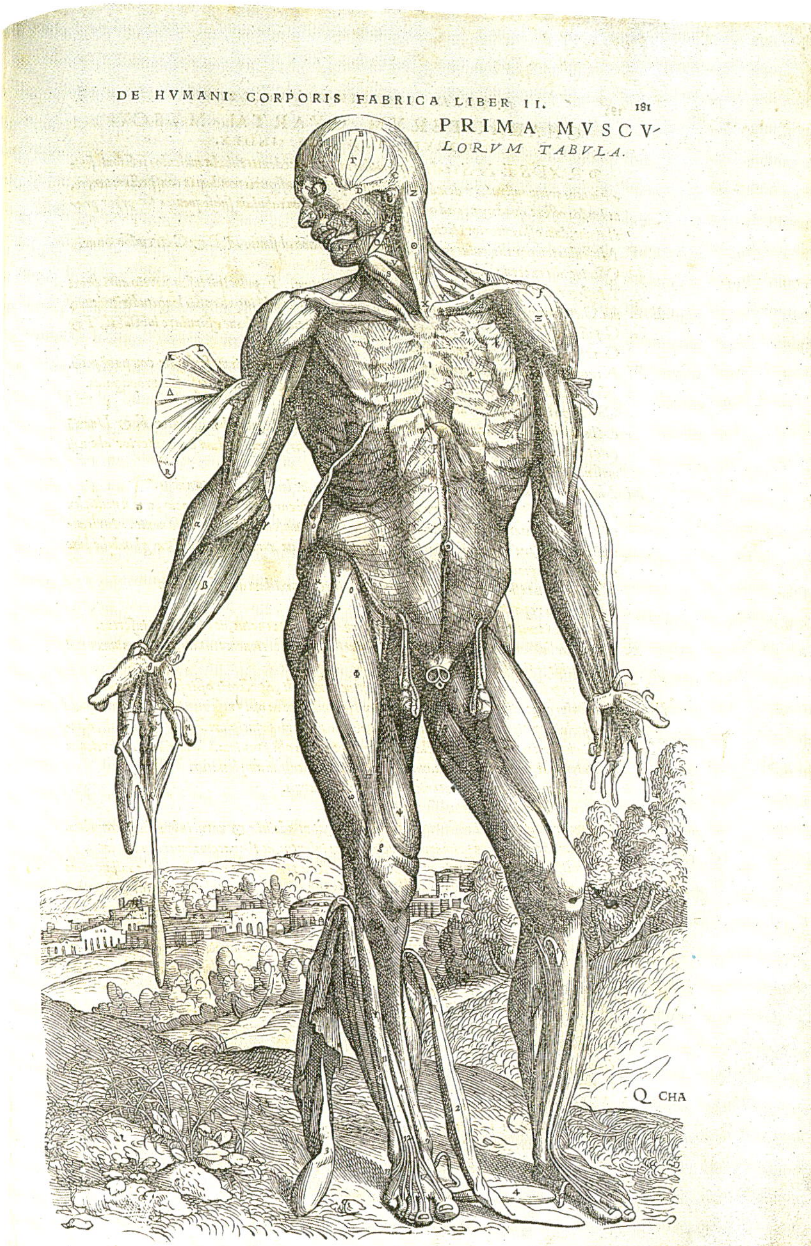

VESALIUS, Andreas. *Andreae Vesalii Brvxellensis, Scholae...*, 1543. Detalhe de xilogravura do corpo humano com destaque para a musculatura, provavelmente desenhada por Ticiano e gravada por Stephan van Kalkar.
Figura 15 – nº de catálogo 25

F. 18b: Marca tipográfica.
Abaixo, em tinta, a assinatura de um antigo possuidor.

Vesalius nasceu em Bruxelas na noite da passagem do ano de 1514 para 1515. Faleceu em 15 de outubro de 1564, numa viagem a Jerusalém. Era filho do farmacêutico da corte de Carlos V, e pertenceu a família originária de Wesel, na Alemanha.
Vesalius foi inicialmente professor de cirurgia em Pádua, mais tarde, médico particular de Carlos V e de Filipe II, de Espanha. Foi também médico prático de muito sucesso.
Recomendou que se examinasse com todo o cuidado o cadáver para se chegar a um conhecimento mais aprofundado da própria estrutura do corpo humano. É conhecido, por isto, como o fundador do moderno estudo da anatomia.
Sua obra *De humanae corporis fabrica* é considerada como pedra angular do desenvolvimento da medicina. As xilogravuras desta primeira edição aqui descrita, acredita-se, foram desenhadas por Ticiano e gravadas por Stephan van Kalkar.

Adams V-603; Ebert 23.537

ICB

26.1.
CHRISOSTOMO, Joannes, arcebispo de Constantinopla, 344-407. 1546

DIVI IOANNIS CHRY-// sostomi archiepiscopi Constan-//TINOPOLITANI OPERA, QVATENVS IN// HVNC DIEM LATIO DONATA NOSCVNTVR,// omnia,cùm ad collationem Latinorum codicum mirae anti-// quitatis, tum ad Graecorum exemplarium fidem in-// numeris penè locis natiuae integritati restituta,// vix vlli aestimandis laboribus virorum// linguae vtriusque insigniter callen-// tium:quae in quinque digessi-// mus tomos, quorum// PRIMVS ea complectitur, quae ad explicationem faciunt veteris testamenti.// SECVNDVS habet quae pertinent ad elucidationẽ Matthaei,Marci,& Lucae.// TERTIVS enarrationes cõtinet in Ioannẽ, in Acta apostolorũ,& alia aliquot.// QVARTVS omnes Pauli epistolas aureo Chrysostomi ore explicat.// QVINTVS [palavra em grego] est,quòd miscellaneã cõtineat argumentorũ varietatem.// [marca tipográfica]// PARISIIS,// Apud Odoënum Paruum,in via Iacobaea,sub insigni Lilij// aurei, Anno domini,// 1546.//

10 fls. prels., 176 fls. nums. (Erros de foliação: 29, i. e. 30; 38 sem numeração; 75 i. e. 76; 143 i. e. 134; 176 i. e. 160; 65 i. e. 165; 2 últimas folhas sem numeração). -- Assinatura: †(10) a-y(8).

Restaurada.
Reencadernação rígida em pergaminho com tiras de couro, tratado ao alúmen, utilizadas como fecho.
Acondicionada em caixa com pH neutro.
Notas marginais impressas.
Texto impresso em duas colunas.
Alguns trechos impressos em grego.

Verso da página de rosto, dois poemas: AD LECTOREM DE LE-// gendo Chrysostomo.// [mais abaixo:] AD EIVSDEM CHRYSO-// stomi lectionem exhortatio.//
F. 2a-4a: [vinheta] REVEREN-// DO D.D. GABRIELI VENA-// tori Ebroicarum episcopo coenobiiq'ue Ly-// rensis abbati Ioannes Hucherius Vernoliensis Salutem.// [datado de:] Ad Calend. Iulias, 1543.//
F. 4b: [vinheta] AMPLISSI// MO PATRI ET ILLVSTRI// principi D.Christophoro à Stadio Augu-// stae Vindelicorum Episcopo, Des. Erasmus // Rot. S.D.//
F. 5a-9a: [vinheta] VITA DIVI// IOANNIS CHRYSOSTOMI// ex história, quam Tripartitam vocant, li-// bro decimo magna ex parte concinnata:// nonnullis adiectis ex dialogo Palladij epi-// scopi Helenopolitani, qui fuerat Chryso-// stomi discipulus, & Theodori Romanae// ecclesiae diaconi, per Des. Erasmum Ro-// terodamum// [datado de:]... Datum apud Friburgum Brisgoiae Nonis Au-// gusti Anno. M. D. XXX.//
F. 9a-9b; na segunda metade da folha, uma coluna em tipos gregos e outra em latim: [vinheta] VITA BEATI IOANNIS// CHRYSOSTOMI EX SVIDAE COL-LECTANEIS INTERPRETE// quidem incerto, sed per Godefridum Tilmanum Cartusianum ad Graecorum.// exemplarium fidem restituta germanae lectioni.
F. 10a: ELENCHVS OPERVM TOMI PRIMI.//
F. 10b: em branco.
Segue, então, o texto do primeiro volume da obra de Joannes Chrisostomo.
Verso da f. 175 finaliza com o registro e abaixo o colofão: Parisi[...] ex officina Michaëlis Fezandat in aedibus Albreticis// e[...] diui Hilarij.//
F. 176: em branco e sem numeração.

26.2.
Volume II. 1558

SECVNDVS TOMVS OPE=// RVM DIVI IOANNIS CHRYSOSTOMI,// ARCHIEPISCOPI CONSTANTINOPOLITANI, QVORVM// Catalogus sequenti página continetur.// [marca tipográfica]// BASILEAE// M. D. LVIII.//

1378 cols. (Erros de numeração nas colunas: 457 i. e. 397; 498 i. e. 398; 534 i. e. 524; 562 i. e. 592; 7 [vinheta] i. e. 710; 994 i. e. 991; 1038 i. e. 1083; 1199 i. e. 1099; 15911 i. e. 1351). -- Assinatura: a-z(6) A-Z(6) Aa-Ii(6) Kk-Ll(8).

Restaurada.
Reencadernação rígida em pergaminho com tiras de couro, tratado ao alúmen, utilizadas como fecho.
Acondicionada em caixa com pH neutro.
Notas marginais impressas.
Impresso em duas colunas.

Verso da página de rosto: CATALOGVS OPERVM SECVNDI TOMI.//
F. 2a-2b; [colunas 5-8]: ANIANI IN EXPOSITIONEM D. IOANNIS// CHRYSOSTOMI, ARCHIEPISCOPI CONSTANTINOPO-// litani, super Euangelium beati Matthaei, Prologus.//
A partir da coluna 9 começa, então, o segundo volume da obra de Chrisostomo.
Texto das colunas 719 e 720 riscados em cruz com tinta antiga.
Da coluna 721 em diante começa: [vinheta] ERVDITI COMMENTA [vinheta]// RII IN EVANGELIVM MAT=// THAEI INCERTO AVTORE.// PROLOGVS.// que vai até a coluna 1148.
Col 1149-1260: [vinheta] D. IOANNIS CHRYSO=// STOMI EPISCOPI CONSTANTINOPOLITANI HOMI-// liae sex & uiginti, uarios Euangelij Matthaei// locos explanantes.//
Col. 1261-1297: [vinheta] IN EVANGELIVM MARCI// HOMILIAE XIIII. DIVO IOANNI CHRYSOSTO-// MO INSCRIPTAE.//
No meio desta mesma página [1297-1298] começa: [vinheta] D. IOANNIS CHRYSO-// STOMI ARCHIEPIS-// COPI CONSTAN=// TINOPOLITANI, ALIQVOT HOMILIAE IN LOCA QVAEDAM// Euangelij Lucae unà cum concionibus quatuor de La-// zaro suo loco positis.//
Termina nas colunas 1377-1378.
Abaixo do texto das colunas 1377-1378 seguem o registro e o colofão: BASILEAE PER HIERONYMVM FROBENIVM// ET NICOLAVM EPISCOPIVM,// ANNO M.D. LVIII.//
Verso desta mesma folha: em branco, assim como o anverso da próxima folha.
O verso desta próxima folha traz a marca tipográfica.

26.3.
Volume III. 1558

[vinheta] TERTIVS TOMVS OPE-// RVM DIVI IOANNIS CHRYSOSTO-MI,// ARCHIEPISCOPI CONTANTINOPOLITANI, QVORVM// Catalogus sequenti pagina continetur,// [marca tipográfica]// BASILEAE// M. D. LVIII.//

[1112] cols. (Erros de numeração nas colunas: 48, sem numeração; 390 i. e. 309; 385-386 i. e. 389-390; 407-408 i. e. 403-404; 476 i. e. 466; 670 i. e. 700; 1053-1054 i. e. 1049-1050). -- Assinatura: a-z(6) A-Y(6) Z(8).

Restaurada.
Reencadernação rígida em pergaminho com tiras de couro, tratado ao alúmen, utilizadas como fecho.
Acondicionada em caixa com pH neutro.
Notas marginais impressas.
Obra impressa em duas colunas.

Verso da página de rosto: LECTORI PHILOTHEOLOGO TYPOGRAPHVS SALVTEM.// [mais abaixo, em duas colunas:] TERTII TOMI OPERVM CHRYSO-// stomi Catalogus.//
Cols. 5/6-7/8: FRANCISCI ARETINI IN D. IOANNIS// CHRYSOSTOMI EPISCOPI CONSTANTINOPOLITANI COM-// mentarium super Ioannis euangelio, ad clarissimum uirum// Cosmum Medicen Florentinum, Praefatio.//
A partir das colunas 7/8 segue o texto da obra de Chrisostomo.
Cols. 421/422 até 435/436: [vinheta] D. IOANNIS CHRYSOSTO=// MI ARCHIEPISCOPI CONSTANTINO=// POLITANI ALIQVOT HOMILIAE IN EVANG-// gelium Ioannis.//
Cols. 437/438 – 803/804: [vinheta] SANCTI IOANNIS CHRY=// SOSTOMI COMMENTARIVM IN ACTA APOSTOLORVM, DES. [ERASMO ROTERO-// DAMO INTERPRETE.] [riscado por tinta antiga o trecho entre colchetes.]
Cols. 805/806 – 1055/1056: [vinheta] D. IOANNIS CHRYSO-// STOMI ARCHIEPISCOPI CONSTANTI-// NOPOLITANI DE PRODITORE ET MYSTERIIS COENAE// dominicae, in quinta feria passionis.//
Cols. 1057/1058 – 1109/1110: [vinheta] D. IOANNIS CHRYSO-// STOMI ARCHIEPISCOPI CONSTANTI-// NOPOLITANI, DE LAVDIBVS DIVI PAVLI APOSTOLI//

Abaixo das cols. 1109/1110 seguem o registro e o colofão: BASILEAE PER HIERONYMVM FROBENIVM,// ET NICOLAVM EPISCOPIVM,// ANNO M. D. L.VIII.//
Verso dessa folha (1111/1112): Marca tipográfica de Froben.

26.4.
Volume IV. 1546

QVARTVS TOMVS// operum Diui Ioannis Chry-// SOSTOMI, ARCHIEPISCOPI CONSTAN-// TINOPOLITANI, EA COMPLECTENS,// quae ad enarrationem faciunt omnium epistola-// rum Beati Pauli apostoli, nunc recogni-// ta, ut pagina versa perspi-// cere licet.// Horum omnium indicem ad finem huius Tomi reperles.// Accessit & alter index sententiarum & rerum locupletissimus.// [marca tipográfica]// PARISIIS,// Apud Odoënum Paruum,in via Iacobaea,sub insigni Lilij// aurei, Anno domini,// 1546.//

426 fls. nums. (Erros de foliação: 49 i. e. 39; 76 i. e. 71; 84 i. e. 104; 118 i. e. 117; 221 i. e. 211; 202 i. e. 224; 272 i. e. 273; 292 i. e. 293; 423, sem numeração). -- Assinatura: a-z(8) A-Z(8) Aa-Ff(8) Gg(10).

Restaurada.
Reencadernação rígida em pergaminho com tiras de couro, tratado ao alúmen, utilizadas como fecho.
Acondicionada em caixa com pH neutro.
Notas marginais impressas.
Impresso em duas colunas.

Verso da página de rosto: Philippus Montanus candido lectori, S.P.D//
F. 2a-3a: GERMANVS// BRIXIVS LECTORI// candido.// [datado de:] Ex Bertocuriano nostro idibus No-// uembris, M.D.XXXII.//
F. 3a-3b: GERMANVS// BRIXIVS ERASMO// Roterodamo.// [datado de:] ... Lu-// tetiae Calendis Octobris. M.D.XXXII.//
F. 3b: [vinheta] DIVI IOAN// NIS CHRYSOSTOMI, ARCHI-// episcopi Constantinopolitani, in epistolae ad Romanos interpretationem prooe-// mium: Germano Brixio Altissio-// do[...]nsi interprete.//
O texto termina à f. 426a. São as homilias referentes às epístolas dos apóstolos às diversas comunidades.
F. 426b: contém: ELENCHVS OPERVM QVARTI TOMI.//
E abaixo segue o registro.

[vinheta] INDEX AMPLIS=// SIMVS INSIGNIVM SENTENTIARVM, QVAE// a liuo Ioanne Chrysostomo archiepiscopo Constantinopolitano, in suis// lucubrationibus praeclarè dictae sunt,ad omnium studiosorum vtili-// tat quantu [...] maxima fieri potuit diligentia per Ioannem Be-// [...]ctum Parisiensis, Theologiae doctorem bene meritum// selectus, ac in literarium ordinem redactus long[...]// quàm anteà auctior ac locupletior redditus// Ad cuius calcem index authoritatum sacrae scripturae,idest//
veteris ac noui testamenti,ab eodem Ioanne Chrysostomo// suis locis explicatarum accebrit.// [marca tipográfica]// PARISIIS// Apud Odoënum Paruum. Anno domini,// 1546.//

70 fls. não nums. -- Assinatura: a-f(8) g(10) a(8) b(4).

Restaurada.
Reencadernação rígida em pergaminho com tiras de couro, tratado ao alúmen, utilizadas como fecho.
Acondicionada em caixa com pH neutro.
Texto impresso em duas colunas.

Verso da página de rosto: em branco.
F. 2a-51b; impressas em três colunas: [vinheta] Index copio// sus sententiarum à tribus priori-// bus & quinto tomis operi[...] Diui// Ioannis Chrysostomi archiepisco-// pi Constantinopolitanai selectarũ,// ac in ordinem literarium Io. Bene-// dicto author[... ...]actarum//
F. 52a-58b; impressas em duas colunas: [vinheta] Authoritates sa-// crae scripturae sparsim à Diuo Ioanne Chryso-// stomo expositae secundum ordinem librorum// veteris & noui testamenti digestae.//
F. 59a-68a: [vinheta] INDEX// uerborum & sententiarum insi-// gnium iuxtà ac notatu dignissima-// rum in D. Ioannis Chrysostomi// commentarios, quos in omnes epi-// stolas Pauli scripsit.//
F. 68b-70a: [vinheta] AVTHORITA// TES VTRIVSQVE TESTAMEN-// ti à diuo Ioanne Chrysostomo passim per quartum// tomum citatae, & inde expositae.//
Verso da f. 70: em branco.
Segue, agora, com folha de rosto em separado e foliação:

26.6.

Volume V. 1546

QVINTVS ET VLTI-// mus. Tomus operum Diui Io-// ANNIS CHRYSOSTOMI, ARCHIEPISCO-// PI CONSTANTINOPOLITANI, QVI OB// multiplicem ac miscellaneam varietatem argumen-// torum, quae complectitur, [palavra em grego].// iure dici possit.// Pagella huic proximè contigua, eorum omnium index est.// [marca tipográfica]// PARISIIS,// Apud Odoënum Paruum, in via Iacobae, sub insigni Lilij// aurei, Anno domini,// 1546.//

300 fls. nums. (Erros de foliação: 146 i. e. 158; 219 i. e. 214; 223 i. e. 222; 37 i. e. 237; 23 i. e. 238). -- Assinatura: a-z(8) A-N(8) O(6) P(6).

Restaurada.
Reencadernação rígida em pergaminho com tiras de couro, tratado ao alúmen, utilizadas como fecho.
Acondicionada em caixa com pH neutro.
Impresso em duas colunas.

Verso da página de rosto: ELENCHVS QVINTI TOMI.//
F. 2a-3a: [vinheta] REVEREN// DO IACOBO HVRALTO HE-// duorum episcop[...], Germanus Brixius// Altissiodorensis.// [datado de:] ... Ex Bertocuriano// nostro, calendis Decembris. M.D.XXXIIII.//
F. 3b: ARGVMEN-// TVM TOTIVS OPERIS PER// eundem Germanum// Brixium.//
A partir da f. 4a começa o quinto volume da obra de Chrisostomo com a interpretação de Germano Brixio.
Termina no verso da f. 300. Abaixo do texto seguem o registro e o colofão: PARISIIS, EX OFFICINA MICHAELIS// Fezandat, in dono Albretica, è regione diui Hilarij.

Joannes Chrisostomo foi padre da Igreja do Oriente e patriarca de Constantinopla, aluno de Libanios, em Antioquia. Passou quatro anos no deserto, tornando-se depois padre e pregador em Antioquia. Devido à sua eloqüência tornou-se rapidamente célebre e foi proclamado patriarca de Constantinopla, após a morte do patriarca Necatário, em 398. Sua palavra fluente castigava os desregramentos da corte e mesmo os da Igreja. A imperatriz Eudoxia, visada por ele, fez com que fosse deposto, em 403. Exilado, voltou devido a um levante popular. Mas em 404 foi exilado de novo e transferido para o Cáucaso, em 407, falecendo a caminho perto de Cumana, na Capadócia. Nasceu em Antioquia no ano de 344. Chrisostomo é considerado o mais perfeito orador entre os padres gregos. A Igreja o colocou entre os seus doutores (*Larousse, Grand*, v. 6, 1962).

FD

27.

TIRAQUEAU, André, 1480?-1558. 1546

[vinheta] ANDREAE TIRA-// QVELLI REGII IN CVRIA// Parisiensi Senatoris ex commentarijs in Pictonum con-// suetudines, Sectio.// De Legibus connubialibus,// & iure maritali.// AB IPSO AVTHORE ADEÒ' REFOR-MA-// ta, totq̃ue ac tantis thesauris locupletata, vt non immeritò nouum opus censeri debeat.// [marca tipográfica]// PARISIIS// Apud Iacobum Keruer sub duobus gallis, via ad D. Iacobum.// 1546.// Cum priuilegio Regis//

46 fls. prels., 200 fls. nums. (última em branco, sem numeração). (Erros de paginação: 26 i. e. 25; 61 i. e. 53; 61 i. e. 58; 46 i. e. 64; 61 i. e. 68; 88 i. e. 86; 126 i. e. 116; 125 i. e. 126; 142 i. e. 143; 150 i. e. 148; 144 i. e. 149; 166 i. e. 168; 167 i. e. 169; 168 i. e. 170; 469 i. e. 171; volta para 170; pula de 171 para 174). -- Assinatura: a†-g†(6) h†(4) A-Z(6) Aa-Ii(6) Kk(8).

Restaurada.
Reencadernação em couro pleno.
Notas marginais impressas.
Na contracapa nota a lápis: "On y trouve tout ce qu'il est possible de dire pour un contre les femmes".
Contém alguns tipos gregos.

Verso da página de rosto: Priuilege du Roy.//
F. 2a-4b: [vinheta] Iacobus Spifamus in Senatu. //PARISIEN. INQVISITIO-NVM// praeses ad lectorem.// [datado de:] Lutetiae Parisiorum pri-// die Calend. Septem.// 1545.//
F. 4b, abaixo do texto: ROBERTI RIBAVDELLI AD D.I. SPIFAMVM// praesidim meritiss. de D. Andraea Tiraquello socero suo.//
F. 5a-5b: [vinheta pequena] MICHAELIS HOSPITALIS REGII// in Curia Parisiensi Senatoris.//
F. 5b-6b: BARPTOLEMAEI [sic]// FAII REGII// in Curia Parisiensi Senatoris.//
F. 6b-7a: IACOBVS VERIVSIVS, TORNVTIVS// curiae Parisiensis Conciliarius,// In aeditum ab Andraea Tiraquello collega suo libellum// hoc carmen ludebat.// 1546.//

F. 7a-7b: D. ANDRAEAE TIRAQVELLO PA-// risiensi Senatori ampliss. Salmonius Macrinus.//
F. 7b: Idem.// [mais abaixo:] ANDRAEAE TIRAQVELLO CLAV-// dius Cotereus.// [mais abaixo:] Poesias em grego.
F. 8a-36b, impressas em duas colunas.: Tabula Alpha-// BETICA GENERA-// lis omnium reru hîc tractatarum,// quam sequetur alia rerum// & quaestionum hanc no-// stram consuetudinem// priuatim tan-// gentium.//
F. 36b-38b: [vinheta] TABVLA// QVAESTIONVM ET RE-// rum priuatim ad nostram consue-// tudinem pertinentium, ex or// dine operis.//
F. 38b-40b: [vinheta] Nomẽclatura// Alphabetica authorum in hoc opere// citatorum praeter legum cano-// numq̃ue interpretes, qui-// bus nominandis iusto// volumine opus// esset.//
F. 41a-41b: [vinheta pequena] ERRATA QVAEDAM INSIGNIORA QVAE EXCVSO// iam opere depraehendimus. Caetara autem leuiora quae lectorem rememorari non// debent, consultò sunt praetermissa, quòd ea per se quisqz castigare potest.//
F. 42a: [vinheta] Nicolaus Quaelainus inqui-// SITIONVM IN CVRIA PARI-// siensi praeses, Andraeae Tiraquello eiusdem Curiae// Consiliario doctissimo.//
F. 42b: [vinheta pequena] EIVSDEM AD LECTOREM.// [mais abaixo:] [vinheta] ALEXANDRI GOEVROTII IN EA-// dem Curia Consiliarij alludentis ad patriam, oppi-// dum, & nomen authoris.// [mais abaixo:] EIVSDEM.// [mais abaixo:] [vinheta pequena] IACOBI PELETARII// Cenomani Hexastichon.//
F. 43a: [vinheta] Michael Tiraquellus Fonti-// NIENSIS PRAEFECTVS// LECT. SAL.//
F. 43b-44a: [vinheta] Andraeas Tiraquellus Can-// DIDO LECTORI, S.//
F. 44b: [vinheta] Elegantissimum hoc opus typis suis excudebat Michael Faezandat// Anno domini. 1546. mense Februario cuius subsequitur registru.// [abaixo segue o registro.]
F. 45a-46b: [vinheta] Andraeas Tiraquellus// STVDIOSIS.//
Segue o texto que termina no verso da f. 199.
F. 200, sem numeração: em branco.

O autor era natural de Fontenay-le-Comte. Jurista francês. Senescal de Fontenay. Ele mandou libertar Rabelais dos franciscanos. Conselheiro no Parlamento em Paris (1541), destacou-se pelos seus conhecimentos em Direito. Faleceu em Paris no ano de 1558.

Adams T-734.

FD-BTA

28.

ARISTÓTELES. 1547

GLI OTTO LI// BRI DELLA REPVBLICA,// CHE CHIAMONO// POLITICA// DI ARISTOTILE.// Nuouamente tradotti di Greco in uulgare Italiano.//PER ANTONIO BRVCIOLI.// [marca tipográfica]// IN VENETIA NEL MDXLVII.

8 fls. prels. não nums., 179 fls. nums. (Erros de foliação: 17 i. e. 165; 195 i. e. 167; 172 i. e. 170; 170 i. e. 172; 176 i. e. 174; 174 i. e. 176.). -- Assinatura: [ ](4) A-Y(8) Z(4).

Restaurada.
Encadernações com lombada em couro marrom e papel marmorizado.
Acondicionada em caixa (estojo) em couro pleno marrom.

Verso da página de rosto: em branco.
F. 2a-8a: ALLO ILLVSTRISS. SIGNORE// IL SIGNORE// PIERO STROZZI.//
Verso da f. 8: em branco.
A obra em si, que se segue, consta de oito livros.
F. 179; linha 22: Fine de gli otto libri della politica di Aristotile tra=// dotti di greco in uulgare Italiano per an// tonio Brucioli.// Impresso in Venetia per Alessandro Brucioli & i fra// tegli nel M. D. XLII. [sic]//
Verso da f. 179: protestação do tradutor.

O nome do tradutor na folha de rosto foi riscado.

IA 108.134.

IEB-JFO

29.

CORAS, Jean de, 1513-1572. 1549

IOANNIS.// CORASII TO// LOSATIS IVRISCON-// SVLTI, MISCELLANEO-// RVM IVRIS CI-// VILIS.// LIBRI SEX.// AD' SAPIENTISSIMOS VI-// ros Petrum Fabrum praesidem Tolosanum,Iacobum// Fabrum Abbatem

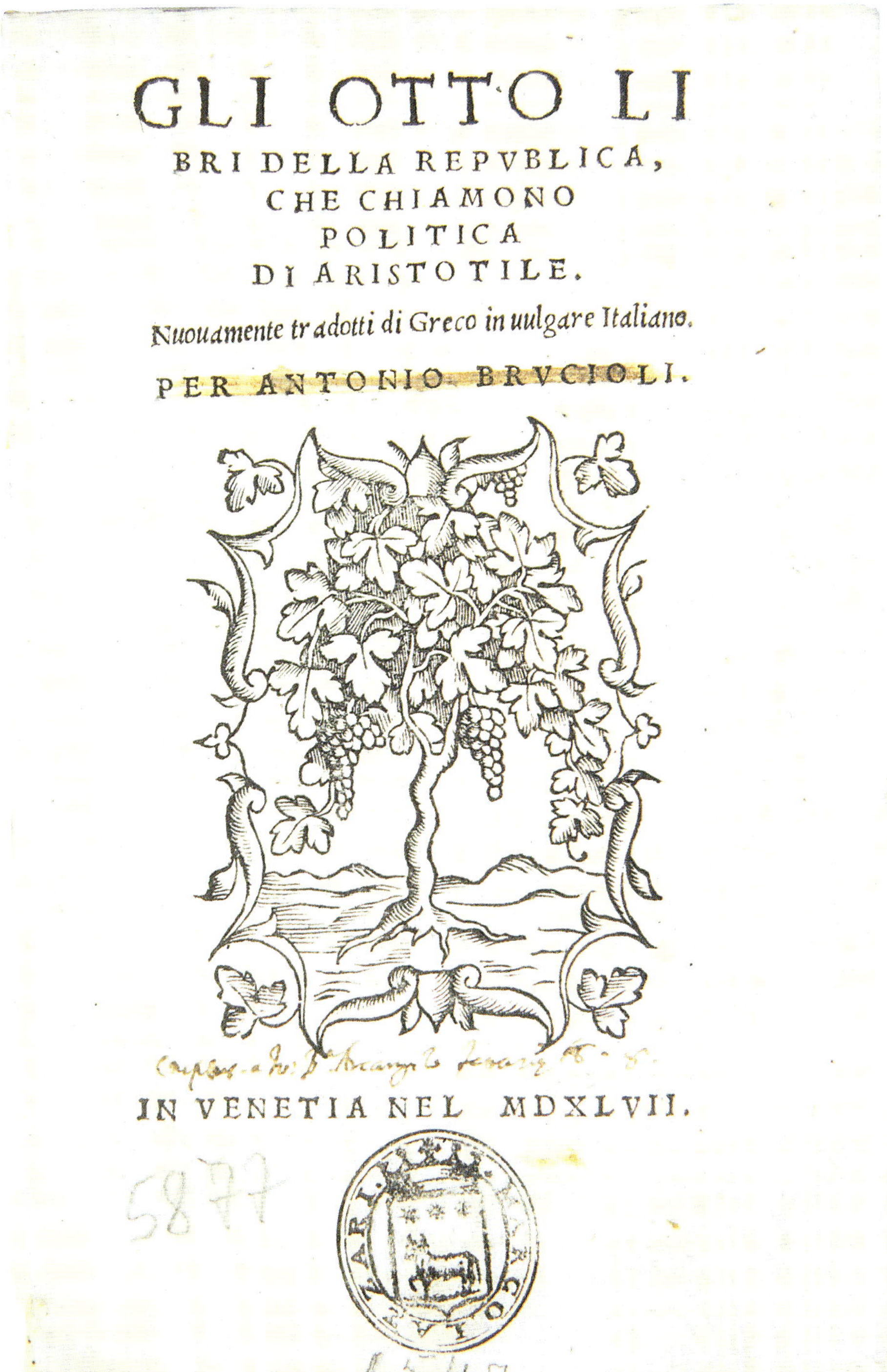

GLI OTTO LI
BRI DELLA REPVBLICA,
CHE CHIAMONO
POLITICA
DI ARISTOTILE.

Nuouamente tradotti di Greco in uulgare Italiano.

PER ANTONIO BRVCIOLI.

IN VENETIA NEL MDXLVII.

ARISTÓTELES. *Gli otto libri della Repvblica...*, 1547. Página de rosto.
Figura 16 – nº de catálogo 28

Ecclesie Casae Dei, Pre[...]// Parisiensem,ac Michaelen Fabrum sup[...] fectum// Totsanum, fratres
Illustrissmos.// [marca tipográfica]// LVGDVNI,// Apud Gulielmum Rouill// sub scuto Veneto//-// 1549// Cum Priuilegio Regis.//

24 fls. prels. não nums., 558 p. -- Assinatura: *(4) a(4) aa-bb(8) A-Z(8) AA-MM(8) (falta a última folha; estaria em branco?). (Erros de assinatura: E 5 i. e. E 3).

Estado de conservação regular, embora tenha sido restaurado.
As folhas preliminares foram misturadas na encadernação.
Notas marginais impressas.

Verso da página de rosto: em branco.
F. 2a-2b: IOANNES CO-// RASIVS, IACOBO// MINVTIO PRIMO TO-// LOSAE PRAESIDI// MERITISSIMO,// S. D.// [datado de:] "Patauii, xxij. Maij, 1535."//
F. 3a-5b: EX SALEBROSO// SVBSTITVTIONVM// TRACTATV.//
F. 5b: TYPOGRAPHVS CAN-// dido lectori S.// [datado de:] "Lugduni, xij,// Calend. Augusti. 1549."//
F. 6a-6b: EXTRAICT// DV PRIVILE-// GE DV ROY.// [datado de:]"... Paris le neufuiesme// de Iuillet, L'an de grace mil cinq cens// quarante neuf."//
F. 7a-8a: ILLVSTRIS-// SIMIS FRATRI-// BVS, PETRO FABRO,// Praesidi Tolosano, Iacobo// Fabro Praesidi Parisiẽsi,// & Michaeli Fabro// suppraefecto To-// losano Io. Co-// ras. Tolo-// sas// S. P. D.// [datado de:] Valentiae Allobrogũm, anno à Chri-// sti natali M.D.XLIX.// pridie calendas Augusti.//
F. 8b: em branco.
F. 9a-12b: INDEX LEGVM// IN HIISCE MISCEL-// LANEIS, NON VVLGARI-// ter intellectarum, secundum ordinem// Pandectarum, & Justiniani, in// quo numerus Paginam// significat.// [em duas colunas]
F. 13a-23b: INDEX EORVM// QVAE IN HIS SEX// LIBRIS CONTI-// NENTVR..//..
F. 24a-24b: ERRATA// QVAE CASTI-// GATVRVS OBSER-// VET, DVORVM NVME-// rorum, priore Paginam, posteriore// Lineam ipsius denotari.//
P. 1-588: IOANNIS CO-// RASII TOLOSATIS// IVRISCONSVLTI,// MISCELLANEO-// RVM IVRIS// CIVILIS.// ...[dividido em seis livros]

MP

30.1.
RAMUSIO, Giovanni Battista, 1485-1557. 1550-1606

PRIMO VOLVME// DELLE NAVIGATIONI// ET VIAGGI// NEL[...]AL SI CONTIENE// LA DESCRITTIONE DELL'ÁFRICA,// Et del paese del Prete Ianni, con uarii uiaggi, dal mar Rosso à// Calicut, &c in sin all'isole Molucche, doue nascono le Spetierie,// Et la Nauigatione attorno il mondo.// [...]NOMI DE GLI AVTTORI, ET LE NAVIGATIONI, ET// I VIAGGI PIV PARTICOLARMENTE SI MOSTRANO// NEL FOGLIO SEGVENTE.// [marca tipográfica]// Con priuilegio del Sommo Pontefice, & dello// Illustriss. Senato Venetiano.// IN VENETIA APPRESSO GLI HEREDI// DI LVCANTONIO GIVNTI// L'ANNO M D L.//

4 fls. prels., 405 fls. nums. (Erros de paginação: 271 i. e. 128; 132 i. e. 131; 147 i. e. 146; 176 i. e. 276; 292 i. e. 293; 330 i. e. 340). -- Assinatura: *(4) a-z(8) A-Z(8) AA-DD(8) EE(6) (falta a última folha).

Restaurada.
Reencadernação em pergaminho.
Acondicionada em caixa com pH neutro.
Notas marginais manuscritas.
Gravuras e ilustrações: p. 143a, 192b, 228a, 229a, 230a, 231a, 231b, 232a, 280b (mapa), 363.

Verso da página de rosto: em branco.
F. 2a-3b: ALL'ECCELLENTISS. M. HIERONIMO// FRACASTORO.//
F. 4a-4b: NAVIGATIONI ET VIAGGI CHE// SI CONTENGONO NEL// PRESENTE VOLVME.//
F. num. 1-103b: DELLA DESCRITTIONE DELL'ÁFRICA// ET DELLE COSE NOTABILI// CHE IVI SONO,// PER GIOVAN LIONI AFRICANO// [dividido em nove partes.]
F. 104a-104b: DISCORSO SOPRA IL LIBRO DI MESSER// ALVISE DA CA DA MOSTO GENTIL// HUOMO VENETIANO.//
F. 105a-105b: PROEMIO DEL NOBEL HVOMO MESSER// ALVISE DA CA DA MOSTO.//
F. 105b-120a: LA NAVIGATION PRIMA.//
F. 120a-121a: La nauigation del Capitan Pietro di Sintra Portoghese,// scritta per Meser [sic] Alvise da ca da Mosto.//
F. 121b-122a: LA NAVIGATIONE DI HANNON CAPITANO// DE CARTHAGINESI NELLE PARTI DELL'AFRICA,// fuori delle colonne d'Hercole:

la quale scritta in lingua punica egli de// dicò nel tempio di Saturno, & dapoi fo tradotta in lin-// gua Greca, & hora nella Toscana.//
F. 122a-124b: DISCORSO SOPRA LA NAVIGATIONE DI// Hannone Carthaginese fatto per vn pilotto Portoghese.//
F. 125a-129a: NAVIGATION DA LISBONA ALL'ISOLA DI// san Thomé posta sotto la linea dell'equinottiale, scritta per un pilotto Por-// toghese, & mandata al Magnifico Conte Rimondo della torre// gentilhuomo Veronese, & tradotta di lingua// Portoghese in Italiano.//
F. 129a-129b: DISCORSO SOPRA ALCVNE LETTERE, ET NA-// VIGATIONI FATTE PER LI CAPITANI DELL'ARMA// te delli serenissimi Re di Portogallo, verso le Indie orientali.//
F. 130a-132a: NAVIGATIONE DI VASCO DI CAMAN CAPITA// NO DELL'ARMATA DEL RE DI PORTOGALLO FATTA// nell'anno .1497. oltra il Capo di Buona speranza fino in Calicut, scritta per vn gen-// tilhuomo Fiorentino, che si trouò al tornare della detta armata in Lisbona.//
F. 132a-138a: NAVIGATION DEL CAPITANO PEDRO ALVA// RES SCRITTA PER VN PILOTO PORTOGHESE// & tradotta di lingua Portoghesa in la Italiana.
F. 138b-139b: LETTERA DI AMERIGO VESPUCCI FIORENTI-// NO DRIZZATA AL MAGNIFICO MESSER PIETRO// Soderini Gonfaloniere perpetuo della Magnifica & excelsa Signoria di Firenze// di due uiaggi fatti per il Serenissimo Re di Portogallo.//
F. 139b-140b: DE AMERIGO VESPVCCI LETTERA. II.//
F. 140b-143b: SOMMARIO SCRITTO PER AMERIGO VESPVC-// CI FIORENTINO DI DVE SVE NAVIGATIONI AL// MAGNIFICO MESSER PIETRO SODERINI GON// FALONIER DELLA MAGNIFICA REPVBLI-// CA DI FIRENZE.//
F. 143b-156a: NAVIGATION VERSO LE INDIE ORIENTA// LI SCRITTA PER THOME LOPEZ, SCRIVANO DE// una naue Portoghesa, tradotta in lingua toscana: laqual fu mandata alla Magni-// fica Republica di Firenze, al tempo del Magnifico Messer Pietro Sode-// rini Gonfaloniere perpetuo del popolo Fiorentino.
F. 156a-158a: VIAGGIO FATTO NELL'INDIA PER GIOANNI [sic] DA EMPO-// LI FATTORE SV LA NAVE DEL SERENISSIMO RE// DI PORTOGALLO PER CONTO DE MAR-// CHIONI DI LISBONA.//
F. 158b: DISCORSO SOPRA LO ITINERARIO// DI LODOVICO BARTHEMA.//
F. 159a-187b: ALLA ILLVSTRISSIMA ET ECCELLENTISSIMA// SIGNORA LA S. CONTESSA DI ALBI, ET DVCHES-// SA DI TAGLIACOZ-

ZO MADAMMA AGNESINA// FELTRIA COLONNA LVDOVICO DI// BARTHEMA BOLOGNESE S.//

F. 187b-188b: LIBRO DELLA ETHIOPIA.//

F. 188b-189b: LA NAVIGATIONE DI IAMBOLO// MERCATANTE,// Da i libri di Diodoro Siculo tradotta di lingua greca nella toscana.//

F. 190a-190b: DISCORSO SOPRA LA NAVIGATIONE// DI IAMBOLO MERCATANTE// ANTICHISSIMO.//

F. 191a-192a: DISCORSO SOPRA LA PRIMA ET SE-// CONDA LETTERA DI ANDREA// CORSALI FIORENTINO.//

F. 192b-195b: LETTERA D'ANDREA CORSALI FIORENTINO// ALLO ILLVSTRISSIMO SIGNOR DVCA GIVLIANO DE MEDICI SCRITTA IN COCHIN// terra dell'India, nell'anno.M D XV. alli VI. di Gennaio.//

F. 196a-203b: ANDREA CORSALI FIORENTINO// ALLO ILLVSTRIS-SIMO PRINCIPE ET SIGNOR// IL SIGNOR DVCA LORENZO DE MEDICI,// della nauigatione del mar rosso & sino persico fino a Cochin citta// nella India, scritta alli XVIII, di Settembre. MDXVII.//

F. 204a: DISCORSO SOPRA IL VIAGGIO// DELLA ETHIOPIA.//

F. 204b-274b: PROEMIO DEL VIAGGIO FATTO NELLA// ETIOPIA PER DON FRANCESCO ALVAREZ.//

F. 275a-280a: OBBEDIENZA DATA AL SANTISSIMO PAPA// Clemente VII. trouandosi in Bologna, dal Signor Don// Francesco Aluarez, in nome, & come Ambasciador del// Serenissimo Dauid Re della Ethiopia.//

F. 280b: Mapa do rio Nilo.//

F. 281a-284a: DISCORSO allo eccellentissimo messer Hieronimo Fracastore SOPRA IL CRESCER DEL// FIVME NILO.//

F. 284b-289a: RISPOSTA DELLO ECCELLENTISSIMO// MESSER HIERONIMO FRACASTORO// del crescimento del Nilo a messer Gio. Battista Rhamnusio [sic].//

F. 289b-290b: DISCORSO SOPRA IL VIAGGIO DI// NEARCHO CAPI-TANO DI ALESSANDRO.//

F. 290b-295b: LA NAVIGATIONE DI NEARCHO// CAPITANO DI ALESSANDRO MAGNO,// la quale scrisse Arriano Greco gentilhuomo di Nicomedia,// tradotta di lingua Greca nella Toscana.//

F. 296b-302b: VIAGGIO SCRITTO PER VN COMITO// VENETIANO, CHE FV MENATO DI// Alessandria fino al Diu nella India col suo ritorno poi al// Cairo del MDXXXVIII.//

F. 302b-305a: DISCORSO SOPRA LA NAVIGATIONE// DEL MAR ROSSO FINO ALL' INDIA// ORIENTALE SCRITTA PER ARRIANO.//

F. 305a-309b: NAVIGATIONE DEL MAR ROSSO FINO// ALLE INDIE ORIENTALI SCRITTA PER// ARRIANO IN LINGVA GRECA, & DI QVELLA POI// ⊥RADOTTA NELLA ITALIANA.//
F. 310a: DISCORSO SOPRA IL LIBRO DI ODOARDO// BARBESSA [sic], ET SOPRA IL SOMMARIO// DELLE INDIE ORIENTALI.//
F. 310b-348b: LIBRO DI ODOARDO BARBESSA// PORTOGHESE.//
F. 349a-364a: SOMMARIO DI TVTTI LI REGNI,// Citta, & Popoli orientali, con li traffichi & mercantie, che iui si troua// no, cominciando dal mar Rosso fino alli popoli della China.// Tradotto dalla lingua Portoghese nella Italiana.//
F. 364b: DISCORSO SOPRA IL VIAGGIO DI NICOLO DI CONTI VENETIANO.//
F. 365a-371b: VIAGGIO DI NICOLO DI CONTI VENETIANO// SCRITTO PER MESSER POGGIO// FIORENTINO.//
F. 372-373a: VIAGGIO DI HIERONIMO DA SANTO STEPHANO// Genouese dirizzato a messer Giouan Iacobo Mainer,// di lingua Portoghese tradotto nella Italiana.//
F. 373b: DISCORSO SOPRA IL VIAGGIO FATTO DA GLI// SPAGNOVLI [sic] INTORNO AL MONDO.//
F. 374a-379b: EPISTOLA DI MASSIMILIANO TRANSILVANO// Secretario della Maesta dello Imperatore, scritta allo Illustrissimo// & Reuerendissimo Signore, il Signor Cardinal Salzbur-// gense, della ammirabile & stupenda nauigatio-// ne fatta per li Spagnuoli lo anno// M D XIX. attorno// il mondo.//
F. 379b-397b: VIAGGIO ATTORNO IL MONDO SCRITTO PER M.// Antonio Pigafetta Vicentino Cauallier di Rhodi, nel qual v... fu... & lo indrizzo al Reuerendissimmo gran Maestro di Rhodi// M. Philippo di Villiers Lisleadam tradotto di lingua// Francese nella Italiana.//
F. 397b, col. a: Alcune parole che vsano le genti// della terra di Bressil.//
F. 397b, col. b: Paroli che usano gli habitatori del// l'isola di Tidore.//
F. 398a-399b: DISCORSO SOPRA VARII VIAGGI// PER LI QVALI SONO STATE CONDOTTE ET SI P... RIAN CONDVRRE LE// SPETIERIE.//
F. 399b-403b: VIAGGIO VERSO LA INDIA ORIENTALI// DESCRITTO DA PLINIO.//
F. 403b-405b: RELATIONE DI IVAN GAETAN PILOTO// Castigliano del discoprimento dell'Isole Molucche per la via// dell'Indie occidentali.//
F. 405b: REGISTRO.// [mais abaixo, segue o colofão:] In Venetia nella stamperia de gli heredi di Luc'Antonio Giunti,// l'anno MDL. nel mese di Maggio.// [marca tipográfica]//
Falta a última folha, provavelmente em branco.

As gravuras representam:
F. 143a: Cálculo de distância, feito por Vespucci, baseado no triângulo.
F. 192b: Posição das estrelas em relação ao Pólo Antártico e ao Cruzeiro.
F. 228a: LA CHIESA DI GOLGOTA.//
F. 229a: LA CHIESA DI SAN SALVATORE.
F. 230a: LA CHIESA DELLA MADONNA.
F. 231a: LA CHIESA DI EMANVEL.
F. 231b: LA CHIESA DI EMANVEL.
F. 232a: LA CHIESA DI SAN GIORGIO.
F. 363b: LA FOGLIA DEL BETELLE OVER BETTRE.

Brunet v. 4, p. 1.100-1; JCR 2.025; Sabin 67.730.

30.2. 1550-1606

DELLE// NAVIGATIONI// ET VIAGGI// RACCOLTE DA M. GIO. BATTISTA RAMVSIO,// Et illustrate con molti vaghi Discorsi da lui dichiarati:// VOLVME SECONDO.// Nelle quali si contiene l'Historia delle cose de' Tartari, & diuersi fatti de'loro// Imperatori descritta da M. Marco Polo gentil'huomo Venetiano,// & da Hayton Armeno.// Varie descrittioni di diuersi Auttori, dell'Indie Orientali, della Tartaria, della Persia, Armenia, Men-// grelia, Zarzania, & altre Prouincie: & si raccontano molte imprese d'Vssuncejsan, d'Ismael// Soffi, del Soldano di Babilonia, di diuersi Imperatori Ottomani, & parti-// colarmente di Selim contro Tomombei, vltimo Soldano// de'Mamalucchi,& d'altri Prencipi.// ET IL VIAGGIO DELLA TANA.// Con la descrittione de'nomi de'Popoli, Città, Fiumi, & Porti d'intorno al Mar Maggiore,// come si nominauano al tempo dell'Imperator Adriano, & molte altre narrationi,// cosi dello stato de'Moscouiti, Scithi, & Circassi, come d'altre// genti barbare à gli antichi incognite.// Et il naufragio di M. Pietro Quirino gentil'huomo Venetiano, portato per fortuna// settanta gradi sotto la Tramontana.// Aggiuntoui di nuouo in questa quarta editione la Nauigatione di Sebastiano Cabota nelle parti Settentrionali,// & la descrittione dell'vna, & dell'altra Sarmatia, con i successi in esse// smo a'tempi nostri occorsi.// Con l'Indice diligentemente ordinato, delle cose più notabili; nelquale, oue si trouerà questa †// hassi da cercare quello che'l suo numero dimostra nella descrittione della// Sarmatia, posta in [...]e del presente Volume.// CON PRIVI-LEGIO// [marca tipográfica]// IN VENETIA. M D C V I.// – // APPRESSO I GIVNTI.//

16 fls. nums. (faltam a foliação 4 e a 6, pula de [6] para 9), 10 fls. não nums., 256, 90 fls. nums. (Erros de foliação: verso da f. 17: paginada 18 & 19; verso da f. 22: paginado 23 & 24; pula de 36 para 39; verso da f. 42, paginado: 43 & 44; sem numeração f. 62; de 65 volta para 58; 185 i. e. 186; 264 i. e. 246). -- Assinatura: 1-2(6) 3(4) 4(6) 5(4) A-Z(8) AA-II(8) A-X(4) Y(6).

Restaurada.
Reencadernação em pergaminho.
Acondicionada em caixa com pH neutro.
Exemplar cortado na cabeceira do livro.
Notas marginais impressas.
1 mapa e 1 gravura na f. 15a [IL RHEVBARBADO] da primeira foliação numerada.

Verso da página de rosto: NOMI DE GLI AVTTORI CHE HANNO SCRITTO// i viaggi di questo secondo volume.//
F. 2a-2b: TOMMASO GIVNTI// A I LETTORI.// [datado de:] Di Venetia, à 9. di Marzo// M DLIX.//
F. 3a-6b: DI M. GIOVAMBATTISTA RAMVSIO// PREFATIONE// SOPRA IL PRINCIPIO DEL LIBRO// DEL MAG. M. MARCO POLO// ALL'ECCELLENTE M. HIERONIMO FRACASTORO.// [datado de:] Di Venetia, alli 7.di Luglio, M D L III.//
F. 9a-15b: ESPOSITIONE// DI M. GIO. BATTISTA RAMVSIO// Sopra queste parole di M. Marco Polo// Nel tempo di Balduino Imperatore di Constantinopoli: doue allhora// soleva stare vn Podestà di Venetia, per nome di Messer lo Dose,// correndo gli anni del nostro Signore 1250.//
F. 16a: GIO. BATTISTA RAMVSIO// ALLI LETTORI.//
F. 16b: em branco.
Fls. não numeradas de 1a-10b, impressas em duas colunas: INDICE DEL SECONDO VOLVME DE VIAGGI DELLE COSE DI// Cosmografia, paesi, popoli, costumi, & altre cose notabili, che// in esso si contengono.//
Um mapa em folha dupla, representando a Índia, de cabeça para baixo.
F. num. 1a: PROHEMIO PRIMO, SOPRA IL LIBRO// di Messer Marco Polo, gentil'huomo di Venetia,// fatto per vn Genouese.//
F. 1b: PROHEMIO SECONDO.// sopra il libro di M. Marco Polo.// FATTO DA FRA FRANCESCO PIPINO BOLOGNESE// dell'ordine de' Frati Predicatori, quale lo tradusse in ligua// Latina, & abbreuiò. Del M CCCXXX.//
F. 2a-60b: DE I VIAGGI// DI MESSER MARCO POLO// GENTIL'HVOMO VENETIANO.//

F. 61a-62a: DI M.GIO BATTISTA RAMVSIO// DISCORSO SOPRA IL LIBRO// DEL SIGNOR HAYTON ARMENO.//
F. 62b-64b: PARTO SECONDO DELL'HISTORIA// Del Signor Hayton Armeno, che fu figliuolo del Sig. Curchi,// parente del Re d'Armenia.//
F. 65a-65b: DI M.GIOVAN BATTISTA RAMVSIO,// Discorso sopra gli scritti di Giouan Maria Angiolello, & d'vn// mercante, ch'andò por tutta la Persia: ne' quali è// narrata la vita, & li fatti d'Vssuncassan.//
F. 66a-78a: BREVE NARRATIONE DELLA VITA,// ET FATTI DEL SIGNOR VSSVNCASSANO.// Fatta per Giouan Maria Angiolello.//
F. 78a-91a: VIAGGIO D'VN MERCANTE,// CHE FV NELLA PERSIA.//
F. 91b: DI MESSER IOSAFA BARBARO// GENTIL'HVOMO VENETIA-NO,// Il viaggio della Tana, & nella Persia.//
F. 92a-98b: VIAGGIO DI M. IOSAFA BARBARO ALLA TANA.//
F. 98b-125b: VIAGGIO DI M. IOSAFA BARBARO// GENTILHVOMO VENETIANO,// NELLA PERSIA, PARTE SECONDA.//
F. 126a-131a: LETTERA D'ALBERTO CAMPENSE// INTORNO LE COSE DI MOSCOVIA.// AL BEATISSIMO PADRE CLEMENTE VII.// PON-TEFICE MASSIMO.//
F. 131b-137a: PAOLO IOVIO HISTORICO,// DELLE COSE DELLA MOSCOVIA,// A MONSIGNOR GIOVANNI RVFO// ARCIVESCOVO DI COSENZA.//
F. 137b-192b: COMMENTARI DELLA MOSCOVIA// ET DELLA RVSSIA.// Composti già Latinamente per il S.Sigismondo libero Barone// in Herberstein Neiperg, & Guettenhag, tradotti di// latino in lingua nostra volgare Italiana.//
F. 193a-195b: LA LETTERA CHE MANDÒ ARRIANO// FILOSOFO ET HISTORICO NOBILISSIMO// ALL'IMPERADORE ADRIANO.// Nella qual racconta ciò che si troua nauigando d'intorno al mar Maggiore.//
F. 196a: ALDVS MANVTIVS ROMANVS,// IACOBO SANAZARO PATRITIO NEAPOLITANO// ET EQVITI CLARISS. S.P.D.//
F. 196b-198a: GIORGIO INTERIANO// GENOVESE// A M. ALDO MANVTIO ROMANO// DELLA VITA DE ZYCHI CHIAMATI CIARCASSI.//
F. 198a-199a: PARTE DEL TRATTATO DELL'AERE,// DELL'ACQVA, E DE LVOGHI D'IPPOCRATE// NELLA QVALE SI RAGIONA DELLI SCITHI.//
F. 199b-211a: VIAGGIO DEL MAGNIFICO MESSER// PIERO QVIRINO// GENTILHVOMO VINITIANO.//
F. 211b-219a: NAVIGATIONE DI SEBASTIANO CABOTA.//

F. 219b-229b: DEI COMMENTARII DEL VIAGGIO// IN PERSIA,// Di M.Caterino Zeno il K. & delle guerre fatte nell'Imperio Persiano// dal tempo di Vssuncassano in quà.// LIBRI DVE.//

F. 23Oa-253a: DELLO SCOPRIMENTO DELL'ISOLA// FRISLANDA, ESLANDA, EN GROVELANDA// ESTOTILANDA, ET ICARIA.// Fatto per due fratelli Zeni M.Nicolò il Caualiere,// & M.Antonio.//

F. 253b-256b: VIAGGIO DEL BEATO FRATE ODORICO// DI PORTO MAGGIORE DEL FRIVLI// fatto nell'Anno M CCC XVIII.//

F. 256b: após o texto segue o registro.//

Com nova paginação e assinaturas inicia:

F. 1a-4a: LA// DESCRITTIONE DELLA// SARMATIA EVROPEA,// DEL MAGNIFICO CAVALLIERE ALESSANDRO// GVAGNINO VERONESE,// Tradotta dalla lingua Latina nel volgare Italiano dal Reuerendo// M. Bartholomeo Dionigi da Fano.//

F. 4a-32b: COMPENDIO DELLE CHRONICH// DI POLONIA,// Secondo l'ordine e successione de tutti i Prencipi e Re di quella gente,// da Lecho primo Duca & autore, de Poloni sino// al Re Henrico Valesio.// Lecho primo Duca & autore de'Polo.//

F. 33a-48b: BREVE// E SOMMARIA DESCRITTIONE DEL// GRAN DVCATO DI LITVANIA,// De suoi Duchi, Provincie, Palatinati, Città, e piu famosi Castelli;// & dell'origine, Costumi, & antiqua sua Religione.// Vera origine della famosissima gente Lituana, non piu mai// da historici Latini dechiarata.//

F. 48b-54b: DESCRITTIONE COMPENDIOSA// della Prusia con le sue prouincie e cittadi, e de tutti i// Maestri Cruciferi dell'ordine Teutonico.//

F. 55a-59b: BREVE E SVCCINTA DESCRITTIONE// DELLA LIVONIA TVTTA,// CON LE SVE PROVINCIE, CITTA, CASTELLI// E COMMENDATVRE OVER PALATINATI.// Aggiuntovi vna breue narratione, in che modo questa Regione ue-// nisse in potere de Sigismondo Re di Polonia, e gran Duca di// Lituania, e come dal gran Duca di Moscouia e dal Re// di Suetia sia stata smebrata.//

F. 59b-69b: Sofficiente e vera descrittione de tutte le regioni al Monarca di Mo-// scovia soggette, de tutti i Tartari campestri, delle rocche, e// delle prencipali cittade, de costumi de popoli, e della lor// religione e consuetudine di vivere.// Aggiontoui di piu i fatti prencipali, e la tirannide grande del moderno Monar-// ca di Moscouia Giouanni Basiliade, fidelmente descritta.//

F. 70a-72b: Breuissima descrittione de Tartari Campestri, in Hor-// de diuisi, e de'costumi e consuetudine// della Vita loro.//

F. 73a: PROEMIO DI MATTHEO// DI MICHEOVO,// DOTTOR FISICO, E CANONICO CRACOVIENSE.//
F. 73b-89a: IL PRIMO LIBRO DI MATTHEO// DI MICHEOVO,// Dottor Fisico, & Canonico Cracouiense, delle due Sarmatie;// diuiso in tre trattati; & tradotto per il Signore// Annibal Maggi.//
F. 89a-90b: TRATTATO II. DI MATTEO// DI MICHEOVO,// Dottor Fisico, & Canonico Cracouiense; delle due Sarmatiae.//
F. 90b: Terminada a última descrição, segue-se-lhe abaixo a marca tipográfica e, abaixo desta, o colofão: IN VENETIA, APPRESSO I GIVNTI.//

Este volume é de 1606, porém sua impressão é idêntica à edição de 1574, com exceção da folha de rosto e do colofão, que neste, de 1606, não apresentam data.

Sabin 67.739.

30.3. 1565-1606

TERZO VOLVME// DELLE NAVIGATIONI ET VIAGGI// RACCOLTO GIA DA M. GIO. BATTISTA RAMVSIO// NEL QVALE SI CONTENGONO// Le Nauigationi al Mondo Nuouo,à gli Antichi incognito,fatte da Don Christoforo// Colombo Genouese, che fu il Primo à scoprirlo à i RE CATHOLICI, detto ho-// ra l'Índice occidentali, con gl'acquisti fatti da lui, & accresciuti poi da Fernando// Cortese, da Francesco Pizzarro, & altri valorosi Capitani, in diuerse// parti delle dette Indie, in nome di CARLO V. IMP. Con. lo sco-// prire la gran Città di Temistitan nel Mexico, doue hora e// detto la NVOVA SPAGNA, & la gran Prouincia del// Peru, il grandissimo fiume Maragnon, Et altre// Città, Regni, & Prouincie.// Le Nauigationi fatte dipoi alle dette Indie,poste nella parte verso Maestro Tramontana,// dette hora la NVOVA FRANCIA, scoperte al RE CHRISTIANISS. La prima// volta da Bertoni & Normandi, Et dipoi da Giouanni da Verrazzano// Fiorentino, & dal Capitano Iacques Carthier.// Si come si legge nelle diuerse Relationi, tradotte dal Ramusio di Lingua// Spagnuola & Francese nella nostra, & raccolte in questo volume.// Con Tauole di Geographia, che dimostrano il sito di diuerse Isole, Città, & Paesi.// Et Figure diuerse di Piante, & altre cose à noi incognite.// Et con L'Indice copiosissimo di tutte le cose piu notabili in esso contenute.// [marca tipográfica]// IN VENETIA NELLA STAMPERIA DE'GIVNTI.// L'ANNO M D LXV.//

6 fls. prels., 34, 454 fls. nums. (Erros de foliação: 29 i. e. 28; 307, sem numeração). -- Assinatura: A(6) B-D(8) C(10) a-z(8) aa-yy(8) zz(10) aaa-eee(4) fff(4) ggg-hhh(8) iii(6) kkk(6).

Restaurada.
Reencadernação em pergaminho.
Acondicionada em caixa com pH neutro.
Exemplar aparado.
Notas marginais impressas.
Gravuras, mapas e ilustrações: f. 44a: mapa da ilha Espanhola, 54a, 66b, 67a, 68b, 84a, 89a, 112b, 113a, 113b (repetição da ilustração da f.54a), 121a e b, 123a e b, 124a (é a mesma da f.67a), 127a, 131b, 132b, 136a, 137b, 139a, 140b, 141a e b, 142a e b, 143a, 144a, 148b, 152b, 153a, 157a, 159b, 202b, 307a, 308b, planta da cidade do México, 353b, 411-412 – Cusco, 419a, 419b, 424-425 – mapa da Nova França, 427-428 – mapa do Brasil, 430-431, mapa de parte da África, 433-434 – mapa da ilha de Taprobana, 446-447, planta de Hochelaga.

Verso da página de rosto: em branco.
F. 2a-6a: DISCORSO// DI M. GIO. BATTISTA RAMVSIO// Sopra il Terzo volume della Nauigationi & Viaggi// nella parte del Mondo Nuouo.// ALL'ECCELLENTE M. HIERONIMO FRACASTORO.// [datado de:] Di Venetia alli XX di Giugno M D LIII.//
F. 6b: NOMI DEGLI AVTORI, CHE HANNO// SCRITTE LE RELATIONI,// Raccolte in questo Terzo volume, delle Nauigationi & Viaggi.// DELLA NVOVA FRANCIA.//
F. num. 1a-34b, impressas em duas colunas: INDICE DELLE COSE PIV NOTABILI// in questo Terzo volume delle Nauigationi, & conquiste dell' Indie// Occidentali, scoperte dal Colombo:// Con le materie Conuenienti alla Cosmografia.//
F. num. 1a-43b: SOMMARIO// DELL'HISTORIA DELL INDIE OCCIDENTALI// Cauato dalli libri scritti dal Sig. Don Pietro Martire Milanese,// del Consiglio delle Indie, prima del Re Catholico// & poi della Maesta dell'Imperatore.// Come Christophoro Colombo Genouese hauendo proposta alla Signoria di Genoua, & poi al Re di Portogallo// di trouar il mondo nuouo, & non essendoli creduto, lo propose al Re Catholico, quale gli armò vna// naue, & due Carauelle, & lo lasciò andare al detto viaggio.//
F. 44a: Mapa da ilha Espanhola.
F. 44b-74a: SOMMARIO DELLA NATVRALE ET// generale Historia dell'Indie Occidentali, composta da Gonzalo Ferdinando// d'Ouiedo, altrimonti

di valde, nathio della terra di Madril, habitatore & rettore della città di Santa Maria antica del Darien, in terra ferma// dell'Indie, ilqual fu riueduto & corretto per ordine della// Maestà dell'Imperatore, pel suo real Consiglio// delle dette Indie.//

F. 74a-224b: DELLA GENERALE ET NATVRALE HISTORIA// Dell'Indie à tempi nostri ritrouate, libro Primo, che è il// Prohemio drizzato alla Cesarea, & Catholica// Maestà dell'Imp. Carlo V.//

F. 225a-254a: DI FERNANDO CORTESE// LA SECONDA RELATIONE// DELLA NVOVA SPAGNA// Perche la Prima da lui fatta, benche da noi diligentemente ricercata// non habbiamo potuto insino a hoggi ritrouare.//

F. 254b-284a: DI FERNANDO CORTESE// LA TERZA RELATIONE// DELLA NVOVA SPAGNA.//

F. 284b-296b: DI FERNANDO CORTESE// LA QVARTA RELATIONE// DELLA NVOVA SPAGNA.//

F. 296b-298a: DI PIETRO D'ALVARADO// A FERNANDO CORTESE.// Lettere di Pietro d'Aluarado, nelle quali racconta le guerre & battaglie fatte nell'acquisto di Ciapotulan,// Checialtenego & Vilatan, & de pericoli ne quali incorse come fece abbruciar li Signori di// Vilatan, & parimente essa città, & constitui Signori i lor figliuoli:// di due montagne, vna d'allumi, l'altra di zolfo.//

F. 298a-300b: ALTERA RELATION FATTA PER PIETRO// D'ALVARADO A FERNANDO CORTESE.// Nella quale si contiene l'acquisto di molte città & prouincie, le guerre, scaramuccie, & battaglie,// tradimenti & ribellioni che vi sono seguite, com'egli edificò vnà citta, di due montagne,// vna che getta fuoco, l'altra che eshala fumo, d'vn fiume che arde tutto, &// d'vn altro freddo. & come l'Aluarado d'vna saetta// rimase storpiato.//

F. 300b-304b: RELATIONE FATTA PER DIEGO GODOY// A FERNANDO CORTESE.//

F. 304b-310b: RELATIONE D'ALCVNE COSE DELLA// Nuoua Spagna, & della gran città di Temistitan Messicò.// fatta per vn gentil'huomo del Signor// Fernando Cortese.//

F. 310a-330b: RELATIONE CHE FECE ALVARO NVNEZ// detto Capo di vacca: di quello che interuenne nell'Indie all'armata,// della qual era gouernatore Pamphilo Naruaez, dell'anno// 1527 fino al 1536 che ritornò in Sibilia// con tre soli suoi compagni.//

F. 331a: DISCORSO SOPRA LA RELATION// DI NVNNO DI GVSMAN.//

F. 331b-339a: RELATION DI NVNNO DI GVSMAN// scritta in Omitlan prouincia di Mechuacan della Maggior Spagna// nel M D X X X Alli otto di Luglio.//

F. 339a-339b: DISCORSO SOPRA LA RELATIONE// DI FRANCESCO VLLOA.//

F. 339b-354a: RELATIONE DELLO SCOPRIMENTO// che nel nome di Dio va à far l'armata dell'illustrissimo Fernando Corte-// se, Marchese di Valle con tre naui, chiamata l'una Santa Agata, di// grandezza di dugento quarenta botte, l'altra,la Trinita, di// grandezza di settenta, & lo terza san Tomaso, di quaráta,// della quale armata fu Capitano il molto Magnifico// Caualiero Francesco di Vlloa habitator// della citta di Merida.//

F. 354a: DISCORSO SOPRA LI TRE VIAGGI SVBSEQVENTI.//

F. 354a-354b: SVMMARIO DI LETTERE DEL CAPITANO// Francesco Vazquez di Coronado. scritto ad vn Secretario dell'Illustriss.// Don Antonio di Mendozza Vicere della nuoua Spagna, date// a Culnacan M D XXXIX. a gli otto di Marzo.

F. 354b-355a: COPIA DELLE LETTERE DI FRANCESCO// Vazquez di Coronado gouernatore della nuova Galitia, al Signor// Antonio di Mendozza, Vicere della nuova Spagna, da-// te in san Michiel di Culnacan, a gli otto di Marzo. M D XXXIX.//

F. 355a-355b: LETTERE SCRITTE DAL ILLVSTRISSIMO// Signor don Antonio di Mendozza, ViceRe della nuoua Spagna,// alla Maestà dell'Imperadore.//

F. 356a-359b: RELATIONE DEL REVERENDO FRA// MARCO DA NIZZA.//

F. 359b-363a: RELATIONE CHE MANDÒ FRANCESCO// Vasquez di Coronado, Capitano Generale della gente che fu mandata// in nome di Sua Maestà al paese nuouamente scoperto, quel che// successe nel viaggio dalli ventidua d'Aprile di questo anno M D X L. che parti da Culiacan per innanzi, & di quel che// trouò nel paese doue andaua.//

F. 363a-370b: RELATIONE DELLA NAVIGATIONE// & scoperta che fece il Capitano Fernando Alarchone per ordine// dello Illustrissimo Signor Don Antonio di Mendozza// Vice Re della nuova Spagna, data in Colima, porto// della nuoua Spagna.//

F. 370b-371a: DISCORSO SOPRA IL DISCOPRIMENTO ET// CONQVISTA DEL PERV.//

F. 371b-378b: RELATIONE D'VN CAPITANO SPAGNVOLO// DELLA CONQVISTA DEL PERV.//

F. 378b-392a: LA CONQVISTA DEL PERV ET PROVINCIA// Del Cusco chiamata la nuoua Castiglia, scritta & drizzata à sua Maestà// da Francesco di Xerex, secretario del Capitan Francesco// Pizarro, che questi luoghi conquisto.//

F. 392-398b: LA RELATIONE DEL VIAGGIO, CHE FECE// il Capitan Fernando Pizarro per ordine del Gouernatore suo fratello, da che parti// dal popolo di Caxamalca per andare a Xauxa fin che ritornô.//
F. 398b-414b: RELATIONE POR SUA MAESTA DI QVEL// che nel conquisto & pacificatione di queste prouincie della nuoua Ca-// stiglia è successo, & della qualità del paese dopo che il Capitano// Fernando Pizarro si partì & ritornò a sua Maestà. Il rappor-// to del conquistamento di Caxamalca & la pri-// gione del Cacique Atabalipa.//
F. 415a-416b: LA NAVIGATIONE DEL GRANDISSIMO// fiume Maragnon, posto sopra la Terra ferma dell'Indie occidentali,// scritta per il Magnifico Signor Consaluo Fernando d'Ouiedo,// Historico della Maestà Cesarea nelle dette Indie.// Al Reuerendissimo & Illustrissimo Signor// Il Cardinal Bembo.//
F. 417a-419b: DISCORSO SOPRA LA TERRA FERMA// dell'Indie Occidentali dette del Lauorador, de los Bacchalaos,// & della nuoua Francia.//
F. 420-422b: AL CHRISTIANISSIMO RE DI FRANCIA// FRANCESCO PRIMO,// Relatione di Giouanni da Verrazzano Fiorentino della terra per// lui scoperta in nome di sua Maestà, scritta in Dieppa,// adi 8. Luglio. M.D.XXIIII.//
F. 423a-432b: DISCORSO D'VN GRAN CAPITANO// di mare Francesco del luoco di Dieppa sopra la nauigationi fatte alla terra nuoua dell'Indie occidentali,// chiamata la nuoua Francia, da gradi 40 fino a gradi 47 sotto il polo artico, & sopra la terra// del Brasil, Guinea, Isola di San Lorenzo, & quella di Summatra, fino alle qualli// hanno nauigato de Carauelle & naui Francese.//
F. 433a: em branco.
F. 433b-434a: Ilha de Taprobana.//
F. 435a: em branco.
F. 435a-440a: PRIMA RELATIONE DI IACQVES// CARTHIER DELLA TERRA NVOVA// detta la nuoua Francia, trouata nell'anno// M.D.XXXIIII.//
F. 440b: Linguaggio della terra nuouamente scoperta// chiamata la nuoua Francia.//
F. 441a-453b: BREVE ET SVCCINTA NARRATIONE DELLA// nauigation fatta per ordine della Maestà Christianissima all'Isole di Cana-// da, Hochelaga, Saguenai, & altre, al presente dette la nuoua Francia// con particolari costumi, & cerimonie de gli habitanti.//
F. 453b: termina com o REGISTRO e mais o colofão: In Vinegia nella stamperia degli heredi di Luca'ntonio Giunti nell'Anno. M D LXV.//

Este volume terceiro consta das bibliotecas da Faculdade de Direito e do Instituto de Estudos Brasileiros. São ambos exemplares da mesma edição.

Como vemos pela relação das descrições feitas, o primeiro volume é dedicado à África, o segundo à Ásia e o terceiro à América.

Esta coletânea de relações de viagens é das mais importantes. Ramusio ainda planejava um quarto volume que, no entanto, se perdeu devido a um incêndio na tipografia dos Giuntas.

Como variassem as relações incluídas nesta coletânea, conforme as edições, considera-se hoje que uma coleção das viagens de Ramusio deveria conter a terceira edição do primeiro volume, do ano de 1563, o segundo de 1583 e o terceiro de 1565. O Dr. Rubens Borba de Moraes era de opinião que deveria constar a edição de 1606 do terceiro volume por conter matéria que não figura nesta de 1565.

Curiosa é a anotação manuscrita existente no exemplar da Faculdade de Direito, mostrando a procedência: "Da Livraria Pública de S.Paulo".

BB p. 525-6; Sabin 67.740.

FD

31.

SCHEUBEL, Johannes. 1550

EVCLIDIS// Megarensis,Philosophi & Mathe// MATICI EXCELLENTISSIMI, SEX LIBRI PRIORES, DE// Geometricis principijs, Graeci & Latini, unà cum demonstrationibus// propositionum,absqz literarum notis,ueris ac proprijs,& alijs quibus-// dam,usum earum concernentibus, non citra maximum// huius artis studiosorum emolumen-// tum adiectis.// ALGEBRAE PORRO REGVLAE, PROPTER NVME-// rorum exempla, passim propositionibus adiecta, his libris praemissae// sunt,eaedemq́z demonstratae.// AVTHORE IOANNE SCHEVBELIO, IN// inclyta Academia Tubingensi Euclidis// professore ordinario.// [marca tipográfica]// Cum gratia & priuilegio Caesario,// ad quinquennium.// BASILEAE, PER IOAN-// nem Heruagium.//

4 fls. prels., 315 p. (Erros de paginação: 41 i. e. 14; 142 i. e. 148; 50 i. e. 150; 146 i. e. 154; 159, sem paginação; 19 i. e. 191; 189 i. e. 201; 290 i. e. 202; 295 i. e. 207; 196 i. e. 208; 212 i. e. 220; 237 i. e. 235; 24 i. e. 247; 562 i. e. 265; 422 i. e. 266; 678 i. e. 278; 290 i. e. 299). -- Assinatura: a(4) A-Z(4) Aa-Pp(4) Qq(6). (Erros de assinatura: B 3 i. e. Bb 3; D 3 i. e. Dd 3; G i. e. Gg 2).

Obra em bom estado de conservação, embora com alguns furos.

Alguns trechos em grego.
Inúmeros desenhos geométricos entremeados no texto.

Verso da página de rosto: M GARBICIVS ILLYRICVS// ad Lectorem.// [poesia impressa em grego].
F. 2a-4a: NOBILIBVS, ERVDITIONE AC VIRTVTE// VIRIS ORNATISSIMIS FVGGERIS, ANTONIO NATV SE-// niori, ac fratris sui P. M Reimundi filijs, Ioanni Iacobo, Georgio, Christophoro,// Vdalrico, & Reimundo, fratribus, Kirchpergae & Vueissenhorni// dominis, Moecenatibus suis perpetuò colendissimis,// IOANNES SCHEVBELIVS S.// [datado, no final:] ... Datae Calend. April.// Anno post Christum natum// M. D. L.//
F. 4b: DE EVCLIDE, EX PROCLO.// [com vários trechos impressos em grego].
Segue, então, a obra, que se divide em duas partes:
P. 1-76: [barra ornamental]// BREVIS REGVLA-// RVM ALGEBRAE DESCRIPTIO, VNA// CVM DEMONSTRATIONIBVS GEOMETRICIS,// AVTORE IOANNE SCHEVBELIO.//
P. 77-315, dividido em seis livros: [primeira e segunda linhas em grego]// EVCLIDIS ELEMENTORVM GEO-// metricorum liber ...//
P. 315, ao pé da página: BASILEAE, PER IOANNEM// Heruagium, Anno salutis humanae M.D.L.// Mense Septembri.//
P. 315b: Marca tipográfica.

EP

32.
VERGILIUS, Polydorus. 1550

I DIALOGHI// DI POLIDORO// VERGILIO// TRADOTTI PER// M. FRANCESCO// BALDELLI.// [vinheta]// Della pacienza,& del frutto di quella,libri due// Della uita perfetta , libro uno.// Della uerita & della bugia, libro uno.// De'Prodigij, libri tre.// CON PRIVILEGI// [marca tipográfica]// IN VENEGIA APPRESSO GABRIEL// GIOLITO DI FERRARI.//-// M D L.//

171 fls. nums. (Erros de foliação: 31 i. e. 35; 254 i. e. 154; folha 168, sem numeração). -- Assinatura: A-X(8) Y(4).

Restaurada.
Reencadernação rígida em pergaminho com tiras de couro, tratado ao alúmen, utilizadas como fechos.
Acondicionada em caixa com pH neutro.

Doação de Francisco Matarazzo Sobrinho.

Verso da página de rosto: em branco.
F. 2a-4a: AL MOLTO REVEREN// DO MONSIG. LEON PASSERINO// DIGNISSIMO ABATE DI CA=// STIGLIONE IN PARMI=// GIANA ETC.// [datado e assinado:] ... A xiii.// di Febraio M.D.II. In Cortona.// D.V.S.R.// Affettionatissimo// Francesco Baldelli.//
F. 4b-5b: ALLO ILLVSTRISSIMO// PRENCIPE GVIDO BALDO DVCA// SECONDO D'VRBINO PO// LIDORO VIRGILIO// [datado de:] Di Londra.// MDXLIII.//
Começa, então, o texto à f. 6a, que se divide em três livros.
F. 166b-171a, impressas em duas colunas: TAVOLA DELLE COSE IN TVTTI// QVESTI DIALOGI DI POLIDORO// CONTENVTE, ET PRIMA NEL DIA// LOGO DELLA PACIENZA.//
F. 171b: REGISTRO.// [marca tipográfica]// IN VINEGIA APPRESSO GABRIEL// GIOLITO DE FERRARI// E FRATELLI// M D L .//

MAE

33.1.

JESUÍTAS. Cartas das Missões. 1552

AVISI// PARTICOLARI// delle Indie di Portugallo// Ricceuti in questi doi anni del. 1551. &// 1552. da li Reuerẽdi Padri de la cõpa// gnia de Iesu, doue fra molte cose// mirabili, sí uede delli Paesi, del// le genti, & costumi loro &// la grande cõuersioue di// molti populi,chè co=// minciano a riceuere// il lume della// sata sede// &// Relligione Christiana.// [emblema jesuítico]//[vinheta pequena] In Roma per Valerio Dorico & Luigi// Fratelli Bressani Alle spese de M.// Batista di Rosi Genouese. 1552.//

316 p., + 1 p. não num. [Erros de paginação: p. 1, 2, 3 e 6 sem paginação; depois da p. 85 vêm três páginas em branco, e a paginação recomeça em 86; 67 i. e. 97; 68 i. e. 98; depois da p. 99 seguem duas em branco, e a paginação continua com 100, da p. 102 salta para 104, p. 105 numerada duas vezes; falta a numeração 107; traz duas vezes p. 109; porém, falta a 111; a p. 113 aparece duas vezes, faltando a 115; tendo, porém, duas vezes 116; da 169 salta para 180; 171 i. e. 181; traz duas vezes a numeração 200, faltando, porém, a 202; p. 204 temos duas vezes; após a p. 208 seguem quatro páginas em branco, seguindo a paginação, então, com 209; 234 i. e. 235; 229 i. e. 239; 249 i. e. 246;

234 i. e. 264; 263 i. e. 265, termina o primeiro volume com a paginação 267, o verso, que traz a errata, não traz paginação. O segundo volume se inicia com a folha de rosto sem paginação e o verso da mesma em branco; começa, então, a numeração com 280, 260 i. e. 299; 303 i. e. 308. Termina com a paginação 316, enquanto o verso desta não traz mais numeração). -- Assinatura: A-C(8) D(4) E-K(8) L(4) M(8) N(4) O(8) P(4) Q-T(8). (Erros de assinatura: Piii i. e. Pii; Siiii i. e. Siii).

Tipos romanos.
Verso da página de rosto: em branco.
P. 3: Alli Lettori.// [datado de:] Roma, 3 de julho de 1552.//
P. 4-56: COPIA DI VNA LITERA// che ha scritto del'India di Ormuz,// él P.Mastro Gaspar della Com=// pagnia de Iesu, alli fratelli// del collegio di Coym=// bra, riceuute l'anno// del 1551.//
P. 57-85: COPIA DE VNA LITERA// del Padre Maestro Gaspar, della// Compagnía de IESV, alli// Fratelli di Portugallo ric// ceuuta l' Anno.// 1552.//
Seguem-se três páginas em branco.
P. 86-99: COPIA DE VNA LITERA// del Padre Manuel de Nóbrega della// Compagnía di Iesu mandata del// Brasil Al Dottor Nauarro suo// Maestro in Coymbra ric// ceuuta l'anno del// .1552.// [datado de:] Salvador, a 10 de agosto de 1549.//
Duas páginas em branco.
P. 100-155. COPIA DE ALCVNE LIT=// tere mandate del Brasil, per il Padre// Nóbrega della Compagnía de Ie// su, & altri Padri chè sõno a sua// obedientia, al Padre prepo=// sito d'essa Compagnía in// Portugallo, & alColle// gio de Coymbra di// detta Compagnía// tradotte in Ita// liano.// receuute l'anno del 1552.// Informatione delle Partí del Brasil.// [datado de:] São Vicente a 24 de agosto de 1551.//
P. 156-159: CAVATO DE VNA LIT=// tera di Manuel di Morales layco// della Compagnía di Iesu// receuute dell'India.// l'anno 1551.//
P. 160-163: D'vnaltra di Baltassar Nugnez nel// fin del 1548. del Regno di// Tranancor.//
P. 163-189: Cauato d'vn littera di Bembay nel capo// di comorin del vltimo di octobre 1548// De Enriqz Enriquez per il Collegio// di coimbra, della Com.// pagnia di IESV.// [datado de:] último de outubro de 1548.//
P. 190-208. COPIA DE VNA LITERA// dell'India del Padre Enrrique enrri// quez della Compagnía de Iesu al// preposito di detta Compagnía// in portugallo receuuta// l'anno 1552.tradot// ta in Italiano. [datado de:] 12 de janeiro de 1551.//

Quatro páginas em branco.
P. 209-223: COPIA DE VNA LITERA// dal Collegio de Goa nella India scrit// ta per vno della Compagnía di// Iesu alli suoi Fratelli del Col// legio di Coymbra receu=// ute l'anno 1551//
P. 224-229: Copia de altre Littere de// l'India.//
P. 230-234: CAVATO DE VNA LITE=// ra del Vescouo di Goa alla Regina// di Portugallo delle cose del In// dia recceuute l'Anno// 1551.//
P. 234 i. e. 235-239: Cópia de una Littera del// Re di Tanor al// Vescouo.// [datado de:] Goa a 25 de outubro de 1549.//
P. 240-244: Copia de vn Capitolo doue si// tratta del Martirio del// Padre Antonio// Criminale.// [datado de:] Poncale a 18 de junho de 1549.//
P. 245-249 i. e. 246: Alcune noue del manicongo// in Ethiopia Receuute// l'anno 1551.//
P. 249 i. e. 246-251: Cauato de una littera della// Citta del Congho in Et// hiopia del Padre// Iacobo della// Cõpagnia// de Iesu.// [datado de:] Manicongo a 1 de agosto de 1548.
P. 252-256: De Vna lettera del Padre Gior// gio vaz del congo del// primo de Agosto.// 1548.
P. 256-259: Cauato de vna del Padre Chri// stofaro ribero.//
P. 259-261: De vnaltra del medesimo padre// del vltimo de Iuglio.//
P. 262-263: CAVATO DE VNA LITE// ra da Messer Nicolao Lanciloto del// la Compagnia de Iesu de Cau// lano riceuùte l'anno// 1552.//
P. 266: CAVATO DE VNA// altra de Melchior Gon=// zales de Cochin,// 23. de Genaro// 1551.//
P. 267: CAVATO DE VNA// Altra de Antonio Gomez// fatta in Cochin a 16.// de Genaro 1550.//
Verso da p. 267: Errori scorsi nella Stampa.// [e termina:] Con Gratia & Priuileggio.//
O segundo volume se apresenta com a seguinte folha de rosto:

33.2. 1552

COPIA DE// ALCVNE LITTERE// del Padre Maestro Francesco// Xauier & altri Padri della// Compagnia de Iesu del Iapon// Nouamente scoperto & de// Maluco tradotte in Italia// no riceuute l'Anno// 1552.// [emblema jesuítico]// In Roma per Valerio Dorico// & Luigi Fratelli Bressani// Alle spesse de M. Bati=// sta di Rosi Genouese// M. D. LII.//

Da p. 280-316. -- Assinatura: V-X(8) Y(4). (Erros de assinatura: Xiiii i. e. Xiii).

Verso da página de rosto sem paginação e em branco.
P. 280-281: COPIA DE ALCVNE LIT=// tere del Padre Maestro Frãcesco Xa// uier & altri Padri della Cõpa=// gnia de Iesu del Iapon// nouamẽte scoperto &// de Maluco tradotte// in Italiano riceu// ute l'Anno.// 1552.// Dechiaratione per meglio in=// tendere la seguente// Littera.//
P. 282-309: COPIA DE VNA LETTE=// ra del Padre Maestro Francesco Xa// uier dal Giapan indrizata al Col// leggio della scolari de detta// Compagnia in Coymbra// di Portugallo.// [datado de:] Cangoxima a 5 de novembro de 1549.//
P. 309-311: DE VNA DEL PADRE FRAN=// cesco Perez che in Malacha de 26.// di Nouembre del 1549.per li// Fratell; del Capo de// Comurin.//
P. 312-316: DE VNA DEL PADRE// Gioanne d'abera che sta in Malu// cho de.5. de Febraro del 1549// per il Rettore de Santo// Paulo de Goa.//
No verso da p. 316 apenas consta: "Pensauamo lettor mio stampare que=// sti Auisi ciascuno per se, ma poi e parso fa// re altrimente & non si essendo possuto ha// uer a tempo l'ultima copia fu bisogno fare// altro princípio,"//

Serafim Leite afirma: "A tradução italiana de 1552 (*Avisi Particolari*) contém as mesmas 6 cartas da tradução castelhana das cartas recebidas em 1551, e pela mesma ordem. Note-se a supressão, no título da cópia italiana, do nome do P. Simão Rodrigues, e a mudança do ano de 1551 para 1552, reproduzido nas subseqüentes edições italianas e latinas, originando confusões".
Leclerc cita apenas o primeiro volume.
As assinaturas de ambos os volumes indicam, contudo, que um é a continuação do outro.

BB v. 1, p. 49; Carayon 569; Leclerc 93; Palau 20.585; Ser. Leite v. 9, p. 5.
IEB

34.
GOMEZ, Antonio (Jurista). 1552

[vinheta] Opus praeclarum & Commentum super// legibus Tauri, editum per egregium & subtilem Do-// ctorem Antonium Gomez, Proprietatis// cathedram Iuris Ciuilis in Salman-// ticensi Academia// regentem.// [vinheta pequena]//

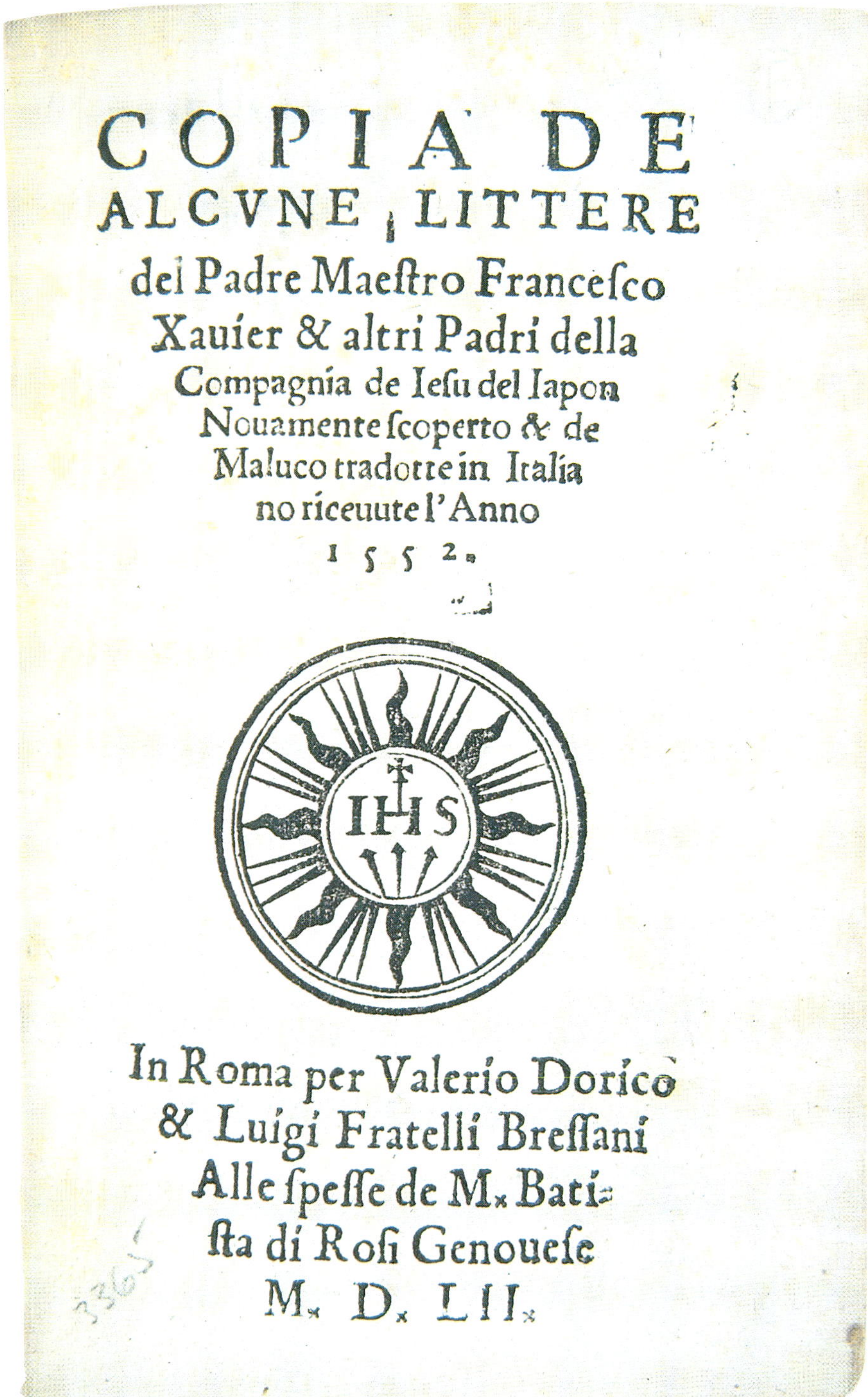

COPIA DE
ALCVNE LITTERE
del Padre Maeſtro Franceſco
Xauier & altri Padri della
Compagnia de Ieſu del Iapon
Nouamente ſcoperto & de
Maluco tradotte in Italia
no riceuute l'Anno
1552.

In Roma per Valerio Dorico
& Luigi Fratelli Breſſani
Alle ſpeſſe de M. Bati=
ſta di Roſi Genoueſe
M. D. LII.

JESUÍTAS. Cartas das Missões. *Copia de alcvne littere del Padre Maestro Francesco Xauier...*, 1552. Página de rosto.
Figura 17 – nº de catálogo 33.2

Illustrissimo atqz praeclarissimo Diui Ioan-// nis ordinis Sacrae militiae Rhodien-// sis Priori dedicatum.// [marca tipográfica]// SALMANTICAE.// Excudebat Andreas à Portonarijs.// M. D. LII.// Cum priuilegio.// Esta tassado//

309 fls. nums., 14 fls. não nums. (Erros de foliação: 110 i. e. 100). -- Assinatura: A-Z(8) Aa-Pp(8) Qq(8) a(8) b(6). (Erros de assinatura: *falta b 1*).

Restaurada.
Reencadernação em pergaminho rígido.
Acondicionada em caixa com pH neutro.
Notas marginais manuscritas.
Texto impresso em duas colunas.

Verso da página de rosto: licença [em espanhol] [datado de:] 26-9-1551
F. 2a: AD LECTOREM.//
F. 2b: Dodecastichon Dicolon Distrophon// Arnoldi Schurerij Brabanti.//
À f. num. 3 se inicia o texto que termina à f. 309a. Ao pé desta página: Commentariorum in Leges Taurinas D. Antonij Go-// mez Iuris Ciuilis ordinarij professoris,// FINIS.//
F. 309b: Arnoldus Schurerius Castigator Typo// graphicus Lectori. S.//
F. não num. 1a: [vinheta] Excudebatur Salmanticae in Officina// literaria Andreae à Portonarijs, Typogra-// phi longè accuratissimi: Anno secun-// do & Quinquagesimo supra Mil// le Quingentos: decimo Ca-// lendaru Nouembrium.//
Verso em branco.
F. 2a-14a: SVMMARIVM ET REPER-// torium eorum quae continentur// in legibus Tauri.//
F. 14b: In commendationem Operis &// Authoris Baccalaureus Lu-// douicus Soto.// [vinheta].//

Palau 103.531.

FD

35.
VASEO, Juan. 1552

[vinheta] CHRONICI RERVM [vinheta]// MEMORABILIVM HISPANIAE// TOMVS PRIOR.// Autore Ioanne Vasaeo Brugens: humaniorum literarum// in

Salmanti[...] Academia// professore.// [brasão]// [vinheta pequena] SALMANTICAE [vinheta pequena]// excudebat Ioannes Iunta.// CVM PRIVILEGIO AD DECENNIV// Esta tassado en marauedis.//

8 fls. prels., 139 fls. nums., 21 fls. não nums. (Erros de foliação: 6 i. e. 7; 14 i. e. 15; 77 i. e. 75; 80 i. e. 78; 64 i. e. 94; 105 i. e. 108). -- Assinatura: ✠(8) A-V(8).

Restaurada.
Reencadernação flexível em pergaminho.
Acondicionada em caixa com pH neutro.
Notas marginais impressas e manuscritas.
Todo o texto dentro de um quadro.

Verso da página de rosto: aprovação.
F. 2a: Carta dedicada a "EL REY". [datada e assinada:] "... Fecha en Aranda a .xviij. dias del mes de Mayo de mil y quinien=// tos y cinquenta años.// Maximiliano. La Reyna.// Por mandado de su Magestad sus altezas, en su nombre// Iuan Vazquez."//
F. 2b-3a: FRANCISCI SANCTII Bro=// censis ad Lectorem// Carmen.//
F. 3b: ELENCHVS EORVM QVAE COMPRE=// hendentur hoc opere.//
F. 4a-5b: REVERENDISS. ET SERE-// NISS. PRINCIPI AC DOMINO D. HEN=// RICO, S.R.E.T.T. SANCTORVM QVATVOR CORONATORVM CARDINA// li, Infanti Portugalliae, Archiepiscopo Eborensi// Alcobaciensis mona// sterij Commendatario, & in regnis Portugalliae summo de fide// Catholica ...cognitori, Domino suo obseruandiss.// Ioannes Vasaeus. S.P.D.// [datado de]: "... Salmanticae, xij. Calendas Ianua// rias Anno. M.D.LI."//
F. 6a-7a: [vinheta pequena] IOANNES VASAEVS [vinheta pequena]// CANDIDO LECTORI// Salutem.//
F. 7a-8b: ¶Errata...//
Segue a obra propriamente dita.
Verso da f. 139: IOANNES VASAEVS CANDIDO// Lectori. S.//
As folhas não numeradas contêm:
F. 1a-20b: INDEX RERVM INSIGNIVM// HVIVS CHRONICI...
F. 21a: [vinheta pequena] SALMANTICAE [vinheta pequena]// EXCVDEBAT IOANNES IVNTA.// [marca tipográfica]// [vinheta pequena] ANNO DOMINI [vinheta pequena] M.D.LII.// [vinheta]//
F. 21b: em branco.

Abrange até o ano de 1020, em tempos de Fernando I, de Castela. É tudo o que foi publicado. Salvá escreve a respeito: "Buena impresión. Parece que no

salió segunda parte, pues en la licencia se habla expresamente de sola esta primera.-Nic. Antonio se equivoca en decor: 'Ejus est *Chronicon Hispaniae Latinum Coloniae* primum publicatum anno 1567.8o'. El permiso del rey lleva la fecha de 1550, la dedicatoria del autor 1551, y la edición que es la primera, del 1552.
La obra de Vasco se incluyó en el tomo I. de la *Hispania illustrata* de Andres Schott".

Palau 352.991; Salvá 3.208.

FD

36.1.
CASTANHEDA, Fernão Lopes de, m. 1559. 1552-1561

[armas heráldicas portuguesas]// HO LIVRO PRIMEIRO// dos dez da historia do descobri-// mento & conquista da India pelos Portugueses. Agora emmẽdado &// acrecentado. E nestes dez liuros se contẽ todas as milagrosas façanhas que// os Portugueses fizerão em Ethiopia, Arabia, Persia, E nas Indias, dentro do Ganges & fora dele, & na China & nas Ilhas de Maluco, do tempo q̃// dom Vasco da Gama conde da Vidigueira & almirante do Mar Indico// descobrio as Indias,ate a morte de dom Ioão de Castro que la foy gouer// nador & visorey.Em que se contem espaco de cinquoenta annos,// Com priuilegio Real.//

8 tomos encadernados em 4 vols., 2 fls. prels. não nums., ccii i. e. 186 p., 1 fl. não num. (Erros de paginação: xxxvii i. e. xxxviij; xliiij i. e. xlij; cxcv i. e. clxxix). -- Assinatura: [2] A-L(8) M(6). (Erros de assinatura: Liij i. e. Miij; Liiij i. e. Miiij).

Texto em duas colunas.
Tipos góticos e romanos.

O verso da página de rosto contém o "Priuilegio", datado de Almeirim, em 14 de junho de 1552.
A segunda folha não numerada apresenta o prólogo dedicado ao rei D. João III.
Este primeiro tomo consta do "descobrimento da India per dom Vasco da Gama cõde da Vidigueira e almirante do Mar Indico. E a guerra que fizerão os Portugueses a el rey de Calicut no tempo que forão capitães móres Francisco dalbuquerque e Duarte pacheco".

Nesta parte se faz referência à armada de Pedro Álvares Cabral (p. 64-65, cap. xxxj) "foy vista terra, e q̃ era outra costa oposta a de África",...
Última folha: em branco.
Colofão: Foy impresso este pri-// MEIRO LIVRO DA HISTORIA DA// India em a muyto nobre & leal cidade de Coim-// bra, por Ioão da Barreyra impressor del rey// na mesma vniuersidade. Acabouse aos// vinte dias do mes de Iulho. De// M. D. LIIII.//

36.2.
Volume II. 1552-1561

[texto dentro de uma moldura] HISTO-// ria do liuro se// gundo do des// cobrimẽto &// conquista da India pelos// Portugueses.// [vinheta]// Feyta per Fernão lópez de// Castanheda.// Com priuilegio Real.//

4 fls. prels. não nums., 239 p. + 1 p. não num. (Erros de paginação: 28 i. e. 22; 21 i. e. 27; 99 i. e. 97; 103 i. e. 108; 110 i. e. 112; 117 i. e. 116; 116 i. e. 125; 128 i. e. 126; 129 i. e. 127; 130 i. e. 128; 137 i. e. 135; 138 i. e. 136; 139 i. e. 137; 134 i. e. 138; 158 i. e. 148; 151 i. e. 152; 152 i. e. 153; 157 i. e. 154; 172 i. e. 162; 189 i. e. 180; 180 i. e. 189; 961 i. e. 196; 297 i. e. 197; 203 i. e. 204). -- Assinatura: ¶(4) A-P(8).

Texto em duas colunas.
Tipos romanos.
20 xilogravuras repetidas por diversas vezes.

O verso da página de rosto contém o mesmo "Priuilégio" do primeiro volume.
Na segunda folha temos o prólogo dedicado ao príncipe D. João.
As folhas 3 e 4 contêm a "Tauoada do presente liuro".
Este segundo livro "contem o que os Portugueses fizerão, sendo della Visorey Dom Francisco Dalmeyda, do anno de mil & quinhentos & cinco, até ho de mil & quinhentos noue. E assi ho que fizeram neste tempo na costa Darabia, & da Persia Sendo capitão mór Afonso Dalbuquerque".
No verso da p. 239 temos apenas a marca tipográfica.

Colofão: Foy impresso este segundo liuro// da historia da India em a muyto nobre & leal cidade de Coymbra// por Ioão de Barreyra, & Ioão aluarez empressores delrey na// mesma vniuersidade. Acabouse aos vinte dias do// mes de Ianeyro. De// M. D. LII.//

HO LIVRO PRIMEIRO
dos dez da hiſtoria do deſcobri-
mento & conquiſta da India pelos Portugueſes. Agora emmẽdado & acrecentado. E neſtes dez liuros ſe contẽ todas as milagroſas façanhas que os Portugueſes fizerão em Ethiopia, Arabia, Perſia, E nas Indias, dentro do Ganges & fora dele, & na China & nas Ilhas de Maluco, do tempo q̃ dom Vaſco da Gama conde da Vidigueira & almirante do Mar Indico deſcobrio as Indias, ate a morte de dom Ioão de Caſtro que la foy gouer nador & viſorey. Em que ſe contem eſpaço de cinquoenta annos,
Com priuilegio Real.

CASTANHEDA, Fernão Lopes de. *Ho livro primeiro dos dez da historia do descobrimento...*, 1552-1561. Página de rosto do primeiro livro.
Figura 18 – nº de catálogo 36

36.3.

Volume III. 1552-1561

[texto dentro de uma moldura] HO TER-// ceiro liuro da// historia do descobrimento & con// quista da India,polos Portugue-// ses Feito por Fernão lópez de// Castanheda.// Com priuilegio Real.// Em Coimbra.// M. D. LII,//

2 fls. prels. não nums., 303 i. e. 311 p., + 5 p. não nums. (Erros de paginação: 27 i. e. 23; 22 i. e. 26; 32 i. e. 30; 43 i. e. 38; 38 i. e. 43; 42 i. e. 47; 91 i. e. 86; 86 i. e. 91; 128 i. e. 118; 121 i. e. 120; 120 i. e. 121; 139 i. e. 135; 157 i. e. 149; 148 i. e. 156; 207 i. e. 197; 194 i. e. 204; 225 i. e. 226; 249 i. e. 246; 303 i. e. 291; 290 i. e. 302; 290 i. e. 310; 303 i. e. 311). -- Assinatura: [2] A-T(8) V(6).

Texto em duas colunas.
Tipos romanos.

O verso da página de rosto contém o mesmo "Priuilegio" do primeiro volume.
O "Prólogo" é dedicado a Dona Catarina de Portugal. Consta de uma folha.
O Livro Terceiro "contem as cousas que forão feytas no tempo que Afonso dalbuquerque a gouernou".
As páginas finais, não numeradas, contêm a "Tauoada deste liuro terceiro".
Colofão: Foy impresso este terceiro liuro// da historia da India em a muyto nobre & leal cidade de Coimbra// por Ioão de Barreyra, & Ioão Aluarez empressores delrey na// mesma vniversidade. Acabouse aos doze dias// do mes Doutubro. De// M.D. LII.//

36.4.

Volume IV-V. 1552-1561

[texto dentro de uma moldura] Os liuros// quarto & quĩ// to da historia// do descobrimento & cõquista// da India pelos Portu// gueses.// Com priuilegio Real.// M. D. LIII.//

4 fls. prels. não nums., ccx p., 1 fl. não num. (Erros de paginação: xxxiiij i. e. xxxvj; l i. e. liij; liij i. e. lv; lx i. e. lviij; lxijj i. e. lx; clxxx i. e. cviij; cxx i. e. cxiv; cxij i. e. cxix; cxxxliij i. e. cxxxj; cxxxj i. e. cxxxiv; clxxxix i. e. clxxxij; clxxiij i. e. clxxxvij; clxc i. e. cxc). -- Assinatura: [4] A-D(8) E(6) F-N(8) O(4). (Erros de assinatura: Aii i. e. Bii).

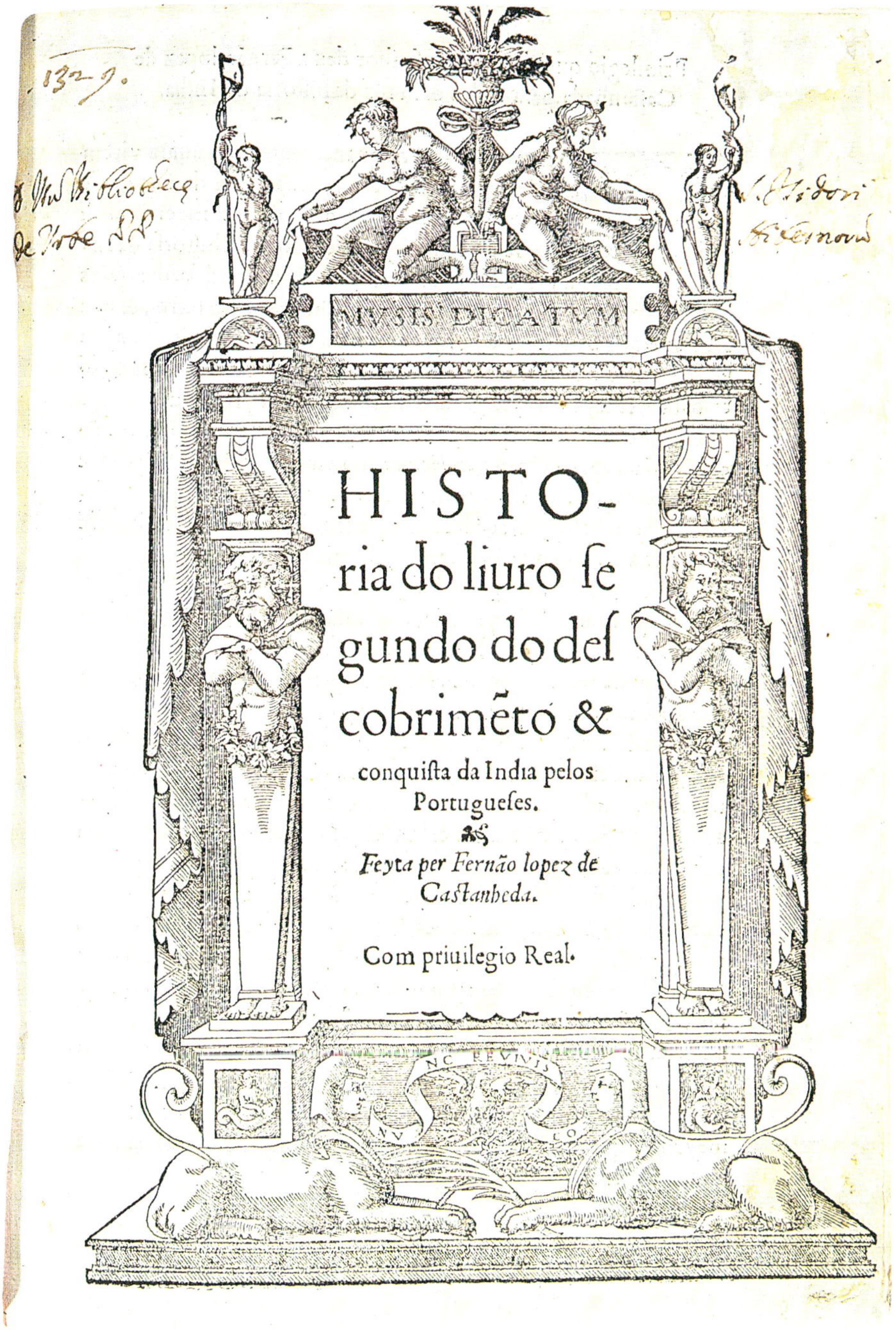

MVSIS DICATVM

HISTO-
ria do liuro ſe
gundo do deſ
cobrimẽto &
conquiſta da India pelos
Portugueſes.

*Feyta per Fernão lopez de
Caſtanheda.*

Com priuilegio Real.

CASTANHEDA, Fernão Lopes de. *Ho livro primeiro dos dez da historia do descobrimento...*, 1552-1561. Página de rosto do segundo livro.
Figura 19 – nº de catálogo 36

Texto em duas colunas.
Tipos góticos e romanos.

Do verso da página de rosto ao verso da segunda folha temos a "Tauoada do quarto liuro".
Na folha 3 temos o prólogo dirigido à princesa dona Joana.
A folha 4 apresenta diversos poemas: "Adinuietissimum Lusita//niae, & Algarbiorum Regẽ. Ioannem.III. &c.// Ferdinandus Coronellus de historia// Indica nuncrecens edita".//
No verso da f. 4 temos ainda outro poema intitulado: "Eiusdem in authorem epigramma." [e mais abaixo:] "Amici cuiusdã Castanhedae ad ipsum."//
O quarto livro consta do "tempo em que a gouernou Lopo Soarez...".
Termina o livro à p. lxxvj.
O livro quinto consta do tempo em que "gouernou Diogo lópez de sequeira".
A última folha, que não traz numeração alguma, traz o privilégio, o mesmo do tomo primeiro.
Verso desta: em branco.
Colofão: Acabouse de empremir a presen// te obra per João da barreira & Joã// aluares em a muyto nobre & sempre// leal cidade de Coimbra. Aos.XV.// dias do mes de Outubro.// de M.D.liij.//

36.5.
Volume VI. 1552-1561

[texto dentro de uma moldura] HO SEX-// to Liuro da// historia do descobri-// mento & conqui// sta da India.// polos// Portugueses. Feyto por// Fernão Lopez de// Castanheda.// [vinheta]// Impresso em Coymbra.// Com priuilegio Real// M. D. LIIII.//

2 fls. prels. não nums., cxcviij p. (Erros de paginação: cviij i. e. xcviij; xcix i. e. cxi; clxxxiij i. e. clxvij; clxxxiiij i. e. clxviij; clxxxv i. e. clxix; clxxxvj i. e. clxx; cxciji i. e. clxxxj; clxvj i. e. clxxxij; clxxj i. e. clxxxvij; clxxxiiij i. e. clxxxviij). -- Assinatura: [2] A-M(8) N(3). (Erros de assinatura: Miiij i. e. Liiij; Liij i. e. Miij).

Texto em duas colunas.
Tipos góticos; apenas a folha de rosto apresenta tipos romanos.

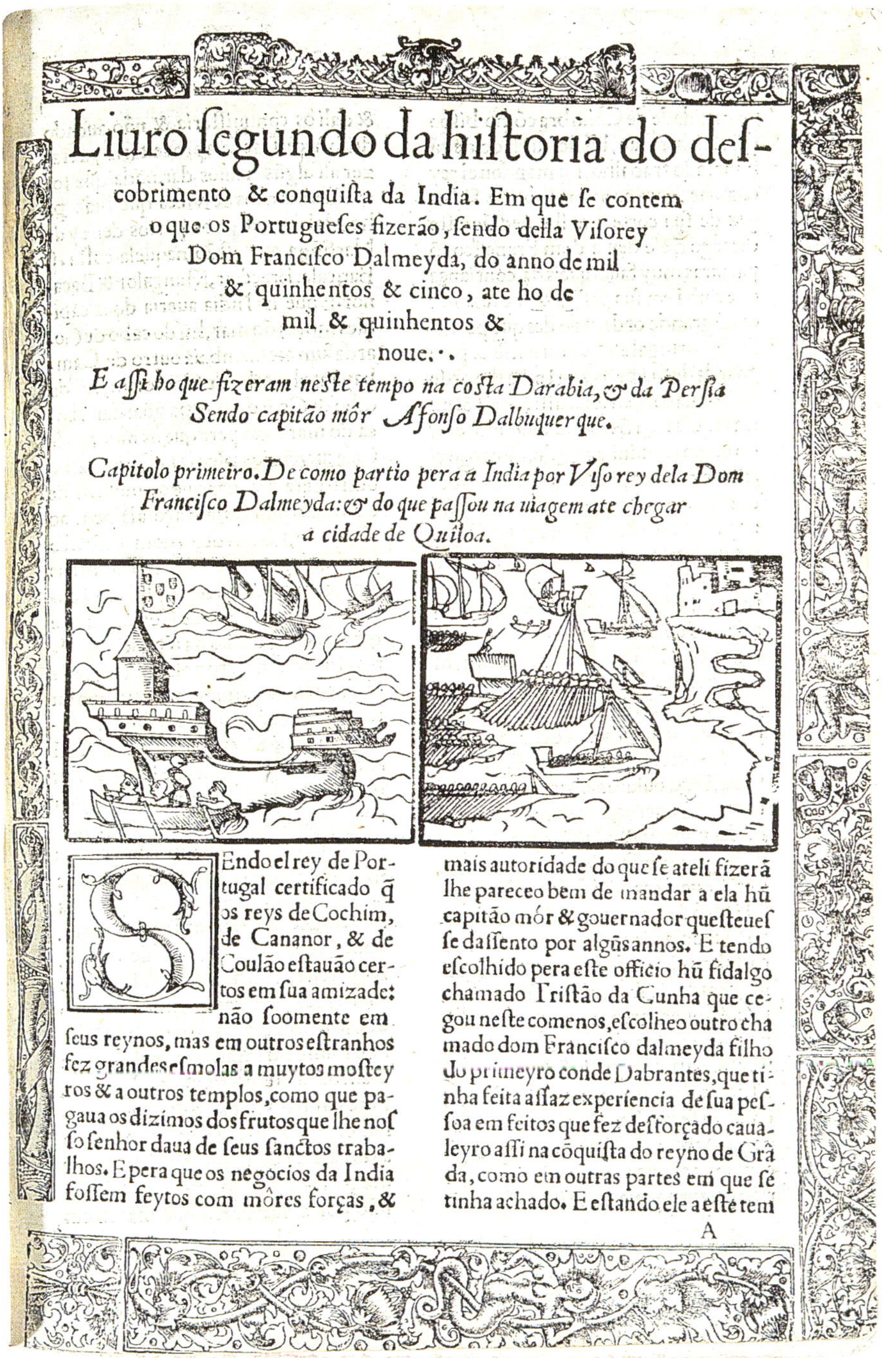

Liuro ſegundo da hiſtoria do deſcobrimento & conquiſta da India. Em que ſe contem o que os Portugueſes fizerão, ſendo della Viſorey Dom Franciſco Dalmeyda, do anno de mil & quinhentos & cinco, ate ho de mil & quinhentos & noue.

E aſſi ho que fizeram neſte tempo na coſta Darabia, & da Perſia Sendo capitão mór Afonſo Dalbuquerque.

Capitolo primeiro. De como partio pera a India por Viſo rey dela Dom Franciſco Dalmeyda: & do que paſſou na uiagem ate chegar a cidade de Quiloa.

SEndo el rey de Portugal certificado q̃ os reys de Cochim, de Cananor, & de Coulão eſtauão certos em ſua amizade: não ſoomente em ſeus reynos, mas em outros eſtranhos fez grandes eſmolas a muytos moſteyros & a outros templos, como que pagaua os dizimos dos frutos que lhe noſſo ſenhor daua de ſeus ſanctos trabalhos. E pera que os negocios da India foſſem feytos com mòres forças, & mais autoridade do que ſe ateli fizerã lhe pareceo bem de mandar a ela hũ capitão mór & gouernador que ſteueſſe daſſento por algũs annos. E tendo eſcolhido pera eſte officio hũ fidalgo chamado Triſtão da Cunha que cegou neſte comenos, eſcolheo outro chamado dom Franciſco dalmeyda filho do primeyro conde Dabrantes, que tinha feita aſſaz experiencia de ſua peſſoa em feitos que fez deſforçado caualeyro aſſi na cõquiſta do reyno de Grãda, como em outras partes em que ſe tinha achado. E eſtando ele a eſte tem

A

CASTANHEDA, Fernão Lopes de. *Ho livro primeiro dos dez da historia do descobrimento...*, 1552-1561. Detalhe de texto do segundo livro.
Figura 20 – nº de catálogo 36

Verso da página de rosto: em branco.
O privilégio [o mesmo do Tomo I] está na folha 2a.
O verso da f. 2 contém o mesmo brasão de armas da folha de rosto do Tomo I.
O sexto livro contém "o que eles (os portugueses) fizerão no tempo que a gouernarão dõ Duarte de meneses// Dom Vasco da gama conde da Vidigueira e almirante do mar Indico. E dom Anrrique de meneses..."
É provável que falte uma folha em branco no fim do livro.

Colofão: Aqui faz fim ho suysto libro da hi-// storia do descobrimẽto & cõquista da India pelos portugueses. Feyto por// Fernão lópez de Castanheda. E impresso em a muyto nobre &// sempre leal cidade de Coymbra per João de barreira// empremidor da vniversidade. Acabouse aos// iij. dias do mes de Feuereiro. de// M. D. LIIII.//

36.6.
Volume VII. 1552-1561

[texto dentro de uma moldura] HO// SEITIMO// liuro da histo// ria do descobrimento & con=// quista da India pelos// Portugueses.// Feyto por Fernã Lopez de// Castanheda.// [vinheta]// Com priuilegio Real.// 1554.//

2 fls. prels. não nums., clxvj i. e. 171. (Erros de paginação: p. v sem numeração alguma; viij i. e. xxiiij; ix i. e. xxv; lix i. e. liiij; liiij i. e. lix; a partir da p. que deveria trazer a numeração 97, a paginação retorna para 91 e continua normalmente; xxviij i. e. cxxviij; cliij i. e. cxxxix; cxl i. e. cliv). -- Assinatura: [2] a-k(8) l(6).

Texto impresso em duas colunas.
Tipos góticos e romanos.

O verso da página de rosto contém o mesmo privilégio do primeiro volume.
Na folha seguinte temos o prólogo dedicado ao rei D. João III.
Esta sétima parte relata os feitos dos portugueses durante o governo de Lopo Vaz de Sampaio.
Esta parte não apresenta colofão.

36.7.

Volume VIII. 1552-1561

[texto dentro de uma moldura] HO OCTAVO// liuro da historia do// descobrimẽto & cõ-// quista da India pelos// Portugueses.// Feyto por Fernão Lopez de// Castanheda,que// Deos tem.// Impresso em Coimbra.// Com Real Priuilegio.// M. D. LXI.//

2 fls. prels. não nums., 283 p. (Erros de paginação: 83 i. e. 38; 74 i. e. 71; 75 i. e. 72; 76 i. e. 73; 71 i. e. 74; 102 i. e. 100; 104 i. e. 103; 105 i. e. 104; 106 i. e. 105; 107 i. e. 106; 100 i. e. 110; 134 i. e. 143; 149 i. e. 146; 156 i. e. 159; 155 i. e. 165; 70 i. e. 170; 162 i. e. 172; 167 i. e. 177; 168 i. e. 178; 169 i. e. 179; 170 i. e. 180; 189 i. e. 183; 188 i. e. 184; 187 i. e. 185; 179 i. e. 189; 180 i. e. 190; 181 i. e. 191; 182 i. e. 192; 121 i. e. 193; 120 i. e. 208; 218 i. e. 219; 238 i. e. 228). -- Assinatura: [2] A-R(8) S(6).

Texto impresso em duas colunas.
Tipos romanos.

Verso da página de rosto: em branco.
F. 2: Contém o prólogo dirigido ao rei D. Sebastião pelos filhos de Fernão Lopez de Castanheda.
F. 2b: em branco.
No livro oitavo constam os feitos dos portugueses "na India, & em outras partes do oriẽte, gouernandoa Nuno da Cunha".
P. 283b: em branco.
Colofão: Foy impresso este Octauo liuro da historia da India em// a muyto nobre & lealcidade de Coimbra, por// Ioão de Barreyra impressor del Rey// na mesma vniversidade. Aca-// bouse aos vintaseys dias// do mes Dagosto de// 1561. annos.//

Como se pode observar na folha de rosto desta oitava parte, o autor já havia falecido. No prólogo a este mesmo livro dizem os filhos: "... Polas quaes rezões,em seu nome pedimos a V.A. queira tomar sob seu amparo este Liuro Octavo, (& com este o Nono & Decimo seguintes, que muy cedo se imprimirão) pera que responda o fruyto ao muyto trabalho que ho Autor nele teue, & alcance ho fim que pretendeo".
Em relação aos livros 9 e 10 é interessante a nota manuscrita, da autoria de Damião de Góis, que Salvá tinha em seu exemplar desta obra: "*Hos otros liuros não saon acabados d'imprimir porq não quer a Raynha nossa sñora si lo fochem mandarse hã a V S Illust.*".

A coleção completa está em bom estado, sendo muito rara.
Do primeiro volume houve uma edição anterior, de 1551. Afirma o Dr. Rubens Borba de Moraes que, segundo Diogo do Couto (Décadas 4. Livro 5, capítulo 1), este volume foi retirado por ordem de D. João III, a pedido de alguns fidalgos porque continha verdades.
Ao consultarmos a obra de Diogo do Couto, *Da Asia*, edição de Lisboa de 1777 – Década quarta, livro 5, parte I, deparamos às p. 329-330 com o seguinte texto:
"...Hia com elle embarcado o pai de Fernão Lopes de Castanheda, que ElRey mandava à India pera escrever os feitios daquellas partes,...Este homem andou na India quasi dez annos, correndo a mór parte della, até chegar a Malu, escreuendo as cousas daquelle tempo mui diligentemente, que recopilou em dez livros, acabando o seu decimo com o Governador D. João de Castro. Este volume nos disseram algumas pessoas dignas de fé que ElRey D.João mandára recolher a requerimento de alguns Fidalgos, que se acharam naquelle raro, e espantoso cerco, porque fallava nelle verdades."...
O oitavo livro termina com o governador D. Nuno da Cunha, que governou na Índia de 1529 a 1538.
Seu sucessor foi Dom Garcia de Noronha (1538-1540), seguido de Dom Estêvão da Gama (1540-1542). Este, por sua vez, foi substituído por Martim Afonso de Sousa (1542-1545). Só após este vem D. João de Castro (1545-1548). *Dados extraídos do Tratado de todos os vice-reis e governadores da Índia.* Lisboa 1962./
Não estamos tão seguros de tratar-se do primeiro volume que D. João mandara recolher, observando-se a nota manuscrita reproduzida por Salvá.
Seria talvez porque o primeiro livro traz apenas: "E aprouada pelos senhores deputados da sancta Inquisição."? E não o "Privilégio Real"?
Outro fato curioso é o seguinte: o segundo livro "*acabouse aos vinte dias do mes de Ianeyro e 1552*", mas o privilégio data de *14 de junho de 1552*. Quer dizer que o privilégio foi dado depois de o livro já estar impresso.
Voltando ao caso da primeira edição do primeiro tomo: Alexandre Herculano e o Barão de Castello de Paiva, assim como Ficalho, observam as variações entre as duas edições: consistem na diferença de capítulos, a primeira com 95, a segunda com 97, resultado de alterações introduzidas por Castanheda (acrescentando uma inscrição latina na qual se profetizava a descoberta da Índia), que fora encontrada em Cintra e mais uma cópia da carta de D. Manuel ao Samorim de Calecut, levada por Pedro Álvares Cabral (*Roteiro da viagem de Vasco da Gama,* p. 127).

Ernesto do Couto (*Archivo Bibliographico*, anno 1877-1878, p. 205) menciona outro aspecto: "Na 1ª narrativa deixa a principal honra da descuberta a D. João 2º, na 2ª parece que, a inspiração de D. Manuel foi devida a descuberta da India e que o acaso ali encaminhou Vasco da Gama. Na 1ª edição se vê, que a armada quando partio não ia ao acaso, o problema estava meio resolvido pelos trabalhos e estudos anteriores".
Barbosa Machado em sua *Bibliotheca Lusitana* apenas menciona, ao citar a primeira edição: "Consta de 267 páginas, e he dedicado a ElRey D. João o III. Passados tres annos se reimprimio este livro em folha com differente dedicatoria ao mesmo Monarcha, e com diversidade no princípio do primeiro capitulo como em o numero delles,..."
Depois da citação do oitavo livro, continua Barbosa Machado: "Este livro sahio postumo, e os filhos do Author o dedicarão a El Rey D. Sebastião, dizendo-lhe. Pedimos a V.A. queira tomar sob seu amparo este livro octavo, e com este o Nono, e Decimo seguintes, que muy cedo se imprimirão. Donde se collige que os deixou escritos Fernão Lopes de Castanheda, os quaes comprehendiao o Governo de D. João de Castro, e os mandou recolher ElRey D. João o III. a requerimento de alguns Fidalgos (como escreve Diogo de Couto Decad. 4, da India, liv. 5, cap. 1) que se acharao naquelle raro, e espantoso cêrco, porque fallava nelles verdades, e ainda que os filhos do Author podião cumprir a promessa que fizerão a El Rey D. Sebastiao por ser já fallecido seu Avô D. João o III, nunca se imprimirão, cujos originaes conservava em seu poder Francisco Gomes como affirmou em 15 de Janeiro de 1620, a Francisco Galvao Maldonado que assim o escreve na sua Bib. Portug. M.S.".
Confirma-se, assim, que os livros suprimidos foram o 9 e o 10 e não o primeiro. Contudo, deve ter havido algum problema, para que Lopes de Castanheda modificasse o primeiro livro e o publicasse novamente três anos depois.

Anselmo 130-132, 159, 290-1, 297; BB v. 1, p. 140-1; IFS t. 2, p. 283; JCR 598; D. Manuel 78; Nepomuceno 974; Palau 140.955 e 140.956; Sabin 11.383-5; Salvá 3.350.

IEB

37.
JESUÍTAS. Cartas das Missões. 1553

NOVI AVISI DI PIV LO// CHI DE L'INDIA ET MASSIME// de Brasil riceuuti quest'anno del. M.D.LIII.// done chiaramente si puo intendere la co=// uersione di molte persone etiam molto// principali nelle terre gia sco=// perte & nõ minor s'aspetta// nell'altre che si han// de scoprir &// la mutatione grande che funno de la lor vita del che// n'han conseguito oltra la ciuilta & politia di// costumi che Dio operi al presenti eui=// denti segni & miracoli// in loro.// [emblema jesuítico]//

22 fls. não nums. -- Assinatura: A-B(8) C(6). (Erros de assinatura: Aiij i. e. Aiiij).

Obra em bom estado de conservação.

Seu conteúdo consta das seguintes cartas:
Verso da página de rosto: em branco.
F. 2a-2b: COPIA D'VNA DEL PA-// dre Nicolao Lanciloto scritta del Cau=// lano Del.XXII. de Decembre.// M. D. LI.//
F. 2b-4b: Copia d'un altra de Cochin del .19. de Gennaio. 1552.// Del Padre Antonio d'Eredia, nouamente// andato all'India.//
F. 4b-5b: Copia duna Litera del Padre Nobrega di Baia nel Brasil// Alli. 10. de Luglio del. 1552.//
F. 5b-8a: Copia d'una del Padre Francesco Perez che sta in Baia per// li soi fratelli della Compagnia de Iesu alli. 17.// de Settembre. 1552.//
F. 8b-10b: Copia d'un'altra de Vincenzo Rodriguez del medesimo// luogho di Baia in detto anno.//
F. 10b-12b: Parte di alcune cose, che hanno accaduto alli fratelli della// Compagnia de Iesu nel Brasil, scritto per il Go=// uernatore Tomaso de Sousa.//
F. 13a-14a: Copia d'una di Vincenzo Rodriguez che sta// nel Brasil nella Citta del Saluatore alli// .17. de Settembre. 1552.//
F. 14b-16b: Copia d'alcune lettere delli patri et fratelli che stanno// nel Brasil.// Copia d'una del Padre Leonardo Nunnez alli .20.// de Giugnio del 1551. de Santo// Vincenzo.//
F. 16b: Copia de vna del medesimo nel medesimo tempo.//
F. 16b-17b: Copia d'una di Pietro Chorea persona che, è stata lõgo tempo// nel Brasil et delli primi della terra, serue à Iddio// con gran feruore nella Compagnía// di Iesu.//
F. 17b-19a: Copia d'unaltra del medesimo Pietro Chorea per// li fratelli che stanno in Affrica.//
F. 19a-19b: Copia d'una de Massimiano.//
F. 19b-20a: Copia d'una de Diego Iacobo del medesimo loco.//

F. 20a-22a: Cópia d'una litera del Padre Mastro Francesco// Xauier de Cochin alli .29:de Gennaro.// 1552. al Padre Messer Ignatio// Preposito Generale della Cõ=// pagnia de Iesu.//
No final da página o colofão:
In Roma per Antonio Blado Stampatore// Apostolico Nel. M.D.LIII. Ad// Instantia de Messer Battista// Genouese de Rossi.//
Verso: em branco.

Leclerc o considera "très rare".
Rubens Borba de Moraes afirma que estas mesmas cartas aparecem novamente nos *Diversi Avisi,* ed. de 1559 e 1565.

BB v. 1, p. 50; JCBrown v. 1, p. 181; Leclerc 1.625; Sabin 56.200.

IEB

38.
STRACCHA, Benvenuto, fl. 1500. 1553

CLARISSIMI// IVRISCONSVLTI// BENVENVTI STRACCHAE// PATRITII ANCONITANI// DE MERCATVRA, SEV// MERCATORE// TRACTATVS,// [marca tipográfica]// VENETIIS. M. D. LIII.// CVM PRIVILEGIO.//

40 fls. prels., 287 fls. nums., 1 fl. não num. (Erros de foliação: 64 i. e. 63; 87 i. e. 85; 85 i. e. 87; 106 i. e. 102; 123 sem numeração; 167 i. e. 165; 165 i. e. 167; 176 i. e. 174; 175 i. e. 176; 14 i. e. 214). -- Assinatura: *(8) ††-†††††(8) A-Z(8) Aa-Nn(8).

Restaurada.
Reencadernação flexível em pergaminho de cabra, seguindo padrão original.
Acondicionada em caixa com pH neutro.
Notas marginais manuscritas.

Verso da página de rosto: Ad lectorem Ambrosius Nicander// Toletanus.// [mais abaixo:] Eiusdem Ambrosii Nicandri de// casticon.//
F. 2a-2b: Benuenutus Straccha Anconitanus.// S.P.Q. Anconitano.// S.P.D.//
F. 3a-37b: TABVLA ALPHA-// BETICA GENERALIS OMNIVM// RERVM, ET MATERIARVM// IN TOTO VOLVMINE// TRACTATARVM.// [vinheta pequena]//

F. 38 a 40: em branco.
Segue, então, a obra propriamente dita, que finaliza à f. 287 anverso com as palavras: LAVS.D.O.M.// BEATIS. VIRGINI MARIAE,// Diui Hieronymo, et Caterinae ad-// uocatis meis.//
F. 287b: em branco, assim como a última folha, sem numeração.

Brunet v. 5, col. 556.

FD-BTA

39.
TARAFA, Francisco. 1553

Francisci Taraphae// BARCINONEN.// De origine, ac rebus gestis Re-// gum Hispaniae libet, mul-// tarum rerum cogni-// tione refertus.// [retrato do autor]// ANTVERPIAE,// In Aedibus Ioannis Steelsij.// M. D. LIII.// Cum Priuilegio Caesareo.//

201 p., 11 fls. não nums. (Erros de paginação: 136 i. e. 134). -- Assinatura: A-O(8).

Restaurada.
Reencadernação flexível em pergaminho.
Notas marginais impressas.

Verso da página de rosto: brasão.
P. [3] 4: SERENISSIMO// AC POTENTISSIMO HISPANIA-// rum Principi Philippo, eius nominis secundo, Franciscus Tarapha, Canonicus Barci-// nonencis, foelicitatem.
P. 5: IN FRANCIS-// CVM TARAPHAM LIBELLI// de Hispaniae regibus autorem, inq; Mar-// cum Antonium Tarapham , eius// editorem, Nic. Grudius// Nicolaius.// [mais abaixo:] Idem ad Hispaniam, de vtroqz.//
P. 6-7: IO. CHRISTO-// PHORI CALVETI// STEL-// lae ad Ioannem, Bellerum, Phaleucium.//
P. 7: Gor. Scribonius, Grapheus.//
A partir da p. 8 começa, então, a história do reino da Espanha. O texto termina à p. 201.
Verso da p. 201 e nas 8 folhas não numeradas segue: INDEX TAM RE-// GVM QVAM VIRORVM IL-// lustrium Rerum q'ue praecipuarum., quae// sparsim in hoc opere tractantur.

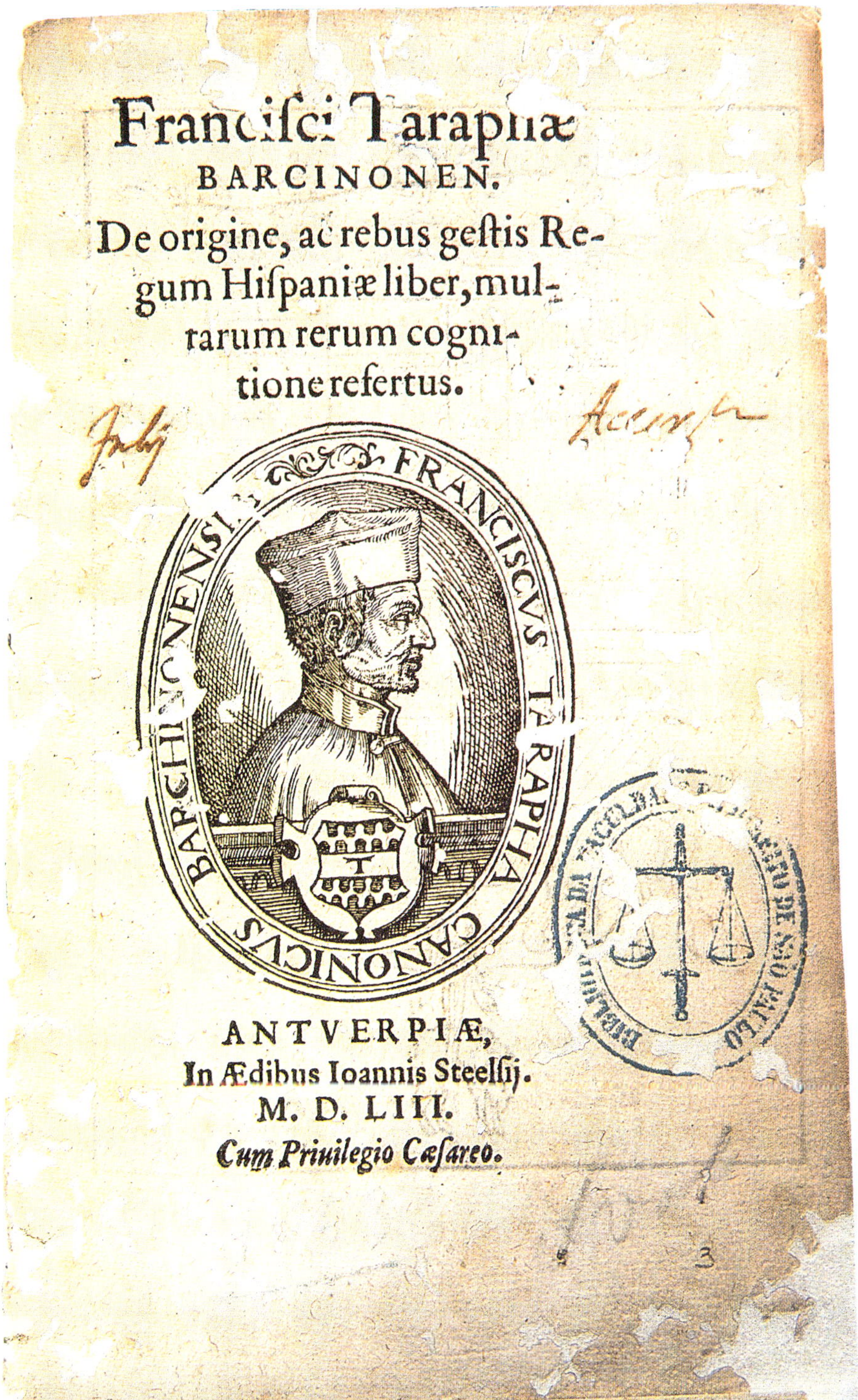

Franciſci Taraphæ
BARCINONEN.
De origine, ac rebus geſtis Regum Hiſpaniæ liber, multarum rerum cognitione refertus.

ANTVERPIÆ,
In Ædibus Ioannis Steelſij.
M. D. LIII.
Cum Priuilegio Cæſareo.

TARAFA, Franscisco. *De origine, ac rebus gestis Regum Hispaniae...*, 1553.
Página de rosto com retrato do autor ao centro.
Figura 21 – nº de catálogo 39

Ao pé da página 8 b consta: Typis Ioannis Latij.//

É a primeira edição.

Adams T-131; Palau 327.552.

FD

40.
CIEZA DE LEON, Pedro de, 1518-1554. 1554

PARTE PRIMERA// DE LA CHRO// NICA DEL PERV, QVE TRA-// cta la demarcacion de sus prouincias, la description// delas, las fundaciones de las nuevas ciudades// ritos y costumbres delos Indios, y otras ca// sas estranas dignas de ser sabidas.// Hecha por Pedro de Cieca// de Leon, vezino// de Seuilla.// Anadiose de nueuo la descripcion y traça de todas// las Indias, con vna Tabla alphabetica delas// materias principales enella contenidas,// [marca tipográfica]// EN ANVERS,// Por Iuan Bellero ala enseña del// Salmon. M. D. LIIII.// Con priuilegio.//

8 fls. prels. não nums., 285 fls. nums., 9 fls. não nums. (Erros de foliação: 24 i. e. 224). -- Assinatura: A-Z(8) Aa-Oo(8) Pp(6).

Gravuras: f. 3b, 22b, 29b, 37b, 40a, 43b, 45b, 48a, 62a, 68b, 70a, 73b, 77b, 89a, 98b, 103b, 118b, 131b, 135a, 138b, 140a, 148b, 150a, 154b, 171b, 180b, 183b, 185b, 195b, 201a, 204a, 205b, 216a, 222a, 223b, 229a, 232b, 250b, 257a, 260a, 264a.
Há repetições nas gravuras.

F. 1b-3a: AL MVY ALTO// y muy poderoso se-// ñor don Philippe principe// de las Españas.&c.// nuestro señor.//
F. 3b-8b: PROLOGO.// Prohemio del author:// en que se declara el intento desta// obra, y la diuision della.//
Segue-se, então, a primeira parte da obra de Cieça de Leon em 121 capítulos. Terminando no verso da f. 285, linha 14: "...Lo tocãte a la tassaciõ, y a otras cosas// que conuenia tractarse, quedara para otro lu-// gar: y con lo dicho hago fin con esta primera// parte: a gloria de Dios todo poderoso nuestro// señor y de su bendita y gloriosa madre señora// nuestra. La qual se començo a escreuir en la// ciudad de Cartago de la gouernacion de Po// payan, año de

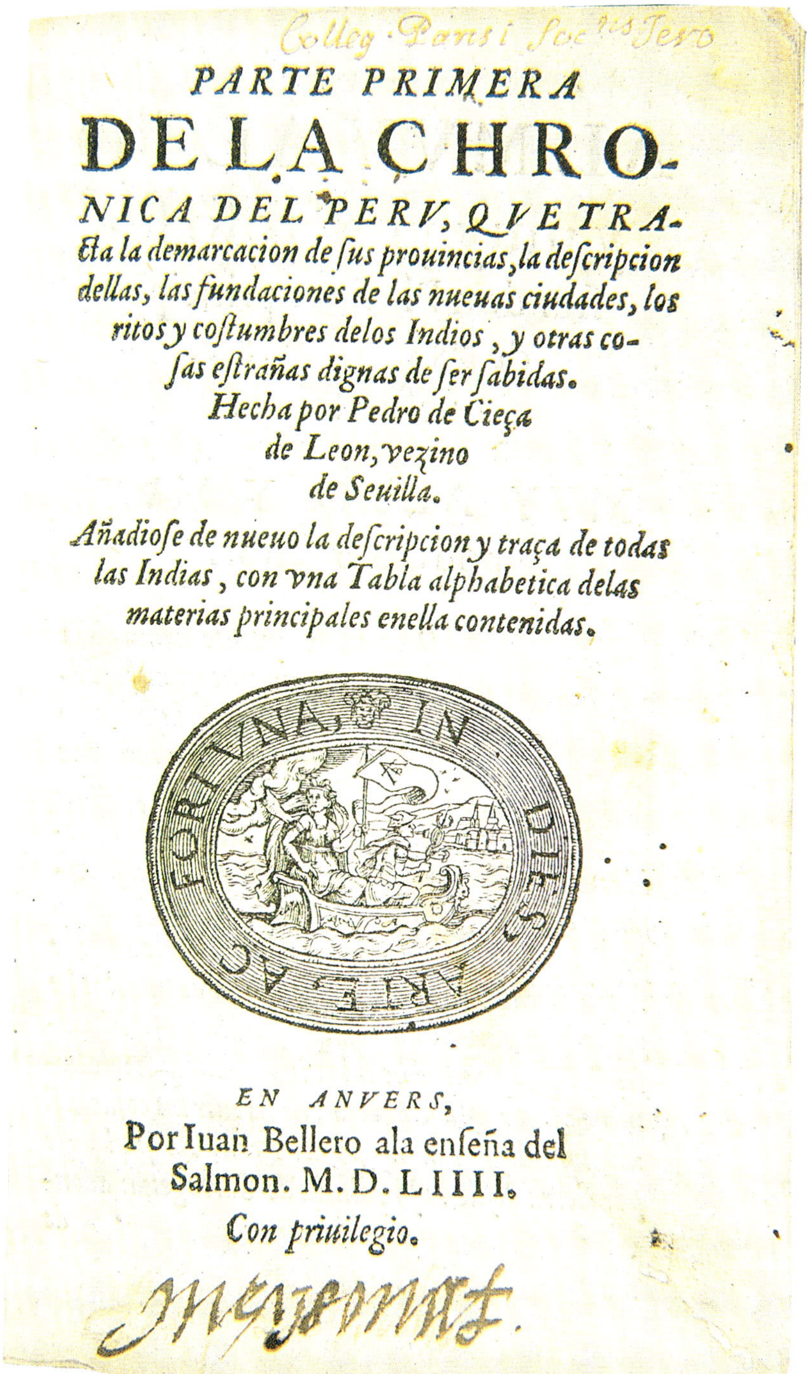

PARTE PRIMERA
DE LA CHRO-
NICA DEL PERV, QVE TRA-
cta la demarcacion de sus prouincias, la descripcion dellas, las fundaciones de las nueuas ciudades, los ritos y costumbres delos Indios, y otras cosas estrañas dignas de ser sabidas.
Hecha por Pedro de Cieça de Leon, vezino de Seuilla.
Añadiose de nueuo la descripcion y traça de todas las Indias, con vna Tabla alphabetica delas materias principales enella contenidas.

EN ANVERS,
Por Iuan Bellero ala enseña del Salmon. M.D.LIIII.
Con priuilegio.

CIEZA DE LEON, Pedro de. *Parte primera de la chronica del Perv, qve tracta la demarcacion de sus prouincias...*, 1554. Página de rosto.
Figura 22 – nº de catálogo 40

mill y quinientos y quarenta// y vno. Y se acabo de escreuir originalmente// en la ciudad de los Reyes del reyno del Pe-// ru a ocho dias del mes de Septiembre de mill// y quinientos y cinquenta años.// Siendo, el au// uthor de edad de treynta y dos años, auien-// do gastados los diez y siete dellos en estas// Indias".
F. 1a-9b: Tabla Alphabetica de// muchos apelidos y nombres, assi delas pro-// uincias, naciones, ciudades, pueblos, valles,// edificios, y otras cosas algo notables del Pe-// ru, como delos varones principales// que las descubrieron conquista-// rony fundaron: conpuesta// por Iuan Bellero.// [em duas colunas o índice]//
F. 9b, linha 14. Fin.// Impresso en Anuers Por Iuan Lacio// M. D. LIIII.//
F. 250b: Apresenta uma reprodução do lago de Titicaca e na f. 260a temos o Cerro de Potosí.

Esta primeira parte foi a única na época impressa em castelhano. O autor pretendia dividir a obra em quatro partes, a saber:
- a primeira, publicada inicialmente em Sevilla, en casa de Martin de Montesdoca, em 1553;
- a segunda deveria tratar dos Incas, os reis antigos do Peru;
- a terceira seria dedicada ao descobrimento e à conquista do reino do Peru pelos Espanhóis;
- a quarta parte se subdividiria em cinco livros e seria sobre as guerras civis do Peru.

Esta primeira parte trata da geografia, história e etnologia do Peru.
Para o ano de 1554 existem diversas edições de Anvers, com o nome do impressor diferente de nosso exemplar. Temos assim:
Anvers, Iuan Steelsio (Al fin: Impresso en Anuers por Iuan Lasció. M.D.LIIII. 8º, 8 fls. prels., 285 fls. nums., 9 fls. não nums.;
Anvers, Martin Nucio, M.D.LIIII. 8º, 8 fls. prels., 204 fls. nums.
(Segundo Salvá, apresenta esta edição "...un privilegio concedido a Nucio para que solo él pudiera imprimir la obra durante cinco años en los Países Bajos."...)
Pela paginação das outras edições podemos verificar que, no caso da primeira, esta é idêntica ao nosso exemplar, apenas a folha de rosto varia. No caso da segunda é mesmo outra edição.
Existem traduções para o italiano (1555) e inglês (1709).
Só em 1877 começaram a se imprimir as outras partes, até então inéditas, de Cieça de León.

Leclerc 1.706; Maggs 455-2.621; Maggs 612-158; Palau 54.648; Salvá 3.293; Sabin 13.046; Ternaux-Compans 65.

Nenhuma destas fontes cita a nossa edição, que é da mesma data, porém, de impressores diferentes.

IEB-LAM

41.1.

BARTOLUS de Saxoferrato, ca. 1314-1357. 1555

BARTOLI// PRIMA IN DIGESTVM// VETVS, ALEXANDRI IMOLAEI,// Andraeae Barbatiae, Celsi Hugonis ac Petri// Pauli Parisii adnotamentis rerúm-// que summis ornata fide-// lissimisque typis// excusa.// [marca tipográfica]// LVGDVNI,// M. D. LV.//

242 fls. (Erros de foliação: 154 i. e. 158; 109 i. e. 169; 185 i. e. 187; 186 i. e. 188; 298 i. e. 198; 124 i. e. 224). -- Assinatura: A-Z(8) Aa-Ff(8) Gg(10). (Erros de assinatura: R 3 i. e. R 2).

Restaurada.
Reencadernação rígida em pergaminho com tiras de couro, tratado ao alúmen, utilizadas como fechos.
Acondicionada em caixa com pH neutro.
O texto é rodeado por comentários.
Impresso em duas colunas.

Verso da página de rosto: BIBLIOPOLA CAN-// dido ac beneuolo lectori// Salutem.// [abaixo:] Ad eundem lectorem.//
F. 2a: AMPLISSIMO VIRO D. PHILIBER-// to Ferrerio Hyporediensium praesuli optimo ac// patrono beneficientissimo, Alexander// Losaeus Auilianus Iuris-// consultus S.D.//
F. 2b: Tabula Rubricarum huius voluminis.//
F. 3-242: Segue o texto.
Verso da f. 216: Apresenta uma gravura com o título: Arbor seruitutum.//
F. 242, col. b: Series chartarum.// [mais abaixo, o colofão:] LVGDVNI,// Excudebat Blasius Guido.//
F. 242b: em branco.

41.2. 1555

[vinheta] BARTOLI// COMMENTARIA// IN SECVNDAM DIGESTI// Veteris partem, doctis.viri Do.Petri Pauli// Parisii Cardinalis admodum reue-//

rendi non paucis additioni-// bus nuper illustrata,// accuratéque// castiga// ta.// [marca tipográfica]// LVGDVNI,// M. D. LV.//

176 fls. nums. (Erros de foliação: 15 i. e. 16). -- Assinatura: AA-YY(8).

Restaurada.
Reencadernação rígida em pergaminho, com tiras de couro, tratado ao alúmen, utilizadas como fechos.
Acondicionada em caixa com pH neutro.
Texto em duas colunas, com comentários impressos.
Letra ornamental iniciando o parágrafo.

Verso da página de rosto: Rubric. Secundae partis super Digesto veteri.//
F. 2-176: Segue o texto.
F. 176, abaixo do texto: Index quaternionum.// [mais abaixo:] Lugduni,// Excudebat Claudius Seruanius.//

41.3. 1555

[vinheta] BARTOLI// COMMENTARIA// IN PRIMAM INFORTIATI// partem doctiss.viri Do.Petri Pauli Pa-// risij Cardinalis admodùm reueren-// di non paucis additionibus// nuper illustrata, ac-// curatéque ca-// stigata.// [marca tipográfica]// LVGDVNI,// M.D.LV.//

214 fls. nums. -- Assinatura: a-z(8) A-C(8) D(6).

Restaurada.
Reencadernação rígida em pergaminho com tiras de couro, tratado ao alúmen, utilizadas como fechos.
Acondicionada em caixa com pH neutro.
Texto impresso em duas colunas, rodeado por comentários.

Verso da página de rosto: Rubricae primae partis Infortiati.
F. 2-214: Segue o texto:
F. 142b: Apresenta uma gravura de página inteira, tendo como título: Arbor substitutionum.//
F. 143a: Declaratio arboris substitutionum.//
F. 214a: [abaixo do texto:] Scrutinium quaternionum.// [mais abaixo, segue o colofão:] LVGDVNI,// Excudebat Petrus Fradin.// 1556.//
F. 214b: em branco.

41.4. 1555

[vinheta] BARTOLI// COMMENTARIA// IN SECVNDAM INFOR-// tiati, cum additiònibus Do. Alexandride// Imola,Dò.Andreae Barbatiae,D.Ale-// xand. Losaei,Nouissimè D.Pe-// tri Pauli Parisij illustrata,// accuratéque ca-// stigata.// [marca tipográfica]// LVGDVNI,// M. D. LV.//

210 fls. nums. (Erros de foliação: 146 i. e. 148). -- Assinatura: aa-zz(8) Aa-Bb(8) Cc(10) (última folha em branco).

Restaurada.
Reencadernação rígida em pergaminho com tiras de couro, tratado ao alúmen, utilizadas como fechos.
Acondicionada em caixa com pH neutro.
Texto em duas colunas rodeado por comentários.
Letra ornamental iniciando o parágrafo.

Verso da página de rosto: Rubricae secundae partis super Infortiato.//
F. 2-210: Segue o texto.
F. 210b, abaixo do texto: Series chartarum.// [abaixo:] Lugduni,// Excudebat Claudius Seruanius.//

41.5. 1555

[vinheta] BARTOLI// COMMENTARIA// IN PRIMAM DIGESTI NOVI// partem doctiss. viri Do.Petri Pauli Pa-// risij Cardinalis admodum reueren-// di non paucis additionibus// nuper illustrata, ac-// curatéque ca-// stigata.// [marca tipográfica]// LVGDVNI,// M. D. LV.//

194 fls. -- Assinatura: aaa-zzz(8) AA(10).

Restaurada.
Reencadernação rígida em pergaminho com tiras de couro, tratado ao alúmen, utilizadas como fechos.
Acondicionada em caixa com pH neutro.
Texto impresso em duas colunas, rodeado de comentários.

Verso da página de rosto: Rubricae primae partis super ff.nouo.//
O texto começa na folha 2.
F. 194b: [meio da página:] Index quaternionum.// [mais abaixo o colofão:] LVGDVNI,// Excudebat Petrus Fradin,// 1555//

41.6. 1555

[vinheta] BARTOLI [vinheta]// COMMENTARIA IN SE-// CVNDAM DIGESTI NOVI// partem, Do. Petri Pauli Paris. Andreae// Pomat. Andreae Barb. Alexan. Lo-// saei additionibus,multisque emen-// [...]onibus illustrata, accu-// ratè, & multa cum di-// ligentia casti-// gata.// [marca tipográfica]// LVGDVNI,// M. D. LV.//

284 fls. nums. (Erros de foliação: 26 i. e. 28; 36 i. e. 39; 138 i. e. 140; 162 i. e. 161; 170 i. e. 172). -- Assinatura: Aa-Zz(8) AA-MM(8) NN(4).

Restaurada.
Reencadernação rígida em pergaminho com tiras de couro, tratado ao alúmen, utilizadas como fechos.
Acondicionada em caixa com pH neutro.
Texto impresso em duas colunas, rodeado por comentários.
Letra ornamental iniciando os parágrafos.

Verso da página de rosto: Rubricae secundae partis. f. Noui.//
F. 2-284: Segue o texto.
F. 284b, col. b: Index quaternionum.//

41.7. 1555

[vinheta] BARTOLI// COMMENTARIA// IN PRIMAM CODICIS// partem,cum non paucis additionibus// D.Alexandri,& Petri Pauli Pari-// sij nuper illustrata,accura-// téque castigata: & in// magnam Iurispe.// vtilitatem re-// cognita.// [marca tipográfica]// LVGDVNI,// M. D LV.//

217 fls. nums. -- Assinatura: a-z(8) A-C(8) D(10).

Restaurada.
Reencadernação rígida em pergaminho com tiras de couro, tratado ao alúmen, utilizadas como fechos.
Acondicionada em caixa com pH neutro.
Texto impresso em duas colunas, rodeado por comentários.
Existem, ainda, algumas notas com comentários manuscritos.
Numeração por folhas.

Verso da página de rosto impresso em quatro colunas: Rubricae primae partis codicis.//

O texto começa na folha 2 e termina à folha 217b.
F. 217: [abaixo das colunas:] Quaternionum Index...// LVGDVNI,// Excudebat Claudius Seruanius.//
F. 218: em branco [falta].

41.8. 1555

[vinheta] BARTOLI// COMMENTARIA// IN SECVNDAM CODICIS// partem,Domi.Petri Pauli Paris. Andreae Pomat.// Andreae Barb. Alexan. Losaei additio-// nibus,multisque emendatio-// nibus illustrata, accu-// ratè,& multa cum// diligentia ca-// stigata.// [marca tipográfica]// LVGDVNI,// M. D. LV.//

150 fls. -- Assinatura: aa-ss(8) tt(6).

Restaurada.
Reencadernação rígida em pergaminho com tiras de couro, tratado ao alúmen, utilizadas como fechos.
Acondicionada em caixa com pH neutro.
Texto impresso em duas colunas, rodeado por comentários.

Verso da página de rosto impresso em três colunas: Tabula Rubricarum secundae partis Codicis.//
F. 2-150a: Segue o texto.
Abaixo: Scrutinium quaternionum.// [abaixo segue colofão:] Lugduni,// Excudebat Claudius Seruanius.//
F. 150b: em branco.

41.9. 1555

[vinheta] BARTOLI// COMMENTARIA// IN TRES LIBROS CODI-// cis, doctissimi viri Do. Petri Pauli Pari-// sij Cardinalis admodum reueren-// di non paucis additionibus// nuper illustrata, ac-// curatéque ca-// stigata.// [marca tipográfica]// LVGDVNI,// M.D.LV.//
68 fls. -- Assinatura: aa-hh(8) ii(4).

Verso da página de rosto impresso em três colunas: Tabula Rubricarum trium lib. Codicis.//
F. 2-68a: Segue o texto.

Abaixo do texto: Regestum.// [mais abaixo o colofão:] LVGDVNI,// Excudebat Claudius Seruanius.//

41.10. 1555

[vinheta] BARTOLI// COMMENTARIA// SVPER AVTHENTICIS,// cum non paucis additionibus D.Benedi-// cti de vadis, & Alexandri Losaei,// nuper illustrata, accuratéque// castigata:quae bibliopo-// la titulis necessariis// adornauit.// [marca tipográfica]// LVGDVNI,// M. D. LV.//

66 fls. -- Assinatura: a-g(8) h(10).

Verso da página de rosto: Tabula Rubricarum Authenticorum.//
F. 2-66b: Segue o texto.
Abaixo do texto, o registro e mais abaixo o colofão: Lugduni,// Excudebat Claudius Seruanius.//

41.11. 1555

CONSILIO-// RVM BARTOLI LIBRI// DVO: HIS INTERIECTI// sunt eiusdem Tractatus,& Quaestiones, cùm// variae, tum eruditae: quae omnia Ber-// nardi Landriani,& Thomae Di-// plouataei additamentis,// & indice illu-// strantur.// [vinheta pequena]// [marca tipográfica]// LVGDVNI,// M. D. LV.//

234 fls. nums., 22 fls. não nums. (Erros de foliação: 9 i. e. 92; 104 i. e. 102; 127 i. e. 125; 214 i. e. 224). -- Assinatura: A-Z(8) Aa-Ee(8) Ff(10) A-B(8) C(7). (Erros de assinatura: A 2 i. e. A 3; última folha em branco).

Restaurada.
Reencadernação rígida em pergaminho com tiras de couro, tratado ao alúmen, utilizadas como fechos.
Acondicionada em caixa com pH neutro.
Texto com comentários.
Letra ornamental iniciando os parágrafos.
Ilustrações em algumas folhas.

Verso da página de rosto: Index eorum quae in hoc volumi-// ne habentur.//
F. 2-234: Segue o texto.

F. 234b, abaixo da col. b: Series chartarum.// [mais abaixo:] LVGDVNI,// Excudebat Blasius Guido.//
F. 1a-22b: REPERTORIVM SVPER// CONSILIIS, QVAESTIONIBVS,// & Tractatibus Bartoli primi & Secundi volumin.// quod priùs tanquam Sibyllae folia com-// mistum & corruptum erat:// nunc & coadunatũ// & tersum.//

41.12. 1555

[vinheta] INDEX [vinheta]// SIVE// REPERTORIVM SIN-// gulare in lecturas Bartoli à Saxoferra-// to in omne Ius ciuile locupletis-// simum, nunc solerti cura,// studiosè, ac com-// modè reco-// gnitum.// [marca tipográfica]// LVGDVNI,// M. D. LV.//

162 fls. não nums. -- Assinatura: a-t(8) v(10).

Restaurada.
Reencadernação rígida em pergaminho com tiras de couro, tratado ao alúmen, utilizadas como fechos.
Acondicionada em caixa com pH neutro.
Texto impresso em duas colunas.

Verso da página de rosto: Canon pro numeris// marginalibus.//
O índice começa na f. 2.
F. 2a-162b: Repertorium perquam vtile ac// IVRI OPERAM NAVANTIBVS// admodum necessarium, super commentarijs domini// Bartoli à Saxoferato, quicquid bonarum// materiarum per totum opus dictorum// Commẽtariorum habetur, ordine// alphabetico abundatissimè// complectens, incipit// feliciter.// [vinheta]//
F. 162b, col. b, ao pé da folha: Index quaternionum.// [abaixo, o colofão:] LVGDVNI,// Excudebat Petrus Fradin.// 1555.//

Bartolus de Saxoferrato nasceu em 1314, em Venatura, junto a Saxoferrato, e é considerado o mais famoso jurista do Ocidente. Relaciona-se o seu nome a seus comentários a todo o *Corpus Iuris Civilis*, a todos os *Consilia* e todas as questões e tratados. Acompanha a sua obra completa um *Repertorium*.
Até 1615, foram editadas obras completas monumentais. Especialmente na Itália houve muitas edições no século XVI. Para o desenvolvimento do Direito na Europa a obra de Bartolus era imprescindível. Os juristas e os tribunais não seriam capazes de solucionar questões de Direito sem uma edição de Bartolus. Bartolus tornou-se a figura guia da dogmática do Direito e com ele a época

dos comentaristas atingiu seu ponto alto. Mas, apesar de sua importância para o Direito, até hoje ainda não existe uma edição crítica de seus textos. Faleceu em Perugia em 13 de julho de 1357.

FD-BTA

42.

GRYNAEUS, Simon, 1493-1541. 1555

NOVVS ORBIS RE-// GIONVM AC INSVLARVM VETE=// RIBVS INCOGNITARVM VNA CVM TABVLA COS-// mographica,& aliquot alijs consimilis argumenti libellis,nunc no-// uis nauigationibus auctus,quorum omnium catalogus// sequenti patebit pagina.// His accessit copiosus rerum memorabilium index.// [frase em grego]// [marca tipográfica]// Nihil arduum fatis.// ADIECTA EST HVIC POSTREMAE EDITIONI// Nauigatio Caroli Caesaris auspicio in comi-// tijs Augustanis instituta.// BASILEAE APVD IO. HERVAGIVM,// ANNO M. D. LV.//

26 fls. prels. não nums., 677 i. e. 577 p., 1 fl. não num. (Erros de paginação: 5 i. e. 31; 75 i. e. 57; paginação salta de 99 para 200; 225 i. e. 213; 228 i. e. 216; 236 i. e. 235; 269 i. e. 265; 270 i. e. 266; 299 i. e. 290; 373 i. e. 372; 250 i. e. 512; 536 i. e. 534; 562 i. e. 561). -- Assinatura: α(6) β(6) γ(8) *(6) a-z(6) A-Z(6) Aa(6) Bb(8).

Ilustrações: p. 21, 28, 91, 92 e 93.
Mapa mundial desdobrável.

Verso da página de rosto: CATALOGVS EORVM QVAE HOC// uolumine continentur.//
F. 2a-3a: EXCELLENTI VIRO GEORGIO COL// LIMITIO DANSTETTERO ARTIS MEDICAE// & disciplinarum Mathematicarum omnium// facile principi.// SIMON GRINAEVS. S.//
F. 3b-19b: INDEX RERVM SCITV DIGNARVM EX ALOYSIO// Cadamusto & Christophoro Columbo, alijsqz sequentium// nauigationum scriptoribus.// [em três colunas.]
No final da f. 19b ainda temos a ERRATA [em uma única coluna].
F. 20: em branco.
F. 21a-26b: TYPI COSMOGRAPHICI ET DE=// CLARATIO ET VSVS, PER SEBA=// STIANVM MVNSTERVM.//

NOVVS ORBIS RE-
GIONVM AC INSVLARVM VETE-
RIBVS INCOGNITARVM VNA CVM TABVLA COS-
mographica, & aliquot alijs consimilis argumenti libellis, nunc no-
uis nauigationibus auctus, quorum omnium catalogus
sequenti patebit pagina.

His accessit copiosus rerum memorabilium index.

ἐν τριόδῳ εἰμί.

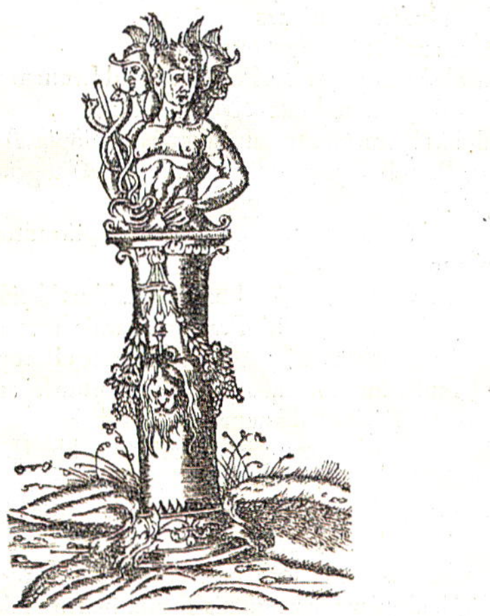

Nihil arduum fatis.

ADIECTA EST HVIC POSTREMAE EDITIONI
Nauigatio Caroli Cæsaris auspicio in comi-
tijs Augustanis instituta.

BASILEÆ APVD IO. HERVAGIVM,
ANNO M. D. LV.

882

GRYNAEUS, Simon. *Novvs orbis regionvm ac insvlarvm veteribvs incognitarvm vna cvm tabvla cosmographica...*, 1555. Página de rosto. Obra considerada a primeira história geral das viagens.
Figura 23 – nº de catálogo 42

Iniciam-se, então, as relações:

P. 1-64: NAVIGATIO AD TER-// RAS IGNOTAS ALOYSII CADAMVSTI,// Archangelo Madrignano interprete.//

P. 64-84: NAVIGATIO CHRISTOPHORI CO=// LVMBI, QVA MVLTAS REGIONES HACTE-// nus orbi incognitas inuenit, inuentasqz Hispaniae// rex coli iussit & frequentari.// Quomodo rex Hispaniarum de dit liburcas duas Christophoro Columbo.//

P. 84-85: DE GENTIBVS VARIIS, LOCISQVE// INNVMERIS AB ALONSO REPERTIS. CAP. CX.//

P. 85-87: DE NAVIGATIONE PINZONI SO-// CII ADMIRANTIS, ET DE REBVS PER// eum repertis.// CAPVT CXII.//

P. 87-93: NAVIGATIONVM ALBERICI// VESPVTII EPITOME.//

P. 94-202 i. e. 102: RERVM MEMORABILIVM CALE=// CHVT, QVAE NON SVNT ABSIMILES ILLIS QVAS// Petrus Aliares secundo & altero tractatu scripsit, que rursum colli-// quescunt ex literis quorundam nobilium uirorum, ut// latius in sequentibus patebit.//

P. 202-211: QVOMODO IOSEPHVS INDVS VE=// NIT VLISBONAM, ET EXCEPTVS À REGE// honorifice, contendit Romam & Venetias, à nostris// sociatus.//

P. 211-221: AMERICI VESPVTII.// NAVIGATIO PRIMA.//

P. 221-225: AMERICI VESPVTII// NAVIGATIO SECVNDA.//

P. 225-229: AMERICI VESPVTII// NAVIGATIO TERTIA.//

P. 230-232: AMERICI VESPVTII// NAVIGATIO QVARTA.//

P. 232-234: EPISTOLA POTENTISSIMI AC IN=// VICTISSIMI EMANVELIS REGIS PORTVGALLIAE// & Algarbiorum, de uictorijs habitis in India & Malacha, ad S.in// Christo patrem & dominum nostrum, dominum// Leonem X.Pont. Max.//

P. 234-235: PRAEFATIO LVDOVICI VARTO=// MANNI BONONIENSIS QVI ET PA-// tritius Romanus.//

P. 235-313: LVDOVICI ROMANI PATRITII NA=// VIGATIONIS AETHIOPIAE, AEGYPTI, VTRI-// usqz Arabiae, Persidis, Syriae Indiae intra & extra Gangem,// liber primus, Archangelo Madrignano interprete.//

A obra divide-se em sete livros.

P. 314-337: LOCORVM TERRAE SANCTAE// EXACTISSIMA DESCRIPTIO, AVTORE F.// BROCARDO MONACHO.//

P. 338-401: MARCI PAVLI VENETI, DE RE=// GIONIBVS ORIENTALIBVS LIB. I.//

A descrição divide-se em três livros.

P. 402-448: HAITHONI ARMENI ORDINIS// PRAEMONSTRATENSIS DE// Tartaris liber.//

P. 449-484: MATHIAE AMICHOV DE SARMA=// TIA ASIANA ATQVE EVROPEA, LIBRI DVE.//

P. 484-496: PAVLI IOVII NOVOCOMENSIS DE// LEGATIONE MOSCHOVITARVM LIBELLVS,// ad Ioannem Rufum archiepiscopum Consentinum.//

497-511: PETRVS MARTYR DE INSVLIS// NVPER REPERTIS, ET DE MORIBVS// incolarum earundem.//

P. 514-523: ERASMI STELLAE LIBANOTHA=// NI DE BORVSSIAE ANTIQVITATIBVS.//

Dividido em dois livros.

P. 524-535: DE MOLVCCIS INSVLIS ATQVE A=// LIIS PLVRIBVS MIRANDIS, QVAE NOVISSIMA// Castellanorum nauigatio Sereniss. Imperatoris Caroli. V.// auspicio suscepta, nuper inuenit: Maximiliani Trans-// syluani ad Reuerendiss. Cardinalem Saltz// burgensem epistola lectu per-// quam iucunda.//

P. 537-538: FERDINANDI CORTESII IN SE=// CVNDAM DE NOVA MARIS OCEANI HI-// spania narrationem ad Carolum V. Romanorũ// Imperatorem, Praefatio.//

P.538-598: FERDINANDI CORTESII DE// NOVA MARIS OCEANI HISPANIA,// Narratio secunda.//

P. 599-601: BEATISS. AC SANCTISS. CLEMEN=// TI VII. SACROSANCTAE ROMANAE, AC VNIVERSA-// lis Ecclesiae Pont. Max. Doctor Petrus Sauorgnanus deditissimus// feruus, post beatorum pedum humillima// oscula, felicitatem.

P. 602-665: TERTIA FERDINANDI COR=// TESII NARRATIO.//

P. 665-666: DE FRATRVM MINORVM REGVLARIS OBSERVAN-// tiae profectu & animarum lucro in Huketan, siue Noua Hispania, Epistola// uenerandi patris fratris Martini de Valentia custodis sancti euange-// lij in terra praemissa, ad Reuerendum P.F.Matthiam Vuenis-// se in generalem commissarium Cismontanum// eorundem fratrum.//

P. 666-667: SEQVITVR ALIA LITERARVM COPIA SVB EADEM// data missarum Reuerendo patri electo caeterisqz patribus capituli genera-// lis Tholosani in festo Pentecostes Tholosae celebrati. Anno domini M.D.// XXXII. Per Rèuerendum Patrem, dominum Episcopum illius// ciuitatis magnae, quae dicitur Temixtitan Mexico, in// Huketan, & alios patres ibi com-// morantes.//

P. 667-677: EPITOME CONVERTENDI GENTES INDIARVM AD// fidem Christi, adeoq̀z ad Ecclesiam Sacrosanctam catholicam & apostoli-// cam,

GRYNAEUS, Simon. *Novvs orbis regionvm ac insvlarvm veteribvs incognitarvm vna cvm tabvla cosmographica...*, 1555. Mapa-múndi desdobrado da autoria da Oroncius Fineus sob título: *Typvs cosmographicvs Vniversalis*.
Figura 24 – nº de catálogo 42

Autore R.P.F. Nicolao Herborn, regularis obseruan-// tiae ordinis Minorum Generali Commissa-// rio Cismontano.//
Ao pé da p. 677 temos o colofão: BASILEAE PER IOANNEM HERVAGI-// VM ANNO M.D.LV. MENSE// SEPTEMBRI.//
P. 677b: em branco.
Retro da f. não num.: em branco.
Verso da f. não num.: Marca tipográfica.

O volume foi encadernado por Chambolle-Duru e dourado na lombada com golfinhos, assim como na seixa interna, por se tratar de obra de viagens marítimas.
Esta obra é considerada, por alguns, como a primeira história geral das viagens. Sua primeira edição foi publicada, em 1532, pelo mesmo impressor da nossa edição. É do mesmo ano outra edição de Paris, porém o mapa é da autoria de Oroncius Fineus. Em 1537 é editada em Basiléia. Foi também traduzida para o alemão em 1534, porém sem o mapa mundial. Para o holandês, saiu em 1563, tradução de Cornelius Albin, também sem o mapa mundial.
O mapa mundial que acompanha a nossa edição foi impresso em duas folhas, coladas posteriormente, com a palavra "Ásia" em tipos menores, demonstrando assim que é da segunda fase e que pertence a esta edição. O mapa rodeado por moldura ornamental e a xilogravura foram feitas por Hans Holbein. Foi reproduzido por Nordenskiöld [*Facsimile Atlas*], estampa 42 e em diversos catálogos de Maggs.

BB v. 1, p. 318 (apenas menção); Maggs 546-40; Sabin 34.101.

IEB

43.
MEDINA, Pedro de, 1493?-1567? 1555

L'ARTE DEL// NAVEGAR,// IN LAQVAL SI CONTENGONO LE RE-// gole, dechiarationi, secreti, & auisi, alla bona nauegation ne-// cessarij. Composta per l'Eccel. Dottor M. Pietro da Me-// dina, & tradotta de lingua Spagnola in volgar Italia-// no, à beneficio, & vtilità de ciascadun Nauigante.// [gravura]// In Venetia, ad instantia di Gioanbattista Pedrezano, libraro// ál segno della Torre, à pie del ponte di Rialto.// Con Priuilegio del Illustriss.Senato Veneto. Per anni.xv.// M D LV.//

L'ARTE DEL NAVEGAR,

IN LAQVAL SI CONTENGONO LE REgole, dechiarationi, ſecreti, & auiſi, alla bona nauegation neceſſarij. Compoſta per l'Eccel. Dottor M. Pietro da Medina, & tradotta de lingua Spagnola in volgar Italiano, à beneficio, & vtilità de ciaſcadun Nauigante.

In Vinetia, ad inſtantia di Gioanbattiſta Pedrezano, libraro al ſegno della Torre, à pie del ponte di Rialto.
Con Priuilegio del Illuſtriſs. Senato Veneto. Per anni. xv.
M D LV.

MEDINA, Pedro de. *L'arte del navegar, in laqual si contengono...*, 1555.
Página de rosto.
Figura 25 – nº de catálogo 43

12 fls. prels. não nums., CXXXVII fls. nums. (Erros de paginação: XXX i. e. XXXI; LXXII i. e. LXX; CXXXIII i. e. CXXXV). -- Assinatura: a(8) b(4) A-Q(8) R(10).

Diversas xilogravuras.
Tipos romanos e góticos.
Todas as páginas de título dos livros apresentam uma xilogravura, relativa ao assunto neles tratados.
À f. [XXXIII] encontra-se o famoso mapa, um dos primeiros impressos na península Ibérica antes de 1570.

Verso da página de rosto: em branco.
F. 2a-3b: Temos a carta-dedicatória do autor "AL SERENISSIMO,// ET MOLTO INCLITO// Signor, Don Philippo Principe de Spa// gna, & de le due Sicilie. Il Dot=// tor Pietro di Medina."//
F. 4a-5b: AL CLARISSIMO// ET ECCELENTISSIMO// Signor, il Signor Stephano Thiepo// lo dignissimo Procurator// de San Marco.// Fra Vicenzo Paletino da Corzula Bacilier. S.//
F. 6a-8a: PROEMIO DEL// AVTHORE, SOPRA L'AR// te del nauigar, nelqual si dechia=// ra la eccellentia grande// de la Nauiga// tione.//
F. 8b: em branco.
F. 9a-11b: TAVOLA DE LI// LIBRI, ET CAPITOLI// Contentine l'arte del nauigar.//
F. 12: em branco.
A obra se divide em oito livros, cujos títulos são:
F. [I]-XVIv: DEL MONDO, ET DE// LA SVA COMPO=// SITIONE.//
F. XVII-XXVv: DEL FLVSSO, ET REFLVSSO// DEL MARE, ET COME FV// trouata la Nauigatione.//
F. XXVI-LIv: LI VENTI, ET DE LE LOR QVA// LITA, ET DI SOI NOMI, ET// COMO SI HA DA NAVI=// GAR PER ESSI.//
F. LII-XCIIII: DE LA ALTEZA DEL SOL,// ET COME PER QVELLA// sie deue reger la Nauigation.//
F. XCIIIIv-CVIIv: DE LA ALTEZA// DE LI POLI.//
F. CVIII-CXVI: DELLA AGVGGIA,OVER// BOSSOLO DA// NAVIGAR.//
F. CXVIv-CXXVIv: DE LA LVNA, ET COME IL// SVO CRESCERE, ET DI=// crescere serue alla nauigatione.//
F. CXXVII-CXXXVII: DE LI GIORNI// DEL ANNO.//
No verso da última folha temos o "REGISTRO" e abaixo o colofão:
IN VINETIA.// Nella Stamparia de Aurelio Pincio, del. // – // M. D. LIIII.// [vinheta]. [a palavra "Registro" está escrita erradamente:] REGITSRO"

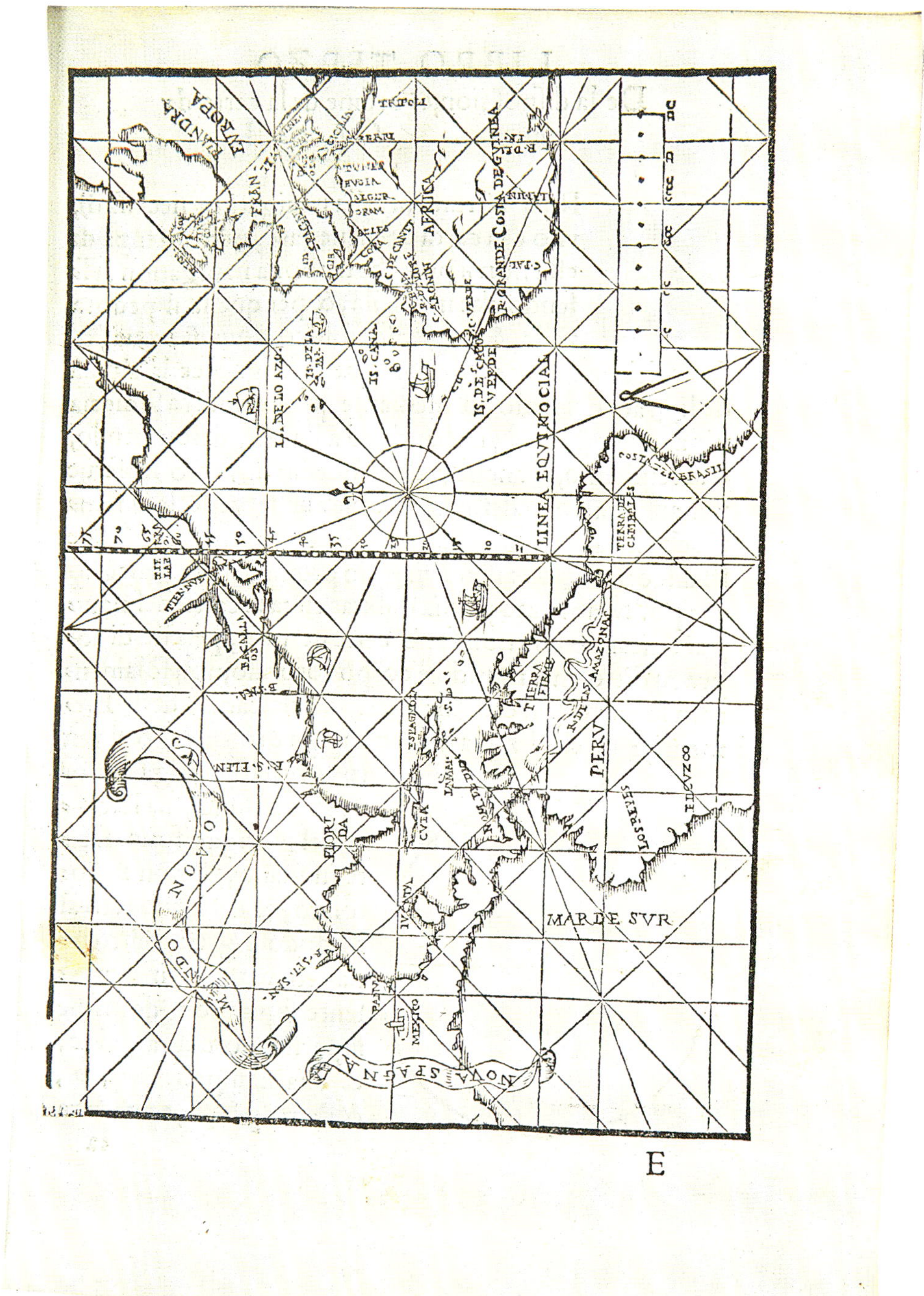

MEDINA, Pedro de. *L'arte del navegar, in laqual si contengono...*, 1555.
Mapa da península Ibérica.
Figura 26 – nº de catálogo 43

Segundo Vindel (*Mapas da América en los libros españoles*, 1955, p. 16) vem citado como o segundo mapa publicado em Espanha e que mostra parte do Novo Mundo, com a linha do Tratado de Tordesilhas. Como a primeira edição saiu em Valladolid em 1545, podemos afirmar que o mapa representa as conquistas e o conhecimento dos espanhóis até 1540. É impressionante a reprodução correta do istmo do Panamá. Conforme Nordenskiöld (*Facsimile Atlas*, 1970), o mapa xilografado foi ligeiramente reduzido na edição italiana. Foi seu autor examinador oficial dos pilotos e mestres de carreira das Índias. Devido à falta de obras sobre o assunto, publicou esta; é a primeira a tratar da navegação. O autor é considerado, portanto, o fundador da literatura náutica. Houve inúmeras edições da obra e traduções para os principais idiomas. Esta tradução italiana, feita por Fra Vicenzo Paletino da Corsula, foi inicialmente publicada em 1554. Existem cópias, no entanto, em que apenas a folha de rosto foi modificada para 1555. É o caso do nosso exemplar. No colofão continua a data de 1554.

BB v. 2, p. 49; Church 98; Harrisse 266 (menção, Ult. Add., p. 1.292); Maggs 429-63; JCR 1.594; Palau 159.679; Sabin 47.346.

IEB

44.1.
LAS SIETE PARTIDAS... 1555

[em vermelho:] LAS SIETE// [em preto:] PARTIDAS DEL SABIO [em vermelho:] REY// don Alonso el nono, [em preto:] nueuamente Glosadas por el [em vermelho:] Licen-// ciado Gregorio Lopez [em preto:] del Consejo Real de// [em vermelho:] Indias [em preto:] de su Magestad.// [em vermelho:] Con su reportorio muy Copioso,// [em preto:] assi del Testo como de la Glosa.// [emblema heráldico com as armas de Espanha]// Impresso en [em vermelho:] Salamanca [em preto:] Por [em vermelho:] Andrea de Portonaris, [em preto:] Impressor de su Magestad.//Año. M. D. L. V.// [em vermelho:] Con priuilegio Imperial.// [em preto:] ¶Esta tassado el pliego a cinco marauedis,//

152 fls. nums. (Erros de foliação: folhas 1 e 2, sem numeração; 4 i. e. 5; 70 i. e. 90). -- Assinatura: A-Z(6) Aa(6) Bb(8).

Restaurada.
Reencadernação em couro pleno tipo atanadinho, tingido artesanalmente.
Notas marginais impressas e manuscritas.

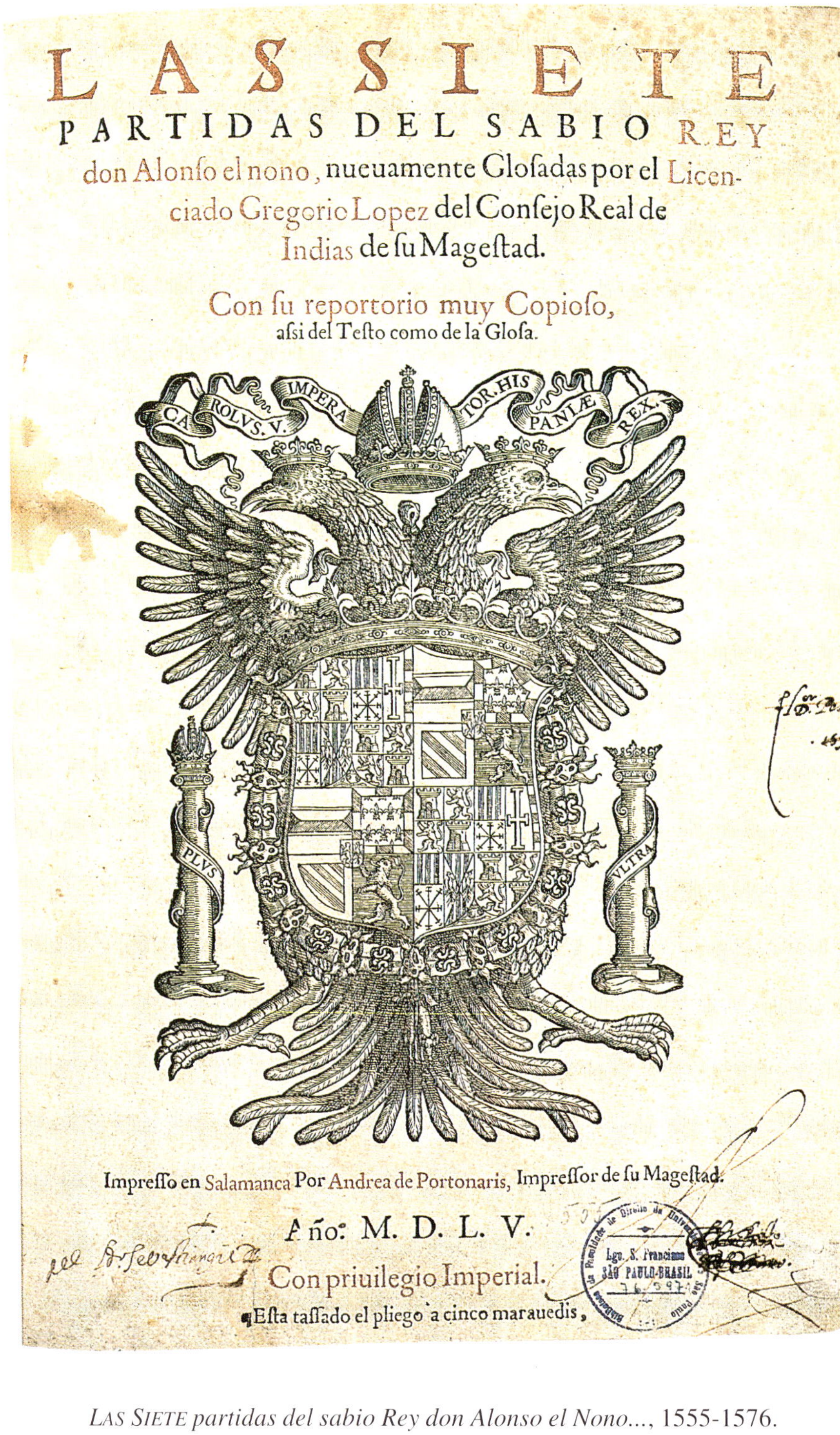

LAS SIETE
PARTIDAS DEL SABIO REY
don Alonſo el nono, nueuamente Gloſadas por el Licen-
ciado Gregorio Lopez del Conſejo Real de
Indias de ſu Mageſtad.

Con ſu reportorio muy Copioſo,
aſsi del Teſto como de la Gloſa.

CAROLVS.V. IMPERATOR.HISPANIÆ REX.

PLVS VLTRA

Impreſſo en Salamanca Por Andrea de Portonaris, Impreſſor de ſu Mageſtad.

Año: M. D. L. V.

Con priuilegio Imperial.

¶Eſta taſſado el pliego a cinco marauedis,

LAS SIETE partidas del sabio Rey don Alonso el Nono..., 1555-1576.
Página de rosto.
Figura 27 – nº de catálogo 44

Texto impresso em duas colunas.
Texto rodeado de comentários.

Volume I, Parte I.
Verso da página de rosto: Dois privilégios de el-rey, datados de Valladolid, de sete de setembro de 1555.
Ao pé da página, uma nota em tipos pequenos: [vinheta pequena] Otro privilegio, para que se recurra a la le [vinheta pequena]// [vinheta pequena] tra desta impression, esta al fin de la obra. [vinheta pequena]//
F. 2a: [vinheta] Andreas à Portonarijs Caesareae Maiestatis [vinheta]// Typographus, Lectori .S.//
F. 2b: PRAEFATIO// Authoris.// [mais abaixo:] Tabla de los titulos de la primera partida.//
A partir da folha 3 começa, então, o texto que se divide em 34 títulos.
F. 152: em branco.

44.2.
Volume I, Parte II. 1555

SEGVNDA// [duas pequenas vinhetas, uma embaixo da outra]// PARTIDA// [duas pequenas vinhetas, uma embaixo da outra]// [emblema heráldico com as armas de Espanha]// [vinheta pequena] En Salamanca, [vinheta pequena]// POR ANDREA DE PORTONARIIS.// 1555.//

116 fls. nums. (Erros de foliação: 46 i. e. 49). -- Assinatura: A-S(6) T(8).

Restaurada.
Reencadernação em couro pleno tipo atanadinho, tingido artesanalmente.

Verso da página de rosto: TABLA DE LOS TITVLOS// de la segunda partida.//
Na f. 2a segue o texto da segunda partida que tem um total de 31 títulos.
F. 116b: em branco.

44.3.
Volume II, Parte III. 1576

TERCERA// PARTIDA// [emblema heráldico com as armas de Espanha]// EN SALAMANCA,// En casa de Domingo de Portonarijs, Impressor de la// Catholica Real Magestad.// M. D. L X X V I.//

186 fls. nums. (Erros de foliação: 45 i. e. 65; 511, i. e. 151; de 175 volta para 174; de 178 pula para 181). -- Assinatura: A-Z(6) Aa-Hh(6).

Restaurada.
Reencadernação em couro pleno tipo atanadinho, tingido artesanalmente.
Notas marginais impressas.

Verso da página de rosto: TABLA DE LOS TITVLOS// de la Tercera partida.// Segue, então, o texto que tem 32 títulos.

44.4.
Volume II, Parte IV. 1576

QVARTA// PARTIDA// [emblema heráldico com as armas de Espanha]// EN SALAMANCA,// En casa de Domingo de Portonarijs, Impressor de la// Catholica Real Magestad.// M. D. L X X V I.//

74 fls. nums. -- Assinatura: A-L(6) M(8). (Erros de assinatura: F ij i. e. F iij).

Restaurada.
Reencadernação em couro pleno tipo atanadinho, tingido artesanalmente.
Notas marginais impressas.

Verso da página de rosto: TABLA DE LOS TITVLOS// de la quarta Partida.// Segue o texto com 27 títulos.
F. 17b: ARBOL DE CONSANGVINIDAD e no anverso da f. 18 o ARBOL DE LA AFFINIDAD.
F. 74: em branco.

44.5.
Volume II, Parte V. 1576

QVINTA// PARTIDA// [emblema heráldico com as armas de Espanha]// EN SALAMANCA,// En casa de Domingo de Portonarijs,Impressor de la// Catholica Real Magestad.// M. D. L X X V I.//

112 fls. nums. (Erros de foliação: 45 i. e. 44; 54 i. e. 45). --Assinatura: A-S(6) T(4).

Restaurada.
Reencadernação em couro pleno tipo atanadinho, tingido artesanalmente.
Notas marginais impressas.

Verso da página de rosto: TITVLOS DE LA QVIN-// ta Partida.//
O texto se apresenta com 15 títulos.

44.6.
Volume III, Parte I. 1576

[vinheta] REPORTORIO MVY CO-// PIOSO DE EL TEXTO Y LEYES// de las siete Partidas,Agora en esta vltima Impression, hecho// por el Licenciado Gregorio Lopez de Touar,// va por su Abecedario.// [emblema heráldico com as armas de Espanha]// EN SALAMANCA,// En casa de Domingo de Portonarijs,Impressor de la// Catholica Real Magestad.// 1576//

62 fls. não nums. -- Assinatura: A-I(6) K(8).

Restaurada.
Reencadernação em couro pleno tipo atanadinho, tingido artesanalmente.

Verso da página de rosto: REVERENDISSIMO IN CHRISTO// Patri ac Principi Illustissimo [sic] Domino Didaco de Couarruuias// Episcopo Segouiensi, & Caesareae Maiestatis Praesidi obseruantissimo// Licenciatus Gregorius Lopez de Touar. S.D.//
A partir da segunda folha segue o Repertório, impresso em duas colunas.
Verso da última folha: em branco.
Segue-se, sem folha de rosto:

TABLA DE LAS LEYES// de los Titulos de las siete Partidas, segun la Impression// de Francia, por Francisco de Velasco la qual se enmen-// do en lo necessario. Pone se para el cu-// rioso Lector.//
18 fls. não nums. -- Assinatura: Aa-Cc(6).

44.7.

Volume III, Parte II. 1576

OMNES FERE// TITVLI TAM IVRIS CI// VILIS, QVAM CANONICILE// guntur in istis septem Partitarum legibus, quod se-// quens tabula demõstrat, non sine magno labore aedita per Licen-// ciatum Gregorium Lopez à Touar,ipsarum legum glossa// toris nepotem,quod quantae vtilitatis necessitatisq;// sit omnibus vtriusque Iuris professori// bus clarissimè patet.// [emblema heráldico com as armas de Espanha]// SALMANTICAE,// In aedibus Dominici à Portonarijs, Sacrae Catholicae// Maiestatis, Tipographi.// 1576.//

8 fls. não nums. -- Assinatura: A(8).

Restaurada.
Reencadernação em couro pleno tipo atanadinho, tingido artesanalmente.

Verso da página de rosto: em branco.
F. 2a-8a: OMNES FERE TITVLI// TAM IVRIS CIVILIS, QVAM// canonici leguntur in istis septem Partitarum legi-// bus, quod sequens tabula demonstrat, non sine magno labore// edita per Licenciatum Gregorium Lopez à Touar,/ / ipsarum legum glossatoris nepotem, quod// quantas vtilitatis necessitatisq'z sit// omnibus vtriusque Iuris// professobus claris// simè patet.//
F. 8b: em branco.

44.8.

Volume III, Parte III. 1576

INDEX// SEV REPERTORIVM// materiarum ac vtriusque iuris decisionum quae in singulis// Septem Partitarum glossis continentur:Copiosissimè atque lucu-// lentissime concinnatum,per Licentiarum Gre// gorium Lopez à Touar// [emblema heráldico com as armas de Espanha]// SALMANTICAE,// In aedibus Dominici à Portonarijs, Sacrae Catholicae// Magestatis, Typographi.// M. D. L X X V I.//

231 fls. não nums. -- Assinatura: A-Z(6) Aa-Pp(6) Qq(3) (falta a última folha – em branco?).

Restaurada.
Reencadernação em couro pleno tipo atanadinho, tingido artesanalmente.

Verso da página de rosto: em branco.
F. 2a-231b: Índice das matérias. Termina à linha 57.
F. 231b: Laus Deo, honor & gloria, & cum his remanet finitum hoc// nostrum copiosissimum Repertorium, latine compositum.// SALMANTICAE,// In aedibus Dominici à Portonarijs de Vrsinis, Sacrae// Catholicae Maiestatis Typographi.// 1 5 7 7 [sic]//

44.9.
Volume IV. 1576

SEXTA// PARTIDA// [emblema heráldico com as armas de Espanha]// EN SALAMANCA,// En casa de Domingo de Portonarijs,Impressor de su// Catholica Magestad.// 1576.//

116 fls. nums. -- Assinatura: A-S(6) T(8).

Restaurada.
Reencadernação em couro pleno tipo atanadinho, tingido artesanalmente.

Verso da página de rosto: TABLA DE LOS TITVLOS// de la Sexta [sic] Partida.//
O texto se compõe de 19 títulos.
F. 116b: em branco.

44.10.
Volume IV. 1576

SETENA// PARTIDA// [emblema heráldico com as armas de Espanha]// EN SALAMANCA,// En casa de Domingo de Portonarijs,Impressor de su// Catholica Magestad.// 1576.//

102 fls. nums. -- Assinatura: A-R(6).

Restaurada.

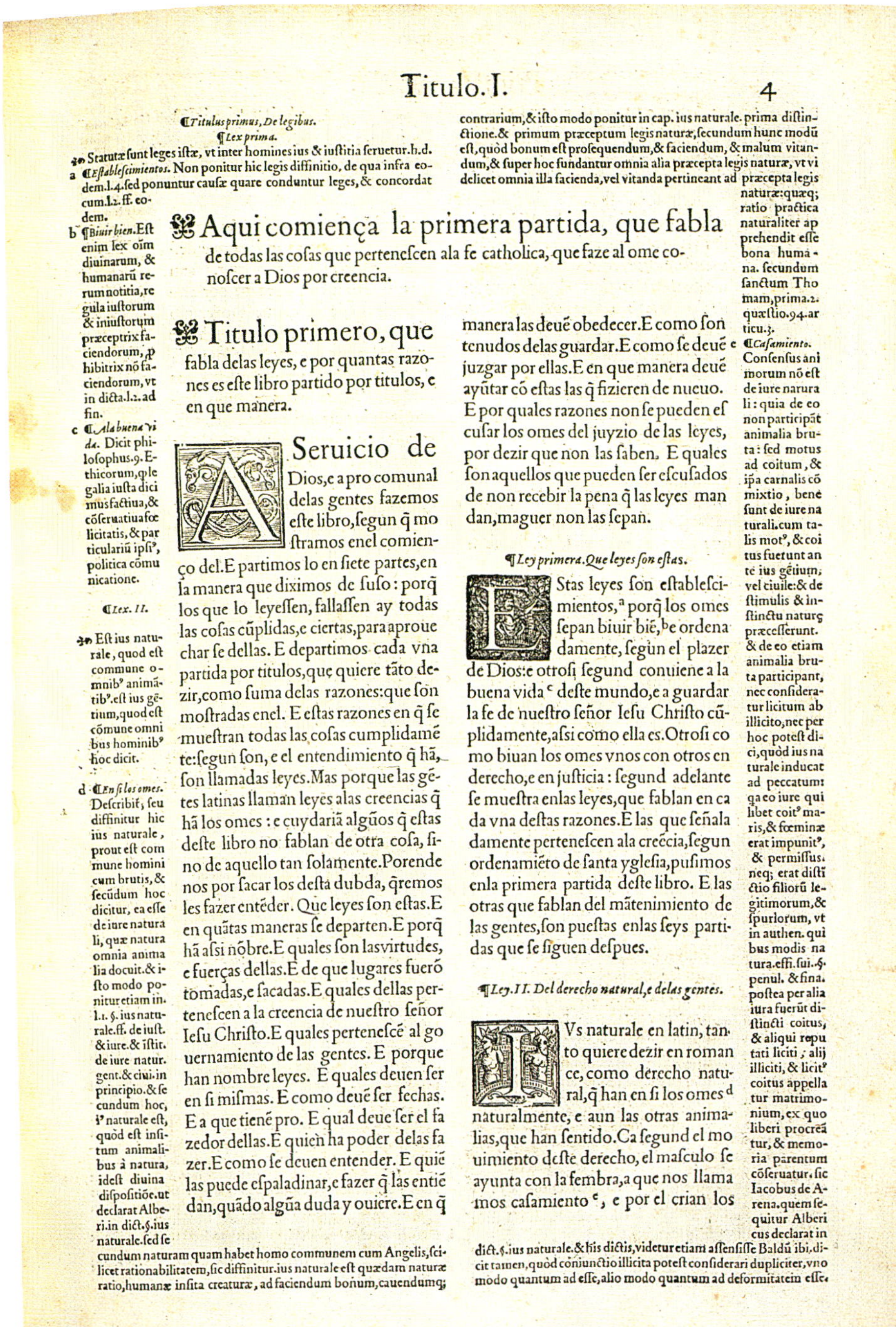

Titulo. I. 4

ℭTitulus primus, De legibus.

¶Lex prima.

Statutæ ſunt leges iſtæ, vt inter homines ius & iuſtitia ſeruetur.h.d.

a ℭEſtableſcimientos. Non ponitur hic legis diffinitio, de qua infra eodem.l.4.ſed ponuntur cauſæ quare conduntur leges, & concordat cum.l.2.ff. eodem.

b ¶Biuir bien. Eſt enim lex oĩm diuinarum, & humanarũ rerum notitia, regula iuſtorum & iniuſtorum præceptrix faciendorum, ꝓhibitrix nõ faciendorum, vt in dicta.l.2.ad fin.

c ℭAla buena vida. Dicit philoſophus.9.Ethicorum, q̃ legalia iuſta dicimus factiua, & cõſeruatiua fœlicitatis, & particulariũ ipſi⁹, politica cõmunicatione.

ℭLex. II.

Eſt ius naturale, quod eſt commune omnib⁹ animãtib⁹. eſt ius gẽtium, quod eſt cõmune omnibus hominib⁹ hoc dicit.

d ℭEn ſi los omes. Deſcribit, ſeu diffinitur hic ius naturale, prout eſt commune homini cum brutis, & ſecũdum hoc dicitur, ea eſſe de iure naturali, quæ natura omnia animalia docuit. & iſto modo ponitur etiam in.l.1.§.ius naturale.ff. de iuſt. & iure. & iſtit. de iure natur. gent. & ciui. in principio. & ſecundum hoc, i⁹ naturale eſt, quòd eſt inſitum animalibus à natura, ideſt diuina diſpoſitiõe. ut declarat Alberi. in dict.§.ius naturale. ſed ſecundum naturam quam habet homo communem cum Angelis, ſcilicet rationabilitatem, ſic diffinitur. ius naturale eſt quædam naturæ ratio, humanæ inſita creaturæ, ad faciendum bonum, cauendumq; contrarium, & iſto modo ponitur in cap. ius naturale. prima diſtinctione. & primum præceptum legis naturæ, ſecundum hunc modũ eſt, quòd bonum eſt proſequendum, & faciendum, & malum vitandum, & ſuper hoc fundantur omnia alia præcepta legis naturæ, vt videlicet omnia illa facienda, vel vitanda pertineant ad præcepta legis naturæ: quæq; ratio practica naturaliter apprehendit eſſe bona humana. ſecundum ſanctum Thomam, prima.2. quæſtio.94.articu.3.

e ℭCaſamiento. Conſenſus animorum nõ eſt de iure naturali: quia de eo non participãt animalia bruta: ſed motus ad coitum, & ipa carnalis cõmixtio, bene ſunt de iure naturali. cum talis mot⁹, & coitus fuerunt ante ius gẽtium, vel ciuile: & de ſtimulis & inſtinctu naturę præceſſerunt. & de eo etiam animalia bruta participant, nec conſideratur licitum ab illicito, nec per hoc poteſt dici, quòd ius naturale inducat ad peccatum: q̃a eo iure quilibet coit⁹ maris, & fœminæ erat impunit⁹, & permiſſus. neq; erat diſtĩctio filiorũ legitimorum, & ſpuriorum, vt in authen. quibus modis natura.effi.ſui.§.penul. & fina. poſtea per alia iura fuerũt diſtincti coitus, & aliqui reputati liciti; alij illiciti, & licit⁹ coitus appellatur matrimonium, ex quo liberi procreãtur, & memoria parentum cõſeruatur. ſic Iacobus de Arena. quem ſequitur Albericus declarat in dict.§.ius naturale. & his dictis, videtur etiam aſſenſiſſe Baldũ ibi. dicit tamen, quòd cõiunctio illicita poteſt conſiderari dupliciter, vno modo quantum ad eſſe, alio modo quantum ad deformitatem eſſe.

Aqui comiença la primera partida, que fabla de todas las coſas que perteneſcen ala fe catholica, que faze al ome conoſcer a Dios por creencia.

Titulo primero, que fabla delas leyes, e por quantas razones es eſte libro partido por titulos, e en que manera.

A Seruicio de Dios, e a pro comunal delas gentes fazemos eſte libro, ſegun q̃ moſtramos enel comienço del. E partimos lo en ſiete partes, en la manera que diximos de ſuſo: porq̃ los que lo leyeſſen, fallaſſen ay todas las coſas cũplidas, e ciertas, para aprouechar ſe dellas. E departimos cada vna partida por titulos, que quiere tãto dezir, como ſuma delas razones: que ſon moſtradas enel. E eſtas razones en q̃ ſe mueſtran todas las coſas cumplidamẽte: ſegun ſon, e el entendimiento q̃ hã, ſon llamadas leyes. Mas porque las gẽtes latinas llaman leyes alas creencias q̃ hã los omes: e cuydariã algũos q̃ eſtas deſte libro no fablan de otra coſa, ſino de aquello tan ſolamente. Porende nos por ſacar los deſta dubda, q̃remos les fazer entẽder. Que leyes ſon eſtas. E en quãtas maneras ſe departen. E porq̃ hã aſsi nõbre. E quales ſon las virtudes, e fuerças dellas. E de que lugares fuerõ tomadas, e ſacadas. E quales dellas perteneſcen a la creencia de nueſtro ſeñor Ieſu Chriſto. E quales perteneſcẽ al gouernamiento de las gentes. E porque han nombre leyes. E quales deuen ſer en ſi miſmas. E como deuẽ ſer fechas. E a que tienẽ pro. E qual deue ſer el fazedor dellas. E quien ha poder delas fazer. E como ſe deuen entender. E quiẽ las puede eſpaladinar, e fazer q̃ las entiẽdan, quãdo algũa duda y ouiere. E en q̃ manera las deuẽ obedecer. E como ſon tenudos delas guardar. E como ſe deuẽ juzgar por ellas. E en que manera deuẽ ayũtar cõ eſtas las q̃ fizieren de nueuo. E por quales razones non ſe pueden eſcuſar los omes del juyzio de las leyes, por dezir que non las ſaben. E quales ſon aquellos que pueden ſer eſcuſados de non recebir la pena q̃ las leyes mandan, maguer non las ſepan.

¶Ley primera. Que leyes ſon eſtas.

E Stas leyes ſon eſtableſcimientos,[a] porq̃ los omes ſepan biuir biẽ,[b] e ordenadamente, ſegun el plazer de Dios: e otroſi ſegund conuiene a la buena vida[c] deſte mundo, e a guardar la fe de nueſtro ſeñor Ieſu Chriſto cũplidamente, aſsi como ella es. Otroſi como biuan los omes vnos con otros en derecho, e en juſticia: ſegund adelante ſe mueſtra enlas leyes, que fablan en cada vna deſtas razones. E las que ſeñaladamente perteneſcen ala creẽcia, ſegun ordenamiẽto de ſanta ygleſia, puſimos enla primera partida deſte libro. E las otras que fablan del mãtenimiento de las gentes, ſon pueſtas enlas ſeys partidas que ſe ſiguen deſpues.

¶Ley. II. Del derecho natural, e delas gentes.

I Vs naturale en latin, tanto quiere dezir en romance, como derecho natural, q̃ han en ſi los omes[d] naturalmente, e aun las otras animalias, que han ſentido. Ca ſegund el mouimiento deſte derecho, el maſculo ſe ayunta con la fembra, a que nos llamamos caſamiento[e], e por el crian los

Las Siete partidas del sabio Rey don Alonso el Nono..., 1555-1576.
Detalhe de texto rodeado de comentários.
Figura 28 – nº de catálogo 44

Reencadernação em couro pleno tipo atanadinho, tingido artesanalmente.

Verso da página de rosto: TABLA DE LOS TITVLOS// de la Setena Partida.// Segue o texto com 34 títulos.
F. 102a, abaixo do texto: EN SALAMANCA,// En casa de Domingo de Portonarijs, Impressor de su// Catholica Magestad.// 1576.//
F. 102b: Marca tipográfica.

Repertório mvy copioso de el texto y leyes...
Verso da página de rosto: REVERENDISSIMO IN CHRISTO// Patri ac Principi Illustissimo [sic] Domino Didaco de Couarruuias// Episcopo Segouiensi. & Caesareae Maiestatis Praesidi obseruantissimo// Licenciatus Gregorius Lopez de Touar. S.D.//

A partir da segunda folha segue o repertório, impresso em duas colunas.
Verso da última folha: em branco.
(Como a folha de rosto é a mesma do volume anterior, não a repetimos aqui.)

Segue-se, sem folha de rosto:

TABLA DE LAS LEYES// de los Titulos de las siete Partidas, segun la Impression// de Francia, por Francisco de Velasco la qual se enmen-// do en lo necessario. Pone se para el cu-// rioso Lector.
OMNES FERE TITVLI...
Verso da página de rosto, assim como o verso da f. 8, estão em branco.
(A folha de rosto é a mesma do volume anterior, assim como o título da f. 2a, razão pela qual deixamos de reproduzi-la neste lugar.)

"LAS PARTIDAS
Los errores contenidos en el texto de las Partidas llevaron á trabajar en su corrección el doctor Lorenzo Galíndez de Carvajal y al licenciado Gregorio López. Los trabajos del primero no se publicaron. Fruto de los del segundo, examinados por el Consejo Real, fué la edición hecha en Salamanca en 1555, impresa por Andrés de Portonariis, enriquecida con abundantes glosas del mismo López, y á la cual, con exclusión de toda otra, dió caráter de texto oficial y autentico la Real cédula del 7 de Septiembre del mismo año. Con arreglo a esta edición se publicaron las seguientes: 1ª Salamanca, 1565; 2ª Salamanca, 1576, por Domingo de Portonariis; 3ª Valladolid, 1587, por Diego Fernández de Córdoba; 4ª Madrid al año seguiente; 7ª Valencia, 1756, corregida

de orden del Real Consejo por Diego de Morales y J. M. de Castro, y publicada por el dr. José Berni [sólo contiene el texto, sin glosas); 8ª Valencia, 1758, con notas de Berni; 9ª Valencia, 1767, por el mismo Berni, pero ya con la glosa; 10ª Madrid, 1789, conforme a la de 1555; 11ª Madrid, 1828; 12ª Madrid, 1831; 13ª Madrid, 1843; 14ª Barcelona, 1843 (única con la glosa en castellano), y 15ª, Madrid, 1848."

"A primeira edição deste antigo conjunto de direito espanhol data de 1491, feita em Sevilha por Mynardo Ungut, Alamano y Lançalao Polono compañeros" (*Enc. Univ. Il. Europeo-Americana*, tomo 42, p. 390).

A primeira edição com glosa de Gregorio López é de 1555. Escreve Palau a respeito desta edição: "Primera edición del comentario de Gregorio Lopez quien revisó y corregió escrupulosamente los manuscritos y textos anteriores, en los que el descuido de copistas e impresores habia llegado a introducir variantes de importancia y a falsear el espiritu del legislador. De modo que esta edición fué declarada como texto único auténtico y legal en la prática del foro".

É interessante observar que a edição original se compunha apenas dos três primeiros volumes. O quarto, impresso em Salamanca, é outra edição, esta, sim, em quatro volumes. A edição de Diego Fernández de Córdoba não possuía o repertório, dificultando assim sua consulta. O acréscimo do quarto volume já foi feito na época, uma vez que a encadernação inteira de pergaminho é idêntica nos quatro volumes.

A preponderância deste grande código espanhol é o direito canônico e o romano. A subdivisão das "Partidas" representa um compêndio sistemático dos dois sistemas legais. Os títulos das "Partidas" se referem a:

1) – Fé Catolica;
2) – Imperadores, Reis;
3) – Justiça;
4) – Casamento;
5) – Contratos;
6) – Testamentos;
7) – Lei Criminal.

Este código serviu de base à legislação sul-americana, pois todos os povos colonizados pela Espanha tinham que ser por ele legislados.

FD

45.

GEMMA REINERUS, Frisius, 1508-1555. 1556

LES// PRINCIPES// D'ASTRONOMIE// & Cosmographie:auec l'v-// sage du Globe.// Le tout cõposé en Latin par Gemma Frizon,// & mis en langage François par M.Clau-// de de Boissiere, Daulphinois.// Plus, est adiousté l'vsage de l'anneau A-// stronomic, par Iedict Gemma Frizon:// Et l'exposition de la Mappemonde, com-// posée par ledict de Boissiere.// [marca tipográfica]// A PARIS,// Chez Guillaume Cauellat, à l'enseigne de la// poulle grasse, deuant le college de Cambray.// 1556// Auec priuilege du Roy.//

128 fls. nums. (Erros de foliação: as folhas 1, 3, 97 apresentam-se sem numeração). -- Assinatura: A-Q(8).

Restaurada.
Reencadernação flexível em pergaminho.
Acondicionada em caixa com pH neutro.
Notas marginais impressas e manuscritas.
Inúmeras ilustrações no texto e de página inteira.
Acompanhado de *volvelles*, das quais falta uma.

Verso da página de rosto: Extraict du priuilege du Roy.// [datada de:] 30 de setembro de 1552 e mais abaixo: La premiere impression a este acheuée d'impri-// mer le 18.de Ianuier. 1556.
F. 2a, assin, A ij: [vinheta]// A TRESVERTVEVX ET// DOCTE SEIGNEVR FRANCOIS [sic]// de Carnaualet, gentil hõme de la cham// bre du Roy, & escuier de la grand es-// cuierie,// C. de Boissiere S.//
F. 4a, assin. A iiij: [barra ornamental] LA PREMIERE PARTIE// DES PRINCIPES DE// Cosmographie.// [em nove capítulos]
F. 25b: LA SECONDE PAR-// TIE DE L'VSAGE DV// Globe.// [em 25 capítulos]
F. 68b-70b: LA TIERCE PARTIE// de la diuision du monde.//
F. 71a-73b: TABLE CONTENANTLES// LONGITVDES ET LATITVDES DES// lieux plus renommez: en laquelle auons retenules// noms Latins pour la praticque du Globe, aioustãts [sic]// l'exposition en François de ceux, desquels la langue// Francoise est plus aprochante du nom vulgaire.//
F. 74a-76b: L'VSAGE DE L'ANNE-// AV ASTRONOMIQVE, PAR// Gemma Frizon.// [em 20 capítulos].
F. 77a: ASTRONOMIQVE.// De la declaration des parties// de l' anneau. [em 20 capítulos].
F. 97 com paginação continuada, segue uma nova folha de rosto: Exposition sur la// MAPPEMONDE// de Gemma Frizon:faicte// par Claude de Bois-//

siere,Dauphi-// nois.// [marca tipográfica]// A PARIS,// Chez Guillaume Cauellat, à l'enseigne// de la Poulle Grasse, deuant le// College de Cambray.// F 97b: A TRES HVMAINE// DAMOYSELLE, MADAMOY-// selle Magdalene Brissonnet,// C. De Boissiere S.//
F. 98a, assin. N ij: [barra ornamental]// EXPOSITION DE// la Mappemonde.// [em 22 capítulos].

Engloba esta edição três opúsculos de Gemma Frisius, que aqui se publicam pela primeira vez em francês. No mesmo ano saiu uma edição latina, pelo mesmo tipógrafo. Também no ano seguinte foram estas edições reeditadas. Van Ortroy apresenta excelente descrição bibliográfica da obra, assim como cita apenas 5 bibliotecas que possuem um exemplar desta edição (levantamento feito em 1920).

Frisius nº 42; Van Ortroy.

IAG

46.
LEO AFRICANUS, Joannes, séc. XVI. 1556

[vinheta] Ioannis Leonis// AFRICANI, DE TOTIVS// Africae descriptione, LIBRI. IX.// Quibus non solùm Africae regionum, insularum, & op// pidorum situs,locorum z interualla accuratè complexus// est, sed Regum familias, bellorum causas & euentus,// resq́z in ea memorabiles, tam à seipso diligenti obserua// tione indagatas, q̃ in veris Maurorum Annalib.memo// riae traditas,copiose descripsit, recens in Latinam// linguam conuersi Ioan. Floriano Interprete.// [marca tipográfica]// ANTVERPIAE// Apud Ioan. Latium, M.D.LVI.// Cum Priuilegio.//

8 fls. prels., 302 fls. nums. (Erros de paginação: 24 i. e. 22; 26 i. e. 24; 55 i. e. 53; 53 i. e. 55; 206 sem paginação; 291 sem paginação). -- Assinatura: [ ](8) *(8) A-Z(8) Aa-Oo(8) Pp(6).

Exemplar cortado.
Notas marginais manuscritas.

Verso da página de rosto: Priuilegij sententia.// [datado de:] "Bruxullae"// viij. Calend. April. M.D.LVI. Signatis// P. Lens.//

F. 2a-3b: MAGNIFICO DOMINO// De Melchiori Scheto Coruino, The-// saurario praeclarae vrbis An-// tuerp. optimè merito, Ioan. Florianus// S.D.P.// [datado de:] Antuerpiae ex Musaeo nostro// Idib. Martiis Anno// restitutae salutis.// M.D.LVI.//
F. 4a-16b: INDEX IN IOANNIS// Leonis Africani descriptionem, in quo Africae// Regna, Prouincia Ciuitates, Insulae, Deserta, Populi, Sectae, Familiae atque adeò quicquid// in ea memorabile est, Alphabetico// ordine pertractatur.// Segue a obra propriamente dita, dividida em nove livros.//
F. 302 retro finaliza na décima terceira linha: Romae, Anno restitutae salutis// M.D.XXVI. V. Idus Mart.// DESCRIPTIONIS AFRICAE// Ioannis Leonis Granata oriundi,// & in Barbaria educati,// FINIS.//
F. 302b: em branco.

No mesmo ano foi publicada uma tradução para o francês, em Lyon, por Jean Temporal, em três volumes, que inclui outras viagens à África e à América, traduzidas de Ramusio.
Joannis Leonis é natural de Granada, dos fins do século XV. Chamava-se primitivamente Al-Hacan. Percorreu toda a África, visitou Tombouctou; foi aprisionado pelos corsários. Depois de sua libertação foi batizado pelo Papa Leão X com o nome de João Leon. A descrição foi traduzida, além do francês, para o italiano, por ele próprio.

Adams L-480; Gay 258.

FD

47.
LOPEZ DE GOMARA, Francisco. 1556

HISTORIA DEL// ILLVSTRISS.ET VALOROSISS.// CAPITANO DON FERDINANDO// CORTES MARCHESE DELLA VALLE,// ET// QVANDO DISCOPERSE, ET ACQVISTO// LA NVOVA HISPAGNA.// SCRITTA PER FRANCESCO LOPES DE GOMARA// in lingua Spagnuola, & hora tradotta nella Italiana// per AVGVSTINO DE CRAVALIZ.// Col Priuilegio del sommo Pontifice, & della Maestà Caesarea, per anni X.// si come nella prima parte della Historia del Peru si pue uedere// [marca tipográfica]// Impressa in ROMA per Valerio, & Luigi Dotii fratelli nel M D LVI.//

8 fls. prels. não nums., 240 fls. nums. (Erros de paginação: 22 i. e. 25; 24 i. e. 27; 39 i. e. 35; 70 i. e. 74; 72 i. e. 76; 73 i. e. 78; 75 i. e. 80; 128 i. e. 127; 167 i. e. 169; 21 i. e. 211). -- Assinatura:a-b(4) A-Z(4) AA-ZZ(4) AAA-OOO(4).

Iniciais em xilogravura.
Encadernação inteira em pergaminho.

Verso da página de rosto: em branco.
F. 2a-3a: ALLILLVSTRISSIMO,// ET// REVERENDISSIMO SIGNORE// IL// CARDINAL DI CARPI.//
F. 3b-8a: LA TAVOLA DI TVTTO QVELLO// che nellopera si contiene.// Lo a dinota la prima faccia, & il b la seconda.//
F. 8b: em branco.
F. 1, [sem paginação]: Segue a outra folha de rosto:
HISTORIA// DI MEXICO,// ET// QVANDO SI DISCOPERSE// LA NVOVA HISPAGNA, CONQVI=// STATA PER L'ILLVSTRISS. ET// ualoroso Principe.// DON FERDINANDO CORTES// Marchese del Valle.// SCRITTA PER FRANCESCO LOPEZ// de Gomara in lingua Spagnuola,& Tradotta nel// Volgare Italiano per// AVGVSTINO DE CRAVALIZ.// [marca tipográfica]// I N R O M A// Appresso Valerio & Luigi Dorici fratelli,// M. D. L. V.//

Segue, então, a obra e a vida de Fernando Cortés.//
Na última f. retro, linha 12, segue o colofão: In Roma per Valerio Dorico, & Luigi fratello// Bresciani, nel M D LVI.//
F. 240b: em branco.

É esta a segunda edição em idioma italiano, sendo a primeira de 1555. Aliás, Palau informa que houve apenas "cambio de las hojas preliminares".
Indica Leclerc que a obra completa é dedicada a Cosmo de Médicis, príncipe da República de Florença, e ambas as partes são muito raras.
Temos a segunda parte com a *História de México.*
A primeira se intitula *La Historia generale delle Indie Occidentali, con tutti li discoprimenti, et cose notabili... In Roma, per Valerio, et Luigi Dorici, l'anno 1556* (1 fl. prel., 211 fls. nums., 1 fl. não num.).
A obra de Lopez de Gomara trata da História das Índias e conforme uso espanhol se inicia com a criação do mundo e termina com as glórias da Espanha, embora seja em sua maior parte dedicada a Colombo e à descoberta e conquista do Peru. A segunda parte é a crônica da Nova Espanha, descrevendo a história e a vida de Cortés. Trata-se da reunião de todas as notícias das conquistas do Novo Mundo e que tanto moveram a cristandade.
Foi obra de sucesso imediato, sendo traduzida não só para o italiano, como também para o francês e o inglês.

Leclerc 247; Maggs 612-448; Palau 141.166; Sabin 27.735.

IEB-LAM

48.1.

BUDÉ, Guillaume, 1467-1540. 1557

G ► BVDAEI OPERVM// IN QVO// DE ASSE ET PARTIBVS EIVS// LIBRI V. CONTINENTVR, AD POSTRE-// mam authoris recognitionem accuratissimè excusi:// praemisso Indice rerum memorabi=// lium non infoecundo.// [marca tipográfica]// [uma frase em grego]// BASILEAE, APVD NICOLAVM EPISCO-// pium Iuniorem, M. D. LVII.//

6 fls. prels., 315 p., 6 fls. não nums. -- Assinatura: a(6) a-z(6) A-C(6) D(8).

Restaurada.
Reencadernação flexível em pergaminho.
Acondicionada em caixa com pH neutro.
Notas marginais impressas.
Alguns tipos gregos.
Folha de rosto recortada (carimbo? ou nome?).
Ex-libris A. Donati.

Verso da página de rosto: em branco.
F. 2a-6b, impressa em três colunas: IN GVL. BVDAEI// PARISIENSIS, CONSILIARII RE=// GII, SVPPLICVM QVE LIBELLORVM MAGISTRI// Libros quinqz de Asse & partibus// eius Index.//
F. 6b, abaixo do índice: ERRATA.//
P. 1-2: GVLIELMVS BVDAEVS, AD OPTIMVM QVENQVE// & candidissimũ uirum, literarũ & philosophiae studiosum.// Praefatio in libros De asse & partibus eius.// [datado de:] Parisiis Idibus// Martij, Anno Domini M D XIIII.//
A partir da p. 3 segue, então, a obra.
Verso da p. 315 e mais 5 folhas não numeradas, impressas em duas colunas: [vinheta] VOCVM ATQVE LOCVTIONVM// QVARVNDAM SVBOBSCVRARVM EXPLA-// natio, per Iodocum Badium Ascensium.//
F. 5b, não numerada: abaixo do índice: BASILEAE, APVD NICOLAVM EPISCO-// PIVM IVNIOREM, ANNO// M D LVI.//
F. 6a: em branco.

F. 6b: Marca tipográfica.

Adams menciona uma edição de 1556 com paginação e assinaturas idênticas. Esta, de 1557, deverá ser apenas uma edição de "folha de rosto". O *Index Aureliensis* confirma essa informação.

Adams B-3.111; IA 126.756.

48.2. 1557

G ► BVDAEI OPERVM// TOMVS IIII ◄ IN QVO// COMMENTARII, LINGVAE GRAE=// CAE HABENTVR, AB AVTHORE ACCVRATE RE-// cogniti, atqz; amplius tertia parte aucti: quibus Index subiectus// est duplex tam Graecas quam Lacunas uoces// & phrases demonstrans.// [marca tipográfica]// [frase em grego]// BASILEAE, APVD NICOLAVM EPISCO=// pium Iuniorem, M. D. LVII.//

4 fls. prels., 1560 cols., 90 fls. não nums. (Erros na numeração das colunas: 66 i. e. 67; 67 i. e. 68; 68 i. e. 69; 69 i. e. 70; 70 i. e. 71; 71 i. e. 72; 447, 448 i. e. 463, 464; faltam as cols. 1081 até 1104 (caderno Z); 1027, 1028 i. e. 1127, 1128). -- Assinatura: α(4) a-z(6) A-Y(6) (Z(6) falta) Aa-Ss(6) Tt(7) Vv-Zz(6) AA-LL(6).

Restaurada.
Reencadernação em pergaminho pleno natural.
A capa foi decorada com desenho (seguindo original da folha de rosto) com fecho em pergaminho.
Texto impresso em duas colunas.
Índice impresso em três colunas.
Inúmeros tipos gregos.
Com a anotação manuscrita na folha de rosto que fora doado por Fr. José Mariano de Amor Divino à Biblioteca do convento de S. Francisco da cidade de São Paulo.

Verso da página de rosto: em branco.
F. 2a-3a: Dedicatória em grego.
F. 3b: DE GVLIELMO BVDAEO// PAVLVS IOVIVS IN ELOGIIS// clarorum uirorum.// [mais abaixo:] IANI VITALIS. [e outra:] SALMONII.//

F. 4a: DE GVILHELMO BVDAEO// EXCERPTA EX BIBLIOTHECA// D. Conradi Gesneri//
F. 4b: em branco.
Começam, então, os comentários sobre a língua grega que se encerram com a col. 1560. Segue uma folha [frente e verso] em grego.
F. 1a-45b, sem numeração: VOCVM ET LOCVTIONVM GRAE=// CARVM, MISCE IN COMMENTARIIS EXPLICATARVM,// Index, iuxta ordinem Alphabeti conscriptus, in quo ex// duobus numeris, prior columnam, poste-// rior lineam eius notat.// [índice em grego].
F. 46a-89b: INDEX LA-// TINARVM VO-// cum & rerum.//
F. 90a: BASILEAE, APVD NICOLAVM EPI-// SCOPIVM IVNIOREM, ANNO// M D LVI.//
F. 90b: em branco.
Falta uma folha (em branco) antes dos índices (T(8)).

A obra completa é apresentada em quatro volumes. Existe uma reimpressão em Londres, 1966.

Adams B-3097; IA 126.761.

FD-BTA

49.
GOLTWURM ATHESINUS, Caspar. 1557

Wunderwerck vnd// Wunderzeichen Buch.// Darinne alle fürnemste// Göttliche/ Geistliche/ Himlische / Ele=// mentische/Irdische vnd Teuflische wunderwerck/ // so sich in solchem allem von anfang der Weltschöp−// fung biss auff vnser jetzigeę zeit/zugetragen vnd// begeben haben/kuertzlich vnnd ordentlich// verfasset sein / Der gestalt vor// nie gedruckt wor=// den.// [vinheta pequena]// Caspar Goltwurm Athesinus.// Luce. 12:// Wem aber dieses alles anfehet zugeschehen/ // so sehet auff/ vnnd hehet erere häubter auff/ // Darumb das sich ewer erlösung nahet.// – // 1557.//

302 fls. não nums. -- Assinatura: vinheta pequena](4) A-Z(4) Aa-Zz(4) a-z(4) Aaa-Eee(4) Fff(2).

A encadernação é do século XVI em pergaminho sobre guardas de madeira.

Verso da página de rosto: em branco.

F. 2a-4a: Dem Durchleuchtigen// Hochgebornen Fürsten vnnd Herrn/ // Herrn Philipsen/ Landgrauen zu Hessen / // Grauen zu Catzenelenbogen/ Zigen=// hain/ Nida vnd Dietz/ meinem genedigen [sic] Fürsten vnd// Herrn.// [datado de:] "... Geben zu Stauff in der// Herrschafft Nassaw/ Sarbrück// vnd Weilburg/ den letzten// tag Augusti.// 1557.// E.F.G.// gehorsamer// Caspar Goltvurm// Athesinus."//
F. 4b-8b: Gemeiner Inhalt// dieses Buchs.//
Da f. 9a em diante começa, então, a obra própriamente dita, que se divide em seis partes.
F. 9a-70a: Das erste Theil von gött=// lichen besondern Wunderwercken / in// welchen Göttliche Allmächtigkeit/ krafft/ // herrligkeit und weissheit ange=// zeigt wirdt.//
F. 70a-125a: Das ander Theil/ von// den Geistlichen Wunderwercken/ // Das ist/ was sich in Geistlichen sa-// chen wunderbarlichs zugetra=// gen hab.
F. 125a-151b: Volgt das dritte Theil/ // von wunderbarlichen wercken vnd/ zeichen/ so am Himel vnd dem Firma-// ment geschehen vnd gesehen worden.//
F. 151b-177a: Volgt das vierte Theil/ // von den Elementischen Wunderwer=// cken/ was sich in den Elementen / als Fewer/ // Wasser / Wind vnd andern / wunderbarliches// zugetragen vnd begeben hab.//
F. 177b-261a: Volgt das fünfte Theil/ // von den jrdischen Mirackeln/ Das ist/ // was sich fürnemlichs vnnd wunderbalichs auff// erden/ mit grewlichen auffruren/ Tyranneien / Mor=// den vnd allerley grewlichen Sünden hat zuge=// tragen/ Vnnd wie Gott grewlich solche// Sünde gestraffet / vnd andere wun=// derwerck erzeigt vnd bewi [sic] = // sen hat.//
F. 261-302a: Volget das sechste vnd// letzte Theil/ vonn den Teufflischen// Mirackeln vnd Wunderwercken/ darinne// angezeigt wirdt / was der Teuffel son=// derlichs vnder vnd mit den Men=// schen hat wunderbarlicher// weisz angefangen vnd// volbracht.//
F. 302a: Termina a obra, tendo ainda o colofão: Gedruckt zu Franckfurt am Main// durch Dauidem Zephelium/ // Zum eysern Huth.//
F. 302b: em branco.

Encadernado com a obra de Staden, impressa no mesmo ano e também dedicada ao príncipe Philippe.

MP

50.

MANUTIUS, Paulus, 1512-1574. 1557

ANTIQVITATVM// ROMANARVM// Pauli Manutii// LIBER DE LEGIBVS.// Index rerum memorabilium.// [marca tipográfica]// VENETIIS, M. D. LVII.// Cum priuilegio Pauli IIII Pont. Max. Caroli V Imp.// Henrici Regis Galliae, Philippi Hispaniae,// Senatus Veneti, in annos XX.//

4 fls. prels., lxxx fls. nums., 2 fls. não nums. (Erros de paginação: XLIII i. e. XLII; LV i. e. LIIII). -- Assinatura: A-X(4) Y(2).

Restaurada.
Reencadernação flexível em pergaminho.
Acondicionada em caixa com pH neutro e com revestimento externo em couro pleno de cabra.
Anotações manuscritas.
Margens largas.

Verso da página de rosto: em branco.
F. 2a-3b: PAVLI MANVTII// AD ILLMVM. PRINCIPEM, HIPPOLYTVM// ESTENSEM CARDINALEM,// IN LIBRVM DE LEGIBVS// PRAEFATIO.//
Segue, então, o texto do Liber de Legibus.
As folhas finais não numeradas, impressas em duas colunas, têm: INDEX RERVM MEMORABILIVM.//

A folha 80 tem 33 linhas. Existem outros exemplares com apenas 5 linhas. Segunda impressão da primeira edição. Paulus Manutius era, como o seu pai, letrado e tipógrafo. Desde 1533 dono da tipografia paterna, compôs quatro tratados sobre a Antigüidade romana, conseguindo, no entanto, apenas publicar o que descrevemos. Os demais, sobre o Senado, a Assembléia do povo e a da "civitate romanae" foram publicados por seu filho Aldus, o Jovem, nos anos de 1581-1585.

Adams M-474; BN Paris; Ebert 12.990; Hamburger Antiquariat-207 nº 90.

FD-BTA

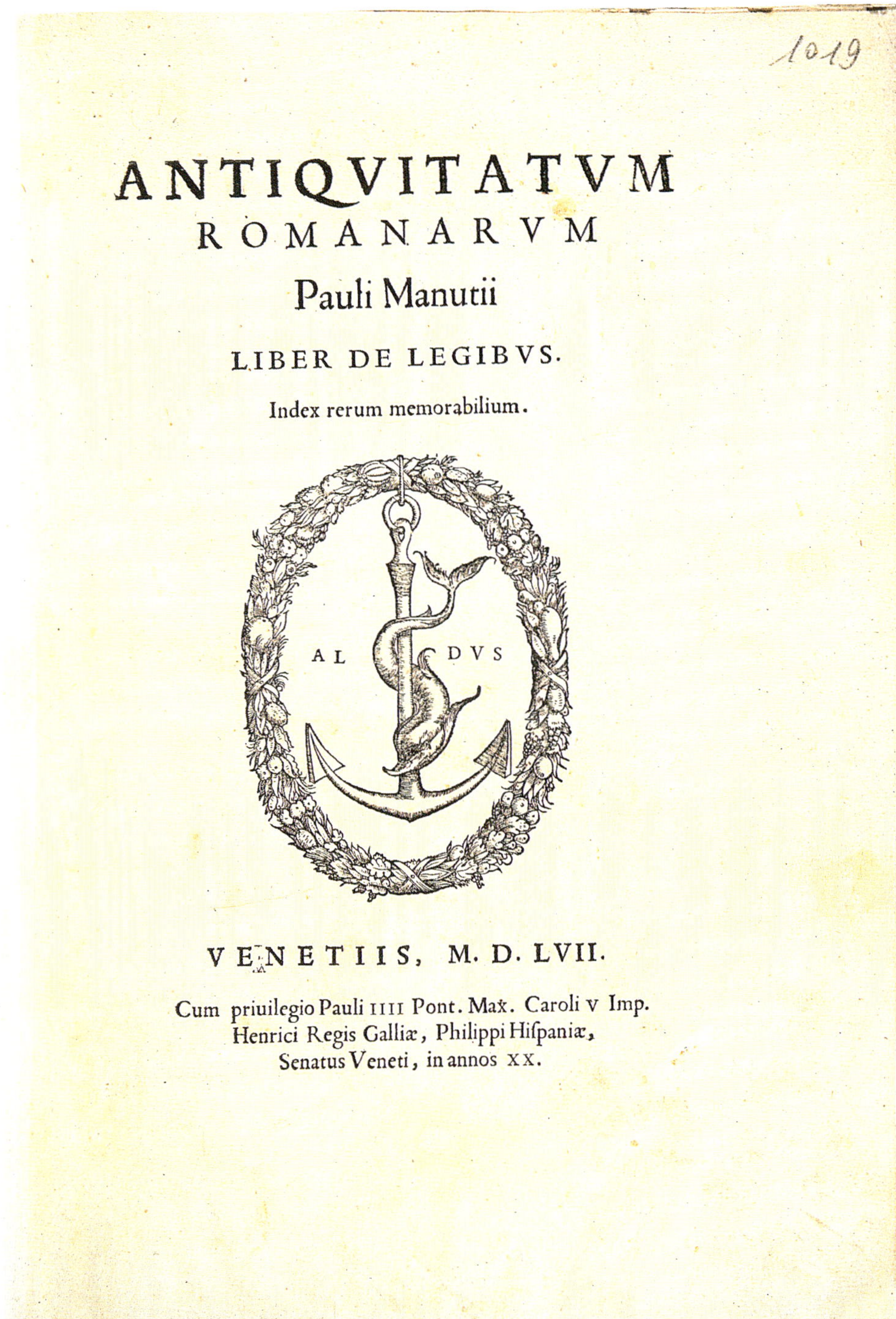

ANTIQVITATVM
ROMANARVM
Pauli Manutii
LIBER DE LEGIBVS.
Index rerum memorabilium.

VENETIIS, M. D. LVII.
Cum priuilegio Pauli IIII Pont. Max. Caroli V Imp.
Henrici Regis Galliæ, Philippi Hispaniæ,
Senatus Veneti, in annos XX.

MANUTIUS, Paulus. *Antiqvitatvm romanarvm... Liber de legibvs. Index rerum memorabilium*, 1557. Página de rosto.
Figura 29 – nº de catálogo 50

51.

POLYBIUS. 1557

POLYBII// MEGALOPOLI,// TANI HISTORIARVM LI-// bri priores quinqz, Nicolao Perotto// Sipoutino interprete// ITEM,// Epistome sequentium librorum usq; ad decimum se-// ptimum,// [marca tipográfica]// [frase em grego]// BASILEAE, APVD EPISCOPIVM.// Iuniorem, M. D. L V I I.//

860 p., 22 fls. não nums. (Erros de paginação: sem paginação: 18, 64, 175, 575 e 858; 110 i. e. 210; 260 i. e. 250; 261 i. e. 251; 459 i. e. 259; 726 i. e. 722; 818 i. e. 814). -- Assinatura: a-z(8) A-Z(8) aa-kk(8) ll(4).

Encadernação inteira em pergaminho.
As informações referentes à descrição física do material foram obtidas diretamente da publicação; porém no momento da finalização do presente Catálogo, o referido volume encontrava-se deslocado do acervo.

Verso da página de rosto: em branco.
Da p. 3-8 vem a carta-dedicatória: Nic. Perot=// ti in Polybii Histo-// riarum libros Proemium, ad Nico-// laum V.Pontificem Max.//
À p. 9 se inicia a história de Polybius, subdividida em 17 livros, dos quais os cinco primeiros chegaram completos até nós. Os outros são apenas fragmentos.
P. 9-117: Liber primvs.
P. 118-195: Liber secvndvs.
P. 196-318: Liber tertivs.
P. 319-406: Liber Qvartvs.
P. 407-515: Liber qvintvs.
P. 515-573: Epitome libri// sexti historiarvm// Polybij Vuolfgango Musculo// interprete.//
P. 573-581: Epitome libri// septimi historiarvm// Polybij, Vuolfgango Musculo// interprete.//
P. 581-614: Epitome libri// octavi...
P. 614-649: Epitome libri// noni historiarvm// Polybii.//
P. 649-701: Decimi libri// historiarvm Poly-// bij Epitome, Vuolfgango Mu=// sculo interprete.
P. 701-733: Libri XI. ...
P. 733-750: Libri XII. ...
P. 750-754: Libri XIII. ...

P. 754-767: Libri XIIII. ...
P. 768-804: Libri XV. ...
P. 804-824: Libri XVI. ...// De Philippo Macedone, & re=// bus Graecorum.//
P. 825-860: Libri XVII. ...// De pace inter Philippum Macedonẽ// & reliquos Graecos, interuẽtu// Titi Romani ducis// tractatur.//
F. 1a-22a: Nas folhas não numeradas temos o "Rervm et ver// borvm in Poly-// bium memorabilium,// Index."//
Ao pé da folha 22a temos o colofão: Basileae, apvd Nicolavm Epi=// scopium Iuniorem. M. D. LVII.//
F. 22b: Marca tipográfica.

Por ocasião do *I Seminário Internacional de Estudos Brasileiros*, em 1971, este livro fez parte da exposição organizada para o evento.

FFLCH-H

52.
STADEN, Hans, séc. XVI. 1557

Warhaftig// Historia und beschreibung eyner Landt=// schafft der Wilden/ Nacketen/Grimmigen Menschfresser// Leuthen/in der Newenwelt America gelegen/vor vnd nach// Christi geburt im Land zů Hessen vnbekant/biss vff dise ij./ nechst vergangene jar/Da sie Hans Staden von Hom=// berg auss Hessen durch sein eygne erfarung erkant/ // vnd yetzo durch den truck an tag gib.// Dedicirt dem Durchleuchtigen Hochgebornen herrn/ // H. Philipsen Landtgraff zů Hessen/Graff zů Catzen=// elnbogen/Dietz/Ziegenhain vnd Nidda/seinem G.H.// Mit eyner vorrede D. Joh. Dryandri/genant Eychman/ // Ordinarij Professoris Medici zů Marpurgk.// Inhalt des Bůchline volget nach den Vorreden.// [gravura]// Getruckt zů Marpurg/im jar M. D. LVII.//

89 fls. não nums. -- Assinatura: A-B(4) a-t(4) v(5).

Inúmeras ilustrações.
Página de rosto impressa em preto e vermelho.

Verso da página de rosto: em branco.
F. 2a-2b: Dem Durchleuchtigen vnd Hoch=// gebornen Fürsten vnd Herrn / Herrn Philipsen// Landtgrauen zu Hessen / Grauen zů// Catzenelnbogen / Dietz / Ziegenhain// vnd Nidda / &c. Meinem// gnedigen Fürsten// vnd Herrn.// [data-

do de:] "Datum Wolffhagen den// zwentzigsten Junij / Anno Domini im// Funfftzehen hundert vnd Sechs// vnd Funfftzigsten.// E.F.G.// Geborner vntersasz Hans Sta=// den von Homberg in hessen / ytzt// Burger zum Wolffhagen."//
F. 3a-7b: Dem Wolgebornen hern H. Philipsen// Graff zů Nassaw vnd Sarprück & c. meinem Gne=// digen Hern. Wünscht D.Dryander viel heyls// mit erbietunge seiner Dienste.// [datado de:] Datum// Marpurgk am tage Thomae. Anno M.D.LVI.//
F. 8a: Inhalt des bůchs// Termina: Alles Gott zů Ehren vnd dancksagung// seiner milten barmhertzigkeyt/ // inn truck gegeben.//
F. 8b: Uma gravura encimada pelos versos:
Was hilfft der wechter in der statt/
Dem geweltigen schiff im meer sein fart/
So sie Gott beyde nicht bewart.
F. 9a-63b: Segue em 54 capítulos o primeiro livro de Hans Staden.
F. 64a: Warhafftiger kurtzer be// richt/ handel vnd sitten der Tuppin In=// bas/ derer gefangner ich gewesen bin/ Wonen in Ame=// rica/ jre landt schafft ligt in in 24. gradus vffder// Seuden seit 8 linien aequinoctial/ jr landtstosset// an eyn resier/ Rio de Jenero genant.// [uma gravura]//
F. 64b-87b, segue, então, em 38 capítulos a outra parte do livro, que trata específicamente dos Tupinambás, seus hábitos e costumes.
F. 88a-89b: Beschluss rede.// Dem leser wünscht Hans Staden// Gottes gnad vnd fried://
F. 89b: Ainda traz a Errata e o colofão: Zu Marpurg im Kleeblatt / bei// Andres Kolben / vff Fastnacht. 1557.//

Houve em 1557 duas edições datadas de Marburgo, uma feita por época do Carnaval e a outra no aniversário de Maria. Entre estas duas, datadas, os bibliógrafos geralmente situam as duas publicadas em Frankfurt sobre o Meno. A primeira diferença entre as edições de Frankfurt sobre o Meno é que uma traz a palavra *Warhafftige* e a outra *Warhafftig*. Estas duas de Frankfurt, apesar de sua semelhança no texto, formato, tamanho, páginas em branco, etc., são distintas uma da outra (ver o nº 53).
A obra de Staden foi traduzida para diversos idiomas. Foi também publicada em coletâneas de viagens.
Falta o mapa que deveria acompanhar a obra.

BB v. 2, p. 280-2; Brunet v. 5, col. 504-5; Brunet Suplement col. 685; Dommer 275; JCBrown v. 1, p. 199; Sabin 90.036.

MP

53.

STADEN, Hans, séc. XVI. 1557

Warhafftige Historia// vnnd beschreibung einer Landtschafft// der Wilden/Nacketen/Grimmigen Menschfres=// ser Leuthen/in der Newen Welt America gelegen vor vnd// nach Christi geburt im Land zu Hessen vnbekant/bisz auff diese ij. nechst ver-// gangen jar/ Da sie Hans Staden von Homberg ausz Hessen// durch sein eygene erfarung erkant / vnd jetzund// durch den truck an tag// gibt.// Dedicirt dem Durchleuchtigen Hochgebornen Herrn/H.// Philipsen Landtgraff zu Hessen/ Graff zu Catzeneln-// bogen/Dietz/Ziegenhain vnd Nidda/seinem G. H.// Mit einer vorrede D. Joh. Dryandri / genant Eychman,// Ordinarij Professoris Medici zu Marpurgk.// Inhalt des Buechlins volget nach den Vorreden.// [gravura]//

Sem paginação [84 fls. não nums.]. -- Assinatura: A-X(4).

Encadernação inteira em marroquim vermelho feita por Zaahnsdorf-London, England.
Página de rosto em preto e vermelho.
Gravuras: p. 8b, 9b, 11a, 12a, 13a, 14b, 16b, 17b, 19a, 20a, 21a, 22b, 23a, 24a, 25a, 26a, 27a, 28b, 29b, 31a, 32a, 33a, 33b, 36a, 38b, 39b, 41a, 42b, 45a, 46b, 48b, 51a, 53a, 54b, 55b, 57a, 59a, 60b, 62a, 65a. Há diversas repetições.

As informações referentes à descrição física do material foram obtidas diretamente da publicação; porém, no momento da finalização do presente Catálogo, o referido volume encontrava-se deslocado do acervo.

Verso da página de rosto: em branco.
F. 2a-2b: Dem Durchleuchtigen vnnd Hochge=// bornen Fürsten vnd Herrn/ Herrn Philipsen// Landtgrauen zu Hessen / Grauen zu Catzen=// elnbogen / Dietz / Ziegenhain vnnd// Nidda / &c. Meinem Gne=// digen Fürsten vnd// Herrn.// [datado de:] 20 de junho de 1556 e assinado por Hans Staden.//
F. 3a-7b: Dem Wolgebornen Herrn H.Philip=// sen Graff zu Nassaw vnd Sarprück / &c. meinem// Gnedigen Herrn. Wündschet D. Joh. Dryander// viel heils mit erbietung seiner// Dienste.//
F. 8a: Inhalt des Buchs.//
F. 8b se inicia, então, o primeiro livro de Staden com 53 capítulos.
F. 64b: em branco.
F. 65a traz o seguinte título: Warhafftiger kurtzer// bericht/ aller von mir erfarnen händel// vnd sitten der Tuppin Inbas/ derer gefangner// ich gewesen bin// Wonen in America / jhre Landt=// schafft ligt in 24.gradus auff der Seuden// seit der

linien equinoctial/ jhr landt=// schafft stösset an ein refierz// Rio de Jenero// genant.// [gravura]
F. 65b-82a: Segundo livro, dividido em 36 capítulos.
F. 82b-84a: Beschluss rede.// Dem Leser wüntschet Hanss Staden// Gottes gnad vnd fried.//
F. 84a, linha 10, segue, então, o colofão: Gedruckt zu Franckfurdt am Mayn// durch Weygandt Han / in der// Schnurgassen zum Krug.// [ornamento tipográfico]
F. 84b: em branco.

Houve em 1557 duas edições datadas de Marburgo, uma feita por época do Carnaval e a outra no aniversário de Maria. Entre estas duas, datadas, os bibliógrafos geralmente situam as duas publicadas em Frankfurt sobre o Meno. A primeira diferença entre as edições de Frankfurt sobre o Meno é que uma traz a palavra *Warhafftige* e a outra *Warhafftig*. Estas duas de Frankfurt, apesar de sua semelhança no texto, formato, tamanho, páginas em branco, etc., são distintas uma da outra.
As gravuras reproduzidas nas edições de Frankfurt não têm qualquer relação com o texto. Já haviam sido usadas anteriormente na edição das viagens de Varthemus à África e à Ásia e publicadas em 1548, na mesma cidade de Frankfurt.

BB v. 2, p. 282; Dommer 281 (apenas menciona); Sabin 90.038

IEB

54.
SOAREZ, Rodrigo, fl. 1494. 1558

REPETITIONES// RODERISI// SVAREZ IVRIS-// CONSVLTI,// In I Quoniam in prioribus.C.de in offic. testa.// & in I. Post rem iudicatam. ff. de re// necnon in alias fori. Il. & ordi// namenti leges,// NVNC PRIMVM AB// innumeri, quibus ante a scatebant,// [...] endis repurgatae// [marca tipográfica]// LVGDVNI,// Apud haerede Iacobi Iuntae// M. D. LVIII.//

48 fls. prels., 911 p. (Erros de paginação: 31 i. e. 32; 105 i. e. 205; 235 i. e. 335; 277 i. e. 377; 407 i. e. 470). -- Assinatura: aa-ff(8) a-z(8) A-Z(8) Aa-Ll(8).

Exemplar com furos, restaurado.
Texto impresso em duas colunas, com traçado em torno.
Há trechos, em espanhol, impressos em tipos diferentes do texto principal da obra.

Verso da página de rosto: em branco.
F. 2a-2b: TYPOGRAPHVS// LECTORI S.// [vinheta]//
F. 3a-3b: REVERENDISSIMO// IN CHRISTO PATRI, AC// PRINCIPI ILLVSTRISSIMO// Domino Ioanni de Tauera, Cardinali Sancti Ioan-// nis, Archiepiscopo Toletano, & Caesareae// Maiestatis Praesidi obseruantissimo,// Licenciatus Suarez// S.D.//
F. 4a: ALPHONSI// SOLISII// TETRA-// STICHON.//
F. 4b: Summarium eorum quae in hoc// opere continentur.//
F. 5a: LICENCIATI FERDINAN-// DI DIAZ, AD CANDIDVM// LECTOREM PRAEFATIO.//
F. 5b-48a: INDEX COPIOSISSIMVS// AC POTIVS OPERIA TO-// TIVS EPITOME, PER OR-// dinem Alphabeticum digestus.//
F. 48b: em branco.

Segue, então, o texto da obra.
À p. 911, abaixo do texto, segue a relação dos cadernos e, mais abaixo, o colofão: LVGDVNI,// Excudebat Iacobus FO... S.// [FORVS]
P. 911b: em branco.

Adams (S-2005) cita uma edição de 1560, em tudo semelhante a esta (paginação e assinaturas), o que faz crer se tratar de uma "edição de título".

Adams S-2.005; Palau 323.771.

FD

55.

THEVET, André, 1502-1590. 1558

LES// SINGVLARI=// TEZ DE LA FRAN-// CE ANTARCTIQVE, AV-// trement nommée Amerique:& de// plusieurs Terres & Isles de-// couuertes de nostre// temps.// Par F. André Theuet, natif d'Angoulesme.// [brasão heráldico do Cardeal de Sens, a quem o livro é dedicado]// A PARIS,// Chez les heritiers de Maurice de la Porte, au Clos// Bruneau,à l'enseigne S. Claude.// 1558.// AVEC PRIVILEGE DV ROY.//

8 fls. prels. não nums., 166 fls. nums., 2 fls. não nums. (Erros de foliação: 125 i. e. 135). -- Assinatura: ã(8) a-z(4) A-T(4). (Erros de assinatura: O iij i. e. P iij).

Notas marginais impressas e manuscritas.
Todas as folhas, inclusive a página de rosto, encontram-se dentro de um retângulo feito manualmente.
Gravuras: p. 6b, 18b, 20b, 28a, 31a, 41a, 45a, 46b, 48a, 50a, 53a, 57a, 61b, 66b, 71b, 72b, 73b, 76b, 77a, 82b, 83a, 85b, 88b, 89b, 91a, 98a, 99b, 101a, 105a, 109a, 114a, 115b, 117a, 120b, 124b, 126b, 133b, 147b, 151a, 156a, 164a.

Verso da página de rosto: "PRIVILEGE." de Saint Germain en Laye, de 18 de dezembro de 1556.
F. 2a-3a: A MONSEIGNEVR MONSEIG. LE// REVERENDISSIME CARDINAL DE// Sens, Garde des seaux de France, F.André// Theuet desire paix &// felicité.//
F. 3b-4b: ESTIENNE IODELLE SEIGNEVR// DV LIMODIN. A M.THEVET.// ODE.//
F. 4b-6a: A MONSIEVR THEVET ANGOV-// moisin, Autheur de la presente histoire, Fran-// çois de Belleforest Comingeois.// Ode.//
F. 6a: IN THEVETVM NOVI ORBIS PERAGRA-// torem & descriptorem, Io. Auratus, literarum// Graecarum Regius professor.//
F. 6b-8a: PREFACE AVX LECTEVRS.//
F. 8b: ADVERTISSEMENT AV LECTEVR// PAR M. DE LA PORTE.//
Segue, então, a obra principal que se divide em 83 capítulos.
As folhas finais, não numeradas, contêm a "TABLE DES CHAPITRES// du present liure."//

Thevet acompanhou como frade franciscano a expedição de Villegagnon para estabelecer uma colônia francesa na costa do Brasil. Esteve aqui porém durante poucos meses, assim mesmo conseguiu bom conhecimento dos costumes nativos.
Pelas gravuras, é considerado um dos livros mais bem ilustrados da França do século XVI. São as mesmas atribuídas às escolas de Jean Cousin, Jean Goujon e Germain Pilot.
Existem pouquíssimos exemplares datados de 1557. Também a nossa edição é bastante rara. Afirma Atkinson que ambas são uma edição só, apenas alguns exemplares apresentam a data de 1557. O privilégio foi concedido em fins de 1556. O autor contudo não pôde fazer a revisão, pois "...la fiebure, laquelle a tellemẽt// detenu l'Autheur depuis son retour, qu' il n'a pas eu loysir

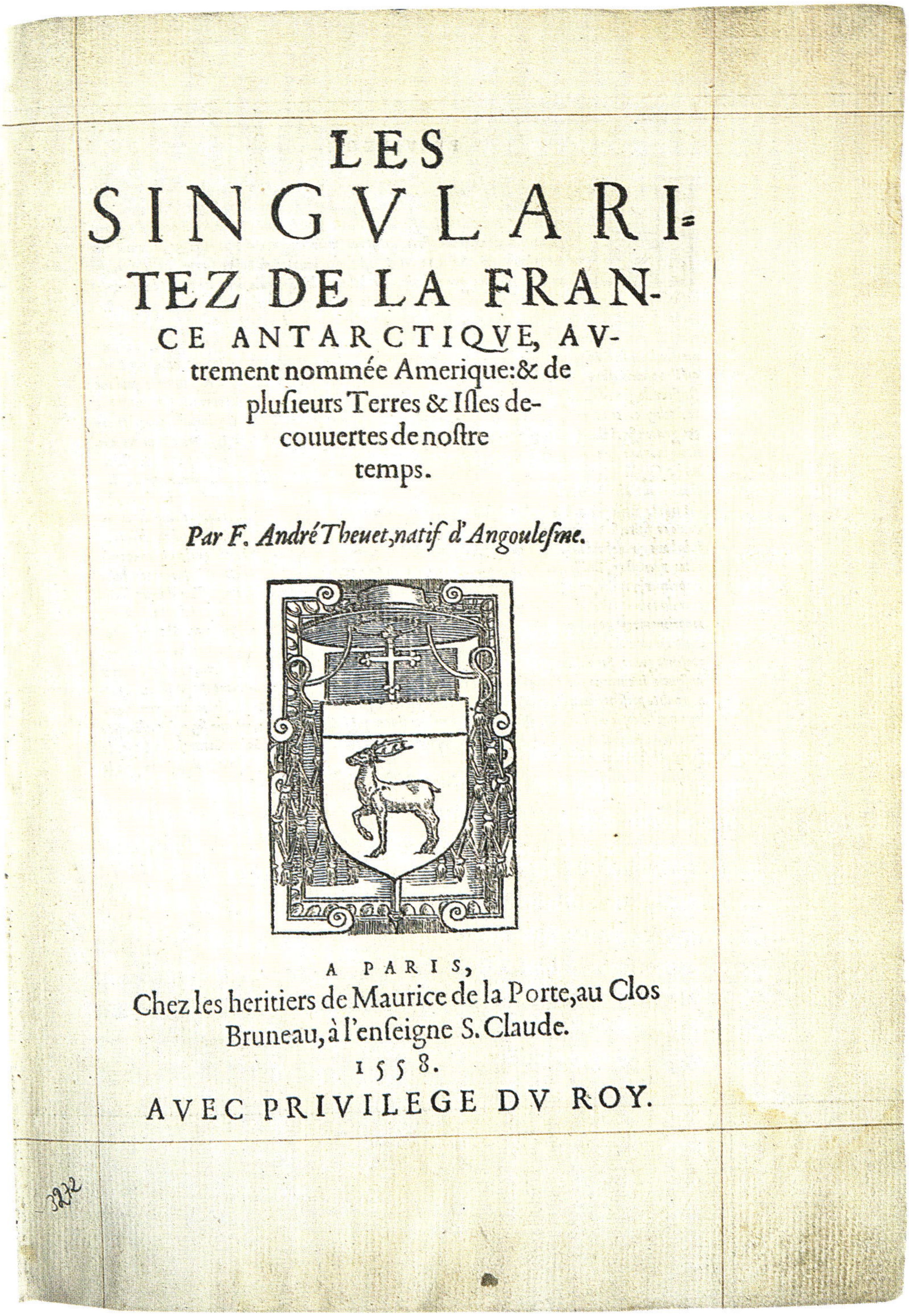

LES
SINGVLARI-
TEZ DE LA FRAN-
CE ANTARCTIQVE, AV-
trement nommée Amerique: & de
plusieurs Terres & Isles de-
couuertes de nostre
temps.

Par F. André Theuet, natif d'Angoulesme.

A PARIS,
Chez les heritiers de Maurice de la Porte, au Clos
Bruneau, à l'enseigne S. Claude.
1558.
AVEC PRIVILEGE DV ROY.

THEVET, André. *Les singvlaritez de la France Antarctiqve, avtrement nommée Amerique...*, 1558. Página de rosto.
Figura 30 – nº de catálogo 55

frapper le fer au caillou. Et faut entendre qu'ils vſent couſtumierement de feu, pour leurs neceſsitez, comme nous faiſons:& encore plus, pour reſiſter à ceſt eſprit malin, qui les tormente: qui eſt la cauſe qu'ils ne ſe coucheront iamais quelquepart qu'ils ſoient, qu'il n'y ayt du feu allumé, a l'entour de leur lict. Et pource tant en leurs maiſons que ailleurs, ſoit au bois ou à la campagne, ou ils ſont contraints quelquefois demeurer long temps, comme quand ils vont en guerre, ou chaſſer à la venaiſon, ils portent ordinairement auec eux leurs inſtrumens à faire feu. Docques ils vous prendront deux baſtons inegaux, l'vn, qui eſt le plus petit de deux pieds, ou enuiron, fait de certain bois fort ſec, portant moëlle: l'autre quelque

peu plus long. Celuy qui veult faire feu, mettra le plus petit baſton en terre, percé par le milieu, lequel tenant a-

C

THEVET, André. *Les singvlaritez de la France Antarctiqve, avtrement nommée Amerique...*, 1558. Detalhe da página 101, contendo gravura de índio fumando. Acredita-se ser a primeira trazendo tal costume.
Figura 31 – nº de catálogo 55

de reuoir// son liure auant que le bailler à l'Imprimeur,..." O livro foi revisto por Ambroise de la Porte, "...hõme studieux// & bien entendu en la langue Françoise, lequel auoit pris l'entiere// charge du present Liure". Este, porém, também faleceu antes de publicar a obra, e eis por que foi editada pelos seus herdeiros.

Quanto ao texto em si, foi escrito com grande ingenuidade, porém a sua descrição dos costumes indígenas, das frutas e dos animais é bastante exata. Afirma o Dr. Rubens Borba de Moraes que Thevet introduziu na França o tabaco e acredita que a gravura de um índio fumando (f. 101a) seja a primeira em seu gênero.

Thevet foi acusado de misturar fábula e realidade, o que não se pode negar, porém, de fato, ele viajou pelo Médio Oriente, Brasil e Canadá, tendo contatos com todos os viajantes da época.

Atkinson 116; BB v. 2, p. 303; Brunet v. 5, col. 814; Church 107; Garraux p. 380 (2a.); JCR 2.358; Maggs 479-3.983; Raeders 43; Sabin 95.339.

IEB

56.

THEVET, André, 1502-1590. 1558

LES// SINGVLARI-// TEZ DE LA FRANCE AN// TARCTIQVE, AVTREMENT NOM// mée Amerique,& de plusieurs Ter-// res & Isles decouuertes de no-// stre temps:// [vinheta pequena]// PAR F. ANDRE THEVET, NA// TIF D'ANGOVLESME.// [marca tipográfica]// A ANVERS,// De l'imprimerie de Christophle Plantin// a la Licorne d'or.// 1558.// AVEC PRIVILEGE DV ROY.//

8 fls. prels. não nums., 163 fls. nums., 1 fl. não num. (Erros de paginação: 19 i. e. 16; 59 i. e. 57; 57 i. e. 59; 67 i. e. 65; 69 i. e. 67; 71 i. e. 69; 73 i. e. 71; 105 i. e. 97; 107 i. e. 99; 109 i. e. 101; 111 i. e. 103). -- Assinatura: A-X(8) Y(4).

Notas marginais impressas.

Tipos romanos.

41 gravuras em tamanho menor que na edição original.

Verso da página de rosto: EXTRAIT DV PRIVILEGE.// [assinado:] Dõné à Brussellesle XX d'Auril,// Làn 15 58. Signe,// Ph. de Iens.//

F. 2a-3b: A MONSEIGNEVR// MONSEIGNEVR LE REVEREN-// dessime Cardinal de Sens, Garde des seaux// de France, F. André Theuet de-// sire paix & felicité.//
F. 4a-6a: ESTIENNE IODELLE// SEIGNEVR DV LIMODIN. A M.// THEVET. ODE.//
F. 6b-8a: PREFACE AVX LECTEVRS.//
F. 8b: ADVERTISSEMENT AV// LECTEVR PAR M. DE LA// PORTE.//
F. 1-163a: Segue o texto dividido em 83 capítulos.
F. 163b-1b: [vinheta pequena] TABLE DES CHAPITRES// du present liure.//

Quanto aos erros de paginação, Atkinsons só menciona dois: "19 pour 16, 110 pour 118", sendo que este último não consta em nosso exemplar.
A obra se subdivide em 83 capítulos.
É um dos primeiros impressos da oficina de Plantin, que havia começado em 1555.
Segundo o Dr. Rubens Borba de Moraes as gravuras foram recortadas por Assuerus van Londerzeel.
Essa segunda edição apareceu no mesmo ano que a primeira.

Atkinson 121; BB v. 2, p. 304; Brunet v. 5, col. 814; Church 108; Garraux p. 381 (2ª); JCR 2.539; Maggs 479-3.984; Leclerc 791; Rauch v. 2, p. 119; Sabin 95.340.

IEB

57.
JESUÍTAS. Cartas das Missões. 1559

DIVERSI AVISI// PARTICOLARI DALL'INDIE// di Portogallo riceuuti, dall anno 1551.// sino al 1558. dalli Reuerendi padri// della Compagnia di GIESV.// DOVE S'INTENDE DELLI PAESI.// delle genti, & costumi loro, & la gran le con-// versione di molsi popoli, che harum ri-// ceuute il lume della senta sede, &// religione Christiana.// Produtti [...] della lingua Spagnuola nella Italiana.// [vinheta]// Col. Priuilegio del Somano Pontefice, & dell'illus// strissimo Senato Veneto per anni XV.//

8 fls. prels. não nums., 286 i. e. 294 fls. nums. (Erros de paginação: 220 i. e. 218; 222 i. e. 220; 224 i. e. 222; 226 i. e. 224; de 280 salta novamente para 273). -- Assinatura: *(8) A-Z(8) AA-NN(8) OO(6).

DIVERSI AVISI
PARTICOLARI DALL'INDIE
di Portogallo riceuuti, dall'anno 1551. ſino al 1558. dalli Reuerendi padri della compagnia di GIESV.
DOVE S'INTENDE DELLI PAESI, delle genti, & coſtumi loro, & la grande conuerſione di molti popoli, che hanno riceuuto il lume della ſanta fede, & religione Chriſtiana.
Tradotti nuouamente dalla lingua Spagnuola nella Italiana.

Col Priuilegio del Sommo Pontefice, & dell'Illuſtriſsimo Senato Veneto per anni XV.

1312

JESUÍTAS. Cartas das Missões. *Diversi avisi particolari dall'Indie di Portogallo...*, 1559. Página de rosto.
Figura 32 – nº de catálogo 57

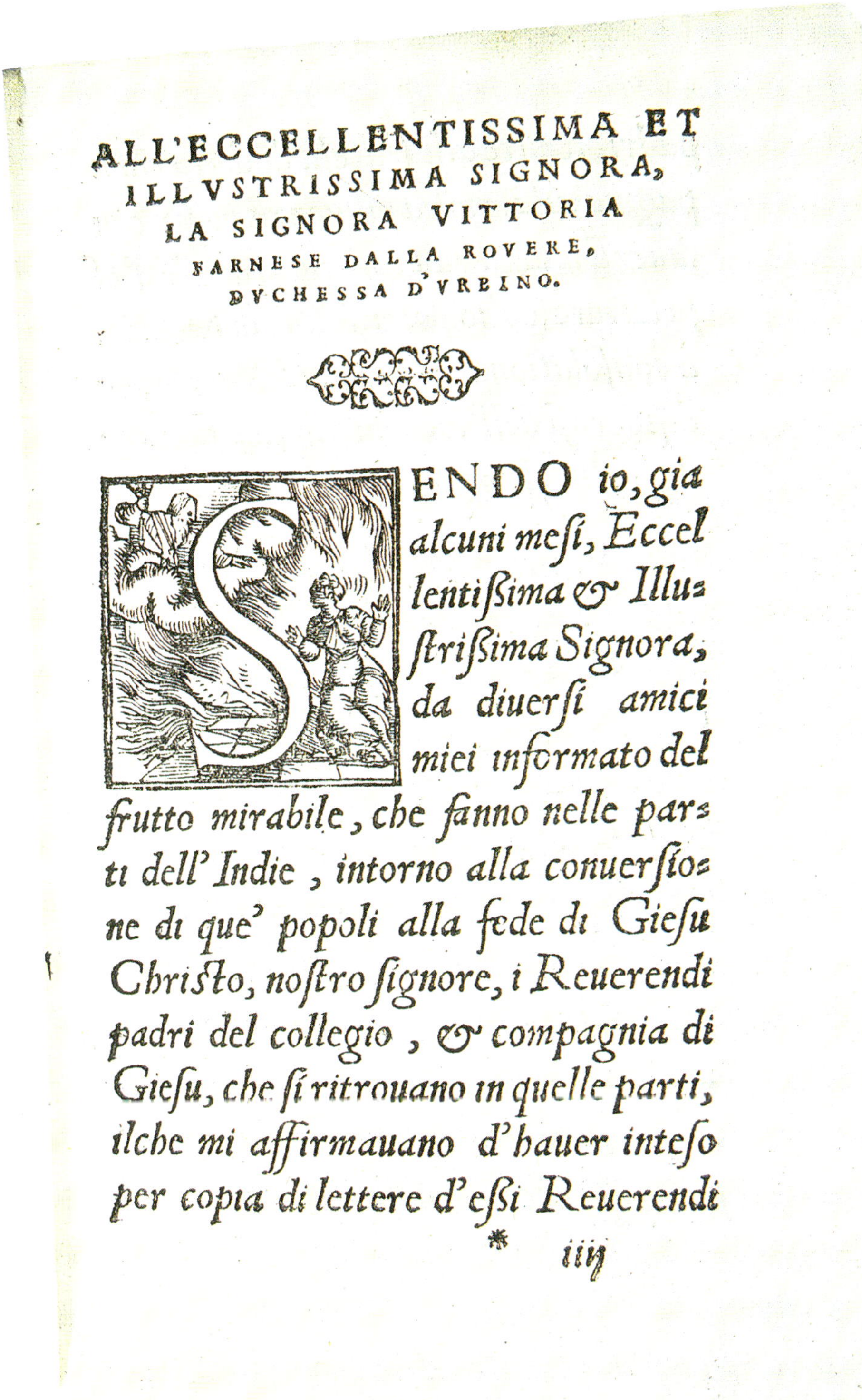

ALL'ECCELLENTISSIMA ET ILLVSTRISSIMA SIGNORA, LA SIGNORA VITTORIA FARNESE DALLA ROVERE, DVCHESSA D'VRBINO.

SENDO io, gia alcuni mesi, Eccellentissima & Illustrissima Signora, da diuersi amici miei informato del frutto mirabile, che fanno nelle parti dell'Indie, intorno alla conuersione di que' popoli alla fede di Giesu Christo, nostro signore, i Reuerendi padri del collegio, & compagnia di Giesu, che si ritrouano in quelle parti, ilche mi affirmauano d'hauer inteso per copia di lettere d'essi Reuerendi

* iiij

JESUÍTAS. Cartas das Missões. *Diversi avisi particolari dall'Indie di Portogallo...*, 1559. Início de texto.

Figura 33 – nº de catálogo 57

Sem notas tipográficas./Veneza Michelo Tramezzino, 1559.
Notas marginais manuscritas.

Verso da página de rosto: em branco.
Folha 2a-3b: ALL'ECCELLENTISSIMA ET// ILLVSTRISSIMA SIGNORA,// LA SIGNORA VITTORIA// FARNECE DALLA ROVERE,// DVCHESSA D'V REINO.// abaixo f. 3b: Di V. Eccell.// affettionatiss. seruitore// Michele Tramezzino.//
F. 4a-5b: IVLIVS PAPA III.//
F. 5b: 1558. Die 8. August. in Rogatis.// [abaixo:] Carolus Berengus Duc.// Notarius exemplauit.//
F. 6a-8a: TAVOLA DELLE COSE CHE SI// contengono in questo libro.//
F. 8b: em branco.
F. 1-21a: COPIA DI VNA LET-// TERA, CHE HA SCRITTO// dall'India di Ormuz il P.Mastro Ga-// sparo della compagnia di Giesu al=// li fratelli del collegio di// Coymbra, riceuuta// l'anno 1551.// [datada de:] Ormuz a 10 de dezembro de 1549.//
F. 21b-32a: COPIA DI VNA LETTERA// del padre Maestro Gasparo, della com=// pagnia di IESV alli fratelli di// Portogallo, riceuuta l'An// no. 1552.//
F. 32b-37b: COPIA DI VNA LETTERA DEL// Padre Emanuel di Nobrega, della compagnia// di Iesu, mandata dal Brasil al dottor// Nauarro, suo Maestro in Coym=// bra, riceuuta l'anno.// 1552.// [datada de:] Salvador a 10 de agosto de 1549.//
F. 38a-41a: COPIA DI ALCVNE LETTERE// mandate dal Brasil da'l P. Emanuel Nobre=// ga, della compagnia di GIESV, & al// tri padri, che sono à sua obedientia,// al padre Preposito d'essa com// pagnia in Portogallo, et// al collegio di Coym// bra, di detta com// pagnia, tra=// dotte in// Italiano, riceuute l'Anno. 1552.// Informatione delle parti del Brasil.//
F. 41b-48a: CAVATO D'VN'ALTRA MAN=// data da Pernambuco// [datada de:] Pernambuco a 2 de agosto de 1551.//
F. 48a-50a: VN'ALTRA LETTERA D'VN'AL=// tro Padre, mandata medesimamente// di Pernambuco.//
F. 50b-52a: VN'ALTRR [sic] MANDATA DAL// Porto dello Spirito Santo.//
F. 52a-55b: VN'ALTRA MANDATA DAL=// la Città del saluatore.//
F. 55b-60a: VN'ALTRA MANDATA DAL// Porto di San Vincenzo.// [datada de:] S.Vicente a 24 de agosto de 1551.//
F. 60b-62a: CAVATO D'VNA LETTERA DI// Emanuel di Morales, layco della compa=// gnia di Iesu riceuuta dall'India.// l'Anno 1551.//

F. 62a-63a: CAVATO D'VNALTRA DI BAL=// dassar Nugnez nel fin del 1548. dal Re=// gno di Tranancor.//

F. 63b-69b: CAVATO D'VNA LETTERA DI// Bembay, nel capo di Comorin, dell'ultimo// d'Ottobre 1548. di Henrico Enri=// quez al collegio di Coymbra,// della compagnia di// IESV.//

F. 70a-77a: COPIA D'VNA LETTERA DEL=// l'India, del P.Henrico Enriquez, della compa=// gnia di Iesu, al Preposito di detta com=// pagnia in Portogallo riceuuata// l'Anno 1552. tradotta// in Italiano.// [datada de:] Cochim a 12 de janeiro de 1551.//

F. 77b-83a: COPIA D'VNA LETTERA DEL// collegio di Goa nell'India, scritta da uno// della compagnia di Iesu, alli suoi// fratelli del collegio di Coym=// bra, riceuuta l'anno.// 1551.//

F. 83b-85b: COPIA D'ALTRE LET=// tere dell'Indie.//

F. 85b-87a: CAVATO D'VNA LETTERA// ra [sic] del Vescouo di Goa alla Regina di// Portogalo delle cose dell'In// dia, riceutta l'An=// no. 1551.//

F. 87b-89a: COPIA D'VNA LETTERA DEL// Re di Tanor al Vescouo.// [datada de:] Goa a 25 de Outubro de 1549.//

F. 89b-91a: COPIA D'VNO CAPITOLO, DO=// ue si tratta del martirio del P.Antonio// Criminale.// [datada de:] Poncale a 18 de junho de 1549.//

F. 91b-92a: ALCVNE NOVE DEL MANI=// congo in Ethiopia riceuute l' An=// no 1551.//

F. 92a-94a: CAVATO D'VNA LETTERA// della Città del Congo in Ethiopia, del// P. Giacomo della compa=// gnia di Iesu.// [datada de:] Manicongo a 1 de agosto de 1548.//

F. 94a-95b: D'VNA LETTERA DEL P.// Giorgio Vaz dal Congo di pri=// mo d'Agosto. 1548.//

F. 96a-97a: CAVATO D'VNA DEL P.// Christoforo Ribero.//

F. 97b-98a: D'vnaltra del medesimo// padre dell'ultimo di Luglio.//

F. 98b-100a: CAVATO D'VNA LETTERA DI// M. Nicolao Lanciloto della compagnia// di Iesu da Caulano, riceuuta a l'an=// no. 1552.//

F. 100a: CAVATO D'VN'ALTRA DE MEL=// chior Gonzalez, di Cochin à 23. di// Gennaro. 1551.//

F. 100b: CAVATO D'VN'ALTRA, D'AN=// tonio Gomez, fatta in Cochin à 16.// di Gennaio 1550.//

F. 101a-101b: COPIA D'ALCVNE LETTERE// del padre Maestro Francesco Xauier, & al=// tri padri della Compagnia di Iesu, del// Giapon nouamente scoperto, &// di Malucco, tradotte in// Italiano, riceuute// L'anno 1552.//

F. 102a-112b: COPIA D'VNA LETTERA DEL// padre Maestro Francesco Xauier dal Giapon// indrizzata al Collegio delli scolari di// di detta compagnia in Coym// bra'di Portogallo.// [datada de:] Cangoxima a 5 de novembro de 1549.//

F. 112-113b: D'VNA DEL P. FRANCESCO// Perez, ch'è in Malacca de 26.di No=// uembre, del 1549. per li// fratelli del capo di// Comurin.//

F. 113b-115b: D'VNa DEL P.GIOVAN D'A=// bera, che sta in Malucco di. 5 Febraro,// del 1549. al Rettore di S.Pao=// lo di Goa.//

F. 115b-117b: COPIA D'VNA LETTERA DEL// P.M. Baldassar Gago della compagnia// di Iesu, che scriue à suoi fratelli// di essa compagnia, riceuu=// ta quest'anno.// 1553.//

F. 118a-119b: COPIA D'VNA LETTERA DEL// P.M.Gasparo della compagnia di Iesu, che// scriue à suoi fratelli di essa compa=// gnia, riceuuta quest'An=// no 1553.//

F. 120a-134a: COPIA D'VNA LETTERA DEL// P.M.Francesco Xauier, preposito prouincia=// le della compagnia di Iesu nell'Indie,// per tutti quelli di essa compagnia// in Europa, riceuuta nel// mese di Marzo.// 1553.// [datada de:] Cochim a 29 de janeiro de 1553.//

F. 134b-137b: [sem título, datada de:] Cochim a 8 de fevereiro de 1553.//

F. 137b-140a: COPIA D'ALCVNE LETTERE// delli padri, & fratelli che stanno// nel Brasil.// Copia d'una del Padre Leonardo Nunnez alli// 20. di Giugno del 1551. da Santo// Vincenzo.//

F. 140a: COPIA DI VNA DEL MEDE// simo nel medesimo tempo.//

F. 140b-141a: Copia d'una di Pietro Chorea persona, che è stata lun// go tempo nel Brasil, & delli primi della ter=// ra, serue à Iddio con gran feruore nella// compagnia di Iesu.//

F. 141a-143a: Copia d'unaltra del medesimo Pietro Chorea per li// fratelli, che stanno in Africa.//

F. 143a-143b: Copia d'una di Massimiano.//

F. 143b-144b: Copia d'una di Diego Iacobo del medesimo loco.//

F. 144b-145a: Copia d'una del padre Nicolao Lancilotto,// scritta dal Caulano à XXII. di// Decembre. M. D. LI.//

F. 145a-147a: Copia d'una lettera del padre Maestro Fran-// cesco Xauier di Cochim alli .29. de// Gennaro.1552.al padre messer// Ignatio Preposito genera=// le della compagnia/ di Iesu.//

F. 147a-149b: Copia d'un'altra di Cochin di.19. de Gen=// naio. 1552. del padre Antonio d'Ere=// dia, nouamente andato all'India.//

F. 149b-150b: Copia d'una lettera del padre Nóbrega di// Baia nel Brasil, alli 10. de Lu=// glio del 1552.//

F. 150b-154a: Copia d'una del padre Francesco Perez, che// sta in Baia, per li suoi fratelli della// pagnia [sic] di Iesu alli 17. de Set=// tembre. 1552.//

F. 154a-156a: Copia d'un'altra di Vincenzo Rodrigues del mede=// simo luogo di Baia in detto anno.//

F. 156a-159a: Parte di alcune cose, che sono accadute alli fratelli// della compagnia di Iesu nel Brasil scrit// te per lo gouernatore To// maso de Sonsa.//

F. 159a-160b: Copia d'una di Vincenzo Rodriguez, che sta// nel Brasil nella citta del Saluatore alli// 17.di Settembre.1552.//

F. 161a-170b: COPIA D'VNA LETTERA DEL// Padre Maestro Melchior Nugnez della com=// pagnia di Iesu scritta quand'egli an// daua pel mare di Goa uer=// so il Giapon l'An=// ano del. 1554.// Al Padre Maestro Ignatio Preposi// to general di detta compag=// gnia riceuut l'Anno// del.1555.//

F. 171a-181b: LETTERA DI PIETRO DAL=// cacena della compagnia di Iesu, uenuta dal// Giapon alli scolari del collegio di det// ta compagnia in Coimbra, fatta// in Goa.1554.//

F. 181b-186b: COPIA D'VNA DI FERNANDO// Mẽdez di diuersi costumi, & uarie cose, che há// uisto in diuersi regni dell'Indie nelli quali// andò gran tempo auanti ch'entrasse// nella compagnia di Iesu, scrit// ta nel collegio di Malac// ca alli scolari di detta// compagnia nel// Collegio di Coimbra in Portogallo.// [datada de:] Malaca a 5 de dezembro de 1554.//

F. 187a-188a: Capitoli di alcune lettere del padre Baldassar Diez// Rettore del collegio della compagnia di// Iesu in Goa, capo dell'India di// Portogalo, delli 15. di De// cembre, & 4. di Gen// naro. 1555.//

F. 188a-188b: D'unaltra del padre Francesco Perez di Co// chin.à 20. di Gennaio. 1555.//

F. 189a: Capitoli d'alcune lettere uenute dal// l'Isole di Malucco d'alcu=// ni religiosi della com// pagnia di Iesu.//

F. 189a-190a: D'una lettera del padre Alfonso// di Castro per lo Rettore// del collegio di// Goa.// [datada de:] Ternat a 18 de janeiro de 1554.//

F. 190b-192a: Vn'altra del fratello Antonio Fer// nãdez d'Amboino, per lo me// desimo Rettor del col// legio di Goa.// [datada de:] 27 de fevereiro de 1554.//

F. 192a-192b: Vn'altra di Vicenzo Petera sopra la// morte del sopradetto Antonio// Fernandez.//

F. 193a-200b: Informationi delli costumi, leggi, & alcun'al=// tre cose notabili del regno della China, ri=// ferite per un'huomo degno di fe// de, ilquale iui per sei anni fu// schiauo, al padre mae// stro Melchior// Nugnez nel collegio della compa=// gnia di Iesu in Malacca.//

F. 201a-204a: Alcuni capitoli d'una lettera scritta nel colle// gio di Goa alli collegiali di Coimbra,// per Aeres Brandon della compa// gnia di Iesu à 23. di De// cembre. 1554.//

F. 204b-215b: IESVS.// LETTERA DEL PADRE AN=// tonio di Quadros, prouinciale della cõpagnia// di IESV in Ethiopia, scritta in Goa// nell'India al padre.M.Miron,// prouinciale di detta com=// pagnia in Por=// togallo.//
F. 215b-222 i. e. 220: VN'ALTRA DEL MEDESIMO// padre scrittta [sic] in Goa nell'India a 18. di// Decembre 1555. per li collegia=// li di detta compagnia di// Coimbra in Por=// togallo.//
F. 220b-224 i. e. 222: DEL PADRE BALDASSAR DIAZ// Superiore del collegio di Goa nell'India al// P.M.Ignatio Preposito general del// la compagnia di GIESV.// [datada de:] Goa a 15 de dezembro de 1555.//
F. 222b-223a: Cauato d'un'altra di Goa.//
F. 223a: D'una del padre Antonio Heredia d'Ormuz.//
F. 223b-225b: D'VNA DEL PADRE HENRI// co Henriquez della costa chiamata, ca=// po di Commurin al padre// maestro Ignatio.//
F. 225b-227a: D'unaltra del medesimo al padre maestro Ignatio.//
F. 227b-228a: Copia di uno capitulo di una lettera del P.// Souerale di Cocchin.// [datada de:] Cochin a 20 de janeiro de 1555.//
F. 228a-228b: Capitolo d'una del padre .Melchior Carnero// scritta da Mossambiche del 1555.//
F. 228b-230a: Copia d'una lettera del padre Alfonso di Ca=// stro, scritta in Ambuino al Rettor del// collegio di Goa.// [datada de:] Ambuino a 31 de maio de 1555.//
F. 230a-232b: COPIA DI VNA DEL PADRE// Policarpo scritta da Malacca.// [datada de:] Malaca a 15 de dezembro de 1555.//
F. 232b-233a: D'una del P. M.Melchior scritta di Malucco auanti// di partire per Giapon.//
F. 233a-234b: D'VN'ALTRA DEL PADRE GON// zalo Rodriguez, scritta al Rettor del collegio// di Goa dal porto d'Archico nelli regni// del Preste Giouanni R.P:// [datada de:] Archico a 12 de março de 1555.//
F. 234b-235a: D'una del padre Nicolau Lancilotto, scritta// in Coulano al P.M.Ignatio Prepo=// sito Generale.//
F. 235a-236a: D'una del padre Michele Barul di Goa.//
F. 236a-236b: D'una del padre dottor Torres prouinciale di// Portogallo sopra il medesimo caso.//
F. 237a-237b: D'una del padre Francesco Perez scritta in// Cochin nel 1555. al P.Ignatio Pre=// posito Generale.// [datada de:] Cochin a 20 de Gennaro de 1555//
F. 237b-238b: D'un'altra del medesimo.//
F. 239a-242a: COPIA D'VNA LETTERA DI// Pietro Correa della compagnia di IESV, che// dopo per la predicatione dell' Euangelio// fu ammazzatto

dall'infideli, scritta// ad altri della medesima compa// gnia, nell'India del Brasil.// [datada de:] S.Vicente a 8 de junho de 1554.//
F. 242a-245b: COPIA D'VN'ALTRA LETTERA// del capo de S.Vincenzo, doue uno della compa// gnia di IESV, scriue della felice morte// del detto Pietro Correa, & un'al// tro compagno suo in Por=// togallo à quelli del=// la medesima// compagnia.// [datada de:] S.Vicente a 15 de março de 1555.//
F. 246a-248a: CAVATO D'VNA LETTERA DEL// P.Ambrosio Perez della Baya del Saluator,// nel Brasil à 15. di Giugno. 1555.// [datada de:] 12 de junho.//
F. 248b-249b: COPIA D'VNA LETTERA DEL// Brasile al P. maestro Ignatio Preposito// Generale.// [de Piratininga, & della casa di S. Paolo...]//
F. 250a-260a: IESVS.// COPIA D'VNA LETTERA DI// Duarte di Silua, della compagnia di IESV,// scritta in Bongo, Citta del Giapon, alli// 10. Settembre 1555. per li fra=// telli suoi di detta compa=// gnia, che sono nell'In// dia, & spetialmẽ// te in Goa.//
F. 260b-263b: COPIA D'VNA LETTERA DEL P.// Baldassar Gago scritta in Firando alli 23. de// Settembre 1555. al padre M.Igna=// tio, Preposito generale della com// pagnia di IESV.//
F. 263b-274a: COPIA D'VNA LETTERA DEL// padre melchior Nugnez Preposito prouincia// le della compagnia di IESV nell'In=// dia, scritta in Machuam portò// della China, alli 23.di No=// uembre 1555. per li// suoi fratelli del// l'India.//
F. 274a-276a: D'una lettera di Luigi Frois scritta in Malacca// al primo di decembre 1555. al Collegio// della compagnia di IESV, in Goa.//
F. 276b-274b: COPIA D'VNA LETTERA SCRIT// ta da Luigi de Froys, della compagnia di Iesu// nel collegio di Malacca à 7.di Gennaio// 1556. a gli fratelli di detta com// pagnia, del collegio di san// to Paolo in Goa.//
F. 274b-275a: COPIA D'VNA LETTERA DEL RE// Firando, che e nell'isola del Giapon,// scritta al P.M.Melchior.// [datada de:] Firando a 16 de outubro de 1555.//
F. 275a-278b: D'VNA LETTERA D'AIRES// Brandaon, religioso della compagnia di IE=// SV scritta in Goa Città dell'India à 29.// di Nouembre 1556. à quelli del=// la medesima compagnia// d'Europa.//
F. 279a-282b: D'un altra lettera del padre Francesco Rodriguez,// scritta nel collegio di san Paolo della compa=// gnia di IESV in Goa alli 2 di Decem=// bre 1556. per li fratelli della me=// desima compagnia in// Europa.//
F. 282b-283a: D'un'altra del padre Anrique Anriquez, fatta// in Ponicale, che e nel capo di Comorin,// l'ultimo di Decembre 1556.//
F. 283b-285b: D'un'altra di Don Gonzalo di Siluera, preposito// Prouinciale nell'India della compagnia di IE=// SV, scritta in Cocchin nel mese di Gen=// naio 1557 al padre Gonzalo// Vaz di detta Compa=// gnia in Portu=// gallo.//

F. 285b-286b: D'un altra di Tanaa del Padre Francesco An// riquez al padre Maestro Ignatio prepo// sito Generale della compagnia// di IESV.// [datada de:] Tanaa a 30 de dezembro de 1556.//

É a tradução italiana das cartas dos padres da Companhia de Jesus. Como se pode ver pelo conteúdo, temos um grande número de cartas provenientes do Brasil; as outras são relativas ao Japão, às Índias Orientais e à Etiópia. Temos também a edição de 1565, feita pelo mesmo tipógrafo (ver nº 72).

BB v. 1, p. 50; Palau 74.651; Rauch v. 3, p. 243; Sabin 20.333.

IEB

58.
SERLIO, Sebastiano, 1475-1554. 1559-1562

Libro Primo d'Architettvra di Sebastiano Serlio, Bolognese. Nel qvale con facile e breve modo si tratta de primi principii della Geometria. Con Nuoua aggiunta delle misure che seruono a tutti gli ordini de componimenti que ui si contengono. Al Christianissimo Re de Francia. In Venetia. Appresso Gio. Battista e Marchio Sessa, Fratelli. [MDLIX-MDLXII]

4 v. em 1, ilust.

As informações acima foram transcritas do fichário da Biblioteca, pois o volume encontrava-se deslocado no momento da realização do trabalho de descrição física do material; foi confirmada essa informação ao proceder-se à revisão final do presente Catálogo.

O v. 4 tem o título: *Regole Generali di Architettvra.*

EP

59.
GIOVIO, Paolo, bispo de Nocera, 1483-1552. 1560

PAVLIIO// VII NOVO COMEN-// SIS, EPISCOPI NVCE// rini Historiarum sui// temporis// TOMVS SECVNDVS,// BASILEAE// Anno M. D. LX.//

731 p. (Erros de paginação: 195 i. e. 197; 133 i. e. 233; 276 i. e. 278; 277 i. e. 279; 318 i. e. 320; 231 i. e. 331; 455 i. e. 452; 459 i. e. 455; 705 i. e. 507; 53 i. e. 531; 365 i. e. 565; 593 i. e. 592; 925 i. e. 725). -- Assinatura: a-z(8) A-Y(8) Z(6).

O lugar da paginação varia, às vezes, no centro, às vezes, no canto externo, outras vezes na parte interna.

Restaurada.
Reencadernação em couro em estilo da época.

Verso da página de rosto: PAVLI IOVII// IVNIORIS.//
P. 3-6: PAVLI IOVII NO-// VO COMENSIS, EPISCOPI// NVCERINI IN LI-// bro... Historiarum sui tem-// poris secundi vo-// luminis// PRAEFATIO,// AD COSMVM MEDI-// cem Reipublicae Florentinae// Dicem.// [datado de:] Pisis. Ca-// len. Maijs.// M.D.LII.//
À p. 7 começa, então, o 19º livro da obra. E termina à p. 731 com o 35º livro.
P. 731b: em branco.

A obra completa consta de três volumes. Foi impressa por H. Petri & P. Perna.

Adams G-655.

FD

60.
LERY, Jean de, 1534-1611. 1561

HISTOIRE// DES CHOSES// MEMORABLES ADVE-// NVES EN LA TERRE DV// Bresil,partie de l'Amerique Au=// strale, sous le gouuerne=// ment de N.de Villegag.[...]// depuis l'an 1555.// iusques a [...]// 1558.// M. D. LXI.//

48 fls. nums. -- Assinatura: A-F(8). (Erros de assinatura: F iij i. e. Fij).

No final uma gravura desdobrável.
Sem marcas tipográficas, a não ser a data.

Verso da página de rosto: em branco.
F. 2-5: AV LECTEVR.//
F. 6-29b: PREMIERE PARTIE DE// L'HISTOIRE DES CHOSES ME-// morables aduenues en la terre du// Bresil, sous le gouuerne-// mẽt de N. de Ville-// gaignon//

LERY, Jean de. *Histoire des choses memorables...*, 1561. Detalhe de estampa desdobrável, contendo a caricatura de Villegagnon.
Figura 34 – nº de catálogo 60

F. 30-48a: SECONDE PARTIE DE// L'HISTOIRE DES CHOSES// aduenues en la dicte terre du// Bresil, sous le gouuerne-// ment dudict Nicolas// de Villegaignon.
F. 48b: em branco.//

Segundo Atkinson, o British Museum o informa como impresso em "Genève". O Dr. Rubens Borba de Moraes conhece apenas 3 exemplares deste raro opúsculo: o da John Carter Brown Library; o exemplar que pertenceu a J. C. Rodrigues, hoje na Biblioteca Nacional do Rio de Janeiro; e o da Bibliothèque de l'Arsenal de Paris. Conseguimos localizar mais um nas opulentas coleções do British Museum.
A obra trata da colonização francesa no Brasil intentada por Villegagnon; contrária a este, a obra tem, porém, a marca da veracidade.
Hoje em dia, é ponto pacífico que o autor seja Jean de Léry, embora seu nome não apareça neste pequeno livro.
A segunda parte desta obra foi inteiramente reproduzida por Jean Crespin em sua *Histoire des Martyres...* (1619).
A obra em si foi reimpressa nos *Nouvelles Annales des Voyages*, 5e. série, T.XL (1854).
Totalmente desconhecida dos bibliógrafos, a estampa desdobrável no fim do volume é uma caricatura de Villegagnon.
A caricatura de Villegagnon é rodeada de palavras injuriosas e intitula-se *Polypheme* (23,8 x 19,1 cm). Léry faz alusão a esta gravura em sua *Viagem à terra do Brasil* (Rio, 1889, p. 59), no seguinte trecho: "...Portanto se aquele ou aqueles que depois do seu regresso para cá o mandaram pintar nú como selvagem, em cima do fundo de grande marmita, tivessem noticia d'esse formozo casaco, não duvidamos, que por joias e ornatos também lhe o dariam, como fizeram com a cruz e a flauta pendentes do pescoço..."

Atkinson 130; BB v. 1, p. 342; Garraux p. 182 (2a.); JCBrown v. 1, p. 212; JCR 1.227; Raeders 48; Sabin 99.728.

IEB

61.
THEVET, André, 1502-1590. 1561

[dentro de moldura:] HISTORIA// DELL'INDIA AMERICA// DETTA ALTRAMENTE// FRANCIA ANTARTICA,// DI M. ANDREA TEVET;//

HISTORIA
DELL'INDIA AMERICA
DETTA ALTRAMENTE
FRANCIA ANTARTICA,
DI M. ANDREA TEVET;
TRADOTTA DI FRANCESE IN
LINGVA ITALIANA, DA
M. GIVSEPPE HOROLOGGI.

CON PRIVILEGIO.

IN VINEGIA APPRESSO GABRIEL
GIOLITO DE' FERRARI.
M D LXI.

THEVET, André. *Historia dell'India America detta altramente...*, 1561.
Página de rosto.
Figura 35 – nº de catálogo 61

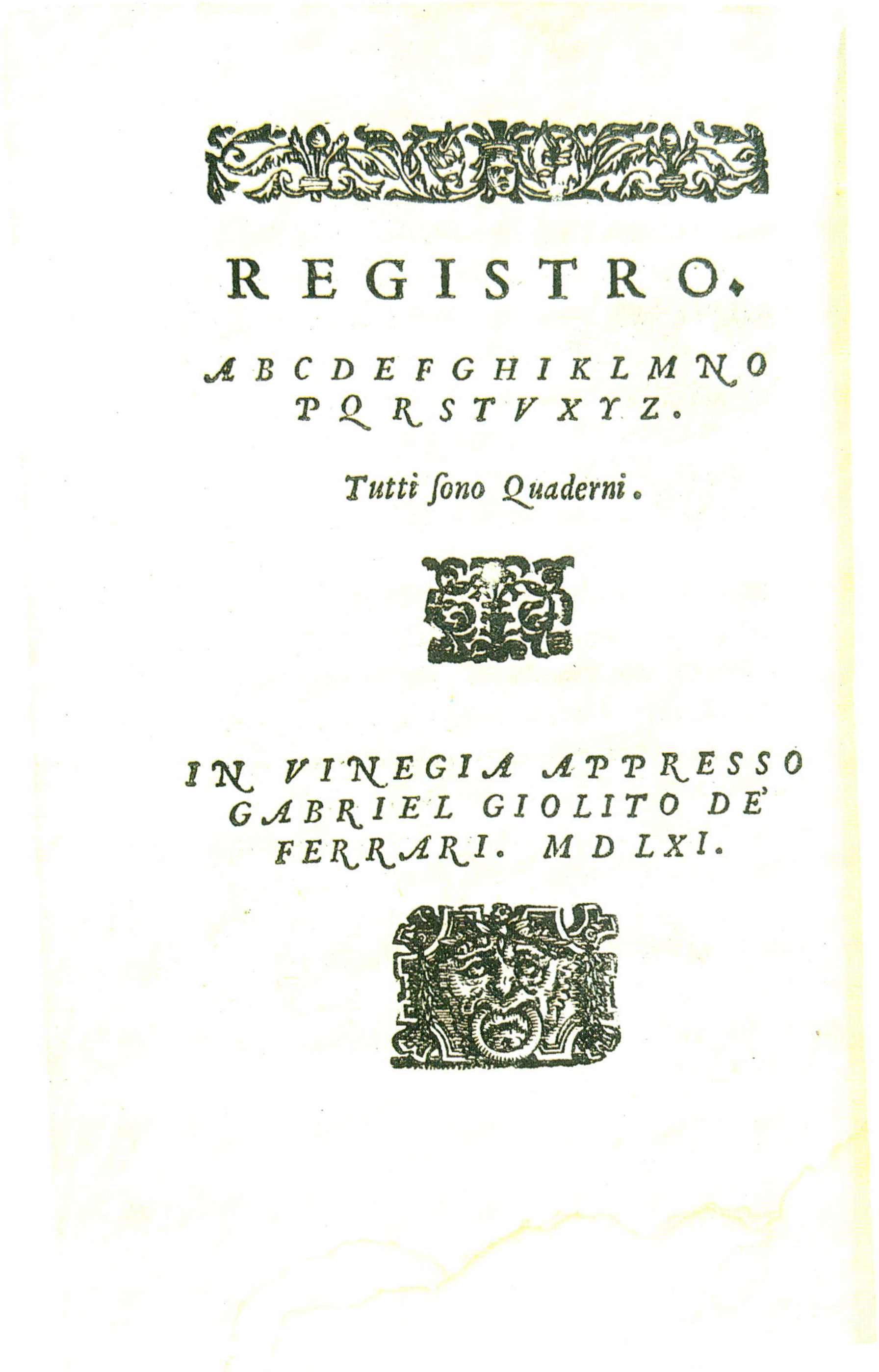

REGISTRO.

A B C D E F G H I K L M N O
P Q R S T V X Y Z.

Tutti ſono Quaderni.

IN VINEGIA APPRESSO
GABRIEL GIOLITO DE'
FERRARI. MDLXI.

THEVET, André. *Historia dell'India America detta altramente...*, 1561.
Página final com indicação tipográfica.
Figura 36 – nº de catálogo 61

TRADOTTA DI FRANCESE IN// LINGVA ITALIANA, DA// M. GIVSEPPE HOROLOGGI.// [vinheta pequena]// CON PRIVILEGIO.// [marca tipográfica]// IN VINEGIA APPRESSO GABRIEL// GIOLITO DEL FERRARI.// M D L X I.//

16 fls. não nums., 363 p., 2 fls. não nums. (Erros de paginação: p. 39 não está numerada). -- Assinatura: *(8) **(8) A-Z(8).

Encadernação inteira em pergaminho.

Verso da página de rosto: em branco.
F. 2a-8b: [barra ornamental]// ALL'ILLVSTRISS.// ET ECCELLENTIS-// SIMO SIGNORE,// IL SIGNOR PAOLO// GIORDANO ORSINO,// [vinheta]// GIVSEPPE HOROLOGGI.//
F. 9a-16b: [barra ornamental]// TAVOLA DELLE// COSE NOTABILI,// COMPRESE NELL'HISTORIA// DELLA FRANCIA ANTARTICA.//
A obra de Thevet se divide nesta edição em dois livros, sendo que o primeiro vai da p. 1 a 174 e o segundo da p. 175 a 363.
No verso da p. 363 temos o REGISTRO., encimado por um ornamento tipográfico. Abaixo de novo ornamento temos o colofão.: IN VINEGIA APPRESSO// GABRIEL GIOLITO DE'// FERRARI. M D LXI.// [outro ornamento tipográfico:]
A folha seguinte, não numerada, traz a marca tipográfica. O verso da mesma está em branco, assim como a última folha.

É esta a primeira edição italiana de Thevet, assim como a primeira tradução da mesma obra.
Vem citada em diversas bibliografias americanas por ser uma das primeiras fontes gerais sobre o Canadá; só em segundo plano vem mencionado que Thevet acompanhou a expedição de Villegagnon em 1555.

BB v. 2, p. 304; Church 112; JCBrown v. 1, p. 236; Leclerc 792; Nebenzahl v. 21, p. 177; Sabin 95.336.

IEB

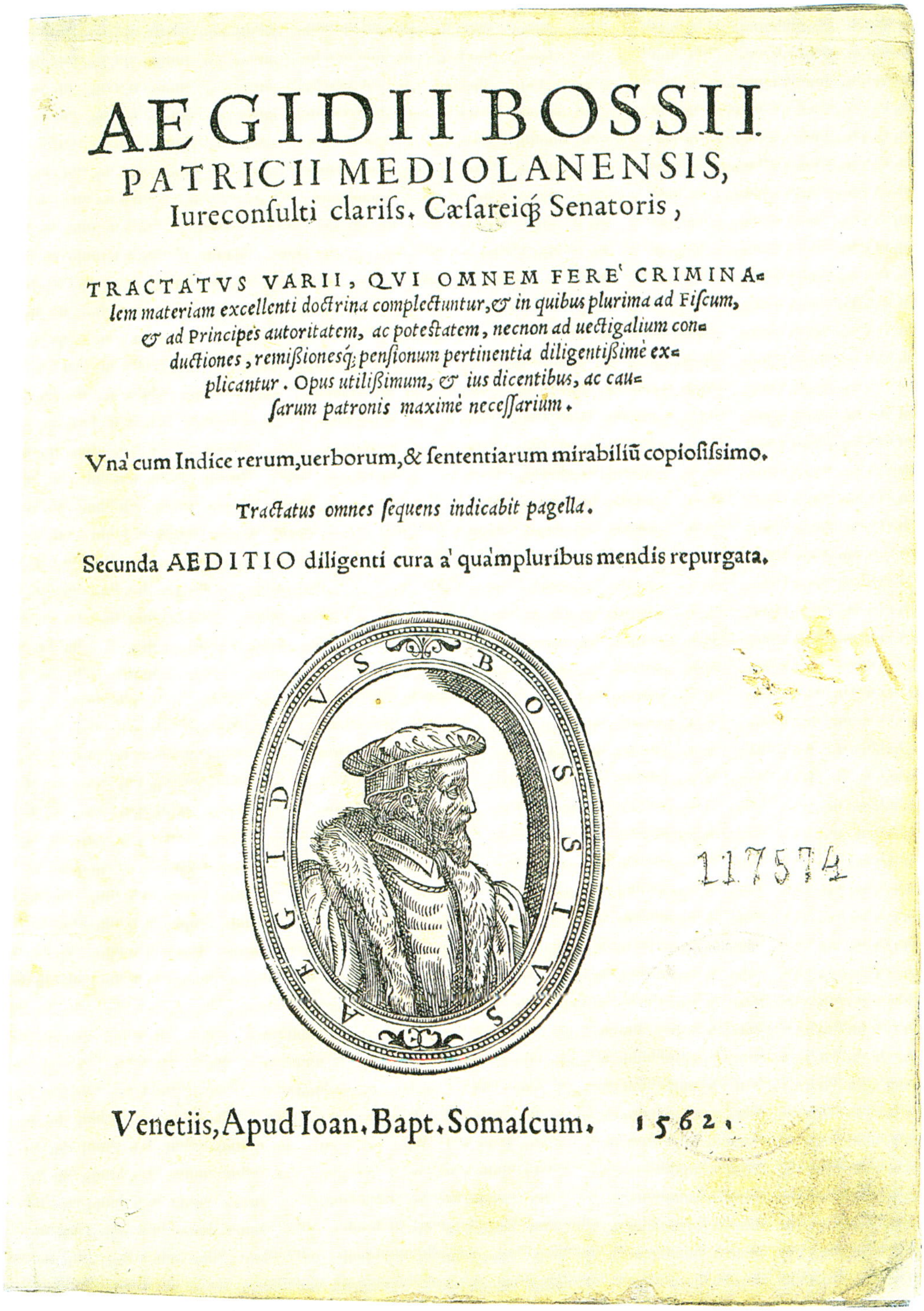

AEGIDII BOSSII
PATRICII MEDIOLANENSIS,
Iureconsulti clariss. Cæsareiq; Senatoris,

TRACTATVS VARII, QVI OMNEM FERE' CRIMINAlem materiam excellenti doctrina complectuntur, & in quibus plurima ad Fiscum, & ad Principes autoritatem, ac potestatem, necnon ad uectigalium conductiones, remißionesq; pensionum pertinentia diligentißimè explicantur. Opus utilißimum, & ius dicentibus, ac causarum patronis maximè necessarium.

Vnà cum Indice rerum, uerborum, & sententiarum mirabiliū copiosissimo.

Tractatus omnes sequens indicabit pagella.

Secunda AEDITIO diligenti cura à quàmpluribus mendis repurgata.

Venetiis, Apud Ioan. Bapt. Somascum. 1562.

BOSSI, Egidio. *Tractatvs varii qvi omnem ferè criminalem materiam excellenti doctrina complectuntur...*, 1562. Página de rosto com retrato do autor.
Figura 37 – nº de catálogo 62

62.

BOSSI, Egidio, 1487-1546. 1562

AEGIDII BOSSII.// PATRICII MEDIOLANENSIS,// Iureconsulti clariss. Caesareiq́z Senatoris,// TRACTATVS VARII, QVI OMNEM FERÈ CRIMI-NA=// lem materiam excellenti doctrina complectuntur, & in quibus plurima ad Fiscum,// & ad Principes autoritatem, ac potestatem, necnon ad uestigalium con=// ductiones, remissionesq́z penssionum pertinentia diligentissimè ex=// plicantur. Opus utilissimum, & ius dicentibus, ac cau=// sarum patronis maximè necessarium.// Vnà cum Indice rerum, uerborum, & sententiarum mirabiliũ copiosissimo.// Tractatus omnes sequens indicabit pagella.// Secunda AEDITIO diligenti cura à quàmpluribus mendis repurgata.// [retrato do autor]// Venetiis, Apud Ioan. Bapt. Somascum. 1562.//

4 fls. prels., 427 fls. nums., 1 fl. não num., 90 fls. não nums. (Erros de foliação: 213 i. e. 123; 167 i. e. 169; 160 i. e. 180; 112 i. e. 212; 293 i. e. 263; 203 i. e. 303; 166 i. e. 366; 673 i. e. 367; 301 i. e. 401). -- Assinatura: *(4) A-Z(8) AA-ZZ(8) AAA-GGG(8) HHH(4) A-K(8) L(10).

Restaurada.
Reencadernação em couro em estilo de época.
Notas marginais manuscritas.
Exemplar impresso em duas colunas.
Alguns tipos itálicos.

Verso da página de rosto: em branco.
F. 2a: ANTONIVS PERENOTVS// EPISCOPVS ATREBATENSIS// Francisco Bossio Iurecon-// sulto S.P.D.// [vinheta]//
F. 2b-3b: ILLVSTRISSIMO, ET REVEREN-// DISSIMO S.R.E. CARDINALI ATREBATENSI// Granuellano, Antonio Perenoto,FRANCISCVS Bossius// Iureconsultus, Aegidij filius S.D.//
F. 4a-4b, impressas em duas colunas: TABVLA TRACTATVVM, QVI IN HOC VOLVMI-// ne continentur in ordine alphabetico posita, quo// facilius reperiri possint.//
Começa, então, o texto à:
F. 1a: [ornato emoldurado]// AEGIDII BOSSII// PATRITII MEDIOLANENSIS,// IVRECONSVLTI CLARISSIMI,// CAESAREIQVE SENATORIS.// Tractatus uarij ad criminalis causas, & ad fiscum, Principisq́z au-// ctoritatem ac potestatem, necnon ad vectigalium conductio-// nes remissionesqz pensionum pertinentes.//

F. 427a, abaixo do texto, ao pé da página: VENETIIS apud Franciscum Senensem.// Anno Domini. MDLXII.//
F. 427b: Gravura.
Segue uma folha em branco.
Sem numeração de páginas e com assinaturas novas começa o índice:
F. 1a-90a: INDEX RERVM, AC VERBORVM// MEMORABILIVM, QVAE INTRACTA-// tibus Illustris, & Clarissimi viri D. Aegidij// Bossij continentur.//
F. 90b: LECTORI.

O *Index Aureliensis* menciona outro exemplar na Biblioteca Nacional de Budapeste.

IA 122.640.

FD

63
PHANUCIIS, Phanucius de. 1562

[vinheta] E LVCRO// DOTIS,// In quo per interpretationem,seu Commen// tarium in cap. xix.lib. ij. Statutorum Lu-// censium, sub rubr. de Dote restituenda,// soluto matrimonio per mortem mulieris// liberis non extantibus, explicatur quic-// quid dubij iuris in materia de Lucro dotis// ex varia statutorum dispositione vbique// locorum potest contingere:// Per excellentissimum D. PHANVCCIVM// de PHANVCCIIS Iureconsul.// Lucensem,// Cum Summarijs, & Indice copiosissimo.// [vinheta]// LVGDVNI,// Apud haerodes Iacobi Iuntae.// M. D. LXII.//

32 fls. prels., 556 p., 1 fl. não num. (Erros de paginação: 18 i. e. 80; 70 i. e. 128; 1r2 i. e. 152; 385 i. e. 535). -- Assinatura: aa-dd(8) a-z(8) A-M(8).

Restaurada.
Reencadernação flexível em pergaminho.
Acondicionada em caixa com pH neutro.
Alguns tipos itálicos.

Verso da página de rosto: em branco.
F. 2a [num. 3-4]-3a: [barra ornamental]// PHANVCCIVS// DE PHANVCCIIS IVRE-// CONSVLTVS, MARTINO// de Bernardinis patricio Iu-// censi, viro clarissimo,// S.D.P.//
F. 3b-4b: CANDIDO LECTORI// AVTHOR.//

F. 5a-31a, impressas em duas colunas: INDEX RERVM,// ET VERBORVM MEMO-// RABILIVM, QVAE IN HOC// D. Phanuccij de Phanucciis// tractatu, de Lucro// dotis, conti-// nentur.//
F. 31b: em branco, assim como também a folha 32.
P. 1-356: COMMENTARIVS// IN CAP. XIX. LIBRI SE-// CVNDI STATVTORVM// CIVITATIS LVCENSIS,// siue Tractatus de Lu-// cro dotis// IN RVBRICAM.//
F. final, anverso: LVGDVNI,// Excudebat Iacobus Faurus.//
Verso da folha final: em branco.
Falta ao exemplar no final uma folha, provavelmente em branco.

FD

64.
VILLEGAGNON, Nicolas Durand de, 1510-1571? 1562

AD ARTICVLOS// CALVINIANAE,// De Sacramento Eucharistiae, traditionis, ab eivs Mini-// stris in Francia Actarctica euulgatae Responsiones,// Per Nicolaum Villagagnonem. Equitem Rhodium.// Ioannis Garetij Leuaniensis de uera praesentia corpo-// ris Christi in Sacramento Eucharistiae, Classes. IX.// contra Sacramentariam pestem, ex omnibus serè Ec-// clesiasticis auctoribus summo studio collectare.// Adiecta insuper ad calcem decima Classis, Christum sua// Ecclesiae perpetuò adesse , eamq́z in fide nec er-// rasse, nec errare posse, ostendens.// Cum duobus indicibus copiosissimis quorum: alterum in// fronte:// alterum vero a terzo voluminis possuimuz.// ut unusquisqz suo tractatui inseruiret.// CVM PRIVILEGIIS// [marca tipográfica]// VENETIIS, Apud Gasparem Bindonum.// M D L X I I.//

18 fls. não nums., 350 i. e. 250 p., 520 i. e. 518 p., 12 fls. não nums. (Erros de paginação: 237 i. e. 227; 253 i. e. 235; 350 i. e. 250; na segunda paginação: 273 i. e. 173; 392 i. e. 400; 393 i. e. 401; 396 i. e. 404; 397 i. e. 405; 314 i. e. 514; faltam as páginas 455-456. As páginas 288, 289, 292 e 293 foram impressas erradamente, não em seu contexto, mas na seqüência das páginas, assim a que deveria ser 288 está localizada na de 292, a de 289 na de 293, a 292 na de 288 e 293, na de 289. Falta de atenção do tipógrafo na ocasião da colocação dos blocos). -- Assinatura: a-b(8) c(2) A-Z(8) Aa-Zz(8) Aaa-Ccc(8) Ddd(4).

Notas marginais impressas.

Primeira parte.

Verso da página de rosto: em branco.
F. 2a-5b: AD CHRISTIANAM// ECCLESIAM// N. Villagagno. S. & P.//
F. 6a-7a: ILLVSTRISS. ANNAE// DVCI MOMORENTIO,// REGIS CHRISTIANISSIMI// Comiti stabili, N. Villagagno. S. & P.//
F. 7b-9a: MAGISTRATVI// GENEVENSI// N. Villagagno. S. & P.// [datado de:] "8. Idus Iulij. 1560".//
F. 9b-11b: ARTICVLI A PETRO// RICHERO CARMELITANO// FRATRE, IN FRANCIA// Antarctica scripto traditi.//
F. 12a: SVMMA CAPITVM// Librorum prae cedentium.//
F. 12b-18b: INDEX//
A obra se divide em três livros:
P. [1]-89: Ad Ecclesiam Christianam.//
P. 90-170: ADVERSVS CALVINI// De Sacramento Eucharistiae traditionem.//
P. 171-350 i. e. 250: ADVERSVS CALVINVM.//
Segunda parte.
P. 1-29: REVERENDO, AC// RILIGIOSO [sic] IN CHRISTO// PATRI, & D.D. Ioanni Snickio, Praeposito// insignis monasterij S.Martini apud Hype-// ras, Ioannes Garetius ordinis S.Augusti-// ni Canonicus apud Martinianos Louanij,// & à confessione monialibus in Mishaga// prope Antuerpiam.// S. D.//
A obra de Garet se subdivide em 10 classes:
P. 30-397: IOANNIS GARETII LO-// VANIENSIS CLASSIS PRIMA, AB// ipso Iesu Christo, ad nostram hanc aetatem usq; per// quadringentos & quadraginta quinque// diuersos Auctores deducta.//
P. 398-411: CLASSIS SECVNDA// POETARVM.//
P. 411-417: CLASSIS TERTIA// FOEMINARVM.//
P. 417-436: Classis qvarta// IGNOTORVM AVCTORVM.//
P. 337 i. e. 437-466: CLASSIS QVINTA// CONCILIORVM, TAM// VNIVERSALIVM QVAM// PROVINCIALIVM.//
P. 467-484: CLASSIS SEXTA// MIRACVLORVM.//
P. 485-487: CLASSIS SEPTIMA// VISIONVM.//
P. 487-508: CLASSIS OCTAVA// SCHISMATICORVM// ET HAERETICORVM.//
P. 509-512: CLASSIS NONA// IVDAEORVM ET// ETHNICORVM.//
P. 513-519: CLASSIS DECIMA// AVCTORITATVM// VTRIVSQVE TESTAMENTI,// ...
P. 519-520: INDEX CLASSIVM.//
P. 520 [sic] – F. 5b: AVCTORVM HVIVS// OPERIS ELENCVS.//
F. 6a: IGNOTORVM// AVCTORVM ELENCVS.//

F. 6b-12b: INDEX EORVM QVAE NOTATV// dignissima in hoc Opere occurrerunt.//

BB v. 2, p. 360, cita uma edição de *Paris, apud Andream Wechelus, 1562*, num total de 12 fls. não nums., 438 p., 8 fls. não nums. Evidentemente só traz a primeira parte. A presente edição não é mencionada; JCR 2.549; Sabin 99.724.

IEB

65.1.
BALDUS de Perugia. 1562-1564

[vinheta] BALDI// PERVSINI// COMMENTARIA// IN DIGESTVM VE-// TVS NVNC FIDELIS-// SIME RESTITVTA.// [vinheta pequena]// [marca tipográfica]// LVGDVNI,// M. D. LXII.//

313 fls. nums. (Erros de foliação: 36 i. e. 29; 23 i. e. 32; 94 i. e. 49; 97 i. e. 67; 66 i. e. 96; 311 i. e. 113; 141 i. e. 114; 167 i. e. 176; 180 i. e. 182; 202 i. e. 203). -- Assinatura: a-z(8) A-Q(8) R(1).

Restaurada.
Reencadernação em couro pleno tipo atanadinho e tingido artesanalmente.
Existência de notas marginais, em gótico e também com letras manuscritas.
Texto impresso em duas colunas, em letras góticas.
Numeração por folha.

Verso da página de rosto impresso em três colunas:// Rubrice Digesti Veteris.//
Texto começa na folha 2 e vai até a folha 313.
Continua em outro volume.

65.2.
Sem folha de rosto. 1562-1564

f. 314-459. -- Assinatura: R(2) Z(8) Aa-Kk(8) Ll(6) Mm(5).

BALDI
PERVSINI
COMMENTARIA
IN DIGESTVM VETVS NVNC FIDELISSIME RESTITVTA.

LVGDVNI,
M. D. LXII.

BALDUS de Perugia. *Commentaria in digestvm vetvs nvnc fidelissime restitvta*, 1562-1564. Página de rosto.
Figura 38 – nº de catálogo 65

Restaurada.
Reencadernação em couro pleno tipo atanadinho e tingido artesanalmente.

F. 314-459: Segue o texto.
F. 459b, col. b: Series cartharum,//
Abaixo: LVGDVNI,// Excudebat Claudius Seruanius.//
Com nova folha de rosto, segue:
78 fls. não nums. -- Assinatura: A-N(6).
Verso da página de rosto: BALDI PERVSINI// Vita, exsummis clarissimisque// Scriptoribus excerpta.//
F. 2a-77b, não numeradas: INDEX RERVM OMNIVM MEMORABI-// LIVM COPIOSISSIMVS SIMVL ET LOCVPLETIS-// SIMVS, IN ELEGANTISSIMAS BALDI PERVSINI// in Codic Praelectiones, ita concinnatus, ac congestus, vt nil tàm abstru-// sum, támque abditum in his sit, quod non vel primo obtuto,// palam obuiámque fiac multis tamen in locis// & ornatior, & auctior factus.//
Verso da f. 77b, abaixo das colunas: Series chartarum.//
Metade da página: em branco.

Encadernado com: *Index Baldi Perusini...* / Baldus de Perugia, 1564.

65.3. 1562-1564

BALDI PERV// SINI IN INFOR-// TIATVM, DIGE-// STVM NOVVM,// ET INSTITVTA// COMMENTARII,// Accessit ad calcem huius Voluminis Index in Digesta & Instituta.// [marca tipográfica]// LVGDVNI,// – // M. D. LXII.//

217 fls. nums., 25 fls. não nums. (Erros de foliação: 29 i. e. 26; 119 i. e. 109; 78 i. e. 178). -- Assinatura: a-z(8) A-C(8) D(6) E-F(8) G-H(6).

Restaurada.
Reencadernação em couro pleno tipo atanadinho e tingido artesanalmente.
Notas marginais impressas.
Texto impresso em duas colunas.
Exemplar em bom estado de conservação.

Verso da página de rosto impresso em três colunas: Rubrice huius// voluminis.//
Segue o texto.

As folhas não numeradas, no final, contêm: col. a: INDEX LOCVPLE// tissimus in Baldi Perusini commen// tarios ad pandectas.//
F. 25b, col. b, abaixo do texto: Series chartarum.// [em tipos latinos:] Lugduni,// Excudebat, Claudius Seruanius.//

Embora este exemplar não pareça apresentar falta de texto, na "Series Chartarum" há indicação de que deveria haver mais um caderno I(6); neste não se tem tal caderno.
Na folha de rosto acima da marca tipográfica existe um brasão desenhado à mão com tinta.
O catálogo de Adams remete de Baldus, Perusinus para Angelus, (Ubaldus), de Perusio.

65.4. 1562-1564

BALDI PERVSI-// NI IN TRES PRIO-// RES LIBROS CO-// DICIS PRAELE-// CTIONES.// Annotarunt Alexander Imol. Celsus, Barbatias, Philippus Decius.// Matthaeus Antoniaenus recensui.// [marca tipográfica]// Lugduni,// – // M. D. LXIIII.//

234 fls. (Erros de foliação: 6 i. e. 9). -- Assinatura: a-x(6).

Restaurada.
Reencadernação em couro pleno tipo atanadinho e tingido artesanalmente.
Existência de notas marginais manuscritas em algumas partes do texto.
Texto impresso em duas colunas.
O texto foi impresso em letras góticas.

Verso da página de rosto: SAPIENTISSIMO AEQVISSIMO-// QVE PRAESIDI IN SENATV VOCONTIORVM,// Cauarum, Alloborgum, & Montanorum, Ioanni Turchio Matthaeus// Antonianus Vocontinus S.// Segue abaixo, impresso em três colunas: Tabula Titulorum huius voluminis.//
O texto começa na folha 2.//
F. 234a, col. b, abaixo do texto: Index terminorum.
Finaliza à f. 234a. Mais abaixo o colofão: LVGDVNI,// Excudebant Matthaeus Bernardus, &// Stephanus Seruanius.//
F. 234b: em branco.

65.5. 1562-1564

BALDI PERVSI-// NI IN QVARTVM ET// QVINTVM CODICIS// LIBR. PRAELE-// CTIONES,// Additionibus Philippi Decij, & aliorum Iurisperitorum illustrata.// [marca tipográfica]// Lugduni,// – // M. D. LXIIII.//

225 fls. nums. (Erros de foliação: 67 i. e. 97; 122 i. e. 123; 812 i. e. 128; 158 i. e. 185). -- Assinatura: aa-zz(6) AA-OO(6) PP(4) (falta a última folha).

Restaurada.
Reencadernação em couro pleno tipo atanadinho e tingido artesanalmente.
Notas marginais manuscritas.
Texto rodeado por comentários, impresso em duas colunas, com letras góticas e algumas romanas.

Verso da página de rosto [em duas colunas]: Tabula Rubricarum huius voluminis.//
F. 2-225: Segue o texto da obra.
F. 225a, col. b: [vinheta pequena] Series Chartarum.//
Abaixo do registro, o colofão: Excudebant Mattheus Bernardus & Stephanus Seruanius.//
Verso da folha 225: em branco.

65.6. 1562-1564

BALDI PERVSI-// NI IN SEXTVM, SEPTI-// MVM, OCTAVVM, NONVM,// DECIMVM ET VNDECIMVM// CODICIS LIBROS// PRAE-LECTIONES// [vinheta]// Additiònibus Doctissimorum virorum postremò Philippi Decij Illustrata.// [marca tipográfica]// Lugduni,// – // M. D. LXIIII.//

200 fls. (Erros de foliação: 307 i. e. 30; 50 i. e. 96; 227 i. e. 127; 165 i. e. 167). -- Assinatura: aaa-zzz(6) AAA-III(6) KKK(8).

Restaurada.
Reencadernação em couro pleno tipo atanadinho e tingido artesanalmente.
Notas marginais manuscritas.
Texto rodeado por comentários, impresso em duas colunas.
Algumas folhas foram encadernadas em lugar indevido.
Verso da página de rosto [em quatro colunas]: Rubricae huius Voluminis.//
F. 2-200: Texto.

A continuação da obra encontra-se encadernada em volume à parte.

65.7.

Sem página de rosto. 1562-1564

f. 202-499. (Erros de foliação: 227 i. e. 272; 236 i. e. 326; 376 i. e. 379; 585 i. e. 385; 253 i. e. 453; 467 i. e. 468; 472 i. e. 479; 834 i. e. 483; 465 i. e. 494; f. 465, repetida). -- Assinatura:LLL(6) MMM-ZZZ(8) AAAA-RRRR(8) SSSS(4) TTTT-VVVV(10) XXXX-YYYY(8) ZZZZ(10) &(10).

Restaurada.
Reencadernação em couro pleno tipo atanadinho e tingido artesanalmente.

F. 202-499: Segue texto.
F. 499b: Abaixo da col. b: Series chartarum.//
Abaixo do registro: Excudebat Claudius Seruanius.//

FD-BTA

66.1.

RAMUSIO, Giovanni Battista, 1485-1557. 1563

Primo volume: & Terza editione.// DELLE NAVIGATIONI// ET VIAGGI// RACCOLTO GIA DA M. GIO. BATTISTA RAMVSIO,// & con molti & vaghi discorsi, da lui in molti luoghi// dichiarato & illustrato.// NEL QVALE SI CONTEGONO// LA DESCRITTIONE DELL'AFRICA,// & del paese del Prete Ianni, con varij viaggi, dalla Città di Lisbona, & dal Mar// Rosso insino à Calicut, & all'isole Molucche, done nascono le Spetierie,// Et la Nauigatione attorno il Mondo.// Con la Relatione dell'isola Giapan,scoperta nella parte del Settentrione: Et alcuni capitoli// appartenenti alla Geographia, estratti dell'História del S. Giouan di Barros Portoghese,// Con TRE TAVOLE di Geographia in a disegno, che hanno le marine,// secondo le Carte da nauigare de Portoghesi, & fra terra, secondo// gli scrittori che hanno descritto li detti viaggi.// Con due Indici, l'uno delli nomi de gli auttori che descriuono le dette Nauigationi & Viaggi:// L'altro delle cose piu notabili di Geographia, de costumi de popoli, delle spetierie,// & d'altro che in esso volume si contengono,// [marca tipográfica]// Con priuilegio del Sommo Pontefice, & dello// Illustriss. Senato Veneto.// IN VENETIA NELLA STAMPERIA DE GIVNTI.// ANNO M D LXIII.//

4 fls. não nums., 34 fls. nums., 394 fls. nums. (Erros de paginação: 9 sem paginação; 122 i. e. 125; 120 i. e. 126; 121 i. e. 127; 126 i. e. 129; 173 i. e. 174;

280 i. e. 180; 27 i. e. 270; 308 i. e. 307). -- Assinatura: a(4) b-d(8) e(10) a-u(8) x(10) y-z(8) aa-zz(8) aaa-bbb(8) ccc(10).

Restaurada.
Encadernação rígida em pergaminho com tiras de couro, tratado ao alúmen, utilizadas como fechos.
Acondicionada em caixa com pH neutro.
Aparecem notas marginais em quase todo o texto.
Gravura e ilustrações: p. 132b, 177b, 211b, 212b, 213b, 214b, 215a, 215b, 261a (mapa), 337b, 385a.

Verso da página de rosto: em branco.
F. 2a-2b: ALL'ECCELLENTISS. M. HIERONIMO// FRACASTORO// GIO. BATTISTA RAMVSIO.//
F. 3a-3b: TOMMASO GIVNTI// ALLI LETTORI.//
F. 4a-4b: NOMI DE GLI AVTORI// delle nauigationi & viaggi che si contengono// in questo primo volume//
F. num. 1-34b: INDICE COPIOSO// DELE COSE DI COSMOGRAFIA, COSTVMI, SPETIERIE// & altre cose notabili che si questo Primo volume// de viaggi si contengono.//
F. num. 1-95b: DELLA DESCRITTIONE DELL'ÁFRICA// Et delle cose notabili che quiui sono,// Per Giouan Lioni Africano// [dividida em nove partes.]
F. 96a: DISCORSO SOPRA IL LIBRO DI M. ALVISE// Da ca da Mosto gentil'huomo Venetiano.//
F. 96b-110a: DELLE NAVIGATIONI DI MESSER ALVISE// Da ca da Mosto Gentilhuomo Venetiano.//
F. 110a-111b: La nauigation del Capitan Pietro di Sintra Portoghese,// scritta per Messer Aluise da ca da Mosto.//
F. 111b-112a: LA NAVIGATIONE DI HANNONE CAPITANO// De Carthaginesi nelle parti dell'Africa, fuori delle colonne d'Her-// cole: la quale scritta in lingua punica egli dedico nel tempio// di Saturno, & dapoi fu tradotta in lingua// Greca, & hora nella Toscana.//
F. 112a-114a: DISCORSO SOPRA LA NAVIGATIONE// Di Hannone Carthaginese fatto per vn pilotto// Portoghese.//
F. 114b-118b: NAVIGATIONE DA LISBONA ALL'ISOLA// di san Thomé posta sotto la linea dell'equinottiale, scritta per vn pilotto// Portoghese, & mandata al Magnifico Conte Rimondo della torre// gentilhuomo Veronese, & tradotta di lingua// Portoghese in Italiana.//

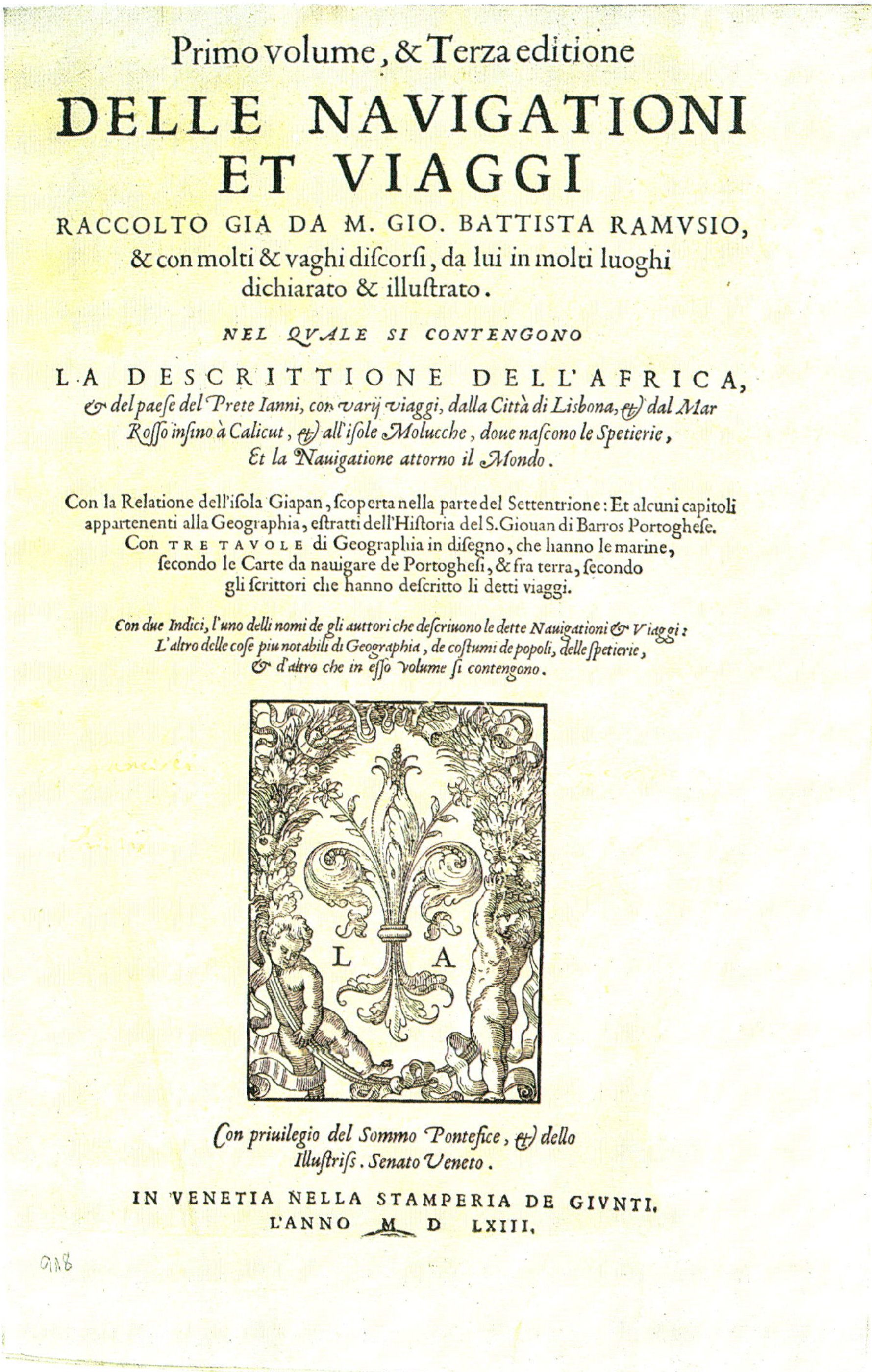

Primo volume, & Terza editione

DELLE NAVIGATIONI ET VIAGGI

RACCOLTO GIA DA M. GIO. BATTISTA RAMVSIO, & con molti & vaghi diſcorſi, da lui in molti luoghi dichiarato & illuſtrato.

NEL QVALE SI CONTENGONO

LA DESCRITTIONE DELL'AFRICA, *& del paeſe del Prete Ianni, con varij viaggi, dalla Città di Lisbona, & dal Mar Roſſo inſino à Calicut, & all'iſole Molucche, doue naſcono le Spetierie, Et la Nauigatione attorno il Mondo.*

Con la Relatione dell'iſola Giapan, ſcoperta nella parte del Settentrione: Et alcuni capitoli appartenenti alla Geographia, eſtratti dell'Hiſtoria del S. Giouan di Barros Portogheſe. Con TRE TAVOLE di Geographia in diſegno, che hanno le marine, ſecondo le Carte da nauigare de Portogheſi, & fra terra, ſecondo gli ſcrittori che hanno deſcritto li detti viaggi.

Con due Indici, l'uno delli nomi de gli auttori che deſcriuono le dette Nauigationi & Viaggi: L'altro delle coſe piu notabili di Geographia, de coſtumi de popoli, delle ſpetierie, & d'altro che in eſſo volume ſi contengono.

Con priuilegio del Sommo Pontefice, & dello Illuſtriſ. Senato Veneto.

IN VENETIA NELLA STAMPERIA DE GIVNTI. L'ANNO M D LXIII.

RAMUSIO, Giovanni Battista. *Primo volume: & terza editione. Delle navigationi et viaggi*..., 1563. Página de rosto.
Figura 39 – nº de catálogo 66.1

F. 119a: DISCORSO SOPRA ALCVNE LETTERE// Et Nauigationi fatte per li Capitani dell'Armate delli Serenissimi// Re di Portogallo, verso le Indie Orientali.//
F. 119b-121a: NAVIGATIONE DI VASCO DI GAMA CAPITANO// Dell'armata del Re di Portogallo fatta nell'anno. 1497.oltra il Capo di Buo-// na speranza fino in Calicut, scritta per vn gentilhuomo Fiorẽtino,// che si trouò al tornarre della detta armata in Lisbona.//
F. 121b-127b: NAVIGATION DEL CAPITANO PEDRO ALVA// res scritta per vn Piloto Portoghese, & tradotta di lingua// Portoghesa in la Italiana.//
F. 128a-129a: DI AMERIGO VESPVCCI FIORENTINO LETTE-// ra prima drizzata al Magnifico M.Pietro Soderini Gonfaloniere perpe-// tuo della Magnifica & excelsa Signoria di Firenze, di due viag-// gi fatti per il Serenissimo Re di Portogallo.//
F. 129a-130a: DI AMERIGO VESPVCCI LETTERA II.//
F. 130a-133a: SOMMARIO DI AMERIGO VESPVCCI// Fiorentino di due sue nauigationi al Magnifico M.Pietro Soderini// Gonfalonier della Magnifica Republica di Firenze.//
F. 133a-145a: NAVIGATIONE VERSO LE INDIE ORIENTALI// scritta per Thome Lopez, scriuano de vna naue Portoghese, tradotta in lin-// gua Toscana: laqual fu mandata alla Magnifica Republica di Firen// ze, al tempo del Magnifico M.Pietro Soderini Gonfaloniere// perpetuo del popolo Fiorentino.//
F. 145a-147a: VIAGGIO FATTO NELL'INDIA PER GIOVANNI// da Empoli fattore su la naue del Serenissimo Re di Portogallo per// Conto de Marchionni di Lisbona.//
F. 147a-174a: DISCORSO SOPRA LO ITINERARIO// Di Lodouicho Barthema.//
F. 174a-175a: LA NAVIGATIONE DI IAMBOLO// MERCATANTE.// Da i libri di Diodoro Siculo tradotta di lingua greca nella toscana.//
F. 175a-176a: DISCORSO SOPRA LA NAVIGATIONE// Di Iambolo mercante antichissimo.//
F. 176a-177a: DISCORSO SOPRA LA PRIMA ET SECONDA// Lettera di Andrea corsali Fiorentino.//
F. 177b-180b: DI ANDREA CORSALI FIORENTINO ALLO// Illustrissimo Signor Duca Giuliano de Medici Lettera scritta in Cochin// terre dell'India, nell'anno. M D XV.alli VI. di Gennaio.//
F. 181a-188b: ANDREA CORSALI FIORENTINO ALLO// Illustrissimo Principe & Signor il Signor Duca Lorenzo de Medici,// Della nauigatione del mar Rosso & sino persico sino a Cochin città nella India,// scritta alli XVIII. di Settembre M D XVII.//

F. 189a: DISCORSO SOPRA IL VIAGGIO// DELLA ETHIOPIA.//

F. 189b-255a: VIAGGIO NELLA ETHIOPIA AL PRETE// IANNI FATTO PER DON FRANCESCO// ALVAREZ PORTVGHESE.//

F. 255b-260b: OBBEDIENZA DATA AL SANTISS. PAPA// Clemente VII. trouandosi in Bologna, dal Signor Don// Francesco Aluarez, in nome, & come Ambasciador del// Serenissimo Dauid Re della Ethiopia.//

F.261a: mapa do rio Nilo.

F. 261b-264a: DISCORSO DI M. GIO. BATTISTA RAMVSIO// SOPRA IL CRESCER DEL FIVME NILO.

F. 264a-268a: RISPOSTA DELLO ECCELLENTISSIMO// Messer Hieronymo Fracastore del crescimento del Nilo// à Messer Gio. battista Rhamusio.//

F. 268a-268b: DISCORSO SOPRA IL VIAGGIO DI// NEARCHO CAPITANO DI ALESSANDRO.//

F. 269a-274a: LA NAVIGATIONE DI NEARCHO// Capitano di Alessandro Magno, la quale scrisse Arriano Greco,// Gentilhuomo di Nicomedia, tradotta di Lingua// Greca nella Toscana.//

F. 274a-280b: VIAGGIO SCRITTO PER VN COMITO// Venetiano, che fu condotto prigione dalla città de Alessandria fino al// Diu nella India col suo ritorno, poi al Cairo del 1538.//

F. 281a-283a: DISCORSO SOPRA LA NAVIGATIONE// Del Mar Rosso fino all'India Orientali scritta per Arriano.//

F. 283a-287b: NAVIGATIONE DEL MAR ROSSO FINO// Alle Indie Orientali scritta per Arriano in Lingua Greca, & di// quella poi Tradotta nella Italiana.//

F. 287b: DISCORSO SOPRA IL LIBRO DI ODOARDO// Barbosa, & sopra il Sommario delle Indie Orientali.//

F. 288a-323b: LIBRO DI ODOARDO BARBOSA// PORTOGHESE.//

F. 324a-338a: SOMMARIO DI TVTTI LI REGNI,// Città, & popoli, con li traffichi & mercantie, che iui si troua-// no, cominciando dal mar Rosso fino alli popoli della China,// Tradotto dalla lingua Portoghese nella Italiana.//

F. 338a-338b: DISCORSO SOPRA IL VIAGGIO DI NICOLO// DI CONTI VENETIANO.//

F. 338b-345a: VIAGGIO DI NICOLO DI CONTI VENETIANO// Scritto per Messer Poggio Fiorentino.//

F. 345a-346a: VIAGGIO DI HIERONIMO DA SANTO// Stephano Genouese dirizzato à messer Giouan Iacobo Mainer,// di lingua Portoghese tradotto nella Italiana.//

F. 346b: DICORSO [sic] SOPRA IL VIAGGIO FATTO// da gli Spagnuoli intorno al Mondo.//

F. 347a-352b: EPISTOLA DI MASSIMILIANO TRANSILVANO// Secretario della maestà dello Imperatore, scritta allo Illustrissimo// & reuerendissimo Signore, il Signore Cardinal Salzubur-// gense, della ammirabile & stupenda nauigatio-// ne fatta per gli Spagnuoli lo anno// M D XIX. attorno// il mondo.//
F. 352b-369b: VIAGGIO ATORNO IL MONDO FATTO// & descritto per M.Antonio Pigafetta Vicentino Caualier di Rho-// di, & da lui indrizzato al Reuerendissimo gran Maestro// di Rhodi M. Philippo di Villiers Lislea-// dam tradotto di lingua Fran-// cesa nella Italiana.//
F. 370a: Alcune parole che vsano le genti// della terra di Brasil.//
F. 370a-370b: NARRATIONE DI VN PORTOGHESE// Compagno di Odoardo Barbosa. qual fu sopra la naue// Vittoria del Anno 1 5 1 9.//
F. 371a-372a: DISCORSO DI M. GIO. BATTISTA RHAMVSIO// sopra varij Viaggi per liquali sono state condotte fino à tempi nostri le// spetierie & altri nuoui che se potriano vsare per condurle.//
F. 372b-375a: VIAGGIO VERSO LA INDIA ORIENTALE// DESCRITTO DA PLINIO.//
F. 375b-377a: RELATIONE DI IVAN GAETAN PILOTTO// Castigliano del discoprimento dell'Isole Molucche per la via// dell'Indie occidentali.//
F. 377b-384a: INFORMATIONE DEL'ISOLA NOVAMENTE// SCOPERTA NELLA PARTE DI SETTENTRIONE// CHIAMATA GIAPAN.//
F. 384b-394a: DELLA HISTORIA DEL SIGNOR// GIOVAN DE BARROS//
F. 394b: REGISTRO.// [mais abaixo, a marca tipográfica e, em seguida, o colofão:] Stampata in Venetia, nella Stamperia de gli heredi di Luc'Antonio// Giunti, nel mese di Gennaio M D LXIII.//

66.2. 1574

Secondo Volume// DELLE NAVIGATIONI// ET VIAGGI// RACCOLTO GIA DA M. GIO. BATTISTA RAMVSIO,// ET HORA IN QVESTA NVOVA EDITIONE ACCRESCIVTO:// NEL QVALE SI CONTENGONO// L'Historia delle cose de Tartari,& diuersi fatti de'loro Imperatori,// descritta da M. Marco Polo Gentilhuomo Venetiano,// & da Hayton Armeno.// VARIE DESCRITTIONI DI DIVERSI AVTTORI,// dell'Indie Orientali , della Tartaria, della Persia, Armenia, Mengrelia,// Zorzania, & altre Prouincie: nelle quali si raccontano molte imprese// d'Vssuncassan, d'Ismael Soffi , del Soldano di Babilonia,// di diuersi Imperatori Ottomani, & particolarmente// di Selim contro Tomombei, vltimo Soldano de// Mamalucchi, & d'altri Principi.// ET IL VIAGGIO DELLA TANA.// Con la descrittione de'nomi de'Popoli,Città,Fiumi, & Porti d'intorno al Mar Maggiore,comesi// nominauano al tempo dell'Imperator Adriano, & molte altre narrationi, cosi dello stato de Moscouiti,Sciti, & Citcassi,come d'altre genti barbare a gli antichi incognite.// El il naufragio di M.Pietro Quirino gentilhuomo Venetiano,portato// per fortuna settanta gradi sotto la Tramontana.// Con l'Indice diligentemente ordinato, delle cose piu notabili.// [marca tipográfica]// Con Priuilegio dell'Illustrissimo Senato di Venetia.// IN VENETIA NELLA STAMPERIA DE GIVNTI.// L'ANNO M D LXXIIII.//

30 fls. nums. (falta a foliação 6, salta de [6] para 9), 248 fls. nums. (Erros de foliação: Verso da f. 17, paginado: 18 & 19; verso da f. 22, paginado: 23 & 24; faltam a foliação 37 e a 38; verso da f. 42, paginado: 43 & 44; de 65 volta para 58; falta a num. 130; 132 i. e. 131; 161 i. e. 170; 185 i. e. 186; 447 i. e. 247). -- Assinatura: 1-2(6) 3(4) 4(6) 5(4) A-Z(8) AA-HH(8).

Restaurada.
Encadernação rígida em pergaminho com tiras de couro, tratado ao alúmen, utilizadas como fechos.
Acondicionada em caixa com pH neutro.
Notas marginais impressas.
Uma gravura na f. 15a [IL RHEVBARBARO].
Tipos itálicos e latinos.
Algumas partes do texto em duas colunas.

Verso da página de rosto: NOMI DE GLI AVTORI CHE HANNO// SCRITTO I VIAGGI// DI QVESTO SECONDO VOLVME.//
F. 2a-2b: TOMMASO GIVNTI// A I LETTORI.//
F. 3a-6b: DI M. GIO. BATTISTA RAMVSIO// PREFATIONE// SOPRA IL PRINCIPIO DEL LIBRO// DEL MAGto. M. MARCO POLO// ALL'ECCELLENTE M. HIERONIMO FRACASTORE.//
F. 9a-17b: ESPOSITTIONE// DI M. GIO. BATTISTA RAMVSIO// Sopra queste parole di M. Marco Polo.// Nel tempo di Balduino Imperatore di Constantinopoli: doue allhora// soleua stare vn Podestà di Venetia, per nome di Messer lo Dose,// correndo gli anni del nostro Signore 1250.//
F. 18a: GIO. BATTISTA RAMVSIO// Alli Lettori.//
Verso da f. 18: em branco.
F. 19a-30b: INDICE DEL SECONDO VOLVME DE VIAGGI// DELLE COSE DI COSMOGRAFIA,// PAESI, POPOLI, COSTVME,// & altre cose notabili, che in esso// si contengono.//
F. num. 1a: PROHEMIO PRIMO, SOPRA IL LIBRO// di Messer Marco Polo, gentil'huomo di Venetia,// fatto per vn Genouese.//

F. num. 1b: PROHEMIO SECONDO,// sopra il libro di M.Marco Polo.// FATTO DA FRA FRANCESCO PIPINO BOLOGNESE// dell'ordine de' Frati Predicatori, quale lo tradusse in lingua// Latina, & abbreuiò. Del MCCCXX.//

F.2a-6b: DE I VIAGGI// DI MESSER MARCO POLO// GENTIL'HVOMO VENETIANO.//

F. 61a-62a: DI M. GIO. BATTISTA RAMVSIO// DISCORSO SOPRA IL LIBRO// DEL SIGNOR HAYTON ARMENO.//

F. 62b-64b: PARTE SECONDA DELL'HISTORIA// Del Signor Hayton Armeno, che fu figliuolo del Sig. Curchi,// parente del Re d'Armenia.//

F. 65a-65b: DI M. GIOVAN BATTISTA RAMVSIO,// Discorso sopra gli scritti di Giouan Maria Angiolello, & d'vn// mercante, ch'andò per tutta la Pérsia: ne' quali è,// narrata la vita, & li fatti d'Vssuncassan.//

F. 66a-78a: BREVE NARRATIONE DELLA VITA,// ET FATTI DEL SIGNOR VSSVNCASSANO,// Fatta per Giouan Maria Angiolello.//

F. 78a-91a: VIAGGIO D'VN MERCANTE,// CHE FV NELLA PERSIA.//

F. 91b: DI MESSER IOSAFA BARBARO// GENTIL'HVOMO VENETIANO,// Il viaggio della Tana, & nella Persia.//

F. 92a-98b: VIAGGIO DI M. IOSAFA BARBARO ALLA TANA.//

F. 98b-112a: VIAGGIO DI M. IOSAFA BARBARO// GENTILHVOMO VENETIANO,// nella Persia, PARTE SECONDA.//

F. 112b-125b: IL VIAGGIO DEL MAGNIFICO// M. AMBROSIO CONTARINI// Ambasciadore della Illustrissima Signoria di Veretía al gran Signore// Vssuncassan Re dí Persia nell'anno. M CCC LXXIII.// PROEMIO DELL'AVTORE.//

F. 126a-131a: LETTERA DALBERTO CAMPENSE// INTORNO LE COSE DI MOSCOVIA.// AL BEATISSIMO PADRE CLEMENTE VII.// PONTEFICE MASSIMO.//

F.131b-137a: PAOLO IOVIO HISTORICO,// DELLE COSE DELLA MOSCOVIA// A MONSIGNOR GIOVANNI RVFO// ARCIVESCOVO DI COSENZA.//

F. 137b-138a: COMMENTARI DELLA MOSCOVIA// ET DELLA RVSSIA.// Composti già Latinamente per il S.Sigismondo libero Barone// in Herberstain Neiperg & Guettenhag, tradotti di// latino in lingua nostra volgare Italiana.// AL SERENISSIMO PRINCIPE, ET SIGNORE, IL SIGNOR// FERDINANDO RE delli Romani, de l'Ongheria, & di Boemia: Infante di// Spagna, Arciduca d'Austria, Duca della Burgundia, & di Vuirtem-// bergo, & di molte prouincie Duca, Marchefe,// Conte, & Signore.//

F. 138b-192b: PROEMIO DELL'AVTORE// NELLA MOSCOVIA.//

F. 193a-195b: LA LETTERA CHE MANDÒ ARRIANO// FILOSOFO ET HISTORICO NOBILISSIMO// ALL'IMPERADORE ADRIANO.// Nella qual racconta ciò che si troua nauigana o d'intorno al mar Maggiore.//

F. 196a: ALDVS MANVTIVS ROMANVS,// IACOBO SANAZARO PATRITIO NEAPOLITANO// ET EQVITI CLARISS. S.P.D.//

F. 196b-198a: GIORGIO INTERIANO// GENOVESE// A M. ALDO MANVTIO ROMANO// DELLA VITA DE ZYCHI CHIAMÀTI CIARCASSI.//

F. 198a-199a: PARTE DEL TRATTATO DELL'AERE,// DELL'ACQVA, ET DE LVOGHI D'IPPOCRATE// NELLA QVALE SI RAGIONA DELLI SCITHI.//

F. 199b-206b: VIAGGIO DEL MAGNIFICO MESSER// PIERO QVIRINO// GENTILHVOMO VINITIANO//

F. 206a-211a: NAVFRAGIO DEL SOPRADETTO// MESSER PIERO QVIRINO DESCRITTO// per Christophoro Fiorauante, & Nicolo di Michiel,// che vi si trouarono presenti.//

F. 211b-212a: DE I COMMENTARII DEL VIAGGIO// IN PERSIA,// Di M. Caterino Zeno il K. & delle guerre fatte nell'Imperio Persíano,// dal tempo di Vssuncassano in quà.// LIBRI DVE.// ET DELLO SCOPRIMENTO DELL'ISOLE FRISLANDA, ESLANDA,// Engrouelanda, Estotilanda, & Icaria, fatto sotto il Polo Artico, da due// fratelli Zeni, M. Nicolo il K. e M.Antonio.//

F. 212a-217b: DE I COMMENTARII DEL VIAGGIO// IN PERSIA,// ET DELLE GVERRE PERSIANE// di M. Caterino Zeno il Caualliere.// LIBRO PRIMO.//

F. 218a-221b: DE I COMMENTARII DEL VIAGGIO// IN PERSIA,// ET DELLE GVERRE PERSIANE// di M. Caterino Zeno il Caualliere// LIBRO SECONDO.//

F. 222a-225b: DELLO SCOPRIMENTO DELL'ISOLA FRISLANDA,// ESLANDA, ENGROVELANDA ESTOTILANDA,// ET ICARIA.// Fatto per due fratelli Zeni M. Nicolò il Caualiere,// & M. Antonio.// LIBRO VNO.//

F. 225-237b: DVE VIAGGI IN TARTARIA,// PER ALCVNI FRATI DELL'ORDINE MINORE,// E DI SAN DOMINICO,// Mandati da Papa Innocentio IIII. nella detta prouincia per Ambasciatori l'anno 1247.//

F. 237b-245a: VIAGGIO DEL BEATO ODORICO DA VDINE, DELL'ORDINE DE'FRATI MINORI,// Delle vsanze, costumi, & nature, di diuerse nationi, & genti del mondo, & del martirio// di quattro frati dell'ordine predetto, qual patirono tra gl'Infedeli.//

F. 245b-248b: VIAGGIO DEL BEATO FRATE ODORICO// DI PORTO MAGGIORE DEL FRIVLI// fatto nell'Anno M CCC XVIII.//
Terminada a relação, segue-se o registro e, mais abaixo, o colofão: IN VENETIA, Appresso li Gionti.// M. D. LXXIII.//

66.3. 1556

TERZO VOLVME// DELLE NAVIGATIONI ET VIAGGI// NEL QVALE SI CONTENGONO// Le Nauigationi al Mondo Nuouo,alli Antichi incognito, fatte da Don Christoforo// Colombo Genouese, che fu il Primo à scoprirlo à i RE CATHOLICI, detto hora// le Indie occidentali,con gli acquisti fatti da lui, Et accresciuti poi da Fernando// Cortese, da Francesco Pizzarro, & altri valorosi Capitani, in diuerse// parti delle dette Indie, in nome della C E S. M A E S. Con lo// scoprire la gran Città di Temistitan nel Mexico,doue hora// è detto la NVOVASPGNA, Et la gran Prouíncia// del Perù, Il grandissimo fiume Maragnon, Et// altre Città, Regni, & Prouincie.// Le Nauigationi fatte dipoi alle dette Indie, poste nella parte verso Maestro// Tramontana, dette hora la NVOVAFRANCIA, scoperte al// RECHRISTIANISS. la prima volta da Bertoni & Normandi,// Et dipoi da Giouanni da Verrazzano Fiorentino,// & dal Capitano Iacques Cartier.// Si come dimostrano le diuerse Relationi, tradotte di lingua Spagnuola// & Francese nella nostra,& raccolte in questo volume.// con Tauole di Geographia,che dimostrano il sito di diuerse isole, Città, & Paesi.// Et Figure diuerse di Piante,& altre cose à noi incognite.// Et con L'Indice copiosissimo di tutte le cose piu notabili in esso contenute.// [marca tipográfica]// Con Priuilegio del Sommo Pontefice, & dello Illustriss. Senato Veneto.// IN VENETIA NELLA STAMPERIA DE GIVNTI.// L'ANNO M D LVI.//

6 fls. prels., 34 fls. nums., 456 i. e. 455 fls. nums. (Erros de paginação: 356 i. e. 365; 357 i. e. 366; 379 i. e. 381; 430 i. e. 433; 431 i. e. 434; de 453 pula para 455). -- Assinatura: 1-6(6) 7(4) a-z(8) aa-yy(8) zz(10) aaa-ddd(8) eee(10) fff(4) ggg-hhh(8) iii-kkk(6). (Erros de assinatura: L 8 i. e. l 8; M 8 i. e. m 8.; yy iiii i. e. zz v).

Restaurada.
Encadernação rígida em pergaminho com tiras de couro, tratado ao alúmen, utilizadas como fechos.
Acondicionada em caixa com pH neutro.
Notas marginais impressas.
Algumas partes do texto apresentam-se em duas colunas.

Gravuras, mapas e ilustrações: f. 44a – mapa da ilha Espanhola, 54a, 66b, 67a, 68b, 84a, 89a, 112b, 113a, 113b (repetição da mesma ilustração da f. 54a), 121a, 121b, 123a, 123b, 124a (é a mesma da f. 67a), 127a, 131b, 132b, 136a, 137b, 139a, 140b, 141a, 141b, 142a, 142b, 143a, 144a, 148b, 152b, 153a, 157a, 159b, 202b, 307a, 308b (planta da cidade do México), 353b, 411b-412a – Cusco, 419a, 419b, 424b-425a (mapa da Nova França), 427b-428a (mapa do Brasil), 430b-431a (mapa de parte da África), 433b-434a (mapa da ilha deTaprobana), 446b-447a (planta de Hochelaga), 455-456 – VNIVERSALE DELLA PARTE// DEL MONDO// NVOVAMENTE RITROVATA.//

Verso da página de rosto: em branco.

F. 2a-5b: DISCORSO SOPRA IL TERZO VOLVME// DELLE NAVIGATIONE, ET VIAGGI NELLA// PARTE DEL MONDO NVOVO// INDIRIZ-ZATO// ALL'ECCELLENTISS. M. HIERONIMO FRACASTORO.// [datado:] Di Venetia alli xx. di Giugno M D LIII.//

F. 6a-6b: NOMI DEGLI AVTORE, CHE HANNO// SCRITTE LE RELATIONI,// Raccolte in questo Terzo volume, delle Nauigationi & Viaggi.//

F. 6b: DELLA NVOVA FRANCIA.//

F. num. 1a-34a: [impressas em duas colunas:] INDICE DELLE COSE PIV NOTABILI// Quale in questo Terzo volume delle Nauigationi, & conquiste delle Indie// Occidentali scoperte dal Colombo si contengono: // Con le materie conuenienti alla Cosmografia.//

F. 34b: Questa parte del Indice della lettera B. manca al suo proprio luogho// a carte 4. colonna. 4.//

F. num. 1a-43b: SOMMARIO DELLA// HISTORIA DELL'INDIE OCCIDENTALI// Cauato dalli libri scritti dal Sig. Don Pietro Martire Milanese,// del Consiglio delle Indie, prima del Re Catholico// & poi della Maestà dell'Imperadore.// Come Christophoro Colombo Genouese hauendo proposto alla Signoria di Genoua, & poi al Re di Portogallo// di trouar il mondo nuouo, & non essendoli creduto, lo propose al Re Catholico, quale armò una na=// ue, & due Carauelle, & lo lasciò andare al detto uiaggio.//

F. 44a: Mapa da ilha Espanhola.//

F. 44b-74a: SOMMARIO DELLA NATVRALE ET GENERALE// Historia dell'Indie Occidentali, composta da Gonzalo Ferdinando de// Ouiedo, altrimenti di valde, nathio della terra di Madrid, habitatore// & rettore della città di Santa Maria antica del Darien, in// terre ferma dell'Indie, il qual fu riueduto & corretto// per ordine della Maestà dell'Imperatore,// per suo real Consiglio delle// dette Indie.//

F. 74b-224b: DELLA GENERALE ET NATVRALE HISTORIA// Delle Indie a'tempi nostri ritrouate, libro primo, che è il// Prohemio drizzato alla Cesarea, & Catholica// Maesta dell'Imp. Carlo V.// [composta de 20 livros]//
F. 225a-254a: DI FERNANDO CORTESE LA SECONDA// RELATIONE DELLA NVPVA SPAGNA.// Perche la prima da luigia fatta, benche da noi diligente=// mente ricercha// non habbiamo potuto insino// a hoggi ritrouare.//
F. 254b-284a: LA TERZA RELATIONE DI FERDINANDO// CORTESE DELLA NVOVA SPAGNA.//
F. 284b-296b: LA QVARTA RELATIONE DI FERDINANDO// CORTESE DELLA NVOVA SPAGNA.//
F. 296b-298a: DI PIETRO D'ALVARADO// À FERNANDO CORTESE.// Lettere di Pietro d'Aluarado, nelle quali racconta le guerre & battaglie fatte nell'acquisto di Ciapo-// tulan, Checialtenego & Vilatan, & de pericoli ne quali incorse, come fece abbrusciar// li Signori di Vilatan, & parimeute essa città, & constitui Signori i lor figliuoli: di// due montagne, vna d'allumi, l'altra di zolfo.//
F. 298a-300b: ALTRA RELATION FATTA PER PIETRO// D ALVARADO A FERNANDO CORTESE.// Nella quale si contiene lo acquisto molte città & prouincie, le guerre, scaramuccie, & battaglie,// tradimenti & ribellioni che vi sono seguite, com'egli edificò vna città, di due montagne,// vna che getta fuoco, l'altra che eshala fumo. d'vn fiume che arde tutto. &// d'vn altro freddo, & come l'Aluarado d'una saetta// rimase storpiato.//
F. 300b-304a: RELATION FATTA PER DIEGO GODOY E// À FERNANDO CORTESE.//
F. 304b-310a: RELATIONE DI ALCVNE COSE DELLA// Nuona [sic] Spagna, & della gran città di Temistitan Messico.// fatta per vno genlil'homo [sic] del Signor// Fernando Cortese.// [entre as páginas 308/309: planta da cidade de Temistitan – México]//
F. 310a-330b: RELATIONE CHE FECE ALVARO NVNEZ// detto Capo di vacca: di quello che interuenne nell'Indie all'armata, della// qual era gouernatore Pamphilo Naruaez, dell'anno// 1527. fino al 1536. che ritornò in Sibillia// con tre soli suoi compagni.//
F. 331a: DISCORSO SOPRA LA RELATION// DI NVNNO DI GVSMAN.//
F. 331b-339a: RELATION DI NVNNO DI GVSMAN// scritta in Omitlan prouincia di Mechuacan della Maggior Spagna// nel M D X X X Alli otto di Luglio.//
F. 339a-339b: DISCORSO SOPRA LA RELATIONE// DI FRANCESCO VLLOA.//
F. 339b-354a: RELATIONE DELLO SCOPRIMENTO// che nel nome di Dio va à far l'armata dello Illustrissimo Fernando Corte-// se, Marchese di

Valle con tre noui, chiamata, l'una Santa Agata, di// grandezza di dugento quarenta botte, l' altra, la Trinita, di// grandezza di settanta, & la terza san Tomaso, di quarãta,// dellaquale armata su capitano il molto Magnifico// Caualliero Francesco di VLLOA habitator// della città di Merida.//
F. 354a: DISCORSO SOPRA LI TRE VIAGGI SVBSEQVENTI.//
F. 354a-353b: SVMMARIO DI LETTERE DEL CAPITANO// Francesco Vazquez di coronado, scritte ad vn Secretário dell'Illustriss.// Don Antonio di Mendozza Vicere della nuoua Spagna, Date// à Culnacan M D XXXIX. alli otto di Marzo.//
F. 354b-355a: COPIA DELLA LETTERE DI FRANCESCO// Vazquez di Coronado, gouernatore dalla nuoua Galitia, al Signor An-// tonio di Mendozza, Vicere della nuoua Spagna, date in san// Michiel di Culnacan, alli otto di Marzo. M D XXXIX.//
F. 355a-355b: LETTERE SCRITTE DAL ILLVSTISSIMO [sic]// Signor don Antonio di Mendozza, Vice Re della nuoua Spagna,// alla Maesta dell'Imperadore.//
F. 356a-359b: RELATIONE DEL REVERENDO FRA// MARCO DA NIZZA.//
F. 359b-363a: RELATIONE CHE MANDÒ FRANCESCO// Vasquez di Coronado, Capitano Generale della gente che fu mandata// in nome di Sua Maesta al paese nuouamente scoperto, quel che// successe nel viaggio dalli ventidua d'Aprile di questo anno// M D X L. che partí da Culiacan per innanzi, & di quel che// trouò nel paese doue andaua.//
F. 363a-370b: RELATIONE DELLA NAVIGATIONE// & scoperta che fece il Capitano Fernando Alarcone per ordine// dello Illustrissimo Signor Don Antonio di Mendozza// Vice Re dellanuoua [sic] Spagna, data in Colima, porto// della nuoua Spagna.//
F. 370b-371a: DISCORSO SOPRA IL DISCOPRIMENTO ET// CONQVISTA DEL PERV.//
F. 371b-378b: RELATIONE DI VN CAPITANO// Spagnuolo della conqvista del Peru.//
F. 378b-392a: LA CONQVSTA [sic] DEL PERV ET PROVINCIA// Del Cusco chiamata la nuoua Castiglia, scritta & drizzata à sua Maesta// da Francesco di Xerex, secretario del Capitan Francesco// Pizarro, che questi luoghi conquisto.//
F. 392b-398a: LA RELATIONE DEL VIAGGIO, CHE FECE D// il Capitan Fernando Pizarro per ordine del Gouernatore suo fratello, da che parti// dal popolo di Caxamalca per andare à Xauxa finche [sic] ritornò.//
F. 398b-414b: RELATIONE PER SVA MAESTA DI QVEL// che nel conquistò & pacificatione di queste prouincie della nuoua Castiglia// è successo, & della

qualità del paese dopo che il Capitano Fernando Pi-// zarro si partì & ritornó à sua Maestà. Il rapporto del conquista-// mento di Caxamalca & la prigione del Cacique Atabalipa.// [p. 411/412 traz a vista de Cusco].
F. 415a-416b: LA NAVIGATIONE DEL GRANDISSIMO// fiume Maragnon, posto sopra la Terra ferma dell'Indie occidentali,// scritta per il Magnífico Signor Consaluo Fernando de Ouie// do, Historico della Maesta Cesarea nelle dette Indie.// Al Reuerendissimo & Illustrissimo Signor// Il Cardinal Bembo.//
F. 417a-419b: DISCORSO SOPRA LA TERRA FERMA// delle Indie Occidentali dette del Lauorador, de los Bacchalaos,// & della nuoua Francia.//
F. 420a-422b: AL CHRISTIANISSIMO RE DI FRANCIA// FRANCESCO PRIMO,// Relatione di Giouanni da Verrazzano Fiorentino della terra per// lui scoperta in nome di sua Maestà, scritta in Dieppa,// adi 8. Luglio. M. D. XXIIII.//
F. 423a-432b: DISCORSO D'VN GRAN CAPITANO// di mare Francese del luoco di Dieppa sopra la nauigationi fatte alla terra nuoua dell'Indie occidentali// chiamata la nuoua Francia da gradi.40. fino à gradi.47. sotto il polo artico, & sopra la terra// del Brasil, Guinea, Isola di San Lorenzo, & quella di Summatra fino alle quali// hanno nauigato le carauelle & naui Francese.// [entre as páginas 427-428 figura o mapa referente ao Brasil.]
F. 433a: em branco.
F. 433b-434a: Ilha de Taprobana.
F. 434b: em branco.
F. 435a-440a: PRIMA RELATIONE DI IACQVES// CARTIER DELLA TERRA NVOVA// detta la nuoua Francia, trauata nell'anno// M.D.XXXIIII.//
F. 440b: Linguaggio della terra nuouamente scoperta// chiamata la nuoua Francia.//
F. 441a-453b: BREVE ET SVCCINTA NARRATIONE DELLA// nauigation fatta per ordine dela [sic] Maestà Christianissima all'Isole di Cana-// da, Hochelaga, Saguenai, & altre, al presente dette la nuoua Francia// con particolari costumi, & cerimonie de gli habitanti.//
F. 453b, termina com o Registro e mais o colofão: In Vinegia nella stamperia degli heredi di Luca'ntonio// Giunti nell'Anno. M D LVI.//

Vol. I: BB v. 1, p. 699; JCBrown v. 1, p. 222; JCR 2.021; Sabin 67.732;
Vol. II: Sabin 67.737.
Vol. III: BB v. 2, p. 698; Church 99; JCBrown v. 1, p. 194; Sabin 67.740.

FFLCH-H

67.1.
RAMUSIO, Giovanni Battista, 1485-1557.

ver 66.1

67.2. 1583

Secondo Volume// DELLE NAVIGATIONI// ET VIAGGI// RACCOLTO GIA DA M. GIO. BATTISTA RAMVSIO,// ET HORA IN QVESTA NVOVA EDITIONE ACCRESCIVTO:// NEL QVALE SI CONTENGONO// L'Historia delle cose de Tartari, & diuersi fatti de' loro Imperatori// descritta da M. Marco Polo Gentil'huomo Venetiano,// & da Hayton Armeno.// VARIE DESCRITTIONI DI DIVERSI AVTTORI,// dell'Indie Orientali, della Tartaria, della Persia, Armenia, Mengrelia, Zorzania, & altre Prouincie:// nelle quale si raccontano molte imprese d'Vssuncassan, d'Ismael Sossi, del Soldano di// Bibilonia, di diuersi Imperatori Ottomani, & particolarmente di Selim// contro Tomombei , vltimo Soldano de Mamalucchi,// & d'altri Principi.// ET IL VIAGGIO DELLA TANA.// Con la Descrittione de'nomi de'Popoli, Città, Fiumi, & Porti d'intorno al Mar Maggiore, come se// nominauano al tempo dell'Imperator Adriano, & molte altre narrationi , cosi dello stato de'// Moscouiti, Sciti, & Circassi, come d'altre genti barbare a gli antichi incognite. Et il naufragio di M. Pietro Quirino gentilhuomo Venetiano, portato per fortuna// settanta gradi sotto la Tramontana.// Aggiuntoui in questa vltima editione la Descrittione dell'vna e dell'altra Sarmatia,// con i successi in esse sino a tempi nostri occorsi.// Con l'Indice diligentemente ordinato, delle cose piu notabili ; nelquale oue si trouerà questa// [...], hassi da cercare quello che il suo numero dimostra nella Descrittione della// Sarmatia, posta in fine del presente Volume.// [marca tipográfica]// Con Priuilegio dell'Illustrissimo Senato di Venetia.// In Venetia, Appresso i Giunti. M D LXXXIII.//

18 fls. nums. (faltam a foliação 4 e a 6, salta de [6] para 9), 10 fls. não nums., 256 fls. nums. i. e. 259 fls. nums., 90 fls. nums. (Erros de foliação: Verso da f. 17, paginada 18 & 19; verso da f. 22, paginada: 23 & 24; faltam a foliação 37 e a 36; verso da f. 42, paginada: 43 & 44; de 65 salta para 58; 185 i. e. 186; 264 i. e. 246). -- Assinatura: 1-2(6) 3(4) 4(6) 5(4) A-Z(8) AA-II(8) A-X(4) Y(6).

Notas marginais impressas e manuscritas.
Uma gravura na f. 15a.

Verso da página de rosto: NOMI DE GLI AVTTORI CHE HANNO SCRITTO// I VIAGGI DI QVESTO SECONDO VOLVME.//

F. 2a-2b: TOMMASO GIVNTI// A I LETTORI.//

F. 3a-8b: DI M. GIOVAMBATTISTA RAMVSIO// PREFATIONE// SOPRA IL PRINCIPIO DEL LIBRO// DEL MAG. M.MARCO POLO// ALL'ECCELLENTE M. HIERONIMO FRACASTORO.//

F. 9a-17b: ESPOSITIONE// DI M. GIO. BATTISTA RAMVSIO// Sopra queste parole di M.Marco Polo.// Nel tempo di Balduino Imperatore di Constantinopoli: doue allhora// soleua stare vn Podestà di Venetia, per nome di Messer lo Dose,// correndo gli anni del nostro Signoro 1250.//

F. 18a: Gio. BATTISTA RAMVSIO// ALLI LETTORI.//

Verso da f. 18: em branco.

F. não num. 1a-10b: INDICE DEL SECONDO VOLVME DE VIAGGI DELLE COSE DI// Cosmografia, paesi, popoli, costumi, & altre cose notabili, che// in esso si contengono.//

F. num. 1a: Prohemio primo, sopra il libro// di Messer Marco Polo, gentil'huomo di Venetia,// fatto per vn Genouese.//

F. 1b: PROHEMIO SECONDO,// sopra il libro di M.Marco Polo,// FATTO DA FRA FRANCESCO PIPINO BOLOGNESE// dell'ordine de' Frati Predicatori, quale lo tradusse in lingua// Latina, & abbreuiò. Del M CCCXX.//

F. 2a-60b: DE I VIAGGI// DI MESSER MARCO POLO// GENTIL'HVOMO VENETIANO.// LIBRO PRIMO.//

F. 61a-62a: DI M. GIO. BATTISTA RAMVSIO// DISCORSO SOPRA IL LIBRO// DEL SIGNOR HAYTON ARMENO.//

F. 62b-64b: PARTE SECONDA DELL'HISTORIA// Del Signor Hayton Armeno, che fu figliuolo del Sig. Curchi,// parente del Re d'Armenia.//

F. 65a-65b: DI M.GIOVAN BATTISTA RAMVSIO,// Discorso sopra gli scritti di Giouan Maria Angiolello, & d'vn// mercante, ch'andò per tutta la Persia: ne' quali è// narrata la vita, & li fatti d'Vssuncassan.//

F. 66a-78a: BREVE NARRATIONE DELLA VITA,// ET FATTI DEL SIGNOR VSSVNCASSANO.// Fatta per Giouan Maria Angiolello.//

F. 78a-91a: VIAGGIO D'VN MERCANTE,// CHE FV NELLA PERSIA.//

F. 91b: DI MESSER IOSAFA BARBARO// GENTIL'HVOMO VENETIANO,// Il viaggio della Tana, & nella Persia.//

F. 92a-98b: VIAGGIO DI M. IOSAFA BARBARO ALLA TANA.//

F. 98b-125b: VIAGGIO DI M. IOSAFA BARBARO// GENTILHVOMO VENETIANO,// NELLA PERSIA, PARTE SECONDA.//

F. 126a-131a: LETTERA D'ALBERTO CAMPENSE// INTORNO LE COSE DI MOSCOVIA.// AL BEATISSIMO PADRE CLEMENTE VII.// PONTEFICE MASSIMO.//
F. 131b-137a: PAOLO IOVIO HISTORICO,// DELLE COSE DELLA MOSCOVIA,// A MONSIGNOR GIOVANNI RVFO// ARCIVESCOVO DI COSENZA.//
F. 137b-192b: COMMENTARI DELLA MOSCOVIA// ET DELLA RVSSIA.// Composti già Latinamente per il S.Sigismondo libero Barone// in Herberstain Neiperg, & Guettenhag, tradotti di// latino in lingua nostra volgare Italiana.//
F. 193a-195b: LA LETTERA CHE MANDO ARRIANO// FILOSOFO ET HISTORICO NOBILISSIMO// ALL'IMPERADORE ADRIANO.// Nella qual racconta ciò che si troua nauigando d'intorno al mar Maggiore.//
F. 196a: ALDVS MANVTIVS ROMANVS,// IACOBO SANAZARO PATRITIO NEAPOLITANO// ET EQVITI CLARISS. S.P.D.//
F. 196b-198a: GIORGIO INTERIANO// GENOVESE// A M. ALDO MANVTIO ROMANO// DELLA VITA DE ZYCHI CHIAMATI CIARCASSI.//
F. 198a-199a: PARTE DEL TRATTATO DELL'AERE,// DELL'ACQVA, E DE LVOGHI D'IPPOCRATE// NELLA QVALE SI RAGIONA DELLI SCITHI.//
F. 199b-211a: VIAGGIO DEL MAGNIFICO MESSER// PIERO QVIRINO// GENTILHVOMO VINITIANO.//
F. 211b-219a: NAVIGATIONE DI SEBASTIANO CABOTA.// Prefatione nella...//
F. 219b-229b: DEI COMMENTARII DEL VIAGGIO// IN PERSIA,// Di M. Caterino Zeno il K. & delle guerre fatte nell'Imperio Persiano// dal tempo di Vssuncassano in quà.// Libri dve.//
F. 230a-253a: DELLO SCOPRIMENTO DELL'ISOLA,// FRISLANDA, ESLANDA, EN GROVELANDA// ESTOTILANDA, ET ICARIA.// Fatto per due fratelli Zeni M.Nicolò il Caualiere,// & .M. Antonio.//
F. 253b-256b: VIAGGIO DEL BEATO FRATE ODORICO// DI PORTO MAGGIORE DEL FRIVLI// fatto nell'Anno M CCC XVIII.//
F. 256b: no fim do texto segue-se o REGISTRO.//
F. 1a-4a: LA// DESCRITTIONE DELLA// SARMATIA EVROPEA,// DEL MAGNIFICO CAVALLIERE ALESSANDRO// GVAGNINO VERONESE,// Tradotta della lingua Latina nel volgare Italiano dal Reuerendo// M. Bartholomeo Dionigi da Fano.//
F. 4a-32b: COMPENDIO DELLE CHRONICHE// DI POLONIA,// Secondo l'ordine e successione de tutti i Prencipi e Re di quella gente,// da Lecho primo

Duca & autore de Poloni sino// al Re Henrico Valesio.// Lecho primo Duca & autore de' Poloni.//

F. 33a-48a: BREVE// E SOMMARIA DESCRITTIONE DEL// GRAN DVCATO DI LITVANIA,// De suoi Duchi, Prouincie, Palatinati, Città, e piu famosi Castelli;// & dell'origine, Costumi, & antiqua sua Religione.// Vera origine della famosissima gente Lituana, non piu mai// da historici Latini dechiarata.//

F. 48b-54b: DESCRITTIONE COMPENDIOSA// della Prusia con le sue prouincie e cittadi, e de tutti i// Maestri Cruciferi dell'ordine Teutonico.//

F. 55a-59b: BREVE E SVCCINTA DESCRITTIONE// DELLA LIVONIA TVTTA,// CON LE SVE PROVINCIE, CITTA, CASTELLI// E COMMENDATVRE OVER PALATINATI.// Aggiuntoui vna breue narratione, in che modo questa Regione ue-// nisse in potere de Sigismondo Re di Polonia, e gran Duca di// Lituania, e come dal gran Duca di Moscouia e dal Re// di Suetia sia stata smenbrata.//

F. 59b-69b: Sofficiente e vera descrittione de tutte le regione al Monarca di Mo-// scouia soggette, de tutti i Tartari campestri, delle rocche, e // delle prencipali cittade, de costumi de popoli, e della lor// religione e consuetudine di viuere.// Aggiontoui di piu i fatti prencipali, e la tirannide grande del moderno Monar-// ca di Moscouia Giouanni Basiliade, fidelmente descritta.//

F. 70a-72b: Breuissima descrittione de Tartari campestri, in Hor-// de diuisi, e de' costumi e consuetudine// della Vita loro.//

F. 73a: PROEMIO DI MATTHEO// DI MICHEOVO,// DOTTOR FISICO, E CANONICO CRACOVIENSE.//

F. 73b-90a: IL PRIMO LIBRO DI MATTHEO D// DI MICHEOVO,// Dottor Fisico, & Canonico Cracouiense, delle due Sarmatie;// diuiso in tre trattati; & tradotto per il Signore// Annibal Maggi.//

F. 90b: Terminando a relação segue-se o Registro; mais abaixo vem a marca tipográfica e abaixo segue, então, o colofão: IN VENETIA, Appresso i Giunti. 1583.//

Sabin 67.738.

67.3.

RAMUSIO, Giovanni Battista, 1485-1557.

ver 30.3

IEB

68.

AESOPUS. 1564

AESOPI// PHRYGIS, ET// ALIORVN FA-// BVLAE// Quorum nomina sequens fragella// indicabit// Elegantissimis Iconibus in gratiam studiosae// iuuentutis illustratae,pluribúsque auctae,// & diligentius quàm antehac emendatae.// Cum Indice locupletissimo.// [marca tipográfica]// PARISIIS,// Apud Hieronymum// de Marnef, sub// Pelicano,Monte D. Hilarij.// – // 1564.//

328 p. (Erros de paginação: Sem paginação : 112, 128, 190; 327 i. e. 127; 229 i. e. 129; 365 i. e. 165; faltam as páginas 97/8 [G i]; 153/4 [K v]). -- Assinatura: A-V(8) X(4).

Restaurada.
Reencadernação flexível em pergaminho.
Acondicionada em caixa com pH neutro.
Inúmeras xilogravuras distribuídas pelo texto.

Verso da página de rosto: FABVLARVM QVA// HOC IN LIBRO// continentur interpretes, atque// autores.//
P. 3-50: AESOPI FA-// BVLATORIS// VITA.// E' Graeca Maximi Planudis// Latina facta.//
P. 51: Ex Aphthonii// SOPHISTAE EXER-// CITAMENTIS.//
P. 51-52: FABVLA, QVA FORMI-// CARVM ET CICADARVM// exemplo hortantur iuuenes// ad laborem.//
P. 52: EX PHILOSTRATI// IMAGINBVS, FABVLAE.//
P. 53-54: EX HERMOGENIS// EXERCITAMENTIS,// Prisciano interprete.//
P. 55-56: [ornamento tipográfico]// LAVRENTIVS// VALLENSIS INSI-// GNI VIRO AR-// noldo Fouelledae// Salutem.// [datada de:] Ex vrbe Caieta Calendis Maij, M. CCCC.// XXXVIII.//
P. 56-82: Seguem-se algumas fábulas.
P. 83-124: [ornamento tipográfico]// ALIAE ITEM// ALIQVOT AESO-// PI FABVLAE, E' GRAECO// in Latinum versae, incer-// to interprete.//
P. 125-194: [ornamento tipográfico]// GVLIELMVS// CANONICVS, D.// AVR. AVGVSTINI FLO-// rentio suo, illustri Ba-// roni Iselsteino.// S. D.//
P. 195-204: [ornamento tipográfico]// FABVLAE M.PE-// TRO SCOTO, VIRO// ORNATISSIMO, EIDÉM-// que humanissimo, scri-// ptae à Barlando.//
P. 205-207: ANIANI FABVLAE// IIII. ADRIANO BAR-// lando interprete.//

P. 208-227: [ornamento tipográfico]// ANIANI FA-// BVLAE TRIGINTA// OCTO, GVLIELMO// Hermãno diui Augusti-// ni ordinis canonico// interprete.//
P. 228-309: [ornamento tipográfico]// AESOPI FABV-// LATORIS CLA-// RISSIMI APOLOGI,// è Graeco Latini per// Rimicium// facti.//
P. 310-328: [ornamento tipográfico]// APOLOGI EX// CHILIADIBVS A-// DAGIORVM ERASMI// desumpti ad communem// puerorum fru-// ctum.//

IEB-LAM

69.

DUARENUS, Franciscus. 1564

FRANC.// DVARENI// COMMENTARIVS// IN CONSVETVDINES// Feudorum:// Summis rerum & sententiarum,mutuisq́z// testimonijs ad singula capita adiectia// à Ioanne Hauichorstio Monast.// [frase em grego]// EDITIO PRIMA.// [marca tipográfica?]// COLONIAE// Apud Ioannem Birckmannum,&// Vvernerum Richvvinum.// Anno 1564.// Cum Gratia & Priuilegio Caes. Maiest. ad decennium.//

8 fls. prels. não nums., 268 p. -- Assinatura: *(8) A-Q(8) R(6).

Verso da página de rosto: em branco.
F. 2a-6b: THEODORO// A' BRONCKHORST ET// BATENBORCH, BARONI// in Anholt, Baër, & Lathum:// ac domino in Maei-// landt, &c.// Ioannes Hauichorstius Monaste-// riensis S.D.P.//
F. 7a-8a: CAPITA HVIVS// COMMENTARII DE// FEVDIS.//
Verso da f. 8: em branco.
A obra segue, então, nas páginas numeradas. Possui 21 capítulos.

Não encontramos citada esta obra nas fontes consultadas.

IEB-JFO

70.

LEÓN, Gómez de. 1564

INFORMACIONVM DE// cisionum & responsorum iurís Centuría.// AVTHORE GOMEZIO LEONIO, HISPA// lensi,in Regio supremoq; Audito-//

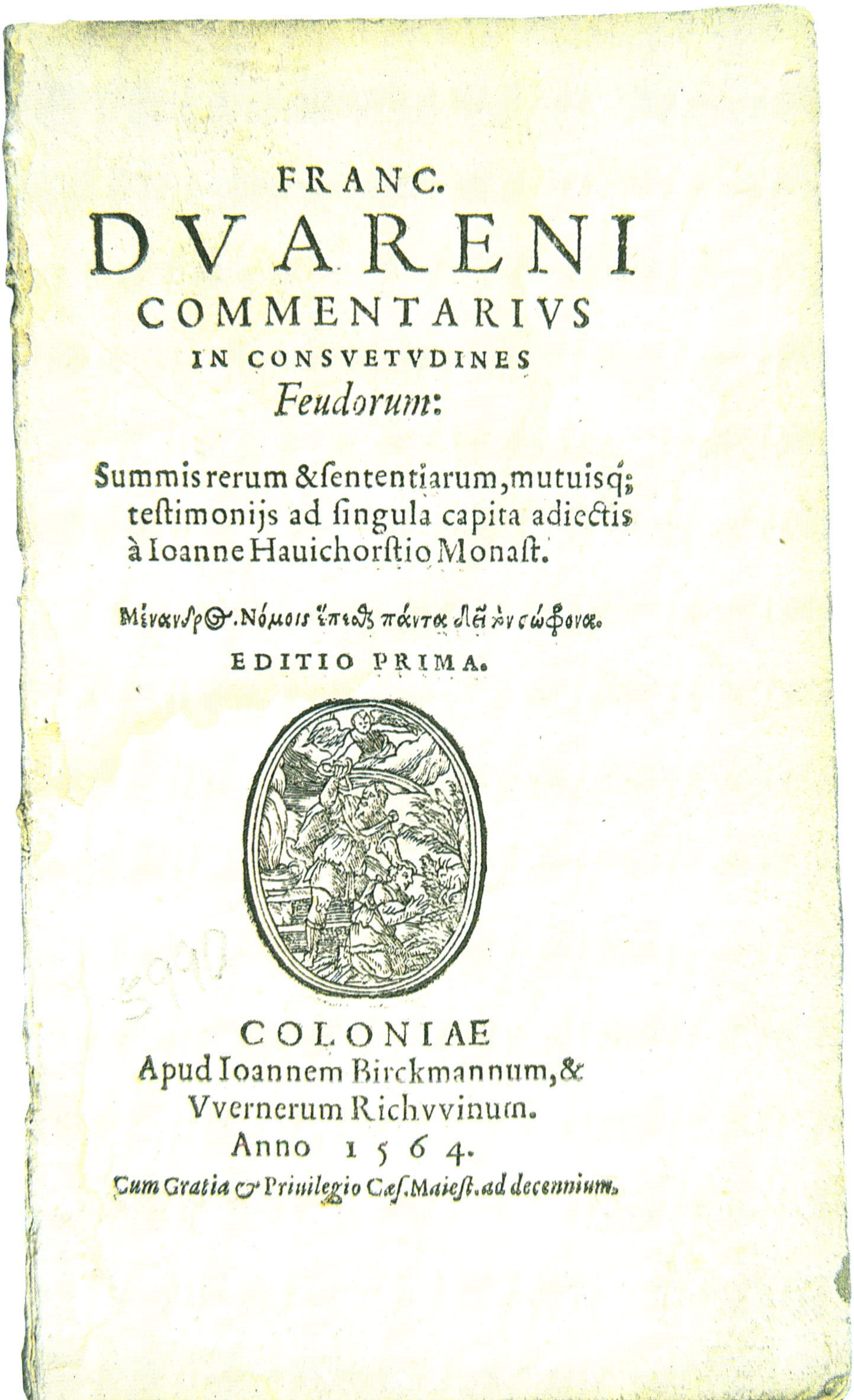

FRANC.
DVARENI
COMMENTARIVS
IN CONSVETVDINES
Feudorum:

Summis rerum & ſententiarum, mutuisq; teſtimonijs ad ſingula capita adiectis à Ioanne Hauichorſtio Monaſt.

Μένανδρος. Νόμοις ἕπεσθαι πάντα δεῖ τὸν σώφρονα.

EDITIO PRIMA.

COLONIAE
Apud Ioannem Birckmannum, & Vvernerum Richvvinum.
Anno 1564.
Cum Gratia & Priuilegio Cæſ. Maieſt. ad decennium.

DUARENUS, Franciscus. *Commentarivs in consvetvdines feudorum...*, 1564.
Página de rosto.
Figura 40 – nº de catálogo 69

rio Hispali Aduocato.// ¶ INVICTISSIMO, AC SERENISSIMO PRIN// cipi PHILIPPO .II. Hispaniatum, Indiarum, Naeapo-// lis, Siciliaeqz Regi iustissimo.&c. .D.// [brasão espanhol]// HISPALI.// ¶ EXCVDEBAT PETRVS MARTINEZ// à Bañares Typographus, propemonasterium// Diui Pauli.// Anno. M. D. LX.IIII.//

4 fls. prels., 121 fls. nums., 5 fls. não nums. (Erros de paginação: 94 i. e. 64; 110 i. e. 111). -- Assinatura: §(4) A-P(8) Q(6).

Restaurada.
Reencadernação em pergaminho pleno tinto.
Notas marginais manuscritas.
Iniciais xilográficas.

Verso da página de rosto: Licença.
F. 2a: Privilégio.
F. 2b-3a: Inuictissimo, ac serenissimo Principi Phili-// PPO. II. HISPANIARVM, INDIARVM,// Naeapolis, Siciliaeqz Regi, Archiduci Austriae, Bra// bantiae, Burgundiae, Mediolaniqz Duci, Flã// driae comiti, &c. Gomezi(us) Leoni(us) His// palensis, perpetuam foelicitatem// & beatitudinem// exoptat.// [datado:] "D. in tua, hac coeleberrima ciuitate// Hispali, xxxl. Maij. Anno, M.D.LXIIII."//
F. 3a-3b: Author Lectori.//
F. 4a: Petri.M. iuris consulti, in laudem operis// EPIGRAMMA.//
F. 4b: Declaração do autor.
Segue-se, então, a obra propriamente dita com 100 "factum"s.
Verso da f. 121 até f. 4b: ¶ SVMMA BREVIS EORVM, QVAE IN HOC// OPERE CONTINENTVR.//
F. 5a: [vinheta pequena] Errata in hoc opere. [vinheta pequena]//
F. 5b: em branco.

Palau 135.167.

FD

71.1.
ALCIATO, Andrea, 1492-1550. 1565

ANDREA// ALCIATI// I.C. MEDIOLA-// NENSIS DE VER-// BORVM SIGNI-// FICATIONE,// Libri IIII.// [três estrelas]// Eiusdem in titulum XVI.

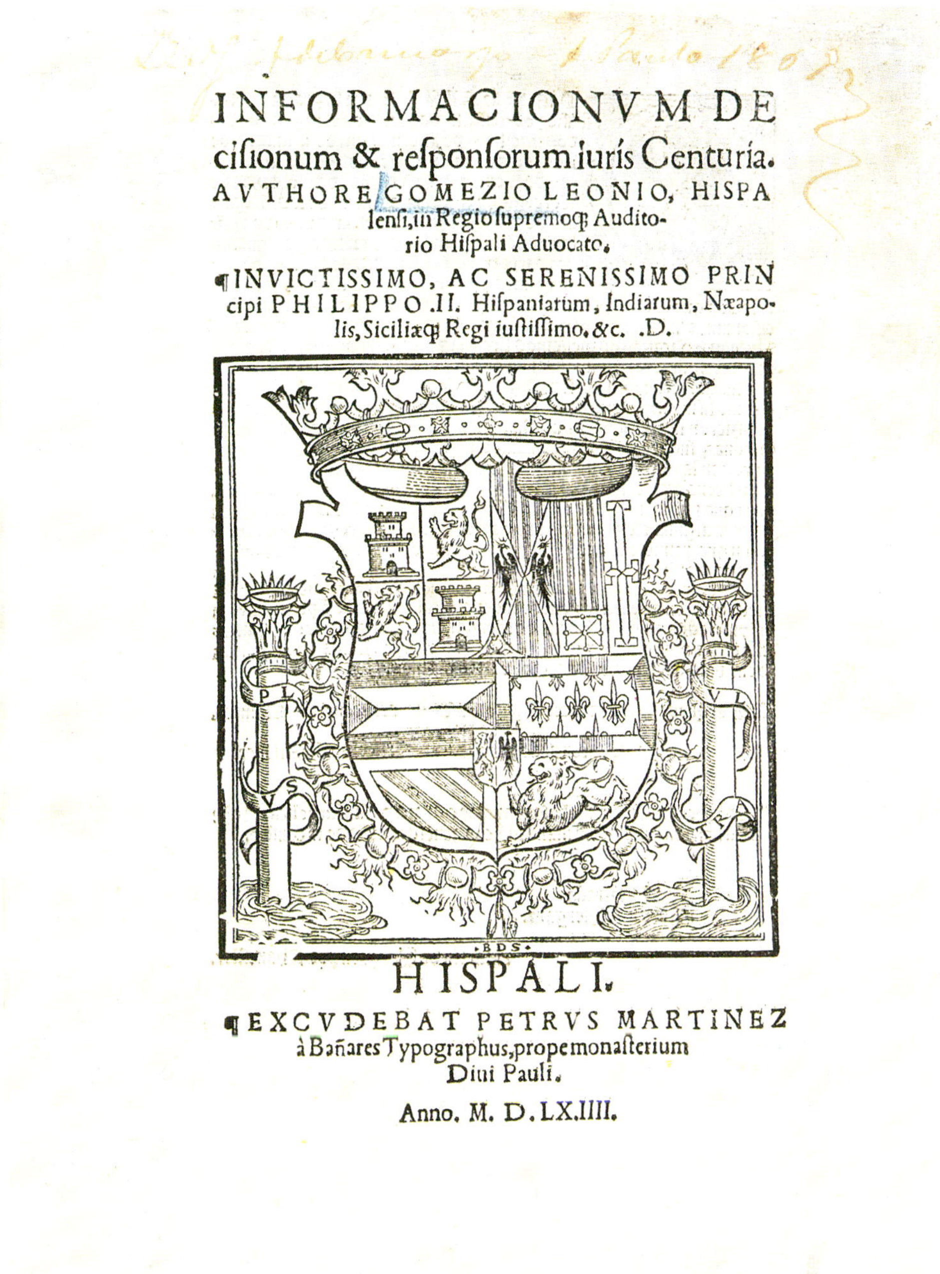

INFORMACIONVM DE
ciſionum & reſponſorum iuris Centuria.
AVTHORE GOMEZIO LEONIO, HISPA
lenſi, in Regio ſupremoq; Audito-
rio Hiſpali Aduocato.
¶INVICTISSIMO, AC SERENISSIMO PRIN
cipi PHILIPPO .II. Hiſpaniarum, Indiarum, Neapo-
lis, Siciliæq; Regi iuſtiſſimo, &c. .D.

HISPALI.
¶EXCVDEBAT PETRVS MARTINEZ
à Bañares Typographus, propemonaſterium
Diui Pauli.
Anno. M. D. LXIIII.

LEÓN, Gomez de. *Informacionvm decisionum & responsorum iuris Centuria*, 1564.
Página de rosto com brasão espanhol.
Figura 41 – nº de catálogo 70

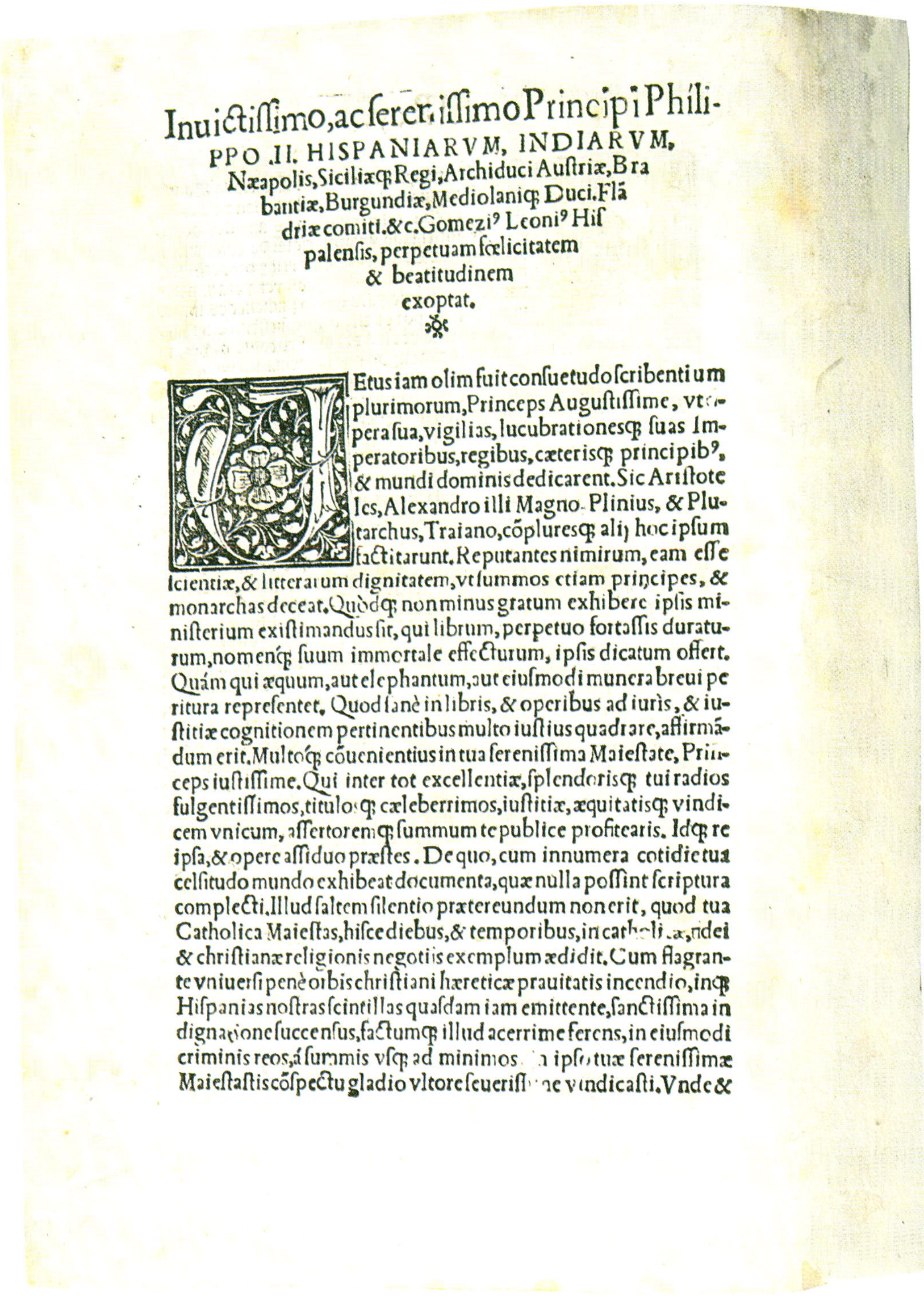
Inuictiſſimo, ac ſereniſſimo Principi Philippo .II. HISPANIARVM, INDIARVM, Neapolis, Siciliæq; Regi, Archiduci Auſtriæ, Brabantiæ, Burgundiæ, Mediolaniq; Duci. Flandriæ comiti. &c. Gomezi⁹ Leoni⁹ Hiſpalenſis, perpetuam fœlicitatem & beatitudinem exoptat.

VEtus iam olim fuit conſuetudo ſcribentium plurimorum, Princeps Auguſtiſſime, vt opera ſua, vigilias, lucubrationesq; ſuas Imperatoribus, regibus, cæterisq; principib⁹, & mundi dominis dedicarent. Sic Ariſtoteles, Alexandro illi Magno. Plinius, & Plutarchus, Traiano, cōpluresq; alij hoc ipſum factitarunt. Reputantes nimirum, eam eſſe ſcientiæ, & litterarum dignitatem, vt ſummos etiam principes, & monarchas deceat. Quòdq; non minus gratum exhibere ipſis miniſterium exiſtimandus ſit, qui librum, perpetuo fortaſſis duraturum, nomenq; ſuum immortale effecturum, ipſis dicatum offert. Quám qui æquum, aut elephantum, aut eiuſmodi munera breui periturа repreſentet. Quod ſanè in libris, & operibus ad iuris, & iuſtitiæ cognitionem pertinentibus multo iuſtius quadrare, affirmãdum erit. Multoq; côuenientius in tua ſereniſſima Maieſtate, Princeps iuſtiſſime. Qui inter tot excellentiæ, ſplendorisq; tui radios fulgentiſſimos, titulosq; cæleberrimos, iuſtitiæ, æquitatisq; vindicem vnicum, aſſertoremq; ſummum te publice profitearis. Idq; re ipſa, & opere aſſiduo præſtes. De quo, cum innumera cotidie tua celſitudo mundo exhibeat documenta, quæ nulla poſſint ſcriptura complecti. Illud ſaltem ſilentio prætereundum non erit, quod tua Catholica Maieſtas, hiſce diebus, & temporibus, in catholicæ fidei & chriſtianæ religionis negotiis exemplum ædidit. Cum flagrante vniuerſi penè orbis chriſtiani hæreticæ prauitatis incendio, inq; Hiſpanias noſtras ſcintillas quaſdam iam emittente, ſanctiſſima indignatione ſuccenſus, factumq; illud acerrime ferens, in eiuſmodi criminis reos, á ſummis vſq; ad minimos [illegible] ipſo tuæ ſereniſſimæ Maieſtatis cōſpectu gladio vltore ſeueriſſ[illegible]e vindicaſti. Vnde &

LEÓN, Gomez de. *Informacionvm decisionum & responsorum iuris Centuria*, 1564.
Detalhe de texto com letra inicial xilogravada.
Figura 42 – nº de catálogo 70

Lib.L.// Digestorum commentarij.// Accessit index locupletissimus. [marca tipográfica]// LVGDVNI.// IMPENSIS ANT. GRYPHII.// – // 1565//

214 p. (Erros de paginação: 6 i. e. 60; 51 i. e. 97; 89 i. e. 98; 101 i. e. 110; 148 i. e. 147; 165 i. e. 164; 160 i. e. 176; 191 i. e. 192). -- Assinatura: A-N(8) O(3).

Restaurada.
Reencadernação flexível em pergaminho de cabra (única encadernação para as três partes).
Acondicionada em caixa com pH neutro (caixa única para as três partes).
Notas marginais impressas e manuscritas.
Trechos em grego.

Verso da página de rosto: em branco.
P. 3-4: IVRIS CIVILIS// STVDIOSO PARDVL-// PHVS PRATEIVS. S.// [datado:] Lugduni,// Kalendis Iunij.// 1565.// * //
P. 5-12: AMPLISSIMO// VIRO FRANCISCO// A' TVRNONE, ARCHIEPIS-// COPO BITVRIG. ANDREAS// ALCIATVS// S.P.D.// [datado:] Biturigibus, Calendis Maij.// M. D. XXIX.// [três estrelas]//
A partir da p. 13 começa a obra dividida em quatro livros terminando à p. 213.
P. 214: P.// PRATEIVS IV-// RIS STVDIOSIS.//
Segue, com nova paginação e assinaturas:

71.2. 1565

EX LIBRO// L. DIGESTO-// RVM.// DE VERBORVM// significatione.// TIT. VI.//

99 i. e. , 89 (+1) p., 3 fls. sem num. (em branco). (Erros de paginação: 27 i. e. 47; 99 i. e. 89. O caderno que vai da p. 32 até 48 está deslocado). -- Assinatura: α(8) β(8) γ(8) δ(8) ε(8) ζ(8). (Erros de assinatura: 3 i. e. ζ3; ζ3 i. e. ζ5).

Notas marginais impressas.
Trechos em grego.

A obra não tem página de rosto em separado. O texto começa à p. 1 e finaliza à p. 99 i. e. 89.
Verso da p.[89]: GRAECA VERBA// IIS CAPITIBVS INTER-// IECTA, LATINE// REDDITA.// [três estrelas]//
Com nova paginação e novas assinaturas segue:

71.3. 1565

ANDREAE// ALCIATI IVRE-// CONSVLTI ME-// DIOLANENSIS,// De Verborum & Rerum signifi-// catione, Rubrica.// SVMMAE.//

635 p., 2 fls. brancas, 22 fls. não nums. (Erros de paginação: 631 i. e. 632). -- Assinatura: a-z(8) A-R(8) *(8) **(8) ***(6).

Notas marginais impressas.
Trechos em grego.

O texto começa à p. 1 e finaliza à p. 635.
Verso da p. 635: em branco.
Seguem-se duas folhas em branco.
As folhas não numeradas, impressas em duas colunas, contêm:
F. 1a-10a: RERVM, AC// VOCVM MEMORA-// BILIVM, QVAE IN HOC// ALCIATI DE VERBORVM// SIGNIFICATIONE// opere continentur Index// Locupletissimus// [três estrelas]//
F. 11a: LEGVM ALIQVOT// SENSVS, ET RESTITVTIO.//
F. 11b-22a: INDEX.// EX TITVLO DE// VERB. SIGNIFI.// DIGESTIS.//
F. 22b: em branco.

O *Index Aureliensis* menciona apenas cinco exemplares conhecidos.

IA 103.009.

FD-BTA

72.
JESUÍTAS. Cartas das Missões. 1565

DIVERSI AVISI// PARTICOLARI DALL'INDIE// di Portogallo, riceuuti dall'anno 1551.// sino al 1558. dalli Reuerendi padri// della Compagnia di GIESV.// DOVE S'INTENDE DELLI PAESI,// delle genti, & costumi loro, & la grande con-// uertione di molti popoli, che hanno// riceuuto il lume della santa sede,// & religione Christiana.// Tradotti nuouamente dalla lingua Spagnuola nella Italiana.// [marca tipográfica] Col priuilegio del Sommo Pontefice, & dell'Illus-// strissimo Senato Veneto per anni XV.//

8 fls. prels. não nums., 294 fls. nums. (Erros de foliação: f. 6 sem numeração; 49 i. e. 94; 106 i. e. 108; 257 i. e. 157; 263 i. e. 163; 75 i. e. 175; 220 i. e. 218; 222 i. e. 220; 224 i. e. 222; 226 i. e. 224). -- Assinatura: *(8) A-Z(8) Aa-Nn(8) Oo(6). (Erros de assinatura: T ij i. e. Y ij).

Colofão: In Venetia per Michele Tramezzino// M D LXV.//

Quanto ao conteúdo, está conforme a edição de 1559, embora os erros tenham sido corrigidos.
Segundo Manuel dos Santos "é obra muita rara e de incontestável interesse" [sic].

BB v. 1, p. 52; Carayon 572; M. dos Santos 5.826; Palau 74.650-1 (apenas menção).

IEB

73.
MENOCHIUS, Jacobus, 1532-1607. 1565

IACOBI MENOCHII// IVRECONSVLTI IN// omnes praecipuas Recuperandae// Possessionis Constitutiones// Commentaria.// RESPONSA CAVSAE FINARIENSIS A// multis Italiae celeberrimis Iureconsultorum Collegijs// reddita, eodem authore edita.// QVAE IN OPERE HABEANTVR// VERSA PAGINA// clarius docet.// [marca tipográfica]// IN MONTE REGALI// Ex impressione repraesentabat Leonardus// Torrentinus. Quarto Non. Aug.// M D LXV.//

8 p., 24 fls. sem num., 323 p. (Erros de paginação: 193 i. e. 139; 149 i. e. 249; 657 i. e. 257; 257 i. e. 260). -- Assinatura: *(4) *(4) *(4) **(4) ***(6) ****(6) A-Z(4) aa-qq(4) rr(2).

Exemplar com furos no início e no final do volume.
Texto impresso em duas colunas.
Alguns tipos gregos.
Ex-libris de Ferdinando Pancaldi.

Verso da página de rosto: RECVPERANDAE POSSESSIONIS REMEDIA// Decem & Septem.// [mais abaixo:] Responsa causae Finariensis, quae in// calce adiecimus.//
P. 3-5: MARGHERITAE// FRANCISCI GALLIARVM REGIS// Primi filiae, Allobrogum, Subalpinorumq; ,// & Biturigum Duci Serenissimae Iacobus Menochius.S.// [datado:] ... Vale ex Monte// Regali Pedemontium.// Decimo Calend.// Augusti.// MDLXV.//
P. 6-8: ILLVSTRI ADMODVM CAROLO// LVCERNAE, IVRECONSVL-TO, COMITI,// Serenissimi Allogobrum Ducis, & Subalpinae regionis// Principis a secretis consiliario, Ciuitatis & Aca-// demiae Montis Regalis Moderatori opti-// mo. Iacobus Menochius Iurecon-// sultos. S.// [datado:] Ex Monteregali Pedemontium, De-// cimo Kalend. Augusti.// MDLXV.//
F. 1a-2b: – IACOBVS MENOCHIVS// IVRECONSVLTVS// Ad Lecto-rem.// [datado:] ... Vale. ex Monteregali// Pedemontium, Decimo Calen.// Augusti. 1565.//
F. 3a: CYNTHII IO.BAPTISTAE// Gyraldi nobilis Ferrariensis.// [mais abai-xo:] Petri Marii a Pingon Allobrogis Iurecon-// sulti & Apostolici Protonotarii.//
F. 3b: PHILIPPI ROBERTI// Cabilonensis.// [mais abaixo, um poema em grego].
F. 4a: IO. PETRI FERRERII// Astensis legum Studiosi.//
F. 4b: em branco.
F. 5a-7b: SERIES ET ORDO// QVAESTIONVM TRACTATVS// RECVPE-RANDAE POS-// SESSIONIS.//
F. 8a-23b: RERVM ET VERBORVM// MAGIS INSIGNIVM// Index locupletissimus.//
F.24a-24b: ERRATA TRACTATVS// Recuperandae Possessionis.// ...
Segue, então, a obra propriamente dita nas folhas paginadas.
P. 323, terminando com as palavras: "... ex Monte regali Pedemontium quarto// Calen. Iunij. M.D.LXV.// FINIS."//
Verso da p. 323: em branco.
Segue, então, com folha de rosto e paginação em separado:
RESPONSA IN// CAVSA FINARIENSI// REDDITA,// Iacobo Menochio Iureconsul-// to auctore nunc edita.// QVAE IN OPERE HABEANTVR// VERSA PAGINA CLARIVS// DOCET.// [marca tipográfica]// IN MONTE REGALI// Ex impressione repraesentabat Leonardus// Torrentinus. Quarto Non Aug. 1565.//

4 fls. prels., 108 p., 6 fls. não nums. (Erros de paginação: 83 i. e. 84; 84 i. e. 85). -- Assinatura: a(4) A-M(4) N-O(6).

Verso da página de rosto: índice.
F. 2a-3b: ILLVSTRISSIMO ATQVE EXCEL-// lentissimo Ioan. Baptistae Lerchario Genuen-// sium Duci prudentissimo, Iacobus Me-// nochius Iureconsultus. S.// [datado:] ... Vale. ex Mon-// teregali Pedemontium. Sexto Calend. Au-// gusti. MDCXV.//
F. 4: em branco.
Segue o texto até à p. 107.
Verso da p. 107 e as 5 fls. não numeradas contêm: EORVM QVAE IN// RESPONSIS CAVSAE// FINARIENSIS CON-// TINENTVR.// INDEX.//
F. 6a: ERRATA RESPONSORVM.// ...
Verso da f. 6: em branco.

O autor desta obra nasceu em Pávia, em 1532.
Foi jurista, lecionou em várias universidades (Pávia 1556-60; 1588-1607; Mondovi 1561-66; Pádua 1566-1588).
Foi também membro do Senado milanês. Segundo a *Enciclopédia Italiana*, ele teria sido celebrado como o Bartolo de seu século, mas, na realidade, foi o representante da escola da prática. A sua produção é notável, mas não excessivamente original. Consta de vários tratados e de uma importante coleção de *Consilia*, publicada postumamente. Entre as várias obras citadas pela referida enciclopédia não consta o nosso livro. Menochius faleceu em Pávia no ano de 1607.

FD

74.
NONIUS, Tobias, de Perugia. 1566

[barra ornamental]// THOBIAE NONII// IVRISCONS. PERVSINI// interpretationes in nonnullos// Institu. titulos// Primis annis in Gynnasio Perusino explicatae.// NVNC AB OMNIBVS ERRORIBVS// maxima diligentia emendatae per Fuluium Constantinum// Iurisconsultum Perusinum eiusdem// Thobiae discipulum.// ADDITIS NOVISSIME ENARRATIONIBVS// in quosdam alios titulos per eundem Fuluium eodem in// Gynnasio anno secundo exaratis.// CVM PRIVILEGIO ILLVST. SENATVS VENETI.// [marca tipográfica]// VENETIIS M D LXVI.//

10 fls. prels., 164 fls. nums. (Erros de paginação: 77 i. e. 76; 127 i. e. 132; 145, 146 i. e. 143, 144; 247 i. e. 147; 156 i. e. 157). -- Assinatura: a(4) b(6) A-Z(6) AA-DD(6) EE(2).

Restaurada.
Reencadernação flexível em pergaminho de cabra, seguindo o padrão original.
Acondicionada em caixa com pH neutro.
Anotações manuscritas.
Texto impresso em duas colunas.
Alguns tipos góticos.

Verso da página de rosto: Index titulo. & §§ Thobiae// Nonij.//
F. 2a: REVEREN. D.D. FABIO MYRTO// Episcopo Caiacensi Perusiae, Vmbriaeq́z// generali Gubernatori dignissimo,// & Patrono suo semper obsermo.// Thobias Nonius S.// [vinheta]// [datado:] ... Datum Perusiae// Calendis Iulij. M D LVII.//
F. 2b: FVLVIO CORNEO// PERVSIAE EPISCOPO,// Et S.R.E. Cardinali amplissimo// Fuluius Constantinus. S.// [vinheta]// [datado:] Idibus Maiis M D LXV. Perusia.//
F. 3a-10b: INDEX TOTIVS// OPERIS.//
Nas folhas numeradas segue a obra propriamente dita; à f. 113a abre uma página com novo título: [encimado por uma gravura] FVLVII CONTANTINI// IVRISCONSVLTI PERVSINI// IN TITVLVM INSTITVTIONIBVS// DE VSVCAPIONIBVS LVCVBRATIO.//
Finaliza no verso da folha 164.
Abaixo do texto seguem o: REGISTRVM e logo abaixo o colofão: VENETIIS.// Apud Cominum de Tridino, Montisferrati.// M D LXVI.//

FD-BTA

75.

SERLIO, Sebastiano, 1475-1552. 1566

[página de rosto dentro de um pórtico] LIBRO PRIMO// D'ARCHITETTVRA,// DI SEBASTIANO SERLIO// BOLOGNESE.// Nelquale con facile & breue modo si tratta de// primi principij della Geometria.// Con nuoua aggiunta delle misure che seruono a tutti gli ordini de// componimenti, che ui si contengono.// IN VENETIA,// Appresso Francesco Senese, & Zuane// Krugher Alemanno,Compagni.// M D L X V I.//

220 fls. nums. (Erros de foliação: 205 i. e. 203). -- Assinatura: A-Z(4) AA-ZZ(4) AAa-IIi(4).

Obra restaurada.
Inúmeras ilustrações no texto.

Verso da página de rosto: em branco.
F. 2a-2b: AL REVERENDISSIMO// MONSIG. DANIEL BARBARO// ELETTO D'AQVILEIA.// [datado e assinado:] ... Di Venetia, à XXV. di Maggio.// M D LXVI.// Di V.S.Reuerendissima// Humil seruitore,// Francesco de' Franceschi Senese.//
F. 3a-16b: PRIMO LIBRO// DI GEOMETRIA,// DI SEBASTIANO SERLIO// BOLOGNESE.//
F. 17a: [página emoldurada dentro de um pórtico] IL// SECONDO// LIBRO// DI PROSPETTIVA// DI SEBASTIAN SERLIO// BOLOGNESE.//
F. 17b-48a: [segundo livro]
F. 48b: em branco.
F. 49a: [página emoldurada dentro de um pórtico] IL TERZO LIBRO// DI SEBASTIANO SERLIO// BOLOGNESE,// Nel qual si figurano, & descriuono le antichità di Roma , & le altre// che sono in Italia , & fuori d'Itália.// CON NVOVE ADDITIONI.//
F. 49b-124b: [terceiro livro]
F. 125a: [página emoldurada dentro de um pórtico] R E G O L E // GENERALI DI// ARCHITETTVRA// DI SEBASTIANO SERLIO// BOLOGNESE,// Sopra le cinque manieri// de gli edifici,// CIOE',// Toscano, Dorico, Ionico, Corin-// thio, & Composito.// Con gli esempi dell'Antichità, che per la// maggior parte concordano con la// dottrina di Vitruuio.//
F. 125b-200a: [no cabeçalho das folhas desta parte vem a indicação de "Qvarta parte".]
F. 200b: em branco.
F. 201a: [página emoldurada dentro de um pórtico] QVINTO LIBRO D'ARCHITETTVRA,// DI SEBASTIANO SERLIO BOLOGNESE,// Nelquale si tratta di diuerse forme di tempij sacri, secondo il// costume christiano, & al modo antico.// Con nuoua aggiunta delle misure che seruano a tutti gli ordini de componimenti,che ui si contengono.//
F. 201b-219b: [quinto livro]
F. 220: em branco.
Embora com paginação e assinaturas em separado, segue o Livro Extraordinario.
[página emoldurada dentro de um pórtico] LIBRO// ESTRAORDINARIO// DI SEBASTIANO SERLIO// BOLOGNESE.// Nel quale si dimostrano trenta porte di opera Rustica mista// con diuersi ordini : & uenti di opera

dilicata di// diuerse specie con la scrittura dauanti,// che narra il tutto.// IN VENETIA,// Appresso Francesco Senese, & Zuane// Krúger Alemano Compagni,// M D LXVI.//

52 fls. nums. -- Assinatura: a-n(4).
Inúmeras ilustrações no texto.

Verso da página de rosto: em branco.
F. 2a: SEBASTIANO SERLIO// ALLI LETTORI.//
F. 2b: DESCRITTIONE DELLE// TRENTA PORTE// RVSTICHE.//
Verso da f. 52: em branco.

Ebert 21.016.

EP

76.
EUSEBIUS, bispo de Emesa. 1567

D. EVSEBII// Emisseni Homiliae// EVANGELIA, QVAE [...] VNOTIS// diebus Dominicis totius anni ac totiis Quadra-// gesimalibus legi solent, nunc primum// in lucem aeditae.// Quibus annecti curauimus eiusdem Homilias ac// precipuis anni festiuitatibus.// [marca tipográfica?]// ANTVERPIAE// In aedibus Viduae & Heredum. Ioan Stelssi.// M.D.LX VII.// Cum gratia & Priuilegio.//

248 fls. nums. (Erros de paginação: Faltam as fls. 54-64 e 241). -- Assinatura: A-Z(8) AA-HH(8). (Erros de assinatura: Faltam G 6 a G 8; falta HH i). Além das folhas faltantes mencionadas acima, faltam-lhe, na certa, folhas preliminares. É, pois, um exemplar bastante falho. O texto começa na assinatura A 2 (aqui chamado de 2a-2b).

Restaurada.
Reencadernação flexível em pergaminho.
Acondicionada em caixa com pH neutro.
Notas marginais manuscritas.
Faltam algumas folhas.

Verso da página de rosto: Caesarea Maiestas permi-// sit Ioanni Stelsio, vt has D. Eusebii// Emisseni homilias impune imprimat, perq́z omnes hęreditarias

regiones suaa// distrahat, veluti latius patet in literis// [...] idem concessis & subsignatis.//
F. 2a-2b: Ornatissimo Praesuli ac// DOMINO, DOMINO GABRIELI// Bouerio Ecclesiae Andeg[...] ensis Epi[...]// dignissimo, Claudius Fremv[...] salutem// & pacem per Christum// exoptat.// [datado:] Parisiis. 14. Calend. Iunii// M.D.LIIII.//
F. 3a-244a: Texto da obra.
F. 244b-248a: INDEX// ... HOMILIARVM IN HOC// ... comprehensarum vb. nume-// rus prior homiliam indicat,// posterior folium.//
F. 248b: em branco.

FD

77.
FRANCK, Sebastian, 1499-1542. 1567

Ander theil dieses Welt=// buchs von Schiff=// fahrten.// Warhafftige Be=// schreibunge aller// vnd mancherley sorgfeltigen Schif=// farten/auch viler vnbekanten erfundnen Landtschafften/Insu=// len/Königreichen/vnd Stedten/von derselbige gelegenheyt/wesen/gebreuchen/ // sitten/Religion/Künst vnd handtierung. Item von allerley gewaechss/ // Metallen/Specereyen/vnd anderer dinge mehr/so von jhnen in vnsere// Lande gefuehrt vnd gebracht werden.// Auch von mancherley gefahr/streitt vnd scharmuetzeln/so sich zwischen jnen vnd// den vnsern/beyde zu Wasser vnd Lande / wunderbarlich zugetragen. Item von// erschrecklicher/seltzamer Natur vnd Eygenschafft der Leuthfresser/Dergleichen vorhin in keinen// Chronicken oder Historien beschrieben/mit schoenen Concordantzen vnd einem voll=// kom̃nen Register / zur fuerderung des gemeinen nutzes// zusamen getragen:// Durch Vlrich Schmidt von Straubingen / vnd andern mehr/sodaselbst// in eigener Person gegenwertig gewesen/vnd solches erfaren.// [gravura]// Getruckt zu Franckfurt am Mayn/Anno 1567.//

6 fls. prels. não nums., 110 fls. nums., 59 fls. nums., 1 fl. não num. (Erros de foliação: duas folhas com a paginação 41; 40 i. e. 39; 41 i. e. 40; paginação salta de 89 a 91). -- Assinatura:)((6) a-r(6) s(8) B-L(6).

Verso da página de rosto: em branco.
F. 2a-5b: Den Ehrnuesten [sic]// Fürsichti=// gen / Ersamen vnd weisen Herrn / Stetmeistern vnd// Rath der löblichen Reichszstadt Schwäbischen Hall/ // meinen insondern günstigen lie=// ben Herren.// [datado de:] 15 de março de 1567.//

F. 6: em branco.

A obra divide-se em duas partes; o primeiro livro se subdivide em 95 capítulos, que por sua vez abrangem cinco navegações, a saber:

F. 1-37a: Eigentliche vnnd warhafftige// Beschreibung der Schiffart / so die Portugaleser vn=// ter König Emanuel / in Indien / vnnd an andern weitgelegenen or=// ten / gethan haben / dergleichen in keiner Chronicka nicht// gefunden wirdt.// [capítulos 1 a 27].

F. 37b-52b: Die andere Schiffart// in Indien.// [caps. 28-41];

F. 53a-54b: Die dritte Schiffart// in Indien.// [cap. 42];

F. 55a-104a: Die vierdte Schiffart// in Indien.// [caps. 43-88];

F. 104a-110b: Die fünffte Schiffart// In Indien.// [caps. 89-95].

Seguem-se, então, com nova paginação e o seguinte título:

F. 1-26b: Warhafftige vnd liebliche Be=// schreibung etlicher fürnemen Indianischen Landt=// schafften vnd Insulen / die vormals in keiner Chronicken gedacht/ // vnd erstlich in der Schiffart Vlrici Schmidts von Straubin=// gen/ mit grosser gefahr erkündigt / vnd von jhm sel=// ber auffs fleissigst beschrieben vnd// dargethan.//

F. 27a-59b: Wunderbarliche vnd warhaff=// tige beschreibung der wilden nacketen Menschenfres=// ser/ wie dieselbigen Johannes Staden von Homberg auss Hessen// bürtig/ in eigner person mit grosser gefahr erkündigt / vnnd dem// Durchleuchtigen Hochgebornen Herren / Herren Phi=// lippo / Landtgraffen zu Hessen / &c. dediciret// vnd zugeschrieben.//

A última folha não é numerada, trazendo, porém, o colofão e a marca tipográfica: Getruckt zu Franckfurt// am Mayn / bey Martin Lechler / in verle=// gung Sigmund Feirabends// vnd Simon Hü=// ters.// [marca tipográfica] Anno M.D.LXVII.//

Verso da mesma: em branco.

A coleção completa, segundo o Dr. Rubens Borba de Moraes, consta de três volumes, sendo que o terceiro só saiu em 1583 em Basiléia, na oficina de Sebastian Henrichpetri.

No entanto, os dois primeiros volumes são também conhecidos pelo nome de "Feierabend collection", devido ao livreiro que os organizou.

A Biblioteca possui apenas o segundo volume, sobre o que nos interessa de perto: as diversas viagens dos portugueses, a saber: a primeira viagem de Vasco da Gama; a expedição de Pedro Álvares Cabral; a viagem de João de Nova; a segunda expedição de Vasco da Gama e a comandada por Lopo Soares de Menezes.

Ander theil dieses Weltbuchs von Schiffahrten.

Warhafftige Beschreibunge aller vnd mancherley sorgfeltigen Schiffarten/ auch viler vnbekanten erfundnen Landtschafften/ Insulen/ Königreichen/ vnd Stedten/ von derselbigẽ gelegenheyt/ wesen/ gebreuchen/ sitten/ Religion/ künst vnd handtierung. Item von allerley gewächß/ Metallen/ Specereyen/ vnd anderer dinge mehr/ so von jhnen in vnsere Lande geführt vnd gebracht werden.

Auch von mancherley gefahr/ streitt vnd scharmützeln/ so sich zwischen jnen vnd den vnsern/ beyde zu Wasser vnd Lande/ wunderbarlich zugetragen. Item von erschrecklicher/ seltzamer Natur vnd Eygenschafft der Leuthfresser/ dergleichen vorhin in keinen Chronicken oder Historien beschrieben/ mit schönen Concordantzen vnd einem vollkomnen Register/ zur fürderung des gemeinen nutzes zusamen getragen.

Durch Vlrich Schmidt von Straubingen/ vnd andern mehr/ so daselbst in eigener Person gegenwertig gewesen/ vnd solches erfaren.

Getruckt zu Franckfurt am Mayn/ Anno 1567.

FRANCK, Sebastian. *Ander theil dieses weltbuchs von schiff*... Franckfurt am Mayn: Martin Lechler, 1567. Página de rosto.
Figura 43 – nº de catálogo 77

Esta primeira parte do volume foi escrita por autor desconhecido. Seu estilo fluente mostra que dominava a língua alemã e também demonstrava conhecimentos da história portuguesa. É provável que nesta coleção os alemães tenham tomado conhecimento pela primeira vez dos progressos dos portugueses, em sentido mais completo.
A segunda parte traz, em primeira edição, a descrição da viagem de Ulrich Schmidel e a quarta edição alemã apresenta a viagem de Hans Staden.
Por conter a obra de Schmidel é muito rara, pois tanto é procurada pelos colecionadores do Brasil quanto pelos da Argentina.

BB v. 1, p. 272; Böhme p. 96; JCR 1.027; JCBrown v. 1, p. 234; Sabin 25.472.

IEB

78.

GUICCIARDINI, Lodovico, m. 1589. 1567

[página de rosto dentro de um pórtico] DESCRITTIONE// DI M.LODOVICO// GVICCIARDINI PATRITIO// FIORENTINO, DI TVTTI I// PAESI BASSI, ALTRIMENTI// DETTI GERMANIA INFERIORE.// Con piu carte di Geographia del paese, & col// ritratto naturale di piu terre// principali.// AL GRAN' RE CATTOLICO// FILIPPO D'AVSTRIA.// Con amplissimo INDICE ditutte le cose più// memorabili.// SCRVTA [vinheta] MINI.// IN ANVERSA M. D. LXVII.// Apresso Guglielmo Siluio, Stampatore Regio.// CON PRIVILEGIO.//

10 fls. prels., 296 i. e. 297 p., + 94 p. sem num., intercaladas no texto, representando 19 gravuras (sendo 5 mapas, os outros são plantas, vistas e retrato), 10 fls. não nums.(Erros de paginação: 35 i. e. 26; 26 i. e. 35; 56 i. e. 61; 75 i. e. 81; 84 i. e. 85; pula de 86 para 88; 91 tem duas vezes a mesma numeração; 146 i. e. 145; 207 sem numeração; 198 i. e. 219; 195 i. e. 220; 124, tem duas páginas com a mesma numeração). -- Assinatura: [ ](6) A(4) B-D(6) E-F(4) G(2) H-I(4) K(6) L(4) M(2) N-S(6) T-V(4) X(6) Y-Z(4) Aa(8) Bb-Cc(6) Dd(2) Ee-Ff(4) Gg-Ii(6) Kk(2) Ll(6) Mm-Nn(4) Oo(6) P[sic](4) P[sic](6).

Restaurada.
Reencadernação flexível em pergaminho.
Acondicionada em caixa com pH neutro.
Notas marginais manuscritas.
Texto enquadrado por traços.
Ex-libris da Libreria Forni – Bologna.

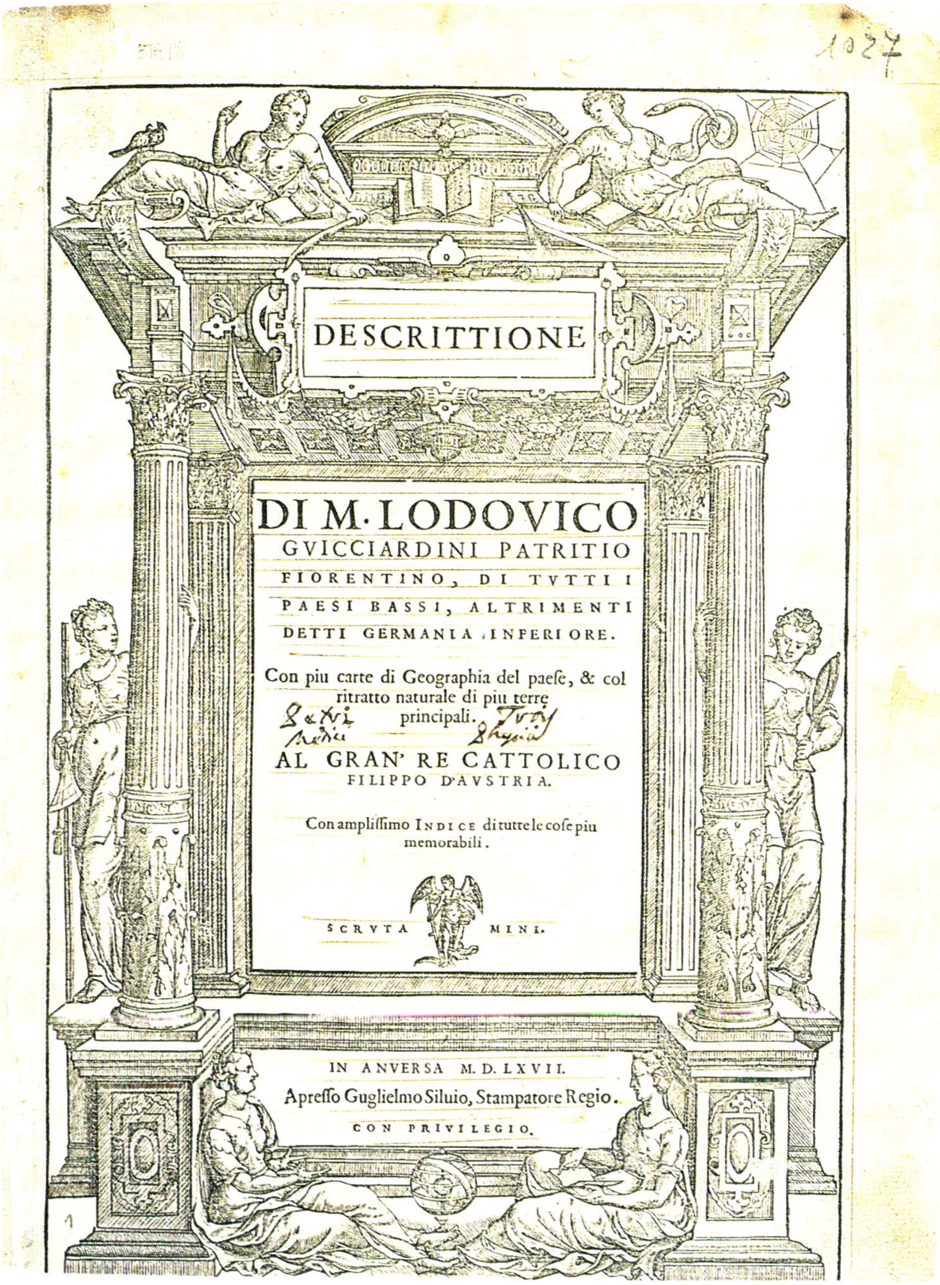

GUICCIARDINI, Lodovico. *Descrittione di M. Lodovico Gvicciardini patritio fiorentino, di tvtti i Paesi Bassi...*, 1567. Página de rosto em pórtico.
Figura 44 – nº de catálogo 78

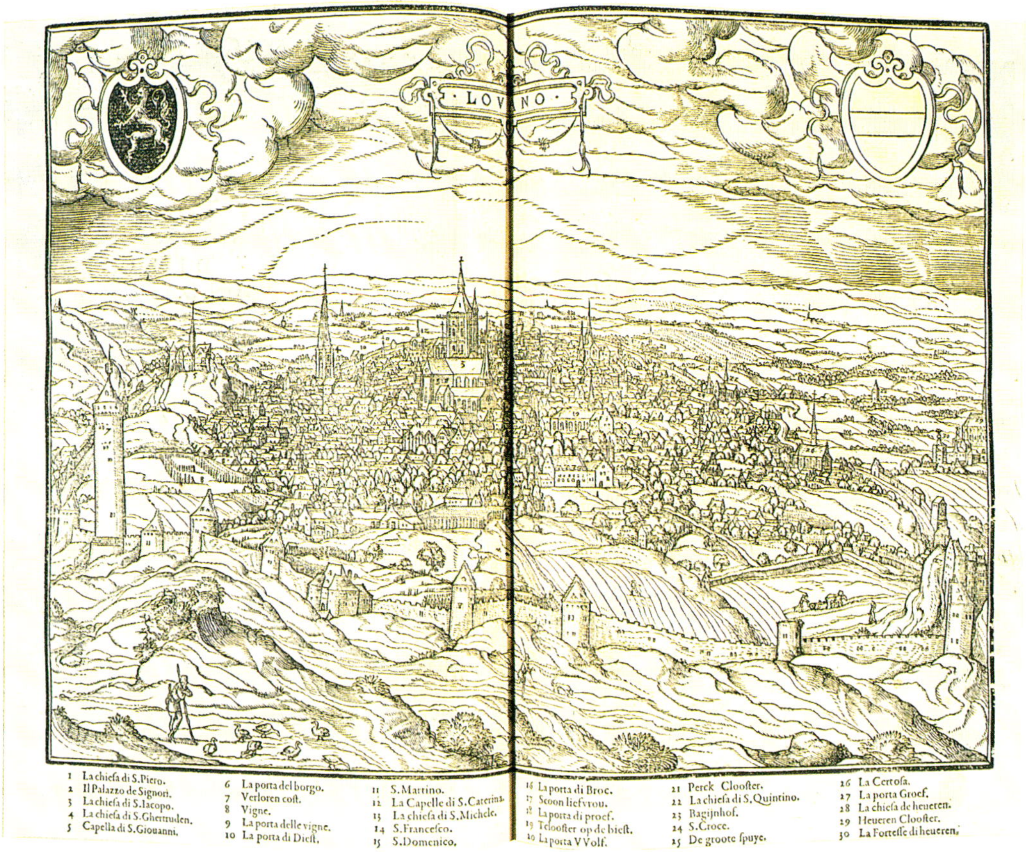

GUICCIARDINI, Lodovico. *Descrittione di M. Lodovico Gvicciardini patritio fiorentino, di tvtti i Paesi Bassi*..., 1567. Detalhe de mapa desdobrável com vista da cidade de Louvain.
Figura 45 – nº de catálogo 78

Verso da página de rosto: gravura representando um portal dentro do qual se encontram as armas heráldicas dos Países Baixos.
F. 2a: Retrato do imperador Filipe, também dentro de uma portada.
Em cima as palavras: NEC SPE, NEC/METV.// E abaixo do retrato: IAM ILLVSTRABIT// OMNIA.//
Verso da f. 2: em branco.
F. 3a: NICO. GRVDIVS NICO-// LAIVS AD ARNVM.//
F. 3b: Haec carmina scripta sunt, à Doctissimo ac prudentissimo viro Dñ.// S cheto Barone in Wesemale; quasi in modum prophetię anno// ante rumores Belgicos.// IN LVDOVICI GVICCIAR-// DINI BELGICAE DESCRIPTIO-NEM// GASPARIS SCHETI.//
F. 4a-5b: ALEXANDER GRAPHEVS C.F.// IN LVDOVICI GVICCIAR-DINI DECSRIP- [sic]// TIONEM BELGICAM.//
F. 6a: AD D. LVDOVICVM GVIC-// CIARDINVM, IN SVAS BELGII IL-// LVSTRATIONES, CARMEN.// Ioan. Latomi.//
F. 6b-7a, em belga: Eivsdem Ogdoades vernaculae.//
F. 7b-8a: EOSDEM RHYTHMOS POST// LATINE SIC REDDIDIT.//
F. 8b: EXPOSTVLATIO BELGIAE:// AD LVDOVICVM GVICCIAR-DINVM// PER Theodorvm de// Berty.//
F.9a: STEPHANO AMBROSIO// SCHIAPPALARIA AL Sor. Lodovico// Gvicciardini.// [mais abaixo:] OTTAVIANO PALMA AL Sor.// Lodovico Gvicciardini.//
F. 9b: SENNO POGGINI, A M.// LODOVICO GVICCIARDINI.// [mais abaixo:] ANT: OLIVIER SVR LA DESCRI-// PTION BELGIQVE DV SEIGNEVR Loys Gvicciardin.//
F. 10a: AL GRAN RE// CATTTOLICO.// [datado e assinado:] ... d'Anuersa, alli xx. d'Ottobre M.D.LXVI.// Di. Va. Ma. Cattolica Humilissimo seruitore// Lodouico Guicciardini.//
F. 10b: LODOVICO GVICCIARDINI// AL LETTORE.// [datado:] ... d'Anuersa alli.xx.d'Ottobre. M.D.LXI.//
Intercala-se agora um mapa: LA DESCRITTIONE DI BELGICA CON SE SVE FRONTIERE// [no canto inferior, à esquerda:] C.D.Hooghe Fe.//
Segue, agora, a descrição geral do país.
À p. 47 temos um título emoldurado: DESCRIT-// TIONE PARTICV-// LARE DI BRA-// BANTE.//
As duas próximas páginas, sem numeração, contêm a: Descrittione par-// ticulare di Bra-// bante.//

Seguem as páginas 48-50 de texto.//
A próxima página, sem numeração, traz o título numa moldura: DESCRIT-// TIONE DI LO-// VANO.//
Nas duas páginas seguintes traz a vista de: LOVANO.//
P. 51-53: Texto.//
A página seguinte traz novamente um título em moldura: DESCRIT-// TIONE DI BRV-// SELLES.//
As duas páginas seguintes, embora sem numeração, são as de 54-55 e representam o mapa de BRVSELLES//
P. 56-60: Texto.
Seguem três páginas sem numeração, sendo a primeira de título com uma moldura: DESCRIT-// TIONE D'AN-// VERSA.// E as duas outras mostram a cidade de ANTVERPIA vista da terra para o rio.
P. 61-67: Texto.
P. 68: Título numa moldura: LA FOR-// MA NATVRALE// DELA CHIESA// DI NOSTRA// DONNA.//
As duas próximas páginas, sem numeração, nos trazem a gravura da igreja: La bella & magnifica Chiesa di nostra// Donna, ritratta al naturale.//
P. 69-81: Texto.
Novamente três páginas sem numeração: a primeira com o título dentro de uma moldura: LA FOR-// MA NATVRALE// DEL PALAZ-// ZO DE SI-// GNORI.// E as duas seguintes com a gravura do DOMVS SENATORIA// ANTVERPIEN[US], tendo no canto inferior à esquerda a indicação: MARTINVS PETRVS EXCVEDEBAT [sic] IN INSIGNI AVREI FORTIS PROPRE NOVA BORSAM.//
P. 82-126: Texto.
Seguem-se três páginas sem numeração, sendo a primeira de título em moldura: DESCRIT-// TIONE DI BOL-// DVC.// E as duas outras trazem a vista da cidade de: BOLDVCH//
P.127-149: Texto.
As três páginas seguintes, sem numeração, têm: a primeira, o título dentro de uma moldura: DESCRIT-// TIONE DI MA-// LINES.// e as outras a vista da cidade de MALINES.//
P. 150-174: Texto.
As próximas três páginas, sem numeração, têm na primeira o título emoldurado: DESCRIT-// TIONE D'HOL-// LANDA.// E as duas seguintes o mapa: DESCRITTIO-// NE PARTICVLARE// D'HOLLANDA ET// DEL PAESE D'V-// TRECHT.//
P. 175-183: Texto.

Seguem-se três páginas, uma de título com moldura: DESCRIT-// TIONE D'AMSTER-// DAM.//
E as duas outras com a vista *à vol d'oiseaux* de AMSTERDAM.//
P. 184-214: Texto.
Novamente três páginas sem numeração, sendo a primeira de título com moldura: DESCRIT-// TIONE DI FIAN-// DRA.// E as duas outras trazem o mapa: DESCRITTIONE// PARTICVLARE// DI FIAN// DRA.//
P. 216-219: Texto.
As duas próximas páginas trazem a planta de GVANTO.//
P. 220-224: Texto.
Agora três páginas, sem numeração, tendo a primeira o título em moldura: DESCRIT-// TIONE DI BRVG-// GIA.// E as duas outras apresentam o plano de BRVGAE.
P. 224-230: Texto.
As três páginas seguintes trazem, na primeira, o título dentro de uma moldura: DESCRIT-// TIONE D'YPRI.// E as duas outras uma vista da cidade de YPRAE// com suas muralhas fortificadas.//
P. 231-259: Texto.
Seguem novamente três páginas sem numeração, sendo a primeira de título com a moldura: DESCRIT-// TIONE D'HAI-// NAVLT.// e as duas outras representam o mapa: DESCRITTIO-// NE PARTICVLA-// RE DEL CONTADO D'HAI-// NAVLT.//
P. 260-282: Texto.
Outras três páginas sem numeração, sendo a primeira de título com moldura: DESCRIT-// TIONE DI// LIEGE.// e as outras duas uma vista *à vol d'oiseaux* de LIEGE.//
P. 283-296: Texto.
Verso da p. 296: em branco.
F. 1a-10a, sem numeração, impressas em duas colunas: TAVOLA ET INDICE DE NOMI,// et delle cose piu memorabili contenute nell'Opera, se-// condo l'ordine dell'alfabeto.//
F. 10a: abaixo do texto temos ainda o: Estratto del Priuilegio.// e uma nota de que não se faria uma lista dos erros tipográficos, já que a "discretione del Lettore puo facilmente occorrere, & supplire."//

É esta a primeira edição desta obra. No mesmo ano é publicada uma tradução para o francês pelo mesmo editor. Só em 1612 é editada em holandês e no ano seguinte em latim. Na língua italiana teve várias edições ampliadas. A última edição de que se tem notícia, em holandês, data de 1648. Houve também edições resumidas.

Seu autor, um fidalgo de Florença, viveu grande parte de sua vida nos Países Baixos, vindo a falecer em Antuérpia, no ano de 1589.

Adams G-1.540; Palau 110.721 menciona apenas ed. de 1581; Tiele 420; BN Paris v. 66, p. 68.

FD-BTA

79.

MENOCHIUS, Jacobus, 1532-1607. 1567

IACOBI MENOCHII// IVRECONSVLTI CLARISSIMI// PRIMI'QVE IVRIS PONTIFICII// HORA MATVTINA FLORENTISSIMI// Patauini Gymnasij professoris,// In omnes praecipuas Recuperandae Possessionis Con-// stitutiones Commentaria.// RESPONSA CAVSAE FINARIENSIS// à multis Italiae celeberrimis Iureconsultorum// Collegijs reddita, eodem// Authore edita.// [vinheta]// QVAE IN OPERE HABEANTVR// versa pagina clarius docet.// [marca tipográfica]// VENETIIS,// Apud Io. Baptistam Somaschum, & fratres.// M D LXVII.//

8 fls. prels., 256 (+1) fls. nums., 39 fls. não nums. (Erros de foliação: 26 i. e. 36; 28 i. e. 38; 64 i. e. 68; 66 i. e. 70; 81 i. e. 82; 87 i. e. 88; 154 i. e. 166; 165 i. e. 167; 2 i. e. 194; 200 i. e. 199; 201 i. e. 200; 239 i. e. 236; 238 i. e. 237). -- Assinatura: *(8) A-Z(8) &(8) AA-NN(8).

Restaurada.
Reencadernação em couro pleno.
Acondicionada em caixa com pH neutro.
Texto impresso em duas colunas.

Verso da página de rosto: RECVPERANDAE// POSSESSIONIS REMEDIA// DECEM ET SEPTEM.// [mais abaixo:] TYPOGRAPHVS LECTORI BENEVOLO. S.// [datado de:] Vale Venetijs// Nonie Iunij. M. D. LXVII.//
F. 2a-2b: MARGHERITAE FRANCISCI GALLIARVM// REGIS PRIMI FILIAE, ALLOBROGVM,// SVBALPINORVMQVE, ET BITVRIGVM// DVCI SERENISSIMAE.// [vinheta]// Iacobus Menochius.S.// [datado de:] Vale ex Monte// Regali Pedemontium. Decimo Calend. Augusti. M D LXV.//
F. 3a-4a: ILLVSTRI ADMODVM CAROLO// LVCERNAE, IVRECONSVLTO, COMITI,// SERENISSIMI ALLOBROGVM DVCIS,// & Subalpinae regionis Principis// à secretis Consiliario, Ciuitatis & Academiae

Montis// Regalis Moderatori optimo.// IACOBVS MENOCHIVS IVRECONSVLTVS. S.// [vinheta]// [datado de:] Ex Monteregali Pedemontium,// decimo Kalend. Augusti.// M D LXV.//

F. 4b-6b: IACOBVS MENOCHIVS// IVRECONSVLTVS// AD LECTOREM.// [datado de:] Ex Monteregali Pede-// montium. Decimo Calend. Augusti.// M D LXV.//

F. 7a: CYNTII IO. BATISTAE// GYRALDI NOBILIS// FERRARIENSIS.// [mais abaixo:] PETRI MARII A PINGON ALLOBRO-// GIS IVRECONSVLTI ET APO-// stolici Protonotarij.//

F. 7b: PHILIPPI ROBERTI// CABILONENSIS.// [mais abaixo: outra poesia em grego].//

F. 8a: IO. PETRI FERRERII ASTEN-// SIS LEGVM STVDIOSI.//

F. 8b: em branco.

A partir da folha 1, numerada, começa o texto, que vai até o verso da folha 191.

F. 192, sem numeração: em branco.

Segue, então, com nova folha de rosto e novas assinaturas, mas com foliação continuada, outra parte referente ao mesmo assunto.

RESPONSA IN CAVSA// FINARIENSI REDDITA,// IACOBO MENOCHIO IVRECONSVLTO// AVCTORE NVNC EDITA.// QVAE IN OPERE HABEANTVR VERSEA// PAGINA CLARIVS DOCET.// [vinheta pequena]// [marca tipográfica]// VENETIIS,// Apud Ioan. Baptistam Somaschum & fratres.// M D L X V I I.//

Verso da página de rosto: relação dos títulos de que se compõe este livro.

F. [194]-195: ILLVSTRISSIMO ATQVE EXCELLENTISSIMO// IOAN. BAPTISTAE LERCHARIO// GENVENSIVM DVCI// PRVDENTISSIMO.// Iacobus Menochius Iureconsultus. S.// [vinheta]//

A partir da f. 196 segue o texto da obra, que finaliza na folha [257a] não numerada.

Verso da f. [257] não numerada e mais 39 folhas não numeradas: SERIES ET ORDO QVAESTIONVM// TRACTATVS RECVPERANDAE// POSSESSIONIS.//

FD-BTA

80.

ORTA, Garcia de, séc. XVI. 1567

AROMATVM,// ET// SIMPLICIVM ALIQVOT// MEDICAMENTORVM APVD// INDOS NASCENTIVM// HISTORIA:// Ante biennium quidem Lusitanica lingua per// Dialogos conscripta, D. GARCIA AB// HORTO, Protegis Indię Medico,auctore:// Nunc verò primùm Latina facta, & in Epitomen// contracta à CAROLO CLVSIO Atrebate.// [marca tipográfica]// ANTVERPIAE,// Ex officina Christophori Plantini,// M. D. LXVII.// CVM PRIVILEGIO.//

250 p., 6 fls. não nums. -- Assinatura: A-Q(8) R(4).

Restaurada.
Reencadernação em couro tratado ao alúmen.
Acondicionada em caixa com pH neutro.
Notas marginais impressas e manuscritas.
Gravuras e ilustrações: p. 40, 47, 72, 95, 102, 107, 114, 119, 140, 141, 151, 159, 182, 228, 229 , 230.

Verso da página de rosto: Svmma PRIVILEGII.// [datada de:] "Bruxellae, Anno M.D.LXVI. III. Septemb.// Subsig.// I. de VVitte."//
P. 3-6: MAGNIFICO VIRO// DOMINO IACOBO A. F.// FVGGERO, COMITI IN KIRCH-// PERG ET VVEISSENHORN, CARO-// LVS CLVSIVS A.// [datado de:] "...Brugis Flandrorum,// Idibus Decemb. M.D.LXVI."//
P. 7: BENEVOLO LECTORI.//
P. 8: SVMMA CAPITVM PARTIS// ...
Da p. 9 em diante começa, então, a obra de Garcia de Orta, cuja primeira parte tem 57 capítulos e a segunda parte 28.
Nas folhas não numeradas finais vem, então, o: INDEX// EORVM QVAE HOC LIBRO// CONTINENTVR.// [F. 1-5]
F. 6a: ERRATA.//
F. 6b: EXCVDEBAT CHRISTOPHORVS// PLANTINVS ANTVERPIAE, ANNO// M.D.LXVII. MENSE APRILI.//

Primeira edição latina. Traduzida por Carolus Clusius, o verdadeiro divulgador da obra de Garcia de Orta, cuja primeira edição em português data de 1563, realizada em Goa. O latim, sendo a língua mais falada e lida na época, era o idioma ideal para transmitir conhecimentos de grande valor científico.

Adams O-319; Brunet v. 4, col. 240-1; IFS t. 3, p. 116; Palau 99.516; Sabin 57.663; Samodães 2.285; Telles da Sylva 102.

IEB-LAM

81.

VITRUVIUS POLLIO, Marcus. 1567

[página de rosto dentro de um pórtico] I DIECI LIBRI// DELL'ARCHITETTVRA// DI M. VITRVVIO,// Tradotti & commentati da Mons. Daniel// Barbaro eletto Patriarca d'Aquileia,// da lui riueduti & ampliati; & ho-// ra in piu commoda// forma ridotti.// IN VENETIA,// Appresso Francesco de'Franceschi Senese, &// Giouanni Chrieger Alemano Compagni.// M D LXVII.//

4 fls. não nums., 506p. (Erros de paginação: 56 i. e. 59; 60 i. e. 69; 105 i. e. 108; 127 sem paginação; 249 é folha dupla impressa apenas de um lado, só com uma paginação; 502 i. e. 250; 258 também folha dupla; 172 i. e. 272; 173 i. e. 273; 96 i. e. 296; 333 sem paginação; 390 sem paginação). -- Assinatura: a(4) A-Z(4) AA-HH(4) II(2) KK(4) LL(2) MM-ZZ(4) AAA-TTT(4). (Erros de assinatura: CC i. e. CCC).

Restaurada.
Reencardenação em couro pleno castor, com lombada ornamentada.
Acondicionada em caixa (estojo) em couro e papel artesanal alcalino.
Inúmeras ilustrações, algumas coloridas, no texto e fora do mesmo.
Partituras: p. 233, 235, 242, 243 , 246.

F. 1: página de rosto.
F. 1b: em branco.
F. 2a-3a: ALLO ILLVSTRISSIMO,// ET REVERENDISSIMO// CARDINAL DI FERRARA// D. HIPPOLITO DA ESTE,// [vinheta]// DANIEL BARBARO ELETTO// D'AQVILEGGIA S.// [datado no final:] ... Di Vinetia del// M D LXVII.//
F. 3b-4b: FRANCESCO DE FRANCESCHI SANESE// A I LETTORI.//
P. 1-65: IL PRIMO LIBRO// DELL'ARCHITETTVRA// DI M. VITRVVIO.//
P. 66-95: IL SECONDO LIBRO// ...
P. 95-161: IL TERZO LIBRO// ...
P. 161-202: IL QVARTO LIBRO// ...
P. 203-271: IL QVINTO LIBRO// ...
P. 272-306: IL SESTO LIBRO// ...
P. 307-326: IL SETTIMO LIBRO// ...
P. 327-346: LIBRO OTTAVO// ...

I DIECI LIBRI
DELL'ARCHITETTVRA
DI M. VITRVVIO,
Tradotti & commentati da Monſ. Daniel
Barbaro eletto Patriarca d'Aquileia,
da lui riueduti & ampliati; & ho-
ra in piu commoda
forma ridotti.

IN VENETIA,
Appreſſo Franceſco de' Franceſchi Seneſe, &
Giouanni Chrieger Alemano Compagni.
M D LXVII.

Aug.te de Montferrand
1819.

VITRUVIUS POLLIO, Marcus. *I Dieci Libri dell'Architettvra...*, 1567.
Página de rosto em pórtico.
Figura 46 – nº de catálogo 81

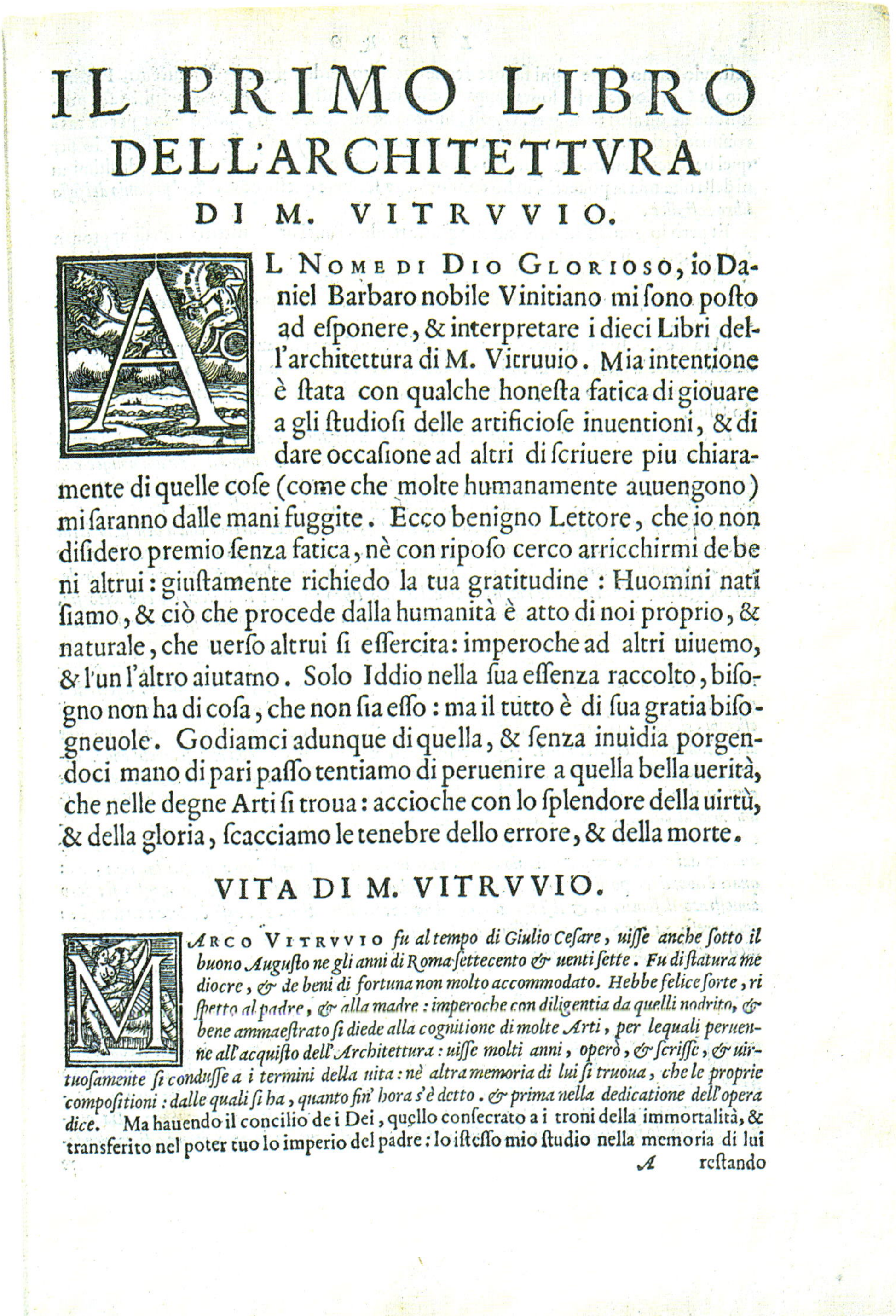

IL PRIMO LIBRO DELL'ARCHITETTVRA

DI M. VITRVVIO.

AL NOME DI DIO GLORIOSO, io Daniel Barbaro nobile Vinitiano mi ſono poſto ad eſponere, & interpretare i dieci Libri dell'architettura di M. Vitruuio. Mia intentione è ſtata con qualche honeſta fatica di giouare a gli ſtudioſi delle artificioſe inuentioni, & di dare occaſione ad altri di ſcriuere piu chiaramente di quelle coſe (come che molte humanamente auuengono) mi ſaranno dalle mani fuggite. Ecco benigno Lettore, che io non diſidero premio ſenza fatica, nè con ripoſo cerco arricchirmi de beni altrui: giuſtamente richiedo la tua gratitudine: Huomini nati ſiamo, & ciò che procede dalla humanità è atto di noi proprio, & naturale, che uerſo altrui ſi eſſercita: imperoche ad altri uiuemo, & l'un l'altro aiutamo. Solo Iddio nella ſua eſſenza raccolto, biſogno non ha di coſa, che non ſia eſſo: ma il tutto è di ſua gratia biſogneuole. Godiamci adunque di quella, & ſenza inuidia porgendoci mano di pari paſſo tentiamo di peruenire a quella bella uerità, che nelle degne Arti ſi troua: accioche con lo ſplendore della uirtù, & della gloria, ſcacciamo le tenebre dello errore, & della morte.

VITA DI M. VITRVVIO.

MARCO VITRVVIO fu al tempo di Giulio Ceſare, uiſſe anche ſotto il buono Auguſto ne gli anni di Roma ſettecento & uenti ſette. Fu di ſtatura mediocre, & de beni di fortuna non molto accommodato. Hebbe felice ſorte, riſpetto al padre, & alla madre: imperoche con diligentia da quelli nodrito, & bene ammaeſtrato ſi diede alla cognitione di molte Arti, per lequali peruenne all'acquiſto dell'Architettura: uiſſe molti anni, operò, & ſcriſſe, & uirtuoſamente ſi conduſſe a i termini della uita: nè altra memoria di lui ſi truoua, che le proprie compoſitioni: dalle quali ſi ha, quanto fin' hora s'è detto. & prima nella dedicatione dell'opera dice. Ma hauendo il concilio de i Dei, quello conſecrato a i troni della immortalità, & transferito nel poter tuo lo imperio del padre: lo iſteſſo mio ſtudio nella memoria di lui

A reſtando

VITRUVIUS POLLIO, Marcus. *I Dieci Libri dell'Architettvra...*, 1567.
Detalhe do texto.
Figura 47 – nº de catálogo 81

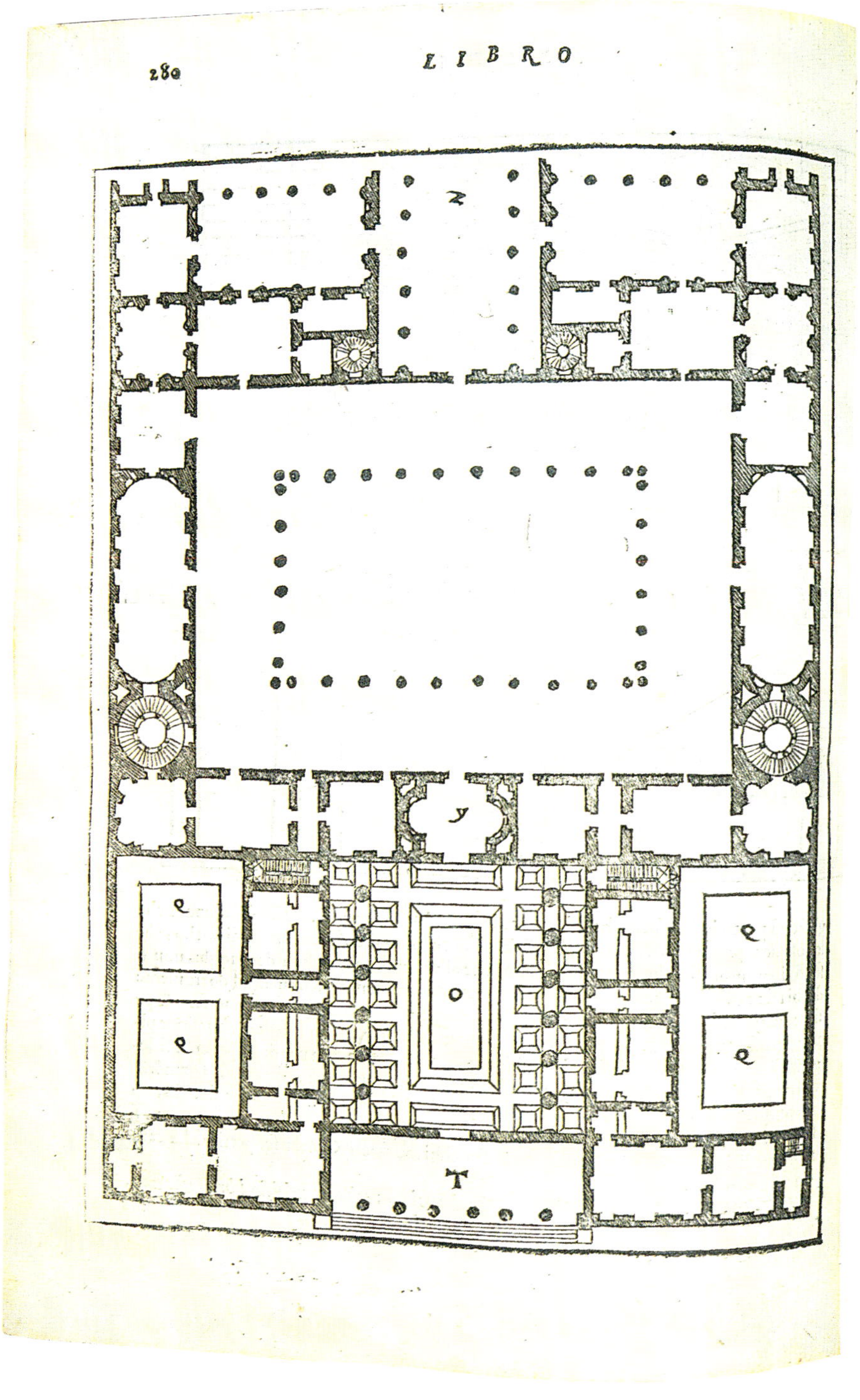

VITRUVIUS POLLIO, Marcus. *I Dieci Libri dell'Architettvra...*, 1567.
Detalhe de planta baixa.
Figura 48 – nº de catálogo 81

P. 347-437: LIBRO NONO// ...
P. 438-482: LIBRO DECIMO// ...
P. 483-496: TAVOLA DELLE LVNGHEZZE, LARGHEZZE, PARTI// ET GRANDEZZE DELLE STELLE.// [em duas colunas]
P. 497-499: TAVOLA DIQVELLO// CHE SI CONTIENE IN// TVTTA L'OPERA PER// ORDINE DEI CAPI.// [vinheta]//
P. 500-506: TAVOLA DE I DIECI LIBRI DELLA// ARCHITETTVRA DI M. VITRVVIO.//
F. 507a-508b: em branco

Consta no livro um recorte de catálogo, referente à obra, com os seguintes dizeres: "Edition bien imprimée ornée d'un titre et de nombreuses planches d'architecture gravées sur bois" (Vente Polovtsoff 1911 nº 236).

Adams V-909.

FAU

82.
AFFLITTO (de Afflictis), Matteo d', ca. 1448-1523. 1568

TRACTATVS DE IVRE// PROTHOMISEOS// Excellentissimi Iureconsul.// Matthaei de Afflict.// ET BALDI DE PERVSIO// NVPERRIME RECOGNITVS// per D. Ioann. Baptist. Zilettum Venetum// a plurimis quibus scatebat errori-// bus uindicatus, candoriq; suo// restitutus , ut facile ex// aliorum collatio-// ne constat.// SVBSEQVENTI COMMENTARIOLO// Grauissimi Iuris Interpretis,Marci Mantuae Bonauiti// 'Patauini, ad L. Dudum . C.de contrahen.// emptio. Summariisqz, ac elementario// Indico super additis diligen-// tissimè exornasus.// [marca tipográfica]// VENETIIS// Apud Georgium de Caballis. M D LXVIII.//

108 fls. nums., 8 fls. não nums. -- Assinatura: A-O(8) P(4).

Restaurada.
Reencadernação flexível em pergaminho de cabra.
Acondicionada em caixa com pH neutro.
Notas marginais manuscritas.
Ex-libris de AVV. Carlo Frediani.

Verso da página de rosto: em branco.
F. 2a-3a: [barra ornamental]// CONSTITVTIO VLTIMA// DOMINI FREDERICI// Imperatoris semper Augusti// super iure Protho-// miseos.//
A partir da f. 4 inicia-se o texto da obra, tendo como autores Mattheus Afflictus, Baldus, de Perugia, e Marcus Mant. Bonauidio, de Pávia. Finaliza no verso da f. 108.
F. 1a-8b, não numeradas, impressas em duas colunas: INDEX RERVM// NOTABILIVM QVAE IN// TRACTATIBVS ISTIS// CONTINENTVR.// [vinheta]//

IA 101.359; O *Index Aureliensis* apenas menciona um exemplar em Gotha (Alemanha).

FD-BTA

83.
AZO, Portius, m. ca. 1230. 1568

BROCARDICA// AVREA// D. AZONIS BONONIENSIS ANTI-// QVORVM IVRIS CONSVLTORVM// FACILE PRINCIPIS.// In quibus omnes ferè iuris antinomiae conciliantur, atque// concordantes leges suis locis collocantur.// Nunc tertio ad studiosorum comodum, decem Rubricis// insignioribus aucta, varijsq; mendis expurgata, aedita.// Accessit Tabula Rubricarum, & index omnium locorum com-// munium, qui in hoc libro continetur, quò lectoribus// facillimè succurratur.// CVM PRIVILEGIO.// [brasão]// NEAPOLI// APVD IOANNEM BOIVM. 1568.// Expensis Iacobi Facchetti.//

4 fls. prels., 191 fls. nums., 21 fls. não nums. (Erros de foliação: 9 i. e. 6; 108 i. e. 107; 269 i. e. 169). -- Assinatura: *(4) A-Z(4) Aa-Zz(4) Aaa-Ggg(4).

Restaurada.
Reencadernação flexível em pergaminho de cabra.
Acondicionada em caixa com pH neutro.
Notas marginais impressas.
Texto impresso em duas colunas.

Verso da página de rosto: licença de impressão da Igreja.//
F. 2a-3b: AD LECTOREM.//
F. 4: em branco.//

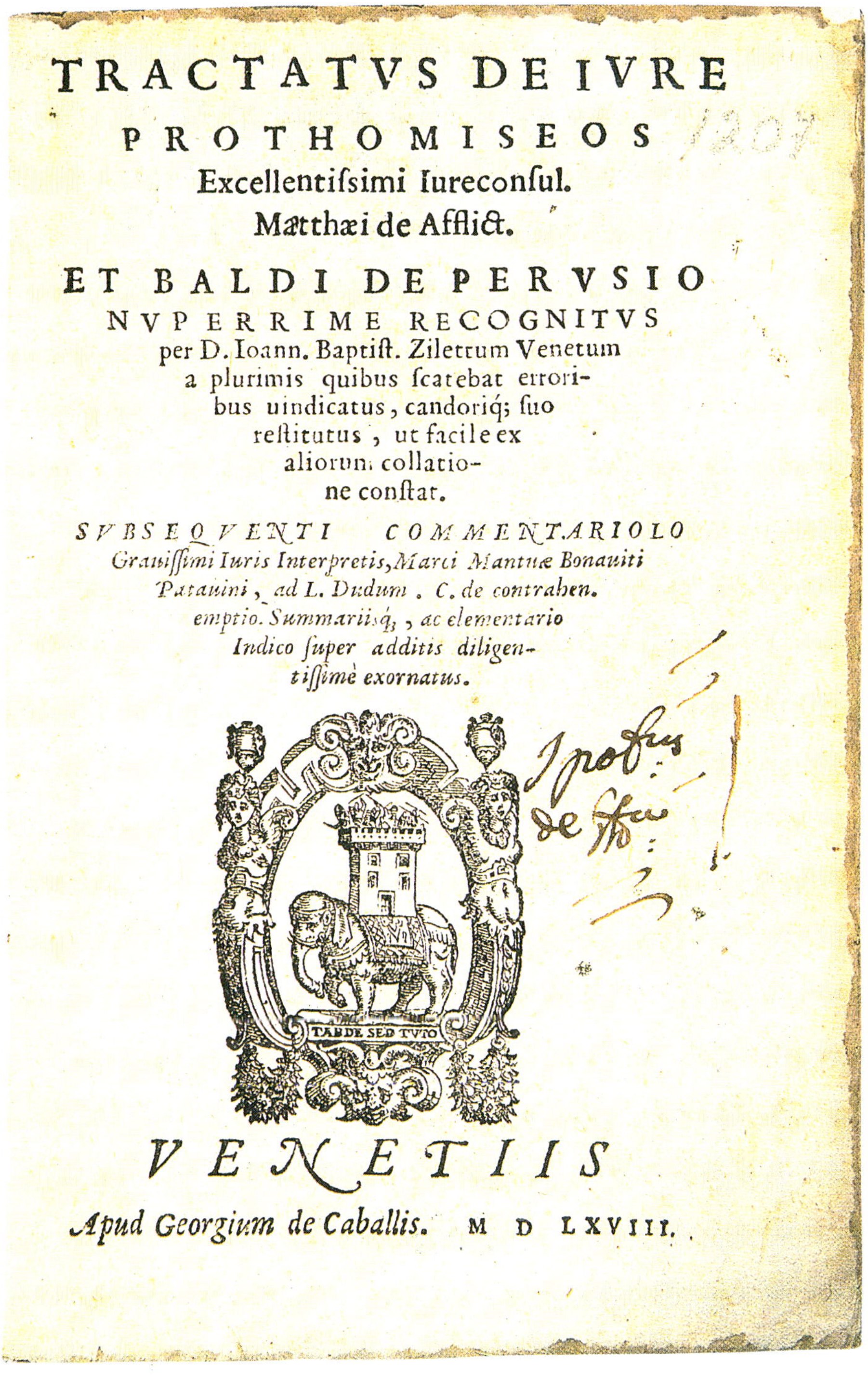

TRACTATVS DE IVRE
PROTHOMISEOS
Excellentiſsimi Iureconſul.
Matthæi de Afflict.
ET BALDI DE PERVSIO
NVPERRIME RECOGNITVS
per D. Ioann. Baptiſt. Ziletrum Venetum
a plurimis quibus ſcatebat errori-
bus uindicatus, candoriq; ſuo
reſtitutus, ut facile ex
aliorum collatio-
ne conſtat.

SVBSEQVENTI COMMENTARIOLO
Grauiſſimi Iuris Interpretis, Marci Mantuæ Bonauiti
Patauini, ad L. Dudum. C. de contrahen.
emptio. Summariisq; , ac elementario
Indico ſuper additis diligen-
tiſſimè exornatus.

VENETIIS

Apud Georgium de Caballis. M D LXVIII.

AFFLITTO (de Afflictis), Matteo d'. *Tractatvs de ivre prothomiseos excellentissimi...*, 1568. Página de rosto.
Figura 49 – nº de catálogo 82

Segue, então, o texto nas folhas numeradas, que termina no verso da f. 191.
F. 1a, não numerada até f. 21b: INDEX OPERIS.//
F. 21b; após o índice: Registrum.//

Portius Azo (ou Azzo) foi jurista em Bolonha.
A obra não vem citada no *Index Aureliensis*, o que atesta a sua extrema raridade.

FD-BTA

84.1.
COVARRUBIAS Y LEYVA, Diego de, bispo de Sevilha, 1512-1577. 1568

DIDACI// COVARRVVIAS// A LEYVA TOLETANI,// EPISCOPI SEGOVIENSIS,// IVRISCONSVLTI CELE-// BERRIMI, IN VARIOS CIVILIS// ac Pontificij iuris titulos,// Relectionum// Tomus Primus.// Ab innumeris mendis quibus scatebat emendatus, ac// rerum & verborum Indice locu-// pletissimo auctus,// Quae hoc primo Tomo contineantur,sequens pagina indicabit.// [marca tipográfica]// LVGDVNI,// APVD HAEREDES IACO[...] IVNCTAE.// – // M. D. LXVIII.// CVM PRIVILEGIO REGI//

4 fls. prels., 1.018 p., 1 fl. não num. (Erros de paginação: 243 i. e. 143; 131 i. e. 181; 299 i. e. 199; 288 i. e. 286; 312 i. e. 302; 305 i. e. 307; 318 i. e. 308; 177 i. e. 377; 180 i. e. 380; 563 i. e. 503; 522 i. e. 521; faltam p. 627 a 634; 683 i. e. 638; 587 i. e. 687; 609 i. e. 709; 647 i. e. 746; 987 i. e. 787). -- Assinatura: *(4) a-z(6) A-Z(6) Aa-Zz(6) AA-QQ(6). (Erros de Assinatura: Faltam G 2 a G 5).

Restaurada.
Reencadernação em pergaminho.
Acondicionada em caixa com pH neutro.
Anotações manuscritas na folha de rosto.
Impresso em duas colunas.

Volume I.
Verso da página de rosto: TITVLORVM NO-// MENCLATVRA.//
[abaixo do índice:] Extraict du priuilege du Roy.//
F. 2a-3b: [barra ornamental]// LOCORVM QVAE TAM// EX IVRE REGIO,// QVAM EX COM-// muni, in hoc volumine// explicantur,// Index.//
F. 4: em branco.

P. 1-30: [barra ornamental]// DIDACI COVARRVVIAS// A LEYVA TOLETANI// EPISCOPI CIVITATENSIS,// Dum in insigni Dei max. Saluatoris collegio Sal-// manticae iura Pontificia publico munere// profiteretur, in tit. de Testam.// interpretatio.//
P. 31-1.018: Segue o texto que se divide em 40 capítulos.
F. 1a, não numerada: Tomi primi Operum Didaci Couarruuias// à Leyua Toletani,// Finis.//
Verso: em branco.

84.2.
Volume II. 1568

DIDACI// COVARRVVIAS// A LEYVA TOLETANI,// EPISCOPI SEGOVIENSIS,// IVRISCONSVLTI CELE-// BERRIMI, VARIARVM RESO-// lutionum, quas libris qua-// tuor complexi// sumus// Tomus secundus.// His adiecimus veterum numismatum, cum his, quibus// hoc tempore Hispani vtuntur, regia// auctoritate cusis, col-// lationem.// [marca tipográfica]// LVGDVNI,// APVD HAEREDES IACOBI IVNCTAE.// – // M.D.LXVIII.// CVM PRIVILEGIO REGIO.//

557 p., 26 fls. não nums. (Erros de paginação: 182 i. e. 190; 266 i. e. 274; 398 i. e. 298; 558 i. e. 538). -- Assinatura: a-z(6) aa-zz(6) aA-eE(6).

Restaurada.
Reencadernação em pergaminho.
Acondicionada em caixa com pH neutro.

Verso da página de rosto: em branco.
P. 3-557: [barra ornamental]// DIDACI COVARRVVIAS// A LEYVA TOLETANI,// VARIARVM EX IVRE// Pontificio, Regio & Caesareo// Resolutionum, liber// primus.//
Verso da p. 557: em branco.
F. 1a-26a, não numeradas: [barra ornamental]// INDEX OMNIVM EO-// RVM QVAE IN OPE-// RIBVS DIDACI COVAR-// RVVIAS CONTINENTVR,// LOCVPLETISSIMVS.//
F. 26a, abaixo do índice: Series chartarum primi Tomi.// ...// [e mais abaixo:] Secundi Tomi.// ... //
O colofão encerra a página: LVGDVNI,// Ex Typis Ioannis Symoneti.// 1568.//

Verso da f. 26: em branco.

Adams C-2.859.

FD

85.
SENTENTIAE. 1568

SENTENTIAE// SIVE LOCI// COMMVNES VTRI-// VSQVE IVRIS, SERIE AL-// PHABETICA DIGESTI, QVIBVS// vtrunque Ius mira quadam breuitate// comprehenditur,nunc denuò// in lucem editi.// HISCE ADIECIMVS LEGVM FLO-// sculos selectissimos, nunc demùm suae integri-// tati quoque restitutos.// [marca tipográfica]// COLONIAE// Apud Iohannem Birckmannum, & Theo-// dorum Baumium,// Anno M. D. L X V I I I.//

255 p. (Erros de paginação: 92 i. e. 208). -- Assinatura: A-Q(8).

Restaurada.
Reencadernação flexível em pergaminho de cabra.
Acondicionada em caixa com pH neutro.
O caderno O, a partir da p. 209 até 224, está encadernado desordenadamente.

Verso da página de rosto: em branco.
Da p. 3 começa o texto: DE LITERA A.// [a Z.] e que finaliza à p. 110.
P. 111-255: INCIPIVNT// FLORES LEGVM, AD LI-// terarum seriem dispositi.//
Verso da p. 255: em branco.

Adams S-944.

FD-BTA

86.
VALERIUS, Cornelius, 1512-1578. 1568

DE SPHAERA,// ET PRIMIS ASTRO-// NOMIAE RVDIMENTIS,// LIBELLVS VTI-// LISSIMVS.// Cui adiecta sunt breuia quaedam de Geo-// graphia praecepta maximè necessaria.// Conscripta olim & dictata familiaribus qui-// busdam auditoribus, & nunc primùm recognita à// CORNÈLIO VALERIO Vltraiectino,pu-// blico linguae Latinae in Collegio Trilingui Busli-// diano professore.// [marca tipográfica]// ANTVERPIAE,// Ex officina Christophori Plantini.// M. D. LXVIII.//

79 p. (Erros de paginação: as páginas correspondentes a 1, 2 e 60 não estão paginadas). -- Assinatura: A-E(8).

Restaurada.
Reencadernação com capas em cartão Crescent (neutro) revestidas de couro.
Acondicionada em caixa com pH neutro.
Notas marginais impressas.
Inúmeras ilustrações no texto e uma de página inteira (p. 21).
Ex-libris da BIBLIOTHEQUE DE MR. EM. MANOEL.

Verso da página de rosto: SVMMA PRIVILEGGI.// [datada de:] ... vt latiùs patet in// litteris Bruxellae datis III. Septemb. & XXVII.// Ianuar. Anno M. D. LXVI. stylo Brabantiae.// Signat.// I. de VVitte.//
P. 3-6: ORNATISSIMO ATQVE// AMPLISSIMO VIRO DOMINO// GVLIELMO AB HETERE-// no, Baliuo Ordinis Ioannitarum apud// Vltraiectinos, Domino suo plurimùm ob-// seruãdo, Cornelius Valerius ab Audùa-// tra Vltraiectinus, S.// [datado e assinado:] Vale. Louanij ex Col-// legio Trilingui Buslidiano. Idibus// Februarij. Anno M. D. LXI.//
À p. 7 inicia-se, então, a obra com o título: CORNELII VALERII// VLTRAIETINI, DE SPHAERA// ET PRIMIS ASTRONOMIAE// RVDIMENTIS, LIBELLVS// PERVTILIS.//
P. 68-79: BREVIA QVAEDAM DE// GEOGRAPHIA PRAE-// CEPTA.//
P. 79, ao final: ERRATA.//
Última página: em branco.

Encadernado com: *Physicae.*/ Cornelius Valerius (ver nº 87).

IAG

87.
VALERIUS, Cornelius, 1512-1578. 1568

PHYSICAE,// SEV// DE NATVRAE// PHILOSOPHIA// INSTITVTIO,// PERSPICVE ET BREVITER EXPLI-// cata à CORNELIO VALERIO

Vltrare-// ctino, publico linguae Latinae in collegio tri-// lingui Buslidiano, professore.// [marca tipográfica]// ANTVERPIAE.// Ex officina Christophori Plantini.// M . D . LXVIII.//

103 p. (Erros de paginação: as páginas 1 e 2 não estão paginadas). -- Assinatura: A-F(8) G(4).

Verso da página de rosto: SVMMA PRIVILEGII.// [datada:] ...vt latiùs pa-// tet in litteris Bruxellae datis III. Septemb. & XXVII.// Ianuar. Anno M. D. LXVI.// stylo Brabantiae// Signat.// I. de VVitte.//
P. 3-6: GENEROSIS ADOLESCEN-// TIBVS VIRTVTIS ET// OPTIMARVM ARTIVM// STVDIOSIS,// Dn. CAROLO à Meloduno, Principi Espinoiae, Ba// roni Antonij, Conestabili Flandriae, &c.// Dn. PETRO à Vuerchinio, Senescallo Hannoniae,// Comiti Annesinij, Baroni Sisonij, &c.// Dn. ROBERTO à Meloduno, Domino Richebur-// gi, &c.// CORNELIVS VALERIVS// VLTRAIECTINVS S.D.// [datado e assinado:] Valete. Louanio.// vi. Calend. Iulij. Anno à salute generi huma-// no restitvta. M.D.LXVI.//
P. 7: PHYSICAE, SEV DE// NATVRAE PHILOSOPHIA// INSTITVTIO, PERSPICVE ET// breuiter explicata à Cornelio Valerio Vl-// traiectino, publico linguae Latinae in col-// legio trilingui Buslidiano professore.//
Verso da p. 103: em branco.

Encadernado com: *De Sphaera.*/ Cornelius Valerius (ver nº <u>86</u>).

IAG

88.

AQUINAS, Thomas, s., 1225-1274. 1569

QVAESTIONES// DISPVTATAE S. THOMAE// AQVINATIS DOCTO-// RIS ANGELICI:// De Potentis Dei, de Malo, De Spiritualibus Creaturis, De Anima, De Daemonibus,// De Angelis, De Veritate, Et pluribus alijs, Quaestionibus, vt in Tabula continetur.// NVPER SINGVLORVM ARTICVLORVM// cuiuslibet quaestionis conclusionibus [...]commodum studiosorum ap-// positis quàm diligen[...]issimè exornata.// OMNIVM QVAESTIONVM AC SINGV-// lorum articulorum ad omnem materiam[...]liecti sunt Indices.// Nunc recèns prodeunt, tum à multis mendis repurgatae, tum etiam indi-// cationibus illustratae omnium authoritatum, quas, tam ex sacris, quàm// prophanis Authoribus citat

S.Thomas:Haec autem opera atque indu-// stria Fratris Antonij Senensis Lusitani, Sacrae Theologiae Bachalaurei,// Ordinis Fratrum Praedicatorum.// [marca tipográfica]// ANTVRPIAE,// In AEdibu Viduae & Haeredum// Ioannis Stelsij.// – // M. D. LXIX.// CVM GRATIA ET PRIVILEGIO.//

6 fls. prels., 218, 154 fls. nums. (Erros de foliação: 1ª parte: 95 i. e. 59; 210 i. e. 216; 2ª parte: 46 i. e. 56). -- Assinatura: *(6) A-Z(8) Aa-Cc(8) Dd(10) AA-SS(8) TT(10). (Erros de assinatura: G 2 i. e. GG 2).

Restaurada.
Reencadernação rígida em pergaminho com tiras de couro, tratado ao alúmen, utilizadas como fechos.
Acondicionada em caixa com pH neutro.
Notas marginais impressas.
Texto impresso em duas colunas.

Verso da página de rosto: em branco.
F. 2a-3a: REVERENDISSIMO PATRI// FRATRI VICENTIO IVSTINIANO, TO-// TIVS ORDINIS PRAEDICATORVM GENERALI// MAGISTRO, ET PASTORI VIGILANTISSIMO:// Nec non & Patribus admodum Reuerendis, viris lon-// gè eruditissimis, Patribus definitoribus nostri// Capituli generalis hoc Anno 1569. Ro-// mae congregandis Frater Antonius// [...] Lusitanus Sacrae Theo-// logiae Bacchalaureus S.P.D.// & multam foelicita-// tem precatur.//
F. 3b: FRATER ANTONIVS SE-// NENSIS LVSITANVS OR-// DINIS PRAEDICATORVM SACRAE// THEOLOGIAE BACCHALAVREVS,// Candido Lectori.//
F. 4a-6b, col. a: ANNOTATIO GENERALIS ET// compendiosa librorum, quaestionum, &// materiarum in hoc volumine con-// tentarum ex ordine.//
Começa, então, a primeira parte deste volume, que finaliza à f. 218a.
Verso da f. 218: em branco.
Começa com nova foliação e assinaturas as "Quaestiones disputatae" sobre a verdade e outros temas. Finalizam no verso da f. 154.
Verso da f. 154: termina com a indicação do nome do tipógrafo: Typis Ioam Graphei.//

FD

89.

ATAÍDE, Jorge de, bispo, 1535?-1611. 1570

[vinheta pequena] REGVLAE CANCELLARIAE.// SANCTISSIMI DOMINI NOSTRI PII DI-// uina prouidentia Papae Quinti, eiusq́; Motus proprij,Bullae, & alia decre-// ta:necnõ felicis recodationís Pauli Quarti,post promulgationem// Sacrosancti Tridentini Concilij edita.// [brasão do Bispo de Viseu, com legenda em volta]// [vinheta pequena] Per Reuerendiss. Patrem,& Illustriss. Dominum D. Georgium D'attaide// Episcopum Visensem approbata.// [vinheta pequena] Excussa per Emanuelem Ioannis Typographũ eins Reuerendiss. Domini// Episcopi Visei in eadem Vrbe. Anno Iacarnationis Dominicae// 1570.//

4 fls. prels. não nums., 176 fls. nums. (Erros de assinatura: l iiij i. e. l v; lxxxiiij i. e. lxxxvij; cxij i. e. cxiij).-- Assinatura: ✠(4) A-Y(8).

Restaurada.
Reencadernação em pergaminho flexível.
Acondicionada em caixa com pH neutro.
Adornada com algumas letras iniciais xilográficas.
A edição é de 1570 (o exemplar encontra-se cortado nesta parte).
À f. 54 [l iiij] vem uma gravura representando S. Francisco ao ser atingido pelas cinco chagas de Cristo.

Verso da página de rosto: [vinheta pequena] Emanuel Ioannes Typographus// Candido Lectori.// [vinheta pequena]//
F. 2a-4b: ¶INDEX CAPITVM IN HOC LI-// bro contentorum, per breuis ille quidem, sed qui facile lectorem deducat// ad singularum materiorum inuentione, in quo quidem proposi-// tus numerus & Folij & faciem primã eiusdẽ folij designat: dictio vero [eodem] alteram eiusdem faciem denotat.//
F.j. – XX: Regulae Cencellariae.//
F. 20b: ¶RESERVATIO MENSIVM// Apostolicorum.// ¶ET ALTERNATIVA PRO// Episcopis residentibus.//

Anselmo 720 (cita 6 exemplares); Barb. Mach. v. 2, p. 792-4; Samodães 219 ("Muito rara").

IEB

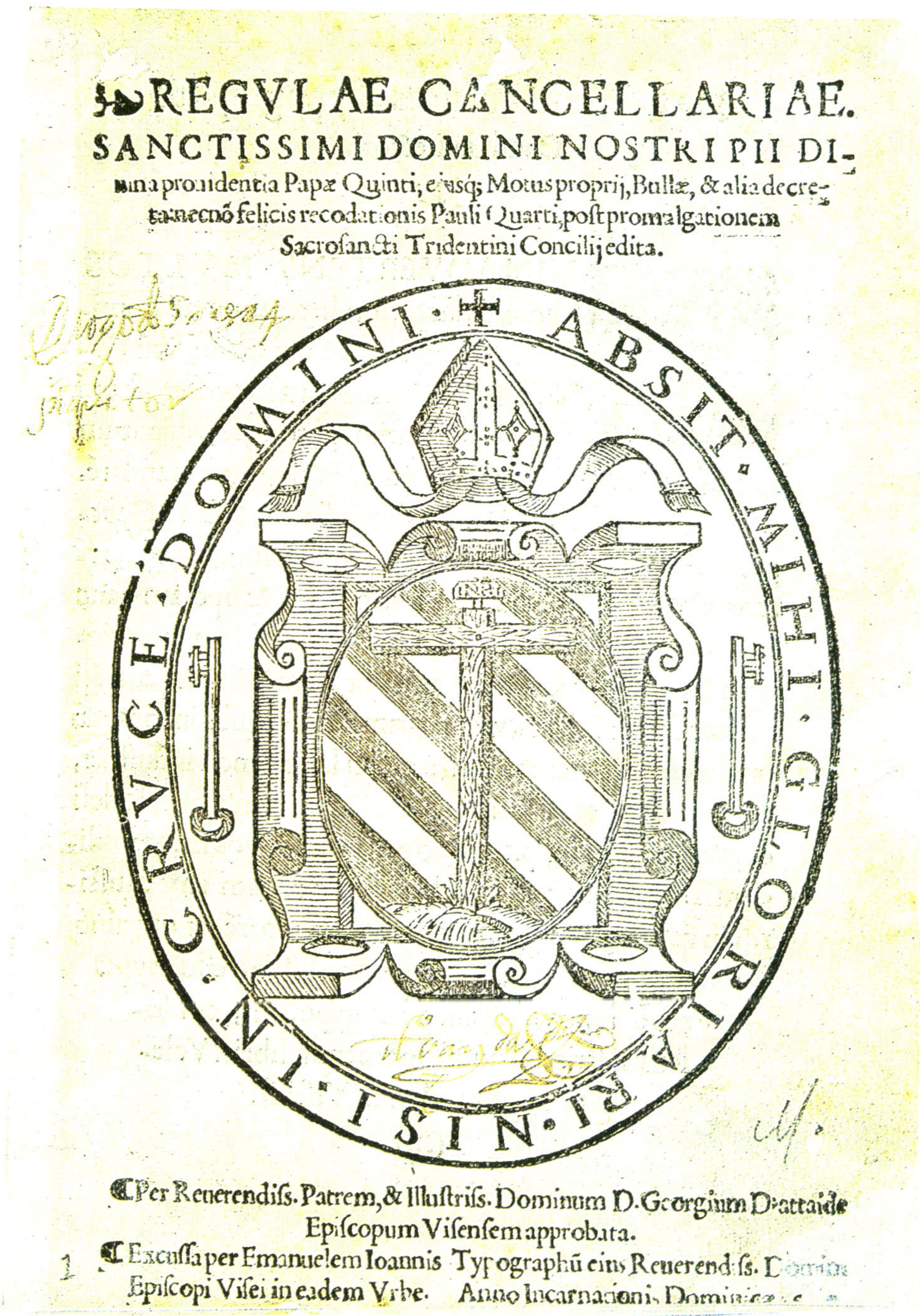
REGVLAE CANCELLARIAE.
SANCTISSIMI DOMINI NOSTRI PII DIuina prouidentia Papæ Quinti, eiusq; Motus proprij, Bullæ, & alia decreta: necnõ felicis recordationis Pauli Quarti, post promulgationem Sacrosancti Tridentini Concilij edita.

¶ Per Reuerendiss. Patrem, & Illustriss. Dominum D. Georgium D'attaide Episcopum Visensem approbata.
¶ Excussa per Emanuelem Ioannis Typographũ eius Reuerendiss. Domini Episcopi Visei in eadem Vrbe. Anno Incarnationis Domini...

ATAÍDE, Jorge de, bispo. *Regvlae cancellariae sanctissimi domini...* Viseu: Emmanuelem Ioannis, 1570. Página de rosto
Figura 50 – nº de catálogo 89

90.1.
BARTOLUS de Saxoferrato, ca. 1314-1357. 1570

[em vermelho:] BARTOLVS// [em preto:] A SAXO FERRATO// [em vermelho:] In Primam ff. veteris Partem.// [em preto:] Cum Adnotationibus Alex. Barb. Parisij, Claud. à Seissel. And. Poma.Ioan.// Franc. Roue. atq; aliorum : eisdemq; sanè integris nec vt// antehac concisis, & infractis.// Praestitimus nouissimae huic editioni ALEXANDRI etiam, & BARB. nomina in eorum// additamentis, quae caeteri studiosos in confusionem inducentes , multis// abhinc annis suppresserant.// Conciliationes quoque contrarietatum BART. & infinita propè summaria, vt// vocant, ad decisiones inueniendas maximè accommodata, quae in// alijs impressionibus desiderabantur.61Modelos Retereà// BARTOLI VITAM.// Errores, & vitia, locaqz plurima foedè conspurcata, ad veterum exemplarium fidem substulimus, ac// emendauimus. & quae prius effugerant, nunc supra fidem summo studio restituimus ,// sicut ex gustu cognoscere, quemadmodum est in veteri paroemia,// vnusquisqz facilè poterit.// In caeteris quoque qualis porrò fuerit nostra diligentia, sequens pagina demonstrabit.// [marca tipográfica]// VENETIIS, APVD IVNTAS.// M D L X X.//

202 fls. nums. (Erros de foliação: 84 i. e. 85; 158 i. e. 156; 178 i. e. 184). -- Assinatura: A-Z(8) Aa(8) Bb(10).

Restaurada.
Reencadernação rígida em pergaminho com tiras de couro, tratado ao alúmen, utilizadas como fechos.
Acondicionada em caixa com pH neutro.
Texto impresso em duas colunas.

Verso da página de rosto: LECTORI CANDIDO S.//
F. 2a-2b: BARTOLI SAXOFERRATENSIS PRAECLARISS. // IVRIS VTRIVSQVE INTERPRETIS VITA,// Per D.Thomam Diplouatatium I.V. Doctorem edita.// ...// [retrato de Bartolus a Saxoferrato.]//
F. 2b, impresso em três colunas, abaixo do texto: Rubricae primae partis Digesti Veteris.//
Da f. 3 em diante segue o texto, que finaliza no verso da f. 202. Vai do livro I ao XI.// [abaixo do texto:] REGISTRVM.// e mais abaixo, como linha final, o colofão: VENETIIS, APVD IVNTAS. M D LXX.//

IA 114.169.

90.2. 1570

[em vermelho:] BARTOLVS// [em preto:] A SAXO FERRATO// [em vermelho:] In secundam Digesti veteris Partem.// [em preto:] Cum Adnotationibus Alex. Barb. Parisij, Claud. à Seissel. And. Poma.Ioan.// Franc.Roue. atq; aliorum: eisdemq́; sanè integris, nec vt// antehác concisis, & infractis.// Praestitimus nouissimae huic editioni ALEXANDRI etiam, & BARB. nomina in eorum.// additamentis,quae caeteri studiosos in confusionem inducentes , multis// abhinc annis suppresserant.// Conciliationes quoque contrarietatum BART. & infinita propè summaria, vt// vocant, ad decisiones inueniendas maximè accommodata, quae in// alijs impressionibus desiderabantur. Prȩtereà// BARTOLI VITAM.// Errores, & vitia, locaq́z plurima foedè conspurcata, ad veterum exemplarium fidem substulimus, ac// emendauimus . & quae prius essugerant, nunc supra fidem summo studio restituimus ,// sicut ex gustu cognoscere, quemadmodum est in veteri paroemia,// vnusquisqz facilè poterit.// In caeteris quoque qualis porrò suerit nostra diligentia, in secunda pagina primi Voluminis demonstratum est.// [marca tipográfica]// VENETIIS, APVD IVNTAS.// M D L X X.//

160 fls. nums. (Erros de foliação: 102 i. e. 103; 159 i. e. 157; 160, i. e., 158). -- Assinatura: A-V(8). (Erros de assinatura: A 3 i. e. A 2).

Restaurada.
Reencadernação rígida em pergaminho com tiras de couro, tratado ao alúmen, utilizadas como fechos.
Acondicionada em caixa com pH neutro.
Texto impresso em duas colunas.

Verso da página de rosto, impresso em três colunas: Rubricae secundae partis Digesti Veteris.//
À f. 2 começa a segunda parte dos "Digesti veteris" e que finaliza à f. 160b.
F. 160b, ao pé da página: REGISTRVM.//

Ambas as partes existem na Biblioteca Estadual de Munique e na de Salzburgo.

IA 114.170.

90.3. 1570

[em vermelho:] BARTOLVS// [em preto:] A SAXO FERRATO// [em vermelho:] In Primam Infortiati Partem.// [em preto:] Cum Adnotationibus Alex.

Barb.Parisij,Claud. à Seissel. And.Poma. Ioan.// Franc. Roue. atq; eisdemq́; sanè integris, nec vt,// antehac concisis, & infractis,// Praestitimus nouissimae huic editioni ALEXANDRI etiam & BARB, nomina in eorum// additamentis, quae caeteri studiosos in confusionem inducenses, multis// abhinc annis suppresserant.// Conciliationes quoque contrarietatum BART, & infinita propè summaria,// vocant , ad decisiones inuensendas maximè accommodata, quae in// alijs impressionibus desiderabantur. Prętereà// BARTOLI VITAM.// Errores, & vitia, locaq́z plurima foedè conspurcata, ad veterum exemplarium fidem substulimus, ac// emendauimus, & quae prius effugerant, nunc supra fidem summo studio restituimus,// sicut ex gustu cognoscere, quemadmodum est in veteri paroemia,// vnusquisqz facilè poterit.// In çeteris qualis porrò suerit nostra diligentia, secunda pagina primi Vol. Dgi. Vet. demonstrat.// [marca tipográfica]// VENETIIS, APVD IVNTAS.// M D L X X.//

185 fls. nums., 1 fl. não num. (Erros de foliação: 117 i. e. 98; 157 i. e. 153; 155 i. e. 157; 58 i. e. 158). -- Assinatura: A-Y(8) Z(10). (Erros de assinatura: R 4 i. e. X 4).

Restaurada.
Reencadernação rígida em pergaminho com tiras de couro, tratado ao alúmen, utilizadas como fechos.
Acondicionada em caixa com pH neutro.
Texto impresso em duas colunas.

Verso da página de rosto, impresso em duas colunas: Rubricae primae partis Infortiati.//
A partir da f. 2a inicia-se o texto, que finaliza no verso da f. 185.
F. 185b, abaixo do texto, segue o REGISTRVM.// [e mais abaixo, o colofão:] VENETIIS, Apud Iuntas.// M D LXX.//
A folha final, não numerada, contém a marca tipográfica dos Juntas [menor do que a da folha de rosto].//

Este volume já se inicia com o “Liber XXIIII”, indo até o “Liber XXIX”.
À f. 124b consta uma xilogravura de página inteira com o “Arbor substitutionum”.
Desta edição o *Index Aureliensis* apenas menciona um exemplar em Salzburgo.

IA 114.171.

[em vermelho:] BARTOLVS// A SAXO FERRATO// In Secundam Infortiati Partem.// [em preto:] Cum Adnotationibus Alex. Barb. Parisij, Claud. à Seissel. And. Poma. Ioan.// Franc. Roue. atq; aliorum: eisdemq́; sanè integris, nec vt// antehac concisis, & infractis:// Praestitimus nouissimae huic editioni ALEXANDRI etiam, & BARB, nomina in eorum.// additamentis, quae caeteri studiosos in confusionem inducentes, multis// abhinc annis suppresserant.// Conciliationes quoque contrarietatum BART. & infinita propè summaria, vt// vocant, ad decisiones inueniendas maximè accommodata, quae in// alijs impressionibus desiderabantur. Prętereà// BARTOLI VITAM.// Errores, & vitia, locaq́z plurima foedè conspurcata, ad veterum exemplarium fidem substulimus, ac// emendauimus. & quae prius effugerant , nunc supra fidem summo studio restituimus,// sicut ex gustu cognoscere, quemadmodum est in veteri paroemia,// vnusquisqz facilè poterit.// In çeteris qualis porrò fuerit nostra diligentia, secunda pagina primi Vol. Dig. Vet. demonstrat.// [marca tipográfica]// VENETIIS, APVD IVNTAS.// M D L X X.//

185 fls. nums. (Erros de foliação: 54 i. e. 56). -- Assinatura: A-Y(8) Z(10).

Restaurada.
Reencadernação rígida em pergaminho com tiras de couro, tratado ao alúmen, utilizadas como fechos.
Acondicionada em caixa com pH neutro.
Texto impresso em duas colunas.

Verso da página de rosto, impresso em três colunas: Rubricae Secundę partis Infortiati.//
Segue, então, o texto da obra, que começa com o libro XXX e vai até o livro XXXVIIJ.
Finaliza no verso da folha 185.
Abaixo do texto segue: REGISTRVM.//
E mais abaixo o colofão: VENETIIS, Apvd Iuntas.// M D LXX.//
A folha final, sem numeração, traz no anverso a marca tipográfica em tamanho menor que a da folha de rosto.
Verso desta folha: em branco.

Mencionada pelo *Index Aureliensis* como existente em Salzburgo (SB) e também mencionada no GK XII:3855.
IA 114.171.

[em vermelho:] BARTOLVS// [em preto:] A SAXO FERRATO// [em vermelho:] In Primam ff. noui Partem.// [em preto:] Cum Adnotationibus Alex. Barb. Parisij, Claud. à Seissel. And. Poma. Ioan.// Franc. Roue. atq; aliorum: eisdemq́; sanè integris, nec vt// antehac concisis, & infractis.// Praestitimus nouissimae huic editioni ALEXANDRI etiam, & BARB, nominae in eorum,// additamentis, quae caeteri studiosos in confusionem inducentes , multis// abhinc annis suppresserant.// Conciliationes quoque contrarietatum BART. & infinita propè summaria, vt// vocant, ad decisiones inueniendas maximè accommodata, quae in// alijs impressionibus desiderabantur. Prętereà// BARTOLI VITAM.// Errores, & vitia, locaq́z plurima foedè conspurcata, ad veterum exemplarium fidem substulimus, ac// emendauimus, & quae prius effugerant, nunc supra fidem summo studio restituimus,// sicut ex gustu cognoscere, quemadmodum est in veteri paroemia,// vnusquisqz facilè poterit.// In çeteris qualis porrò suerit nostra diligentia, secunda pagina primi Vol. Dig. Vet. demonstrat.// [marca tipográfica]// VENETIIS, APVD IVNTAS.// M D L X X//

180 fls. nums. (Erros de foliação: 70 i. e. 62; 137 i. e. 143; 141, 142 i. e. 151, 152; 146, 147 i. e. 156, 157). -- Assinatura: A-Y(8) Z(4).

Restaurada.
Reencadernação rígida em pergaminho com tiras de couro, tratado ao alúmen, utilizadas como fechos.
Acondicionada em caixa com pH neutro.
Texto impresso em duas colunas.

Verso da página de rosto, impresso em três colunas: Rubricae primę partis Digesti Noui.//
À f. 2 começa o texto da obra, que finaliza no anverso da f. 180, indo do "Liber XXXIX" ao "Liber XLIIIJ".
Verso da f. 180: REGISTRVM// [mais abaixo a marca tipográfica e abaixo desta o colofão:] VENETIIS, Apud Iuntas.// M D LXX.//

Este volume existe na coleção da biblioteca de Salzburgo e é mencionado no GK XII: 3910.
IA 114.172.

90.6. 1570

[em vermelho:] BARTOLVS// A SAXO FERRATO// In Secundam ff. noui Partem.// [em preto:] Cum Adnotationibus Alex. Barb. Parisij, Claud. à Seissel. And. Poma. Ioan.// Franc. Roue. atq; aliorum: eisdemq́; sanè integris, nec vt// antehac concisis, & infractis.// Praestitimus nouissimae huic editioni ALEXANDRI etiam, & BARB. nomina in eorum.// additamentis, quae caeteri studiosos in confusionem inducentes, multis// abhinc annis suppresserant.// Conciliationes quoque contrarietatum BART. & infinita propè summaria, vt// vocant, ad decisiones inueniendas maximè accommodata, quae in// alijs impressionibus desiderabantur. Prętereà// BARTOLI VITAM.// Errores, & vitia, locaq́z plurima foede conspurcata, ad veterum exemplarium fidem substalimus, ac// emendauimus. & quae prius effugerant, nunc supra fidem summo studio restituimus,// sicut ex gustu cognoscere, quemadmodum est in veteri paroemia,// vnusquisqz, facilè poterit.// In çeteris qualis porrò fuerit nostra diligentia, secunda pagina primi Vol. Dig. Vet. demonstrat.// [marca tipográfica]// VENETIIS, APVD IVNTAS.// M D L X X.//

254 fls. nums. (Erros de foliação: 9 i. e. 5; 8 i. e. 86; tem duas vezes a f. 130, mas falta a f. 132; 134 i. e. 133; 135 i. e. 134). -- Assinatura: A-Z(8) AA-HH(8) II(10).

Restaurada.
Reencadernação rígida em pergaminho com tiras de couro, tratado ao alúmen, utilizadas como fechos.
Acondicionada em caixa com pH neutro.
Texto impresso em duas colunas.

Verso da página de rosto, impresso em três colunas: Rubricae Secundę partis Digesti Noui.//
À f. 2 se inicia o texto da obra contendo a segunda parte dos "Digesti Noui", que finaliza no anverso da f. 254.
F. 254a, abaixo do texto temos o REGISTRVM.//
E mais abaixo o colofão: VENETIIS, Apud Iuntas// M D LXX.//
F. 254b: Marca tipográfica.

Este volume existe na coleção da biblioteca de Salzburgo e é mencionado no GK XII: 3962.

IA 114.173.

90.7. 1570

[em vermelho:] BARTOLVS// [em preto:] A SAXO FERRATO// [em vermelho:] In Primam Codicis partem.// [em preto:] Cum Adnotationibus Alex. Barb. Parisij, Claud.à Seissel. And. Poma. Ioan.// Franc. Roue. atqz aliorum: eisdemq́; sanè integris, nec vt// antehac concisis, & infractis.// Praestitimus nouissimae huic editioni ALEXANDRI etiam , & BARB. nomina in eorum,// additamentis, quae caeteri studiosos in confusionem inducentes, multis// abhinc annis suppresserant.// Conciliationes quoque contrarietatum BART. & infinita propè summaria, vt// vocant , ad decisiones inueniendas maximè accommodata, quae in// alijs impressionibus desiderabantur. Prętereà// BARTOLI VITAM.// Errores, & vitia, locaq́z plurima foedè conspurcata, ad veterum exemplarium fidem substulimus, ac// emendauimus. & quae prius effugerant, nunc supra fidem summo studio restituimus,// sicut ex gustu cognoscere, quemadmodum est in veteri paroemia,// vnusquisqz facilè poterit.// In caeteris quoque qualis porrò fuerit nostra diligentia,in secunda pagina primi Voluminis demonstratum est.// [marca tipográfica]// VENETIIS, APVD IVNTAS.// M D L X X.//

187 fls. nums., 1 fl. não num. -- Assinatura: A-Z(8) AA(4).

Restaurada.
Reencadernação rígida em pergaminho com tiras de couro, tratado ao alúmen, utilizadas como fechos.
Acondicionada em caixa com pH neutro.
Texto impresso em duas colunas.

Verso da página de rosto, impresso em quatro colunas: Annotatio Rubricarum super Prima Iustinianei Codicis// parte, ordine alphabetico positarum.//
A partir da f. 2 começa a obra propriamente dita, que termina à f. 187b.
F. 187b, abaixo do texto: Marca tipográfica.// [abaixo desta:] REGISTRVM.// E mais abaixo: Venetijs, Apud Iuntas. MDLXX.//

As três partes que compõem os volumes 090.07 e 090.08 existem na Biblioteca Estadual de Salzburgo. A terceira parte – encadernada com a segunda em nosso exemplar – existe em Budapeste.

IA 114.174.

90.8. 1570

[em vermelho:] BARTOLVS// [em preto:] A SAXO FERRATO// [em vermelho:] In Secundam Codicis Partem.// [em preto:] Cum Adnotationibus Alex. Barb. Parisij, Claud. à Seissel. And. Poma. Ioan.// Franc. Roue. atq; aliorum: eisdemq́; sanè integris, nec vt// antehac concisis, & infractis.// Praestitimus nouissimae editioni ALEXANDRI etiam, & BARB. nomina in eorum.// additamentis, quae caeteri studiosos in confusionem inducentes, multis// abhinc annis suppresserant.// Conciliationes quoque contrarietatum BART. & infinita propè summaria, vt// vocant, ad decisiones inueniendas maximè accommodata, quae in// alijs impressionibus desiderabantur. Prętereà// BARTOLI VITAM.// Errores, & vitia, locaq́z plurima foedè conspurcata, ad veterum exemplarium fidem substulimus, ac// emendauimus. & quae prius effugerant, nunc supra fidem summo studio restituimus,// sicut ex gustu cognoscere, quemadmodum est in veteri paroemia,// vnusquisqz facilè poterit.// In caeteris quoque qualis porrò fuerit nostra diligentia,in secunda pagina primi Voluminis demonstratum est.// [marca tipográfica]// VENETIIS, APVD IVNTAS.// M D L X X.//

123 i. e. 125 fls. nums., 1 fl. não num. (Erros de foliação: 73 i. e. 76; 107 i. e. 103; 107 i. e. 104; 115 i. e. 116; 116 i. e. 117; 117 e repetido mais de uma vez; 121, tem 2 folhas com esta numeração). -- Assinatura: A-O(8) P(10). (Erros de assinatura: P 4 i. e. P 5).

Restaurada.
Reencadernação rígida em pergaminho com tiras de couro, tratado ao alúmen, utilizadas como fechos.
Acondicionada em caixa com pH neutro.
Texto impresso em duas colunas.

Verso da página de rosto, impresso em três colunas: Annotatio Rubricarum super Secunda Iustinianei Codicis// parte, ordine alphabetico positarum.//
A partir da f. 2a segue o texto, que finaliza no verso da f. 123.

F. 123, abaixo do texto: Marca tipográfica.// [abaixo da mesma: REGISTRVM.// Termina a folha impressa com o colofão: Venetijs, Apud Iuntas. M D L X X.

Segue encadernado no mesmo volume com folha de rosto e paginação em separado:

[em vermelho:] BARTOLVS// [em preto:] A SAXO FERRATO// [em vermelho:] In três Codicis libros.// [em preto:] Cum adnotationibus Angeli Perusini, Alexandri Imolensis, atq; aliorum:// eisdemq́; sanè integris, nec vt antehac concisis, & infractis.// Praestitimus nouissimae huic editioni ANGELI etiam, & ALEXANDRI, nomina in eorum// additamentis, quae caeteri studiosos in confusionem inducentes, multis// abhinc annis suppresserant.// Conciliationes quoque contrarietatum BART. & infinita propè summaria, vt// vocant, ad decisiones inueniendas maximè accommodata, quae in// alijs impressionibus desiderabantur. Prętereà// BARTOLI VITAM.// Errores, & vitia, locaq́z plurima foede conspurcata, ad veterum exemplarium fidem substulimus, ac// emendauimus. & quae effugerant , nunc supra fidem summo studio restituimus,// sicut ex gustu cognoscere, quemadmodum est in veteri paroemia ,// vnusquisqz facilè poterit.// In caeteris qualis porrò fuerit nostra diligentia,in secunda pagina primi Voluminis Dig.Vet.demonstratum est.// [marca tipográfica]// VENETIIS, APVD IVNTAS.// M D L X X.//

58 fls. nums. -- Assinatura: A-F(8) G(10).

Verso da página de rosto, impresso em três colunas: Rubricae super tribus libris codicis.//
À f. 2 inicia-se o texto da obra que termina no verso da f. 58.
F. 58b, abaixo do texto o REGISTRVM.// [e mais abaixo o colofão:] Venetijs, Apud Iuntas. M D LXX.//

IA 114.175-6.

90.9. 1570

[em vermelho:] CONSILIA,// [em preto:] QVAESTIONES, ET TRACTATVS// [em vermelho:] Bartoli à Saxo Ferrato,// [em preto:] Cum Adnotationibus sanè non vulgaribus Thomae Diplouatatij,// Bernard. Land. & allorum in vtraq;

censura iurisperitorum.// Conciliationes quoque contrarietatum BART. & infinita propè summaria, vt// vocant, ad decisiones inueniendas maximè accommodata, quae in// alijs impressionibus desiderabantur. Prętereà// BARTOLI VITAM.// Errores , & vitia, locaq́z plurima foedè conspurcata, ad veterum exemplarium fidem substulimus, ac// emendauimus. & quae prius effugerant, nunc supra fidem summo studio restituimus,// sicut ex gustu cognoscere, quemadmodum est in veteri paroemia,// vnusquisqz facilè poterit.// In ceteris quoque qualis porrò suerit nostra diligentia,in secunda pagina primi Voluminis Dig. Vet.demonstratum est.// [marca tipográfica]// VENETIIS, APVD IVNTAS.// M D L X X.//

188 i. e. 190 fls. nums., 16 fls. não nums. (Erros de paginação: de 98 volta para 97). -- Assinatura: A-L(8) M(10) N-Z(8) Aa(4) A-B(8).

Restaurada.
Reencadernação rígida em pergaminho com tiras de couro, tratado ao alúmen, utilizadas como fechos.
Acondicionada em caixa com pH neutro.
Texto impresso em duas colunas.
Desenhos gráficos.

Verso da página de rosto: em branco.
F. 2a: INITIVM CONSILIORVM,// Quaestionum, & Tractatuum Bartoli.//
F. 2b: INDEX QVAESTIONVM// ET TRACTATVM.//
A partir da f. 3 começa, então, o texto da obra, que termina no verso da f. 188.
No final da página [f. 188b], temos o REGISTRVM.// e mais abaixo o colofão: Venetijs, Apud Iuntas. M D LXX.//
Nas folhas não numeradas de 1a a 16b consta: REPERTORIVM// SINGVLARE, ET AVREM// Henrici Ferrandat Niuernen.// SVPER CONSILIVS, QVAESTIONIBVS,// ET TRACTATIBVS BARTOLI, ET ALIORVM// DIEBVS NOVISSIMIS COMPILATVM,// ...

O *Index Aureliensis* menciona apenas um exemplar na Biblioteca da cidade de Salzburgo.

IA 114.178.

REPERTORIVM// LOCVPLETISSIMVM// In omnes Bartoli à Saxoferrato Lecturas.// Singulas quasuis materias , ad insigniores, & notabiliores// decisiones inueniendas,// Ordine elementario facilè, ac breuiter complectens.// Nunc recens longè plurimum, quàm antea solerti cura, & summo studio recognitum,// & quarta plus parte auctum, vt vel caeco appareat, si loca, quae// sub hac * nota sunt addita, legere velit.// [marca tipográfica]// VENETIIS, APVD IVNTAS.// M D L X X I.//

158 fls. não nums. -- Assinatura: A-T(8) V(6).

Restaurada.
Reencadernação rígida em pergaminho
Acondicionada em caixa com pH neutro.
Texto impresso em duas colunas.

Verso da página de rosto: em branco.
F. 2a-157b: INDEX LOCVPLETISSIMVS// in omnes Bartoli à Saxoferrato Lecturas...//
F. 158a-158b: LEGES ET GLOSSAE BARTOL.// singulares, & notabiles.//
Ao finalizar na f. 158b, temos, abaixo do índice: Series Chartarum.//

Encontra-se encadernado com:

[em vermelho:] BARTOLVS// [em preto:] A SAXO FERRATO// [em vermelho:] Super Authenticis,& Institut.// [em preto:] Cum Adnotationibus Benedicti Vadi, Alexandrì Losei,// Henrici Ferendat, aliorum que eruditorum.// Postomnes omnium editiones, praeter quòd ab innumeris mendis opus repurgauimus, & ex// vetustissimis aliquot, ijsdemq́z castigatissimis exemplaribus infinita propè loca,&// mutila,& manca,atqz deprauata sanauimus; innumera serè summaria,// vt vocant, ad notabiles decisiones inueniendas restituimus.// In caeteris quoque qualis porrò suerit nostra diligentia,in secunda pagina primi// vol. Digesti veteris demonstratum est.// [marca tipográfica]// VENETIIS, APVD IVNTAS.// M D L X X.//

100 fls. nums. (Erros de foliação: 68 i. e. 75). -- Assinatura: A-M(8) N(4).

Verso da página de rosto, impresso em três colunas: Rubricae super Authen. & Institut.//

F. 2a-59b: BARTOLI A SAXO FERRATO// Lectura Summè elegans, & non minus vtilis, quàm necessaria,// Super Authenticis. ...//
F. 60a-100a: BARTOLI A SAXO FERRATO// Super Institutionibus Iuris Civilis Commentaria;// ...
F. 100a, abaixo do texto: REGISTRVM.// [e mais abaixo:] Venetijs, Apud Iuntas. M D LXX.//
Verso da f. 100: em branco.

Existe em Budapeste e Salzburgo.

IA 114.177.

FD

91.
LUMNIUS, Johannes Fredericus. 1571

VAN// DLEVEN DER// CHRISTELÍICKER MAECH-// den, vier Dialogi,dat is, tsamenspree-// kinghen van tvvee persoonen:// Ghemaeckt by Ioannem Fredericum Lumnium// Pastoor des Beghijnhofs T'antwerpen.// Noch een Boecxken vanden D.Doctoor Ambro// sius Bisschop tot Melanen / ghesereuen aen een// maghet die tot val ghecomen was/door den// seluen nu eerst in duytsch ouerghesedt.// I. Corinth. 7.// E en maghet denckt dat aengaet den Herre/om// heylich van lichaem/ende van gheest tehy zijn.// I. Corinth. IO.// Wie sy seluen laedt duncken E het axccxt op vier c. M^{t}. Stuyuers ende ccij ort.// dat staet/sal// toesien/dat hy niet en valle.// [marca tipográfica]// T'ANTVVERPEN,// By Christoffel Plantijn / Hooftprinter// der Conin. Anno// M. D. LXXI.//

333 i. e. 334 p. (Erros de paginação: 230 i. e. 232; 231 i. e. 233; 234 i. e. 236; 235 i. e. 237; 238 i. e. 240; entre as páginas 303 e 304 encontra-se uma em branco). -- Assinatura: A-X(8).

Encadernação inteira em pergaminho.
Notas marginais impressas.
Tipos góticos e romanos.

Verso da página de rosto: Extract van de Preuilegie.// [datado de:] 5 de junho e 13 de julho de 1570.//

P. 3-8: ALLEN EERBARE// maechden, ende godtvreesende leesers vvensschet// Ioannes Fredericus Lumnius sterckheyt, voort-// ganck, ende volherdicheyt in deuchden.// [datado de:] Autuérpia, dia de S. Gregorio em 1570.//
P. 9-48: VAN DLEVEN DER// Christelijcker maechden, den eer-// sten Dialogus, vvaer in tsamen// spreecken Angela maghet, ende// Bonauentura leeraer, inhoudende// VVanneer, ende door vvien den maechdom eerst-// mael int kennisse der menschen is ghecomen: Hoe// ende vvaer in hy ghelijck maect sterffelijcke men-// schen den onsterffelijcke Enghelẽ: Hoe hy vanden// gheleerden bescreuen vvort. Hoe hy sonder ande-// re deuchden, principalijck sonder liefde, ende son-// der ootmoedicheyt, gheen verdienste en heeft.//
P. 49-152: VAN DLEVEN DER// Christelijcker maechden den// tvveeden dialogus, inhoudende// Hoedanich het leuen van die alderheylichste ma-// ghet Maria is ghevveest: ende hoedanich het le-// uen der Christelijcker maechden behoort te sijn,// dvvelck begrepen is in vier deuchden, te vveten,// Scaempte oft stichtbaerheyt, Vvijsheyt, Soberheyt,// ende Stilsvvijgentheyt.//
P. 153-202: VAN DLEVEN DER// Christelijcker maechden den// derden Dialogus, inhoudende// Het gheene, dat aengaet die deucht der discretien.// Vvaer in oock gheleert ende vermaent vvorden// alsulcke menschen, die na doprechte vveetentheyt// die deuchden niet en bevvercken tsy in hen sel-// uen oft in een ander.//
P. 203-303: VAN DLEVEN DER// Christelijcker maechden den// vierden Dialogus, inhoudende// Dvvelck het eynde van dmaechdelijc leuen is:// vvat hier toe behoort dat den maechdom onghe-// schendt bevvaert sal vvorden: Hoe den maech-// dom verlooren vvort: vvat het cransken is den// maechden toebelooft, dvvelc Aureola ghenaempt// vvort: vvat onderscheytsel dat is tusschẽ dẽ maech// dõ ende tusschẽ dẽ houvvelijckẽ staet. Itẽ ten lestẽ// een seeker bevvijs, vvt het seuenste Capittel des// briefs, van Paulo totten Corinthẽ ghescreuen, dat// beter is ende saligher maecht blijuẽ dan houvvẽ.//
Verso da p. 303: em branco e sem paginação.
P. 304-305: IOANNES FREDERI-// cus Lumnius, Pastoor des// Beghijnhofs Tantvver-// pen totten Leser.//
P. 306-332: BYDEN SELVEN NV̌// eerst ouerghesedt Dboeck vanden// heylighen Ambrosius Bisschop tot// Melanen, aen een Maghet ghescre-// uen, die tot val ghecomen vvas.// [divide-se em 10 capítulos.]

P. 332-333: HET PRINCIPAEL INHOVDT,// dvvelck begrepen staet in dese vier voor-// gaende Dialogis.//

IEB-LAM

92.1.

SOCINUS, Marianus, SOCINUS, Bartholomaeus. 1571

CONSILIORVM// SEV POTIVS// RESPONSORVM// MARIANI SOCINI// AC BARTHOLOMAEI FILII// SENENSIVM,// Iuris cum Ciuilis, tum Pontificij consultissimorum,// Aduocatorumq́z Consistorialium dignissimorum;// VOLVMEN PRIMVM.// FRANCISCI PEPII SOLITIS APPENDICIBVS ORNATVM,// ET HIERONYMI MAGII IVRISCONSVLTI ANGLARENSIS,// DIVIQVE MARCI EQVITIS.// Nunc recèns, ne dum ab infinitis prope mendis exactissime repurgatum , sed Adnotationibus// etiam illustratum & auctum,// Nom fine rerum notabilium summus , ac Indice locupletissimo.// [marca tipográfica]// Venetijs, apud Guerreos fratres, & socios. M D LXXI.//

4 fls. prels., 261 fls. nums., 1 fl. não num. (Erros de foliação: 7 i. e. 6; 23 i. e. 24; 29 i. e. 30; 60 i. e. 59; 83 i. e. 82; 60 i. e. 84; 84 i. e. 92; 97 i. e. 104; 106 i. e. 111; 141 i. e. 133; 130 i. e. 139; 159 i. e. 160; 187 i. e. 178; 220 i. e. 228; 244 i. e. 245). -- Assinatura: *-*(4) A-Z(8) AA-II(8) kK(6).

Restaurada.
Reencadernação em pergaminho.
Acondicionada em caixa com pH neutro.
Texto impresso em duas colunas.

Volume I.
Verso da página de rosto: em branco.
F. 2a-2b: [barra ornamental]// CLARISSIMO, AC PRAESTANTISSIMO// SENATORI VENETO// IOANNI DONATO,// BERNARDIF.// Hieronymus Magius Iurisconsultus, atque Eques// D, Marci. S.P.D.//
F. 3a-4b: [barra ornamental]// INDEX ALPHABETICVS// COMPENDIOSISSIMVS// Ad rubricas materiarum praecipuarum in Quatuor Voluminibus:// CONSILIORVM MARIANI,// ET BARTHOLOMAEI SOCIN.// CONTENTARVM;// PER NICOLAVM MICHAELEM IVRISCONS. PARISIEN.// Ad communem iurisperitorum utilitatem selectus.//
F. 1-261b: Volumen Primum.//
Abaixo do texto: Colofão: Venetijs, ex Officina Dominici Guerrei, & Io. Baptistae// fratrum. M D LXXI.//
Anverso da f. não numerada: Marca tipográfica.
Verso: em branco.

Encadernado com o volume II.

92.2.

Volume II. 1571

CONSILIORVM// SEV POTIVS// RESPONSORVM// MARIANI SOCINI// AC BARTHOLOMAEI FILII// SENENSIVM,// Iuris cum Ciuilis , tum Pontificij consultissimorum,// Aduocatorumq́; Consistorialium dignissimorum;// VOLVMEN SECVNDVM.// FRANCISCI PEPII SOLITIS APPENDICIBVS ORNATVM,// ET HIERONYMI MAGII IVRISCONSVLTI ANGLARENSIS,// DIVIQVE MARCI EQVITIS// Nunc recens, ne dum ab infinitis prope mendis exactissime repurgatum , sed Adnotationibus// etiam illustratum & auctum.// [marca tipográfica]// Venetijs, apud Guerreos fratres, & socios. M D LXXI.//

212 fls., 1 fl. não num. (Erros de foliação: 56 i. e. 48; 72 i. e. 66; 111 i. e. 119; 16 i. e. 161; 169 i. e. 177). -- Assinatura: A-Z(8) Aa(8) Bb BB(2) BB(8) CC- Cc(2) Dd(6). (Erros de assinatura: A 3 i. e. A 2).

Verso da página de rosto: em branco.
F. 2-212: Volumen Secundum.
Abaixo do texto: Colofão: Venetijs, ex Officina Dominici Guerrei, & Io. Baptistae// fratrum. M D LXXI.//
Verso da folha 212: em branco.

A obra compõe-se de quatro volumes. Faltam, portanto, o terceiro e o quarto volumes.

Adams apenas cita os volumes III e IV.

FD-BTA

93.

VOCABULARIUM... 1571

VOCABVLA-// RIVM IVRIS// VTRIVSQVE.// [...]uic singulas à Lexico A.Nebrissensis collectas// dictiones interiecimus.// Quae omnia exactissimè recognita sunt.// [vinheta]// LVGDVNI,// Apud Symphorianum Beraudum.// M. D. LXXI.//

720 p. (Erros de paginação: 69 i. e. 59; pula de 256 para 267; 226 i. e. 526; 523 i. e. 543; 520 i. e. 550; 6GI i. e. 601; 632 i. e. 631; 646 i. e. 652; 558 i. e. 658;

674 i. e. 688; 703 i. e. 719; 717 i. e. 727; 720 i. e. 730). -- Assinatura: a-z(8) A-Y(8). (Erros de assinatura: f 4 i. e. g 4).

Restaurada.
Reencadernação flexível em pergaminho.
Acondicionada em caixa com pH neutro.
Notas marginais impressas.
Texto impresso em duas colunas.

Verso da página de rosto: em branco.
P. 3: IVRIS STUDIOSOS.//
P. 4-8: ADVERSVS INFANTES IV-// risperios, verborum cultum non es-// se aspernandum.//
P. 9-693: Consta o vocabulário.
P. 693-694: EX OBSERVATIONIBVS AELII ANTO-// nij Nebricensis in libros iuris Ciuilis.// De Glauco & Diomede Accurs. somnium.//
P. 695-696: DE LEGATIS ATHENAS MISSIS SOMN. ACC.//
P. 696-697: MVTIVS PRO FABIVS.//
P. 697-698: COLVMNARIVM PRO// Colum Niuarium.//
P. 698-711: TRACTATVS DE MODO STVDENDI IN...//
P. 711-720 i. e. 730: Compilatio iuris ciuilis.//

Escreve Palau a respeito: "Obra anónima cuyas primeras ediciones son incunables. A partir de 1559, que sepamos, se publica con el *Lexicon iuris civilis* de Nebrija al fin" (v. 27, p. 460).
Esta edição, por nós descrita, vem citada em Palau sob o nome de Antonio de Nebrija (1441-1522, que publicara em 1506 um *Lexicon Iuris Civilis*). Palau menciona que o *Vocabularium utriusque iuris* foi atribuído por Lemus y Carlos Humberto Nuñez a Nebrija, mas que na realidade a obra é anônima.
A edição de 1571 vem descrita por Palau da seguinte maneira: "Aquí el 'Lexicon' aparece intercalado con la señal Nebr. o Ant. Nebr. Existe un error de paginación a partir de la 257 que lo esta en 267. Esta edición, y por lo tanto con el mismo error de paginación, aparece con portada de 1572 y más adelante 1579".

Palau 189.279.

FD

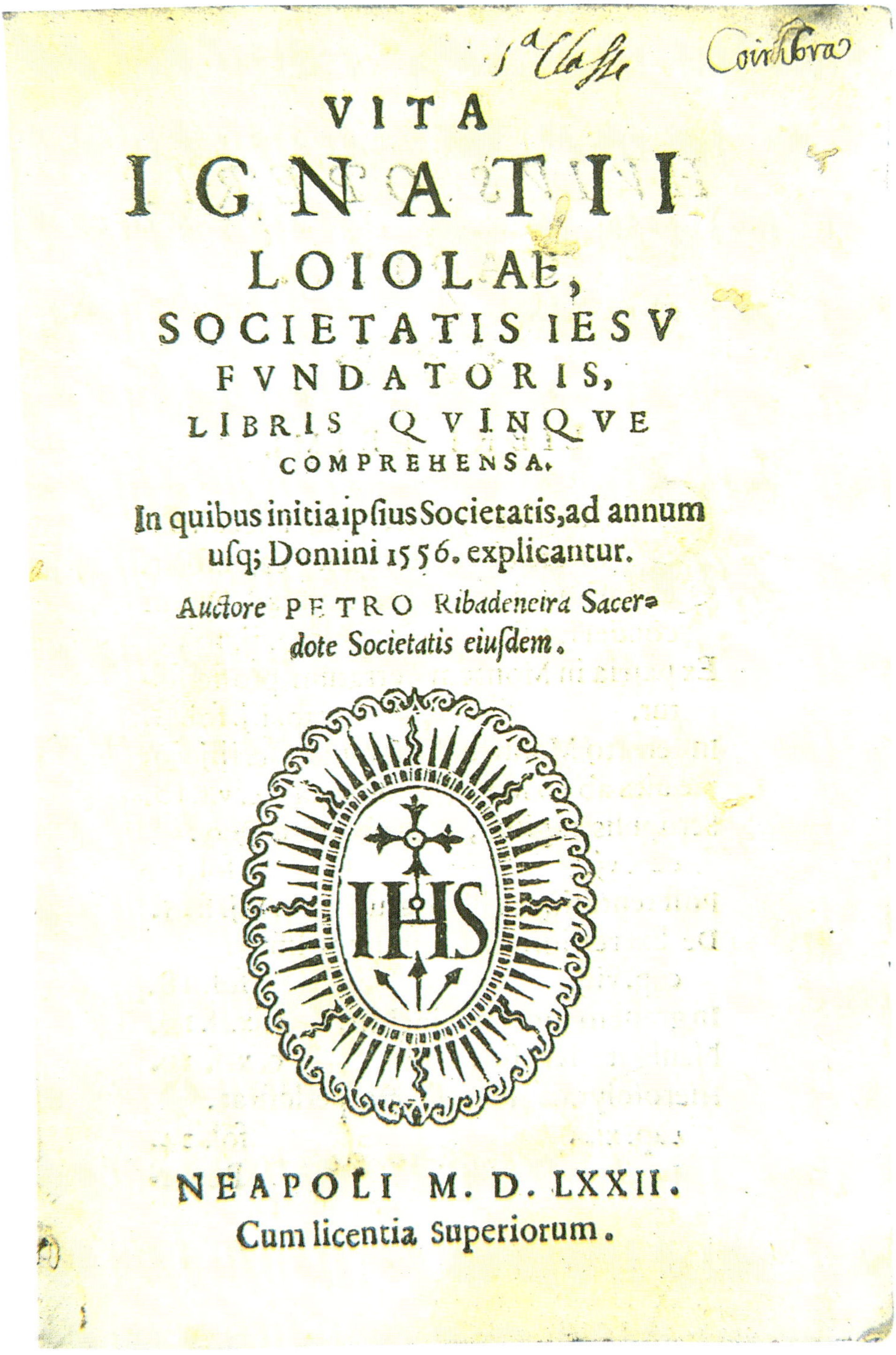

VITA
IGNATII
LOIOLAE,
SOCIETATIS IESV
FVNDATORIS,
LIBRIS QVINQVE
COMPREHENSA.
In quibus initia ipsius Societatis, ad annum
usq; Domini 1556. explicantur.
Auctore PETRO *Ribadeneira Sacer-
dote Societatis eiusdem.*

NEAPOLI M. D. LXXII.
Cum licentia Superiorum.

RIBADANEIRA, Pedro de, p. *Vita Ignatii Loiolae*, 1572. Página de rosto.
Figura 51 – nº de catálogo 94

94.

RIBADANEIRA, Pedro de, p. 1572

VITA// IGNATII// LOIOLAE,// SOCIETATIS IESV// FVNDATORIS,// LIBRIS QVINQVE// COMPREHENSA.// In quibus initia ipsius Societatis,ad annum// usq; Domini 1556, explicantur.// Auctore PETRO Ribadeneira Sacer-// dote Societatis eiusdem.// [emblema jesuítico]// NEAPOLI M. D. LXXII.// Cum licentia Superiorum.//

10 fls. prels. não nums., 217 fls. nums., 7 fls. não nums. (faltam as fls. nums. 103, 104 e 105). (Erros de paginação: I i. e. 21; 29 sem paginação; 12 i. e. 129; 191 i. e. 192). -- Assinatura: [ ](4) †(7) A-Z(8) Aa-Ee(8). (Erros de Assinatura: Faltam as assinaturas: N 7 – N 8 e O 1).

Notas marginais impressas.

F. 1b-4b: HVIVS OPERIS// CAPITA.// [vinheta]// [composta de cinco livros]//
F. 5a-10b: CARISSIMIS IN CHRISTO// fratribus Societatis Iesu Petrus// Ribadeneira Salutem.// [datada de:] Romae Kalend.// Maij M.D.LXIX.//
Da f. num. 1 ao verso da f. 217 segue, então, o corpo da obra, dividida em cinco livros.
Na f. la não numerada segue, então, o colofão: Neapoli.// apud Iosephum Cacchium.// M.D.LXXII.// e o Imprimatur.
F. 1b-7b: INDEX RERVM.//

É a primeira edição da obra e, conforme Palau, raríssima.
Foi traduzida para o castelhano, italiano, polonês, francês, alemão, inglês e basco.
Houve diversas edições na língua latina.

Palau 266.202; Sabin 70.782.

IEB-LAM

95.

SLUPERIUS, Jacobus, 1532-1602. 1572

[página de rosto dentro de moldura ornamental] OMNIVM// FERE GENTIVM,// nostraeq; aetatis Nationum,// Habitus & Effigies.//¶ In cosdem Ioannis Sluperij// Herzelensis Epigrammata.// Adiecta ad singulas Icones// Gallica

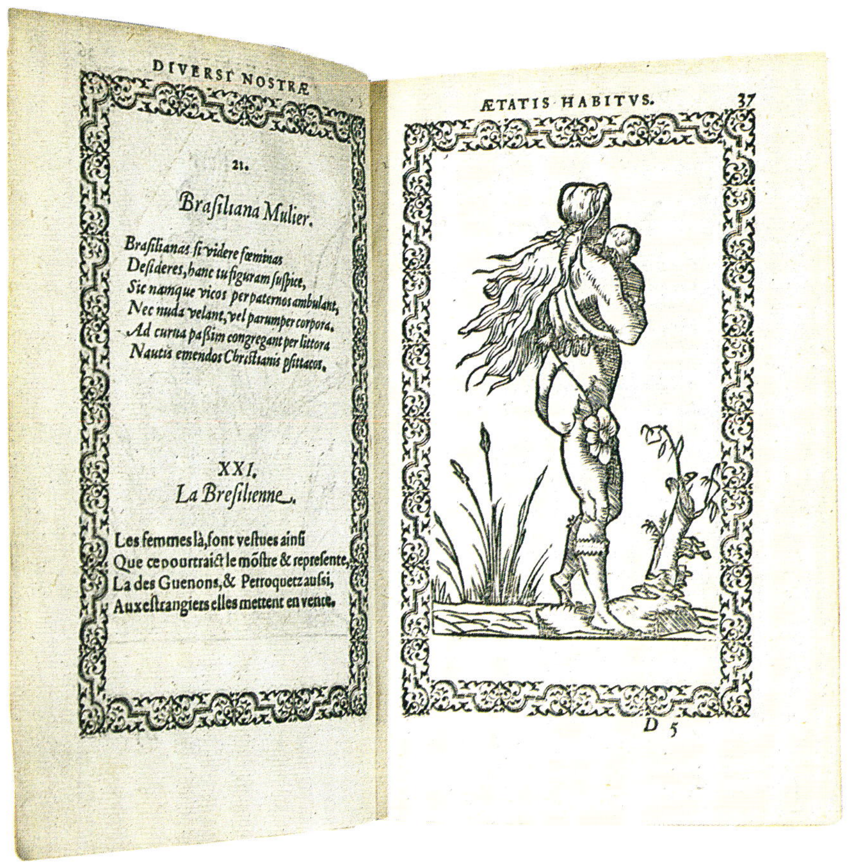

DIVERSI NOSTRÆ

21.

Brasiliana Mulier.

Brasilianas si videre fœminas
Desideres, hanc tu figuram suspice,
Sic namque vicos per paternos ambulant,
Nec nuda velant, vel parumper corpora.
Ad curua passim congregant per littora
Nautis emendos Christianis psittacos.

XXI.
La Bresilienne.

Les femmes là, sont vestues ainsi
Que ce pourtraict le mõstre & represente,
La des Guenons, & Petroquetz aussi,
Aux estrangiers elles mettent en vente.

ÆTATIS HABITVS. 37

D 5

SLUPERIUS, Jacobus. *Omnium fere gentivm...*, 1572. Detalhe de páginas contendo, à esquerda, versos em latim e quadras em francês e, à direita, xilogravura representando “La Bresilienne”.
Figura 52 – nº de catálogo 95

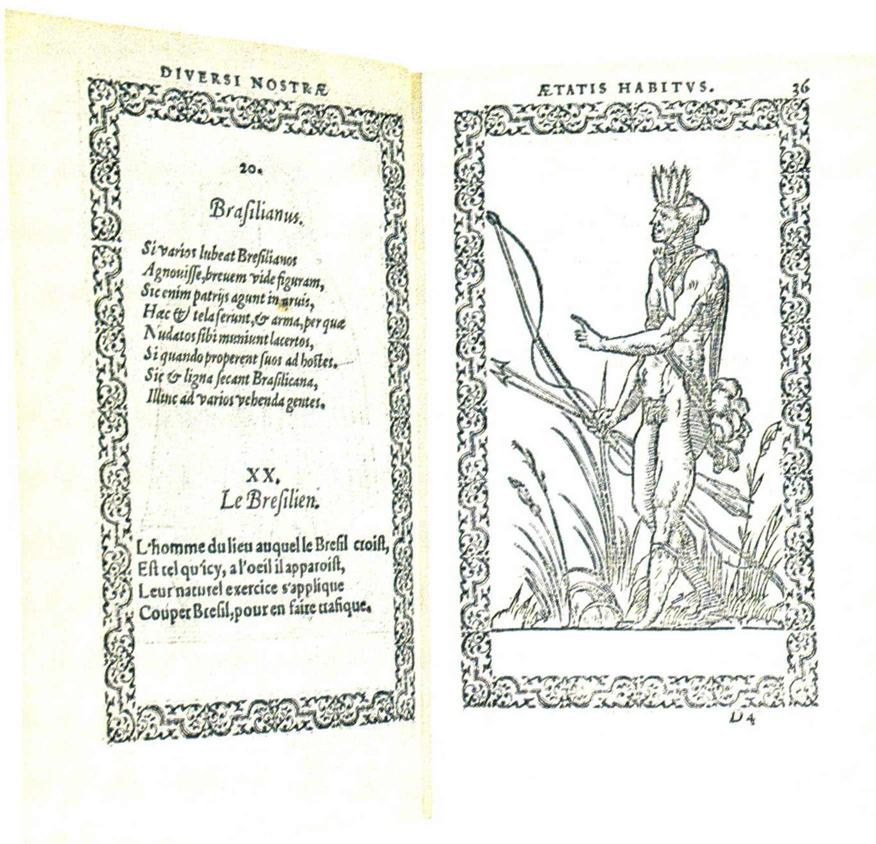

DIVERSI NOSTRÆ

20.

Brasilianus.

Si varios lubeat Bresilianos
Agnouisse, breuem vide figuram,
Sic enim patrijs agunt in arvis,
Hæc & tela ferunt, & arma, per quæ
Nudatos sibi muniunt lacertos,
Si quando properent suos ad hostes.
Sic & ligna secant Brasilicana,
Illinc ad varios vehenda gentes.

XX.

Le Bresilien.

L'homme du lieu auquel le Bresil croist,
Est tel qu'icy, a l'oeil il apparoist,
Leur naturel exercice s'applique
Couper Bresil, pour en faire trafique.

ÆTATIS HABITVS. 36

D4

SLUPERIUS, Jacobus. *Omnium fere gentivm*..., 1572. Xilogravura representando "Le bresilien". Detalhe de página contendo, à esquerda, versos em latim.

Figura 53 – nº de catálogo 95

Tetrasticha.// [vinheta]// ANTVERPIAE,// Apud Ioannem Bellerum,// sub Aquila aurea.// M. D. LXXII.// – // Cum Priuilegio.//

135 fls. nums., sendo que as primeiras 17 numeradas como páginas, a partir da 18 seguem como folhas numeradas. (Erros de paginação: 69 i. e. 66; 120 numerada duas vezes em seguida). -- Assinatura: A-Q(8) (sendo que C e D(5) aparecem também duplamente).

120 xilogravuras (sendo que a numeração salta de 118 para 120 e, conseqüentemente, a numeração vai até 121).

Cada página encontra-se dentro de um quadro: do lado esquerdo os versos em latim e as quadras em francês, confrontando as gravuras.
No verso da folha de rosto consta a licença para se imprimir "nil cõtinet quod// sit contra fidem Catholicam,// ...[datada de:] 17 de outubro de 1569.//
Da p. 3 a 7 temos a dedicatória ao "Egregio pietate ac eruditione viro D.// Ioanni Wyntero, Senatui Bergensis Territorij à Secretis, Amico suo inte-// gerrimo, Iacobus Sluperius Herze-// lensis, Obsequium & Honorem."//
Da p. 8-15 segue o "INDEX ALPHABETICVS// Gentium & Nationem, quorum Effi-// gies & Habitus hocce libello referuntur."//
Na p. 16 inicia-se, então, a obra propriamente dita.
No verso da última folha [f. 135] temos o colofão: [ornamento tipográfico] IOANNI BELLERO EXCV-// DEBAT AEGIDIUS RÁ-// DAE VS ANTVERPIAE.// ANNO 1572.// [ornamento tipográfico.]//

BB v. 2, p. 265; Brunet v. 5, col. 411.

IEB

96.
AZPICUELTA NAVARRO, Martin de. 1573

ENCHIRIDION.// MANVALE// CONFESSARIORVM// ET POENITENTIVM,// complectens penè resolutionem omnium dubiorum, quae in sacris, con// fessionibus occurrere solent, circa péccata, absolutiones, restitutio-// nes, censuras, & irregularitates : iam pridem sermone Hispano// compositum, & nunc latinitate donatum, recogni-// tum, decem Praeludijs, & quàm plurimis alijs// locupletatum, & reformatum, ab ipsomet// Autore// MARTINO ab AZPILCVETA// DOCTORE NAVARRO.// AD S. D. N. GREGORIVM XIII.// Materiam hoc volumine contentorum, versa docet pagina.// [brasão de armas]// ROMAE. M. D. LXXIII.// Cum licentia Superiorum.//

4 fls. prels., 28 fls não nums., 538 fls. nums. (Erros de foliação: 6 i. e. 2; 19 i. e. 20; 21 i. e. 22; 166 i. e. 169; 171 i. e. 175; 166 i. e. 177; 168 i. e. 181; 183 i. e. 193; 134 i. e. 234; 236 i. e. 241; 143 i. e. 243; 236 i. e. 246; 280 i. e. 272; 313 i. e. 314; 319 i. e. 321; 376 i. e. 367; 366 i. e. 369; 372 i. e. 374; 375 i. e. 376; 418 i. e. 410; 420 i. e. 412; 646 i. e. 464; 430 i. e. 480; 476 i. e. 486; 502 i. e. 505; 504 i. e. 507). -- Assinatura: *(4) †A(8) †B(4) †C(12) A-D(8) E(6) F-Z(8) a-z(8) Aa-Xx(8) Yy(4).

Restaurada.
Reencadernação em pergaminho pleno tinto com capas em papelão Crescent, fixadas ao livro apenas pelas tiras de pergaminho tingidas de marrom e coladas na parte externa das capas.

Verso da página de rosto:// [vinheta]// [vinheta] Materia contentorum hoc in libro. [vinheta]//
F. 2a-2b: GREGORIVS PP.XIII.// [datado:] Datum Romae, apud Sanct.Petrum Non. Nouemb. Anno I..//..
F. 3a-3b: S.D.N. GREGORIO XIII.// PONT.OPT.MAX.// MARTINVS ab AZPILCVETA// Doctor Nauarrus, in ista mira gubernandi// vigilantia perpetuam perseuerantiam.//
F. 4a-4b: Candido, pioq, Lectori.//
F. numerada 1, anverso – f. 28, anverso: INDEX// Copiosissimvs EORVM QVAE IN// HOCCE MANVALI CONTINENTVR.//
F. 28a-b: SIMONIS MAGNI RAMLOTAEI// BELGAE. I.V.D.// Ad Lectorem Christianum// Hendecasyllabon.//
F. 28b [abaixo da poesia]: Series Chartarum.// [e, mais abaixo, o colofão:] ROMAE// M. D. LXXIII.// Apud Victorium Romanum.// Cum licentia Superiorum.//
Segue, então, a obra propriamente dita, contudo o reclamo da última folha [538] indica que o Index viria após o texto e não como foi colocado aqui, isto é, antes.

O tradutor desta obra para o latim foi o aragonês Francisco de Sesse.

IA 111.162 (cita apenas quatro exemplares); Palau 21.308.

FD

97.
Corpus Juris Canonici 1573

Antuerpiae, apud Christophorum Plantinum, Haeredes I.Steelsi & Philippum Nutrum, 1573.

3 vols.

As informações acima foram transcritas do fichário da Biblioteca, pois o volume encontrava-se deslocado no momento da realização do trabalho de descrição física do material; foi confirmada essa informação ao proceder-se à revisão final do presente Catálogo.

FD

98.
PTOLOMAEUS, Claudius. 1573

ESPOSITIONI// ET INTRODVTTIONI// VNIVERSALI,// DI GIROLAMO RVSCELLI// sopra tutta la Geografia di Tolomeo.// CON XXXVII. noue Tauole in istampe di rame, così// del mondo conosciuto da gli antichi, come del nuouo// Con la carta da nauicare, & con più altre cose intorno// alla Cosmografia, così per mare, come per terra.// Con priuilegio dell'Illustrissimo Senato Veneto,// & d'altri Principi.// [marca tipográfica]// IN VENETIA,// Appresso Giordano Ziletti. M D LXXIII.//

28 fls. não nums. -- Assinatura: α-n(4).

63 mapas em folhas duplas.

Verso da página de rosto: em branco.
F. 2a-3a: ESPOSITIONI, ET// INTRODVTTIONI// VNIVERSALI// DI GIROLAMO RVSCELLI// sopra tutta la Geografia, & tutto il pre-// sente volume di Tolomeo.//
F. 3a-8a: DELLA DESCRITTIONE DEL MONDO// IN FORMA SFERICA.//
F. 8b-13a: DEL MODO DI FABRICAR LA PALLA// materiale, per poterui segnar sopra i circoli,// & scriuere i nomi & l'altre cose, che ui// conuengono. Cap. II.//

ESPOSITIONI
ET INTRODVTTIONI
VNIVERSALI,
DI GIROLAMO RVSCELLI
ſopra tutta la Geografia di Tolomeo.

CON XXXVII. noue Tauole in iſtampe di rame, così del mondo conoſciuto da gli antichi, come del nuouo. Con la carta da nauicare, & con più altre coſe intorno alla Coſmografia, così per mare, come per terra.

Con priuilegio dell'Illuſtriſſimo Senato Veneto, & d'altri Principi.

IN VENETIA,
Appreſſo Giordano Ziletti. M D LXXIII.

2/102

PTOLOMAEUS, Claudius. *Espositioni et introdvttioni vniversali...*, 1573.
Página de rosto.
Figura 54 – nº de catálogo 98

F. 13a-17a: DEL MODO DE SEGNAR I CIRCOLI// nella palla, & scriuerui i nomi delle prouin-// cie, & delle città, con ogni giusta misu-// ra, & intera perfettione. Cap. iii.//
F. 17b: SCALA Ò TAVOLA DE// Climi & de' Paralleli.//
F. 18a-20a: DEL MODO DI FAR LA DESCRIT// tione del mondo in carta piana da potersi// stampare, & accomodar poi giusta-// mente sopra il corpo tondo della// palla materiale. Cap.IIII.//
F. 20a-21a: DEL MODO DI SCRIVERE// i nomi delle città & delle prouincie giu// stamente sopra la palla. Cap. V.//
F. 21b-25a: DEL MODO D'INTENDERE,// di misurare, & d'adoperar le Tauole di// Tolomeo. Cap. VI.//
F. 25a-27b: DELLA CARTA DA NAVI-// care, del modo d'intenderla & d' ado-// perarla. Cap. VII.//
F. 28: em branco.
Seguem-se os mapas, na seguinte ordem:
1 – [Europa]
2 – Terra Sancta// Vita miraculis// et// Passione Christi// consecrata.// Autore N.Sanson Abbevillaeo.//
3 – BRITANNIA// Magna// &// HIBERNIA.//
4 – REGNI// DANIAE// accuratissima// delineatio.//
5 – SVECIA,// DANIA, ET// NORVEGIA.//
6 – TABULA// RUSSIAE.//
7 – GALLIA.//
8 – GERMANIA.//
9 – BELGII// sive// GERMANIAE// INFERIORIS.//
10 – POLONIA// &// LITHUANIA// cum suis// PALATINATIBUS.//
11 – REGNORVM// HISPANIAE// nova descriptio.//
12 – ITALIA.//
13 – TURCICI// IMPERY IN EURO=// PA PARS MERI=// DIONALIS.//
14 – HVNGARIA// sive// IMPERII Turcici// in europa// pars Septentrionalis.//
15 – ASIA// Per N.Sanson// Georgr: Regium.//
16 – Imperium// TURCICUM// ni [sic]// ASIA// Per N. Sanson.//
17 – NATOLIA// sive// Asia Minor// Per N. Sanson.//
18 – SORIA// &// DIARBECK// In partes suas divisae:// Per N. Sanson.//
19 – TUR=// COMANIA,// GEORGIA// ET// COMMANIA,// Per N. Sanson.//
20 – ARABIA// PETREA, DESERTA// et FELIX.// Per . N. Sanson.//
21 – PERSIA// sive// SOPHORUM// REGNUM.// Per N. Sanson.//
22 – Magni// MOGOLIS// Imperium// Per N. Sanson.//
23 – INDIA// Extra Gangem// vbi sunt Regna// DECAM, GOLCON=// DA, BISNAGAR// &// MALABAR.//

PTOLOMAEUS, Claudius. *Espositioni et introdvttioni vniversali...*, 1573.
America Meridionalis.
Figura 55 – nº de catálogo 98

24 – INDIAE// extra Gangem// Pars Septentrionalis. Per N.Sanson.// INDIAE// extra Gangem// Pars Meridionalis.// Per N. Sanson.//

25 – CHINA// REGNUM.// per. N. Sanson.//

26 – TARTARIA// MAIOR// Per N. Sanson.//

27 – INSULARUM// IAPONIAE// in VII Partes & LXVI.// Regna Antiqua divisae.// Per N. Sanson.//

28 – INSULAE// PHILIPPINAE.// Per N. Sanson.// ISLAS DE LOS// LADRONES.//

29 – INSULAE// MOLUCCAE// CELEBES,// GILOLO &c.// Per N. Sanson.//

30 – INSULAE SONDAE// quae sunt// SUMATRA IAVA.// BORNEO. &c.// P.N. Sanson.//

31 – CEYLAN// &// MALDIVAE// INSULAE// Per Sanson: Geogr:// Regium.//

32 – BARBARIAE PARS,// ubi REGNUM ALGER// in Prouincias suas divisum,// & Pars BILEDULGERID, ubi// sunt TEGORARIN, ZER: etc Per N.Sanson.//

33 – REGNUM// FEZZA,// in Septem provin// cias civisum [sic]. Per N. Sanson.//

34 – REGNUM// MAROCCO// in septem provincias// divisum// Per N. Sanson.//

35 – AFRICAE// Tabula// per sanson.//

36 – AEGYPTUS// in XII// Cassiliffatus// divisa.// ex Sanuto & aliis// descripta// Per N. Sanson.//

37 – PARS// BILEDULGRID// ubi sunt// TESSET, DARHA, &// SEGELMESSE, &c.// P. N. Sanson.//

38 – PARS// BARBARIAE,// ubi sunt// REGNUM TUNIS// & TRIPOLI// Per N.Sanson.//

39 – REGNUM & DESERTUM// BARCA &// AEGYPTUS, in// partes suas divisa.// Per N. Sanson.//

40 – GUINEA// cum REGIONIBUS// circumjacentibus.// Per N. Sanson.//

41 –AFRICA,// sive// LYBIA ULTERIOR,// ubi sunt DESERTUM// SAAIA NIGRITARUM// REGIO & GUINEA.// Per N. Sanson.//

42 – AETHIOPIAE// Superioris pars, ubi// ABYSSINORUM IMP.// &// NVBIA.// Per N. Sanson.//

43 – ZANGUEBAR.// Per Sanson.// ZANGUEBAR// Pars, ubi// AIAN & ABEX etc.// Per Sanson.//

44 – REGNUM// CONGO etc.// Per N. Sanson.//

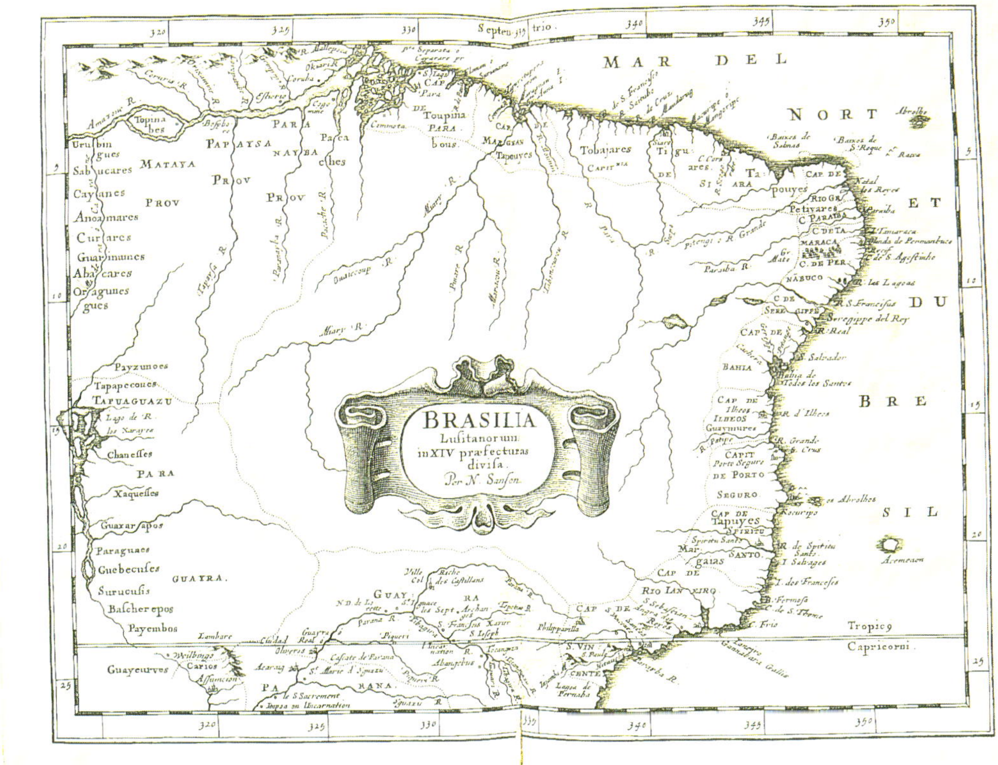

PTOLOMAEUS, Claudius. *Espositioni et introdvttioni vniversali...*, 1573.
Mapa do Brasil.
Figura 56 – nº de catálogo 98

45 – CAFFARIA// nec non// Monomotapa// MONAEMUGI,&c.// Imperia// Per N. Sanson.//
46 – Insula// MADAGASCAR// sive// Sti. LAURENTY.// Per N. Sanson.//
47 – INSVLAE// CANARIAE.// Per N. Sanson.//
48 – INSVLAE// PROMONTORII// VIRIDIS,// ORAE & NIGRITARUM// Regio, illi vicinae.// Per N. Sanson.//
49 – AMERICA// Septentrionalis// per Nic: Sanson// geographus regiús.//
50 – INSULAE// MALTA GOZA, &ca.// Per N. Sanson.//
51 – INSULAE// AMERICANAE.// Per N. Sanson.//
52 – CANADA, sive// NOVA FRANCIA, &c.// Per N. Sanson.//
53 – FLORIDA,// Per N. Sanson.//
54 – AUDIENÇA DE// MEXICO.// Per N. Sanson.//
55 – AUDIENÇA DE// GUADALAJARA,// NOVA MEXICO// CALIFORNIA &c.// Per N. Sanson.//
56 – AUDIENÇA DE// GUATIMALA.// Per N. Sanson.//
57 – AMERICA// MERIDIONALIS.// Per N. Sanson.//
58 – TERRA FIRMA &// NOVA GRANADA &c.// Per N. Sanson.//
59 – GUIANA// in // GUIANAM & CA=// RIBANAM divisa.// Per N. Sanson.//
60 – PERU,// &// AMAZONUM// Fluvy cursus.// Per N. Sanson.//
61 – CHILI.// ad mentem Alphi// de Ovalle, è civitate Impe=// riali Oriundus.//Per N. Sanson.//
62 – BRASILIA// LUSITANORUM// in XIV praefecturas// divisa.// Per N. Sanson.//
63 – PARAGUAY// in partes suas praecipuas// divisum.// Per N. Sanson.//
64 – Fretum// MAGELLANICUM// cum terris &// Insulis adjacentibus.// Per N.Sanson.//

Os mapas não estão numerados nem apresentam qualquer outra indicação, como data, gravador, etc; com exceção do mapa da *Terra Sancta...*, que não só difere no tamanho (15 x 13,7 cm) como traz no canto inferior direito o seguinte: "Harrewijn fecit aqua forti simul et sculpsit".

Os outros mapas têm em média 19,8 cm de altura e 24,2 cm de largura.

Quanto ao texto: este volume é a segunda parte de uma obra de Claudius Ptolomaeus, *La Geografia... già tradotta di Greco in Italiano da M. Giero. Rvscelli: & hora in questa nubua editione da M. Gio. Malombra...* Apenas a primeira parte saiu com a data de 1574, enquanto a segunda e a terceira foram publicadas com a de 1573.

É esta a terceira edição da tradução italiana de Girolamo Ruscelli e a quarta em versão italiana.
No entanto, os mapas que acompanham o nosso exemplar não fazem parte da edição do Ptolomaeus, nem mesmo de uma edição posterior do mesmo.
JCR (2178) cita uma edição em francês de Sanson, *Description de tout l'Univers* (Amsterdam, 1700), na qual indica que as diferentes partes de que se compõe o seu livro constam de, além do texto para a Europa, 12 mapas; Ásia, 17; África, 18, e América, 15. Confere, assim, com o nosso exemplar na quantidade dos mapas.

Interessante, ainda, é o que observamos sobre os mapas da América: no verso dos mesmos existe espelhado um texto em alemão referente à América e suas diversas partes, como se os mapas estivessem colocados dentro de uma obra recém-impressa na época.

JCR 2.178; Sabin 66.505.

IEB

99.
LERY, Jean de, 1534-1611. 1574

HISTOIRE ME-// MORABLE DE LA// ville de Sancerre.// Contenant les Entreprinses, Siege, Appro-// ches,Bateries , Assaux & autres efforts// des assiegeans: les resistances , faits ma-// gnanimes , la famine extreme & deli-// urance notable des assiegez.// Le nombre des coups de Canons par iournees distin// guees.Le catalogue des morts & blessez à la guer-// re,sont à la fin du liure.// Le tout fidelement recueilli sur le lieu,// par IEAN DE LERY.// Ieremie 15.15.// O Seigneur,tu le cognois,aye memoire de moy, & me vi-// site, & me venge de ceux qui me persecutent: nem'o-// ste poins en la longue attente de ton ire : cognoy que// i'ay soussert opprobre pourtoy.// M. D. LXXIIII.//

8 fls. prels. não nums., 253 p. + 1 p. sem num. -- Assinatura: a-i(8) l-z(8) l-r(8).

Ao final, uma gravura desdobrável e diversas ilustrações no texto.

No verso da página de rosto temos um "SONET".//
Da f. 2a-7a o prefácio intitulado "AU LECTEUR".//

Do verso da f. 7 ao verso da f. 8 temos uma poesia denominada: "COMPLAINTE A DIEV// tout bon, tout puissant.// [e assinado:] "S.S.S."//
Segue-se então a "HISTOIRE// MEMORABLE DES// DELIVRANCES DE LA VIL-// le de Sancerre, du Siège qu'elle a soustenu, de l'extre-// me famine durant iceluy, & de tout ce qui// s'y est passé depuis le 24.// d'Aoust 1572."// até a p. 228, com XIIII capítulos.//
P. 229-232: NOMBRE DES COVPS DE// Canons tirez deuant & contre la ville de Sancerre// depuis le Vendredi trezieme de Feburier 1573 ins-// ques de Vendredi quatorzieme d'Aoust suyuant,// lesquels i ay cõpté & marqué par volees & par coups// l'vn apres l'autre pendant que le canoniouoit.//
P. 233-246: Catalogue des soldats & autres qui ont// este tuez dans Sancerre, & aux sorties// qui s'y sont faictes depuis le neufieme de// Ianuier 1573. que la ville fut inuestie,// iusques de 20. d'Aoust suyuant, qu'el-// le fut rendue, non compris ceux qui sont// morts de mort naturelle et de famine.//
P. 247-253: Catalogue des blessez dedans la ville de// Sãcerre, es sorties quis'y sont faictes// depuis le neufieme iour de Ianuier 1573// qu'elle fut assiegee, iusques au vingtie-// me iour d'Aoust suyuant.//
P. 253b: CORRIGEZ AINSI LES FAV-// tes en aucuns Exemplaires. Le premier nombre signi// fie la page, le second la ligne.//
A estampa desdobrável representa a vila de SANCERRE [31,2 x 11,9 cm]. Provavelmente extraída de outra obra.

Descreve a resistência dos Calvinistas na cidade de Sancerre.
Léry, formado pastor, relata a luta e o cerco desta cidade, quando os protestantes tiveram que se entregar por causa da fome. Surgem aqui as primeiras notícias, que mais tarde ele iria aproveitar em sua *Viagem ao Brasil*, sobre o Brasil. Léry ensina aos habitantes de Sancerre como resistir à fome, cozinhando sapatos e comendo couro, assim como havia feito antes, em sua viagem de retorno do Brasil. Mostra também como fazer redes para dormir. Descrevendo as atrocidades cometidas, incluindo cenas de canibalismo, traça as analogias com os índios brasileiros. Assim, quatro anos antes de sua primeira edição da *Histoire d'un voyage* ... já aparecem as primeiras referências ao Brasil.
É obra rara, difícil de se encontrar. Existe uma edição latina, segundo o Dr. Rubens Borba de Moraes de *Heidelbergae*, 1576, que ele não teve possibilidade de encontrar.
Foi reproduzida esta história sob o título *Relation du siège de Sancerre en 1573 par Jean de la Gesée et Jean de Léry... suivie de diverses pièces historiques relatives à la même ville. Bourges, Vermeil, 1842.* Neste volume há outras publicações a respeito desta tomada, todas editadas na mesma época.

Não há indicações tipográficas, embora seja possível ter sido impressa en La Rochelle, onde foi editada a primeira edição da *Histoire d'un voyage...*

BB v. 1, p. 399; Brunet v. 3, col. 1.007.

IEB

100.

LEY DE COMO HAM DE HIR ARMADOS OS NAVIOS... 1574

[brasão com armas portuguesas]// LEY DE COMO HAM DE HIR// armados os Nauios q̃ destes Reynos nauegarẽ.// Com outras duas leys mais, sobre o peccado// de Sodomia, & sobre os liuros defesos.// Com licença Impressas.//

24 fls. nums., sendo que as folhas correspondentes a 1, 11, 13 não trazem numeração alguma. -- Assinatura: A(24).

Verso da página de rosto com licença datada de: Almey-// rim a 26. de Abril// de 1574.//
F. 2a-19b: LEY DE COMO HAM DE// hir armados os Nauios que// destes Reynos nauegarẽ.// [com data de 3 de novembro de 1571].
F. 19b-21b: ¶Ley sobre o peccado de// Sodomia.// [de 26 de junho de 1571].//
F. 21b-24b: Ley sobre os liuros de hereges// & defesos.// [de 18 e junho de 1571].
[Colofão:] ¶Impressas em Lisboa por Ioam de// Barreyra Impressor del Rey nosso// senhor, a a [sic] custa de Ioam de// Hespanha mercador de// liuros. Anno de 1574.//

Anselmo (n. 211) cita uma edição anterior, terminada em Lisboa, também por João Barreira, em 26 de junho de 1571.

Maggs 502-4.954; 508-21; 546-67.

IEB

101.

MONARDES, Nicolás, ca. 1512-1588. 1574

PRIMERA Y// SEGVNDA Y TERCERA// PARTES DE LA HISTORIA// MEDICINAL DE LAS COSAS// que se traen de nuestras Indias Occi-// dentales que situen en// Medicina.// TRATADO DE LA PIEDRA// Bezaar, y dela yeruae Escuerconera.// DIALOGO DE LAS GRAN-// dezas del Hierro,

LEY DE COMO HAM DE HIR
armados os Nauios q̃ deſtes Reynos nauegarẽ.
Com outras duas leys mais, ſobre o peccado
de Sodomia, & ſobre os liuros defeſos.
Com licença Impreſſas.

Ley de como ham de hir armados os nauios destes q̃ reynos nauegarẽ, 1574.
Página de rosto com brasão de armas portuguesas.
Figura 57 – nº de catálogo 100

y de sus virtudes// Medicinales// TRATADO DE LA NIEVE// y del beuer frio./ / HECHOS POR EL DO,// ctor Monardes Medico// de Seuilla.// VAN EN ESTA IMPRESSION// La Tercera parte y el Dialogo del Hierro nueua-// mente hechos, que no han sido impressos// hasta agora.Do uy cosas grandes// y dignas de saber.// Con licencia y Preuilegio de su Magestad.// EN SEVILLA// En casa de Alonso Escriuano.// 1574.//

6 fls. prels. não nums., 206 fls. nums., 1 fl. não num. (Erros de foliação: De 124 salta para 127 (faltam 2 folhas); 197 i. e. 167; 296 i. e. 196; 203 salta para 206 (faltam 2 folhas); folhas 40 e 124 não foram numeradas). -- Assinatura: A(6) B-Q(8) R(6) S-Z(8) Aa-Cc(8) Dd(5). (Erros de assinatura: A 3 i. e. A 2; A 4 i. e. A 3; A 2 i. e. A 6).

Restaurada.
Reencadernação em couro pleno (*veau*) castor, com lombada ornamentada.
Acondicionada em caixa (estojo) em couro pleno castor.
Notas marginais impressas e manuscritas.
Gravuras e ilustrações: f. 40a, 51a, 64b, 69a, 69b, 78b, 81a, 83a, 84a, 86a, 111a.
Marca tipográfica.

Verso da página de rosto: em branco.
F. 2a-3b: ELOGIO HE// CHO POR EL ILLVST. S.// GONÇALO ÇATIECO DE MO-// lina, al Retrato del Autor que se// vee, en su Museo.//
F. 4a-5a: SANCTIS. D.N.// GREGORIO.XIII. PONT// OPT. MAX. DOCT. NICO-// Laus Monardus Medicus// Hispalensis.// S.P.D.// [assinado no fim:] "... Hispali postridie nonas Quin-// ctileis. Anno à die Christi natali,// Milesimo quingentesimo// septuagesimo// quarto."//
F. 5b: em branco.
F. 6a-6b: LICENCIA Y// PREVILEGIO.// [datado de:] Madrid, a 3 de abril de 1574.//
F. numerada I-39a: PRIMERA PARTE// DEL LIBRO QVE TRATA// de las cosas que se traen delás Indias Occidentales,// que siruen al vso de Medicina, y de la orden que se// ha de tener en tomar la rayz del Mechoacan.// Do se descubren grandes secretos de natu// raleza y grandes experiencias. He-// cho y copilado por el Doctor// Monardes, medico// de Seuilla.//
F. 39b: em branco.
F. 40a-96b: SEGVNDA// PARTE EL LIBRO, DE// las cosas que se traen de nuestras Indias Occiden-// tales, que siruẽ al vso de medicina. Do se trata del// Tabaco, y dela Sassafras, y del Carlo sancto, y de// otras muchas Yeruas y

Plantas, Simientes y Lico// res, que nueuamente han venido de aquellas// partes, de grandes virtudes, y ma-// rauillosos effectos.// ... [mais abaixo, segue uma gravura representando o tabaco.]
F. 97a-123b: Segue a terceira parte que, tendo uma folha de rosto em separado, descreve-se em seguida:

TERCERA PARTE// DE LA HISTORIA ME-// DICINAL QVE TRATA DE// las cosas que se traen de nuestras// Indias Occidentales , que// siruen al vso de// Medicina.// DO SE PONEN MVCHAS// cosas Medicinales que tienen grandes// secretos y virtudes.// AGORA NVEVAMENTE// hecha por el mismo Doctor Monardes,// despues que se hizieron la pri// mera y segunda.// EN SEVILLA// EN CASA DE ALONSO// Escriuano Impressor, en la calle// de la Sierpe.// 1574.//

Faltam as folhas 124-125.
F. 126a-156a: LIBRO QVE// TRATA DE DOS MEDICINAS// EXCELENTISSIMAS CONTRA// todo veneno; que son la Piedra Bezaar, y la Yerua// Escuerçonera. Do se ponen sus marauillosos efectos.// Agora nueuamente copilada por el Doctor// Monardes, Medico de// Seuilla.//
F. 156b: em branco.
F. 157a-185b, segue, então:
DIALOGO DEL// HIERRO, Y DE SVS GRAN// DEZAS, Y COMO ES EL MAS// excelente metal de todos, y la cosa mas ne=// cessaria para seruicio del hombre,y de// las grandes virtudes medici-// nales que tiene.// HECHO POR EL DOCTOR:// Monardes: Medico de Seuilla.// [marca tipográfica]// EN SEVILLA// En casa de Alonso Escriuano.// 1574.//
F. 186a-206a, segue, então:
LIBRO QVE// TRATA DE LA NIEVE// Y DE SVS PROPRIEDADES,// y del modo que se ha de tener,en el be-// uer enfriado con ella : y de los// otros modo que ay// de enfriar.// CON OTRAS CVRIOSIDADES// que daran contento, por las cosas antiguas y// dignas de saber, que cerca de esta// materia,en el se// veran.// HECHO POR EL// Doctor Monardes Medico// de Seuilla.// EN SEVILLA.// En casa de Alonso Escriuano.// 1574.//
Faltam as folhas 204-205.
Verso da f. 206: Marca tipográfica e abaixo: EN SEVILLA// EN CASA DE ALONSO// Escriuano, en la calle de la Sierpe.// 1574.//
F. não numerada retro: IN LAVDEM DO-// tissimo Nicolai Monardis Medici// Hispalensis.//
F. não num., verso: ERRATAS.//
Falta mais uma folha em branco.

É esta a primeira edição espanhola da obra completa de Monardes.
Desconhecida por Nicolas Antônio.
Escreve José Carlos Rodrigues (nº 1.675) a respeito de uma outra edição espanhola (1580) referindo-se à obra: "E interessantíssimo ver como o descobrimento da América alargou logo a farmacopéia. O nosso autor descreve a árvore copal, o azeite de figueira-brava, a salsaparrilha, o bálsamo, o guayacan e pão santo, favas purgativas, etc. Na segunda parte trata do 'tabaco y de sus grandes virtudes', sassa-frâs, bálsamo de tolu, etc. ..."

Leclerc 1.016; Palau 175.487; Sabin 49.938; Salvá 2.724.

IEB-LAM

102.
OSÓRIO, Jerônimo, bispo de Silves, 1506-1580. 1574

HIERONYMI// OSORII LVSITANI// SILVENSIS IN ALGAR-// BIIS EPISCOPI// DE REBVS; EMMANVE-// LIS REGIS LVSITANIAE INVI-// CTISSIMI VIRTVTE ET AVSPICIO.// annis sex, ac viginti, domi forisq; ge-// stis; libri duodecim.// Quibus patissimum ea, quae in AFRICA & INDIA bel-// la confecit,explicantur.// Adiectus est rerum,ac verborum,index.// [marca tipográfica]// COLONIAE AGRIPPINAE,// Apud Haeredes Arnoldi Birckmann.// M. D. LXXIV.//

16 fls. prels. não nums., 412 i. e. 414 fls. nums., 16 fls. não nums. (Erros de paginação: sem paginação: 1, 2, 3, 36; 69 i. e. 70; 78 sem paginação; 122 sem paginação; 137 i. e. 127; 156 i. e. 153; 165 i. e. 156; 149 i. e. 158; 132 i. e. 160; 176 i. e. 175; 717 i. e. 177; 170 i. e. 179; 181 i. e. 186; 187 sem paginação; 183 i. e. 188; 210 i. e. 209; 215 i. e. 210; 212 i. e. 211; 231 i. e. 212; 196 i. e. 213; 218 i. e. 215; 210 i. e. 216; 229 i. e. 239; 248 sem paginação; 252 sem paginação; 374 i. e. 274; 28 i. e. 284; 298 i. e. 299; 298 i. e. 308; 273 i. e. 323; 273 i. e. 324; 342 sem paginação; 251 i. e. 351; 261 i. e. 360; 360 i. e. 361; 36 i. e. 362; 362 i. e. 363; 36 i. e. 364; 364 i. e. 365; salta de 368 para 367; 378 sem paginação; 383 i. e. 384; 319 i. e. 391; 392 i. e. 402; salta de 406 para 405). -- Assinatura: †(8) ††(8) A-Z(8) Aa-Zz(8) Aaa-Fff(8) *(8) **(8). (Erros de assinatura: F 2 i. e. E 2; F 4 i. e. E 4; St i. e. T 4).

Restaurado o exemplar da FD.
Reencadernação flexível em pergaminho.
Acondicionada em caixa com pH neutro.

Verso da página de rosto: em branco.
F. 2a-15b, segue a epístola-dedicatória: IO. METELLVS SEQVA-// NVS, I.C. ANTONIO AVGV-// STINO, EPISCOPO ILER-// DENSI. S.P.D.// [datado:] Vale. VIII. Kal.// April. M.D.Lxxiv. Ex Vbijs.//
F. 16a-16b: CLARISSIMO, ET SANCTISSI-// MO PRINCIPI HENRICO, SANCTAE// Romanae Ecclesiae Cardinali Hieronymus// Osorius Episcopus Syluensis;// S.D.//
Da f. 1 à f. 412 i. e. 414 segue, então, a obra de Jerônimo Osório dividida em 12 livros.
As 16 f. não numeradas finais contêm o: INDEX RERVM// ET VERBORVM ME-// MORABILIVM IN DVODECIM// libros Hieronymi Osorij Lusitani, Siluensis E-// piscopi, de rebus Emmanuelis, Lusitanorum// Regis inuictissimi virtute & auspicio gestis,// in quo numerus paginam: litera A.// priorem paginae columnam, B// posteriorem indicat.//

É obra de grande merecimento e muito importante para a história dos descobrimentos e conquistas dos portugueses em terras ultramarinas durante o reinado de D. Manuel I, o Venturoso.
A primeira edição saiu em Lisboa por Antônio Gonçalves em 1571.
Esta é a segunda edição e a primeira de Colônia. Deste mesmo impressor ainda foram publicadas as edições de 1576, 1586, 1596 e 1597. Existem, porém, edições de outros impressores e traduções para o francês e inglês.

BB v. 1, p. 122; Palau 206.490; Sabin 57.804; Samodães 2.292-A (menção).
FD; IEB-LAM

103.
JESUÍTAS. 574

RERVM// A SOCIETATE// IESV IN ORIENTE// GESTARVM// VOLVMEN,// Continens Historiam incundam lectu omnibus, Christia-// nis, praesertimijs, quibus vera Religio est cordi. In qua// videre possunt, quomodo nunquam Deus Ecclesiam// suam deserat, & in locum deficientium a vera// fide, innumeros alios in abditissimis// etiam regionibus substituat.// Nunc pluribus vltra omnes editiones priores lo-// cupletatum, vt sequens pagella demostrat// [gravura com retrato de Jesus]// COLONIAE,// Apud Geruinum Calenium, & haeredes Iohannis// Quentel, Anno M. D. LXXIIII.// Cum Priuilegio Imperiali ad decennium.//

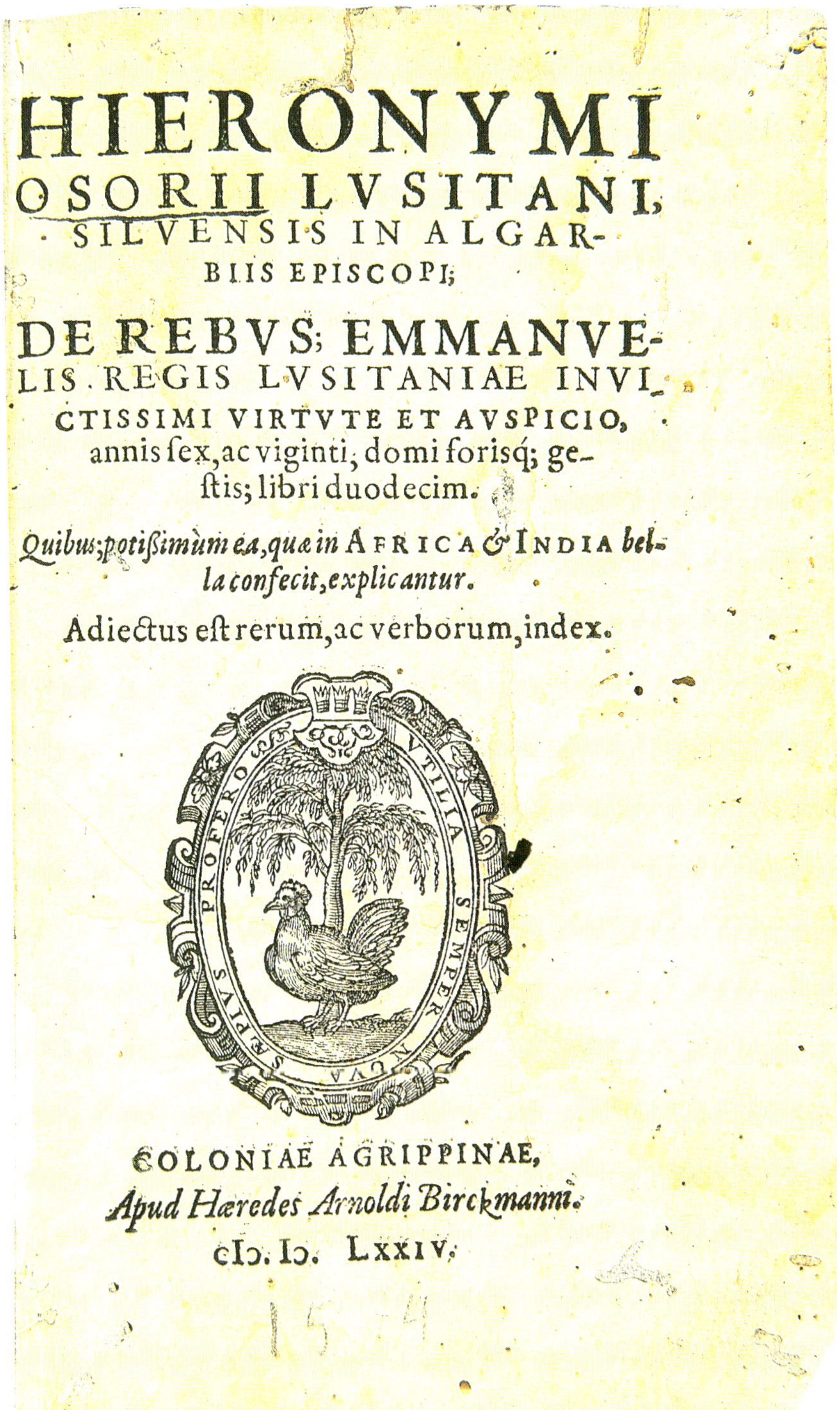

HIERONYMI
OSORII LVSITANI,
SILVENSIS IN ALGARBIIS EPISCOPI;
DE REBVS EMMANVELIS REGIS LVSITANIAE INVICTISSIMI VIRTVTE ET AVSPICIO, annis sex, ac viginti, domi forisq; gestis; libri duodecim.

Quibus; potissimùm ea, quæ in AFRICA & INDIA *bella confecit, explicantur.*

Adiectus est rerum, ac verborum, index.

COLONIAE AGRIPPINAE,
Apud Hæredes Arnoldi Birckmanni.
CIↃ. IↃ. LXXIV.

OSÓRIO, Jerônimo, bispo de Silves. *Emmanvelis regis lvsitaniae invictissimi virtvte et avspicio...*, 1574. Página de rosto.
Figura 58 – nº de catálogo 102

16 fls. prels. não nums., 472 p. (Erros de paginação: 118 i. e. 218; 180 i. e. 280; 451 i. e. 453). -- Assinatura: a-b(8) A-Z(8) Aa-Ff(8) Gg(4). (Erros de assinatura: M(4) i. e. N(4)).

Encadernação inteira em pergaminho com fechos de metal.

Verso da página de rosto traz um resumo do conteúdo do livro.
F. 2a-4a: CLARISSIMO// PRINCIPI,// AD DOMINO, D. OTHONI// Truchses a Vvaldburg, S.R.E.Cardinali,// Augustano Episcopo ac Praenestino,// Praeposito & Domino El-// uuacensi &c.// IOAN. PETRVS MAFFEIVS// S. P. D.// [datada de:] "Romae.15.Kalend. Decem-// bris. MDLXX."//
F. 4b: INDEX EPISTOLARVM.//
F. 5a-14a, em duas colunas: INDEX RERVM ET// VERBORVM MEMORA-// bilium, quae in hoc volumine// continentur.//
F. 14b-16b: INDEX PROPRIORVM// Locorum & Populorum.//
A obra se divide em duas partes, a saber: De Rebvs Indicis e De Iaponicis Rebus Epistolarvm liber qvinqve.//
De Rebvs Indicis:
P. 1-5: COMMENTARIVS.
P. 5-20: IOANNIS TERTII LVSI-// taniae Regis ad Proregem Indiae// litterarum exemplum.//
P. 20-26: GOA INSVLA ET VRBS.
P. 26-27: COCINVM.
P. 27-28: DAMANVM.
P. 29: COLANVM.
P. 30-33: ORA COMORINENSIS.
P. 33: SOCOTORA INSVLA.
P. 34: BAZAINVM VRBS.
P. 34-38: TANAA OPPIDVM.
P. 38-40: HORMVTIVM INSV-// la & vrbs.
P. 40-43: AETHIOPIA.
P. 43-53: In Habanes, et Ma-// nomotapa.//
P. 53: MALACA.
P. 53-57: MALVCI REGIO.
P. 57: REGIO MAVRI.
P. 57-58: AMBOINI INSVLAE.
P. 58-71: SOLOR, MACAZAR &c.
De Rebvs Indicis Epistolarvm Liber.

P. 72-86: ORGANTINVS BRIXI-// ensis fratribus Romani Collegij So=// cietatis IESV, gratiam & pacem// Christi Domini, &c.// [datada de:] Goa 5. Cal. Ianuarij.1568.//
P. 86-89: EXCERPTA QVAEDAM E// Christophori Acostae literis ad Prae-// positum Generalem datis 4. Non.// Ian.1569. Malaca, quae fuit olim// aurea Chersonesus.// [datada de:] Malaca 4.Non. Decembris 1569.//
P. 89-92: EX ALOYSII GOVEANI// litteris datis Colani, e Collegio Sal-// uatoris 18. Calend. Febr.// 1569.//
P. 93-95: EX EMANVELIS TESSE-// riae litteris ad Prepositum Gene-// ralem, datis Goa 4.nonas// Ianuarij 1569.//
P. 95-98: E NICOLAI NVNNIS// Epistola, e castro Ternate data// 4. Idus Febr. 1569.//
P. 99-104: E PETRI MASCARE-// niae litteris, Ternate datis pridie// Non. Martij 1569.//
P. 105-129: EX LITTERIS SEBASTI-// ani Ferdinandi ad Praepositum Ge-// neralem Societatis IESV, datis// Goa, mense Nouemb. 1569.//
P. 129-131: EX LITTERIS MARTINI// Syluae ad Consaluum Aluarem// datis 6. Calend. Decemb.// 1569. e Castro Onoris.//
P. 131-141: EX LITTERIS HIERONY-// mi Ruizij ad Praepositum Gene-// ralem datis Cocini 18. Cal.// Februarij 1570.//
De Iaponicis Rebvs Epistolarvm Libri Qvinqve.
P. 142: AD LECTOREM.
Liber Primus.
P. 143-146: PAVLVS IAPONIVS SO-// cietati IESV pacem & gratiam// IESV CHRISTI.// [datada de:] "Goa 3.Kal.Decemb. 1548."//
P: 146-150: COSMVS TVRRIANVS// Societati IESV.// [datada:] "Goa 8. Calen. Aprilis 1549."//
P. 150-155: FRANCISCVS XAVERI-// us Societati IESV &c.// [datada de:] Malaca 10. Calend. Iulias 1549.//
P. 156-169: FRANCISCVS XAVERI-// us Societatis IESV &c.// [datada de:] Cangoxima. Nonis Nouemb.1549.//
P. 169-170: PAVLVS IAPONIVS// Societati IESV Goam.// [datada de:] Cãgoxima. Nonis Nouẽb. 1549.//
P. 170-173: COSMVS TVRRIANVS// Societati IESV Goam.// [datada de:] "Ex Iapone ipso die festo Diui Michaelis 3.Calend.Octob. 1551".//
P. 174-177: IOANNES FERDINAN-// dus Francisco Xauerio.// [datado de:] Amangutio, 13. Cal. Nouembris 1551.//

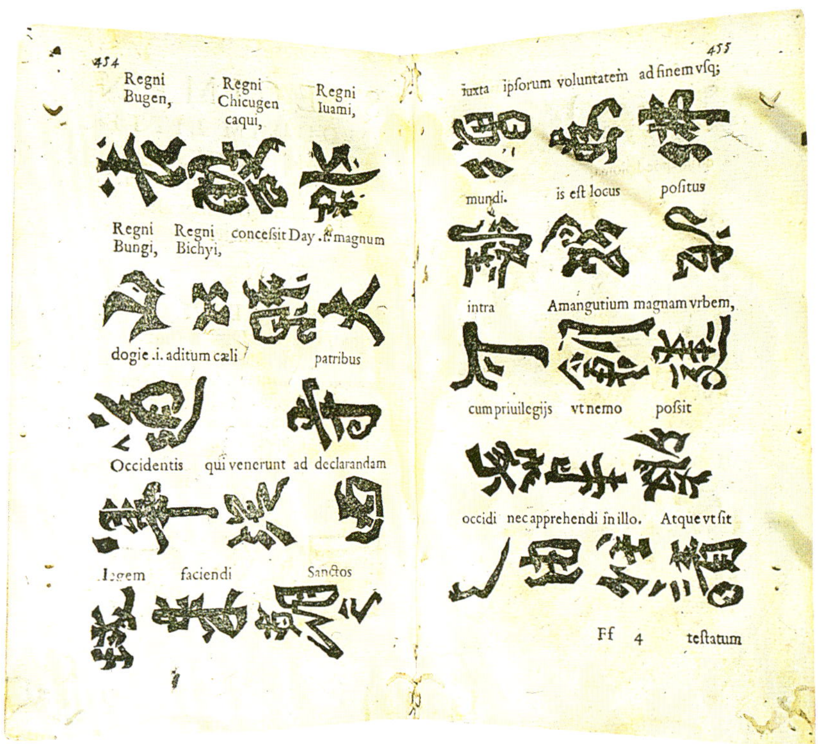

JESUÍTAS. *Rerum a Societate Iesu...*, 1574. Detalhe de página com ilustração de caracteres japoneses, apresentados pela primeira vez ao leitor europeu.
Figura 59 – nº de catálogo 103

P. 177-178: EX EPISTOLA GASPA-// ris Vilelae ad Societatem IESV.// [datada de:] Cocino. 8.Kal. Maij. 1554.//

P. 178-187: PETRVS ALCACEVA// Societati IESV in Lusitaniã.// [datado de:] Goa de 1554.//

P. 187-190: MELCHIOR NVNNES// Societati IESV in Lusita-// niam.// [datada de:] Malaca. Pridie Non. Decemb. 1554.//

P. 191-198: ARIAS BLANDONIVS// Societati IESV gratiam & amo-// rem Domini, &c.// [datada:] Goa.9.Kalen. Ianuar. 1554.//

Liber Secvndvs.

P. 199-210: DVARTES A SYLVA// Societati IESV Goam.// [datada de:] Bungo 12.Kalen. Octob. 1555.//

P. 210-216: BALTHASAR GAGVS// Societati IESV.// [datada de:] Firando 9. Calend. Octob. 1555.//

P. 217-227: MELCHIOR NVNNES// Societati IESV in Europam.// [datado de:] Sinarum portu Cantonio 11.Cal. Decemb. 1555.//

P. 227-230. COSMVS TVRRIANVS// Societati IESV in Lusita-// niam.// [datada:] 6. Idus Septemb. 1557.//

P. 230-247: GASPAR VILELA// Societati IESV.// [datada de:] Firando, quarto decimo Kalen. Nouemb. 1557.//

P. 247-252: MELCHIOR NVNNES// Societati IESV in Lusitaniã.// [datada de:] Cocino.4.Idus Ianuarias 1558.//

P. 252-253: GASPAR VILELA SO-// cietati IESV Goam.// [datada de:] Ex Iapone .Cal. Septemb. 1559.//

P. 254-256: IOANNES FERDINAND-// dus Melchiori Nunni.// [datada de:] Bungo. 3.Nonas Octob. 1559.//

P. 256-257: EX EPISTOLA GVLI // elmi ad Societatem IESV in// Lusitaniam.// [datada de:] Bungo .4.Nonas Octob. 1559.//

P. 257-268: BALTHASAR GAGVS// Societati IESV Goam.// [datada de:] Bungo. Kalen. Nouemb. 1559.//

Liber Tertivs.

P. 269-275: LAVRENTIVS IAPONI-// us Societati IESV &c.// [datada de:] Meaco .4.Non. Iunias, 1560.//

P. 275-278: CONSALVVS FERDI-// nandus, cuidam e Societate// IESV.// [datada:] Kalen.Decemb. 1560.//

P. 279-290: ALOISIVS ALMEIDA// Societati IESV in Lusitaniam.// [datada de:] Bungo, Calen. Octobris 1561.//

P. 290-298: COSMVS TVRRIANVS// Antonio Quadrio Indiae pro-// uinciae pro Societate IESV// Praeposito.// [datada de:] Bungo .7.Idus Octobris 1561.//

P. 298-311: GASPAR VILELA// Societati IESV.// [datada de:] Sacaio.16. Kalen. Septemb. 1562.//

P. 311-315: EX EPISTOLA ARIAE// Sanctij ad Societatem IESV.// [datada de:] Bungo.5. Idus Octobris 1562.//

P. 315-328: ALOISIVS ALMEIDA// Societati IESV.// [datada de:] "ex Iapone.octauo Cal. Nouemb. 1562."//

P. 328-329: EXEMPLVM REGIS CAN-// goximanorum epistolae ad Lusi-// tanum Indiae Proregem.//

P. 329-330: EIVSDEM REGIS LITTE-// rarum exemplum ad Antoniũ Qua-// drium Indiae prouinciae pro So-// cietate IESV Praepositum.//

Liber Qvartus.

P. 331-336: GASPAR VILELA// Societati IESV.//

P. 336-346: BALTHASAR GAGVS// Societati IESV.//

P. 347-350: Gaspar Vilela// Societati IESV.//

P. 350-357: ALOISIVS FROES SO-// cietati IESV in Indiam & in// Europam.// [datada de:] Vocoxiura 18. Cal. Decemb. 1563.//

P. 357-364: ALOISIVS ALMEIDA// Societati IESV in Indiam// [datada de:] "Ex portu Mariae Virginis adiutricis.5. Calend. Decem.1563".//

P. 364-366: IOANNES BAPTISTA// Montius Michaeli Turriano e// Societate IESV.// [datada de:] Bungo .5.Idus Octobris 1564.//

P. 366-368: EX ALIA EIVSDEM IO.// Baptistae Epistola ad Ioannẽ Polan-// cum presbyterũ Societati IESV.// [datada de:] Bungo .6. Idus Octobris 1564.//

P. 368-378: ALOISIVS FROES// Societati IESV in Indiam.// [datada de:] Firando. Quarto Non. Octob. 1564.//

P. 378-382: IOANNES FERDINAN-// dus Francisco Perezio ex// Societate Iesv.// [datada de:] Firando 6.Idus Octob. 1564.//

P. 382-390: ALOISIVS ALMEIDA:// Societati IESV in Lu-// sitaniam.// [datada de:] Bũgo, Pridie Idus Octob. 1564.//

Liber Qvintus.

P. 390-418: ALOISIVS ALMEIDA// Societati IESV Pacem & Salu-// tem in Domino.// [datada de:] "Ego inde Bungum, mox veni Facundam: ibi hac scribebam ad vos septimo Cal. Nouemb. 1565."//

P. 418-433: ALOISIVS FROES SO-// cietati IESV in Sinas & Indiam.// [datada de:] Meaco .11.Calend. Martias M.D.LXV.//

P. 433-439: ALOISIVS FROES// Societati IESV in Sinas.// [datada de:] Meaco, pridie nonas Martias. 1565.//

P. 439-446: ALOISIVS FROES SO-// cietati IESV in Indiam.// [datada de:] Meaco .5.Calend. April. 1565.//

P. 446-452: Aloisivs Froes// Societati Iesv.// [datada de:] Ex Iaponis insula Canga. mense Augusto.1565.//
P. 451-457: SPECIMEN// QVODDAM LITTE-// RARVM VOCVMQVE// IAPONICARVM, DESVM-// ptum e Regis Bungi Di-// plomate.//
De Qvinqvaginta// dvobvs e Societate// IESV, pro fide catholica// nvper occisis,// epistolae dvae.//
P. 458-462: PETRVS DIAS LEONI HEN-// rico Lusitaniae Prouinciali salutem// & pacem &c.// [datada de:] Ex insula Madera .15.Kalend. Septemb. 1570.//
P. 462-472: FRANCISCVS HENRICVS// Retror Domus Vlyssiponensis, & Socij;// Patribvs fratribvsq́z, qui Romae versan-// tur, salutem & pacem Christi// Domini &c.// [datada de:] Vlyssipone 5.Idus Decembris 1571.//

Os caracteres japoneses reproduzidos nesta obra (p. 451-457) são apresentados pela primeira vez ao leitor europeu.

Como se pode ver pelo conteúdo dado acima, estas cartas jesuíticas vêm em sua grande maioria do Japão, mas também das Molucas, Índia e outras partes da Ásia e África. As duas últimas se relacionam com o trabalho realizado no Brasil. Entre os que escreveram temos São Francisco Xavier, dois cristãos japoneses e rei do Japão. Uma outra carta relata o que se passou em Monomotapa, localizada entre o Cabo da Boa Esperança e Moçambique.

Carayon 588; Maggs 681-377; Palau 262.151.

IEB-LAM

104.

SIGONIUS, Carolus, 1520?-1584. 1574

De antiqvo ivre Civivm Romanorvm, de ivre Italiae, de ivre Provinciarvm.// AD ILLVSTRISS. ATQ. EXCELLENTISS.// D. IACOBVM BONCOMPAGNVM// GENERALEM S. R. E. GVBERNATOREM.// Quorum alij renouati, alij prorsus noui eduntur, vt auersa pagella declarat.// In eosdem rerum, & verborum index copiosus.// CVM PRIVILEGIO PONT.// [marca tipográfica]// BONONIAE,// Apud Societatem Typographiae Bonenien.// M D L X X I I I I.// Curiae Episc. & S. Inquisit. concessu.//

14 fls. prels., 442 p., 2 fls. não nums., p. 443-578, 21 fls. não nums., 4 fls. não nums. desd. (Erros de paginação: 329 i. e. 228; 343 i. e. 243; 357 i. e. 352; 352

i. e. 357; 381 i. e. 376; 376 i. e. 381; 479 i. e. 470; 470 i. e. 479; 98 i. e. 498; 565 i. e. 575). -- Assinatura: a(6) b(8) A-Z(6) AA-NN(6) OO(8) PP-ZZ(6) AAA-BBB(8) CCC-DDD(6) EEE(8). (Erros de assinatura: E 2 i. e. EEE 2).

Restaurada.
Reencadernação em pergaminho.
Acondicionada em caixa com pH neutro.
Notas marginais manuscritas.
Falta a parte superior da folha de rosto.

Verso da página de rosto: índice do conteúdo.
F. 2a-2b: GREGORIVS PAPA XIII.// [datado:] ... Datum Romae apud// S.Petrum sub annulo Piscatoris die XII.// Nouembris. M D LXX II.// Pontificatus Anno Primo.//
F. 3a-4b: ILLmo. ATQ. EXCELLmo.// DOMINO// IACOBO BONCOMPAGNO// GENERALI S. ROM. ECCL.// GVBERNATORI.// Carolus Sigonius S.// [vinheta]// [datado:] BONONIAE KAL. NOVEMBRIS.// MDLXXIIII.// [vinheta]//
F. 5a-13a: CAROLI SIGONI// DE ANTIQVO IVRE// CIVIVM ROMANORVM.//
F. 13b: em branco.
F. 14: em branco.
Segue, então, a obra, dividida em:
P. 1-146: ...// DE ANTIQVO IVRE// CIVIVM ROMANORVM// [dividido em dois livros]
P. 147-284: ...// DE ANTIQVO IVRE ITALIAE// [dividido em três livros]
P. 285-440: ...// DE ANTIQVO IVRE// PROVINCIARVM// [dividido em três livros]
P. 441: CAROLI SIGONI// DE IVDICIS// LIBRI TRES.// AD AMPLISS. PRAESVLEM// IO. BAPTISTAM CAMPEGIVM// MAIORICENSEM EPISCOPVM.// [vinheta]//
P. 442: em branco.
F. 1a-2b, não numeradas: CAROLI SIGONII// DE IVDICIIS LIB. PRIMVS// AD AMPLISSIMVM PRAESVLEM// IO. BAPTISTAM CAMPEGIVM// MAIORICENSEM EPISCOPVM// [vinheta]//
Da p. 443 segue, então, esta parte, que está subdividida em três livros. Termina à p. 578.
F. 1a, não numerada: Societas Typographiae Bononiensis// Lectori salutem.//
F. 1b: em branco.

F. 2a-15b, impressas em duas colunas: INDEX RERVM, ET VERBORVM// AD IVS PERTINENTIVM.//
F. 16a-17b: INDEX MAGISTRATVVM,// ET SACERDOTVM.//
F. 17b-21a: INDEX REGIONVM, VRBIVM,// ET POPVLORVM.//
F. 21a, abaixo do índice: Errata, quae grauiora sunt, sic corrigit.//
F. 21b: Series chartarum.//
As 4 folhas não numeradas, desdobráveis, estão intercaladas nas páginas:
222/223: FRAGMENTVM VNVM//
Verso: LEGIS THORIAE FRAGMENTVM ALTERVM.//
F. 2a: LEGIS THORIAE.//
Verso: LEGIS THORIAE FRAGMENTA DVO// EX AENEIS TABVLIS PROPE VETUST
ATE// CONSVMPTIS EXSCRIPTA,// ET SVPPLETA.//
526/527: FRAGMENTVM VNVM.//
F. 3b: LEGIS SERVILIAE FRAGMENTVM ALTERVM.//
F. 4a: LEGIS SERVILIAE FRAGMENTVM//
F. 4b: LEGIS SERVILIAE FRAGMENTA DVO// EX AENEIS TABVLEIS [sic] PROPE VETUSTATE// CONSVMPTIS EXSCRIPTA,// ET SUPPLETA.//

Carlo Sigonio nasceu em Modena em torno de 1520 e faleceu em sua casa em Ponte Brasso, perto de Modena, em 28 de agosto de 1589. Estudou em Bolonha e Pávia. Ensinou humanidades em Veneza a partir de 1552, oito anos depois em Pádua.

Adams S-1.102.

FD

105.
TIRAQUEAU, André, 1480?-1558. 1574

ANDREAE// TIRAQVELLI// REGII IN CVRIA// PARISIENSI SE-// NATORIS// TRACTATVS VARII,// Quorum Elenchum pagina// sequens indicabu.// Postrema hac editione felicius , quàm antea,// renati,accuratissiméque repurgati.// Cum Indice rerum ac// verborum copio-// sissimo.// LVGDVNI,// APVD GVLIEL.// ROVILLIVM// Cum priuilegio Regis.// – // 1574.//

610 p., 19 fls. não nums. (Erros de paginação: 365 i. e. 265). -- Assinatura: A-Z(6) Aa-Zz(6) AA-HH(6). (Erros de assinatura: B 2 i. e. B 3).

Restaurada.
Reencadernação em couro de cabra, em estilo de época.
Acondicionada em caixa com pH neutro.
Notas marginais impressas.
Alguns tipos gregos.
Letra ornamental iniciando os parágrafos.

Verso da página de rosto: Retrato de Tiraquellus.// TRACTATVVM, QVI HOC VOLV=// MINE CONTINENTVR, ELENCHVS.// [vinheta]//
P. 3-4: [barra ornamental]// MICHAEL TIRA-// QVELLVS FONTENAII APVD// Pictones praefectus, Francisco, Ioanni Andreae, Mathu-// rino, Renato, & Ludovico Tiraquellis, fra-// tribus amantissimis, S.//
P. 5: [barra ornamental]// CHRISTOPHORI THVANI,// CELII PARISIENSIS, OLIM A SE-// CRETIS REGIS, ET IN ILLO AMPLISS. ORD.// Cauf. Patr. nunc autem in eo ordine Praesidis, de// Libello, cui Tiraquellus fecit titulum,// Cessante causa cessat// effectus.//
P. 6: [barra ornamental]// ANTONIVS A LEONE SE-// NATOR, ANDREAE TIRA-// QVELLO SENATORI.// [vinheta]// [mais abaixo:] EIVSDEM AD EVNDEM TETRASTICHON.//
P. 7-8: INDEX VOCVM QVAE// CONTINENTVR IN TRACTATV// CESSANTE CAVSA,// SEV RATIONE,// CESSAT EFFECTVS.// [vinheta]//
P. 9-610: Segue o texto dividido em vários tratados.
F. 1a-18b, não numeradas, impressas em duas colunas: [barra ornamental]// INDEX GENERALIS IN// OMNES HVIVS VOLV-// MINIS TRACTATVS.//
F. 18b, abaixo do índice: LECTORI.// [algumas erratas]//
F. 19: em branco.

FD-BTA

106.1.

BERNARDUS, Claravallensis, s., 1090-1153. 1575

D. BERNARDI// Doctoris Mellitissimi,// AC PRIMI ABBATIS// Claraeuallensis Caenobij, Opera,// IN DVOS TOMOS DISTINCTA.// Quibus adiecimus eiusdem Auctoris Opuscula: quae, vt caetera eius scri// pta, coeleltem, ac diuinam sapiunt eruditionem// Nunc recèns impressa accuratissimè recognita, & repurgata sedulaq̂; colla-// tione, ad antiquiorum exemplarium fidem, natiuae integritati restituta.// Cum amplissimis, ac locupletissimis INDICIBVS,// vtrique

Tomo inseruientibus// TOMVS PRIMVS.// [marca tipográfica]// VENETIIS, M. D. LXXV// – // Apud Fransciscum Franciscis Senensem.//

76 fls. não nums., 435 fls. nums. (Erros de foliação: 39 i. e. 37; 112 i. e. 111; 288, 289 i. e. 188, 189; 192 i. e. 199; 201 i. e. 203; 107 i. e. 207; 242 i. e. 248; 255 i. e. 253; 257 i. e. 261; 292 i. e. 291; 314 i. e. 414; 405 i. e. 415; 321 i. e. 421). -- Assinatura: a-i(8) k(4) A-Z(8); Aa-Zz(8) Iii(3) (Deve faltar a última folha. Em branco?). (Erros de assinatura: Zz(2) i. e. Zz(4)).

Exemplar com furos, sendo que quase todas as folhas estão restauradas (coladas com papel manteiga).
Notas marginais impressas e manuscritas.
Texto em duas colunas.

Volume I.
Verso da página de rosto: em branco.
F. 2a-2b: REVERENDO IN CHRISTO PATRI,// DOMINO D. LVDOVICO DE RIE, EPISCOPO GENVENSI SANCTI EVGENDI IVRENSIS,// Et Albae Ripae abbati clarissimo.// Franciscus Comestor Arneduceus, Edumensis, socius collegij Sorbonnae. S.// [vinheta].//
F. 3a-3b: INDICVLVS OPERVM B. BERNARDI// CLARAEVALLIS ABBATIS PRIMI,// QVORVM SERIES DVPLES EST.//
F. 4a-15b: INDEX SENTENTIARVM// VETERIS, AC NOVI TESTAMENTI,// A beato Bernardo in suis sermonibus , ac tractatibus expositarum , secundum// ordinem librorum, capitulorum, atque psalmorum, ad literas// alphabeticas, ubique adaptatus.// [vinheta]//
F. 16a-65a: INDEX POTIORVM SENTENTIARVM// IN OPERA DIVI BERNARDI PRIMI ABBATTIS// CLARAEVALLENSIS.// PER ORDINEM LITTERARVM DISPOSITVS.//
F. 65b-69a: TABVLA SVPER SERMONES// GILLEBERTI IN CANTICA CANTICORVM.// QVOS INSERVIMVS IN CALCE.//
F. 69b-70b: INDEX SINGVLORVM// SERMONVM// Atque primo de Aduentu Domini. qui sunt omnes// primo de Aduentu.//
F. 71a-75a: INDEX EPISTOLARVM DIVI// BERNARDI, AD ORDINEM// alphabeticum dispositus.//
F. 75b-76a: Epigrammata in Laudem.//
F. 76b: Reuerendus P. Valerius Fauentias, haereticae prauitatis Inquisitor// in alma Vrbe Venetiarum , uidit, & approbauit omnia D. Ber-// nardi opera nunc impressa.//

Folhas numeradas:
F. 1a-359b: D. BERNARDI// CLARAEVALLENSIS COENOBII// ABBATIS PRIMI// SERMONVM OPVS.//
F. 359b; finaliza: Expliciunt sermones LXXXVI. beati Bernardi super Cantica;// quos morte praeuentus non compleuit.//
F. 360a-435a: DEVOTIS PATRIS// DOMINI GILLIBERTI ABBATIS// DE HOILANDIA IN ANGLIA,// ORDINIS CISTERCIENSIS SERMONES SVPER// Cantica canticorum, ab eo loco, quo beatus Bernardus// morte praeuentus finierat, insequendo de uicino// eiusdem Bernardi spiritum & stylum,// incipiunt foeliciter.//
F. 435a: EXPLICIVNT SERMONES GILLEBERTI// super Cantica canticorum.//
F. 435b: em branco.

106.2.
Volume II. 1575

D. BERNARDI// Doctoris Mellitissimi,// AC PRIMI ABBATIS// Claraeuallensis Caenobij Operum,// Tomus secundus.// QVIBVS ADIECIMVS EIVSDEM// Autoris Opuscula, non minus quàm caetem// omnia, & Aurea , & Diuinissima.// ACCVRATISSIMAQ; RECOGNITIONE,// & sedula collatione, ad vetustiorum exemplarium// fidem genu[...], int[...]ritati restituta.// [marca tipográfica]// VENETI[...] M. D. LXXV// – // Apud Franciscum de Franciscis Senensem.//

503 fls. não nums. (Erros de foliação: 56 i. e. 58; 62 i. e. 64; 106 i. e. 126; faltam as folhas 140 e 141; 251 i. e. 151; 146 i. e. 164; 234 i. e. 232; 241 i. e. 239; 242 i. e. 240; 379 i. e. 377; 380 i. e. 378; 385 i. e. 383; 386 i. e. 384; 309 i. e. 390; 403 i. e. 401). -- Assinatura: A-R(8) S(6) (faltam duas folhas) T-Z(8) Aa-Zz(8) Aaa-Rrr(8) (falta a última folha). (Erros de assinatura: Q 4 i. e. Q 3).

Exemplar restaurado, porém, apresentando muitos furos, com perda de texto.
Notas marginais impressas.
Texto impresso em duas colunas.

Verso da página de rosto: em branco.
À f. 2a já começa o texto das epístolas de São Bernardo.

Após a obra escrita por São Bernardo, segue no verso da f. 455: INCIPIT PRAEFATIO// D. GVLIELMI ABBATIS// IN VITAM SANCTI BERNARDI// PRIMI CLARAEVALLIS ABBATIS.// Termina no verso da f. 496.//
F. 497-498: Vem o termo da canonização de S. Bernardo.//
Da f. 498b ao final, vários epigramas.
Ao pé da f. 503a: VENETIIS, M D LXXV.//
Verso da f. 503: em branco.
Falta a última folha (em branco?).

Existe um exemplar na Biblioteca Estadual de Munique e outro na Biblioteca Universitária de Santiago.

IA 117.585.

FD

107.
CIPOLLA, Bartolomeo, m. ca. 1477. 1575

CONSILIA// D. BARTHOLOMAEI// CEPOLLAE VERONEN.// IVRISCONSVL. CLARISSIMI// AD DIVERSAS MATERIAS,// FREQVENTIORES QVE CAVSAS, QVAE IN// foro uersantur, eo studio concinnata, ut praeter propositarum// quaestionum decisionem, theoricam ipsam cum// praxi habeas coniunctam.// HAC POSTERA EDITIONE RECOGNITA, ATQVE// ab erroribus innumerabilibus, quibus mutila passim , & plerisque in locis de-// curtata usque adeo deprehendebantur, nullus ut sensus, aut peruersus esset,// summo studio uindicata,atque integritati suae restituta.// ACCESSERVNT ETIAM HVIC NOSTRAE EDITIONI// Summatia cuiuis responso affixa,& Repertorium locupletissimum atque ea// diligentia elaboratum,nullibi ut decipi,aut falli possis.// [marca tipográfica]// VENETIIS,// AD SIGNVM IVRISCONSVLTI.// – // M. D. L X X V.//

8 fls. prels., 247 i. e. 271 fls. nums. (Erros de foliação: Há duas folhas com a numeração 3; 32 i. e. 28; 31 i. e. 41; 63 i. e. 67; 60 i. e. 70; pula as folhas 139 e 140; de 144 volta para 143; 128 i. e. 228; de 228 volta para 225; 256 i. e. 262; 264 sem numeração; 166 i. e. 266; 247 i. e. 271. O livro, no entanto, tem ao certo 267 folhas). -- Assinatura: a(8) b(4) A-Z(8) Aa-Ee(8) †(4) Ff-Ll(8) (falta a última folha, em branco). (Erros de Assinatura: N 2 i. e. O 2; R 3 i. e. S 3).

Restaurada.
Reencadernação em estilo francês com nervuras e revestimento de couro pleno.

Verso da página de rosto: em branco.
F. 2a-2b, dentro de uma moldura: [barra ornamental] PETRO FRANC.CO ZINO// VIRO SAPIENTISSIMO// ET CANONICO VERONENSI// [vinheta]// IACOBVS RAMPAZETTVS// S.P.D//
F. 3a-12a, também emolduradas, impressas em duas colunas: [datado:] ... Venetiis Idib. Mart.//
F. 3a-12a, também emolduradas, impressas em duas colunas: [barra ornamental] REPERTORIVM// VERBORVM AC SENTEN-// TIARVM SELECTIORVM IN PRV-// dentissima, D. Bartholomaei Cepollae// Responsa,// EA QVIDEM DILIGENTIA RECOGNITVM,// atq; instauratum, vt numerorum ratione fidelissime subdu-// cta, atque omni prorsus labe, qua vbique deprauatum// / deprehendebatur, sublata, nullibi aut// falli; aut decipi possis.//
Segue, então, a obra propriamente dita até a f. 247, isto é, 271 e que encerra o livro com as seguintes palavras: Consiliorum volumen Iuris Vtriusque interpretis// Domini Bartholomaei Caepolle Veronen.// explicit feliciter.//
Verso da f. 247 i. e. 271: [barra ornamental] REGISTRVM.// [e mais abaixo:] VENETIIS, Apud Bartholomaeum Rubinum.// – // M.D.LXXV.//
Falta a última folha, que, provavelmente, estava em branco.

FD

108.
MONTE SANCTO SAVINI, Fabianus de. 1575

TRACTATVS// DE EMPTIONE// ET VENDITIONE,// EORVM QVE OMNIVM// QVAE AD EANDEM// materiam pertinent.// AVCTORIBVS CLARIS. IVRISC.// FABIANO DE MONTE S. SABINI,// & FRANCISCO ZOANNETTO,// vt sequens pagella indicabit.// Omnibus aduocatis, causarum patronis,notarijs,atque// Iusdicentibus ipsis vtilis & necessarius.// Nunc recèns diligentiae recognitus singulari , atque locuple-// tissimo adiutus Repertorio.// [marca tipográfica]// VENETIIS,// AD SIGNVM IVRISCONSVLTI.// – // M D L X X V.//

16 fls. prels., 502 p., 1 fl. não num. (Erros de paginação: 32 sem numeração; 105 i. e. 103; 142 i. e. 124; 260 i. e. 160; 160 i. e. 169; 128 i. e. 228; 92 i. e.

292; 326 i. e. 336). -- Assinatura: †(8) ††(8) (erradamente entremeado com B) A-Z(8) Aa-Hh(8) Ii(4).

Restaurada.
Reencadernação flexível em pergaminho.
Acondicionada em caixa com pH neutro.

Verso da página de rosto: INDEX TRACTATVVM// HOC LIBELLO// contentorum.//
F. 2a-2b: [barra ornamental]// TYPOGRAPHVS// CANDIDO LECTORI// SALVTEM.// [vinheta]//
F. 3a-16b, impresso em duas colunas: IN TRACTATVM// DE EMPTIONE ET VEN-// DITIONE FABIANI DE MON-// TE SANCTI SABINI// ET DE EMPTIONE ET VENDITIONE// sub pacto retrouenditionis Francisci Zoaunetti,// copiosissimus INDEX.//
Segue, então, o texto da obra, que vai da p. 1 à p. 344: TRACTATVS// DE EMPTIONE ET// VENDITIONE, FRE-// quentissimus & vtilissimus,// EDITVS PER CELEBERRIMVM// IVRIS VTRIVSQVE DOCTOREM// D. Fabianum de Monte S. Sabini dignissi-// mum aduocatum consistorialem,// feliciter incipit.//
P. 345-502: FRANCISCI// ZOANNETTI I.V.D.// CONSVLTIS. ET IN CELE-// berrimo Ingolstadiensi Gym-// nasio quondam ordinarii// legum Professoris// Primarii.//
F. não numerada, anverso: o "REGISTRVM" e mais abaixo o colofão: VENETIIS,// Apud Bartholomaeum Rubinum.// M D LXXV.//
Verso: em branco.

FD-BTA

109.
ORTELIUS, Abraham, 1527-1598. 1575

[o título encontra-se na parte central da página de rosto, decorada com figuras femininas] T H E A// T R V M// O R B I S// T E R R A// R V M// [na base da gravura consta:] Opus nunc denuò ab ipso Auctore recognitum, multisquè locis castigarum, & quampsurimis// nouis Tabulis atquè Commentarijs auctum//

10 fls. prels. não nums., 70 i. e. 80 mapas em 2 folhas, 48 fls. não nums. -- Assinatura: A(6) B(4) [70 mapas numerados em folha dupla] a-h(6).

Uma gravura representando Ortelius com a idade de 50 anos aproximadamente.

F. 1b: EPIGRAMMA// DANIELIS ROGERII ALBIMONTANI// IN THEATRVM ORBIS TERRARVM// AB ABRAHAMO ORTELIO// ELABORATVM.//
Hadriani Ivnii Hornani// in idem.//
F. 2a: Dedicatória a Filipe II da Espanha.
F. 2b-3b: ADOLPHI MEKERCHI// BRVGENSIS I. C.// [segue em grego]// FRONTISPICII// EXPLICATIO.//
F. 4a-5a: ABRAHAMVS ORTELIVS// ANTVERPIANVS, REGIA E// MAIESTATIS GEOGRAPHVS,// Beneuolis Lectoribus S.D.// [Prefácio ao leitor de Abraham Ortelius, datado no final:] "ANTVERPIAE M.D.LXX." [vinheta]//
F. 5b-7a: CATALOGVS AVCTORVM// TABVLARVM GEOGRAPHICARVM,// QVOTQVOT AD NOSTRAM COGNITIONEM// HACTENVS PERVENERE; QVIBVS AD-// DIDIMVS, VBI LOCORVM, QVANDO,// ET A QVIBVS EXCVSI SVNT.//
F. 7b-8a: Index Tabularum huius operis, siue// Inscriptionum earundem.//
F. 8b-9a: QVONIAM VERO PLVRES REGIONES AVT INSV-// lae in his Tabulis descriptae sunt, quàm in earundem Titulis continentur; visum// nobis fuit operae pretium, eas hoc altero Indice etiam studiosis indicare.//
F. 9b: ORNATISSIMO VIRO D.ABRAHAMO// Ortelio, amico cùm primis caro.// [datado e assinado:] Duysburgi 22. Nouembris 1560.//Tuus integerrime Gerardus Mercator//
Io. Vivianvs Valentianvs// Abrahamo Ortelio svo.//
F. 10a: D.ABRAHAMO ORTELIO.// [assinado:] Ex regia Windelesora.xiij.// Kalend. Novemb.//Tuus Daniel Rogerius.//]
Gerartvs Falkenbvrgivs// Noviomagvs.// [segue a poesia em grego]//
F. 10b: IN THEATRVM// ABRAHAMI ORTELII.// [assinado:] Ioan. Viuiani Valentiani.//
Em seguida daremos a relação dos mapas com seus respectivos títulos contidos nesse volume:

1. TYPUS ORBIS TERRARVM.
2. AMERICAE SIVE// NOVI ORBIS, NO=// VA DESCRIPTIO.
3. ASIA.
4. AFRICA.
5. EVROPA.
6. BRITANNICAE// INSVLAE.
7. SCOTIA.

ORTELIUS, Abraham. *Theatrum orbis terrarum*, 1575. Gravura representando o mapa da América, feita por Franz Hogenberg.
Figura 60 – nº de catálogo 109

8. ANGLIA.
9. CAMBRIA// siue// VVALLIA.
10. HIBERNIA.
11. HISPANIA.
12. PORTVGALLIA// REGNVM.
13. GALLIA.
14. BITVRIGVM// REGIO.// LIMANIA.
15. CALETES// et// BONONIENSES.// VEROMANDVI.
16. GALLIAE// NARBONENSIS// ORA MARITIMA.// BVRGVNDIAE// COMITATVS.
17. GERMANIA.
18. GERMANIA// INFERIOR.
19. GELDRIA.
20. BRABANTIA.
21. FLANDRIA.
22. ZELANDIA.
23. HOLLANDIA.
24. FRISIA.
25. DANIA.
26. THIETMARSIA.// PRVSSIA.
27. SAXONIA.
28. MANSFELDIAE// COMITATVS.
29. TVRINGIA.// MISNIA.//
30. FRANCONIA.// MONASTERIENSIS// EPISCOPATVS
31. BOHEMIA.
32. SILESIA.
33. MORAVIA.
34. AVSTRIA.
35. SALISBVRGENSIS// DIOECESIS.
36. BAVARIA.
37. NORTGOIA// vel// BAVARIAE PALATINATVS. VVIRTENBERGENSIS// DVCATVS.
38. SVEVIAE CIRCVLVS.// BASILIENSE TERRITORIVM.
39. HELVETIA.
40. TIROLIS// COMITATVS.// GORITIA, KARSTIA,// CHACZEOLA, CARNIOLA, HISTRIA,// ET VVINDORVM MARCHIA.
41. ITALIA.
42. FORVM IVLII.
43. MEDIOLANENSIS DVCATVS.

44. PEDEMONTANA// REGIO.
45. PATAVINVM// TERRITORIVM.// APVLIA.
46. LACVS COMENSIS// olim// LARIVS.// VRBIS ROMAE// TERRITORIVM.
47. TVSCIA.
48. SENAE VRBIS// TERRITORIVM.// MARCA ANCONAE.// CORSICA.
49. REGNVM// NEAPOLITANVM.
50. SICILIA.// SARDINIA.// MALTA olim MELITA.// ELBA olim ILVA.// CORFV olim// CORCYRA. Zerbi.
51. CANDIA, olim CRETA.
52. CYPRVS.// STALIMENE, olim LEMNOS.
53. GRAECIA.
54. ILLYRICVM.
55. CARINTHIAE DVCATVS// et// GORITIAE PALATINATVS.// HISTRIA.// ZARA & SEBENICO.
56. HVNGARIA.
57. TRANSSYLVANIA.
58. POLONIAE// REGNVM.
59. LIVONIA.// POMERANIA.// OSVVIECZIMENSIS & ZATO=// RIENSISDVCATVS.
60. SCANDIA// siue// REGIONES SEPTEN// TRIONALES.
61. RVSSIA// aut potius// MAGNI DVCIS// MOSCOVIAE IMPERIVM.
62. TARTARIA// siue// MAGNI CHAMI// IMPERIVM.
63. INDIA.
64. PERSIAE REGNUM// siue// SOPHORVM IMPERIVM.
65. TVRCICVM// IMPERIVM.
66. PALAESTINA// vel// TERRA SANCTA.
67. NATOLIA// olim// ASIA MINOR.// AEGYPTVS.// CARTHAGINENSIS// PORTVS.
68. ABISSINORVM // siue// PRESBITERI IOANNIS// IMPERIVM.
69. BARBARIA// et// BILEDVLGEVID.
70. SCHLAVONIAE, CROATIAE, CARNIAE, ISTRIAE, BOSNIAE, FINITIMARVMQVE// REGIONVM NOVA DESCRIPTIO, AVCTORE AVGVSTINO HIRSVOGELIO.

O anverso e verso deste último mapa trazem dizeres, que não se referem propriamente ao mapa.

As novas folhas não numeradas contêm:

F. 1a-24a: SYNONYMIA LOCORVM// GEOGRAPHICORVM;// siue// ANTIQVA REGIONVM, INSVLARVM, VRBIVM,// Oppidorum, Montium,

Promontoriorum, Syluarum, Pontium, Marium, Sinuum,// Lacuum, Paludum, Fluuiorum, & Fontium nomina, recentibus eorundem// nominibus explicata; Auctoribus quibus sic vocantur, adiectis.// ABRAHAMO ORTELIO SVO, ARNOLDVS MYLIVS..//..
F. 24b-44b: INDICE PRIMO AD FINEM PERDVCTO,// hunc alterum in studiosorum gratiam subiungere placuit; vt, quemad-// modum primus ordine Alphabetico interpretatus est nomina Antiqua// Recentibus, ita hic alter inuerso ordine Recentia Antiquioribus restituat.//
F. 45a-47b: DE MONA DRVIDVM INSVLA ANTI-// QVITATI SVAE RESTITVTA [CVIVS IN ANGLIAE DE-// SCRIPTIONE MEMINIMVS] EPISTOLA NOBILIS ET ERVDITI VIRI// HVMFREDI LHVYD; IN QVA ETIAM DE ARMAMENTARIO ROMANO,// CVIS IN HOLLANDIA FACTA EST MENTIO, NON INELEGANTER// DISCEPTATVR.//
F. 48a: PRIVILEGIVM ROM. IMPERII.// [datado de:] 28 de agosto de 1572 [e mais abaixo:] TENOR PRIVILEGII REGIS HISPANIAE.// [de 23 de outubro de 1569]
F. 48b: Seguem a colação e o registro [mais abaixo o colofão]:
Visitauit & approbauit hoc opus D.Sebastianus Baer// Delphius, insignis Cathed. Ecclesiae S. Mariae// Antuerpienses Plebanus & Canonicus.// Auctori aere & cura impressum absolutumque// apud Aegidium Radaeum Gandensem,// ANTVERPIAE// M.D.LXXV.// [vinheta]//

O texto é da autoria do próprio Ortelius, que para isso lançou mão de sua vasta biblioteca e livraria. A gravação dos mapas é em sua maioria de Franz Hogenberg, uma vez que Ortelius mesmo o menciona em sua introdução ao leitor – "Francisci Hogenbergi artificiosae manui, cuius vnius indefatigabili diligentia ferè omnes hae Tabulae caelate sunt,..."
A primeira edição do *Theatrvm Orbis Terrarum* data de 1570. Pertence o nosso exemplar a uma segunda fase, que apresenta maior número de mapas do que a primeira.
O lançamento do *Theatrvm Orbis Terrarum* foi um sucesso imediato e absoluto. Até 1624 tivemos cerca de 42 edições, além dos aditamentos, também publicados separadamente. Ainda se publicou uma edição em tamanho menor durante este mesmo período, que obteve 31 edições.
Existem traduções desse atlas para o alemão, francês, espanhol e holandês.

Koeman – Ort. 13; Phillips 382.

IEB

110.

PINTO, Heitor. 1575

SEGVNDA PAR=//TE DOS DIALOGOS DA// imagem da vida Christam:// O primeyro lhe da trãquillidade da vida.// O segundo da discreta ignorancia.// O terceyro da verdadeyra amizade.// O quarto das causas.// O quinto dos verdadeyros & falsos bẽs.// Compostos per Frey HECTOR PINTO// frade Ieronymo, doctor em// sancta Theologia.// [três vinhetas pequenas uma ao lado da outra]// [duas vinhetas pequenas uma ao lado da outra]// Agora nouamente saidos a luz , & nesta segunda impressão// vistos & emendados pelo mesmo Author: & impressos// com licença do conselho geral da sancta Inqui// sição, & Ordinário.// Em Lisboa per ANTONIO Ribeyro im-// pressor, à custa de Ioão d'Hespanha// Com priuilegio Real.// 1575.//

8 fls. não nums., 406 fls. nums., 5 fls. não nums. (Erros de foliação: 152 i. e. 162; 311 i. e. 319; 387 i. e. 388). -- Assinatura: ☞(8) A-Z(8) Aa-Zz(8) aaa-ddd(8). (Erros de assinatura: folhas que não trazem assinatura: C 3, Y 2 são repetidos.)

F. 1a-96b [27 cap.]: DIALOGO// DA TRANQVILLI-// dade da vida.//
F. 97a-133a [10 cap.]: DIALOGO// DA DISCRE-// ta Ignoran// cia.//
F. 133b-242b [23 cap.]: DIALOGO// DA VERDADEY-// ra amizade.// ...
F. 243a-329a [25 cap.]: DIALOGO// das causas:// ...
F. 329b-406b [26 cap.]: DIALOGO// DOS VERDADEYROS// & falsos bẽs:// ...

A 1ª edição desta obra é de 1572, impressa por João Barreira. Suas duas partes saíram inicialmente separadas, a primeira parte em 1563, com sucessivas edições. Só em 1681 as duas partes foram finalmente reunidas em um volume.
Os *Diálogos* foram traduzidos nos idiomas castelhano, francês e italiano.
Não vem citada por Leite de Faria, em seu levantamento sobre a Imagem da Vida Cristã (*Rev. da BN*, Lisboa, Série 2, 2(2): 83-110, 1987).

Anselmo 922; Inoc. t. 3, p. 175-6, t. 10, p. 1-2; P. de Matos 459; Palau v. 13, p. 261-2.

FFLCH-CS

111.1.

THEVET, André, 1502-1590. 1575

LA// COSMOGRA=// PHIE VNIVERSELLE// D'ANDRÉ THEVET COS-MO-// GRAPHE DV ROY.// [vinheta pequena]// ILLVSTREE DE DIVER-SES FIGVRES DES// CHOSES PLVS REMARQVABLES VEVÊS PAR// l'Auteur, & incogneuës de noz Anciens & Modernes.// TOME PREMIER.// [marca tipográfica]// A PARIS,// Chez Guillaume Chaudiere,rue S.Iaques,à lenseigne du//Temps,& de l'Homme sauuage.// – // 1575.//Auec Priuilege du Roy..//

20 fls. prels. não nums., 467 fls. nums., 13 fls. não nums. (Erros de paginação: 293 i. e. 294; 384 i. e. 356; 362 i. e. 368). -- Assinatura: ã(8) ẽ(6) ĩ(2) *(4) a-z(6) A(6) B(4) C-Z(6) aa-zz(6) AA-HH(6) II(8) ã(6) ẽ(6).

Encadernação inteira em pergaminho.
Obra em dois volumes.
Notas marginais impressas.
Tipos romanos, hebraicos e gregos.
Gravuras: f. 6b não numerada, 2b, 4a, 9a, 12b, 16a, 27a, 33b, 35b, 37b, 43a, 48a, 52a, 59a, 69b, 74b, 75b, 78b, 87b, 98a, 101b, 105b, 109a, 113a, 116a, 119a, 123b, 127a, 130b, 134a, 138b, 147a, 150b, 156b, 161b, 166a, 167a, 170a, 172b, 174a, 182b, 187b, 195a, 205b, 207a, 217b, 228a, 229a, 237b, 241a, 243a, 245b, 250a, 252b, 262b, 265b, 266b, 278a, 305b, 317a, 321a, 323b, 330a, 333a, 342a, 343b, 347b, 355a, 356 (erroneamente paginado 384)a, 364a, 376a, 383a, 384a, 389a, 400a, 403b, 409a, 419a, 420a, 422b, 425b, 427b, 431b, 436b, 444a, 447b, 454b, 462a.
2 mapas: Table d'Afrique e Asie.
Anotação a lápis: "Pertenceu a Chadenat".

Volume I.
Este volume divide-se em dois tomos: um para a África [f. 1-148] com cinco livros e o outro para a Ásia com sete livros [f. 149-467].
Verso da página de rosto: em branco.
F. 2a-3a: [barra ornamental]// AV TRESCHRETIEN ROY// DE FRANCE ET DE POLONGNE// ANDRE THEVET SON COSMOGRAPHE// ET TRESHVMBLE SVBIET,// Heur & Felicité.//
F. 3b-5b: [barra ornamental]// ANDRE THEVET COSMO-// GRAPHE DV ROY,// AV LECTEVR BENEVOLE// SALVT.// PREFACE.//

432

LA

COSMOGRA-
PHIE VNIVERSELLE
D'ANDRE' THEVET COSMO-
GRAPHE DV ROY.

ILLVSTREE DE DIVERSES FIGVRES DE CHOSES PLVS REMARQVABLES VEVËS PAR l'Auteur, & incogneuës de noz Anciens & Modernes.

TOME SECOND.

A PARIS,

Chez Guillaume Chaudiere, rue S. Iaques, à l'enſeigne du Temps, & de l'Homme ſauuage.

1575.

Auec Priuilege du Roy.

THEVET, André. *La cosmographie vniverselle d'André Thevet...*, 1575.
Página de rosto.
Figura 61 – nº de catálogo 111

Intercala-se aqui o retrato de Thevet [f. 6b].

F. 6a: em branco.

F. 7a: Dois poemas em hebraico, da autoria de "Io. Quinquarboreus Lutetiae Collegij professorum// Regiorum Senior."// e de "Gil. Genebrardus Theologus Parisiensis// & Regius professor."//

F. 7b-8b: [barra ornamental]// um poema em grego, seguido de uma Ode, que termina na f. 8b, intitulada: IN A. THEVETI COSMOGRAPHICA.// ODE// Io. Aurati Pöetae Regij.//

F. 9a-16b: Seguem-se poemas em diversas rimas e da autoria de P. DE RONSARD, IOACHIM DV BELLAY, I. ANTOINE DE BAIF, ESTIENNE IODELLE S. DV LIMODIN, GUY LE Féure de la Boderie.

F. 17a-18a: [barra ornamental]// TABLE DES SOMMAIRES DE// CHACVN CHAPITRE DE// L'AFRIQVE, REDIGEZ SELON// L'ORDRE ALPHABETIQVE,//...

F. 18b-20a: [barra ornamental]// TABLE DES SOMMAIRES DE// CHACVN CHAPITRE DE// L'ASIE, REDIGEZ SELON// L'ORDRE ALPHABETIQVE,//

F. 20b: em branco.

Intercala-se aqui o mapa da África.

Inicia-se, então, o texto relativo à África.

Termina à f. 148a.

F. 148b: em branco.

Segue, então, o mapa da Ásia.

F. 149a-467b: Seguem, então, os livros referentes à Ásia.

Intercala-se aqui uma folha em branco.

Da f. 2a-12a vem, então: [barra ornamental]// TABLE DES MATIERES DE// L'AFRIQVE ET ASIE, RE-// DIGEEZ SELON L'OR-// DRE ALPHABETIQVE,// ...

F. 12b-13a [barra ornamental]: // TABLE DE PLVSIEVRS// SINGVLARITEZ, SERVAN-// TES A LA MEDECINE OBSER-// VEES PAR L'AVTHEVR.//

F. 13b: em branco.

111.2.

Volume II. 1575

LA// COSMOGRA=// PHIE VNIVERSELLE// D'ANDRÉ THEVET COSMO-// GRAPHE DV ROY.// [vinheta pequena]// ILLVSTREE DE DIVER-

SES FIGVRES DE// CHOSES PLVS REMARQVABLES VEVÊS PAR// l'Auteur,& incogneuës de noz Anciens & Modernes.// TOME SECOND.// [marca tipográfica]// A PARIS,// Chez Guillaume Chaudiere,rue S.Iaques,à l'enseigne du// Temps,& de l'Homme sauuage.// – // 1575.// Auec Priuilege du Roy.//

8 fls. não nums., fls. nums. 469-1025 i. e. 1061, 19 fls. não nums. (Erros de paginação: 527 i. e. 530; 770 i. e. 791; 812 i. e. 912; de 914 salta para 912; 924 i. e. 925; de 936 salta para 903; f. 906b, paginado com 907; 908 i. e. 907). -- Assinatura: ††(4) ã(4) [2] KK-ZZ(6) aaa-zzz(6) AAA-ZZZ(6) aaaa-nnnn(6) oooo(8) pppp-ssss(6) tttt(2) [2] AAAAA-VVVVV(6) XXXXX(4) αα(6) β(6) γ6).

Encadernação inteira em pergaminho.
Obra em dois volumes.
Notas marginais impressas.
Tipos romanos, hebraicos e gregos.
Gravuras e ilustrações: 474a, 492b, 497a, 505b, 513a, 515b (mapa), 516b, 520a, 528a, 528b, 530a, 530b, 533a, 541a, 542b, 543b, 547a, 549b, 550b, 554b, 565a, 566b, 569a, 569b, 574a, 577a, 578b, 583a, 583b, 585a, 588b, 589a, 590a, 595a, 596b, 597b, 613a, 618a, 619b, 628a, 642b, 652a, 656a, 677b, 683b, 699b, 707b, 722a, 732a, 750a, 753b, 760a, 762a, 766a, 769a, 776b, 778b, 785a, 787b, 793a, 795b, 796b, 799a, 800a, 803b, 805b, 810a, 811b, 817a, 818a, 823b, 826b, 833b, 836b, 839b, 847b, 853b, 868a, 869a, 872b, 883a, 900a, 929b, 931b (mapa), 905a, 908b (planta do Rio de Janeiro), 917a, 921a, 922a, 924a, 926a, 927a, 927b, 929a, 930b, 935a, 936a, 938a, 938b, 940a, 941a, 942b, 943b, 945b, 946a, 948b, 950b, 952a, 953a, 955b, 960a, 960b, 961b (mapa), 962b, 967a (mapa), 975b, 976b, 977b (mapa), 980b, 984b, 992a, 994a, 1002a, 1007b, 1011a, 1012a, 1013a, 1017a, 1019b. Dois mapas: Europe e Qvarte Parte Dv Monde.
Anotação a lápis:"Pertenceu a Chadenat".

Também este volume divide-se em dois tomos: um para a Europa [f. 469-936] com oito livros e o outro para a América [f. 903-1025] com três livros.
Verso da página de rosto: em branco.
F. 2a: [barra ornamental]// AD HENRICVM TERTIVM REGEM// GALLIARVM, DE THEVETI COSMO-// graphia, Io. Auratus Poëta Regius.//
F. 2b: [barra ornamental]// ANDREAE THEVETO REGIO COSMO-// GRAPHO, STEPH. FORCATVLVS// IVRISCONSVLTVS.//

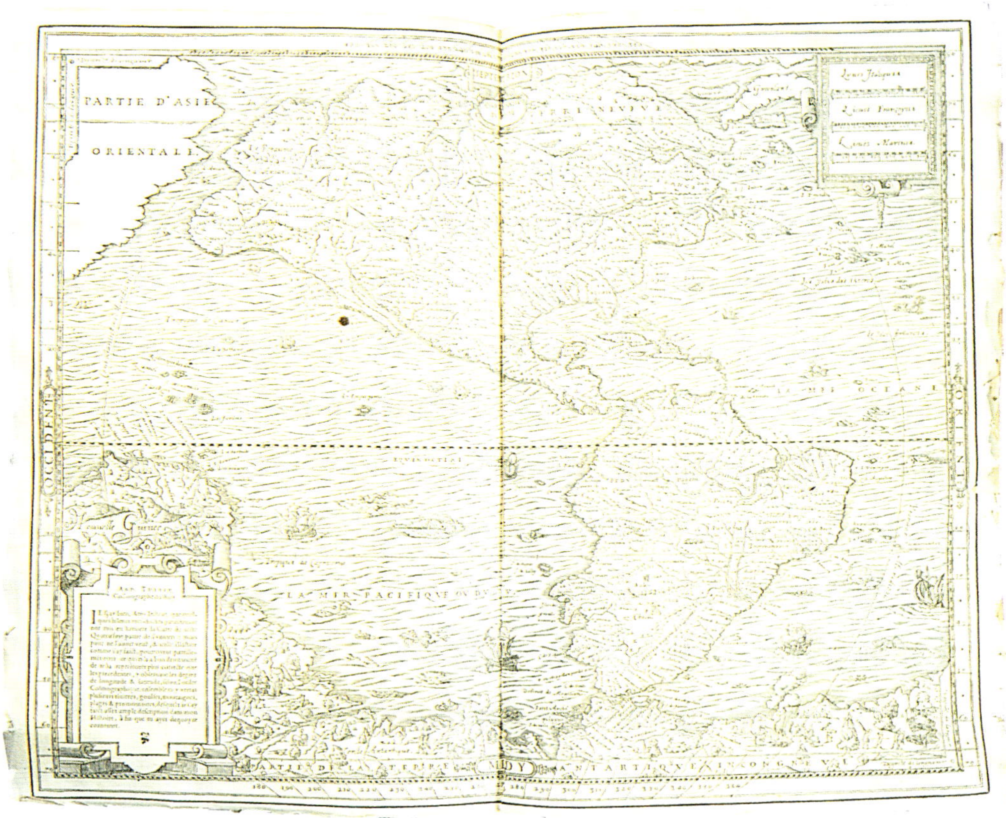

THEVET, André. *La cosmographie vniverselle d'André Thevet...*, 1575.
Mapa das Américas.
Figura 62 – nº de catálogo 111

LEONICVS POEMINIVS DICOE O-// LOGVS DE A.THEVETI COS-// mographia ad Lectorem.//
F. 3a: [barra ornamental]// A ANDRE THEVET P. DE RONSARD,// GENTILHOMME VENDOSMOIS. SONNET.//
NIC. BERGERON, AV COSMO-// GRAPHE THEVET.//
F. BALDVIN, IVRISCONSVLTE,// DE L'ANAGRAMME DV NOM,// ANDRÉ THEVET,// HEVRTEATEND.//
F. 3b-4a: Priuilege du Roy. [datado de:] Lyon a 20 de outubro de 1574.//
Verso da f. 4: em branco.
F. 5a-7a: [barra ornamental]// TABLE DES SOMMAIRES DE// CHACVN CHAPITRE DE// L'EVROPE, REDIGEZ SELON// L'ORDRE ALPHABETIQVE.//
F. 7b-8a: [barra ornamental]// TABLE DES CHAPITRES DE// LA QVATRIESME PARTIE// DV MONDE, REDIGEZ PAR// ORDRE ALPHABETIQVE.//
Verso da f. 8: em branco.
Intercala-se aqui o mapa da Europa.
Da f. 469 a 936 vêm, então, os livros sobre a Europa.
F. 937: em branco.
Intercala-se aqui o mapa das Américas.
Da f. 903[sic]-10025, i. e. 1025 vêm os livros sobre a América.
F. 10026, i. e. 1026: em branco.

F. 1a-17b, impressas em duas colunas: [barra ornamental]// TABLE DES CHOSES PLVS// REMARQVABLES DE L'EVROPE,// ET QVATRIESME PARTIE DV MONDE:// DE LA COSMOGRAPHIE DE A.THEVET.//
F. 18: em branco.

Atkinson 249; BB v. 2, p. 305; JCR 2.361; Sabin 95.335.

IEB

112.
LEÃO, Duarte Nunes de, m. 1608. 1576

ORTHOGRAPHIA// DA LINGOA// PORTVGVESA.// Obra vtil,& necessaria,assi pera bem screuer a lingoa// Hespanhol, como a Latina, & quaesquer outras,// que da Latina teem origem.// ¶Item baem tractado dos pontos das clausulas.// Pelo Licenciado Duarte Nunez do Lião.// [marca tipográfica]// EM LISBOA,// Per Ioão de Barreira impressor delRei N.S.// M.D.LXXVI.

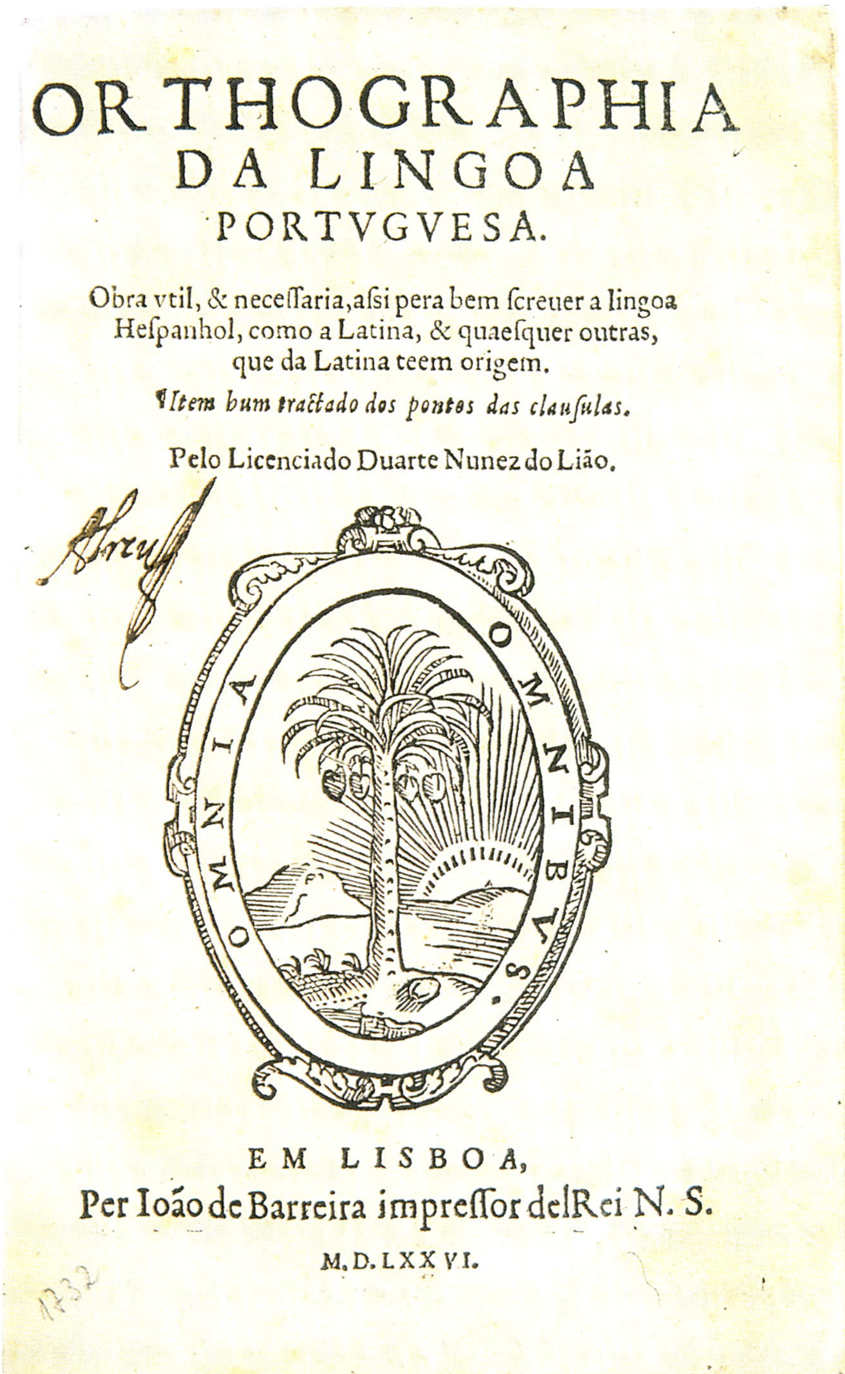

ORTHOGRAPHIA
DA LINGOA
PORTVGVESA.

Obra vtil, & neceſſaria, aſsi pera bem ſcreuer a lingoa Heſpanhol, como a Latina, & quaeſquer outras, que da Latina teem origem.

¶ *Item hum tractado dos pontos das clauſulas.*

Pelo Licenciado Duarte Nunez do Lião.

EM LISBOA,
Per Ioão de Barreira impreſſor delRei N. S.
M.D.LXXVI.

LEÃO, Duarte Nunes de. *Orthographia da lingoa portvgvesa*, 1576.
Página de rosto.
Figura 63 – nº de catálogo 112

4 fls. prels. não nums., 78 fls. nums. -- Assinatura: A(4) A-I(8) K(6).

Verso da página de rosto: em branco.
Na segunda folha retro temos as licenças: Uma permitindo a impressão, datada de 2 de agosto de 1578 e subscrita por Fr. Bartolomaeus Ferreira; a outra é de 18 de setembro de 1576. Ao pé da página "ERRATA".//
No verso desta o "Priuilegio" do rei, datado de 3 de janeiro de 1576.//
F. 3-4: Contém a carta-dedicatória do autor "AO MVITO ILLVSTRE// E GENEROSISSIMO SENHOR// LOVRENÇO DA SYLVA DO CONSELHO// D'ELREI NOSSO SENHOR, E REGEDOR// da justica deste Regno.// O Licenciado DVARTE NVNEZ DO LIÃO.//
O corpo da obra traz os títulos:
F. 1a-1b: Da diffinicao da Orthographia,// & da Voz.//
F. 1b-25a: Das letras, & de sua diuisão & natureza.//
F. 25a-26b: DA AFFINIDADE, QVE// algũas letras teem entre si, & como se con-// uertem hũas em outras.//
F. 26b-32a: DOS DIPHTHONGOS// da lingoa Portuguesa.//
F. 32b-33a: DAS SYLLABAS, E DIÇOES.//
F. 33a-34b: DAS LETRAS EM QVE AS// syllabas podem acabar no meo// das dições.//
F. 35a: DAS LETRAS, EM QVE SE PODEM// acabar as dições da lingoa Portuguesa.//
F. 35b-36b: DA DIVISÃO DAS DIÇOES, E// como se deuem separar as syllabas.//
F. 37a-38a: DAS LETRAS, QVE SE PODEM// ajuntar a outras, na composição das syllabas.
F. 38a-38b: DA DIVISÃO DAS DIÇÕES// compostals.//
F. 38b-40b: DAS LETRAS, QVE SE// dobrão nas dições.//
F. 41a-48b: DAS DIÇÕES, QVE DOBRÃO// as letras.//
F. 48b-50b: DAS LETRAS QVE SE ASPIRÃO//
F. 51a-62b: REGRAS GEERAES [sic]// Da Orthographia da lingoa// Portuguesa.//
F. 63a-65b: DA OBSERVAÇÃO// Dos articulos, & como se deuem// screuer.//
F. 66a-67a: DOS ACCENTOS, E QVANDO// Os deuemos vsar na scriptura.//
F. 67a-68a: DOS APOSTROPHOS//
F. 68a-69a: DAS ABBREVIATVRAS.//
F. 69b-71b: REFORMAÇÃO DE// algũas palauras que a gente vulgar// vsa & screue mal.//

F. 72a-73a: VOCABVLOS QVE// Screuendose com differentes letras,// teem differente significação.//
F. 73a-73b: VOCABVLOS QVE SCRIPTOS COM// letra singella significão de hũa maneira, &// com dobrada de outra.//
F. 73b-74a: VOCABVLOS, QVE MVDADO O// accento, significão de diuersa maneira.//
F. 74a-78b: TRACTADO DOS// Pontos das clausulas, & de outros que// se põem nas palauras, ou// oração.//

Afirma Samodães que os exemplares completos são muito raros.
É a primeira edição de uma obra clássica em seu gênero.

Anselmo 225; Barb. Mach. v. 1, p. 727; Brunet v. 3, col. 896; IFS t. 2, p. 20; P. de Matos p. 338; Salvá 2.359; Santos 4.670.

IEB

113.
MANTUANUS, Baptista. 1576?

Opera omnia. Tomus II. Antuerpiae, apud Ioannem Bellerum, 1576.

388 fls. nums. (Erros de foliação: 05 i. e. 48; folhas em seqüência errada (fora de lugar): 107, 108, 147 a 150). -- Assinatura: A-Z(8) a-z(8) Aa-Bb(8) Cc(4).

Restaurada.
Reencadernação em couro pleno.
Faltam: folha de rosto e as folhas preliminares (8).

Segue a f. 1, quando inicia o texto: BAPTISTAE// MANTVANI CAR=// melitę Theologi// PARTHENICES PRIMAE LI-// ber primus.// AD LVDOVICVM FVSC ARY[...]M, ET IO-// annere Baptistam Refrigerium Ciues Bo-// nonienses.//
O texto termina no anverso da f. 388. Abaixo do texto: SECVNDI TOMI OPERVM// BAPTISTAE MANTVANI[...]// FINIS.//
Verso da f. 388: em branco.

Adams M-390.

FD

114.

MENOCHIUS, Jacobus, 1532-1607. 1576

IACOBI MENOCHII// IVRECONSVLTI// CLARISSIMI,// ET IN ACADEMIA PATAVINA// PROFESSORIS DIGNISSIMI,// IN OMNES PRAECIPVAS RECVPERANDAE// Possessionis Constitutiones Commentarij.// Nunc demum post omnes editiones, quae hactenus in lucem prodierunt,// accuratissimè à mendis repurgati, summaque cura// CVM LOCVPLETISSIMO, AC FIDELISSIMO// rerum in ipsis contentarum Indice in lucem editi.// [vinheta pequena]// Quae in opere habentur versa pagina clarius docet,// [marca tipográfica]// VENETIIS,// Apud Ioann. Baptistam Somascum,// M D L XXVI.//

20 fls. prels., 132 fls. nums. -- Assinatura: a-b(6) c(8) A-Y(6). (Erros de assinatura: A 2 i. e. B 2; P 2 i. e. Q 2).

Restaurada.
Reencadernação rígida em pergaminho com tiras de couro, tratado ao alúmen, utilizadas como fechos.
Acondicionada em caixa com pH neutro.
Notas marginais manuscritas.
Texto impresso em duas colunas.
Alguns tipos gregos.

Verso da página de rosto: RECVPERANDAE POSSESSIONIS REMEDIA// DECEM ET SEPTEM.//
F. 2a: MARGARITAE FRANCISCI// GALLIARVM REGIS PRIMI FILIAE, ALLO-// brogum, sub alpinorumque, & biturigum Duci Senerissimae.// [vinheta]// IACOBVS MENOCHIVS. S. //
F. 2b: ILLUSTRI ADMODVM CAROLO// LVCERNAE, IVRECONSVLTO, COMITI// Serenissimi Allobrogum Ducis, & Subalpinae regionis Principis// à secretis Consiliario, Ciuitatis & Academiae Montis// Regalis Moderatori optimo.// IACOBVS MENOCHIVS IVRECONSVLTVS// S.// [datado:] Ex Monteregali Pedemontium, decimo Kalend. Austusti [sic]. M D LXV.// IACOBVS//
F. 3a-4a: IACOBVS MENOCHIVS// IVRECONSVLTVS// AD LECTOREM.// [datado:] Ex Monteregali Pedemontium. Decimo Calend. Augusti. M D LXV.//
F. 4a, várias poesias: CYNTII IO. BAPTISTAE// GYRALDI NOBILIS// FERRARIENSIS.//
PETRI MARII A PINGON ALLOBRO// GIS IVRECONSVLTI ET APO-// stolici Protonotarij.//

PHILIPI ROBERTI// CABILONENSIS.//
[poesia em grego]
IO. PETRI FERRERII ASTEN-// SIS LEGVM STVDIOSI.//
F. 4b-6b: SERIES ET ORDO QVAESTIONVM// TRACTATVS RECVPERANDAE// POSSESSIONIS.//
F. 7a-20b: RERVM ET VERBORVM// MAGIS INSIGNIVM INDEX// LOCVPLETISSIMVS.//
Segue o texto da obra, que finaliza à f. 132.
F. 132, abaixo do texto: Registrum,// [mais abaixo, o colofão:] VENETIIS,// Apud Ioannem Baptistam Somaschum.: M D LXXVI.//

FD-BTA

115.

MENOCHIUS, Jacobus, 1532-1607. 1576

IACOBI MENOCHII// I. C. PRAECLARISSIMI,// ET IN ACADEMIA// PATAVINA PROFESSORIS// DIGNISSIMI,// DE ADIPISCENDA,// ET RETINENDA// POSSESSIONE// AMPLISSIMA ET DOCTISSIMA// COMMENTARIA,// Editio Tertia.// Haec quàm sint omnibus vtilia, commemorare, necessarium est minimè;// cùm ipsa de se ipsis apertè loquantur.// Adiectae sunt rerum notabilium summae , ac Index copiosissimus,// Cum Priuilegio Summi Pontificis , Catholici Regis Hispaniae ,// & Illustrissimi Senatus Veneti.// [marca tipográfica]// VENETIIS,// Apud Ioannem Baptistam Somaschum.// M D L XXVI.//

22 fls. prels., 168 fls. nums. (Erros de paginação: 2 i. e. 5; 32 i. e. 33; 76 i. e. 81). -- Assinatura: a-c(6) d(4) A-Z(6) Aa-Ee(6).

Notas marginais manuscritas.
Texto impresso em duas colunas.

Verso da página de rosto: conteúdo.
F. 2a-3b: ILLVSTRISSIMO// ATQVE AMPLISSIMO// IO. BAPTISTAE RAYNOLDO// SANCTISSIMI MEDIOLANENSIS// SENATVS PRAESIDI,// Iacobus Menochius Iurisconsultus S.D.// [datado:] Vale ex Vrbe Patauio, Kalend. Februarii. M D LXXI.//
F. 4a-22b: INDEX// COPIOSISSIMVS// RERVM OMNIVM,// ET SETENTIARVM// INSIGNIVM, QVAE IN HIS// COMMENTARIIS// DE ADIPISCENDA ET// retinenda possessione, continentur.//

Segue, então, o texto da obra, que finaliza no verso da f. numerada 168.
F. 168b, abaixo do texto: Registrum.// [mais abaixo, o colofão:] VENETIIS,// Apud Ioannem Baptistam Somaschum.// M D LXXV.//

O autor foi um famoso jurista italiano, que lecionava especialmente em Pávia. Foi nomeado, por Filipe II da Espanha, Conselheiro e Presidente do Concílio de Madri.

FD-BTA

116.
ORTA, Garcia de, séc. XVI. 1576

DVE LIBRI// DELL'HISTORIA// DE I SEMPLICI, AROMATI,// ET ALTRE COSE, CHE VENGONO// PORTATE DALL'INDIE ORIENTALI,// pertinenti alla Medicina,// DI DON GARZIA DALL HORTO,// Medico Portughese; con alcune breui annotationi// di CARLO CLVSIO.// ET DVE ALTRI LIBRI// PARIMENTE DI QVELLE CHE SI PORTANO// dall'Indie Occidentali,// DI NICOLÓ MONARDES,// Medico di Siuiglia.// Hora tutti tradotti dalle loro lingue nella nostra Italiana da M.// ANNIBALE Briganti, Marrucino da Ciuita di Chieti,// Dottore & Medico eccellentissimo.// CON PRIVILEGIO.// [marca tipográfica]// – // IN VENETIA, M D L X X V I.//

8 fls. prels. não nums., 92 fls. nums., 44 fls. nums. -- Assinatura: †(4) ††(4) A-Z(4) A-L(4).

Verso da página de rosto: em branco.
F. 2a-4a: ALL'ILLVSTRISSMO. SIGRI.// IL S. DON FERRANTE// DE ALARCON, E DI MENDOZZA,// MARCHESE DELLA VALLE.// [datado de:] Chieti, a 25 de abril de 1575.//
F. 4b-8b, impressas em duas colunas: TAVOLA DI TVTTI// I SEMPLICI, ET ALTRE COSE,// che si contengono ne i due Libri// dell'Indie Orientali.//
A obra de Garcia de Orta se divide em dois livros, o primeiro com 58 capítulos [F. 1a-75b] e o segundo com 28 [F. 76a-93b].
Com nova paginação segue, então, a obra de Nicoló Monardes, também dividida em dois livros, tendo o primeiro 22 capítulos [F. 1a-24b] e o segundo, que vai da f. 25a a 44a, 2 capítulos apenas.
Verso da última página: em branco.

Esta tradução italiana é uma edição abreviada.
Para maiores detalhes a respeito dos autores, ver o nº 136.

Palau 99.518; Sabin 57.667; Samodães 2.285 (menção).

IEB

117.1.

SURIUS, Laurentius, 1522-1578. 1576-1586

DE PROBATIS// SANCTORVM// HISTORIIS, PARTIM// EX TOMIS ALOYSII LIPOMA-// NI, DOCTISSIMI EPISCOPI, PARTIM ETIAM// EX EGREGIIS MANVSCRIPTIS CODICIBVS, QVARVM// permultae antehàc nun quàm in lucem prodiêre, optima fide// collectis, & nunc recèns recognitis, atque aliquot Vi-// tarum accessione auctis per F. LAVRENTIVM// SVRIVM CARTHVSIANVM,// TOMVS PRIMVS,// COMPLECTENS SANCTOS MENSIVM// IANVARII ET FEBRVARII // [figura de Jesus]// COLONIAE AGRIPPINAE,// Apud Geruinum Calenium & haeredes Quentelios// Anno M. D. LXXVI.// Cum priuilegio PII V. Pontificis Maximi, & CAESAREAE// Maiestatis in decennium.//

24 fls. prels., 1117 i. e. 1115 p. (Erros de paginação: Algumas paginações foram corrigidas à tinta, o que hoje não permite identificar o erro; p. 43 sem numeração; 635 i. e. 563; 556 i. e. 566; 357 i. e. 573; 68 (número quatro de cabeça para baixo) i. e. 648; 664, foi corrigido à tinta; 12 i. e. 723; 36 i. e. 736; 756 i. e. 746; 762 i. e. 792; 745 i. e. 795; 838 i. e. 848; 1043 i. e. 1034; 1034 i. e. 1043; de 1092 pula para 1095). -- Assinatura: a(4) b-c(6) d-e(4) A-Z(6) Aa-Zz(6) Aaa-Zzz(6) Aaaa-Zzzz(6) Aaaaa(6). (Erros de assinatura: Gggg 2 i. e. Gggg 3).

Restaurada.
Reencadernação rígida com as capas em pergaminho não aderido e tiras de couro, tratado ao alúmen, utilizadas como fechos.
Acondicionada em caixa com pH neutro.
Notas marginais impressas.

Volume I.
Verso da página de rosto: PIVS PAPA V.// DILECTO FILIO F. LAVREN-// TIO CARTHVSIANO.// [datado e assinado:] ... Datum Rome apud sanctum//

Petrum sub annulo piscatoris, die 2 Iunij, M.D.// LXX. Pontificatûs nostri Anno// Quinto.// T.Aldobrandinus.//
F. 2a-2b: PIVS PAPA V. DI-// LECTO FILIO GERVINO// GALENIO, TYPOGRAPHO// COLONIEN.// [datado e assinado:] Romaę apud S.Petrum sub Annulo Piscatoris die XXIIII.// Septembris, MDLXIX. Pontificatus// nostri Anno Quarto.// Cae. Glorierius.//
F. 3a-4b: INDEX GENERALIS VI=// TARVM SS. HOC TOMO COMPRAE-// HENSARVM.//
F. 5a-24b, impressas em duas colunas: INDEX COPIOSVS IN PRI-// MVM HVNC, DE SANCTORVM VITIS, RE-// BVS GESTIS AC MARTYRIIS TOMVM, QVI RECENS// ex diuersis authoribus ac bibliothecis collectus, duos menses Ianuarium// ac Februarium complectitur:...//
Começa, então, o texto, referente ao mês de janeiro, que termina à p. 781.
Da p. 781 a 1117 seguem as biografias dos santos referentes ao mês de fevereiro.
Na p. 1117 encontram-se, abaixo do texto, o registro e uma vinheta.
Verso da p. 1117: em branco.
Segundo registro no final, faltariam a este volume duas folhas preliminares do primeiro caderno. Não nos parece ser este o fato, pois, pelas assinaturas, assim como pelos reclamos, as folhas seguem corretamente.

117.2.
Volume II. 1576-1586

DE PROBATIS// SANCTORVM// HISTORIIS, PARTIM// EX TOMIS ALOYSII LIPOMA-// NI, DOCTISSIMI EPISCOPI, PARTIM ETIAM// EX EGREGIIS MANVSCRIPTIS CODICIBVS, QVARVM// permultae antehàc nunquàm in lucem prodiêre, optima fide col-// lectis, & nunc recèns recognitis, atque aliquot Vita-// rum acessione auctis per F. LAVRENTIVM// SVRIVM CARTHVSIANVM,// TOMVS SECVNDVS,// COMPLECTENS SANCTOS MENSIVM// MARTII ET APRILIS// [figura de Jesus]// COLONIAE AGRIPPINAE,// Apud Geruinum Calenium & haeredes Quentelios, Anno M.D.LXXVIII.// Cum priuilegio PII V.Pontificis Maximi, & CAESAREAE// Maiestatis in decennium.//

28 fls. prels., 1066 p., 1 fl. não num. (Erros de paginação: 67-70 i. e. 65-68; 120 i. e. 119; 735 i. e. 375; 565 i. e. 566; 601 i. e. 625; 612, 613 i. e. 636, 637; 624 i. e. 648; 668 i. e. 667; 401 i. e. 840; 856 i. e. 855; 972 i. e. 970; 682 i. e.

982; 1022 i. e. 1021). -- Assinatura: A-D(6) E(4) A-Z(6) Aa-Zz(6) Aaa-Zzz(6) Aaaa-Vvvv(6).

Restaurada.
Reencadernação rígida com as capas em pergaminho não aderido e tiras de couro, tratado ao alúmen, utilizadas como fechos.
Acondicionada em caixa com pH neutro.
Notas marginais impressas.

Verso da página de rosto: repetição do primeiro volume.
F. 2a-2b: Repetição do primeiro volume.
F. 3a-4b: REVERENDISSIMO IN// CHRISTO PATRI, ET ILLVSTRISSIMO PRIN=// CIPI AC DOMINO, D.IACOBO ARCHIEPISCOPO// Trevirensi, S.Romani Imperii per Gal-// liam Archicancellario, Principi Electori, Do-// mino suo clementissimo,// S.P.D.// [datado e assinado:] ... Ex Carthusia Coloniensi 28,// Februarij, Anno M.D.LXXVIII.// Illust. Cel. T. addictissimus cliens,// F.Laurentius Surius// Carthusianus.//
F. 4b, mais abaixo: PIO ET CANDIDO// LECTORI S.// [assinado:] F. Theodoricus Buscoducensis, fratrum// Dominicanorũ intra Coloniam Prior// & Apostolicus Inquisitor.//
F. 5a-6a: INDEX GENERALIS VI=// TARVM SS. HOC TOMO II. COM=// PRAEHENSARVM.//
F. 6b, xilogravura: Representa a SS.Trindade, rodeada por santos e justos do Antigo e Novo Testamento. Ao pé da gravura, o inferno. [No canto superior à esquerda a data: 1519. No canto superior direito, as iniciais: MTR.]
F. 7a-28b, impressas em duas colunas: INDEX COPIOSVS IN// SECVNDVN HVNC DE SANCTORVM VITAS,// REBVS GESTIS AC MARTYRIIS TOMVM, QVI RE=// cens ex diuersis authoribus ac bibliothecis collectus, duos menses,// Martium ac April[...] complectitur...
Início do texto da obra com a vida dos santos, referente ao mês de março, que termina à p. 462.
Da p. 462 a 1066 seguem as biografias referentes ao mês de abril.
Folha final, não numerada, contém: ORDO ALPHABETICVS TOMI HVIVS DE// SANCTORVM VITIS SECVNDI.// [logo abaixo vem a "Errata"]
Verso da folha final: em branco.

117.3.

Volume III. 1576-1586

DE PROBATIS// SANCTORVM// HISTORIIS, PARTIM// EX TOMIS ALOYSII LIPOMA=// NI, DOCTISSIMI EPISCOPI, PARTIM ETIAM// EX EGREGIIS MANVSCRIPTIS CODICIBVS, QVARVM// permultae antehác nunquàm in lucem prodiêre, optima fide col-// lecti[...] nunc recèns recognitis, atque aliquot Vita-// rum accessione auctis per F. LAVRENTIVM// SVRIVM CARTHVSIANVM,// TOMVS TERTIVS,// COMPLECTENS SANCTOS MENSIVM// MAII ET IVNII// [figura de Jesus]// COLONIAE AGRIPPINAE,// Apud Geruinum Calenium & haeredes Quentelios, Anno M.D.LXXIX.// Cum priuilegio PII V. Pontificis Maximi,& CAESAREAE// Maiestatis in decennium.//

18 fls. prels., 882 p. (Erros de paginação: 53 sem numeração; 102 i. e. 162; 195 i. e. 196; 220 i. e. 200; 219 i. e. 209; 282 foi corrigido à tinta; 375 i. e. 325; 376 i. e. 326; 381 i. e. 335; 633 i. e. 336; 364, 365 i. e. 424, 425; 274 i. e. 427; 468 i. e. 428; 453 i. e. 455; 264 i. e. 462; 507, 508 i. e. 505, 506; 517, 518 i. e. 515, 516; 5 i. e. 530; 579 i. e. 575; 379 i. e. 579; 598 i. e. 596; 601 i. e. 602; 606 i. e. 626; 645 i. e. 643; 771 i. e. 717; 747 i. e. 749; 258 i. e. 758; 765 i. e. 763; 875 i. e. 785; 815 i. e. 813; 817 i. e. 819; 841 i. e. 843; 847 i. e. 849).-- Assinatura:A-C(4) D(6) a-z(6) aa-zz(6) aaa-zzz(6) aaaa-dddd(6) eeee(4).

Restaurada.
Reencadernação rígida com as capas de pergaminho não aderido e tiras de couro, tratado ao alúmen, utilizadas como fechos.
Acondicionada em caixa com pH neutro.
Notas marginais impressas.
Uma xilogravura.

Verso da página de rosto: Repetição do primeiro volume.
F. 2a-2b: Repetição do primeiro volume.
F. 3a-4a: REVERENDIS=// SIMO ET ILVSTRISSI=// MO IN CHRISTO PATRI ET DOMI=// NO D. MARCO ANTONIO AMVLIO VENETO,// S.Romanae Ecclesiae Cardinali, Reatinensis Episcopatus// Administratori perpetuo &c. Domino suo multa// obseruantia colendo, S.P.D.// [datado e assinado:] Ex Carthu-// siaAgrippinensi, 9. Calen. Martij, Anno M.D.LXXII.// T.C. obseruantissimus// F.Laurentius Surius// Carthusianus.//

F. 4b: PIO ET CANDIDO// LECTORI S.// [assinado por:] F. Theodoricus Buseo ducensis, fratrum// Dominicanorum intra Coloniam Prior// & Apostolicus Inquisitor.//
F. 5a-6a: INDEX GENERALIS VI=// TARVM IN TOMO HOC TERTIO// COMPRAEHENSARVM.//
F. 6b-18b, impressas em duas colunas: INDEX COPIOSVS IN// TERTIVM HVNC, DE SANCTORVM VI=// TIS, REBVS GESTIS AC MARTYRIIS TOMVM,// qui recens ex diuersis authoribus ac bibliothecis collectus, duos// menses Maium ac Iunium complectitur...//
F. 18b, no final: Registro.
Seguem, então, as biografias dos santos e mártires: da p. 1 a 433, referem-se às do mês de maio; da p. 434 a 882, às do mês de junho.
Folha final: Xilogravura representando a Santíssima Trindade, contornada por santos e justos do Antigo e Novo Testamento. No canto superior esquerdo da gravura, a data 1519. No canto superior direito, monograma – MTR [gravador da xilogravura].
Verso da gravura: em branco.

117.4.
Volume IV. 1576-1586

DE PROBATIS// SANCTORVM// HISTORIIS, PARTIM// EX TOMIS ALOYSII LIPOMA=// NI, DOCTISSIMI EPISCOPI, PARTIM ETIAM// EX EGREGIIS MANVSCRIPTIS CODICIBVS QVARVM// permultae antehàc nunquàm in lucem prodiêre, optima fide collectis per// F.LAVRENTIVM SVRIVM Carthusianum domûs Coloniensis,// Et nunc recèns recognitis atque aliquot Vitarum accessione// auctis per F.IACOBVM MOSANDRVM eiusdem// Carthusiae monachum,// TOMVS QVARTVS,// COMPLECTENS SANCTOS MENSIVM// IVLII ET AVGVSTI// [figura de Jesus]// COLONIAE AGRIPINAE,// Apud Geruinum Calenium & haeredes Quentelios, Anno M.D.LXXIX.// Cum priuilegio PII. V. Pontificis Maximi, & CAESAREAE// Maiestatis in decennium.//

18 fls. prels., 1032 i. e. 923 p. (Erros de paginação: 107 i. e. 167; 188 i. e. 186; 201 i. e. 261; 404 i. e. 464; 504 i. e. 503; 115 i. e. 515; 598 i. e. 589; 621 i. e. 620; de 536 pula para 637; 865, sem numeração (defeito de impressão); 783 i. e. 873; 362 i. e. 962; 1023 i. e. 1013). -- Assinatura: a-c(4) d(6) A-Z(6) Aa-Zz(6) Aaa-Zzz(6) Aaaa-Pppp(6) Qqqq(4) Rrrr(4).

Restaurada.
Reencadernação rígida com as capas de pergaminho não aderido e tiras de couro, tratado ao alúmen, utilizadas como fechos.
Acondicionada em caixa com pH neutro.
Notas marginais impressas.
O caderno Ddd foi encadernado em local indevido.

Verso da página de rosto: repetição do primeiro volume.
F. 2a-2b: PIUS PAPA V. DILE=// CTO FILIO GERVINO// CALENIO TYPOGRAPHO// COLONIEN.// [datado e assinado:] Datum Romae apud S.Pe-// trum sub Annulo Piscatoris die XXIIII. Septem-// bris, M.D.LXIX. Pontificatus/ nostri anno quarto.// Cae. Glorierius.//
F. 3a-4a: S.N.D.GREGORIO XIII// PONTIFICI MAXIMO, AETERNAM A// DEO SALVTEM ET FELICITATEM.// [datado e assinado:] Ex Carthusia Colonien. 14. Feb.Anno 1573.// S.T.seruus obseruantiss.// F. Laurentius Surius Carthusianus.//
F. 4b: EIDEM SANCTISS. DOMINO// NOSTRO GREGORIO XIII// SEMPITERNAM A DEO GLORIAM.// [datado e assinado:] Ex Agrippinensi Carthusia pridiè Assumptionis B.Mariae,// Anno ab eiusdem Virginis partu M.D.LXXIX.// S.T.obsequentissimus seruus F. Iacobus Mosander Carthusianus.//
F. 5a-6a: INDEX GENERALIS VI=// TARVM IN TOMO HOC QVARTO// COMPRAEHENSARVM.// [impresso em duas colunas]
F. 6b-18a: INDEX COPIOSVS IN// QVARTVM HVNC, DE SANCTORVM// VITIS, REBVS GESTIS AC MARTYRIIS TO-// mum, qui recèns ex diuersis authoribus ac bibliothecis col-// lectus duos menses Iulium ac Augustum// complectitur.
F. 18a, abaixo do índice: PIO ET CANDIDO LECTORI S.// [assinado:] F. Theodoricus Buscoducensis, fratrum// Dominicanorũ intra Coloniam Prior// & Apostolicus inquisitor.//
F. 18b: Retrato do autor, abaixo da xilogravura: IN IMAGINEM REVERENDI PATRIS// LAVRENTII SVRII CARTHVSIANI,// OPTIME DE CHRISTIANA REP. MERITI.// [segue uma poesia e ao pé da página:] OBIIT ANNO DOMINI M.D. LXXVIII. DIE XXIII.MAII.//
Seguem, com nova paginação, as biografias dos santos referentes ao mês de julho [p. 1-447] e da p. 447 a 1032, às do mês de agosto.

117.5.

Volume V. 1576-1586

DE PROBATIS// SANCTORVM// HISTORIIS, PARTIM// EX TOMIS ALOYSII LIPOMA-// NI, DOCTISSIMI EPISCOPI, PARTIM ETIAM// IN EGREGIIS MANVSCRIPTIS CODICIBVS, QVARVM// permultae, antehàc nunquàm in lucen prodiêre, optima fide collectis per// F. LAVRENTIVM SVRIVM Carthusianum domûs Coloniensis,// & nunc recèns recognitis atque aliquot Vitarum accessione// auctis per F. IACOBVM MOSANDRVM eiusdem// Carthusiae monachum,// TOMVS QVINTVS,// COMPLECTENS SANCTOS MENSIVM// SEPTEMBRIS ET OCTOBRIS.// [figura de Jesus]// COLONIAE AGRIPPINAE,// Apud Geruinum Calenium & haeredes Quentelios, Anno M.D.LXXX.// Cum priuilegio PII V. Pontificis Maximi, & CAESAREAE// Maiestatis in decennium.//

24 fls. prels., 1111 p. (Erros de paginação: p. 20 sem numeração; 296 i. e. 299; 320 i. e. 420; 564 i. e. 562; 794 i. e. 764; 879 i. e. 859; 1043 sem numeração; 1053 i. e. 1052). -- Assinatura: a-c(4) d-e(6) A-Z(6) Aa-Zz(6) Aaa-Zzz(6) Aaaa-Zzzz(6) Aaaaa(4).

Restaurada.
Reencadernação rígida com as capas de pergaminho não aderido e tiras de couro, tratado ao alúmen, utilizadas como fechos.
Acondicionada em caixa com pH neutro.
Notas marginais impressas.

Verso da página de rosto: Repetição do primeiro volume.
F. 2a-2b: Repetição do primeiro volume.
F. 3a-4b: ILLVSTRISSIMO ET// REVERENDISSIMO IN CHRISTO PATRI ET DO-// MINO, D. FRANCISCO ALCIATO MEDIOLANENSI,// S.ROMANAE ECCLESIAE CARDINALI, AC ORDINIS// Carthusiensis Protectori & fautori fidissimo [sic], Domino ac Pa-// trono suo multa obseruantia colendo, S.P.D.// [datado e assinado:]... Ex Carthusia Aggripinensi Idibus Ianuarijs,// Anno M.D.LXXX.// T.I.C. obsequentissimus cliens.// F. Iacobus Mosander Carthusiaus.// [mais abaixo:] PIO ET CANDIDO LECTORI S.// [assinado:] F. Theodoricus Busco ducensis, fratrum// Dominicanorũ intra Coloniam Prior// & Apostolicus Inquisitor.//
F. 5a-6a, impressas em duas colunas: INDEX GENERALIS VI=// TARVM IN TOMO HOC QVINTO// COMPRAEHENSARVM.//

F. 6b-24a, impressas em duas colunas: INDEX COPIOSVS IN// QVINTVM HVNC, DE SANCTORVM// VITIS REBVS GESTIS AC MARTYRIIS TO-// mum, qui recens ex diuersis authoribus ac bibliothecis colle-// ctus, duos menses Septembrem & Octo-// brem complectitur.//
F. 24a, mais abaixo, o registro: ALPHABETICVS ORDO TOMI HVIVS SVRIANI DE// SANCTIS quinti, nomenclatura mensium SEPTEM-// BER & OCTOBER, appellati.//
F. 24b: Xilogravura com o retrato do autor da obra; abaixo da xilogravura: IN IMAGINEM REVERENDI PATRIS// LAVRENTII SVRII CARTHVSIANI,// OPTIME DE CHRISTIANA REP. MERITI.// [ao pé da página:] OBIIT ANNO DOMINI M.D.LXXVIII. DIE XXIII. MAII.//
Inicia-se, então, o texto da obra com a vida dos santos referente ao mês de setembro que termina à página 520. Da p. 521 a 1111, biografias referentes ao mês de outubro.
F. 1111b: em branco.

117.6.
Volume VI. 1576-1586

DE PROBATIS// SANCTORVM// HISTORIIS PARTIM// EX TOMIS ALOYSII LIPOMA-// NI, DOCTISSIMI EPISCOPI, PARTIM ETIAM// EX EGREGIIS MANVSCRIPTIS CODICIBVS, QVARVM// permultae antehàc nunquàm in lucem prodiêre, optima fide collectis per// F. LAVRENTIVM SVRIVM Carthusianum domûs Coloniénsis,// & nunc recèns recognitis atque aliquot Vitarum accessione// auctis per F. IACOBVM MOSANDRVM eiusdem// Carthusiae monachum,// TOMVS SEXTVS,// COMPLECTENS SANCTOS MENSIVM// NOVEMBRIS ET DECEMBRIS.// [figura de Jesus]// COLONIAE AGRIPPINAE,// Apud Geruinum Calenium & haeredes Quentelios, Anno M. D. LXXXI.// Cum priuilegio PII V. Pontificis Maximi, & CAESAREAE// Maiestatis decennium.//

22 fls. prels., 1191 p. (Erros de paginação: 30 i. e. 31; 84 i. e. 85; 316 i. e. 216; 334 i. e. 344; 598 i. e. 596; 625 i. e. 635; 678 i. e. 708; 675 i. e. 975). -- Assinatura: a-c(6) d(4) A-Z(6) Aa-Zz(6) Aaa-Zzz(6) Aaaa-Zzzz(6) Aaaaa-Fffff(6) Ggggg-Hhhhh(4).

Restaurada.
Reencadernação rígida com as capas de pergaminho não aderido e tiras de couro, tratado ao alúmen, utilizadas como fechos.

Acondicionada em caixa com pH neutro.
Notas marginais impressas.

Verso da página de rosto: Carta do papa Pio V [a mesma do primeiro volume].
F. 2a-2b: Carta do papa ao imperador [a mesma do primeiro volume].
F. 3a-4a: REVERENDISS. ET IL=// LVSTRISS. PRINCIPI AC DOMINO D. ER=// NESTO COMITI PALATINO, VTRIVSQUE BAVARIAE// DVCI, FRISINGENSIS ET HILDESHEMENSIS ECCLESIARVM// Administratori, Domino & patrono suo colendissimo.// [datado e assinado:] Ex Carthusia Coloni-// ensi III. Nonas Martij, Anno M.D.LXXV.// T.C. obseruantissimus// F. Laurentius Surius// Carthusianus.//
F. 4b: F. LAVR. SVRIVS LECTORI S.//
F. 5a-5b: REVERENDO IN CHRI-// STO PATRI ET DOMINO, DN. GASPARO// GROPPERO, ECCLESIAE COLLEGIATAE APVD BON-// NENSES PRAEPOSITIO ET ARCHIEPISCOPATVS COLO-// niensis Archidiacono, sacri insupèr Palatij Apostolici Causa-// rum Auditori, Domino suo obseruandissimo.// [datado e assinado:] ... Ex Carthusia Coloniensi VIII. Calend.// Feb. Anno M.D.LXXXI.// R.T. Dominationis// clientelus// F. Iacobus Mosander// Carthusianus.//
F. 6a-7b, impressas em duas colunas: INDEX GENERALIS VI-// TARVM, IN TOMO HOC SEXTO// COMPRAEHENSARVM.//
F. 8a: PIO ET CANDIDO LECTORI. S.// [assinado:] F. Theodoricus Busco ducensis, fratrum// Dominicanorum intra Coloniam Prior// & Apostolicus Inquisitor.//
F. 8b-22a, impressas em duas colunas: INDEX COPIOSVS IN// SEXTVM HVNC, DE SANCTORVM VITIS, RE-// BVS GESTIS AC MARTYRIIS TOMVM, QVI RE-// cens ex diuersis authoribus ac Bibliothecis collectus, duo menses// Nouembrem ac Decembrem complectitur.//
F. 22b: Retrato xilografado do autor, abaixo, em duas colunas: IN IMAGINEM REVERENDI PATRIS// LAVRENTII SVRII CARTHVSIANI,// OPTIME DE CHRISTIANA REP. MERITI.// [abaixo do texto:] OBIIT ANNO DOMINI M.DLXXVIII. DIE XXIII MAII.//
Nas folhas paginadas seguem, então, as biografias referentes ao mês de novembro, até a página 678 i. e. 708. Da página 709 ao final da obra (p. 1191) vêm as biografias de dezembro.
Verso da p. 1191: em branco.

117.7.

Volume VII. 1576-1586

TOMVS V.II// DE PROBATIS// SANCTORVM HISTO=// RIIS, QVI ORDINE MEN=// SIVM OBSERVATO, ILLAS OMNES// COMPLECTITVR HISTORIAS, QVAE POST SE-// CVNDAM SEX TOMORVM EDITIONEM, PARTIM EX TOMIS// Aloysij Lipomani doctissimi Episcopis, partim ex. MSS.// monumentis à F. LAVRENTIO SVRIO huic operi// reseruatis, opera ato; studio F. IACOBI MO-// SANDRI Carthusiani collectae ac in// lucem sunt editae.// Quibus subiunctum deindè esi valdè desideratum antehàc reuerendiss.// D. ADONIS Archiepiscopi Treuirensis MAR-// TYROLOGIVM, inte-// grè editium.// Accessit praettereà INDEX GENERALIS, nomina omnium Sanctorum,// quorum in septem Tomis continentur historiae, ordine al-// phabetico complectens, [...] priori quàm poste-// riori editioni conueniens.// [figura de Jesus]// COLONIAE AGRIPPINAE,// Apud Geruinum Calenium & haeredes Quentelios,Anno M.D.LXXXVI.// Cum priuilegio PII V. Pontificis Maximi, & CAESAREAE// Maiestatis in decennium.//

28 fls. prels., 435 i. e. 431 p. (Erros de paginação: 7 i. e. 11; 12 sem numeração; 31 i. e. 13; 32 i. e. 23; 42 i. e. 24; 54 i. e. 45; 84 i. e. 48; 116 i. e. 216; de 224 pula para 229; 797 i. e. 297; 367 i. e. 361; 389 i. e. 387). -- Assinatura: A(4) B-E(6) a-z(6) aa-nn(6).

Restaurada.
Reencadernação rígida com as capas de pergaminho não aderido e tiras de couro, tratado ao alúmen, utilizadas como fechos.
Acondicionada em caixa com pH neutro.
Notas marginais impressas.
Houve troca das folhas preliminares pelo encadernador.

Verso da página de rosto: Licença da inquisição para a impressão do livro. [assinado:] Fr. Guilhelmus Gennepaeus// Inquisitor qui suprà, manu// propria subscripsi.//
F. 2a-3b: REVERENDISSIMO AC// ILLVSTRISSIMO DOMINO, D.// ANTONIO CARRAFFA NEAPOLITANO, S.R.E. CAR-// DINALI, TIT. SANCTAE MARIAE DE VIA LATA, SIGNATVRAE// gratiae Praefecto, Domino ac Patrono eximio,// S.P.D.// [datado e assinado:] Ex Carthusia Agrippinensi pridiè S. Laurentij, Ar-// chidiaconi & martyris, Anno M.D. LXXXI.// I.C.T. obseruantissimus cliens// F. Iacobus Mosander Carthausianus.//
F. 4a-4b: INDEX GENERALIS VI=// TARVM HOC TOMO SEPTI-// MO COMPREHENSARVM.//

F. 5a-13b, impressas em duas colunas: INDEX GENERALIS// NOMINVM SANCTORVM, IN SEP-// TEM TOMIS SVRII COMPREHENSORVM, DIES NA// talitios eorum...
F. 13b-16a: INDEX ALIQVOT SANCTORVM QVO// RVM RES GESTAE IN ALIORVM SANCTORVM// Historijs comprehenduntur, ad quas in suis Tomis piae memoriae Surius// Lectorem frequenter remittit.//
F. 16b-28b, impressas em duas colunas: INDEX COPIOSVS IN// SEPTIMVM HVNC, DE SANCTO-// RVM VITIS, REBVS GESTIS AC MARTYRIIS// tomum, qui ex diuersis authoribus ac Bibliothecis colle-// ctus, duodecim Anni Menses, vnà cum integro// Adonis Martyrologio: com-// plectitur.//
Seguem, então, mais biografias de santos não incluídos nos tomos anteriores, ordenados pelos meses do ano, assim como a partir da p. 284 a 435 vem: MARTYROLOGIVM// ADONIS SOVE VDONIS// ARCHIEPISCOPI TREVI-// RENSIS// FRATER IACOBVS MOSANDER// PIO LECTORI SALVTEM.
Verso da p. 435: em branco.

117.8.
Volume VIII. 1605

[em preto:] DE VITIS// [em vermelho:] SANCTORVM// [em preto:] OMNIVM NATIONVM,// ORDINVM ET TEMPORVM, EX// VII. Tomis R.P.F. Laurentij Surij// Carthusiani,// [em vermelho:] COMPENDIVM,// SVMMA FIDE DIGESTVM, PHRASI AVCTORVM// [em preto:] seruata, imitatione BEDAE, VSVARDI, ADONIS, & ex recen-// tioribus Dn. IOANNIS MOLANI; Additis etiam alijs// plurimis fide dignis Sanctorum historijs:// [em vermelho:] OPERA ET STVDIO FRANCISCI HARAEI [em preto:] Vltraiectini, S. Theologiae Licentiati.// [em vermelho:] Opus nouum, duplo auctum, illustratumque Chrono-// [em preto:] logia vbique aperta, & Notationibus varijs ex// scriptis Illustriss. Dn. CAESARIS BARONII// Cardin. Onuphrij, Molani,// & aliorum.// [em vermelho:] Adiecti sunt & Jndices locupletissimi.// [em preto:] [figura de Jesus]// COLONIAE// [em vermelho:] Ex officina Typographica Arnoldi Quentelij// [em preto:] Anno Domini M.DCV.// [em vermelho:] Cum gratia & priuilegio S. Caesareae Maiestatis.//

22 fls. prels., 807 p. (Erros de paginação: 218 i. e. 208; 374 i. e. 376; 841 i. e. 741). -- Assinaturas: †(6) ††(6) †††(6) ††††(4) A-Z(6) Aa-Zz(6) Aaa-Vvv(6) Xxx-Yyy(4). (Erro de assinatura: Ss 4 i. e., Tt 4).

Restaurada.
Reencadernação rígida em pergaminho não aderido e tiras de couro, tratado ao alúmen, utilizadas como fechos.
Acondicionada em caixa com pH neutro.
Notas marginais impressas.
Página de rosto impressa em preto e vermelho.

Verso da página de rosto: em branco.
F. 2a-3a: CANDIDO// LECTORIS.// [datado e assinado:] Ex musaeo nostro, decimo sexto// Calendas Februarij, Anno Christi// nati millesimo sexcentesi-// mo quinto.// Franciscus HARAEVS.//
F. 3b; em versos: THEODORVS VELDINGIVS// in Vitas Sanctorum Charissimi Collegae,// FRANCISCI HARAEI.//
[mais abaixo:] CHRISTOPHORVS VLADERACCVS// in easdem Vitas, nomine & rogatu Dn.// SIMONIS VEREPAEI iam// rude donati.// [datado e assinado:] Dn. IOAN MOLANVS S. T. D. Dn. Doctori Guil. Estio,// literis scriptis Anno 1585. 21. Maij.//
F. 4a: TABVLA REGVM FRANCIAE,// INTELLIGENDIS HISTORIIS SANCTO-// RVM PENE NECESSARIA, AB ANNO CHRISTI// QVINGENTESIMO VSQVE AD OCTINGENTESIMVM,// potissimùm ex Sigeberto Historico, Qui claruit ante// annos quingentos.//
F. 4b: DE MAIORIBVS DOMVS,// seu Magistris Palatij Regni Francorum.//
F. 5a-12a: INDEX SANCTORVM,// QVI IN HOC COMPENDIO// CONTINENTVR.//
F. 12b–22b: INDEX// RERVM MAXIME// MEMORABILIVM, QVAE IN// hoc Compendio continentur.//
P. 1-807: Segue, então, o texto dividido pelos meses do ano.
Verso da p. 807: em branco.

A obra traz as biografias dos santos do dia, ordenadas cronologicamente e elaboradas por autores diversos.
É considerada a obra principal de Surius, cuja primeira edição foi publicada em 1570-1576. Logo em seguida saiu o nosso exemplar, terminado por Jakob Mosander, um colega da mesma ordem. Este ainda publicou um sétimo volume com adendas e mais outras biografias. Seu compilador foi Franciscus van der Haer (m. 1632) que o publicou pela primeira vez em 1591, na cidade de Antuérpia e depois esta edição em Colônia com anotações de Baronius e Molanus. Seu mérito está em ter conservado melhor do que Surius o texto original das biografias.

Como o sétimo volume (117.7) é um complemento aos que Surius editou, ele figura sob o nome do idealizador principal, Laurentius Surius. Ainda em 1875-80 houve nova edição em 13 volumes (em formato in-8º) mostrando bem o apreço por esta obra. Foi publicada em Turim.
Seu autor nasceu em Luebeck, em 1522 e veio a falecer em Colônia, em 23 de maio de 1578. Fez os seus estudos em Frankfurt sobre o Oder e em Colônia, onde conheceu Petrus Canisius, que o conquistou para a Igreja católica. Em 1541 entrou para a Ordem da Cartuxa. Com poucas abstenções, viveu no convento da Cartuxa em Colônia.

Adams S-2.105; ADB v. 10, p. 313-4 e v. 37, p. 166.

FD

118.
VALLE, Rolandus à. 1576

CONSILIORVM// SIVE MAVIS// RESPONSORVM// ROLANDI A VALLE,// IVRIS CVM CIVILIS TVM PONTIFICII// CONSVLTISSIMI PATRICII CASALENSIS,// equitis, ac in Senatu Montisferrati Praesidis dignissimi.// Liber Quartus,// CVM INDICE RERVM OMNIVM LOCVPLETISSIMO.// [marca tipográfica]// PLACENTIAE// Apud Franciscum Comitem. MDLXXVI.//

28 fls. prels., 191, i. e. 190 fls. nums. (Erros de foliação: 62 i. e. 63; 76 i. e. 73; 87 i. e. 86; 118 i. e. 116; 152 i. e. 125; 172 i. e. 174; 191 i. e. 190). --Assinatura: a-c(8) d(4) A-Z(8) AA(6). (Erros de assinaturas: A3, A4 i. e. a3, a4; B3, i. e. b3; k2, i. e. K2).

Restaurada.
Reencadernação em pergaminho de cabra.
Acondicionada em caixa com pH neutro.
Texto impresso em duas colunas.

Verso da página de rosto: em branco.
F. 2a-2b: BEATISSIMO// SANCTISSIMOQVE// D.D. NOSTRO PONT. MAX.// GREGORIO XIII.// Rolandus à Valle Senatus Montisferrati Praeses. S.P.D.//

F. 3a-25b: INDEX// RERVM OMNIVM LOCORVMQVE// INSIGNIVM, QVAE IN HOC VOLVMINE// CONSILIO CONTINENTVR.//
F. 26: em branco.

À f. num. 1 começa o texto propriamente dito, que finaliza no verso da f. 191. Abaixo do texto segue o registro: Series Chartarum// E mais abaixo: Frater Iosephus Vicarius S.Inquisitionis Placentiae concessit vt imprimi valeat.//

Desta edição a biblioteca só possui o v. 4.

FD-BTA

119.

ARETOPHILE. 1578

RECVEILS// D'ARETOPHILE// CONTENANS// Par quels moyens les genis de guerre Espaignols ammenez es Pays bas par le// Duc d'Alue, s'estans mutinez en iceux diuerses fois, entrerent en Anuers le// xxvj. d'apuril xvc. lxxiiij. ou ils conmirent innumerables desordres, estant// esdits païs Lieutenant, Gouuerneur, & Capitaine general pour le Roy Catho// licque des Espaignes don Philippe le second, le grand Commandeur de Castille// don Louis de Requesens & de Zuniga.// Et comme depuis soubs le gouuernement du Conseil d'estat, apres la mort dudit// grand Commandeur, la mesme ville fut forcee par les mesmes Espaignols de// reclxf mutinez , associez d'autres soldats estrangiers mercenaires dudit Royz// où ils saccagerent & meurdrirent plusieurs iours de toutes nations d'ages, &// sexes: outre infinies cruautez & abonimables vilanies qu'ils perpenetrerent,// ayant brusle grande partie de la ville. Dont n'est suiuy aucune chastoy, ni de-// monstration de justice.// [vinheta]// A LYON,// Par Nicolas Guerin.// – // M. D. LXXVIII.//

128 p. -- Assinatura: A-Q(4).

O exemplar se encontra em estado regular de conservação.

Verso da página de rosto traz uma relação de conteúdo.
P. 3-12: Au Lecteur.//
P. 13-28: [barra ornamental]// Par quel moyen les Espaignols amutinez// entrarent en Anuers le xxvj.d'apuril [sic] 1574.//

P. 29-66: [barra ornamental]// comme les Espaignols amutinez auec// leurs associez entrerent en la ville d'Anuers le// iiije.de nouembre l'an xvc.LXXVI.//
P. 67-76: Au Lecteur.//
P. 77-117: Lettres du Licencie Hieronymo de// Roda au Roy Catholique des Espaignes// don Philippe le second, & au Secretaire Ga-// briel de çayas, auec vne de Balthasar Lopez// au mesme çayas, escrites au chasteau d'An-// uers l'an 1576.//
P. 118-122: [barra ornamental]// Le traitté auquel ceux qui estoyent ras-// semblez dans le chasteau d'Anuers firent condescendre// le Conte Otto d'Everstain Coronnel de xvj. enseignes// d'Allemans, par le moyen de Nicolas Baron de Polweil-// ler &
Charles Foucre, Coronnels de la mesme nation,// lors que lon auoit fait mutiner contre ledit Conte d'E-// verstain les compaignies qui estoyent en la ville d'An-// uers sous sa charge l'an 1576.//
P. 123-127: L'instruction qui fut donnee par les Estats ge-// neraux estants à Bruxelles à ceux qui de leur part allerent// requerir monsr. le Prince d'Oranges de venir// en leur assemblee, l'an 1577.//
P. 127-128: La requeste presentee au nom du Con-// te de Lallaing & du Baron de Renaix sieur de Champai-// gney à monseigneur l'Archiduc Matthias d'Austrice// pour faire examiner ceux par lesquels le seigneur don// Iuan d'Austrice dit en ses escrits luy auoir esté rapporté// que lesdits deux seigneurs auoyent conspiré contre sa// personne.//
No fim da p. 128 vem ainda uma relação das erratas.

Brunet classifica o livro como raro.

Brunet v. 1, p. 417; Palau 16.013.

IEB

120.1.
CASTANHEDA, Fernão Lopes de, m. 1559. 1578

HISTORIA// DELL'INDIE// ORIENTALI,// Scoperte, & conquistate da Portoghesi, di com-// missione dell'Inuittissimo Re Don// Manuello, di gloriosa memoria.// Nella quale, oltre alle strane vsanze, maniere, riti e costumi di// quelle genti; si uiene anco in notitia di molte Guerre fatte in// quei paesi; & di molte Prouincie, Isole, Città, Castelli, Fiumi,// Monti, Laghi, Mari, Minere di metalli, Perle, Gioie, Ani-// mali, droghe di specierie, & di molte altre cose degne di me-// rauiglia.// Distinta in Libri V I I.// COMPOSTI DAL SIG. FERNANDO LOPES// DI CASTAGNEDA.// Et nuouamente di lingua Portoghese in Italiana tradotti// dal Signor' ALFONSO VLLOA.// PARTE PRIMA.// CON LE SVE TAVOLE COPIOSISSIME.// CON PRIVILEGIO.// [marca tipográfica]// In Venetia, Appresso Giordano Ziletti, M D LXXVIII.//

20 fls. não nums., 518 fls. nums., 1 fl. não num. (anverso do Registro e no verso a marca tipográfica). (Erros de paginação: 41 i. e. 33; 42 i. e. 34; 47 i. e. 39; 48 i. e. 40; 175 i. e. 185; 250 i. e. 264; pula de 266 para 269 sem perda de texto; de 272 volta para 271; 322 i. e. 330; 403 i. e. 404; 405 i. e. 406; 411 i. e. 419; 413 i. e. 421; 445 i. e. 443; 460 i. e. 444; 443 i. e. 445; 462 i. e. 446; 441 i. e. 450; 470 i. e. 472). -- Assinatura: a(4) a-d(4) A-Z(8) AA-ZZ(8) Aaa-Sss(8) Ttt(7). (Erros de assinatura: F 2 i. e. E 2; MM 4 i. e. Mmm 4).

Obra em dois volumes.
Notas marginais manuscritas.
Notas de rodapé.

Volume I.
Verso da página de rosto: em branco.
F. 2a-4a: [barra ornamental]// AL CLARISSIMO// ET PRESTANTISSIMO// SENATORE// Il Sig. Aluigi Giorgio mio Signore.// [assinado:] "... Di Vostra Magnificentia Clarissima// Seruitor Francesco Ziletti."//
F. 4b: em branco.
F. 5a-20a: TAVOLA// DELLE COSE PIV NOTABILI,// CHE SI CONTENGONO NELLA// Prima parte delle Historie dell' Indie.// Doueè l'a, dinota la prima facciata, e doue è il, b, dinota la seconda.//
F. 20a: Errori piu importanti auuenuti nel stampare.//
F. 20b: em branco.
F. numerada 1, começam os três primeiros livros de López de Castanheda, com o título: DELLE// HISTORIE,// ET SCOPRIMENTO// DELL'INDIE, FATTO// DA PORTOGHESI.// LIBRO PRIMO.// COMPOSTO DAL SIG. FERNANDO// LOPES DI CASTAGNEDA,// Et nuoumente [sic] di lingua Portoguese in Italiano tradotto// dal Signor ALFONSO VLLOA.//
F. não numerada, no final, anverso: Registro.//
Verso: Marca tipográfica.

120.2.
Volume II. 1578

HISTORIA// DELL'INDIE ORIENTALI,// Scoperte, & conquistate da' Portoghesi, di com-// missione dell'Inuittissimo Re Don// Manuello, di gloriosa memoria.// Nella quale, oltre alle strane vsanze, maniere, riti e costumi di// quelle genti; si uiene anco in notitia di molte Guerre fatte in// quei paesi; & di molte Prouincie, Isole, Città, Castelli, Fiumi,// Monti, Laghi, Mari, Minere di metalli, Perle, Gi1oie, Ani-// mali , droghe di specierie, & di molte altre cose degne di me-// rauiglia.// Distinta in Libri VII.// COMPOSTI DAL SIG. FERNANDO LOPES// DI CASTAGNEDA.// Et nuouamente di lingua Portoghese in Italiana tradotti// dal Signor' ALFONSO VLLOA.// PARTE SECONDA.// CON LE SVE TAVOLE COPIOSISSIME.// CON PRIVILEGIO.// [marca tipográfica]// Venetia, Appresso Giordano Ziletti. M D LXXVIII.//

13 fls. não nums., 365 fls. nums., 1 fl. não num., com a marca tipográfica. (Erros de paginação: 47 i. e. 56; 71 i. e. 74; numeração pula de 131 para (137); 188 i. e. 196; 267 i. e. 265; 219 i. e. 319; 353 i. e. 362). -- Assinatura: [1] a-c(4) A(8) b-q(8) r(4) s-z(8) aa-yy(8) zz(6). (Erros de assinatura: a 2 i. e. A 2; a 3 i. e. A 3; B 2 i. e. b 2; aa 4 i. e. bb 4).

Verso da página de rosto: em branco.
F. 2a-13b: TAVOLA// DELLE COSE PIV NOTABILI,// CHE SI CONTENGONO NELLA// Seconda parte delle Historie dell'INDIE.// Doue è l'a, dinota la prima facciata; e doue è il, b, dinota la seconda.//
F. numerada I., assinatura A: DELLE// HISTORIE,// DELLO SCOPRIMENTO,// Et conquista dell'India Orientale,// FATTA DA' PORTOGHESI: NEL TEMPO,// che la gouernò Lope Soarez, del consiglio dell' Inuittissimo// Re Don Manuello di gloriosa memoria: & Capitano// de' Caualli leggieri del Principe.// LIBRO QVARTO.// COMPOSTO DA FERNANDO// DI CASTAGNEDA.// Nuouamente tradotto di lingua Portoghese// dal Signor ALFONSO VLLOA.//
Contém esta parte do quarto livro até o sétimo.
F. 365b: Registro.// Tutti sono eccetto do zz, che è terno.// Fogli 92. senza la Tauola.//
F. não num., no final, anverso: Marca tipográfica.
Verso da folha final: em branco.

Ver o que escrevemos neste catálogo, sob nº 36, a respeito da obra em si.
É esta a primeira edição italiana completa, publicada na época.

Brunet v. 1, col. 1.621; Cat. Res. nº 609 (1578); Ebert 3.655 (apenas menção); IA 133.329 (informando as datas 1577/1578); Maggs 479 nº 4.032; Palau 140.962 (que informa ter esta edição também saído com data de 1577); Sabin 11.389 (informando a data de impressão de 1577).

IEB-LAM

121.

DANTE ALIGHIERI, 1265-1321. 1578

LA DIVINA [centralizada dentro de uma moldura]// COMEDIA// DI DANTE,// CON LA DICHIARATIONE// de' Vocabuli più importanti, usati dal// POETA, di M. Lodouico Dolce// [marca tipográfica]// IN VINEGIA, Appresso Domminico// M D L X X V I I I.//

18 fls. prels., 598 p. (Erros de paginação: 75 i. e. 57; 545 i. e. 105; 211 i. e. 221; 239 i. e. 237; 243 i. e. 244; 438 i. e. 437; 455 i. e. 445; 413 i. e. 449; 406 i. e. 460; páginas 25, 412 e 424 não foram numeradas; 243 i. e. 244; folhas 577 e 578 estão soltas). -- Assinatura: a(12) B(6) A-Z(12) Aa-Bb(12) (sendo que o caderno B(6) das folhas preliminares parece ser de uma outra edição).

Restaurada.
Reencadernação flexível em pergaminho.
Acondicionada em caixa com pH neutro.
Notas marginais impressas.

Verso da página de rosto: em branco.
F. 2a-3a: [barra ornamental]// AL REVERENDISS.// MONSIGNORE,// Il S.Cariolano Martirano.// VESCOVO DI S. MARCO,// & Secretario del consiglio del'// Imperatore, in Napoli.//
F. 3b: SONETTO// DI M. GIO.// BOCCACCIO// IN LODE DI// DANTE// [vinheta]//
F. 4a-6a: [barra ornamental]// VITA DI// DANTE,// DESCRITTA DA M.// Lodouico Dolce.// [vinheta]//
F. 6b-11a: [barra ornamental]// TAVOLA DE'// VOCABOLI// PIV OSCVRI,// VSATI DA DANTE.// [vinheta]//
F. 11b-17b: [barra ornamental]// TAVOLA DELLE// APOSTILLE,// CHE SONO NEL MARGI-// ne di tutta l'opera.// [vinheta]//

F. 18a: em branco.
F. 18b: [barra ornamental]// INFERNO.// [vinheta]// – // ARGOMENTO.//
Segue-se, então, a obra propriamente dita.
À p. 201 inicia-se o PVRGATORIO e à p. 401 o PARADISO.
Última folha: em branco.

Adams D-109.

MP

122.
LERY, Jean de, 1534-1611. 1578

HISTOIRE// D'VN VOYAGE// FAIT EN LA TERRE// DV BRESIL, AVTRE-// ment dite Ame-// rique.// Contenant la nauigation, & choses remar-// quables, veuës sur mer par l'aucteur: Le compor// tement de Villegagnon, en ce païs là. Let meurs// & façons de viure estranges des Sauuages A-// meriquains: auec vn colloque de leur Langage.// Ensemble la description de plusieurs Animaux,// Arbres, Herbes, & autres choses singulieres,// & du tout inconues par deça, dont on verra les// sommaires des chapitres au commencement du// liure.// Non encores mis en lumiere,pour les causes// contenues en la preface.// Le tout recueilli sur les lieux par IEAN DE// LERY natif de la Margelle, terre// de sainct Sene au Duché de// Bourgongne.// Seigneur, ie te celebreray entre les peu-// ples,& te diray Pseaumes entre les na-// tions. PSEAV. CVIII.// A LA ROCHELLE.// Pour Antoine Chuppin.// – // M. D. LXXVIII.//

24 fls. prels. não nums., 424 p., 7 fls. não nums. (Erros de paginação: 124 i. e. 126; 253 i. e. 255; L70 i. e. 270; 186 i. e. 286; 295 i. e. 311; 414 i. e. 314; 303 i. e. 319; 352 i. e. 366). -- Assinatura: ã(8) ẽ(8) ĩ(8) A-Z(8) Aa-Cc(8) Dd(4) Ee(8).

Gravuras: p. 121, 231, 249 (é a mesma da anterior), 275, 315, 335.

As informações referentes à descrição física do material foram obtidas diretamente da publicação; porém no momento da finalização do presente Catálogo, o referido volume encontrava-se deslocado do acervo.

Esta edição é em tudo semelhante à que se segue, o que a diferencia é apenas a indicação, nesta existente, de lugar de impressão. Deixamos, por isso, de descrever o seu conteúdo.

Léry não planejara escrever um livro a respeito de suas experiências em sua estada no Brasil. Ele o fez por dois motivos: um, pela insistência de seus amigos que demonstraram muito interesse em suas narrativas e o outro, por haver sido publicada a obra de Thevet, que ele considerava cheia de inverdades. Em seu prefácio o ataca sem dó nem piedade chamando-o de mentiroso e impostor. Francisco Rodrigues Leite em seu artigo "Iean de Léry, viajante de singularidades" (*Revista do Arquivo Municipal*, S. Paulo, 1946, v. 108) fez um estudo comparativo das duas obras, constatando que Léry copiara trechos inteiros de Thevet, que tanto errara...

Léry veio ao Brasil em 1557, encontrando a colônia fundada por Villegagnon já em luta religiosa. Tinha sido fundada na intenção de abranger todos os credos religiosos numa América livre. Quando Léry aportou, Villegagnon perseguia os protestantes, submetendo os colonos a um regime intolerável. Léry e alguns companheiros conseguiram fugir do forte Coligny e se esconderam entre os índios, cujos costumes tão bem observou e descreveu. Após uma viagem com extremas dificuldades voltaram à França em 1558.

Houve inúmeras edições, porém a melhor foi realizada por Gaffarel em 1880 com um estudo do mesmo, baseado na segunda edição e com notas das variações do texto nas diversas edições.

Atkinson 261; BB v. 1, p. 400; Church 124; Garraux p. 213 (2a.); JCBrown v. 1, p. 271; JCR 1.391; Raeders 57; Sabin 40.148.

FFLCH-CS

123.

LERY, Jean de, 1534-1611. 1578

HISTOIRE// D'VN VOYAGE// FAIT EN LÀ TERRE// DV BRESIL, AVTRE-// ment dite Ame-// rique.// Contenant la nauigation, & choses remar-// quables, veuës sur mer par l'aucteur: Le compor// tement de Villegagnon,en ce pais là. Les meurs// & façons de viure estranges des Sauuages A-// meriquains: auec vn colloque de leur langage.// Ensemble la description de plusieurs Animaux,// Arbres, Herbes, & autres choses singulieres.// & du tout inconues par deça, dont on verra les// sommaires des chapitres au commencement du// liure.// Non encores mis en lumiere,pour les causes// contenues en la preface.// Le tout recueilli sur les lieux par IEAN DE// LERY natif de la Margelle, terre// de sainct Sene au Duché de// Bourgongne.// Seigneur, ie te celebreray entre les peu-// ples,& te diray

Pseaumes entre les na-// tions. PSEAV. CVIII.// Pour Antoine Chuppin.// – // M. D. LXXVIII.//

24 fls. prels. não nums., 424 p., 8 fls. não nums. (Erros de paginação: 124 i. e. 126; 253 i. e. 255; 170 i. e. 270; 186 i. e. 286; 295 i. e. 311; 414 i. e. 314; 303 i. e. 319; 352 i. e. 366). -- Assinatura: ã(8) ẽ(8) ĩ(8) A-Z(8) Aa-Cc(8) Dd(4) Ee(8).

Notas marginais impressas.
Gravuras: p. 121, 231, 249 (reproduz a mesma que a da p. 231), 275, 415 i. e. 315, 335.

Verso da página de rosto: em branco.
F. 2a-4a: A ILLVSTRE ET PVIS-// SANT SEIGNEVR, FRAN-// çois, Comte de Colligny,// Seigneur de Cha-// stillon, &c.//
F. 4b-5a: Três sonetos dedicados a Jean de Léry e da autoria de L. Daneau, P. Melet e um anônimo.
F. 5b-22a: PREFACE.//
F. 22b-24a: SOMMAIRE DES CHAPI-// tres de cest histoire de l'Amerique.//
Verso da f. 24: em branco.
Da p. 1 em diante temos a obra de Léry que se divide em 22 capítulos.
F. 1-424b: [barra ornamental]// D'VN VOYAGE, FAIT// ET LA TERRE DV BRE-// SIL, AVTREMENT DI-// TE AMERIQVE.//
As folhas não numeradas finais contêm a: "TABLE DES MATIERES ET CHO-// SES NOTABLES CONTENVES EN CESTE// Histoire de l'Amerique."//
F. 7a: Contém as corrigendas.
F. 7b e 8: em branco.

Esta edição, sem local de impressão, aparentemente é idêntica em tudo à edição que apresenta essa indicação, e que descrevemos anteriormente.
O Dr. Rubens Borba de Moraes considera esta a primeira edição. As outras do mesmo ano, porém com lugar de impressão, são de extrema raridade. Informa também que há dois estados na primeira edição: no verso da f. 3, as duas últimas linhas do texto rezam o seguinte. "...qui vostre seur (plantes portans fruits dignes du tronc d'où elles sont issues) qu'en vous tenant en sa saincte..." e a outra, sem parênteses, como também o é em nosso exemplar: "...gni vostre seur, plantes portans fruits dignes du// tronc d'où elles sont issues, vous tenant en sa// saincte..."

Atkinson 261; BB v. 1, p. 401; Church 124; JCBrown v. 1, p. 271; JCR 1.391; Garraux 213 (2ª); Raeders 57; Sabin 40.148.

IEB

124.

JESUÍTAS. Cartas das Missões. 1578

LETTRES D.V// IAPPON, PERV, ET BRASIL,// ENVOYEES AV R. P. GENERAL// de la Societé de Iesus, par ceux de la-// dicte Societé qui s'employent en ces// Regions,à la conuersion des Gentils.// Desdiees à Monsieur Chartier,// seigneur d'Alein ville.// [marca tipográfica]// A PARIS,// Chez Thomas Brumen,demeurant au cloz// Bruneau,à l' enseigne de l'Oliuier:// M. D. LXXVIII.// – // AVEC PRIVILEGE.//

110 p., 1 fl. não num. (Erros de paginação: 301 i. e. 101). --Assinatura: A-G(8).

Verso da página de rosto: em branco.
P. 3-4: [barra ornamental]// A MONSIEVR CHAR-// TIER, CONSEILLER DV// Roy en sa Cour de Parlement, le// College de Clermont desire Salut.// [datada de:] Paris a 27 de março de 1578.
P. 5-20: [barra ornamental]// COPPIE D'VNE LETTRE// ESCRIPTE DV P.FRANÇOIS// Gabriel superieur de la Compa-// gnie du nom de Iesus au Iappon.// Enuoyée au R.P. General le 13. Sept. 1575.//
P. 21-34: [barra ornamental]// QVELQVES PRINCI-// paux poincts des Annales du Peru,// mandees au R.P.General.// [datada de:] Lima a 9 de fevereiro de 1575 [e assinado:] "De V.R.P.fils indigne, Hierosme// Portilio, Prouincial du Peru."//
P. 35-110: [barra ornamental]// Aucuns points tirez des Lettres du// Brasil, enuoyées au R.P.General de// la Compagnie de IESVS par ceux// de la mesme Compagnie, 1577.// [datada de:] São Salvador a 17 de dezembro de 1577. [e assinada:] "Par la cõmission du R.P.Prouincial,// Ignace Tholose.// De V.R.Paternité// Le tres-indigne fils, en nostre Seigneur,// Louys Fonseca."//
A folha não numerada contém no retro "L'APPROBATION DES// DOCTEVRS EN THEOLOGIE."//, [datada de:] Paris de 12 de março de 1578 e no verso a licença de imprimir de 13 e 15 de março de 1578.

Esta coleção é importante para o Brasil porque apresenta informações a respeito da expedição de Antônio Salema ao Cabo Frio contra os Tamoios.

Existem mais duas edições de Lyon, Benoist Rigaut de 1579 e 1586. O Dr. Rubens Borba de Moraes considera a nossa "Muito rara".

Atkinson 260; BB v. 1, p. 408; Carayon 592; Garraux p. 219 (2ª); JCR 1.407; Leclerc 122; Raeders 56; Ser. Leite v. 8, p. 252; Sommervogel v. 2, p. 490.

IEB

125.1.

VALLE, Rolandus à. 1577-1579

CONSILIORVM// SIVE RESPONSORVM// LONGE PRAESTANTISSIMI// atque celeberrimi Iurisconsulti, Equitisq̃ue, ac// primarij Montisferrati Senatoris,// D. ROLANDI À VALLE// Patritij Casalensis.// Tomus Secundus.// Denuò in lucem editus, cum eiusdem Summariis vnicuiq̃ue// consilio adiectis, nec non Indice rerum ac// verborum copiosissimo.// [marca tipográfica]// VENETIIS,// Ex Officina Ioannis Baptistae Somaschi// M D LXXIX.//

28 fls. prels., 178 fls. nums. (Erros de paginação: 9 i. e. 7; 63 i. e. 65; 76 i. e. 78; 81 i. e. 80; 92 i. e. 91). -- Assinatura: †(6) a-c(6) d(4) A-Z(6) Aa-Ff(6) Gg(4).

Restaurada.
Reencadernação em pergaminho de cabra.
Acondicionada em caixa com pH neutro.
Texto impresso em duas colunas.

Verso da página de rosto: em branco.
F. 2a-2b: ILLVSTRISS. ET REVERENDIS.// FEDERICO GONZAGHAE// CARDINALI MANTVAE.// ROLANDVS A' VALLE S.P.D.//
F. 3a-27b: CAPITA RESPOSORVM// SECVNDI VOLVMINIS.// DOMINI ROLANDI A' VALLE IVRISCONSVLTI CELEBERRIMI// Ordine alphabetico collecta.//
F. 28: em branco.//
A partir da folha numerada 1 começa: SECVNDVM VOLVMEN// CONSILIORVM CLARISSIMI// IVRISCONSVLTI,// Et equitis Domini Rolandi à Valle, Primarij Senatoris// Montisferrati, & Patricij Casalensis.//
O texto termina no verso da folha numerada 148.
Abaixo do texto consta o colofão: VENETIIS,// Ex Officina Ioan. Baptistae Somaschi.// M D LXXVIII. [sic]

125.2. 1577-1579

CONSILIORVM// SEV MAVIS// RESPONSORVM// ROLANDI A VALLE// IVRIS CVM CIVILIS,// TVM PONTIFICII// CONSVLTISSIMI,// PATRICII CASALENSIS, EQVITIS,// AC IN SENATV MONTISFERRATI// PRAESIDIS DIGNISSIMI,// LIBER TERTIVS.// NVNC DEMVM ACCVRATVS// quàm vnquàm aliás emendatus, & excussus.// Non absq; Summarijs, & Indice locupletissimo.// CVM PRIVILEGIIS.// [marca tipográfica]// VENETIIS// Apud Ioannem Baptistam Somaschum.// M. D. LXXVII.//

30 fls. prels., 206 fls. num. (Erros de paginação: 181 i. e. 187). -- Assinatura: e(2) a-e(6) A-Z(6) AA-LL(6) MM(2).

Restaurada.
Reencadernação em pergaminho de cabra.
Acondicionada em caixa com pH neutro.
Texto impresso em duas colunas.

Verso da página de rosto: em branco.
F. 2a-2b: ILLVSTRISSIMO,// ET EXCELLENTISSIMO,// GVLIELMO GONZAGAE// MANTVAE INCLYTO DVCI// ET MONTISFERRATI MARCHIONI,// DOMINO SVO,// Rolandus à Valle, S.P.D.//
F. 3a-30a: INDEX RERVM// MAXIME NOTABILIVM,// QVAE IN HOC TERTIO// RESPONSORVM LIBRO// CLARISS. IVRISCONSVLTI// ROLANDI A VALLE// CONTINENTVR, ORDINE// ALPHABETICO DIGESTVS.//
F. 30b: em branco.//
A partir da folha numerada 1 começa, então, o texto, que finaliza à folha numerada 206. Abaixo do texto, encontram-se as palavras seguintes: Explicit Tertium volumen Responsorum Praestantissimi// I.C. Rolandi à Valle.//
Verso da f. 206: vem primeiramente o registro: Series Chartarum// Abaixo e no centro da folha, a marca tipográfica. E abaixo desta: VENETIIS,// Apud Ioannem Baptistam Somascum, & Fratres.// M. D. LXXVII.//

FD-BTA

126.
MEDICI, Sebastiano. 1580

SEBASTIANI// MEDICIS// Florentini I. C. Equitis S. Stephani,// & Protonotarij Apost.// Tractatus// MORS OMNIA SOLVIT.// Nunc iterum in lucem editus// Cum Indice materiarum copiosissimo// [marca tipográfica]// FLORENTIAE,// In Officina Iunctarum.// – // M. D. L. XXX.//

4 fls. prels., 279 i. e. 269 (+3) p. (Erros de paginação: de 167 pula para 178; 252 sem paginação). -- Assinatura: †(8) A-Q(8) R(4). (Erros de assinatura: C i. e. D; C 3 i. e. D 3).

Restaurada.
Reencadernação em couro em estilo francês.

Verso da página de rosto: em branco.
F. 2a-3b: [barra]// REVERENDISSIMO// LVDOVICO ANTENOREO// EPISC. VOLATERRANO.// [vinheta]// Sebastianus Med. S.P.D.// [datado de:] Florentiae VIII. Idus Maij.// M.D.L.XXIII.//
F. 4a e b: vinheta de cada lado, tentativamente sobreposta.
A partir da p. 1-8: SEBASTIANI// MEDICIS// Tractatus// MORS OMNIA SOLVIT// PARS PRIMA.// Summaria in Primam Partem huius operis.//
À p. 9 começa, então, a primeira parte da "Totius Operis", seguida, à p. 57, da segunda parte e da terceira, que começa à p. 193 e finaliza à p. 251.
P. [252] sem paginação, apenas com uma vinheta.
P. 253-279: INDEX INSIGNIS// RERVM OMNIVM// Huius Tractatus.//
P. [280] sem paginação: [barra]// Imprimatur... // [barra]//
P. [281] sem paginação: [barra]// REGISTRVM.// [e mais abaixo, segue o colofão:] FLORENTIAE,// In Officina Iunctarum. 1580.//
P. [282] sem paginação: Marca Tipográfica.

FD

127.
MONARDES, Nicolás, ca. 1512-1588. 1580

PRIMERA// Y// SEGVNDA// Y// TERCERA PARTES// Dela Historia Medicinal: delas cosas que// se traen de nuestras Indias Occidentales,// que siruem en Medicina.// Tratado dela Piedra Bezaar, y dela yerua// Escuerconera.// ¡ Dialogo delas grandezas del Hierro, y de sus virtudes// Medicinales.// [vinheta pequena] Tratado dela Nieue, y del beuer Frio. [vinheta pequena]// [vinheta pequena] Hechos por el Doctor Monardes, Medico de Seuilla. [vinheta pequena]// VAN ENESTA IMPRESSION// La Tercera parte, y el Dialogo del Hierro, nue-// uamente hechos: que no hã sido impressos hasta// agora. Do ay cosas grandes, y dignas de// saber.// [vinheta pequena] Con Licencia y Preuilegio de su Magestad.// En Seuilla// En casa de Fernando Diaz// 1580.//

7 fls. prels. não nums., 162 fls. nums. (Erros de paginação: 160 i. e. 114; 118 i. e. 119; 110 i. e. 120; volta de 152 para 151; pula de 158 para 160). -- Assinatura: A(7) B-L(8) ✠L-V(8) X(4).

Restaurada.
Encadernação em couro pleno (*veau*) castor, com lombada ornamentada.
Acondicionada em caixa (estojo) em couro pleno castor.
Notas marginais impressas.
Gravuras e ilustrações: f. não num. 3a; fls. nums.: 30b, 31a, 39b, 50a, 54b, 64a, 66a, 68a, 69a, 70b, 90b.

Verso da página de rosto: em branco.
F. 2a-2b: Cedula Real.//
F. 3a, retrato de Nicolás Monardes e mais abaixo: ELOGIO HECHO POR EL// ILLVST. S. GONC,ALO C,ATI// eco de Molina, al Retrato del Autor que// se vee, en su Museo.//
F. 3b-5a: Seguem-se, então, os versos em elogio de Monardes.
F. 5b-6b: EL IMPRESSOR AL// beneuolo lector.//
F. 7a-7b: SANCTIS. D.N.// GREGORIO .XIII. PONT. OPT.// MAX. Doct. Nicolaus Monardus// Medicus Hispalensis.// S.P.D.//
F. num. Fol. I.: PRIMERA// PARTE DEL LIBRO// que trata delas cosas que se traen delas In-// dias Occidentales, que siruen al vso de Me-// dicina: y de la ordem que se ha de tener en// tomar la rayz del Mechoacan. Do se descu// bren grandes secretos de naturaleza, y grã-// des experiencias. Hecho y copilado por el// Doctor Monardes, Medico de// Seuilla.//
F. 31a: [vinheta pequena] SEGVNDA PARTE [vinheta pequena]// Del Libro, delas cosas que se traen de// nuestras Indias Occidentales, que siruen// al vso de medicina. Do se trata del Tabaco,// y dela Sassafras, y del Carlo santo: y de otras// muchas Yeruas, y Plantas, Simientes, y Licores:// que nueuamente han venido de aquellas partes, de gran-// des virtudes, y marauillosos efetos.// ¶

Hecho por el Doctor Monardes: Medico de Seuilla.// [mais abaixo uma gravura, representando o tabaco.]

F. 79, segue a terceira parte, com folha de rosto em separado, que aqui transcrevemos:

[vinheta pequena] TERCERA [vinheta pequena]// PARTE, DE LA// HISTORIA MEDICINAL,// QVE TRATA: DELAS COSAS QVE// SE TRAEN DE NVESTRAS INDIAS OCCI-// DENTALES, QVE SIRVEN AL VSO// DE MEDICINA.// ¶ Do se ponen muchas cosas Medicinales , que tienen// grandes secretos y virtudes.// AGORA NVEVAMENTE// hecha por el mismo Doctor Monardes,// despues que se hizieron la Primera// y Segunda.// EN SEVILLA// En casa de Fernando Diaz Impressor:// en la calle dela Sierpe.// Año 1580.//

F. 79b-80a: AL ILLVSTRISSI-// mo Señor Don Christoual de Rojas y// Sandoual, Arcobispo de Seuilla, &c. mi// señor. El Doctor Monardes su// Medico.S.//

No verso da f. 80 começa, então, a terceira parte da obra de Monardes.

F.100b-101: TABLA DE LAS COSAS// que contienen estos tres libros,//

No verso da f. 101 temos a folha de rosto seguinte:

LIBRO// QVE TRACTA DE DOS// medicinas excelentissimas contra todo veneno,// que son la piedra Bezaar, y la yerua// Escuerçonera.// DO SE PONEN SVS MARAVI-// llosos efectos,y sus grãdes virtudes,con la cura de// los venenos,y la orden que se ha de// tener para guardarse dellos.// DO SE VERAN GRANDES// secretos de Medicina, y muchas// experiencias.// AGORA NVEVAMENTE// compuesto por el Doctor// Monardes.// EN SEVILLA.// En casa de Fernando Diaz// 1580.//

F. 102a: A LA MVY EXCELENTE// señora Duquesa de Bejar, Marquesa de Ayamon// te, y de Gibraleon, Condessa de Benalcaçar, y de// Bañares, Señora de las villas de Burguillos, y Ca-// pilla y Curiel con su partido, mi Señora,// El Doctor Monardes su Medico// Salud.//

No verso da f. 102 se inicia o tratado sobre a pedra de Bezaar e sobre a erva "Escuerçonera".

No verso da f. 125 segue, com folha de rosto em separado, o tratado sobre o ferro, que transcrevemos a seguir:

DIALOGO// DEL HIERRO, Y D// SVS GRANDEZAS: Y// Como es el mas excelẽte metal de todos,// y la cosa mas necessaria para seruicio del// Hombre:y delas grandes virtudes mẽdi-// cinales que tiene.// ¶ HECHO POR EL DOCTOR// Monardes, Medico de Seuilha.// [marca tipográfica]// En Seuilha// En casa de Fernando Diaz// Año 1580.//

F. 126a-126b: AL EXCELEN-// tissimo Señor de Alcala, &c.mi// Señor. El Doctor Monardes su Medi-// co.S.//

Da f. 127 em diante segue, então, o tratado sobre o ferro, que se subdivide em duas partes.
À f. 148 segue, então, a parte que trata das propriedades da neve. Em seguida transcrevemos a folha de rosto:
LIBRO// QVE TRATA DE LA// Nieue y de sus propriedades, y del modo// que se ha de tener, en el beuer enfriado con// ella, y de los otros modos que ay// de enfriar.// CON OTRAS CVRIOSIDADES// que daran contento, por las cosas antiguas y dig-// nas de saber, que cerca de esta materia,// en el se veran.// HECHO POR EL DOCTOR// Monardes Medico de// Seuilla.// EN SEVILLA.// En casa de Hernando Diaz.// 1580.//
F. 148b-149a: AL ILLVSTRISSIMO SEÑOR// Conde de Barajas, Assistente de Seuilla &c.// El Doctor Monardes Medico.S.//
Termina esta parte à f. 162a, onde abaixo da sexta linha do texto segue a marca tipográfica de Fernando Diaz. E abaixo da mesma vem o colofão: EN SEVILLA// En casa de Fernando Diaz// 1580//
Verso da f. 162 traz ainda um poema em louvor a Monardes: [ornamento tipográfico]// IN LAVDEM DOCTIS-// simi Nicolai Monardis Medici// Hispalensis.//

JCR 1.675; Leclerc (1867) 1.018; Maggs 495-626; Palau 175.488; Sabin 49.938; Salvá 2.725.

IEB-LAM

128.
BENZONI, Girolamo, 1519-1570?. 1581

NOVAE NOVI// ORBIS HISTORIAE// ID EST// Rerum ab Hispanis in India Occidentali ha-// ctenus gestarum,& acerbo illorùm// in eas gentes dominatu,// LIBRI TRES,// VRBANI CALVETONIS// opera industriáque ex Italicis Hieronymi Ben-// zonis Mediolanẽsis,qui eas terras XIIII. anno-// rum peregrinatione obijt commẽtariis descripti// Latini facti, ac perpetuis notis, argumentis & lo// cupleti memorabilium rerũ accessione, illustrati.// His ab eodem adiuncta est.// De Gallorum in Floridam expeditione, & insigni Hispano-// rum in eos lavitiae exemplo, Breuis Historia.// [marca tipográfica]// APVD EVSTATHIVM VIGNON.// – // M. D. LXXXI.//

16 fls. não nums., 480 p., 8 fls. não nums. (Erros de paginação: 65 i. e. 95; 238 i. e. 338). -- Assinatura: †(8) ††(8) a-z(8) A-H(8).

Encadernação inteira em pergaminho.

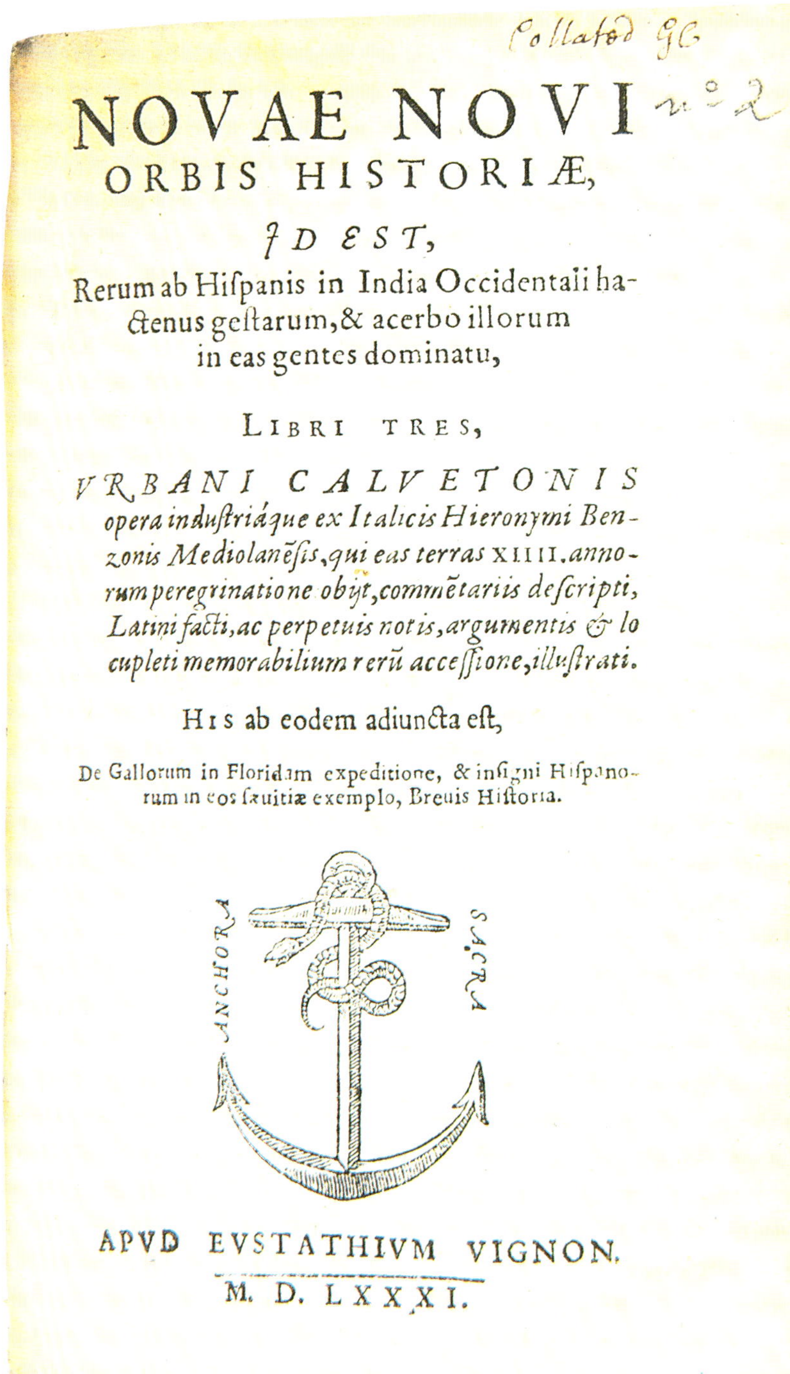

NOVAE NOVI ORBIS HISTORIÆ,

ID EST,

Rerum ab Hiſpanis in India Occidentali hactenus geſtarum, & acerbo illorum in eas gentes dominatu,

LIBRI TRES,

VRBANI CALVETONIS opera induſtriáque ex Italicis Hieronymi Benzonis Mediolanẽſis, qui eas terras XIIII. annorum peregrinatione obijt, commẽtariis deſcripti, Latini facti, ac perpetuis notis, argumentis & locupleti memorabilium rerũ acceſſione, illuſtrati.

His ab eodem adiuncta eſt,

De Gallorum in Floridam expeditione, & inſigni Hiſpanorum in eos ſæuitiæ exemplo, Breuis Hiſtoria.

APVD EVSTATHIVM VIGNON.

M. D. LXXXI.

BENZONI, Girolamo. *Novae novi orbis historiae fd est rerum...*, 1581.
Página de rosto.
Figura 64 – nº de catálogo 128

Verso da página de rosto: em branco.
F. 2a-6b: [barra ornamental]// EXIMIO DEI SER-// VO, D. THEODORO BEZAE,// PRAECEPTORI ET PAREN-// ti plurimùm semper obseruando, VR-// BANVS CALVETO, Gratiam &// pacem à Domino.// [datada de:] Salocertae, 1578, Kal. Sept.//
F. 7a-14b: [barra ornamental]// CHRISTIANIS// ET PIIS LECTO-// RIBVS S.//
F. 14b: DE AMBIGVO INDIAE// nomíne.//
F. 15a: [barra ornamental]// ALIQVOT.// ¶ De Aurea aetate apud Indos Occid. in// Ferream mutata.// [assinado:] VRB. CALVETONIS.//
Eivsdem.// De Indorum conuersione.// Eivsdem.//
F. 15b: ¶ De Hispanorum in Indiam Occid. naui-// gantium consilio.// [assinado:] ST. TR. EIVSDEM.//
F. 16a-16b: [barra ornamental]// PRIMI LIBRI SVMMA// ET ARGVMENTVM.//
P. 1-133: [barra ornamental]// LIBER PRIMVS.//
P. 134: [barra ornamental]// SECVNDI LIBRI SVMMA// ET ARGVMENTVM.//
P. 135-264: [barra ornamental]// LIBER SECVNDVS.//
P. 265-266: [barra ornamental]// TERTII LIBRI SVMMA// ET ARGVMENTVM.//
P. 267-415: [barra ornamental]// LIBER TERTIVS.//
P. 416: [barra ornamental]// CANAR. DESCRIPTIONIS// ARGVMENTVM.//
P. 417-426: [barra ornamental]// BREVIS INSVLARVM// QVAE CANARIAE APPEL-// lantur, & rerúm in iis memora-// bilium, descriptio.//
P. 427: DE GALLORVM// Expeditione in Floridam,// & clade ab Hispanis non// minus iniustè quam im-// maniter ipsis illata, Anno// 1565, Breuis História.// ...
P. 428: EXPEDITIONIS FLORID.// ARGVMENTVM.//
P. 429-477: [barra ornamental]// DE GALLORVM// EXPEDITIONE IN// Floridam, eiúsque miserabi-// li exitu, Breuis// História.//
P. 478: Texto explicativo com a informação que o poema seguinte é da autoria de Georgii Buchanani.//
P. 478-480: IN COLONIAS// BRASILIENSES.//
F. 1a-6b: [barra ornamental]// ELENCHVS, SIVE INDEX// rerúm & verborum maximè insignium// quae in his Historiis tra-// ctantur.//
F. 7 e 8: em branco.

Foram feitas desta obra inúmeras edições não só em latim, como em alemão, francês, holandês e inglês.

Esta é a segunda edição latina.
Seu autor, natural de Milão, partiu em 1519 para o Novo Mundo, onde viveu durante 14 anos.
José Carlos Rodrigues (nº 374), ao indicar a primeira edição latina, informa: "A narrativa não é bem escrita, mas sua veracidade só foi posta em dúvida pelo conhecidamente inverídico Thevet, que, aliás, não prova o que diz, e se mostra sempre empenhado em defender os espanhóis no tratamento dos índios. Os pormenores que Benzone dá sobre as crueldades daqueles em Camaná nos deixam lobrigar os horrores porque passaram esses infelizes."
Como se vê pelo conteúdo, ainda consta na obra uma curta história das Ilhas Canárias.
O que ainda a torna interessante para o americanista, ao final, é o relato da expedição desastrada dos franceses à Flórida: em 1564, Réné Goulaine de Laudonnière fundou na Flórida o Forte Caroline, com os seus huguenotes. Estes não foram muito felizes e estavam a ponto de abandonar sua colônia, quando foram reforçados por Jean Ribault. Mal este acabara de ancorar, quando uma frota espanhola sob o comando de Menendez apareceu de surpresa e massacrou toda a guarnição. Ribault conseguiu escapar dessa vez, mas, tentando voltar, caiu nas mãos dos espanhóis e também foi massacrado com todos os seus. Os franceses foram todos enforcados com uma inscrição: "Não como franceses, mas como heréticos". É esta a história do massacre, que vem nesta obra de Benzoni.
Pouco tempo depois desses acontecimentos veio uma expedição francesa sob o comando de Dominique de Gourgues e aportou na Flórida, capturando duas fortalezas espanholas e enforcando todos os prisioneiros espanhóis, pendurando-lhes a inscrição: "Não como espanhóis, mas como assassinos".

Encadernado com: *Historia Navigationis in Brasiliam.* / Jean de Lery, 1586 (ver nº 150).

Palau 27.627; Sabin 4.792.

IEB-LAM

129.1.

ESTIENNE, Henri II, 1531-1598. 1581

[barra ornamental]// PARALIPOMENA// GRAMMATICA-// RVM GR. LIN-// GVAE IN ST.// Item,// ANIMADVERSIONES// IN QVASDAM

GRAM-// maticorum Gr.tradition[...]//Autore HENR. STEPHANO.// Lumeri paginarum lectorum ad eam grammati-// cen remittunt quae inscripta est De puerili// Gr.literarum doctrina.// [marca tipográfica]//ANNO M. D. LXXXI.//

8 fls. prels., 167 p. (Erros de paginação: 3 i. e. 35). -- Assinatura: ¶ (8) a-k(8) l(4).

Restaurada.
Reencadernação flexível em pergaminho com tiras de couro, tratado ao alúmen, utilizadas como fechos.
Acondicionada em caixa com pH neutro.
Trechos em grego.

Verso da página de rosto: em branco.
F. 2a-3b: [barra ornamental]// HENR. STEPHA-// NVS LECTORI GRAE-// CAE LINGVAE// studioso S. D.// [datado de:] XIII. Cal. Octobr. An-// no M. D. LXXXI.//
F. 4a-8b: HENRICI STEPHANI// DE CAVTIONE AD-[...]// hibenda in legendis grammaticis// quorundam scriptis, AD-// MONITIO.//
P. 1-167: [barra ornamental]// LITERAE GRAECAE// sunt XXIIII. &c.// Pag. 3. priori parte//
P. [168]: em branco.

Segue, encadernada no mesmo volume, com nova paginação e assinatura:

129.2.
ENOCH, Louis. 1581?

De puerili Grae// carũ literarum// doctrina liber.// Lodoico Enoco authore.// [marca tipográfica]// [daqui para baixo não aparece a indicação tipográfica]

208 fls. (Erros de foliação: 9 i. e. 11; 14 sem foliação; 21 sem foliação; 38 sem foliação; 4 i. e. 44; 4 i. e. 47; 61 sem foliação; de 80 volta para 73; 82 sem foliação; 84 sem foliação; 86 sem foliação, 09 i. e. 90; 69 i. e. 96; de 112 pula para 121; 129 i. e. 126; 128 sem foliação; 149 i. e. 159; 171 i. e. 172; 183 i. e. 173; 207 sem foliação). -- Assinatura: A-Z(8) Aa-Cc(8). (Erros de assinatura: Kiiii i. e. Liiii).

Grande parte do texto em grego.
Notas marginais manuscritas.

F. 1a: Página de rosto.
F. 1b-2b: I. ENOCVS ADOLESCEN// tulis Geneuensibus reliquísqu[...]// discipulis S. D. P.// [datado de:] Maii M. D. IV//
F. 3a: LITERAE GRAE// corũ sunt XXIIII, quibus etiam numeros suos notant.//
F. 3b-201b: Segue o texto com as diversas formas, tempos verbais gregos e declinações.
F. 202a-203b: NVMERALIA//
F. 204a-205a: RATIO DIERVM VNI-// uscuiusque mensis dinumerandorum.// Numeraliũ foeminima Vsurpant Graeci// in datiuo, in dinumerandis diebus vni-// uscuiusque mensis, quẽ diuidũt in tres// dedecas sequentes.//
F. 205b: MENSIVM NOMINA//
F. 206a: ERRATA.//
F. 206b: em branco.
F. [207a]: Folio 45 & 46 duae sunt paginae qua// rum...
F. 207b-208a: TERTIAE,
QVARTIAE,
SIC VERBVM
SIC VERBVM
F. 208b: em branco.

Segue, encadernada no mesmo volume, com nova paginação e assinatura:

129.3.
ESTIENNE, Henri II, 1531-1598. 1582

HYPOMNESES// DE GALL. LINGVA,// PEREGRINIS EAM DISCEN-// tibus necessariae: quaedã verò ipsis// etiam Gallis multum// profuturae.// Inspersa sunt nonnula,partim ad Graecam,partim// ad Lat. linguam pertinentia, minimè vulgaria.// Autore HENR. STEPHANO: qui & Galli-// cam patris sui Grammaticen adiunxit.// [vinheta]// CL. MITALERII EPIST.// De vocabulis quae Iudaei in Galliam// introduxerunt.// [marca tipográfica]// – // M. D. LXXXII.//

8 fls. prels., 215 p., 2 fls. não nums., 11 p. nums., 109 p. [faltam as 2 primeiras], 8 fls. não nums. (Erros de paginação: 301 i. e. 130). -- Assinatura: *(8) A-O(8) P(4) (falta a assinatura ai) a-h(8)

Notas marginais impressas.

Notas marginais manuscritas.
Trechos em grego.
Trechos em hebraico.

Verso da página de rosto: em branco.
F. 2a-8b: [barra ornamental]// HENRICVS STEPHANVS// LECTORI GALLICAE// linguae studio S. D.//
P.1-74: [barra ornamental]// HYPOMNESES// DE GALLICA LINGVA,// EXTRANEIS EAM DI-// scentibus necessariae, quaedam verò// ipsis etiam Gallis multum// profuturae.//
P. 75-153: HYPOMN. DE L. GALL.// ADIECTIO AD EA QVAE// DE SYLLABARVM QVAN-// titate sparsim dicta in praecedem-// tibus fuerunt.//
P. 154-158: DE DISCRIMINE QVOD// ALICVBI EFFICIT ADIE-// ctiuum, prout substantiuo vel praepositum// vel postpositum est. Item , De quibusdam// locis vbi vel praefigitur tantùm, vel tantùm// postponitur: & de nonnullis in quibus// vtram-// libet sedem sine discrimine occupare potest.//
P.159-215: DE QVIBVSDAM QVAE// IN PRONOMIMIS VSV// sunt obseruanda.//
P. [216]: em branco.
F. 1a: CLAVDII MITALERII// EPISTOLA DOCTISS.// De vocabulis quae Galli à commoran-// tibus in Gallia Iudaeis didicerunt , in// vsúmque receperunt.//
F. 1b: em branco.
F. 2a-2b: [barra ornamental]// CLARISS. VIRO,// HIERONYMO CASTI-LIO-// NAEO , Lugdunensis curiae praesidi// HENR. STEPHANVS. S. D.//
P. 1-11: [barra ornamental]// CLAVDIVS MITALERIVS,// REGIVS VIENNENSIS// prouinciae iuridicus, HIERONYMO// CASTILIONEO, Lugdunensis cu-// riae praesidi, V. C. S. P. D.//
P.[12]: em branco.
P. [faltam as duas primeiras] 3-4: R. Stephanus lectori S. D.//
P. 5-109: GRAMMATICA GAL-// LICA.//
P. [110]-F. 8a, impressas em três colunas: INDEX.//
F. 8b: em branco.
F. 9: Falta (provavelmente em branco).

Henri II Estienne faz parte de uma família de renomados tipógrafos franceses, especialmente em todo o século XVI. Teve educação esmerada, aprendendo grego antigo e moderno, latim, italiano, espanhol, flamengo e línguas orientais. Antes de completar vinte anos já havia descoberto manuscritos gregos e, em 1554, publicou a primeira edição de Anacreonte. No ano seguinte, publicou em Veneza uma tradução de Teócrito junto com poesias suas. Sua atividade tipográfica situava-se entre Paris e Genebra. Em 1557 estabeleceu em Genebra uma tipografia independente de seu pai, Robert I, reunindo ambas depois do falecimento deste em 1559. No espaço de 40 anos desempenhou larga atividade não tanto pelo número de obras publicadas (ultrapassando cerca de 170 edições), mas pela importância das mesmas. Viajou pela Itália, Inglaterra, Países Baixos, França e Alemanha. Foi melhor escritor erudito que tipógrafo. Morreu com sinais de loucura. Deve-se a ele a publicação de ótimas edições de clássicos latinos, gregos e léxicos monumentais. Atuou até fins de 1598.

Louis Enoch, humanista francês, nasceu em Issoudun (Berry) e morreu em meados de 1570. Convertido à fé protestante, engajou-se no movimento da Reforma, refugiando-se em Genebra, onde Calvino o nomeou professor do Colégio Rive, em que introduziu muitas reformas. Foi-lhe concedida a cidadania suíça em 1538. Em 1563 sucedeu a Teodoro de Beza na direção da Academia. Três anos mais tarde regressou a seu país, onde foi capelão da filha de Luís XII, Renata de França, convertida ao protestantismo. Foi autor de várias obras pedagógicas, dentre elas: *Prima infantia linguae graecae et latinae simul et gallicae* (1546), *Ludovice Enoch Uscelodonensis partitiones grammaticae* (1551), *De puerili graecorum litterarum doctrina liber* (1555), bem como de alguns comentários sobre Cícero, impressos por Roberto Estienne. Quanto à sua obra, acima descrita (129.2), nada foi mencionado nas obras de referência consultadas.

Adams S-1783; BN Paris v. 47, p. 610; Ebert 6.970, 6.977; Enc. Ital. v. 14, p. 409-10; ESPASA v.19, p.1.430, v. 22 p. 951-2; LC (1943) v. 45, p. 460-2.

FD

130.

VIGEL, Nikolaus, 1529-1600. 1581

VIGELII DE// DREISA HESSO-// RVM IVRIS-// CONSVLTI,// METHODVS IVRIS CON-// trouersi, in quinque libros// distincta.// Cum Ratione Iuris controversi cum judicio legendi,// & in indicando requerici Operi praefixa// Núnc denium Iucubrationibus aliquos illustrata, & Indice// rerum nom inutili locupletata// [marca tipográfica]// LVGDVNI,// Apud Ioannam Iacobi Iuntae F.// – // M. D. LXXXI.//

8 fls. prels., 649 p., 27 fls. não nums. (Erros de paginação: 82 i. e. 74; 236 i. e. 235; 234 i. e. 264; 459 i. e. 359; 346 i. e. 376; 370 i. e. 470). -- Assinatura: a-z(8) A-Y(8). (Erros de assinatura: t 4 i. e. t 5; z 3 i. e. y 3).

Restaurada.
Reencadernação em couro do tipo vaqueta cigana.

Verso da página de rosto: em branco.
F. 2a-6a: [barra ornamental]// ILLVSTRISSIMO// VIRO, DOCTISSIMOQVE// I.V.D. CLAVDIO DE// Rubys, Regio in Lugdunensi Prae-// fectura Consiliario Ioannes// Baptista Regnauld.// S.P.D.// [datado:] E nostra Typographeia XVII. Kal. Quin-// ctilis M D LXXXI.//
F. 6b-8b: [barra ornamental]// AD SACRI RO-// MANI IMPERII// ORDINES VNI-// VERSOS.// NICOLAI VIGELII// I.C. Praefatio.//
P. 1-20: [barra ornamental]// RATIO IVRIS// CONTROVERSI// CVM IVDICIO LE-// gendi, & in iudicando// sequendi.//
P. 21: [barra ornamental]// NOMINA AVTHORVM// ex quibus Methodus haec est concin-// nata, cum explicatione nota-// rum quae passim in ea// concurrunt.//
P. 22: em branco.
A partir da p. 23 começa, então, o METHODVS IVRIS CONTROVERSI dividido em cinco libros.
Verso da p. 649 até a terceira folha, anverso [não numeradas] segue: [barra ornamental] TITVLI TOTIVS// METHODI IVRIS CON-// TROVERSI, PER AL-// phabeticam seriem// digesti.//
F. 3b-27a: [barra ornamental]// MATERIAS OMNES// VARIIS SVB TITVLIS// METHODI IVRIS CON-// trouersi insertas, Index iste Alpha-// beticus vnicuique luculen-// tissimè & fidelissimè// indicabit.//
F. 27a, abaixo do índice: Errata sic corrigito.//
F. 27b: SERIES CHARTARVM// ... // EXCVDEBAT// NICOLAVS GVERINVS,// Lugduni, in vico paradiso,// M D LXXXI.//

Nasceu o autor em 1529, na cidade de Treysa e faleceu em 10, segundo outros, em 20 de julho de 1600, em Marburgo. Jurista, autodidata em seus primeiros anos de formação jurídica, doutorou-se em Marburgo onde mais tarde lecionou. Embora não reconhecido por seus conterrâneos, devido a seu pedantismo e inveja, ele é considerado o reformador, o primeiro a instalar um sistema de Direito na Alemanha. Publicou suas obras a suas próprias expensas.

ADB v. 39, p. 693-5.

FD-BTA

131.

GENOVA. Decisiones. 1582

DECISIONES// ROTAE GENVAE// DE MERCATVRA// ET PERTINENTIBVS AD EAM:// Omnibus tàm in foro versantibus, quàm de Iure respondentibus, caeterisque// Iuris studiosis perutiles, & quàm maximè necessariae.// SVMMARIIS, ET RERVM AC VERBORVM// Indice locupletìssimis illustratae.// – // Cum Priuilegijs Summi Pontificis , Caesareae Maiestatis , Regum Christianissimi , & Catholici ; Ducis Mediolani , ac etiam// Ducis Sabaudiae , Etruriae magni Ducis,// & aliorum Principum.// [marca tipográfica]// VENETIIS, M D LXXXII.//

4 fls. prels., 270, 54 fls. nums. (Erros de paginação: 39 i. e. 33; 66 i. e. 82; 111 i. e. 127; 162 i. e. 186; 195 i. e. 187; 226 i. e. 227; 53 i. e. 52. Falta a p. 49 – G 1). -- Assinatura: a(4) A-Z(8) Aa-Kk(8) LL(6) A-F(8) G(6).

Restaurada.
Reencadernação em pergaminho.
Acondicionada em caixa com pH neutro.
Texto impresso em duas colunas.

Verso da página de rosto: em branco.
F. 2a-2b: [barra ornamental]// SERENISSIMO PRINCIPI// NICOLAO DE AVRIA// Reipublicae Genuensis Duci.// [datado:] ... Genua Kalendis Octobris.// M. D. LXXXII.//
F. 3a: Gregorius Papa XIII.// [datado:] Datum Romae apud sanctum Petrum sub Annulo Piscatoris die 15. Martij 1578. Pontificatus// Nostri anno Sexto.// Caes. Glorierius.//
F. 3b: Rodulphus [sic] Secundus.// [datado:] Datum in Arce nostra Regia Pragae, die sexta mensis// Ianuarij. Anno Domini 1582. Regnorum nostrorum, Romani sexto, Hungarici nono, &c. Bohemicici [sic] iti-// dem sexto.// Ad mandatum sacrae Caesareae// Maiestatis proprium.//
F. 4a-4b: Licenças.
Segue, então, a obra propriamente dita, que finaliza no anverso da f. 270. [abaixo do texto:] GENVAE M.D.LXXXI.
Verso da folha 270: em branco.
Com nova paginação, da folha 1a-54a: INDEX LOCVPLETISSIMVS// EORVM QVAE IN HOC VOLVMINE// Decisionum continentur ordine alphabetico digestus.//

Anverso da f. 54: finaliza o índice e abaixo segue: Registrum decisionum.// [e mais abaixo:] Registrum Indicis.//
A f. 54 acha-se colada na capa posterior do livro. Supõe-se que o verso da mesma seja em branco.

FD-BTA

132.
GENOVA. Decisiones. 1582

DECISIONES ROTAE// GENVAE DE MERCATVRA// ET PERTINENTIBVS AD EAM,// Cum Indice locupletissimo.// [marca tipográfica]// CVM PRIVILEGIO// GENVAE ANNO M.D.LXXXII.//

2 fls. prels., 270, 54 fls. nums. (Erros de foliação: 5 i. e. 13; 39 i. e. 33; 69 i. e. 70; 66 i. e. 82; 111 i. e. 127; 162 i. e. 186; 195 i. e. 187; 226 i. e. 227; com nova foliação, a do índice: 53 i. e. 52). -- Assinatura: [ ](2) A-Z(8) Aa-Kk(8) Ll(6) A-F(8) G(6). (Erros de assinatura: B 4 i. e. A 4; N 3 , sem indicação).

Restaurada.
Reencadernação em pergaminho.
Acondicionada em caixa com pH neutro.
Notas marginais manuscritas.
Texto impresso em duas colunas.

Verso da página de rosto: Aviso de proibição de se imprimir esta obra por 10 anos.
F. 2a: SERENISS. PRINCIPI NICOLAO DEAVRIA// REIPVBLICAE GENVENSIS DVCI// [datado de:] ... Genua Kalendis Octobris. M.D.LXXXII.//
Verso da f. 2: em branco.
Segue, então, a obra propriamente dita, que termina com a CCXV decisão, na f. 270 anverso. Mais no centro da página: GENVAE. M.D.LXXXI.//
Verso da f. 270: em branco.
Com nova foliação inicia-se, então:
INDEX LOCVPLETISSIMVS// EORVM QVAE IN HOC VOLVMINE// Decisionum continentur ordine alphabetico digestus.//
Termina no anverso da f. 54, tendo ao pé da página o "Registrum".
Verso da f. 54: em branco, apenas com o mesmo carimbo da folha de rosto.

FD

DECISIONES
ROTAE GENVAE
DE MERCATVRA
ET PERTINENTIBVS AD EAM.

Omnibus tàm in foro versantibus, quàm de Iure respondentibus, cæterisque Iuris studiosis perutiles, & quàm maximè necessariæ.

SVMMARIIS, ET RERVM AC VERBORVM
Indice locupletissimis illustratæ.

Cum Priuilegijs Summi Pontificis, Cæsareæ Maiestatis, Regum Christianissimi, & Catholici; Ducis Mediolani, ac etiam Ducis Sabaudiæ, Etruriæ magni Ducis, & aliorum Principum.

VENETIIS, MDLXXXII.

DECISIONES ROTAE
GENVAE DE MERCATVRA
ET PERTINENTIBVS AD EAM.

Cum Indice locupletissimo.

CVM PRIVILEGIO
GENVAE ANNO M.D.LXXXII.

GENOVA. Decisiones. *Decisiones rotae Genvae de mercatvra et pertinentibvs...* Venetiis, 1582. Página de rosto.
Figura 65 – nº de catálogo 131

GENOVA. Decisiones. *Decisiones rotae Genvae de mercatvra et pertinentibvs...* Genvae, 1582. Página de rosto.
Figura 66 – nº de catálogo 132

133.
LA POPELINIÈRE, Lancelot Voisin, sieur de, 1541-1608. 1582

LES// TROIS// MONDES.// PAR LE SEIGNEVR// de la POPELLINIERE.// [marca tipográfica]// A PARIS,// A l'Oliuier de Pierre l'Huillier,// ruê S. Iaques,// – // 1582.// Auec priuilege du Roy.//

28 fls. não nums., 55 fls. nums., 1 fl. não num. em branco, 56 fls. nums., 50 fls. nums., 1 fl. não num. com o "Extrait dv privilege." (Erros de paginação: 2 i. e. 22). -- Assinatura: a(8) ẽ(8) ĩ(8) õ(4) a-g(8).

Encadernação inteira em pergaminho, faltando-lhe os cordéis para amarrá-la.
Texto dentro de uma moldura ornamental.
Um mapa desdobrável localizado após as folhas não numeradas iniciais.

Verso da página de rosto: em branco.
F. 2a-4a: [barra ornamental]// A NOBLE// ET ILLVSTRE SEI-// GNEVR, MESSIRE PHI-// lippo Huraut, Viconte de Cheuerny,// Chancelier des deux Ordres du Roy,// Garde des seaux de France: Gouuer-// neur & Lodunois.// Lieutenant general pour sa Ma-// jesté és Prouinces d'Orleans, païs Char-// train, Estampes, Bloysois, Dunois, Am-// boise [datado de:] Paris a 2 de junho de 1582.//
F. 4b-15a: [barra ornamental]// AVANT-DISCOVRS DE// l'Autheur, sur le motif, le but & suiet des// trois Mondes. Où il traite outre ce, du natu-// rel de la vertu. Des lettres, du merite & des// professeurs d'icelles. Qu'il y a autant ou plus// de terres à descouurir, que de nouueau des-// couuertes. Des moyens pour garẽtir vn estat// de partialitez & seditions. Des qualitez,// habitations, panchement, forme & centre de// la Terre. Des parties de l'Vniuers. Du leuer,// du cours & coucher du Soleil. Des Antipo-// des, Antoiciens & Perioiciens de ce monde,// & plusieurs autres choses memorables.//
F. 15b-28b: [barra ornamental]// LE SVIET// DV LIVRE.//
Intercala-se aqui o mapa que se intitula: Les trois mondes. [22,2 x 16 cm].
Primeiro livro.
F. num. I-4: [barra ornamental]// SOMMAIRE DV PREMIER// LIVRE DES TROIS MONDES.// [no final do índice temos a indicação: "La Carte des trois Mondes doit// suiure ceste page."//
F. 4b-55a: [barra ornamental]// Premier livre des// des [sic] trois mondes.// [Trata-se das viagens dos espanhóis e dos portugueses.]
Verso da f. 55: em branco, assim como uma folha que a segue.

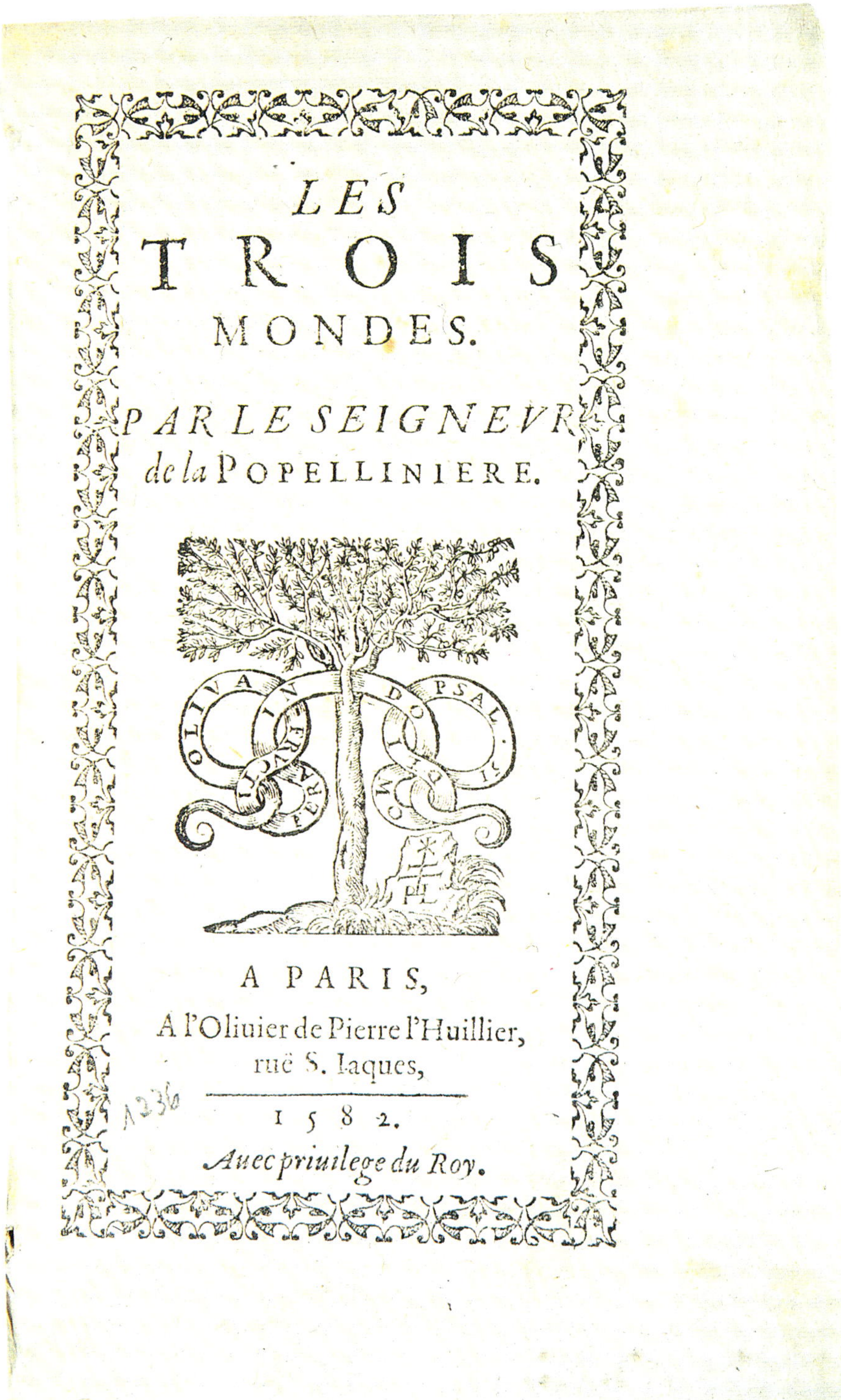

LES
TROIS
MONDES.

PAR LE SEIGNEVR
de la POPELLINIERE.

A PARIS,
A l'Oliuier de Pierre l'Huillier,
ruë S. Iaques,

1582.

Auec priuilege du Roy.

LA POPELINIÈRE, Lancelot Voisin, sieur de. *Les trois mondes*..., 1582.
Página de rosto.
Figura 67 – nº de catálogo 133

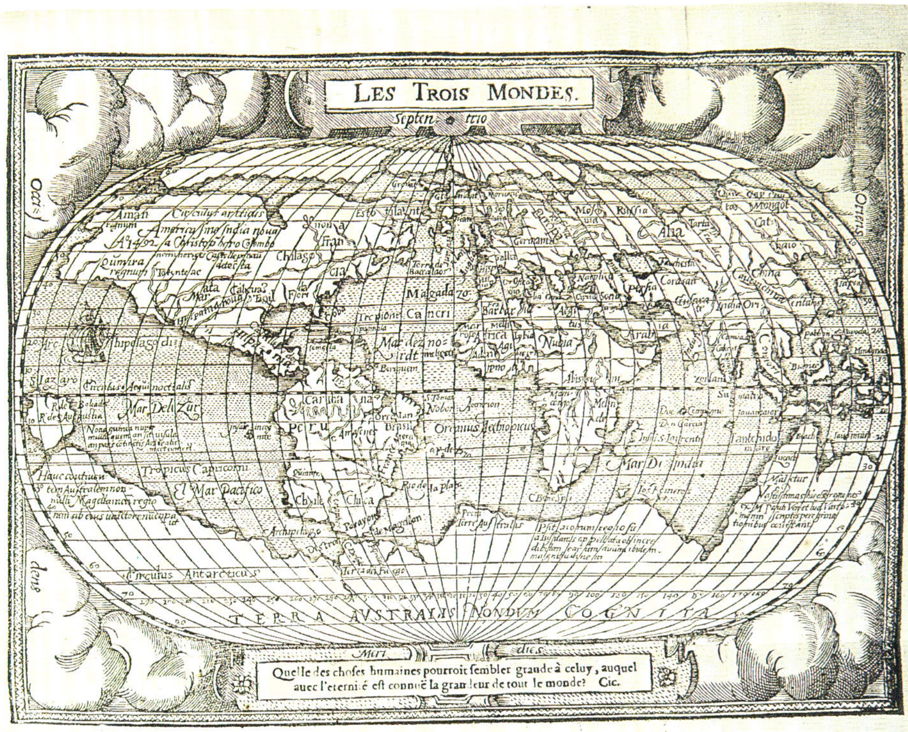

LA POPELINIÈRE, Lancelot Voisin, sieur de. *Les trois mondes*..., 1582.
Les trois mondes (mapa).
Figura 68 – nº de catálogo 133

Segundo livro.
F. num. I-2: [barra ornamental]// SOMMAIRE DV SECOND LI-// VRE DES TROIS MONDES.//
F. 2b-56a: [barra ornamental]// SECOND LIVRE DES TROIS// MONDES.//
[Esta segunda parte trata das viagens de Colombo, Pizarro e dos primeiros viajantes ingleses e franceses.]
Verso da f. 56: em branco.
Terceiro livro.
F. numerada I-2: [barra ornamental]// SOMMAIRE// DV TROISIESME// LIVRE DES TROIS// Mondes.//
F. 3a-49b: [barra ornamental]// TROISIEME// LIVRE DES TROIS// MONDES.//
[Esta terceira parte trata especificamente da tentativa dos franceses de se fixarem no Brasil, das viagens de Vespucci, Magalhães e da descoberta das Molucas.]
Na folha final temos o "EXTRAICT DV// PRIVILEGE."//, que é datado de 6 de abril de 1582. Termina esta folha com "Acheué d'imprimer pour la seconde edition// en Septembre. 1582."//

Existem três edições desta obra, todas publicadas no mesmo ano, uma delas *in 4º*, enquanto as outras duas *in 8º*. Há divergência entre os bibliógrafos, sobre qual seria a primeira publicada. Certo é que todas elas são extremamente raras.
La Popelinière, como protestante, ataca Villegagnon baseando-se em Léry. Quando descreve o país e trata dos índios, baseia-se em Gandavo e Thevet.

Citam as diversas edições do mesmo ano: BB v. 2, p. 160; Garraux p. 203 (2ª ed.); JCR 1.936; Raeders 62; A nossa edição vem específicamente citada em: Atkinson 292; Maggs 546-78; Sabin 39.008.

IEB

134.
LITURGIA. Rito Latino. Pontifical. 1582

[em vermelho:] GREGORIO XIII. PONT. MAX.// [vinheta em preto]// [em vermelho:] PONTIFICALE// ROMANVM// [em preto:] AD OMNES PONTIFICIAS CAEREMONIAS,// quibus nunc vtitur sacrosaucta R. E. accommodatum.// [em vermelho:] Nonnullis insuper, quae in antea impressis non ha-

GREGORIO XIII. PONT. MAX.

PONTIFICALE
ROMANVM

AD OMNES PONTIFICIAS CÆREMONIAS,
quibus nunc vtitur sacrosancta R. E. accommodatum.

Nonnullis insuper, quæ in antea impressis non habentur accuratissime auctum.

AC IN TRES PARTES DISTINCTOS.

Quarum Prima personarum: Secunda rerum consecrationes, & benedictiones continet: Tertia vero quædam ecclesiastica officia, & alia multa comprehendit, quæ in sequenti Tabula versa pagina monstrantur.

Nuper summa diligentia reuisum, emendatum & impressum.

L A

VENETIIS Apud Iuntas, M D LXXXII.

LITURGIA. Rito Latino. Pontifical. *Gregorio XIII. Pont. Max. Pontificale Romanvm ad omnes...*, 1582. Página de rosto.
Figura 69 – nº de catálogo 134

bentur// accuratissime auctum.// [em preto:] AC IN TRES PARTES DISTINCTOS.// Quarum Prima personarum : Secunda rerum consecrationes, & benedictiones continet: Tertia// vero quaedam ecclesiastica officia,& alia multa comprehendit, quae in sequenti// Tabula versa pagina monstrantur.// – // Nuper summa diligentia reuisums, emendatum & impressum.// – // [em vermelho:] [marca tipográfica]// [em preto:] – // VENETIIS Apud Iuntas, M D LXXXII.//

4 fls. prels., 259 fls. nums. (Erros de foliação: 11 i. e. 14; 39 i. e. 37; 140 i. e. 146; 211 i. e. 212; 213 sem numeração). -- Assinatura: ✣(4) A-Z(8) Aa-Ii(8) Kk(4) (falta a última folha).

Restaurada.
Reencadernação rígida em pergaminho com tiras de couro, tratado ao alúmen, utilizadas como fechos.
Acondicionada em caixa com pH neutro.
Notas marginais impressas.
Texto impresso em duas colunas.
Notas musicais.
Livro todo impresso em preto e vermelho, assim como todas as páginas são enquadradas.
Inúmeras ilustrações (xilogravuras) pelo texto.
O caderno I, da f. 65 à f. 72, é todo manuscrito.
Falta a última folha, provavelmente em branco.

Verso da página de rosto: em branco.
F. 2a-2b, em vermelho todo o título: TABVLA AD FACILLIME INVENIEN// dum ea, quae in hoc Pontificali in tres partes// diuiso continentur.
F. 3a-4a, em vermelho tudo o que segue aqui: TABVLA ALPHABETICA// eorum, que in hoc Pontificale continentur.//
F. 4b: Uma xilogravura de 26,5 x 17,5cm, tendo na lateral pequenas gravuras representando cenas da vida de Cristo. Encimam a gravura, que representa a cena da crucificação, as palavras: In Nomine IESV omne genu flectatur.// [abaixo da gravura um poema em 12 versos.]
Da f. numerada 1 ao anverso da f. numerada 107 segue, então, o "PONTIFICALIS [em vermelho:]// [em preto:] Secundum ritum, & vsum S.R. Ecclesiae.// [em vermelho:] PARS PRIMA.//
Do verso da f. 107 a 182b segue a segunda parte, e a terceira da f. 183a à f. 259a.

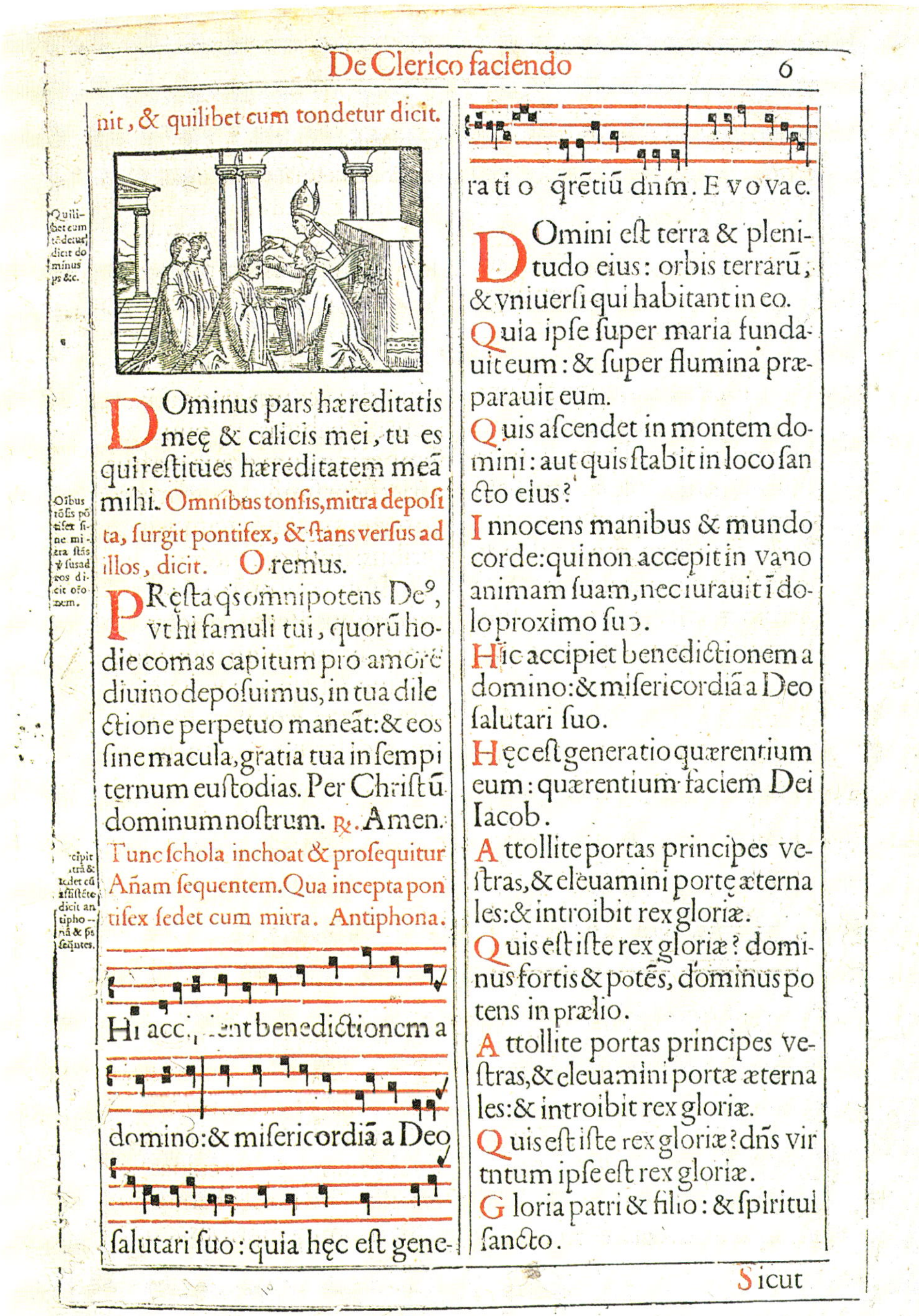

De Clerico faciendo 6

nit, & quilibet cum tondetur dicit.

DOminus pars hæreditatis meę & calicis mei, tu es qui reſtitues hæreditatem meã mihi. Omnibus tonſis, mitra depoſita, ſurgit pontifex, & ſtans verſus ad illos, dicit. Oremus.

PReſta qs omnipotens Deꝰ, vt hi famuli tui, quorũ hodie comas capitum pro amore diuino depoſuimus, in tua dilectione perpetuo maneãt: & eos ſine macula, gratia tua in ſempiternum cuſtodias. Per Chriſtũ dominum noſtrum. ℟. Amen. Tunc ſchola inchoat & proſequitur Añam ſequentem. Qua incepta pontifex ſedet cum mitra. Antiphona.

Hi accipient benedictionem a domino: & miſericordiã a Deo ſalutari ſuo: quia hęc eſt generatio qrẽtiũ dnm. E v o v a e.

DOmini eſt terra & plenitudo eius: orbis terrarũ, & vniuerſi qui habitant in eo.

Quia ipſe ſuper maria fundauit eum: & ſuper flumina præparauit eum.

Quis aſcendet in montem domini: aut quis ſtabit in loco ſancto eius?

Innocens manibus & mundo corde: qui non accepit in vano animam ſuam, nec iurauit ĩ dolo proximo ſuo.

Hic accipiet benedictionem a domino: & miſericordiã a Deo ſalutari ſuo.

Hęc eſt generatio quærentium eum: quærentium faciem Dei Iacob.

Attollite portas principes veſtras, & eleuamini portę æternales: & introibit rex gloriæ.

Quis eſt iſte rex gloriæ? dominus fortis & potẽs, dominus potens in prælio.

Attollite portas principes veſtras, & eleuamini portæ æternales: & introibit rex gloriæ.

Quis eſt iſte rex gloriæ? dñs virtutum ipſe eſt rex gloriæ.

Gloria patri & filio: & ſpiritui ſancto.

Sicut

LITURGIA. Rito Latino. Pontifical. *Gregorio XIII. Pont. Max. Pontificale Romanvm ad omnes...*, 1582. Detalhe de texto com partitura.
Figura 70 – nº de catálogo 134

Verso da f. 259, em vermelho: EX EPISTOLA REVEREN. P.D.AVGV.// [em preto:] Picolominei Episcopi Pientini: ad Innocentiũ octauum.// [em preto:] quę in quibusdam libris Pontificalibus habetur.// [mais abaixo, impresso em vermelho:] Pontificalis secundam ritum sanctę Romanę Eccesię [sic]: longe ac-// curatius q̃vnquam alias emendati emendati & excusi : finis.// – // [em vermelho:] Registrum// – // [em vermelho:] marca tipográfica//
Na moldura: Venetijs, Apud Iuntas, M D LXXXII.//

Adams L-1.242.

FD

135.
LUDOVICUS, Josephus. 1582

DECISIONES,// Seu Diffinitiones// CAVSARVM PERVSINARVM// ET PROVINCIAE, VMBRIAE,// IOSEPHO LVDOVICO AB ASSISIO I.V.D.// Perusiae & Prouinciae Vmbriae Auditore generali, Auctore:// Nunc denuò in lucem editae multò quam vnquam anteà auctiores,& doctorum// aliquot virorum annotationibus locupletatae.// Opus hoc quidem in foro versantibus valde vtile & fructuosum, in quo videlicet omnia// reperiantur tradita,quae ad praxim necessaria sunt.// Cum Summariis & Argumentis vniuscuiusq; Decisionis, & INDICE rerum// & verborum locupletissimo.// PARS PRIMA ET SECVNDA.// [marca tipográfica]// LVGDVNI,// EXPENSIS PETRI LANDRY.// – // M. D. LXXXII.//

4 fls. prels., 245 p., 21 fls. não nums. (Erros de paginação: 121. i. e. 211). -- Assinatura: A(4) A-Z(6) AA(4) BB(2). (Erros de assinatura: F 3 i. e. F 2; Q 3, i. e. Q 2).

Restaurada.
Reencadernação em pergaminho.
Acondicionada em caixa com pH neutro.
Notas marginais manuscritas.
Texto impresso em duas colunas.

Verso da página de rosto: IOSEPHVS LVDOVICVS// I.V.D. PERVSIAE ET VMBRIAE// AVDITOR.// BENEVOLO LECTORI S.// [datado:] ... Perusiae,// pridiè Idus Iunij. 1572.//
F. 2a-2b: [barra ornamental]// GREGORIO XIII.// PONT. OPT. MAX.// [vinheta]// IOSEPHVS LVDOVICVS. ASI-// SIAS, PERVSIAE, ET VM-

BRIAE AVDI-// TOR, FELICITATEM.// [datado:] ... Perusiae,// Pridiae Idus Iunij.// 1572.// [mais abaixo:] QVAE SEQVVNTVR EPISTOLAE, PERTINENT// ad Partem secundam harum Decisionum, quae// incipit à folio 147.//
F. 3a-3b: ILLmo. ET Rmo. DOMINO D. ALE-// XANDRO S.R.E. CARDINALI SFORTIAE,// PATRONQ &. SVO OBSERVANDISS.// [vinheta]// IOSEPHUS LVDOVICVS ASISIAS PROVINCIAE// March. Anconitanae Auditor S.P.D.// [datado:] ... Maceratae ex pro-// uincia March. Anconit. Idib. Maij.// M. D. LXXIIII.//
F. 4a-4b: IOSEPHVS LVDOVICVS PROVIN-// CIAE MARCHIAE ANCONI-// TANAE AVDITOR.// Beneuolo Lectori S.D.// [datado:] ... Datum Maceratae ex prouincia Marchiae Anconitanae Calendis Februaris// M.D.LXXIIII.//
F. 4b: [mais abaixo; segue um poema] IVLIVS CAESAR// GALEOTTVS IVRISCONSVL-// TVS ASSISIENSIS,// AD LECTOREM.//
Segue, então, o texto principal da obra dividido em duas partes, que finaliza à p. 245.
Verso da p. 245: em branco.
F. 1a-21b: INDEX IN AVREAS// ET PRACTICATAS// DECISIONES// CLARISS. D. IOSEPHI LVDOVICI// Asisiensis, Perusiae, Vmbriaeq́z; Auditoris generalis.// IN QVO MATERIAE OMNES NOTABILES ALPHA-// betica serie ita ordinatae sunt, vt reperire volenti nulla supersit difficult-// tas. Et si quid deprauatum in ipso opere foret,// in hoc restitutum est.// AVTHORE BRVNORO SOLE IVR.// Cons. Veneto.//

FD

136.

ORTA, Garcia de, séc. XVI. 1582

DVE LIBRI// DELL'HISTORIA// DE I SEMPLICI, AROMATI,// ET ALTRE COSE; CHE VENGONO// portate dall'Indie Orientali pertinenti// all'vso della MEDICINA.// DI DON GARZIA DALL'HORTO,// Medico Portughese; con alcune kvcui Annotationi// di CARLO CLVSIO.// ET DVE ALTRI LIBRI// Parimente di quelle che si portano dall'Indie Occidentali,// DI NICOLÒ MONARDES, Medico di Siuiglia.// Hora tutti tradotti dalle loro lingue nella nostra Italiana da M.// ANNIBALE Briganti, Marrucino da Ciuita di// Chieti, Dottore & Medico eccellentissimo.// CON PRIVILEGIO.// [marca tipográfica]// IN VENETIA, Appresso Francesco Ziletti. 1582.//

DVE LIBRI

DELL'HISTORIA

DE I SEMPLICI, AROMATI,

ET ALTRE COSE; CHE VENGONO

portate dall'Indie Orientali pertinenti all'vſo della MEDICINA.

DI DON GARZIA DALL'HORTO, Medico Portughese; con alcune breui Annotationi di CARLO CLVSIO.

ET DVE ALTRI LIBRI

Parimente di quelle che ſi portano dall'Indie Occidentali,

Di NICOLÒ MONARDES, *Medico di Siuiglia.*

Hora tutti tradotti dalle loro lingue nella noſtra Italiana da M. ANNIBALE Briganti, Marrucino da Ciuità di Chieti, Dottore & Medico eccellentiſsimo.

CON PRIVILEGIO.

IN VENETIA, *Appreßo Franceſco Ziletti.* 1582.

ORTA, Garcia de. *Dve libri dell'historia de i semplici, aromati, et altre...*, 1582.
Página de rosto.
Figura 71 – nº de catálogo 136

12 fls. prels. não nums., 347 p. (Erros de paginação: 128 i. e. 121; 260 i. e. 160; 915 i. e. 195; 177 i. e. 219; 227 i. e. 223; 239 sem numeração; 160 i. e. 260; 380 i. e. 308). -- Assinatura: a(8) b(4) A-X(8) Y(7). (Erros de assinatura: A 5 i. e. A 3).

Xilogravuras: p. 36, 39, 71, 89, 95, 101, 104, 108, 109, 130, 131, 140, 147, 168, 214, 215, 216.

Verso da página de rosto: em branco.
F. 2a-6a: ALL'ILLVSTRISSMO.// SIGNORE IL SIGNOR// DON FERRANTE DE ALARCON,// E DI MENDOZZA,// Marchese della Valle.//
F. 6b: em branco.
F. 7a-12a: TAVOLA DI TVTTI// I SEMPLICI, ET ALTRE COSE,// che si contengono ne i due Libri// dell'Indie Orientali.//
F. 12b: TAVOLA DI TVTTI// I Semplici, et altre cose,// che si contengono ne i due Libri// dell'Indie Orientali.//
A obra de Garcia de Orta se divide em dois livros, sendo o primeiro [p. 1-192] com 58 capítulos e o segundo [p. 193-236] com 28 capítulos.
Segue-lhe [p. 237-347] a obra de Nicolò Monardes, também dividida em 2 livros, tendo o primeiro [p. 237-297] 22 capítulos e o segundo [p. 298-347] apenas 2 capítulos.
Verso da última folha: em branco.
Falta-lhe provavelmente uma folha em branco no final.

É a segunda edição da tradução italiana.
Garcia de Orta clinicou por muitos anos na Índia, onde também veio a falecer, e estudou as plantas do país, principalmente as medicinais. Apresentou uma das primeiras e mais exatas descrições do flagelo da cólera.
Monardes, por sua vez, inicia a sua obra com o descobrimento da América por Colombo, e traz um longo tratado sobre o tabaco e outras plantas curiosas. Houve diversas edições destas obras, tendo sido também traduzidas para o latim, francês e outras línguas.

IFS t. 3, p. 116, 437, t. 9, p. 411, Adit. 168; JCR 1.245; Maggs 519-140; Palau 99.519; Sabin 57.668.

IEB

137.

BEROSE (Babilônico). 1583

LE// ANTICHITA.// DI BEROSO CALDEO// SACERDOTE,// Et d'altri Scrittori, cosi Hebrei, come Greci, & Latini,// che trattano delle stesse materie.// Tradotte, dichiarate, & con diuerse vtili, &// necessarie annotationi, illustrate,// DA M. FRANCESCO SANSOVINO.// CON PRIVILEGIO.// [marca tipográfica]// – // In Vinegia, Presso Altobello Salicato: 1583.// Alla Libraria della Fortezza.//

8 fls. prels. não nums., 104 i. e. 112 p. (Erros de paginação: 37 i. e. 40; 104 i. e. 112). -- Assinatura: †(8) A-O(8).

Encadernação inteira em pergaminho.

Verso da página de rosto: em branco.
F. 2a-3b: [barra ornamental]// AL MOLTO ILLVSTRE// SIG. ROBERTO STROZZI// GENTILHVOMO FIORENTINO// MIO SIGNORE.//
F. 4a-8a: TAVOLA DELLE COSE// PIV NOTABILI,// Che si contengono cosi nel testo, come nelle dichia-// rationi dell'opera presente.//
F. 8b: SCRITTORI ANTICHI// Contenuti nel presente volume.//
Consta a obra de:
F. 1 – 33b: [barra ornamental]// DELLE ANTICHITA// DI BEROSO BABILONICO// [se subdivide em cinco livros e mais: [barra ornamental]// "DI MANETHONE// SACERDOTE EGITTIO// LIBRO VNO."//]
F. 34a-35b: [barra ornamental]// DI aMETASTHENE// PERSIANO// DEL GIVDICIO DE' TEMPI,// & degli annali de' Persiani,// LIBRO VNO.//
F. 36a-38b: [barra ornamental]// DI aSENOFONTE,// DE GLI bEQVIVOCI// LIBRO VNO.//
F. 39a-42b: [barra ornamental]// DI aMIRSILO// LESBIO.// LIBRO VNO.//
F. 43a-45b: [barra ornamental]// DI ARCHILOCO// DE' TEMPI.// LIBRO VNO.//
F. 46a-55a: [barra ornamental]// DI aQ. FABIO// PITTORE// Del Secolo d'oro, dell'origine della città di Roma,// & della sua descrittione,// LIBRO PRIMO.//
F. 55b-59b: [barra ornamental]// C. aSEMPRONIO// DELLA DIVISIONE D'ITALIA,// & dell'origine della città di Roma.//
F. 60a-70a: [barra ornamental]// FRAGMENTI// DI M. PORTIO.// CATONE,// DE I LIBRI DELLE ORIGINI.//
F. 70b-73a: [barra ornamental]// ITINERARIO// D'ANTONINO PIO.// [vinheta]//

LE ANTICHITA' DI BEROSO CALDEO SACERDOTE,

Et d'altri Scrittori, così Hebrei, come Greci, & Latini, che trattano delle stesse materie.

Tradotte, dichiarate, & con diuerse vtili, & necessarie annotationi, illustrate,

DA M. FRANCESCO SANSOVINO.

CON PRIVILEGIO.

In Vinegia, Presso Altobello Salicato. 1583.
Alla Libraria della Fortezza.

BEROSE (Babilônico). *Le antichita*..., 1583. Página de rosto.
Figura 72 – nº de catálogo 137

F. 73b-75a: [barra ornamental]// EDITTO DI DESIDERIO// RE DE' LONGOBARDI.// [vinheta]//
F. 75b-91b: [barra ornamental]// DI PVB. VITTORE// DELLE REGIONI,// & de'luoghi di Roma. [subdividido em 14 regiões.]
F. 92a-95a: [barra ornamental]// C.IVLIO SOLINO// ROMANO// Dell'origine della città di Roma.//
F. 95a-95b: MNASSEA DAMASCENO.//
F. 96a-98a: [barra ornamental]// DI EVSEBIO// CESARIENSE,// Intorno all dilnuio, & alle nationi che vscirono// da Noe.//
F. 98b-105a: [barra ornamental]// DE' TEMPI ANTICHI,// ET DI XXIIII RE PRIMI// DI SPAGNA,// Et die Giouanni Annio.// [vinheta]//
F. 105a-106: FILONE HEBREO// DE' TEMPI.//
F. 107a-110b: [barra ornamental]// RE ANTICHI// DI ITALIA,// ET LARTHI DI TOSCANA,// & Lucumoni.// [vinheta]//
F. 110b-112a: RE ANTICHI DEL LATIO.//
Verso da última folha: em branco.

Esta obra vem citada por Palau sob o nome de "Fr. Juan Annii o Annius de Viterbo".

Palau 12.794.

IEB

138.
WECKER, Johannes Jakobus, 1528-1586. 1582

ARTIS// ORATORIAE// PRAECEPTA// EX// ARISTOTELE, HERMO-// gene,Cicerone, Quintiliano caeterisq́z proba// tioribus autoribus collecta : in tabula-// rum formam redacta ac metho-// dice digesti// per// IOHANNEM IACOBVM// VVECKERVM MEDICVM// Colmar̀iensem.// [marca tipográfica]// BASILEAE, PER EVSEBIVM// Episcop. & Nicol. frat. haeredes.//

8 fls. prels., 528 p., 8 fls. não nums. (Erros de paginação: 104 i. e. 204). -- Assinatura: a(8) A-Z(8) Aa-Ll(8).

Restaurada.
Reencadernação flexível em pergaminho.
Acondicionada em caixa com pH neutro.
Símbolos diversos.
A obra apresenta inúmeras "chaves".

F. 2a-5a: GENEROSO; ET// ILLVSTRI ADOLESCENTI, D.// EBERHARDO D. IN RAPPOL-// stein, Hochennack, Gerolzeck, &c.// Ioan Iacobus Vueckerus,// Medicus,// S.D.// [datado e assinado:] Col=// mariae 12. Kal.// Martij, 1582.// T.D.D.// Ioan Iacobus Vueckerus,// Philosophus & Medicus.//
F. 5b-8a: LAVS// CARMEN M. IACOBI// Schopperi Biberacensis, in lau-// dem Rhetoricae.//
F. 8b: em branco.
Inicia-se, então, a obra propriamente dita.
As folhas não numeradas finais contêm impressas em duas colunas: f. 1a-8b: INDEX IN HOC// RHETORICES LIBELLO// tractatorum summam breui=// ter complecteus.//

O autor nasceu em Basiléia no ano de 1528. Foi médico e filósofo, e estudara em sua cidade natal. Nesta mesma cidade foi professor de dialética a partir de 1557 e também praticou a medicina. A maioria de suas publicações são de caráter medicinal. Faleceu em Colmar, onde havia se estabelecido como médico da cidade, em 1586.

ADB v. 41, p. 372.

FD

139.
JESUÍTAS. 1584

ANNVAE// LITTERAE// SOCIETATIS// IESV// ANNI. M. D. LXXXII.// AD PATRES, ET FRATRES// eiusdem Societatis.// [emblema jesuita]// ROMAE,// In Collegio eiusdem Societatis.// M. D. LXXXIIII// Cum facultate Superiorum.//

300 p. (Erros de paginação: 26 sem paginação; 118 i. e. 218; 130 i. e. 230; 138 i. e. 238; 139 i. e. 239). -- Assinatura: A-S(8) T(6).

Verso da página de rosto: em branco.
P. 3-4: trazem a introdução do relatório: "ANNVAE LITTERAE// SOCIETATIS IESV// ANNI. M.D.LXXXII// PATRIBVS, FRATRIBVSQVE// Societatis Iesv, gratia, & pax// Christi Domini, &c."//
Inicia-se, então, o relato das diversas províncias, que apresentamos detalhadamente nesta edição, dispensando-o nas posteriores://
P. 5-25: PROVINCIA ROMANA.

DOMVS PROFESSA// Romana.
COLLEGIVM ROMANVM.
DOMVS PROBATIONIS// Ad Diui Andreae.
COLLEGIVM GERMANICVM.
COLLEGIVM ANGLICANVM.
COLLEGIVM LAVRETANVM.
COLLEGIVM FLORENTINVM.
COLLEGIVM PERVSINVM.
Collegivm Tibvtinvm,// & Recinetense.
P. 26-31: PROVINCIA// SICILIENSIS.
COLLEGIVM MESSANENSE.
COLLEGIVM PANHORMITANVM.
COLLEGIVM SIRACVSANVM,// & Catanense
COLLEGIVM CALACTENSE.
COLLEGIVM DREPANITANVM.
P. 32-42: PROVINCIA// NEAPOLITANA.
DOMVS PROFESSA// Neapolitana.
COLLEGIVM NEAPOLITANVM.
COLLEGIVM CATACENCE// & Aletinum.
COLLEGIVM NOLANVM.
COLLEGIVM CIRINOLANVM.
P. 43-62: PROVINCIA// MEDIOLANENSIS.
DOMVS PROFESSA// Mediolanensis.
COLLEGIVM BRERANVM.
DOMVS PROBATIONIS// Aronensis.
COLLEGIVM IANVENSE.
COLLEGIVM TAVRINENSE.
COLLEGIVM COMENSE.
COLLEGIVM VERCELLENSE.
MISSIO IN SALVTIOS.
P. 63-80: PROVINCIA// VENETA.
DOMVS PROFESSA VENETA.
COLLEGIVM PATAVINVM.
COLLEGIVM BRIXIENSE, et// Veronense.
COLLEGIVM BONONIENSE.
COLLEGIVM FERRARIENSE.
COLLEGIVM PARMENSE, et// Foroliuiense.
DOMVS PROBATIONIS Nugularensis.
RESIDENTIA PLACENTINA.

P. 81-98: PROVINCIA// LVSITANIAE.
DOMVS PROFESSA// Vlissiponensis.
COLLEGIVM VLISSIPONENSE.
COLLEGIVM CONIMBRICENSE.
COLLEGIVM EBORENSE, ET// Portuense.
COLLEGIVM BRACARENSE, ET// Funcalense.
RESIDENTIA ANGOLANA.
P. 99-112: PROVINCIA// INDIAE ORIENTALIS.
COLLEGIVM GOENSE.
COLLEGIVM SALSETANVM.
COLLEGIVM BAZAINENSE CVM// Residentijs Septentrionalibus.
COLLEGIVM COCINENSE.
ORA TRAVANCORI,// & Pescariae.
RESIDENTIA AETHIOPIAE.
MISSIO AD REGNUM MOGOR.
P. 113-120: PROVINCIA// TOLETANA.
DOMVS PROFESSA TOLETANA.
COLLEGIVM COMPLVTENSE,// & Madritanum.
COLLEGIVM OCANIENSE,// Belmontense, & Sicuritanum.
COLLEGIVM MVRCIANVM.
COLLEGIVM TALABRICENSE.
P. 121-128: PROVINCIA// CASTELLAE.
DOMVS PROFESSA VALLISO-// lettana.
COLLEGIVM BELLIMARENSE.
COLLEGIVM SALMANTICENSE.
COLLEGIVM ABVLENSE, ET// Segobiense.
COLLEGIVM PALENTINVM,// & Montisregalis.
COLLEGIVM OVETENSE, ET// Com-// postellanum.
COLLEGIVM LEGIONENSE, ET// Numantinum.
COLLEGIVM POMPEIOPOLI-// tanum.
P. 129-138: PROVINCIA// ARAGONENSIS.
COLLEGIVM MAIORICENSE.
COLLEGIVM BARCINONENSE.
COLLEGIVM CAESARAVGVSTA-// num.
SARDINIA.
COLLEGIVM SASSARITANVM.
COLLEGIVM CALARITANVM.
COLLEGIVM BVSAQVENSE.
COLLEGIVM VALLECCLESIENSE.

P. 139-140: PROVINCIA// BOETICA.
P. 141-146: PROVINCIA// MEXICANA.
P. 147-153: PROVINCIA// FRANCIAE.
DOMVS, ET COLLEGIVM// Parisiense.
COLLEGIVM VIRDVNENSE,// & Bituricense.
COLLEGIVM MVSSIPONTANVM,// & AUGENSE.
P. 154-161: PROVINCIA// AQVITANIAE.
COLLEGIVM TOLOSANVM.
COLLEGIVM RHVTENENSE.
COLLEGIVM BVRDEGALENSE.
P. 162-168: PROVINCIA// LVGDVNENSIS.
COLLEGIVM LVGDVNENSE.
COLLEGIVM TVRNONENSE.
COLLEGIVM DIVIONENSE.
MISSIONES ALIQVOT.
P. 169-182: PROVINCIA// RHENI.
COLLEGIVM COLONIENSE.
COLLEGIVM TREVIRENSE.
COLLEGIVM MOGVNTINVM.
COLLEGIVM HERBIPOLENSE.
COLLEGIVM FVLDENSE.
COLLEGIVM SPIRENSE.// & Confluentinum.
MISSIO PADERBORNENSIS.
P. 183-191: PROVINCIA// GERMANIAE SVPERIORIS.
COLLEGIVM DILINGENSE.
COLLEGIVM INGOLSTADIENSE,// & Monachiense.
COLLEGIVM OENIPONTANVM,// & Halense.
COLLEGIVM AVGVSTANVM.
COLLEGIVM FRIBVRGENSE.
P. 192-205: PROVINCIA// AVSTRIAE.
COLLEGIVM VIENNENSE.
COLLEGIVM PRAGENSE.
COLLEGIVM OLOMVCENSE.
COLLEGIVM GRAECENSE.
MISSIO NICKELSVBVRGENSIS.
MISSIO VRATISLAVIENSIS.
MISSIO LEITHOMISLIENSIS.
P. 206-226: PROVINCIA// BELGICA.
COLLEGIVM TRAIECTENSE.

COLLEGIVM ANTVERPIENSE.
DOMVS PROBATIONIS// Tornacensis.
COLLEGIVM BRVGENSE.
COLLEGIVM DVACENSE.
COLLEGIVM CAMMERACENSE.
COLLEGIVM AVDOMARENSE.
COLLEGIVM LOVANIENSE.
COLLEGIVM LEODIENSE.
P. 226-272: MISSIO MOSCOVITA. [em si incluída na Prov. Belgica.]
P. 273-300: PROVINCIA// PERVANA.
COLLEGIVM LIMENSE.
COLLEGIVM CVZCHENSE.
COLLEGIVM AREQVIPENSE.
COLLEGIVM POTOXINVM.
COLLEGIVM PACIS.
RESIDENTIA IVLIENSIS.
RESIDENTIA S. IACOBI.
Termina com a data: "Romae ex Collegio Romano 12.Kal.// Decembr. MDLXXXIII."// e assinado por Iaannes [sic] Antonius Valtrinus.

Uma coleção completa desses "relatórios" da Companhia de Jesus é muito rara. A Biblioteca possui, além dos mencionados para o século XVI, ainda os dos anos de 1601, 1602/3, 1650 e 1651.

O título dessa série varia: *Annuae Litterae...* ou *Litterae Societatis Iesu...* Durante o século XVI, foram impressas no colégio da Sociedade em Roma, e posteriormente em outros lugares, como Florença, Nápoles, Mogúncia, Antuérpia etc. Afirma o Dr. Rubens Borba de Moraes que a obra abrange notícias e cartas de 1583 e 1654.

De toda maneira, são essas missivas anuais da maior importância, pois que muitas vezes trazem os relatos iniciais das primeiras viagens européias ao Extremo Oriente, assim como as primeiras descrições do trabalho dos Jesuítas. Era costume entre os Jesuítas apresentar relatos periódicos a seus superiores de uma província, referentes a todos os assuntos da Companhia; assim, seus superiores e reitores deveriam elaborar um relato semanal a seus provinciais na Europa. O provincial, por sua vez, preparava uma explanação mensal ao Geral da Companhia. Assim, todos os Jesuítas faziam os seus relatos, mesmo os mais distantes, incluindo, como é óbvio, relações de novos lugares visitados, abertura de novos distritos, relações com outros povos, etc.

A editora Maggs Bros. de Londres reuniu, em 1922, 40 volumes dessas importantes cartas, que abrangem o período de 1580 a 1661. Nesta edição foram apresentadas em italiano (Maggs 429-85).

BB v. 1, p. 31; Carayon 15; Sabin 1.607.

IEB

140.
COSTA, Manuel da, m. 1563 ou 1564. 1584

EMANVELIS// COSTAE I.C. LVSITANI// OMNIA QVAE QVIDEM// EXTANT IN IVS CANO-// NICVM ET CIVILE// OPERA:// In quibus celeberrimae & difficiliores aliquot leges tum circa materiam testamenta-// riam,& substitutionum,tum circa conditiones & demonstrationes,aliaque quae// in vsu forensi frequentiora & vtiliora sunt, enarrantur, & explicantur: qua-// rum catalogum sexta abhinc dabit pagina.// Cum duobus locupletissimis indicibus, vno legum passim// explicatarum altero rerum & verborum.// [marca tipográfica]// LVGDVNI,// In officina Q.Philip.Tinghi.Apud Simphoria num Beraud,// ET// Stephanum Michaëlem.// M.D.LXXXIIII.//

6 fls. prels., 646 p., 31 fls. não nums. (Erros de paginação: 4 i. e. 10; 2 i. e. 12; 69 i. e. 96; 180 i. e. 108; 159 i. e. 149; 802 i. e. 208; 225 i. e. 252; 255 i. e. 253; 203 i. e. 275; 228 i. e. 288; 309 i. e. 313; 310 i. e. 314; 326 i. e. 332; 330 i. e. 339; 373 i. e. 375; 374 i. e. 376; existe duas vezes a numeração 459/460; 462, de cabeça para baixo; de 462 pula para 465; 294 i. e. 594). -- Assinatura: *(6) a-z(6) A-Z(6) Aa-Nn(6).

Restaurada.
Reencadernação flexível em pergaminho, em estilo da época.
Acondicionada em caixa com pH neutro.
Notas marginais impressas.
Texto impresso em duas colunas.

Verso da página de rosto: em branco.
F. 2a-3a: [barra ornamental]// PHILIPPO II. HISPP.[sic]// REGI CATHOLICO,// EMANVEL COSTA// IVRECONS. S.// [datado de:] Sal-// mant. Id.Mar. Ann. M.// D. LXII.//

F. 3b: [barra ornamental]// INDEX LEGVGVM [sic]// PARAGRAPHORVM ET/ / TRACTATVVM QVI IN HIS// Eman. Costae Commentarijs explicantur.//
F. 4a-6b: [barra ornamental]// INDEX OMNIVM IVRIVM,// QVAE SPECIALIVS IN HIS// COMMENTARIIS EXPLICANTVR EX// iure Pontificio, Ciuili, atque Hispano Castelle, & Portu-// galliae..//..
Segue, então, o texto da obra que termina à p. 646.
As folhas não numeradas finais contêm, da f. 1a a 30b: [barra ornamental]// INDEX LOCVPLETISSI-// MVS RERVM ET VERBORVM NOTABI-// LIVM QVAE IN HIS COMMENTARIIS DOMINI EMA-// nuelis Costae continentur, ordine// Alphabetico digestus.//
F. 30b: abaixo do índice vem o registro.
F. 31: em branco.

Nasceu o autor em Lisboa. Fez seus estudos de jurisprudência na Universidade de Salamanca. Foi chamado pelo rei D. João III para iniciar a cátedra de Código da Universidade de Coimbra. Posteriormente retornou a Salamanca, onde veio a falecer em 1563 ou 1564.

Adams C-2.726; Barb. Mach. v. 3, p. 234-6; Palau 63.647.

FD

141.
FORNERIUS, Gulielmus. 1584

GVL. FORNERII// IN TIT. DE VERB.// SIGNIFICATIONE// COMMENTARII,// [vinheta]// AVRELIANIS.// Apud Eligium Gibierium, Typographum// Vniuersitatis.// M.D. LXXXIIII.//

3 fls. prels., 632 p., 2 fls. não nums., manuscritas, 2 gravuras. (Erros de paginação: 151 i. e. 161; 919 i. e. 169; 315 i. e. 325; 429 i. e. 449; 582 i. e. 578; 583 i. e. 579; 578 i. e. 582; 579 i. e. 583). -- Assinatura: †(3) A-Z(4) Aa-Zz(4) AAa-ZZz(4) AAaa-KKkk(4). (Erros de assinatura: DDddij i. e. DDddiiij).

Exemplar em bom estado, embora restaurado.
Algumas notas manuscritas.
Tipos gregos.
Falta uma folha nas preliminares.
Carimbo do Dr. Ernesto Ferreira Franca.

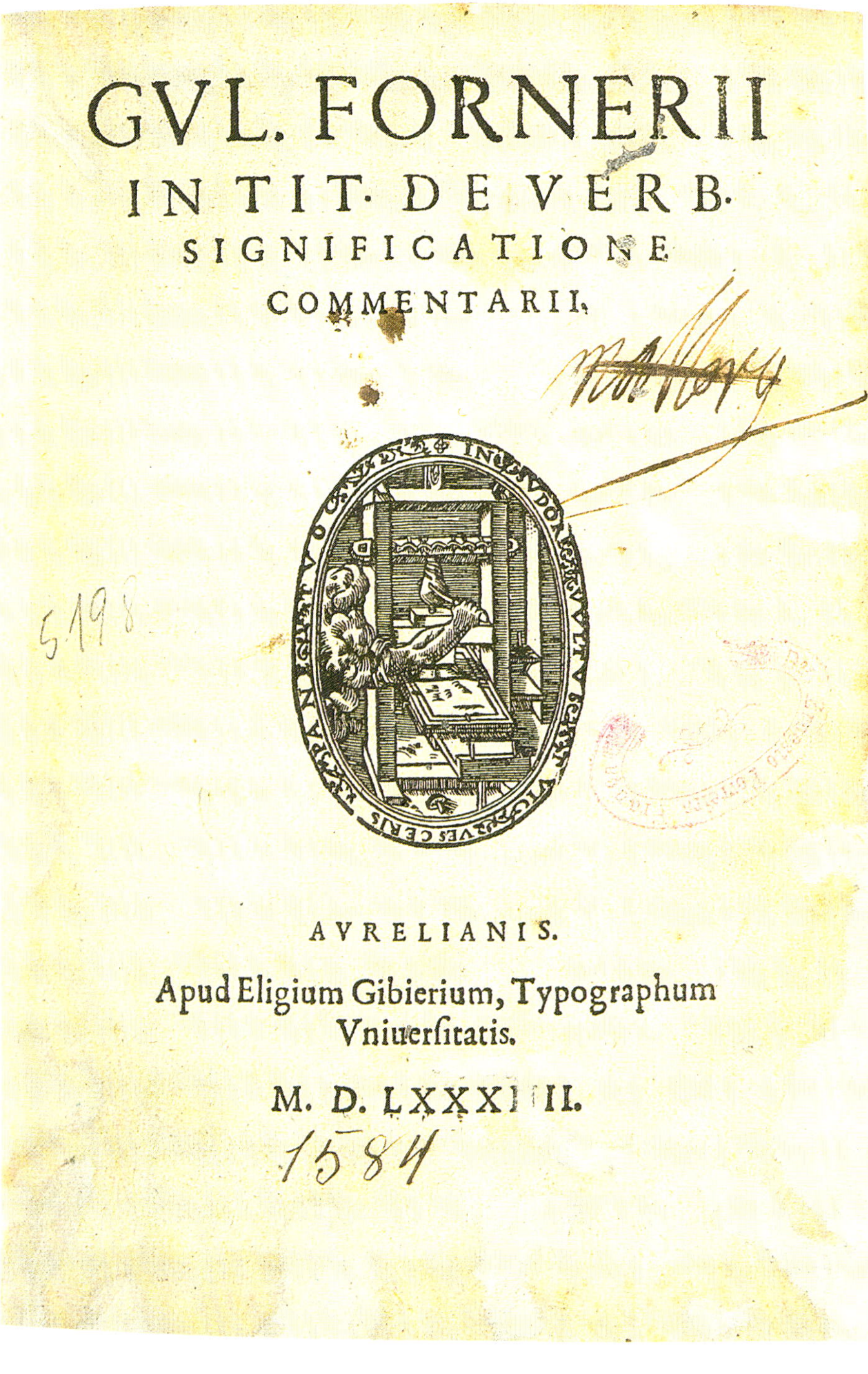

GVL. FORNERII
IN TIT. DE VERB.
SIGNIFICATIONE
COMMENTARII.

AVRELIANIS.
Apud Eligium Gibierium, Typographum
Vniuerſitatis.
M. D. LXXXIIII.

FORNERIUS, Gulielmus. *In tit. de verb. significtione commentarii, Avrelianis*, 1584.
Página de rosto.
Figura 73 – nº de catálogo 141

FORNERIUS, Gulielmus. *In tit. de verb. significtione commentarii, Avrelianis,* 1584.
Frontispício gravado por Franciscus vanden Wyngaerde.
Figura 74 – nº de catálogo 141

Verso da página de rosto: em branco.
F. 2a-3b: [barra ornamental]// ACHILLI HARLAEO// EQVITI, SACRI CONSESSVS// CONSILIARIO, SVMMO'QVE// PARISIENS. SENATVS PRAESIDI.// GVL. FORNERIVS S.// [datado de:]... Aurelianis, prid. Non Ianuar. M.D.LXXXIIII.//
Segue, então, o texto principal.
No final encontra-se um "Index verborum" numa folha dobrada, [em duas colunas] manuscrito, assim como mais uma página em outra folha.
A obra possui duas gravuras, coladas em folhas. Uma em frontispício, e que foi gravada por "Franciscus vanden Wyngaerde excudit", conforme consta no canto inferior à direita.
A segunda gravura está colada numa folha final e reproduz: "MARGARETA Austríaca Rom- [Armas heráldicas] anorum Imperatrix, vxor Leopoldi// Imperatoris Philippi IV. Hispa- [continuação da arma heráldica] niarum Regis filia". No canto inferior à esquerda: "Cornelis Meysse...s sculpist" e à direita: Adriaen Posse... excudit."

Adams F-780.

FD

142.
REUBER, Justus. 1584

VETERVM// SCRIPTORVM, QVI// CAESARVM ET IMPERATO-// RVM GERMANICORVM RES PER ALI-// QVOT SECVLA GESTAS, LITE-// RIS MANDARVNT,// Tomus vnus.// Ex bibliotheca Iusti Reuberi Iureconsulti, Pa-// latinatus consiliarij.// Catalogus authorum,qui in hoc volumine comprehensisunt,// post praefationem positus est.// CVM INDICE LOCVPLETISSIMO.// [marca tipográfica]// FRANCOFVRTI// Apud haeredes Andreae Wecheli,// ANNO M D LXXXIIII.//

6 fls. prels. não nums., 734 p., 21 fls. não nums. (Erros de paginação: 421 i. e. 124; 556 i. e. 456; 546 i. e. 548; 918 i. e. 618; 783 i. e. 683). -- Assinatura: (:)(6) A-Z(6) a-z(6) Aa-Ss(6) Tt(4).

Restaurada.
Reencadernação rígida em pergaminho com tiras de couro, tratado ao alúmen, utilizadas como fechos.

Acondicionada em caixa com pH neutro.
Notas marginais impressas e manuscritas.
Em alguns trechos, o texto se encontra rodeado de comentários.
Tipos romanos.

Verso da página de rosto: em branco.
F. 2a-3a: [barra ornamental]// ILLVSTRISSIMIS. PRIN-// CIPIBVS, CHRISTIANO, IOAN-// NI CASIMIRO, IOANNI ERNESTO,// FRIDERICO WILHELMO, ET IOANNI,// SAXONIAE DVCIBVS, LANDGRAVIIS// Turingiae, & Marchionibus Misniae, Do-// minis suis clementissimis.// [datado de:] Heidelbergae, Calendis Nouemb. Anno. Christi 1583 e assinado por Iustus Reuberus// Iureconsultus.// M D XXCIII.//
F. 3b: CATALOGVS AVTORVM QVI// IN HOC VOLVMINE CONTINENTVR.//
F. 3b-5a: AVTORVM HVIVS VOLVMINIS// VITAE EX TRITHEMIO.//
F. 5b-6a: Pauli Melissi Franci,// COMITIS PALATINI ET EQVI-// TIS, CIVIS ROMANI// ODE// AD IVSTVM REVBERVM IVRE-// CONSVLTVM, ELECTORIS PALATINI// Consiliarium.//
F. 6b: ANDREAE VVECHELI HAEREDES// LECTORI S.//
P. 1-2: [barra ornamental]// VITA ET GESTA CARO-// LI COGNOMENTO MAGNI,// FRANCORVM REGIS FORTISS. ET// GERMANIAE SVAE ILLVSTRATORIS OPTI-// me meriti, per Eginhartum illius quandoque alu-// mnum, atque scribam adiuratum,// Germanum, conscripta.// PRAEFATIO.//
P. 2b [final]: [vinheta]//
P. 3-14: VITA CAROLI MAGNI IMP.//
P. 15-66: ANNALES REGVM FRAN-// CORVM, PIPINI, CAROLI// MAGNI, ET LVDOVICI, A QVO-// DAM EIVS AETATIS ASTRONOMO// Ludouici Regis domestico conscripti.// [vinheta]//
P. 67-88: Ioannis Tvrpini Histo-// ria de vita Caroli Magni// et Rolandi.// [vinheta]//
P. 89: LIVTHPRANDI TICI-// NENSIS ECCLESIAE LE-// VITAE RERVM AB EVRO-// PAE IMPERATORIBVS ET RE-// gibus gestarum libri VI.//
P. 90-101: LIVTHPRANDI TICI-// NENSIS ECCLESIAE LE-// VITAE RERVM AB EVRO-// PAE IMPERATORIBVS AC REGI-// bus gestarum primus.//
P. 101-115: LIVTHPRANDI TICINENSIS// ECCLESIAE LEVITAE HISTORIA-// RVM LIBER SECVNDVS.//
P. 116-127: LIVTHPRANDI TICINENSIS// ECCLESIAE LEVITAE HISTORIA-// RVM LIBER TERTIVS, QVI// Antidosis inscribitur.//

P. 128-139: LIVTHPRANDI TICINENSIS// ECCLESIAE LEVITAE HISTORIA-// RVM LIBER QVARTVS.//

P. 140-150: LIVTHPRANDI TICINENSIS// ECCLESIAE LEVITAE HISTORIA-// RVM LIBER QVINTVS.//

P. 150-160. LIVTHPRANDI TICINENSIS// ECCLESIAE LEVITAE HISTORIA-// RVM LIBER SEXTVS.// [vinheta]//

P. 161-180: PANEGYRICVS HROSVI-// THAE, ILLVSTRIS ET CLARIS-// SIMAE VIRGINIS ET MONIALIS, GER-// MANICAE, GENTE SAXONICA ORTAE, VERSV// hexametro in laudem & gesta Oddonis Magni,// primi in Germania imperatoris.//

P. 181-194: HENRICI IMP. EIVS NO-// MINIS IIII, DVCIS VERO BO-// IORVM VII VITA, A QVODAM // EIVS TEMPORIS CONSCRIPTA.// ITEM// EIVSDEM AD DIVERSOS EPISTOLAE.//

P. 195-201: EPISTOLAE ALIQVOT HEN-// RICI IIII, IMP. AVG. AD PONTI-// FICEM ROMAN. ET ALIOS// principes.// HENRICVS DEI GRATIA REX ANNO-// ni, coloniensi Archiepiscopo, gratiam, salu-// tem, dilectionem.//

P. 202-216: HENRICI QVARTI// ROM. IMPERATORIS// BELLVM CONTRA SAXO-// NES HEROICO CARMI-// ne descriptum.//

P. 217-271: ROBERTI MONACHI// DE CHRISTIANORVM PRIN-// CIPVM IN SYRIAM PROFECTIONE,// ET POST DEVICTOS SARACENOS HIE-// rosolymitani regni occupatione,// HISTORIA OCTO LIBRIS EXPLICATA,// ET IAM PRIMVM EX VETVSTISSIMO MA-// nuscripto libro plurimis locis aucta & correcta, a// Ioanne Pistorio Nidano D.// PRAEFATIO ABIPSO AVTHORE SCRI-// PTA, HACTENVS NVNQVAM// IMPRESSA.//

P. 272-449: GVNTHERI POETAE// CLARISS. LIGVRINVS, SEV// OPVS DE REBVS GESTIS IMP. CAE-// SARIS FRIDERICI I AVG. LIBRIS X AB-// solutum: cum scholiis Iacobi Spigelij// Selestadiensis V.C.//

P. 450-458: CHRONICON VETVS// RERVM MAGVNTIACA-// RVM PER CONRADVM// EPISCOPVM.//

P. 458-468: CONRADI VECERII REGII// SECRETARII LIBELLVS DE RE-// BVS GESTIS IMPERATORIS// HENRICI VII.//

P. 469-731: RICARDI BARTHOLINI// PERVSINI, DE BELLO NORI-// CO, ADDIVVM MAXIMILIANVM, AV-// STRIADOS LIBRI DVODECIM: CVM// Scholiis Iacobi Spiegelij Selesta-// diensis. V.C.//

P. 732-734: CLARISSIMO SACRI IMP. PRINCIPI DO-// MINO GEORGIO AB AVSTRIA, BRIXINENSI// Episcopo, Iacobvs Spiegel Selestadiensis S.D.//

F. 1-21a: INDEX IN GERMANICORVM// Imperatorum Tomum primum://
...
F. 21a: ainda traz "Errata, quae inter relegendum & Indicem conficiendum de-// prehendimus, sic corrigito."//
Verso da f. 21: Marca tipográfica.

Adams R-376; BN Paris v. 149, col. 786; Brunet v. 4, col. 1.253.

FFLCH-H

143.
SERLIO, Sebastiano, 1475-1552. 1584

[página de rosto dentro de um pórtico] LIBRO PRIMO// D'ARCHITETTV-RA,// DI SEBASTIANO SERLIO// BOLOGNESE,// Nelquale con facile, & breue modo si tratta de'// primi principij della Geometria.// Con nuoua aggiunta delle misure, che seruano à tutti gli ordini de'// compouimenti, che us si contegono// Con l'aggiunta del Settimo Libro.// IN VENETIA,// Appresso Francesco de'Franceschi,Senese.// M D L X X X I I I I.//

219 fls. nums.; 17 fls. nums., 4 fls. não nums., 242 p. (Erros de paginação: 19 i. e. 15; pula de 20 a 25; f. 24 i. e. 28; f. 30 sem paginação; ao se iniciar o terceiro livro a paginação começa novamente em 49, embora a folha anterior já tenha chegado a 52. É justamente aí que também há repetição da assinatura G; falta a f. 62; f. 4 i. e. 74; faltam as folhas 84, 94; 14 i. e. 148; falta a folha 198; com a folha 219b se encerra o 5º livro e com ele a paginação que até agora era seguida em todas as partes. O "Libro estraordinario" tem 17 fls. nums. O "Settimo libro" porém apresenta a seguinte paginação: 4 fls. prels. não nums., sendo a quarta em branco, 242 páginas e não folhas como até então. A p. 29 se apresenta sem paginação e faltam as páginas 199/200 e 201/202). -- Assinatura: A(4) B-F(8) G(4) G[sic]-I(8) (falta o H 6) K-P(4) (faltam M 4, P 2) Q-S(8) T(4) II-QQ(4) RR-YY(8) (falta YY 2) ZZ(8) AAa(8) (falta AAa 8) *(4) A-O(8) (faltam N 4 e N 5) P(10) (falta P 10).

Livro bastante aparado.
Estado geral bom, embora faltem algumas folhas.
Inúmeras ilustrações e gravuras.

As informações referentes à descrição física do material foram obtidas diretamente da publicação; porém no momento da finalização do presente Catálogo, o referido volume encontrava-se deslocado do acervo.

F. 1: Página de rosto.
F. 2a: AL REVERENDISSIMO// MONSIG. DANIEL BARBARO// ELETTO D'AQVILEIA.// No verso termina datada: Di Venetia, à XXV. di Maggio M D LXVI// Di V.S. Reuerendissima// Humil Seruitore,// Francesco de' Franceschi, Senese.//
F. 3: PRIMO LIBRO DI GEOMETRIA,// ...
F. [17]: [página dentro de um pórtico] IL// SECONDO// LIBRO// DI PROSPETTIVA// DI SEBASTIAN SERLIO// BOLOGNESE.//
F. [53]: [página dentro de um pórtico] IL TERZO LIBRO// DI SEBASTIANO SERLIO// BOLOGNESE,// Nel qual si figurano, & descrisuono le antichità di Roma,// & le altre, che sõno in Italia,// & suon d'Italia.// CON NVOVE ADDITIONI.// ROMA QUANTA FVIT// IPSA RVINA DOCET.//
F. 125: [página dentro de um pórtico] REGOLE// GENERALI DI// ARCHITETTURA// DI SEBASTIANO SERLIO// BOLOGNESE,// Sopra le cinque maniere// de gli edifici,// CIOÈ,// Toscano, Dorico, Ionico, Corin-// thio, & Composito.// Con gli esempi dell'Antichità, che per la// maggior parte concordano con la// dottrina di Vitruuio.
O título corrente no verso da folha varia conforme o assunto, porém na folha retro ou anverso consta "LIBRO QVARTO", embora na folha de título nada seja indicado.
F. [201]: [página dentro de um pórtico] QVINTO LIBRO D'ARCHITETTVRA,// DI SEBASTIAN SERLIO BOLOGNESE,// Nelquale si tratta di diuerse forme di Tempij sacri, secondo il// costume Christiano, & al modo antico.// Com nuoua aggiunta delle misure che sernono à tutti gli ordini de componimenti, che ui si cotengono.//
F. [1a]: [página dentro de um pórtico] LIBRO// ESTRAORDINARIO// DI SEBASTIANO SERLIO// BOLOGNESE.// Nelquale si dimostrano trenta parte di opera Rustica mista// con diuersi ordini: & venti di opera dilicata di// diverse specie con la scrittura dauanti,// che narra il tutto.// IN VENETIA, Apresso Francesco de'Franceschi.// M D LXXXIIII.//
F. [1a]: [página dentro de um pórtico] IL SETTIMO LIBRO// D'ARCHITETTVRA// DI SEBASTIANO// SERLIO BOLOGNESE.// NEL QUAL SI TRATTA DI// molti accidenti, che possono occor-//rer al Architetto: si come nel-// la seguente pagina si legge.// IN VENETIA,// Appresso Francesco// de'Franceschi Senese.// M D LXXXIIII.//

F. 2a: BREVE NARRATIONE// DELLE COSE CHE SONO NEL// SETTIMO LIBRO.
F. 3a: AL MOLTO MAG.// SIGNOR MIO// OSSERVANDISSIMO.// IL SIGNOR VINCENZO SCAMOZZI.// [datada e assinada no verso:] ... Di Venetia il di primo Marzo. M D LXXXIIII. Di V.S. Affetionassimo Seruitore. Francesco de'Franceschi Senese.//
F. 4: em branco.

Entrou no acervo com a compra de uma biblioteca particular.
Inicialmente só foram editados os 5 primeiros livros de arquitetura.
A primeira edição destes é de Venetia, Nicolini da Sabio, 1551 In fol.
O "Libro estraordinario" apareceu em Lione, G. de Tournes, 1551.
O sétimo livro foi editado em Frankfurt, por Wechel em 1575.
O exemplar que acabamos de descrever é considerado o melhor entre as edições in 4º.

Adams 976 cita um exemplar incompleto; Brunet v. 5, col. 305 considera: "Bonne edition, complete et peu commune."; Ebert t. 2, col. 769 a considera uma das melhores edições.

MAC

144.1.
TIRAQUEAU, André, 1480?-1558. 1584

[em preto:] ANDREAE// [em vermelho:] TIRAQVELLI// [em preto:] REGII IN CVRIA// [em vermelho:] PARISIENSI// [em preto:] SENATORIS// [em vermelho:] [vinheta pequena]// [em preto:] COMMENTARII// [em vermelho:] DE NOBILITATE ET// [em vermelho:] IVRE PRIMIGENIORVM.// [em preto:] Tertia hac eademque postrema editione, ab auctore ipso diligentissimè recogniti,// & tertia ampliùs parte locupletati.// [em vermelho:] CVM INDICE COPIOSISSIMO.// [marca tipográfica]// [em vermelho:] LVGDVNI,// [em preto:] APVD GVLIELMVM ROVILLIVM,// SVL SCVTO VENETO.// [em vermelho:] – // [em preto:] M. D. LXXXIIII.// [em vermelho:] CVM PRIVILEGIO REGIS.//

8 fls. prels., 690 p., 27 fls. não nums. (Erros de paginação: 229 i. e. 329; 514 i. e. 541). -- Assinatura: *(8) A-Z(6) Aa-Zz(6) AA-QQ(6) (falta a última folha).

Restaurada.
Reencadernação em couro de cabra na cor castanha.
Notas marginais impressas.
Tipos gregos.
Ex-libris de I. F. Pauonius Ro.

Verso da página de rosto: Retrato de Andreae Tiraquelli. Abaixo alguns versos, finalizando com o "Extraict du Priuilege du Roy." [O texto do "Extraict" é impresso em letra de chancelaria.]
F. 2a-2b: [barra ornamental]// AD HENRICVM// SECVNDVM FRANCIAE REGEM// CHRISTIANISSIMVM,// ANDREAS TIRAQVELLVS S.//
F. 3a-4a, impresso em duas colunas: BARPTOLOMAEI [sic] FAIT REGII IN PA-// RISIENSI CVRIA SENATORIS, AD MICHAELEM// Hospitalem Regis itidem Senatorem, ac eiusdem Christianissimi Prinipis in ... // menico concilium Bononiae Legatum agentem, Epistola huius// operis Elenchum continens.//
F. 4a, coluna b: ADRIANVS DRACVSANVS// Tiraquello collegae amicissimo.//
F. 4a-4b: IOANNIS DE GVELLIS VA-// lentis, Regij in magno Consilio Senatoris.//
F. 4b, colunas a e b: CHRISTOPHORI THOVANI PARI-// SIENSIS IN ILLO AMPLISSIMO ORDINE PRAESI-// dis, de Andreae Tiraquelli Senatoris Iurisperitorum eloquentiss.// & eloquentium Iurisperitiss. Scriptis & Com-// mentariis in lucem editis Sylua.//
F. 4b, coluna b: Eiusdem ad candidum Lectorem.//
F. 4b, coluna b: ANDREAE TIRAQVELLO// Consiliario Regio Clodius Coterius Ca-// nonicus Parisiensis.//
F. 5a-6b, impressas em três colunas: NOMENCLATVRA ALPHABETICA AVTO-// RVM IN HOC OPERE CITATORVM, PRAETER// legum & canonum interpretes, quos vix numerare posses.//
F. 6b, impressa em duas colunas: TABVLA CAPITVM PRIORIS PARTIS// HVIVS OPERIS, QVAE DE NOTABILITATE EST.//
F. 7a-8b, impressas em duas colunas: [barra ornamental]// TABVLA CAPITVM ET QVAESTIO-// NVM POSTERIORIS PARTIS, QVAE EST// DE IVRE PRIMIGENIORVM.//
Segue, então, o texto da obra, que finaliza à p. 690.
As folhas finais, não numeradas, contêm:
F. 1a-26b, impressas em duas colunas: [barra ornamental]// INDEX RERVM ET VER-// BORVM IN TRACTATVM DE NO-// BILITATE ET PRIMIGENIIS// COPIOSISSIMVS.//

F. 27: Falta em nosso exemplar, provavelmente em branco.

144.2. 1584

[em preto:] ANDREAE// [em vermelho:] TIRAQVELLI// [em preto:] REGII IN CVRIA// [em vermelho:] PARISIENSI// [em preto:] SENATORIS,// [em vermelho:] [vinheta pequena]// [em vermelho:] COMMENTARII// [em preto:] In L.Si vnquam.C.De reuocandis donationib.// [em vermelho:] Postrema hac editione felicius, quàm anteà renati,// accuratissiméque repurgati.// [em preto:] In quibus praeter propriam ac peculiarem eius l.materiam, disertè multa, in omni// disciplinarum genere,et copiosè tractantur:quae octaua// post hanc pagina indicabit.// [marca tipográfica]// [em vermelho:] LVGDVNI,// [em preto:] APVD GVLIELMVM ROVILLIVM,// SVB SCVTO VENETO.// [em vermelho:] – // [em preto:] M. D. LXXXIIII.// [em vermelho:] CVM PRIVILEGIO REGIS.//

6 fls. prels., 307 p., 15 fls. não nums. (Erros de paginação: 16 sem paginação; 282 i. e. 283). -- Assinatura: †(6) A-Z(6) Aa-Bb(6) Cc(4) Ee(9).

Restaurada.
Reencadernação em couro de cabra na cor castanha.
Notas marginais impressas.
Texto impresso em duas colunas.
Ex-libris I. F. Panoni...

Verso da página de rosto: [retrato]// IOAN VICTORII IN// EFFIGIEM ANDREAE TIRA-// QVELLI IN CVRIA PARISIENSI// SENATORIS HEXASTICHON.//
F. 2a: [barra ornamental]// ANDREAS// TIRAQVELLVS// AMPLISSIMO ORDINI// SENATVS BVRDEGALENSIS.//
F. 2b-3b: [barra ornamental]// ANDREAS// TIRAQVELLVS// FONTENAIVS SVPRAE// FECTVS, PICTONIBVS// LEGVM STVDIOSIS.// [vinheta]//
F. 4a: dístico.
F. 4b-6b: [barra ornamental]// TABVLA PARTICV// LARIS QVAESTIONVM ET// MATERIARVM AD LEGEM NOSTRAM// priuatim & peculiarite...// ex... opus.//
F. 6b: [da metade para baixo:] TABVLA GLOSSARIVM.//

P. 1-46; vem o prefácio: [barra ornamental]// IMPP. CONSTANTINIVS// ET CONSTANS A.A. AD// ORPHITVM P.V.//
Em seguida, a obra propriamente dita até a p. 307.
Verso da p. 307: em branco.
F. 1a-15b, não numeradas: [barra ornamental]// TABVLA GENERALIS// OMNIVM MATERIARVM EX// ORDINE ALPHABETI.//

144.3. 1584

[em preto:] ANDREAE// [em vermelho:] TIRAQVELLI// [em preto:] REGII IN CVRIA// [em vermelho:] PARISIENSI// [em preto:] SENATORIS,// [em vermelho:] DE// VTROQVE RETRACTV// [em preto:] municipali, & conuentionali,// [em vermelho:] COMMENTARII DVO,// [em preto:] Quarta hac, eademque postrema editione, ab auctore ipso diligentissimè// recogniti & locupletati: quae autem recens ab eodem adiecta// fuere, his notis inclusimus { }// [marca tipográfica]// [em vermelho:] LVGDVNI,// [em preto:] APVD GVLIELMVM ROVILLIVM,// SVB SCVTO VENETO.// [em vermelho:] – // [em preto:] M. D. LXXXIIII.// [em vermelho.] CVM PRIVILEGIO REGIS//

4 fls. prels., 724 p., 44 fls. não nums. (Erros de paginação: 49 i. e. 65; 64 i. e. 90; 93 i. e. 95; 94 i. e. 96; 159 i. e. 156; 189 i. e. 191; 396 i. e. 296; 232 i. e. 325; 332 i. e. 432; 580 i. e. 508; 577 i. e. 561; 648 i. e. 646; 723 i. e. 721. (p. 721/2 e 723/4 trocadas na encadernação). -- Assinatura: *(4) A-Z(6) Aa-Zz(6) AAa-NNn(6) OOo(8) PPp-VVv(6) XXx(8).

Restaurada.
Reencadernação em couro de cabra na cor castanha.
Notas marginais impressas.
Texto impresso em duas colunas.
Tipos gregos.
Alguns trechos sublinhados à tinta.

Verso da página de rosto: Retrato de Tiraqueau, alguns versos abaixo do retrato e mais abaixo o "Extraict du Priuilege du Roy", em letras utilizadas nas chancelarias, mas é impresso.
F. 2a: [barra ornamental]// ANDREAS TIRA-// QVELLVS REGIVS IN// CVRIA PARISIENSI SENA-// TOR, LECTORI S.//

F. 2b: [barra ornamental]// ANDREAS TIRAQVELLVS// SANCTISSIMO GRAVISSIMO QVE// ORDINI SENATVS PARISIENSIS.//
F. 3a: [barra ornamental]// Andreas Tiraquellus Lectoribus.//
F. 3b: N. CLERICVS ANDREAE// TIRAQVELLO C.R. LVTETIAE PA-// RISIORVM COLLEGAE SVO.// [mais abaixo:] Andreas Tiraquellus Nicolao Clerico collegae suo.//
F. 4a: [barra ornamental]// MICHAELIS HOSPITALIS// REGII IN CVRIA PARISIENSI// SENATORIS.//
F. 4b: – // ADRIANVS DVDRACIVS// ANDREAE TIRAQVELLO// COLLEGAE SVO.// [Seguem-se alguns versos e após vem um traço horizontal, separando-os dos outros versos e dísticos, por sua vez também separados por traços horizontais. Os nomes de seus autores com os respectivos dizeres são os que seguem.]
MICHAELIS TIRAQVELLI Fontenaij apud Pictones// Praefecti, auctoris filij, ... Lectorem.//
RODOLPHI GALERII, ipsius auctoris generi.//
ROBERTI RIVALDERII, alterius generi.//
FRANCISCI TIRAQVELLI, eiusdem auctoris filij,// ad caeteros fratres.//
ANDREAS TIRAQVELLVS, Maturino Tiraquello fratri.//
MATVRINVS ANDREAE fratri.//
DVORVM LECTORVM Dialogvs.//
Segue, então, o texto da obra, que finaliza à p. 724.
As folhas finais, não numeradas, contêm:
F. 1a-12a: [barra ornamental]// TABVLA QVAESTIONVM// ET RERVM AD RETRACTVM// MVNICIPALEM PRIVATIM PERTINENTIVM EX// ordine huius libri, quem mox sequetur alterą ad ...etra-// ctum quoque conuentionalem, etiam pri-// uatim pertinens: & postremò a-// lia generalis rerum v-// niuersarum.//
F. 12a-17b: [barra ornamental]// TABVLA RETRACTVS CON-// VENTIONALIS EX TITVLO II.// HVIVS VOLVMINIS.//
F. 17b-44b: [barra ornamental]// ALTERA TABVLA ALPHABETICA// EADEMQVE GENERALIS OMNIVM RERVM ET// materiarum hic tractatarum.//

144.4. 1584

[em preto:] ANDREAE// [em vermelho:] TIRAQVELLI// [em preto:] REGII IN CVRIA// [em vermelho:] PARISIENSI// [em preto:] SENATORIS,// [em vermelho:] [vinheta pequena]// TRACTATVS VARII,// [em preto:] Quorum Elenchum pagina sequens indicabit:// [em vermelho:] Postrema hac editione felicius, quàm anteà, renati,// accuratissiméque repurgati.// [em preto:] Cum Indice rerum ac verborum copiosissimo.// [marca tipográfica]// [em vermelho:] LVGDVNI,// [em preto:] APVD GVLIELMVM ROVILLIVM,// SVB SCVTO VENETO.// [em vermelho:] – // [em preto:] M. D. LXXXIIII.// [em vermelho:] CVM PRIVILEGIO REGIS.//

480 p., 16 fls. não nums. (Erros de paginação: 4, 5, 6 sem numeração; 360 i. e. 160; 478 i. e. 479). -- Assinatura: A-Z(6) Aa-Tt(6) Vv(4).

Restaurada.
Reencadernação em couro de cabra, em estilo de época.
Acondicionada em caixa com pH neutro.
Notas marginais impressas.
Texto impresso em duas colunas.

Verso da página de rosto: Retrato de Tiraqueau? [abaixo:] TRACTATVVM QVI// HOC VOLVMINI CONTI-// NENTVR, ELENCHVS.//
P. 3: [barra ornamental]// MICHAEL// TIRAQVELLVS// FONTENAII, APVD PICTONES// PRAEFECTVS: FRANCISCO, IOANNI ANDRE,// Mathurino, Renato, & Ludouico Tiraquellis fra-// tribus amantissimis, S.//
P. 4: CHRISTOPHORI TVANI,// CELII PARISIENSIS, OLIM A SE-// CRETIS REGIS, ET IN ILLO AMPLISS. ORD.// Caus. Patr. nunc autem in eo ordine Praesidis, de Libello,// cui Tiraquellus fecit titulum, Cessante// causa cessat effectus.// [poesia]. [mais abaixo, outra poesia:] ANTONIVS A LEONE SENATOR,// ANDREAE TIRAQVELLO SENATORI.// [ao pé da página outra:] EIVSDEM AD EVNDEM TETRASTICHON.//
P. 5-6: [barra ornamental]// INDEX VOCVM QVAE CON-// TINENTVR IN TRACTATV, CESSANTE// CAVSA, SEU RATIONE, CESSAT EFFECTVS.//
A partir da p. 7 inicia-se um dos vários tratados contidos neste volume:
P. 7-67: [barra ornamental]// CESSANTE CAVSA// CESSAT EFFECTVS.//
P. 68-132: ...// LE MORT SAISIT LE VIF.// ...
P. 133-208: ...// De iure constituti possessorij.// ...
P. 209-252: ...// In I. Boues. .Hoc sermone. § de verbor. signific.// ...
P. 253-364: ...// DE POENIS//
P. 365-414: ...// De Priuilegis piae causae..//..
P. 415-447: ...// De Praescriptionibus..//..

P. 448-467: ...// In tit. de iudicio in rebus exiguis ferendo..//..
P. 468-480: ...// In titul. Res inter alios actas aliis non praeiudicare C. Commentarij.//
F. 1a-16b, não numeradas: [barra ornamental]// INDEX GENERALIS IN// OMNES HVIVS VOLV-// MINIS TRACTATUS.//

FD

145.
CONESTAGGIO, Girolamo Franci di, m. 1635. 1585

DELL'VNIONE// DEL REGNO DI// PORTOGALLO.// Alla Corona di Castiglia.// ISTORIA// DEL SIG. IERONIMO DE// FRANCHI CONESTAGGIO// GENTILHVOMO GENOVESE.// [marca tipográfica]// IN GENOVA.// – // Appresso Girolamo Bartoli, 1585.//

12 fls. prels. não nums., 264 fls. nums. (Erros de paginação: 127 i. e. 133; 154 i. e. 134; 133 i. e. 141). -- Assinatura: A(4) A(8) A-Z(8) Aa-Kk(8).

Restaurada.
Reencadernação flexível em pergaminho.
Acondicionada em caixa com pH neutro.
Aparecem alguns comentários manuscritos.
Texto em coluna única.

Verso da página de rosto: em branco.
F. 2a-4b: [barra ornamental]// AL SERENISSIMO,// ET ILLVATMI. SS. DVCE// E GOVERNATORI// della Republica di Genoua.// IERONIMO DE// FRANCHI CONESTAGGIO.//
F. 5a-11a: TAVOLA DELLE// cosepiu notabili, che in que-// sto libro si contengono.//
F. 11b: Errori corretti.//
F.12: em branco.
A obra se divide em 10 livros.
F. 1a-24a: Libro primo;
F. 24b: em branco.;
F. 25a-50a: Libro secvndo;
F. 50b-82b: Libro terzo;
F. 83a-113b: Libro qvarto;

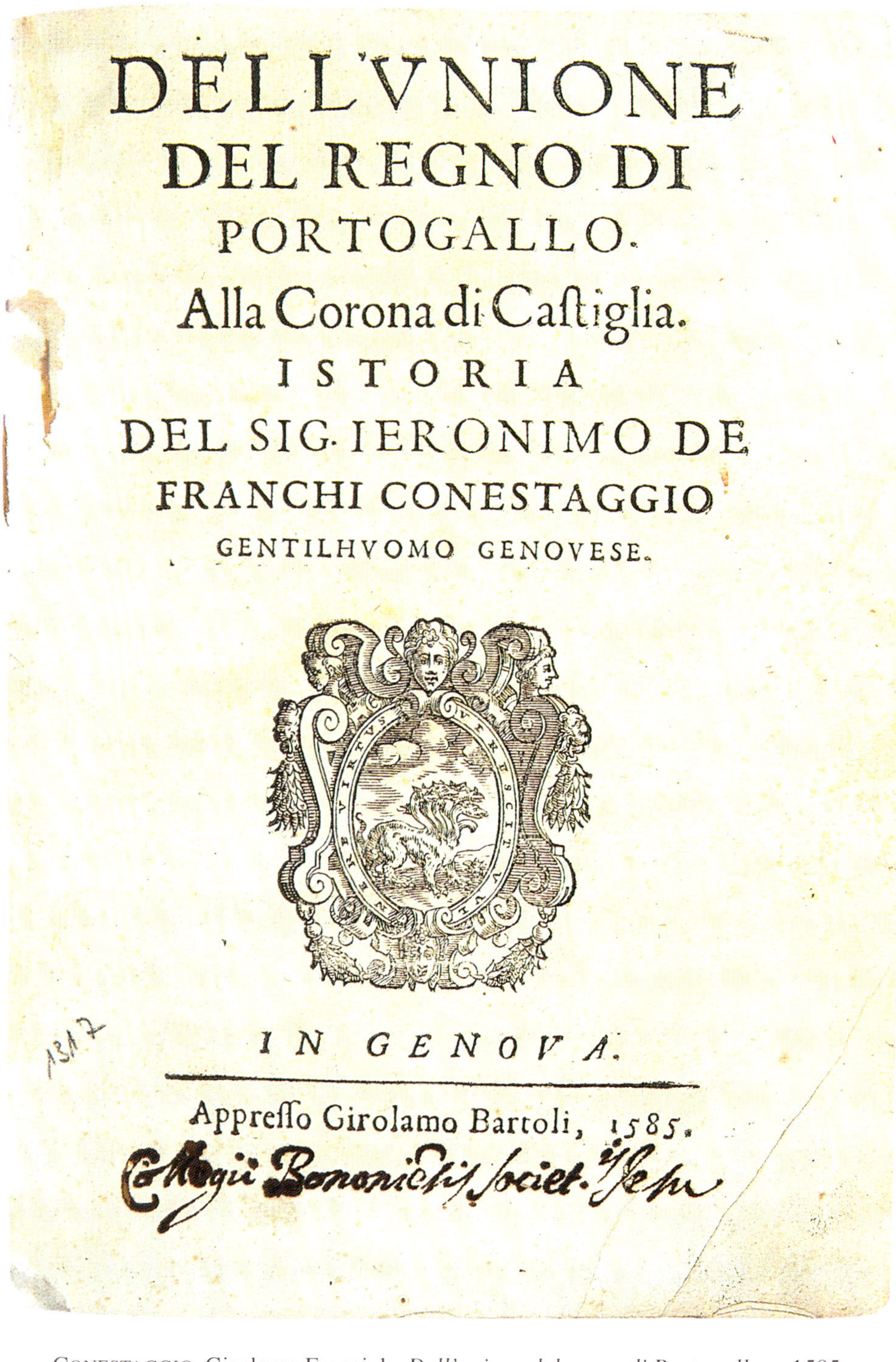

DELL'VNIONE
DEL REGNO DI
PORTOGALLO.
Alla Corona di Castiglia.
ISTORIA
DEL SIG. IERONIMO DE
FRANCHI CONESTAGGIO
GENTILHVOMO GENOVESE.

IN GENOVA.

Appresso Girolamo Bartoli, 1585.

Collegii Bononiensis Societ. Jesu

CONESTAGGIO, Girolamo Franci de. *Dell'vnione del regno di Portogallo...*, 1585.
Página de rosto.
Figura 75 – nº de catálogo 145

AL SERENISSIMO

ET ILLVST.MI SS. DVCE
E GOVERNATORI

della Republica di Genoua.

IERONIMO DE
FRANCHI CONESTAGGIO.

LA maggior cu-
ra, che trauagli
le mēti de prin
cipi Serenissi-
mo, & Illustris
simi Signori è di conseruare, e di
aggrandire con l'industria, e con

A 2 la

CONESTAGGIO, Girolamo Franci de. *Dell'vnione del regno di Portogallo...*, 1585.
Folha de dedicatória.
Figura 76 – nº de catálogo 145

F. 114a-147b: Libro qvinto;
F. 148a-170b: Libro sesto;
F. 171a-198a: Libro settimo;
F. 198b-225a: Libro ottavo;
F. 225b-248b: Libro nono;
F. 249-264a: Libro decimo. Terminando: Con licenza de' Superiori.//
Verso da f. 264: em branco.

Afirma José Carlos Rodrigues que "o autor é muito injusto com os portugueses".
Jerônimo de Mendonça, em sua obra *Jornada de África* (Lisboa, 1607), responde às acusações e as refuta.
Escreve Palau a respeito: "Primera edición rarísima. Libro importante. Adquirió tanta celebridad que fué traducido al castellano, alemán, francés e inglés, imprimiéndose durante los últimos años del siglo XVI y primera mitad del XVII numerosas veces. Toda y Güell no la conoce limitándose a decir que existe edición de 1585. El autor, no es Conestaggio como figura en la portada. Haym, en su *Biblioteca Italiana*, 1803, p. 167 dice: 'Libro assai curioso falsamente attribuito al Conestaggio, essendone Autori Giovanni de Silva, che andò Ambasciatore del Re di Spagna per seguitare Emanuello Re di Portogallo in Africa'. Por otra parte Francisco Manuel de Melo, en sus *Apologos dialogais*, p. 341, dice: *A História da União de Portugal e Castella* que escreveu Hieronymo Franchi de Conestaggio, d'elle só tem o nome, mas o espírito e arte é de D. João da Silva, conde de Portalegre. José Teixeira conoció a Conestaggio del que dice que fué un gran embustero al servicio de mercaderes lisboetas. Almirante en cambio dice que fue obispo de Nardo y Arzobispo de Capua Y murió en 1635.
Existen ejemplares en la Bib. Nac. Madrid y en la de Paris."

Brunet v. 2, col. 217; Palau 313.372.

FFLCH-H; IEB

146.
DVRANDI, Gvlielmi. 1585

[em vermelho:] SPECVLVM// [em preto:] IVRIS// [em vermelho:] GVLIELMI DVRANDI.// [em preto:] Episcopi Mimatensis, Iuris V.D.// [em vermelho:] CVM IO. AND. BALDI DE VBALDIS,// [em preto:] aliorumq. aliquot praestantiss. Iurisc. Theorematibus.// NVNC DENVO AB INNVMERIS, QUIBVS

ANTEA// scatebat, erroribus atq. mendis summa industria, et labore repurgatum.// PARS SECVNDA// [marca tipográfica]// VENETIIS, M D LXXXV.//

53 fls. prels., 352 p. nums. (Erros de paginação: 107 i. e. 97; 25 i. e. 253; 306 i. e. 322). -- Assinatura: *(4?) a-h(6) i(4) A-Y(8). (Erros de assinatura: Faltam folhas *(1), *(4), a(1)).

Restaurada.
Reencadernação em pergaminho para cada parte (1ª; 2ª; 3ª e 4ª juntas).
Acondicionada em caixa com pH neutro para cada parte (1ª; 2ª; 3ª e 4ª juntas).
Texto impresso em duas colunas, mas as páginas preliminares estão em três colunas.
Letra ornamental iniciando os parágrafos.

Falta a página de rosto.
F. 2a: [barra ornamental]// VITA GVLIELMI// DVRANDI,// EX CELEBERRIMI J. C. JOANNIS FICHARDI// Francofortensis Periochis vitarum jureconsultorum// neopalaeorum exscripta.// [meio da página]// DE EODEM// EX BIBLIOTHECA D. CONRADI// Gesneri Tigurini Decerptum.//
F. 2b: ITEM// DE EODEM FRANCISCVS// HOTOMANVS IN SVO COMMENTARIO// VERBORVM IVRIS.//
F. 3a-3b: [barra ornamental]// INDEX// RVBRICARVM TOTIVS// SPECVLI IVRIS.// [vinheta]//
F. 4: Falta.
F. [5a-56b] [suposição, pois não possui paginação, só assinatura]// Repertorium in// Speculum G. Durandi.// [título impresso no alto das páginas].
P. 1-352: Segue texto.
P. 352, abaixo das colunas: SPECVLI GVLIELMI DVRANDI, SIMVLQVE ANNOTATIO-// num Ioannis Andreae, Baldi, ac reliquorum, Paris primae.//
2ª parte.
P. [353]-930. -- (Erros de paginação: 365 i. e. 377; 528 i. e. 518; 635 i. e. 633; 668 i. e. 660; 880 i. e. 872). -- Assinatura: Aa-Zz(8) Aaa-Mmm(8) Nnn(9) [Falta a última folha, em branco?].
Verso da página de rosto: em branco.
P. 355-930: Segue o texto.
P. 930; abaixo das colunas: SPECVLI DO. GVGLIELMI DVRANDI, SIMVLQVE// Annotationum Ioan. Andreae, Baldi, ac reliquorum,// Partis Secundae Finis.//

2586

SPECVLVM
IVRIS
GVLIELMI DVRANDI.
Epiſcopi Mimatenſis, Iuris V.D.
CVM IO. AND. BALDI DE VBALDIS,
aliorumq. aliquot præſtantiſs. Iuriſc. Theorematibus.
NVNC DENVO AB INNVMERIS, QVIBVS ANTEA ſcatebat, erroribus atq. mendis ſumma induſtria, et labore repurgatum.
PARS SECVNDA.

VENETIIS, M D LXXXV.

DVRANDI, Gvlielmi. *Specvlvm ivris Gvlielmi Dvrandi. Episcopi mimatensis...*, 1585.
Página de rosto.
Figura 77 – nº de catálogo 146

3ª e 4ª partes.
P. 1-522 (a paginação foi reiniciada). (Erros de paginação: 133 i. e. 233; 549 i. e. 349; 459 i. e. 359; 42 i. e. 421; 423 i. e. 425; 498 i. e. 510). -- Assinatura: a-z(8) aa-ii(8) kk(6).

Falta página de rosto.
Faltam as páginas iniciais.
P. 3-55: GVLIELMI DVRANDI// VTRIVSQVE CENSVRAE// OMNIVM CALCVLO,// HAVD DVBIE PRINCIPIS,// ET OMNIVM PRACTICORVM OCVLATISSIMI,// EXCELLENTISSIMIQVE DVCIS,// Speculi Pars Tertia, & Quarta,// SVMMO STVDIO ACCVRATE RECOGNITAE, ET IN NON// paucis cum in corpore, tum in his, quae ab Ioan. And. Baldoq'ue inuecta, adiectaque// fuerant, auctiores & ornatiores redditae.//
P. 56-522: LIBER QVARTVS// SPECVLI GVLIELMI DVRANDI,// ET ADDITIONVM IN ID// Ioannis Andreae excellentissimi. I.V.// ornamenti, & facile principis.//
P. 522: abaixo das colunas: TERTIAE, ET QVARTAE PARTIS SPECVLI// D.G. DVRANDI, FINIS.//

FD-BTA

147.
TASSO, Torquato, 1544-1595. 1585

APOLOGIA// DEL S. TORQVATO// TASSO.// IN DIFESA DELLA SVA// GIERVSALEMME// LIBERATA// Con alcune altre Opere, parte in [...]// parte in difesa dell'Orlando Furioso// dell'Ariosto. Della Gierusalem-// me istessa, e dell'Amadigi// del Tasso Padre.// I titoli tutti sí leggono nella seguente// facciata.// CON PRIVILEGIO// [marca tipográfica]// In Mantoua, Per Francesco Osanara// D L X X X V.//

69 fls. não nums., 219 p. (Erros de paginação: 114 i. e. 214; as páginas 154, 159, 162, 189 e 190 não foram paginadas). -- Assinatura: a(8) A-E(12) A-I(12) K(4).

O verso da página de rosto apresenta o conteúdo do volume.
F. 2a-2b: ALL'ILLVSTR.// ET ECCELL. SIG.// e patron mio sempre// esseruandiss.// Il Sig. Don Ferrante Gonzaga Principe// di Molfetta, e Sig. di Guastalla &c.// [datado de:] Ferrara a 20 de julho de 1585.//

F. 3a-5a: AL LETTORE// Giouan Battista Licini.//
F. 5b-6a: LO STAMPATORE// A I LETTORI.//
F. 6b: DOMENICO// COMANINI.// In lode del Sig. Torquato Tasso.//
F. 7a: DEL MEDESIMO// al medesimo.//
F. 7b: AL S. TORQVATO// TASSO.// ANGELO GRILLO.//
F. 8a: DEL MEDESIMO// AL MEDESIMO IN LO-// de del suo Poema.//
F. 8b: D'INCERTO// avtore.// [vinheta]//
F. 9a-69b: DE GLI// ACCADEMICI// DELLA CRVSCA// DIFESA DELL'ORLANDO// FVRIOSO DELL'ARIOSTO// Contra'l Dialogo dell'Epica// poesia di Camillo// Pellegrino.// Stacciata prima.// [vinheta]//
F. 9b: em branco.
F. 10a-10b: AL MOLTO// ILLVS. SIG.// IL SIG. ORATIO// RVCELLAI, &c.// Bastiano de, Rossi.// [datado de:] Firenza a 16 de fevereiro de 1584.//
F. 11a-11b: IL SEGRETARIO// DELL'ACCADEMIA// DELLA CRVSCA.// A'Lettori.//
Da f. 12 em diante segue-se o "DIALOGO".
Na p. 1 vem então a "APOLOGIA" com a seguinte página de rosto: APOLOGIA// DEL S. TORQVATO// TASSO.// IN DIFESA DELLA SVA// GIERVSALEMME// LIBERATA.// [marca tipográfica]// IN MANTOVA,// – // Per Francesco Osanna.// M D L X X X V.//
Verso da página de rosto: em branco.
P. 3-10: APOLOGIA// DEL S. TORQVATO// TASSO.//
P. 101-161: LETTERE// DIVERSE SCRITTE// DAL SIGNOR// Torquato Tasso.// Et da altri in materia della Gierusa-// lemme Liberata.// Con una del Tasso medesimo in// lode dell'Ariosto.// [vinheta].//
P. 162-188: PARERE// DEL SIGNOR// FRANCESCO// PATRICI,// IN DIFESA DELL' ARIOSTO.// [vinheta].//
P. 189-219: [ornamento tipográfico]// DIFESE// DELL'ORLANDO// FVRIOSO// DELL'ARIOSTO// FATTE DAL S.// Horatio Ariosto.// [vinheta]//
No final da p. 219 temos ainda o "REGISTRO".//
Verso da p. 219: em branco.

Esta apologia é a resposta do poeta a uma crítica feita por Salviati. Este, por sua vez, a responde com a seguinte obra.: "Salviati (Lion:) – Del primo infarinato cioè della risposta dello infarinato academico della Crusca all'apologia di Torquato Tasso. Verona, 1590, in 8º".

Afirma Brunet que "toutes ces pièces sont rares, mais de peu de valeur".

Manuel dos Santos (nº 6279) cita uma edição de "Ferrara, appresso Giulio Cesare Cagnacini, et Fratelli, 1585", como sendo muito rara.

Brunet 731 (Supl.).

IEB

148.
CIPOLLA, Bartoloméo, m. ca. 1477. 1586

VARII AC PERVTILES// TRACTATVS// D. BARTHOLOMAEI// CAEPOLLAE VERONENSIS.// PRAECLARI ET EXIMII I. V. D.// CVM INSIGNI ACCESSIONE ALIQVORVM// in similibus materijs Tractatuum:// Summarijs, apostillis, atque Indice vniuersali ad omnes materia// contentas locupletan:// Et Nouissimè mendis innumeris recogniti.// QVORVM CATALOGVM SEQVENS PAGINA INDICABIT// [marca tipográfica]// VENETIIS,// Apud Haeredes Petri Dehuchini.// – // M D LXXXVI.//

40 fls. prels., 353 fls. nums., 1 fl. não num. (Erros de foliação: 10 i. e. 19; 60 i. e. 90; 100 i. e. 104; 112 i. e. 111; 117 i. e. 115; 119 i. e. 117; 168 i. e. 186; 29 i. e. 290). -- Assinatura: a-e(8) A-Z(8) Aa-Vv(8) Xx(10).

Exemplar com furos.
Texto impresso em duas colunas.
Algumas notas a lápis.

Verso da página de rosto: CATALOGVS TRACTATVVM.//
F. 2a-18b: REPERTORIVM// IN// TRACTATVS// DE SERVITVTIBVS// VRBANORVM,// ET RVSTICORVM PRAEDIORVM.//
F. 18b-40b: REPERTORIVM// SVPER TITVLIS,// De vsucapione, Pro emptore, Pro donato, Pro dote, Pro suo,// Pro soluto, Pro legato, Pro derelicto.//
Seguem, então, os diversos tratados descritos por Caepolla. Acham-se inseridos dois trabalhos dos autores Io. Thierri [f. 249-250a] e de D. Thomae Ferrati. [f. 311a-353b].
Última folha sem paginação: em branco.

FD

AVVISI DEL GIAPONE// DE GLI ANNI M. D. LXXXII.// LXXXIII. ET LXXXIV.// Con alcuni altri della Cina dell// LXXXIII. ET LXXXIV.// Cauati dalle lettere della Compa-// gnia di Giesù.// Ricennte il mese di Dicembre.// M. D. LXXXV.// [emblema jesuítico]// IN ROMA, Per Francesco Zanetti.// M. D. LXXXVI.// – // CON LICENTIA DE'SVPERIORI//

188 p. -- Assinatura: A-L(8) M(6).

Verso da página de rosto: em branco.
P. 3-76: [vinheta]// Del progresso del Christianesimo, delle// violenta morte di Nobunanga,// & delle risolutioni da quel// la seguite.//
P. 77-127: [vinheta]// Di varij battesimi, & delle guerre// nate fra i successori di No-// bunanga.// [datada de:] 2 de janeiro de 1584.]//
P. 128-168: [vinheta] DELLA CONVERSIONE// di molti Pagani, del feruer de' fe-// deli, & di vna marauiglio-// sa vittoria di D. Prota-// sio contra vn Tiran-// no Gentile.// [datada de:] Nagazachi, alli 3. di Settembre. 1584.//
P. 169-175: Come alcuni della Compagnia sono en-// trati dentro a terra ferma: & di// alcune primitie del Christianesimo:// & della speranza che v'e di pro-// gresso.// Di vna del P. Michele Ruggiero Napoli-// tano de li 7. di Febraro. 1583.// dalla Città di Sciau-// chino.//
P. 175-176: Di vna del P. Francesco Pasio Bolo-// gnese, delli 27. di Giugno.// 1583.
P. 176-177: Di vnà del P. Francesco Cabrale su-// periore della Casa di Amacano// delli 20. di Nouembre.// 2583 [sic].//
P. 177-179: Di vn'altra del P. Michele Ruggie-// ro di Amacano di 25. di Ge-// naro. 1584.//
P. 179-180: Di vn'altra del medesimo da Sciauchi// no di, 30. di Maggio,// 1584.//
P. 181-182: Di vn'altra del medesimo di Amaca-// no delli 21. di Ottobre. 1584.//
P. 182-183: Di vnà del P. Matteo Ricci Mace-// ratese delli 30. di Nouembre.// 1584. dalla Città di// Cantone.//
P. 183-188: Di vnà del P. Francesco Cabrale Por-// tughese, di Amacano de gli 8. di// Dicembre. 1584.//

A relação do Japão do p. Luis Fróes ocupa a maior parte do livro, contendo informações interessantes a respeito desse país, descrevendo também a morte violenta do príncipe Nobunaga, amigo dos Cristãos e Missionários, a revolta que se seguiu e as guerras contra seu irmão, seu sucessor. As novas da China vêm dos padres Ruggiero, Pasio, Cabrale e Ricci, conforme se poderá verificar pelo conteúdo.

Barb. Mach. v. 3, p. 98; IFS t. 5, p. 292; Maggs 519-154.

IEB-LAM

150.a.

LERY, Jean de, 1534-1611. 1586

HISTORIA// NAVIGATIONIS// IN BRASILIAM,// QVAE ET AMERICA// DICITVR.// QVA DESCRIBITVR AVTORIS// nauigatio, quaéque in mari vidit memoriae pro-// denda : Villegagnonis in America gesta: Brasi-// liensium victus & mores; à nostris admodum a-// lieni, cum eorum linguae dialogo animalia etiam,// arbores,atque herbae, reliquáque singularia & no-// bis penitùs incognita.// A IOANNE LERIO BVRGVNDO// Gallicè scripta. Nunc verò primum Latinitate// dinata,& variis figuris illustrata.// [marca tipográfica]// EXCVDEBAT// EVSTATHIVM VIGNON.// – // ANNO M D LXXXVI.//

32 fls. não nums., 341 i. e. 358 p., + 8 p. não nums. (Erros de paginação: 171 i. e. 177; 182 i. e. 180; 183 i. e. 181; da p. 223 salta para 206 novamente). -- Assinatura: *-****(8) A-Y(8) Z(4) a(8).

Notas marginais impressas.
Estampas: p. 90, 186, 192 (desdobrável), 193, 207, 218, 252, 266.
Músicas: p. 140, 214, 219, 220.

Para a descrição do conteúdo ver o nº 150.c.

Os exemplares desta edição de 1586 apresentam variantes quanto ao nome do tipógrafo. Assim, esta é a primeira, pois traz um erro de gênero no nome do referido tipógrafo: Evstathivm.

150.b. 1586

HISTORIA// NAVIGATIONIS// IN BRASILIAM,// QVAE ET AMERICA// DICITVR.// QVA DESCRIBITVR AVTORIS// nauigatio, quaéque in mari vidit memoriae pro-// denda : Villagagnonis in America gesta: Brasi-// liensium

LERY, Jean de. *Historia Navigationis in Brasiliam...*, 1586. Detalhe da encadernação em couro.
Figura 78 – nº de catálogo 150

HISTORIA

NAVIGATIONIS IN BRASILIAM, QVÆ ET AMERICA DICITVR.

QVA DESCRIBITVR AVTORIS nauigatio, quæque in mari vidit memoriæ prodenda: Villagagnonis in America geſta: Braſilienſium victus & mores, à noſtris admodum alieni, cum eorum linguæ dialogo: animalia etiam, arbores, atque herbæ, reliquáque ſingularia & nobis penitus incognita.

A IOANNE LERIO BVRGVNDO Gallicè ſcripta. Nunc verò primum Latinitate donata, & variis figuris illuſtrata.

EXCVDEBAT

EVSTATHIVM VIGNON.

ANNO CIↃ IↃ LXXXVI.

997

LERY, Jean de. *Historia navigationis in Brasiliam, qvae et America...*, 1586.
Páginas de rosto de exemplares desta edição, que apresentam
variantes quanto ao nome do tipógrafo.
Figura 79 – nº de catálogo 150

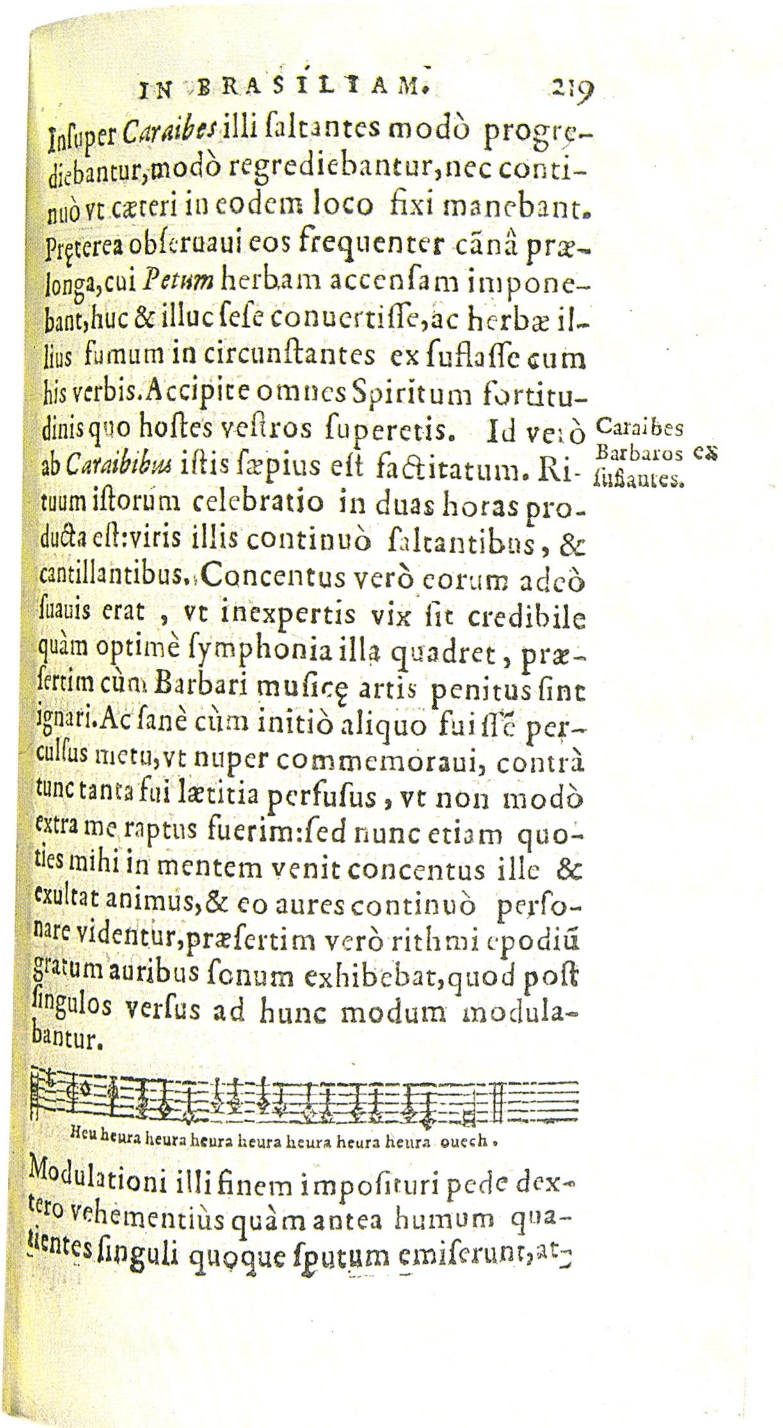

IN BRASILIAM. 219

Inſuper *Caraibes* illi ſaltantes modò progrediebantur, modò regrediebantur, nec continuò vt cæteri in eodem loco fixi manebant. Prȩterea obſeruaui eos frequenter cānâ prælonga, cui *Petum* herbam accenſam imponebant, huc & illuc ſeſe conuertiſſe, ac herbæ illius fumum in circunſtantes ex ſuflaſſe cum his verbis. Accipite omnes Spiritum fortitudinis quo hoſtes veſtros ſuperetis. Id verò ab *Caraibibus* iſtis ſæpius eſt factitatum. Rituum iſtorum celebratio in duas horas producta eſt: viris illis continuò ſaltantibus, & cantillantibus. Concentus verò eorum adeò ſuauis erat, vt inexpertis vix ſit credibile quàm optimè ſymphonia illa quadret, præſertim cùm Barbari muſicȩ artis penitus ſint ignari. Ac ſanè cùm initiò aliquo fuiſſē perculſus metu, vt nuper commemoraui, contrà tunc tanta fui lætitia perfuſus, vt non modò extra me raptus fuerim: ſed nunc etiam quoties mihi in mentem venit concentus ille & exultat animus, & eo aures continuò perſonare videntur, præſertim verò rithmi epodiū gratum auribus ſonum exhibebat, quod poſt ſingulos verſus ad hunc modum modulabantur.

Caraibes Barbaros ex ſuſflantes.

Heu heura heura heura heura heura heura heura ouech.

Modulationi illi finem impoſituri pede dextero vehementiùs quàm antea humum quatientes ſinguli quoque ſputum emiſerunt, at-

LERY, Jean de. *Historia navigationis in Brasiliam...*, 1586. – Detalhe de página contendo partitura.
Figura 80 – nº de catálogo 150

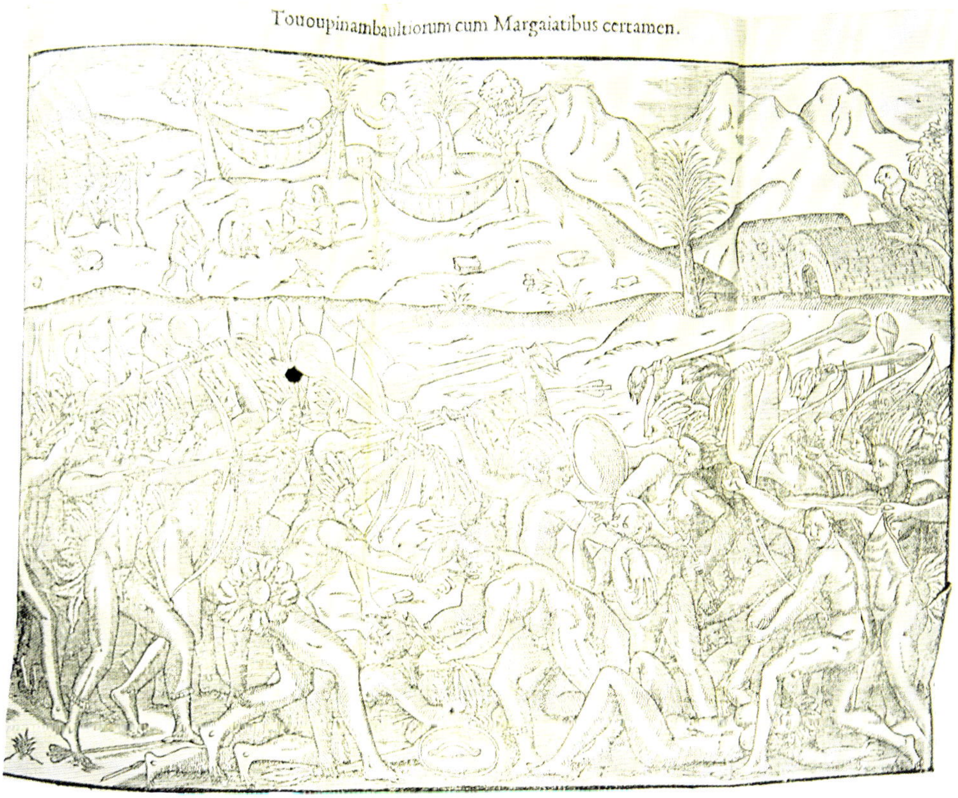

LERY, Jean de. *Historia navigationis in Brasiliam, qvae et America...*, 1586.
Gravura.
Figura 81 – nº de catálogo 150

LERY, Jean de. *Historia navigationis in Brasiliam, qvae et America...*, 1586.
Ilustração.
Figura 82 – nº de catálogo 150

victers & mores, à nostris admodum a-// lieni,tum eorum linguae dialogo: animalle etiam,// arbores,atque herbae,reliquáque singularia & no-// bis penitùs incognita.// A IOANNE LERIO BVRGVNDO// Gallicè scripta. Nunc verò primum Latinitate// donata, & variis figuris illustrata.// [marca tipográfica]// EXCVDEBAT// EVSTATHIVS VIGNON.// – // ANNO M D LXXXVI.//

32 fls. não nums. 341 i. e. 358p. + 8 p. não nums. (Erros de paginação: 171 i. e. 177; 182 i. e. 180; 183 i. e. 181; da p. 223 salta para 206 novamente.). -- Assinatura: *-****(8) A-Y(8) Z(4) a(8).

Notas marginais impressas.
Estampas: p. 90, 178/9 (desdobrável), 186, 193, 207, 218, 252, 266.
Partituras: p. 140, 214, 219, 220.

Para a descrição do conteúdo ver o nº 150.c.

Conforme já mencionado (ver o número anterior), esta edição apresenta a variante quanto ao nome do impressor. Neste exemplar o erro foi corrigido e colou-se a letra S sobre a letra M.

150.c. 1586

HISTORIA// NAVIGATIONIS// IN BRASILIAM,// QVAE ET AMERICA// DICITVR.// QVA DESCRIBITVR AVTORIS// nauigatio, quaéque in mari vidit memoriae pro-// denda : Villagagnonis inAmerica gesta : Brasi-// liensium victus & mores, anostris admodum a-// lieni, cum eorum linguae dialogo: animalia etiam,// arbores,atque herbae,reliquáque singularia & no-// bis penitùs incognita.// A IOANNE LERIO BVRGVNDO// Gallicè scripta, Nauc verè primum Latinitate/ donatae, & variis figuris illustrata.// [marca tipográfica]// EXCVDEBAT// EVSTATHIVS VIGNON.// – // ANNO M D LXXXVI.//

40 fls. prels. não nums., 341 i. e. 358p. + 1 p. não num. (Erros de paginação: 171 i. e. 177; 182 i. e. 180; 183 i. e. 181; da p. 223 salta para 206). -- Assinatura: x-xxxx(8) a(8) A-Y(8) Z(4).

Notas marginais impressas.
Estampas: p. 90, 186, 193, 207, 218, 252, 266.
Partituras: p. 140, 214, 219, 220.

Verso da página de rosto: em branco.
Da f. 2a-4b temos a carta-dedicatória de Léry ao [barra ornamental] ILLVS-TRISSIMO// ET POTENTISSIMO// PRINCIPI AC DOMINO,// D. VVIL-LELMO LAND-// GRAVIO HASSIAE, Comiti in// KATZENELBOGEN, DIETZ, ZI-// GENHAIM & NIDDA, &c. Domino// suo clementissimo.// [datado de:] Cal.Febr. 1586.//
F. 5a: [barra ornamental]// Um poema em grego.
F. 5b: [barra ornamental]// Um poema dedicado "AD IOANNEM LERIVM// AMERICANAE HISTO-// riae Scriptorem."// por I.I.B.//
F. 6a: [barra ornamental]// IN HISTORIAM AME-// RICANAM AB IOAN-NE// Lerio Conscriptam.// [assinada por:] St.T.//
F. 6b: Mais um poema da autoria de G.M.N. e intitulado: [barra ornamental]// "IN IOANNEM LERIVM// EIVSQVE DE AMERI-// cana peregrinatione hi-// storiam".//
F. 7a-8a: [barra ornamental]// TOTIVS HISTORIAE SVM-// ma capita.// Praefatio quà Theueti errores ac fraudes// coarguuntur.//
F. 9a-29b: [barra ornamental]// IOHANNIS LERII// IN HISTORIAM SVAM// PRAEFATIO,// Qua Theueti errores ac fraudes praecipuè// coarguit.//
F. 30a-31a: PSALMVM CVII HVIC NA-// uigationi accommodatissimum, ex D.// Th. Bezae paraphrasi poetica descri-// ptum hoc loco apponere visum est.//
F. 31b e 32: em branco.
F. 33a-40b: [barra ornamental]// INDEX ALPHABETICVS// RERVM ET VERBO-// rum in hac historia ob-// seruandorum.//
Segue, então, a obra que se divide em 22 capítulos.
Verso da p. 341 contém a "Errata operarum sic corrige".

Falta neste exemplar uma estampa desdobrável, reproduzindo uma batalha dos Tupinambás.

Na coleção Lamego possuímos outro exemplar desta mesma edição, com a modificação de um caderno (assinatura a(8)) que se encontra no fim da obra (índice).
Esta edição já apresenta a correção do erro do gênero no nome do tipógrafo: Evstathiv<u>s</u>.

BB v. 1, p. 405; Garraux 215 (2ª); JCBrown v. 1, p. 308; JCR 1.399; Sabin 40.153.

IEB

151.

SERAPHINIS, Seraphin de. 1586

TRACTATVS// DE PRIVILEGIIS// IVRAMENTI// amplissimus,// OMNIBVS LEGVM STVDIOSIS// Maxime vtilis et necessarius.// Nouiter editus// PER SERAPHINVM DE SERAPHINIS// Iurisconsultum Senensem.// Indice locupletissimo praecipuarum rerum,quae in ipso tractantur,alphabeti ordine// digesto,ac nomenclatura Priuilegiorum.// DE SUPERIORVM LICENTIA.// [marca tipográfica]// BERGOMI, Typis Comini Venturae & Sociorum.// Ad instantiam Sp. Viri D. Francisci. Francisc. Senensis.// M D L X X X V I.//

42 fls. prels., 749 p. (Erros de paginação: 82 i. e. 72; 49 i. e. 79; 80 i. e. 76; 237 i. e. 227; 131 i. e. 311; 319 i. e. 313; 132 i. e. 321; 375 i. e. 371; 435 i. e. 436; de 437 pula para 441; 551 i. e. 553; de 591 volta para 588; 699 i. e. 689; 731 i. e. 729; 734 i. e. 732; de 732 pula para 735). -- Assinatura: a-d(8) e(10) A-Z(8) Aa-Zz(8) Aaa(8). (Erros de assinatura: Diij i. e. Cciij; Dd 4 i. e. Cciiij; Nn 2 i. e. Ll ij).

Exemplar com pouco restauro.
Texto impresso em duas colunas.

Verso da página de rosto: em branco.
F. 2a-2b: SERENISSIMO// Francisco Medici// MAGNO DVCI// HETRVRIAE II.// SERAPHINVS DE SERAPHINIS// F.P.//
F. 3a-3b: SERAPHINVS// DE SERAPHINIS// EGREGIO IVRISCON. D. VINCENTIO// CASACCINO POLITIAN. S.P.//
F. 4a-4b: VINCENTIVS// CASACCINVS POLITIANVS// D. Seraphino nobili Iuriscons.senensi.//
F. 4b, abaixo do texto: EIVSDEM// VINCENTII CASACC.// TETRASTICON// Ad Auctorem.//
F. 5a-7b: INDEX// PRIVILEGIORVM,// QVAE IN HOC TRACTATV// habentur.//
F. 8a-42b: INDEX RERVM// ET SENTENTIARVM// NOTABILIVM,// Quae in hoc opere continentur.//

Segue, então, a obra propriamente dita, que trata de 174 privilégios.
Verso da p. 749: em branco.

Adams S-961.

FD

152.

TIRAQUEAU, André, 1480?-1558. 1586

ANDREAE// [em vermelho:] TIRAQVELLI// [em preto:] REGII IN CVRIA// [em vermelho:] PARISIENSI// [em preto:] SENATORIS,// [vinheta pequena]// EX COMMENTARIIS IN// [em vermelho:] PICTONVM CONSVETVDINES// [em preto:]// Sectio de Legibus Connubialibus,// [em vermelho:] Ex Iure maritali,// [em preto:] Postrema hac editione feliciùs , quàm anteà renata,// accuratissimi [...] repurgata.// [em vermelho:] CVM INDICIBVS COPIOSISSIMIS.// [marca tipográfica]// [em vermelho:] LVGDVNI,// [em preto:] APVD GVLIELMVM ROVILLIVM// SVB SCVTO VENETO.// [em vermelho:]// – // M.D.LXXXVI.// [em vermelho:] CVM PRIVILEGIO REGIS.//

10 fls. prels., 480 p., 32 fls. não nums. (Erros de paginação: 112 i. e. 102; de 169 pula para 180; de 190 volta para 181). -- Assinatura: †(6) **(4) A-Z(6) AA-RR(6) Aaa-Ddd(6) Eee(8).

Restaurada.
Reencadernação em couro de cabra na cor castanha.
Texto impresso em duas colunas.
Alguns tipos gregos.
Página de rosto impressa em preto e vermelho.

Verso da página de rosto: Retrato de André Tiraqueau e abaixo: IO. VICTORII IN EFFIGIEM ANDREAE// TIRAQVELLI..., REGII IN CVRIA// Parisiensi [...] Hexastichon.// [mais abaixo:] Extraict du Priuilege du Roy.//
F. 2a: [barra ornamental]// IOANNES NICO-// LAVS VICTORIVS LE-// CTORI SALVTEM D.// [vinheta]//
F. 2b-3b: [barra ornamental]// IACOBVS SPIFA-// MVS IN SENATV PA-// RISIENSI INQVISITIONVM// PRAESES, AD LECTOREM.// [vinheta]// [datado:] ... Lutetiae Parisiorum pridie// Calendas. Septemb.// 1545.//
F. 4a: ROBERTI RIBAVDELLI AC D.I.// Spifamum Praesidem meritiss. de D.And. Tira-// quelle [...] cero suo.// [mais abaixo:] MICHAELIS HOSPITALIS, REGII// in Curia Parisiensi Senatoris.//
F. 4b: AD LECTOREM N. CLERICI// Consil. Regij In Curia Parisiensi.//
F. 4b-5b: BARTHOLOMAEI FAII, REGII// in Curia Parisiensi Senatoris.//

F. 5b: IACOBVS VERIVSIVS TORNVTIVS,// Curiae Parisiensis Consiliarius, in editum ab Andrea...// Tiraquello collega suo libellum, hoc// carmen ludebat, 1546.//
F. 5b-6a: D. ANDREAE TIRAQVELLO// Parisiens: Senatori amplissimo, Sal-// monius Macrinus.//
F. 6a: IDEM.// [mais abaixo:] Andreae Tiraquello Claudius Coteraeus.//
F. 6b: [barra ornamental]// NICOLAVS QVAELAINVS INQVI-// SITIONVM IN CVRIA PARISIENSI PRAESES// Andreae Tiraquello, eiusdem Curiae Con-// siliario doctissimo.//
F. 7a: [barra ornamental]// EIVSDEM AD LECTOREM.// [mais abaixo:] ALEXANDRI GOEVROTII IN EADEM// Curia Consiliarij, a[...]ludentis ad patriam, oppidum,// & nomen Autoris.// [outro:] EIVSDEM.// [mais outra:] IACOBI PELETARII CENOMANI// Hexastichon.//
F. 7b: [barra ornamental]// MICHAEL TIRA-// QVELLVS FONTINIEN-// SIS PRAEFECTVS LE-// CTORIS.//
F. 8a-8b: [barra ornamental]// ANDREAS TIRA-// QVELLVS CANDIDO// LECTORI SALVTEM.// [vinheta pequena]//
F. 9a-10b: [barra ornamental]// ANDREAS TIRAQVEL-// LVS STVDIOSIS// [vinheta pequena]// [datado:] Anno millesimo quingen-// tesimo vigesimoquarto.//
F. 10b, abaixo da carta:// GVLIELMVS ROVILLIVS, LECTORI S.//
Segue o texto nas páginas numeradas num total de nove glosas.
F. 1a-27b, não numeradas: [barra ornamental]// TABVLA ALPHABETICA// GENERALIS OMNIVM RE-// RVM HIC TRACTARVM.// ...
F. 28a-32a: TABVLA QVAESTIO-// NVM ET RERVM, PRIVATIM AD// NOSTRAM CONSVETVDINEM PER-// tinentium, ex ordine operis.//
Verso da f. 32: em branco.

FD

153.

TIRAQUEAU, André, 1480?-1558. 1586

[em preto:] ANDREAE// [em vermelho:] TIRAQVELLI// [em preto:] REGII IN CVRIA// [em vermelho:] PARISIENSI// [em preto:] SENATORIS,// [em vermelho:] [vinheta]// [em preto:] SEMESTRIA// [em vermelho:] IN GENIALIVM DIERVM// [em preto:] Alexandri ab Alexandro Iurispe-// riti Neapolitani,// LIB. VI.// [em vermelho:] Cum Indice Capitum, Rerúmque & Verborum locupletissimo.// [marca tipográfica]// LVGDVNI,// Apud Gulielmum

Rouillium, sub scuto Veneto,// – // M. D. LXXXVI.// Cum Priuilegio Caes. Maiest. & Christianissimi Galliarum [...]

6 fls. prels., 10011 i. e. 1011 p., 38 fls. não nums. (Erros de paginação: (Provavelmente não são todos, mas como o exemplar freqüentemente está com furos no lugar da paginação, fica difícil indicá-la corretamente) 13 i. e. 135; 907 i. e. 607; 560 i. e. 660; 761 i. e. 661; 664 i. e. 964; 10011 i. e. 1011). -- Assinatura: *(6) A-Z(6) Aa-Zz(6) AA-ZZ(6) AAa-XXx(6) YYy(4). (Erros de assinatura: D 2 i. e. E 2; G 2 i. e. H 2).

Restaurada.
Reencadernação em couro de cabra, em estilo da época.
Acondicionada em caixa com pH neutro.
Exemplar cortado na parte superior.
Notas marginais impressas.
O texto é impresso parte em página inteira, parte em duas colunas.
Alguns tipos gregos.

Verso da página de rosto: Summa Priuilegij Imperatorij.// [mais abaixo:] Extraict du priuilege du Roy de France// & de Pologne.//
F. 2a-2b: [barra ornamental]// NOBILISSIMO, CLARISSIMOQVE// PHILIPPO HVRALTO CHEVERNIO FRANCIAE// CANCELLARIO, torquetae vtriusque Regis Militiae// Nomophylaci, Pro[...]iarum, Aurelianen.// Carnut Bl[...]en. Ambaciac.// Iuliodun Retrori.// [datado:] Lugduno,// octauo Idus Maij:// 1586.//
F. 3a-3b: [barra ornamental]// LECTORI.//
F. 3b, abaixo do texto: QVAE DE AVTORIS VITA EX HISCE// Commentariis colligere licuit.//
F. 4a: [barra ornamental]// AD ILLVSTREM// ANDREAM AQVAE VIAM,// DVCEM ADRIAE, VIRVM ELOQVENT.// Alexandri ab Alexandro, Iurisperiti// Neapolitani, in suos// Geniales dies,// PRAEFATIO.//
F. 4b-6a, impressas em duas colunas: [barra ornamental]// INDEX CAPITVM LIBRI PRIMI// GENIALIVM DIERVM.//
F. 6b: [barra ornamental]// IN REDVCTIONEM LOCORVM// ALEXANDRI AB ALEXANDRO AD// suos fontes per D.Andr. Tiraquel-// lum, Octostichon.// I.F.P.// [abaixo segue o retrato de Tiraqueau e ao pé deste:] IO. VICTORII IN EFFIGIEM ANDREAE// TIRAQVELLI, REGII IN CVRI// Parisiensi Senatoris, Hexastichon.//

Segue, então, a obra propriamente dita com anotações de TIRAQUEAU. Ela foi separada pelo encadernador em dois volumes, assim, o primeiro finaliza à p. 564, com o caderno que leva a assin. AA. O segundo volume segue o texto normalmente, sem nenhuma folha de rosto fictícia.
Verso da p. 10011 i. e. 1011: em branco.
Seguem-se as folhas não numeradas, impressas em duas colunas:
F. 1a-36b: [barra ornamental]// INDEX// RERVM AC VOCVM,// SCITV MAXIME DIGNARVM,// IN SEX GENIALIVM DIERVM// LIBROS ALEXANDRI AB// ALEXANDRO.//
F. 37a: OBSERVATIONES ALIQVOT IN// LIBROS GENIALIVM DIERVM ALEX.// AB ALEX. PRAEDICTIS NOSTRIS// annotationibus inserandae.//
F. 37b, impressa em seis colunas: BIBLIOTECA LECTORI S.//
F. 37b-38a: Errata in Annotationibus emendanda, sic vt primò pagina, secundò// columna, & tertiò litrera significetur.//
F. 38b: em branco.

FD

154.
JESUÍTAS. 1587

ANNVAE// LITTERAE// SOCIETATIS// IESV// ANNI. M. D. LXXXV.// AD PATRES, ET FRATRES// eiusdem Societatis.// [emblema jesuítico]// ROMAE,// In Collegio eiusdem Societatis.// M. D. LXXXVII.// Cum facultate Superiorum.//

362 p. (Erros de paginação: 110 i. e. 100; 215 i. c. 115; 76 i. e. 176; 255 i. e. 257; 263 i. e. 259). -- Assinatura: A-Y(8) Z(6).

Verso da página de rosto: em branco.
A carta inicia-se sendo dirigida aos padres e irmãos da Companhia de Jesus. Da p. 11 em diante começam as informações relativas às Províncias: ROMANA, NEAPOLITANA; SICILIA; VENETA; MEDIOLANENSIS; LVSITANIAE; BRASILIA; TOLETANA; CASTELLANA; ARAGONIA; BOETICA; MEXICANA; POLONIA; AVSTRIA; GERMANIAE SVPERIORIS; RHENI; FRANCIA; AQVITANIAE; LVGDVNENSIS e BELGICA.//
[datada de:] "Romae ex Collegio Romano// Prid. Id.Nouemb. M.D. LXXXVII."// [assinada por:] Nicolaus Orlandinus.//

BB v. 1, p. 31; Carayon 18; Sabin 1.607.

IEB

155.1.

AQUINAS, Thomas, s., 1225-1274. 1587

[em preto:] DIVI// [em vermelho:] T H O M A E// [em preto:] AQVINATIS ANGELICI// [em vermelho:] ECCLESIAE DOCTORIS// [em preto:] Singulare Praedicatorum familiae lumen// [em vermelho:] TOTIVS THEOLOGIAE// [em preto:] SUMMA// [em vermelho:] In tres partes distributa:// [em preto:] CVM COMMENTARIIS D. THOMAE DE VIO// Caietani, Card. sancti Xysti: atque tertiae partis, quàm D. Thomas morte.// praeuentus absoluere non potuit, ex aliis eiusdem Auctoris lucubrationibus,// supplemento: nunc quorundam Louaniensium Theologorum opera atque// labore, ex antiquiss. manuscriptis exemplaribus ab infinitis mendis repurgata.// [em vermelho:] PRIMA PARS// [em preto:] Cui addita sunt: Tractatus de Dei omnipotentia, Praescientia, & Praedestinatione eiusdem// D.Caietani: & Chrysostomi Iauelli Theologi in eandem Commentaria, ad// librorum prohibitorum Indicem, ex mandato Illustr.& Reuerend.// D.Gasparis à Quiroga Card.Archiepiscopi Toletani// Hispaniensis, Inquisitoris supremi,// editum, emendata.// [em vermelho:] Quid verò praeterea in hac postrema editione prastitum sit epistola ad Lectorem indicabit.// [marca tipográfica]// [em vermelho:] LVGDVNI,// [em preto:] [...]X OFFICINA IVNTARVM.// [em vermelho:] – // [em preto:] M. D. LXXXVII.//

8 fls. prels., 103, 499 p. (Erros de paginação: 19 i. e. 21; 21 i. e. 23; p. 55 sem numeração; 59 i. e. 61; 75 i. e. 76; 375 i. e. 275; 403 i. e. 401; 458 i. e. 438). -- Assinatura: †(8) A-D(6) E(3) (faltam)-H(6) I(4) A(6) B-Z(8) Aa-Hh(8) Ii(2). (Erros de assinatura: B e i. e. B 2 (p. 19)).

Restaurada.
Reencadernação em couro do tipo atanadinho na cor natural.
Notas marginais impressas.
Texto rodeado por comentários.
Obra impressa em duas colunas.
Obra em três partes, em quatro volumes.
Faltam as páginas 53/58.

Volume I, Parte I.
Verso da página de rosto: em branco.
F. 2a-2b: [barra ornamental]// BIBLIOPOLA SACRAE// THEOLOGIAE STVDIOSO// LECTORI S.//
F. 3a-3b: [barra ornamental]// AD REVERENDISSIMVM// IN CHRISTO PATREM, DOMINVM// OLIVERIVM CARRAPHE, CARDINALEM// Neapolitanum, Episcopum Hostiensem, ac Praedicatorum// ordinis protectorem, Thomae de Vio Caietani eiusdem// tunc ordinis Praedicatorum generalis Magistri,// nunc S.Xysti Presbyteri Cardinalis, in// Primae partis Summae sancti// Thomae Aquinatis// expositionem,// [três estrelas]// PRAEFATIO.//
F. 4a-5b: [barra ornamental]// OBSERVANDA IN HVIVS// SVMMAE D. THOMAE// LECTIONE.//
F. 6a-8b: [barra ornamental]// PRIMAE PARTIS SVMMAE// D. THOMAE AQVINATIS QVAESTIONVM// ET ARTICVLORVM LOCVPLETISSI-MVS// INDEX.//
Começa, então, a obra propriamente dita, dividida.
Da p. 1-103: [barra ornamental]// EXPOSITIO PRAECLARISSI-// MA EXIMII MAGISTRI CHRISOSTOMI// IAVELLI ORDINIS PRAEDICA-TORVM.// Theologi disertissimi in primum tractatum primae partis// Angelici Doctoris D.Thomae Aquinatis, Incipit faustè.//
Verso da p. 103: em branco.
P. 1-499, começa, portanto, com nova paginação e assinaturas: PRIMA PARS SVMMAE// THEOLOGIAE ANGELICI DO-// CTORIS SANCTI THO-MAE AQVINATIS,// CVM// COMMENTARIIS REVERENDISS. IN// CHRISTO PATRIS D.D. THOMAE DE VIO,// Caietani, ordinis Praedicato-rum, S.R.E. Tit. Xysti Presby-// teri Cardinalis artium ac sacrae Theologiae Doctoris celeberrimi.//
No meio da página 499, um pouco mais abaixo: SERIES CHARTARVM.// LVGDVNI EXCVDEBAT NICOLAVS// GVERIN, ANNO M.D.LXXX.//
Verso da p. 499: em branco.

Adams A-1.437 para o 1º v. de 1580.

155.1.

Volume I, Parte II. 1587

[em vermelho:] SEQVVNTVR INDICES// [em preto:] COPIOSISSIMI SEX,// [em vermelho:] QVORVM QVINQVE GENERALES SVNT// [em preto:] AD IPSAM D. THOMAE SVMMAM, SEXTVS// [em vermelho:] ad Caietani Commentaria pertinet.// [em preto:] Horum omnium notas [quibus breuitatis gratia vsi sumus] ita intellige, studiose Lector : Primus numerus// denotas partem Summae : Secundus numerus Quaestionem : Tertius Articulum, seu// Quaestiunculam: Quarta denique nota, Articuli partem, hoc modo:// [segue relação de abreviaturas e seus respectivos significados em duas colunas interligadas pela expressão "id est, in"] [primeira coluna com abreviaturas:] Ia.// I 2a.// 2 2a.// 3a.// [estas abreviaturas estão contidas em chave impressa em vermelho, seguida da expressão "id est, in"]// Suppl.// [seguem abreviaturas contidas em outra chave vermelha, seguidas da expressão "id est, in":] q.// a.// o.// c.// 1m.// 2m.// 3m.// [segunda coluna com o significado das abreviaturas descritas anteriormente:] [abre-se chave em vermelho abrangendo:] parte prima.// prima secundae, hoc est, in prima parte secundae partis: nam secunda pars// Summae in duas partes ab Auctore diuiditur.// secunda secundae.// tertia parte.// [texto fora da chave:] supplemento tertia partis.// [nova chave em vermelho abrangendo:] quaestione.// articulo: frequentius temen.a.omittitur;solo numero articulum designante.// toto articulo.// corpore articuli,hoc est, in responsione ad questionem.// responsione ad [segue a esta expressão outra chave em vermelho que a relaciona às expressões:] primum argumentum.// secundum argumentum.// tertium argumentum.// [segue texto em uma única coluna:] [em vermelho:] Exempli gratia statim in hoc Indice occurrit.// [em preto:] In principio creauit Deus coelum & terram. Ia.q.46.2.c.& 3.o.& q.6I.3.3m.&c.hoc est, Explicatur haec// scriptura im prima parte Summae, quaestione quadragesima sexta, articulo secondo, in corpore// Item articulo tertio eiusdem quaestionis, per totum. Item in eadem parte, quaestione sexagesima// prima, articulo tertis, in responsione ad tertium argumentum, &c.// [em vermelho:] Adiecimus praeterea duos minores INDICES, quorum prior ad eiusdem D. Thomae// Quodlibetales Quaestiones, altenar ad Opuscula Caietani spectat.// [marca tipográfica]// [em vermelho:] LVGDVNI,// [em preto:] EX OFFICINA IVNTARVM.// [em vermelho:] – // [em preto:] M. D. L X X X V I I.//

Sem paginação. -- Assinatura: a-o(8) p(6) q-v(8) x-y(6).

Verso da página de rosto: em branco.
F. a 2 – c 4, b: INDEX PRIMVS,// QVI SACRAE SCRIPTVRAE LO-// CA OMNIA IN TRIBVS SVMAE PARTIBVS// EXPLICATA, IVXTA EVM LIBRORVM ET CAPITVM// ORDINEM, QVI IN BIBLIIS CERNITVR, OB OCVLOS PONIT.//

F. c 5 – c 7: INDEX SECVNDVS// QVI VNIVERSAM SVMMAE// THEOLOGICAE SANCTI THOMAE// AQVINATIS DOCTRINAM AD LOCOS// COMMVNES, SEV PRAECIPVA DO-// ctrinae Christianae capita alphabeti// ordine digesta, reuoca-// tam, continet.//
F. c 7 – p 4: INDEX TERTIVS// IVXTA ALPHABETI QVOQVE// ORDINEM DIGESTVS, RES OMNES ATQVE// DOCTRINAS MEMORABILES, QVAE IN TRIBVS// istius Summae partibus tractatae sunt, summatim comprehendens, &// locum vbi latiùs explicantur, demonstrans.//
F. p 4 – p 6: INDEX QVARTVS// IN SVMMAM.S.// THOMAE,IN-// DICANS CLARAM ET SOLIDAM// REFVTATIONEM PRAECIPVORVM ALIQVOT// DOGMATVM, QVAE HODIE AB HAERE-// ticis asseruntur.//
F. q 1 – x 4, b: [barra ornamental]// INDEX// OMNIVM QVAE SVNT// VISA ANIMAD – VERSIONE DIGNA// IN COMMENTARIIS REVERENDISS. D.// THOMAE DE VIO CAIETANI IN VNI-// VERSAM SVMMAM D. THOMAE// AQVINATIS.//
F. x 5 – y 1, b: [barra ornamental]// INDEX// QVODLIBET QVAESTIONVM// D.T. ORDINE ALPHABETICO// DIGESTVS.//
F. y 2 – y 5, b: [barra ornamental]// INDEX// RERVM ET VERBORVM,// QVAE IN OPVSCVLIS CAIE-// TANI CONTINENTVR.//
F. y 6: CATALOGVS PHILOSOPHORVM, ORATORVM// ATQVE POETARVM, PONTIFICVM, CONCILIORVM,// DOCTORVM, QVORVM AVCTORITATIBVS, DECRETIS, DE-// finitionibus, testimoniis, sparsim S. Doctor Thomas vtitur, ni-// titurve, in praeclaro opere Summae// suae Theologicae.//
F. y 6, b: em branco.

155.2.
Volume II, Parte I. 1587

[em preto:] PRIMA// [em vermelho:] SECVNDAE// [em preto:] PARTIS SVMMAE// [em vermelho:] TOTIVS THEOLOGIAE// [em preto:] D. THOMAE AQVINATIS,// [em vermelho:] DOCTORIS ANGELICI,// [vinheta pequena]// [em preto:] Reuerendiss.Domini [em vermelho:] THOMAE A VIO, CAIETANI,// [em preto:] Tituli sancti Xysti, Presbyteri Cardinalis,// Commentariis illustrata,// [em vermelho:] Cui accesserunt Postillae locis suis ad textum appositae.// [em preto:] QUAESTIONVM ITEM ET// singulorum Articulorum, additus est Index.// [marca tipográfica]// [em vermelho:] LVG-

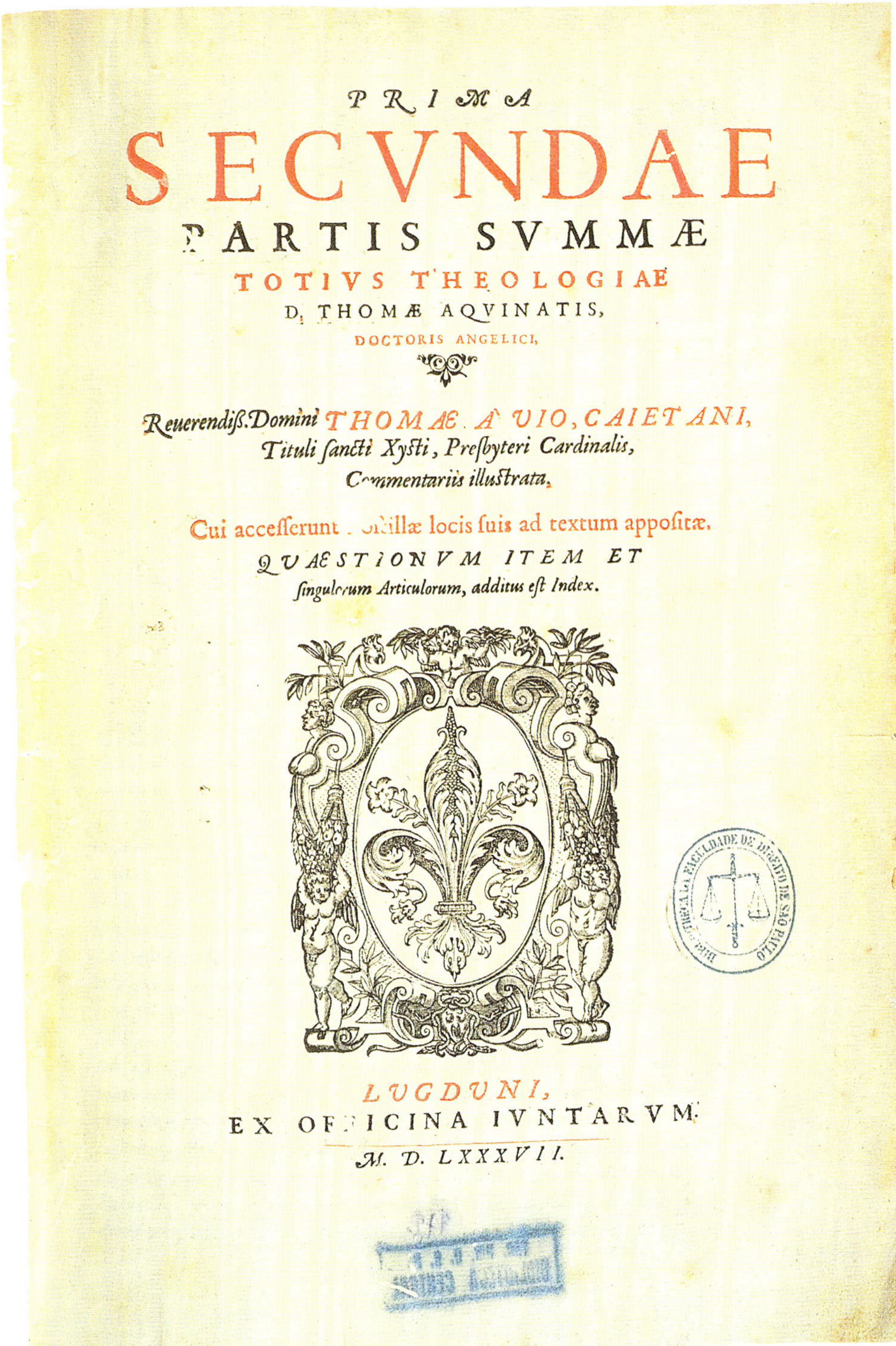

PRIMA

SECVNDAE

PARTIS SVMMÆ

TOTIVS THEOLOGIAE

D. THOMÆ AQVINATIS,

DOCTORIS ANGELICI,

Reuerendiss. Domini THOMÆ A' VIO, CAIETANI,

Tituli sancti Xysti, Presbyteri Cardinalis,

Commentariis illustrata.

Cui accesserunt [illegible]illæ locis suis ad textum appositæ.

QVAESTIONVM ITEM ET

singulorum Articulorum, additus est Index.

LVGDVNI,

EX OFFICINA IVNTARVM.

M. D. LXXXVII.

AQUINAS, Thomas, s. *Summa in tres partes distributa cvm commentariis D. Thomae...*, 1587. Página de rosto da segunda parte.
Figura 83 – nº de catálogo 155

DVNI,// [em preto:] EX OFFICINA IVNTARVM.// [em vermelho:] – // [em preto:] M. D. LXXXVII.//

6 fls. prels., 388 p. -- Assinatura: *(6) aa-zz(8) A(10).

Restaurada.
Reencadernação em couro do tipo atanadinho na cor natural.

Verso da página de rosto: em branco.
F. 2a-2b: [barra ornamental]// AD REVERENDISSIMVM// IN CHRISTO PATREM, ET D.D. NI-// COLAVM DE FLISCO, S.R. ECCLESIAE// Episcopum, Card. Sabinen, Thomae de Vio Caietani, tunc// Praedic. ordinis generalis Magistri, núnc S. Xysti// Presbyteri Cardinalis, in Primae Secun-// dae Diui Thomae Aquinatis// Comentarios.// [vinheta]// PRAEFATIO.//
F. 3a-6a: [barra ornamental]// PRIMAE SECVNDAE// PARTIS SVMMAE D. THOMAE// AQVINATIS QVAESTIONVM ET// ARTICVLORVM INDEX.// [vinheta].//
F. 6b: em branco.
Segue, então, o texto principal com seus respectivos comentários.
Termina à p. 388 pelas: SERIES CHARTARVM.//

155.2.
Volume II, Parte II. 1587

[em vermelho:] OPVSCVLA// [em preto:] OMNIA THOMAE// [em vermelho:] DE VIO CAIETANI CAR-// [em preto:] DINALIS TITVLI// [em vermelho:] SANCTI XYSTI,// [vinheta]// [em vermelho:] In tres distincta Tomos.// [em preto:] Nunc primùm summa diligentia castigata,& doctissimorum,// quorundam virorum ope suo nitori// accuratè restituta.// [marca tipográfica]// [em vermelho:] LVGDVNI,// [em preto:] EX OFFICINA IVNTARVM.// [em vermelho:] – // [em preto:]// M. D. LXXXVII.//

299 p. -- Assinatura: AA-SS(8) TT(6).

Verso da página de rosto: em branco.
P. [3]: INDEX OMNIVM TRACTA// TVVM QVI IN HOC OPE-// RE CONTINENTVR IN// TRES TOMOS// DIGESTORVM.//

P. [4]: [barra ornamental]// AD NICOLAVM A FLISCO EPISCOPVM, CARDINALEM// SABINENSEM, THOMAE DE VIO CAIETANI// TVNC ORD. PRAEDIC. GENERALIS MA-// gistri, nunc Sancti Xysti Cardinalis, in com-// parationem autoritatis Papae// & Concilii Praefatio.//
A partir da p. 5 começam, então, os tratados que se subdividem em três tomos.
P. 299: Series Chartarum.//
Verso da p. 299: em branco.

155.3.
Volume III, Tomo II, Parte II. 1587

[em preto:] SECVNDA// [em vermelho:] SECVNDAE// [em preto:] PARTIS SVMMAE// [em vermelho:] TOTIVS THEOLOGIAE// [em preto:] D. THOMAE AQVINATIS,// [em vermelho:] DOCTORIS ANGELICI,// [em preto:] [vinheta]// Reuerendiss. Domini [em vermelho:] THOMAE A VIO, CAIETANI,// [em preto:] Tituli sancti Xysti, Presbyteri Cardinalis,// Commentariis illustrata.// [em vermelho:] Cui accesserunt Postillae locis suis ad textum appositae.// [em preto:] Cum Indicibus quaestionum, carumq́, singulorum articulorum,ac rerum singularium// quae in textu & Commentariis continentur, locupletissimis.// [marca tipográfica]// [em vermelho:] LVGDVNI,// [em preto:] EX OFFICINA IVNTARVM.// [em vermelho:] – // [em preto:] M. D. LXXXVII.//

8 fls. prels., 681 p., 1 f. não num. (Erros de paginação: 30 i. e. 39; 84 i. e. 83; 809 i. e. 89; 276 i. e. 176; 139 i. e. 193; 123 i. e. 223; 224 i. e. 234; 270 i. e. 240; 253 i. e. 251; 289 i. e. 286; 94 i. e. 307; 225 i. e. 325; 359 i. e. 358; 363 i. e. 365; 787 i. e. 387). -- Assinatura: a(8) aaa-zzz(8) Aaa-Ccc(8) Ddd(4) Eee-Ttt(8) Vvv(6) Xxx(4). (Erros de assinatura: a 3 i. e. a 5).

Restaurada.
Reencadernação em couro do tipo atanadinho na cor natural.
Notas marginais impressas.
Texto impresso em duas colunas.

Verso da página de rosto: em branco.
F. 2a-2b: [barra ornamental]// AD LEONEM PONTIFIC.// MAXIMVM THOMAE DE VIO CA-// IETANI TITVLI SANCTI// XYSTI, PRESBYTE-

RI CARDINA-// lis, in Secundae Secundae diui// Thomae Aquinatis Com-// mentarios,// PRAEFATIO.//
F. 3a-4a: VENERANDI PATRIS// Fratis Bartholomaei de Spina, Pisani, ordinis Prae-// dicatorum in commendationem sequen-// tium operum & autorum,// Praefatio.//
F. 4a: a partir do meio da página, em duas colunas, uma poesia: PHILIPPI MANNAE// Cremonensis, Praedicatoris.//
F. 4b-8b: SECVNDAE SECVN-// DAE SVMMAE DIVI THOMAE// AQVI-NATIS QVAESTIONVM// ET ARTICVLORVM INDEX.//
Segue, então, a segunda parte do segundo volume da *Summa Theologiae*.
Verso da p. 681: SERIES CHARTARVM.//
Folha não numerada no final: em branco.

155.4.
Volume IV, Parte III. 1587

[em vermelho:] TERTIA PARS// [em preto:] SVMMAE TOTIVS// [em vermelho:] THEOLOGIAE SANCTI// [em preto:] THOMAE AQVINATIS, [em vermelho:] DOCTORIS ANGELICI,// [vinheta em preto] [em preto:] Reuerendiss. Domini [em vermelho:] THOMAE A VIO, CAIETANI,// [em preto:] Tituli sancti Xysti,Presbyteri Cardinalis, Commentariis// adaucta atque illustrata.// [em vermelho:] Cui accesserunt Postillae locis suis ad textum appositae.// [em preto:] ITEM, SVPPLEMENTVM [...]VSDEM TERTIAE PARTIS,// [em vermelho:] quam D.Thomas morte immatura praeuentus, absoluere no potuit, ex eius// seriptis excerptum, atque huic operi additum.// [em preto:] Quolibetorum etiam volumen in omnium Theologiae candidatorum// gratiam ad calcem adiectum suit.// [em vermelho:] Cura Indicibus quaestionum, eatumque singulorum articulorum,ac rerum singularum// quae in textu & Commentariis continentur locupletissimis.// [marca tipográfica]// [em preto:] LVGDVNI,// [em preto:] EX OFFICINA IVNTARVM.// [em vermelho:] – // [em preto:] M. D. LXXXVII.//

12 fls. prels., 748 p. (Erros de paginação: 247 i. e. 245; 248 i. e. 246; 326 i. e. 325; 455 i. e. 445; 473 i. e. 573). -- Assinatura: †(6) ††(6) AAa-ZZz(8) &(8) Ç(8) ℞(10) †(10) AAA-SSS(8) TTT(10).

Restaurada.
Reencadernação em couro tipo atanadinho.
Notas marginais impressas.
Texto impresso em duas colunas.

Verso da página de rosto: em branco.
F. 2a-2b: AD ADRIANVM SEXTVM PONTIFICEM// Maximum, Thomae de Vio Caietani, Cardinalis Sancti Xysti in Tertiae// Partis diui Thomae Aquinatis Commentarios,// PRAEFATIO.//
F. 3a-5b: TERTIAE PARTIS SVMMAE// DIVI THOMAE AQVINATIS QVAESTIO-// NVM ET ARTICVLORVM// INDEX.//
F. 6a-8b: [barra ornamental]// QVAESTIONVM ET ARTICV-// LORVM QVI DISCVTIVNTVR IN// ADDITIONIBVS AD TERTIAM// DIVI THOMAE PARTEM,// INDEX.//
F. 9a-12b: CONTENTORVM IN COMMEN-// TARIIS TERTIAE PARTIS// ORDINARIA ANNO-// TATIO.//
Segue, então, a terceira parte da *Suma Teológica*.//
P. 439-440: em branco.
À p. 441 segue, então: [barra ornamental]// D. THOMAE AQVINATIS// ADDITIONES AD TERTIAM// SVAE SVMMAE PARTEM.// [finaliza à p. 642.].
P. 643-748: [barra ornamental]// QVOD LIBETALES// QVAESTIONES SANCTI THOMAE DE ACQVINO.// [p. 748, abaixo do texto:] Series chartarum totuis tertiae Partis.//

Thomás de Aquino é considerado o teólogo e filósofo mais importante da Idade Média. Nasceu em Roccasecca junto de Aquino, em torno de 1225, e veio a falecer no convento de Fossanuova, por ocasião de sua viagem ao Concílio de Lyon, em 7 de março de 1274. Foi educado no convento de Monte Cassino, depois na Universidade de Nápoles. Entrou para a Ordem dos Dominicanos e foi aluno de S. Alberto Magno, em Colônia. Foi nomeado bacharel do Studium Generale na cátedra de estrangeiros de Paris, posteriormente ensinou no Studium Generale da Corte pontifícia. Voltou a lecionar em Paris e depois na Universidade de Nápoles.
A *Summa Theologiae* é considerada a sua obra-prima. Redigiu a primeira, a segunda e a terceira partes até a questão 90. O "Suplemento" foi tomado de seu comentário ao quarto livro das *Sentenças* e terminado, provavelmente por Frei Reginaldo de Pizenno?, seu confessor e companheiro nos últimos anos de sua vida.
Thomás de Aquino é um dos quatro doutores da Igreja. A partir do século XV recebeu o título de Doctor Angelicus.

FD

156.1.

MASCARDUS, Josephus. 1587

[em vermelho:] IOSEPHI MASCARDI// [em preto:] IVRISC SARZANENSIS// [em vermelho:] PROTHON. APOSTOLICI,// QVAESTIONVM, CONCLVSIONVM QVE OMNIVN// [em preto:] probationvm, quae in vtroque Foro quotidie versantur, Iudicibus,// Aduocatis, Causidicis, omnibus denique Iuris Vtriusq;// professoribus vtiles, practicabiles,ac necessariae// [em vermelho:] QVIBVS CANONICAE, CIVILES, FEVDALES, CRIMINALES,// caeteraeq; materiae continentur. Per Ampliationes [vt dicitur] Limitationes,// Intelligentiasq; alphabetico ordine abundè digestae.// [em preto:] Magis receptis Doctorum opinionibus vbique hoc asterisco notatis.// Summarijs, ac Índice rerum, sententiarumq; magis selectarum locupletissimo ornatae.// [em vermelho:] Volumen Primum.// [em preto:] [marca tipográfica]// [em vermelho:] AVGVSTAE TAVRINORVM,// [em preto:] Apud Io Baptistam Beuilaquam.//

8 fls. prels. (?), 367 fls. nums., 64 fls. não nums. (Erros de paginação: 35 i. e. 37; 155 i. e. 156; 243 i. e. 324; 355 i. e. 325). -- Assinatura: a(8) A-Z(8) Aa-Zz(8) a-h(8).

Restaurada.
Reencadernação em pergaminho.
Acondicionada em caixa com pH neutro.
Notas marginais manuscritas.

Volume I.
Verso da página de rosto: em branco.
F. 2a-2b: SANCTIS AC BEATISS.// D.N.D. GREGORIO XIII.// PONT. OPT. MAX.// Josephus Mascardus.//
F. 3a: IOSEPHVS MASCARDVS// CANDIDO LECTORI// S.D.//
F. 3b: IN EXIMIOS// DE PROBATIONIBVS// LIBROS.// Ab Illustri ac Reuerendissimo Iosepho Mascardo// Prothonotario Aposto. editos.// Petrus à Porta Placentinus, artium Doctor, & Poeta laureatus.// [mais abaixo, outra poesia:] IDEM IN EOSDEM.//
F. 4a: QVAESTIONVM INDEX// QVAE IN HOC VOLVMINE// CONTINENTVR.// [mais abaixo:] QVAESTIONVM AVTEM CAPITA SEV INITIA HAEC SVNT.//
F. 4a-7b: ARGVMENTA CONCLVSIONVM OMNIVM.//

F. 8a-8b, impressas em quatro colunas: CONCLVSIONVM CAPITA,// QVAE IN HOC VOLVMINE// CONTINENTVR.// que, no entanto, termina com as palavras "dubia res". Estaria faltando um ou mais cadernos?

Segue, então, a obra propriamente dita, com 77 conclusões em 367 folhas.
Uma folha em branco, que faz parte do caderno Zz.
Da f. 1a-63b, não numeradas: INDEX RERVM// MEMORABILIVM,// QVAE IN HOC VOLVMINE I. CONCLVSIONVM.// Iosephi Mascardi continentur.
F. 64: em branco.

156.2.
Volume II. 1587

[em vermelho:] IOSEPHI MASCARDI// [em preto:] IVRISC SARZANENSIS// PHOTON APOSTOLICI,// [em vermelho:] CONCLVSIONES PROBATIONVM OMNIVM,// quae in vtroque Foro quotidie versantur, Iudicibus, Aduocatis,// Causidicis, omnibus denique Iuris Pontificij, Caesareiqz// professoribus vtiles, practicabiles , ac necessariae.// [em vermelho:] QVIBVS CANONICAE, CIVILES, FEVDALES, CRIMINALES,// [em preto:] caeteraeq́; materiae continentur. Per Ampliationes [vt dicitur] Limitationes,// Inteligentiasq́; alphabetico ordine abundè digestae.// Magis receptis Doctorum opinionibus vbique hoc asterisco * notatis.// Summarijs, ac Indice rerum, sententiarumq́; magis selectarum locupletissimo ornatae.// [em vermelho:] Volumen Secundum.// [em preto:] [marca tipográfica]// [em vermelho:] AVGVSTAE TAVRINORVM// Apud Io Bapistam Beuilaquam.// M D LXXXVII.//

374 fls. nums., 66 fls. não nums. -- Assinatura: A-Z(8) Aa-Zz(8) Aaa-Bbb(6) a-f(8) g(6).

Restaurada.
Reencadernação em pergaminho.
Acondicionada em caixa com pH neutro.
Notas marginais manuscritas.

Verso da página de rosto: em branco.
A partir da f. 2 continua a obra com as conclusões, de 78 a f. 1a-5a, sem numeração: ARGVMENTA CONCLVSIONVM// OMNIVM// QVAE IN HOC VOLVMINE// CONTINENTVR.//

IOSEPHI MASCARDI
IVRISC. SARZANENSIS
PROTHON. APOSTOLICI,
CONCLVSIONES PROBATIONVM OMNIVM,
quæ in vtroque Foro quotidie verſantur, Iudicibus, Aduocatis, Cauſidic , omnibus denique Iuris Pontificij, Cæſareiq; profeſſoribus vtiles, practicabiles, ac neceſſariæ.
QVIBVS CANONICÆ, CIVILES, FEVDALES, CRIMINALES, cæteræq; materiæ continentur. Per Ampliationes (vt dicitur) Limitationes, Intelligentiasq; alphabetico ordine abundè digeſtæ.
*Magis receptis Doctorum opinionibus vbique hoc aſteriſco * notatis.*
Summarijs, ac Indice rerum, ſententiarumq; magis ſelectarum locupletiſſimo
Volumen Secundum.

AVGVST F AV IN RVM.
Apud Io Beuilaquam.
MD LXXXVII.

MASCARDUS, Josephus. *Conclvsionvm qve omnivm probationvm, quae...*, 1587.
Página de rosto de obra que destaca a viagem de Cabral ao Brasil.
Figura 84 – nº de catálogo 156

F. 5b-6b, impressas em quatro colunas: CONCLVSIONVM CAPITA// QVAE IN HOC VOLVMINE// CONTINENTVR.//
F. 7a-65b: INDEX OMNIVM RERVM,// QVAE IN HOC SECVNDO// volumine continentur.//
F. 66: em branco.

FD

157.
OSÓRIO, Jerônimo, bispo de Silves, 1506-1580. 1587

HISTOIRE// DE PORTVGAL,// CONTENANT LES ENTRE-// prises, nauigations,& gestes memorables des// Portugallo is,tant en la conqueste des INDES// ORIENTALES par eux descouuertes, qu'es// guerres d'Afrique & autres exploits, depuis// l''an mil quatre cens nonante six,sous Emma-// nuel I. Iein III.& Sebastian I. du nom.// Comprinse en vingt, Livres, dont les douze premiers sont traduits// du Latin de IEROSME OSORIVS, Euesque de// Sylues em Algarve, les huit suyuis prins de Lopez// Castagnede & d'autres Historiens.// Nouuellement mise en Francois, par S. G. S. Auec vn// discours du fruict qu'on peut recueillir de la lecture de// ceste histoire,& ample Indice des matieres principales// y coutenues.// [vinheta]// A PARIS,// Chez GVILLAVRE CHAVDIERE, roe S.Iacques,// au Temps & l'homme sauuage.// – // M. D. LXXXVII.// Avec priuilege du Roy.//

8 fls. prels. não nums., 680 i. e. 570 fls. nums., 22 fls. não nums. (Erros de paginação: 63 i. e. 73; salta de 136 para 147; 117 i. e. 127; 114 i. e. 214; 194 i. e. 149; 118 i. e. 218; 156 i. e. 256; 311 i. e. 323; 356 i. e. 359; 370 i. e. 391; 394 i. e. 407; 433 i. e. 453; 746 i. e. 479; 532 i. e. 531; 545 i. e. 554; 55a i. e. 557; salta de 562 para 663). -- Assinatura: a(8) a-z(8) A-Z(8) Aa-Zz(8) AA-EE(8).

Notas marginais impressas.

Verso da página de rosto: em branco.
F. 2a-3a: [barra ornamental]// A NICOLAS PITHOV// Sr. DE CHAMGO-// BERT,// S.G.S.//
F. 3b-8a: [barra ornamental]// DISCOVRS AV LE-// CTEVR, DV FRVICT QV'ON// peut recueillir de la lecture de// ceste histoire de Portugal.//
F. 8b: REPERTOIRE DES// ANNEES DE CESTE// Histoire.//
Inicia-se, então, a obra que se divide em 20 livros.
As folhas não numeradas finais constam de:

F. 1a: em branco.
F. 1b-2a: GENEALOGIE D'EMMANVEL// Roy de Portugal.//
F. 2b-22a: [barra ornamental]// INDICE DES NOMS ET// MATIERES PRINCIPALES// contenues en la presente// Histoire de Portugal.//
F. 22b: Uma nota do tradutor.

Atkinson cita a obra, porém, o nome do impressor não confere com o do nosso exemplar, pois indica os seguintes: "Chez Nicolas Bonfons", "Pour Isan Houzé", "Chez Abel l'Angelier" e "Chez Gvillavme de la Nove". Afirma adiante: "Ce n'est qu'une seule impression, avec des pp. de titre diff.".
Vamos encontrar menção sobre o Brasil, por ocasião da viagem de Cabral (f. 47b-49a).
A obra se divide em 20 volumes ou livros, sendo que os doze primeiros são da autoria de Jerônimo Osório, traduzidos do latim, e os oito restantes da autoria de Lopez de Castanheda.
A primeira edição desta obra foi publicada na língua latina em 1571. A primeira tradução francesa, em 1581. Seu tradutor foi Simon Goulart Senlisien, isto é, de Senlis.
Afirma Palau que "describe los descubrimientos de Cabral, Vasco da Gama, Gaspar de Lemos, Cortereal y Magallanes". "También se ocupa de la primera misión franciscana en el Brasil."

Atkinson 328; BB v. 2, p. 121; Barb. Mach. v. 2, p. 510; Palau 206.496 (ed. de Abel l'Angelier).

IEB

158.1.
Las Siete Partidas... 1587

LAS SIETE// PARTIDAS// DEL SABIO REY DON// Alonso el Nono, nueuamente Glosadas, porel Licen// ciado Gregorio Lopez, del Consejo Real de// Indias de su Magestad.// Con su Reportorio muy copioso, assi del Testo como de la Glossa.// [emblema heráldico com as armas de Espanha]// CON PRIVILEGIO IMPERIAL.// EN VALLADOLID.// En casa de Diego Fernandez de Cordoua, Impres-// sor del Rey nuestro señor.// M. D. L X X X V I I.// Acta tassado el pliego a marauedis.//

151 fls. nums. (Erros de paginação: 63 i. e. 62; 130 i. e. 139). -- Assinatura: A-Z(6) Aa(6) Bb(7) (deverá estar faltando uma folha em branco).

LAS SIETE
PARTIDAS
DEL SABIO REY DON
Alonso el Nono, nueuamente Glosadas, por el Licenciado Gregorio Lopez, del Consejo Real de Indias de su Magestad.
Con su Repertorio muy copioso, assi del Testo como de la Glossa.

CON PRIVILEGIO IMPERIAL.
EN VALLADOLID.
En casa de Diego Fernandez de Cordoua, Impressor del Rey nuestro señor.
M. D. LXXXVII.
Esta tassado el pliego a marauedis.

LAS SIETE *partidas del sabio rey Don Alonso el Nono...*, 1576-1587.
Página de rosto.
Figura 85 – nº de catálogo 158

A obra apresenta-se com texto rodeado de comentários.
Texto impresso em duas colunas.

Volume I, Parte I.
Verso da página de rosto: Duas licenças de El Rey. Ambas datadas de sete de setembro de 1555.
F. 2a: Outra licença de El Rey, com a mesma data.
F. 2b: Didacus Fernandez a Corduua Caesare Maiestatis//Typographus. Lectori S.// [mais abaixo:] Praefatio Authoris.// Que por sua vez é seguido da: Tabla de los Titulos de la primera partida.//
Da f. 3a em diante se inicia a obra com o Prólogo, e está dividida em 24 títulos.

158.2.
Volume I, Parte II. 1587

SEGVNDA// PARTIDA.// [emblema heráldico com as armas de Espanha]// EN VALLADOLID.// En casa de Diego Fernandez de Cordoua, Impres-// sor del Rey nuestro señor.// M. D. L X X X V I I.//

116 fls. nums. (Erros de paginação: 3 i. e. 32; 39 sem paginação; 56 i. e. 59). -- Assinatura: A-S(6) T(8).

Verso da página de rosto: TABLA DE LOS TITVLOS// de la segunda Partida.//
Com a mesma disposição tipográfica da primeira parte e dividida em 31 capítulos.
Verso da f. 116: em branco.

158.3.
Volume II, Parte III. 1587

TERCERA// PARTIDA.// [emblema heráldico com as armas de Espanha]// EN VALLADOLID.// En casa de Diego Fernandez de Cordoua, Impres-// sor del Rey nuestro señor.// M. D. LXXXVII.//

186 fls. nums. (Erros de paginação: f. 18 sem paginação). -- Assinatura: A-Z(6) Aa-Hh(6).
Verso da página de rosto: TABLA DE LOS TITVLOS// de la tercera Partida.//

À f. 2 se inicia, então, a terceira parte desta obra, que tem 32 títulos.

158.4.
Volume II, Parte IV. 1587

QVARTA// PARTIDA.// [emblema heráldico com as armas de Espanha]// EN VALLADOLID.// En casa de Diego Fernandez de Cordoua, Impres-// sor del Rey nuestro señor.// M. D. L X X X V I I.//

73 fls. nums. (Erros de paginação: 18 sem paginação). -- Assinatura: A-L(6) M(7) (Embora não parecendo que lhe falta uma folha no final – em branco? – a assinatura parece indicá-lo).

Verso da página de rosto: TABLA DE LOS TITVLOS// de la quarta Partida.//
Da f. 2 em diante segue a quarta partida com 27 capítulos.
No verso da f. 17, um ARBOL DE CONSANGVINIDAD, gravado.
No anverso da f. 18, também gravado: ARBOL DE LA AFFINIDAD.

158.5.
Volume III, Parte V. 1587

QVINTA// PARTIDA// [emblema heráldico com as armas de Espanha]// EN VALLADOLID.// En casa de Diego Fernandez de Cordoua, Impres=// sor del Rey nuestro señor.// M. D. L X X X V I I.//

112 fls. nums. -- Assinatura: A-S(6) T(4).

Verso da página de rosto: TABLA DE LOS TITVLOS// de la quinta Partida.//
Abrange esta parte 15 títulos.

158.6.
Volume III, Parte VI. 1587

SESTA// PARTIDA.// [emblema heráldico com as armas de Espanha]// EN VALLADOLID.// En casa de Diego Fernandez de Cordoua, Impres-// sor del Rey nuestro señor.// M. D. L X X X V I I.//

160.

CALEPINO, Ambrogio, 1435-1511. 1588

[em vermelho:] AMBROSII// CALEPINI// [em preto:] DICTIONARIVM// [em vermelho:] OCTO LINGVARVM.// IN quo primis & praecipuis dictionibus Latinis, Hebraeas, Graecas, Gallicas,// [em preto:] Italicas, Germanicas, Hispanicas, nunc Anglicas dictiones propriis// iisque dissimillimis characteribus, vt facilius prima,// vt aiunt, fronte, dignoscantur addidimus.// [em vermelho:] Praeterea certas syllabarum quantitatis notas singulis vocibus supersparsimus, nec// [em preto:] syluam nominum cum appellatiuorum tum propriorum vt deorum, viroru,// mulierum, sectarum, populorum, siderum, ventorum, vrbium, marium,// fluuiorum,montium & reliquorum, vt sunt vici, promontoria, stagna,// paludes, &c. omisimus:vt haec postrema editio omnibus antea collectis// Dictionariis immenso vocabulorum numero locupletior euadat.// [marca tipográfica]// [em vermelho:] PARISIIS,// [em preto:] Apud Nicolaum Niuellium, ria Iacobaea, sub// signo Colummarum.// M. D. LXXXVIII.// [em vermelho:] – //

[2] fls. prels., 279 i. e. 738 fls. nums. (Erros de paginação: f. 2 numeração sem paginação; o mesmo acontece com as folhas 8 e 21; 53 i. e. 52; 96 i. e. 66; 66 i. e. 67; 69 i. e. 70; 58 i. e. 85; 83 i. e. 94; 93 i. e. 95; 145 i. e. 124; 219 i. e. 129; 140 i. e. 150; pula para 152 (de 150); falta paginação na f. 155; 109 i. e. 160; 155 i. e. 164; 119 i. e. 191; 224 i. e. 218; f. 237 sem numeração; 339 i. e. 239; 245 i. e. 248; 269 i. e. 296; 14 i. e. 314; 135 i. e. 315; 328 i. e. 329; 348 i. e. 347; pula de 349 para 351; em compensação existem duas folhas com 352; 359 i. e. 355; 163 i. e. 361; f. 405 i. e. 403; 408 i. e. 407; 407 i. e. 408; seguem duas folhas com a numeração 408; e mais uma vez 408 intercalada entre as folhas 414 e 415; de 416 pula para 418; folha 440 sem numeração; 445 i. e. 447; 34 i. e. 448; 466 i. e. 465; 460 i. e. 470; 364 i. e. 493; 475 i. e. 495; 488 i. e. 500; 516 i. e. 515; 52 i. e. 521; 572 i. e. 573; 504 i. e. 574; 555 i. e. 575; 556 i. e. 576; 590 i. e. 592; 666 i. e. 606; 617 i. e. 616; 625 i. e. 624; 626 i. e. 625; 652 i. e. 631; 646 i. e. 645; 667 i. e. 677; 674 i. e. 685; 715 i. e. 713; 719 i. e. 725; 730 i. e. 736; 733 i. e. 737; 729 i. e. 738). -- Assinatura: [2] a-z(8) A-Z(8) Aa-Zz(8) Aaa-Zzz(8) AAA(4). (Erros de assinatura: falta: s j; Bb i. e. Bb v; Nn iij i. e. Nnij; v Oo i. e. Oo v).

Restaurada.
Reencadernação de época, no mesmo estilo da original, com 6 nervuras.
Para o revestimento foi utilizado couro do tipo vaqueta cigana.
Texto impresso em duas colunas.
Tipos itálicos, gregos, hebraicos, góticos.

Verso da página de rosto: em branco.
F. 2a-2b, não numeradas: [barra ornamental]// Typographus Lectori S.
A partir da folha numerada 1 inicia-se o dicionário.
Verso da f. 729: em branco.

Este dicionário obteve larga aceitação comprovada pelas inúmeras edições existentes até 1772 – aparentemente a última. Foram realizadas edições em sete ou oito idiomas evidentemente ampliadas por outros dicionaristas. Entre os primeiros impressos está o de 1502 (Rhegii, Dion. Bertochis).

Ebert 3.333; IA 129.514.

FD

161.
CONSTITUIÇÕES (Lisboa). 1588

¶ CONSTITVICOES// DO ARCEBISPADO DE LISBOA// assi as antigas como as extrauagantes primeyras &-// segundas. Agora nouamente impressas// por mandado do Ilustrissimo & Re// uerendissimo senhor do Migel// de Castro Arcebispo// de Lisboa.// [brasão de D. Miguel de Castro, arcebispo de Lisboa]// Com licença da mesa geral do santo officio// & ordinario.// Impressas em Lisboa por Belchior Rodrigues impressor// anno de 1588.// ¶ Vendense na rua noua em casa de Ioam Lopes liureiro do // Senhor Arcebispo.// Esta taxado em papel a[ ] reis.

1 f. prel., 90 fls. nums., 8 fls. não nums. (Erros de paginação: 8 i. e. 16; 32 i. e. 24; 23 i. e. 32; 16 i. e. 64). -- Assinatura: [ ](1) A-L(8) M(10).

Restaurada.
Reencadernação flexível em pergaminho.
Acondicionada em caixa com pH neutro.
Notas marginais impressas.

Verso da página de rosto e f. 2a, sem numeração: Prouisam.// [datada de:] Lisboa, 22 de outubro de 1587 e dez de junho de 1588.//
F. numerada 2: Prólogo.//
A partir da f. 3a começam, então, as constituições do arcebispado de Lisboa.

As 9 folhas finais, sem numeração, contêm a: Tauoada destas Constituições.//
Encadernado com:
CONSTITVICOES EXTRAVA// gantes primeyras do Arcebispo// de Lisbao [sic]// [brasão do card.-infante D. Henrique]// Agora nouamente impressas por mandado do// Ilustrissimo & Reuerendissimo senhor dom// Migel [sic] de Castro Arcebispo de Lisboa,// por Belchior Rodrigues impressor.// Anno de 1588.//

10 fls. nums. -- Assinatura: Aa(10).

Verso da página de rosto: Prólogo.//
As 10 folhas numeradas contêm as Constituições extravagantes primeiras.
Seguem-se lhes as:
CONSTITVICOES EXTRAVA// gantes segundas do Arcebispado// de Lisboa.// [brasão do card.-infante D. Henrique]// Agora nouamente impressas por mandado do// Ilustrissimo & Reuerendissimo senhor dom// Migel [sic] de Castro Arcebispo de Lisboa,// por Belchior Rodrigues impressor.// Anno de 1588.

4 fls. prels., 26 fls. nums. (Erro de paginação: 15 i. e. 16). -- Assinatura: [ ](4) A-C(4) D(2).

Verso da página de rosto: em branco.
F. 2a-3a: DIAS EM QVE OS PRIORES, VIGARIOS E CVRAS DAS IGREIAS SAM// obrigados em suas pregações ou estações leer certas constituições deste liuro, & fazer a doctrina dos Sacramentos que se contem no cerimonial, nouamente// impresso.//
F. 3b-4b: Repertorio.//
F. 1a, sem numeração: Ordenação do cardeal D. Henrique.
F. 1b: em branco.
A partir da f. 2a, numerada, segue o texto propriamente dito.
F. 26b: Foram impressas estas presentes constituições,// agora nouamente. Era de mil & quinhentos &// oitenta & oito, Acabaranse de imprimir aos// quinze dias do mes de Mayo da dita// era, em Lisboa por Belchior// Rodrigues impressor.// [barra]//

Anselmo 997; Cat. Res. nº 766; Palha 333; Samodães 863.

FD

162.

MAFFEI, Giovanni Pietro, 1533-1603. 1588

SELECTARVM// EPISTOLARVM// EX INDIA// LIBRI QVATVOR.// IOANNE PETRO MAFFEIO// INTERPRETE.// CVM PRIVILEGIO// [marca tipográfica]// VENETIIS,// EX Officina Damiani Zenarij M. D. LXXXVIII.//

211 fls. nums. (Erros de foliação: 12 i. e. 16; 26 i. e. 37; 78 i. e. 74; 79 i. e. 77; 10 i. e. 108). -- Assinatura: a-z(8) aa-cc(8) dd(3).

Verso da página de rosto: em branco.
F. 2a-2b: [barra ornamental]// IOAN. PETRVS// MAFFEIVS// E SOCIETATE IESV// Christiane Lectori S.//
À f. 3 começa, então, o primeiro livro, dos quatro que este volume contém. Traz as seguintes cartas:
F. 3a-4b: FRANCISCI XAVERII E SOCIE// tate IESV ad Socios in Europam.// [datado de:] Malaca, x. Cal.Iulias M.Dxlix.//
F. 5a-8b: EX EIVSDEM PARAENETI-// ca ad Gasparem Berlaum, cum is// Armuziam peteret.//
F. 8b-11a: EIVSDEM AD SOCIOS// Goam.// [datado de:] Cangoxima, Nonis Nouemb. M DXLIX.//
F. 11a: Pavli Iaponii ad Socie=// tatem Iesv in Indiam.// [datada de:] Cangoxima, Nonis Nouemb. MDLXLIX.//
F. 11b-12b: IOANNIS FERNANDI AD// Franciscum Xauerium.// [datada de:] Amangutio, 13.Calend. Nouembris. M D L I.//
F. 12b-16b: EDVARDI SYLVII AD SO-// cietatem IESV Goam.// [datado de:] Bugo 12. Kal.Octo. 1555.//
F. 17a: TAQVAE REGIS FIRANDI// ad Melchiorem Nonnium.//
F. 17a-18a: COSMI TVRRIANI AD SO-// cietatem IESV in Lusitaniam.// datado de:] Valete vj. Idus Semptembris [sic]. MDLVII.//
F. 18a-24a: GASPARIS VILELAE AD// Societatiem IESV.// [datada de:] ex insula Firando quartodecimo Cal.Nouemb. MDLVII.//
F. 24b-26a: MELCHIORIS NONNII AD// Societatem IESV in Lusitaniam.// [datado de:] Cocino Iiii. Idus Ianuarias MDLVIII.//
F. 26a-27a: GASPARIS VILELAE AD// Societatem IESV Goam.// [datado de:] Ex Iapone Cal.Septemb. MDLIX.//
F. 27a-28a: IOANNIS FERNANDI AD// Melchiorem Nonnium// [datado de:] Bungo, iij. Nonas Octobris. MDLIX.//
LIBER SECVNDVS

F. 28b-31a: LAVRENTII IAPONII// ad Socios.// [datado de:] Meaco iiij. Non. Iunias, MDLX.//
F. 31a-32b: Consalvi Fernandi ad// quendam è Societate Jesv.// [datado de:] Calend. Decemb. MDLX.//
F. 32b-37a: LVDOVICI ALMEIDAE AD// Socios in Lusitaniam.// [datado de:] Bungo, Cal. Octobris. MDLXI.//
F. 37a-40b: E SOCIETATIS IESV LITTE-// ris in Europam de obitu Consalui// Sylueriae Lusitani.//
F. 40b-45b: GASPARIS VILELAE// ad Socios.// [datado de:] Sacaio, XVI. Calend. Septemb. MDLXII.//
F. 45b-47a: EX EPISTOLA ARIAE SAN-// ctij ad Socios.// [datado de:] Bungo, V. Idus Octobris MDLXII.//
F. 47b-52b: LVDOVICI ALMEIDAE// ad Socios.// [datado de:] ex Iapone. octauo Calen. Nouem. MDLXII.//
F. 52b: REGIS CANGOXIMANORVM// ad Lusitanum Indiae Praetorem.//
F. 53a: EIVSDEM AD ANTONIVM// Quadrium Indiae prouinciae pro Socie-// tate IESV Praepositum.//
LIBER TERTIVS,
F. 53b-55b: GASPARIS VILELAE// ad Societatem IESV.//
F. 55b-59b: BALTHASARIS GAGI// ad Socios.//
F. 59b-61a: GASPARIS VILELAE// ad Socios.//
F. 61a-64a: LVDOVICI FLORII AD SO-// cietatem IESV in Indiam &// in Europam.// [datado de:] Vocoxiura XVIIJ. Calen. Decem; MDLXIII.//
F. 64a-66b: LVDOVICI ALMEIDAE AD// Socios in Indiam.// [datado de:] V.Calen. Decembris.MDLXIII.//
F. 66b-67b. IOANNIS BAPTISTAE MON-// tani Ferrariensis, ad Michaëlem Tur-// rianum è Societate IESV.// in Lusitaniam.// [datado de:] Bungo.V.Idus Octob. MDLIV.//
F. 67b-68a: EX ALIA EIVSDEM IOAN.// Baptistae Epistola ad Joannem, Polancum// è Societate JESU Romam. [datado de:] e Bungo. vj. Idus. Octobris. MDLXIV.//
F. 68b-72a: LVDOVICI FLORII AD SO-// cios in Indiam.// [datado de:] Firando. Quarto Non.Octob. MDLXIV.//
F. 72a-73b: IOANNIS FERNANDI AD// Franciscum Petreium è Societate IESV.// [datado de:] Firando. vi. Idus Octobris. MDLXIV.//
F. 73b-76b: LVDOVICI ALMEIDAE// ad Socios in Lusitaniam.// [datado de:] Bungo Pridiè Idus Octob. MDLXIV.//
LIBER QVARTVS.

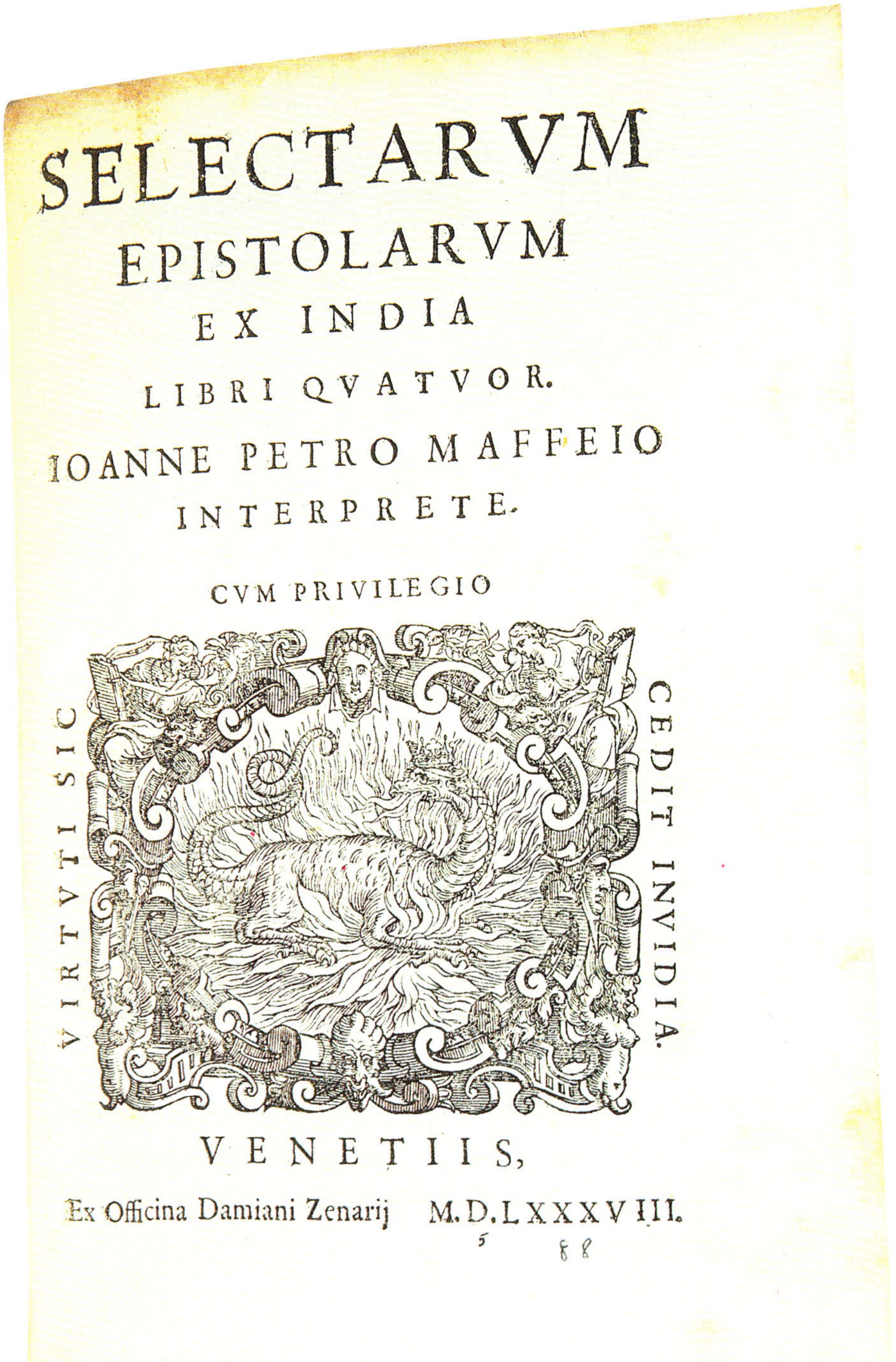
SELECTARVM
EPISTOLARVM
EX INDIA
LIBRI QVATVOR.
IOANNE PETRO MAFFEIO
INTERPRETE.

CVM PRIVILEGIO

VIRTVTI SIC CEDIT INVIDIA.

VENETIIS,
Ex Officina Damiani Zenarij M.D.LXXXVIII.

MAFFEI, Giovanni Pietro. *Selectarvm epistolarvm ex India*..., 1588.
Página de rosto.
Figura 87 – nº de catálogo 162

F. 77a-88a: LVDOVICI ALMEIDAE AD// Societatem JESV, in Indiam// & Europam.// [datado de:] septimo Cal. Nouemb. MDLXV.//

F. 88a-92b: LVDOVICI FROII AD SO-// cios in Indiam.// [datado de:] Meaco. II.Calend. Martias. MDLXV.//

F. 93a-95a: EIVSDEM AD SOCIOS.// [datado de:] Meaco, pridie nonas Martias. MDLXV.//

F. 95a-97b: EIVSDEM AD SOCIOS.// [datado de:] Meaco V.Kal.April. MDLXV.//

F. 97b-100a: EIVSDEM AD SOCIOS.// [datado de:] Ex Iaponis insula Canga. mense Augusto. MDLXV.//

F. 100a-105a: ORGANTINI BRIXIENSIS// ad Socios Romam.// [datado de:] Goa v. Cal.Ianuari. MDLXVIII.//

F. 105b-107b: FRANCISCI CAPRALIS AD// Io: Baptista Montanum.// [datado de:] Cochinoci.IX.Cal.Octobris. MDLXXI.//

F. 108a-112b: LVDOVICI FROII AD AN-// tonium Quadrium in Indiam.// [datado de:] Meaco. IV. Cal. Octob. MDLXXI.//

F. 112b-114b: EIVSDEM AD ANTONIVM// Quadrium in Indiam.// [datado de:] Meaci.IV.Idus Augusti. MDLXXII.//

F. 114b-119a: EIVSDEM AD FRANCISCVM// Capralem.// [datado de:] Meaco.XV.Cal.Iulias. MDLXXIIII.//

Verso da f. 119: em branco.

F. 120a-125b: DE// QVINQVAGINTA// DVOBVS E// SOCIETATE// IESV,// DVM IN BRASILIAM// Nauigant,// PRO CATHOLICA FIDE// INTERFECTIS,// EPISTOLAE DVAE.//

F. 120a-122a: PETRI DIAZII AD LEONEM// Henricium Prouinciae Lusitanae pro Socie-// tate IESV Praepositum.//

F. 122a-125b: FRANCISCI HENRICI// Praepositi Domus Olisiponensis ad// Socios, Roman.// [A primeira data de: Ex Insula Materia XV.Kal.Septemb. MDLXX. e a segunda de: Olisipone.V. Idus Decembris. MDLXXI.]//

Da f. 126a ao verso da f. 211 segue, então: [barra ornamental]// IGNATII LOIOLAE// VITA// POSTREMO RECOGNITA.// CLAVDIO AQVAVIVAE// PRAEPOSITO GENERALI// SOCIETATIS IESV.// [vinheta]// Obra dividida em três livros.

Maggs, ao citar esta obra, a menciona em dois volumes e impressa nos anos de 1588 e 1589. É provavelmente uma continuação do exemplar acima descrito. Conta o volume, como vimos pelo conteúdo, com 43 cartas dos missionários jesuítas, principalmente da Pérsia, China, Índia e Japão, sendo que só deste

último são 28. Do Brasil temos apenas duas. No fim ainda a biografia do padre Inácio de Loiola.
Os escritos de Maffei se destacam pela pureza de estilo e simplicidade dos termos empregados. Afirma-se que passava dias "polindo" certas frases.

Encadernado com: *Selectarvm item ex India Epistolarum...* / Giovanni Pietro Maffei (ver nº 169).

Maggs 519-165; Sabin 43.776.

IEB

163.

MARTINEZ, Pedro, p. 1588

RAGVAGLIO D'VN// NOTABILISSIMO// NAVFRAGIO,// CAVATO D'VNA LETTERA// del Padre Pietro *Martinez*,// scritta da Goa// AL MOLTO REVERENDO// P. Generale della Compagnia// di GIESV alli ix.di// Decembre.// M. D. L. XXXVI.// [emblema jesuítico]// ROMA,// Appresso Francesco Zannetti. 1588.// – // Con Licentia de' Superiori.//

58 p. -- Assinatura: A-C(8) D(5).

Verso da página de rosto: em branco.
Da p. 3 começa, então, a carta "CAVATO D'VNA// lettera del P. Pietro Martinez scrit// ta da Goa al molto Reuerendo// P.Generale della Compa// gnia a di Giesu."// [vinheta pequena]// Na última página consta que foi escrita em "Goa alli 9 di Decemb. 1586".
Contém esta relação o naufrágio de vários Jesuítas na nau "San Giacomo" durante a primavera de 1585, na costa de Moçambique, sua vida entre os Cafres e sua chegada à Índia.

Maggs 508-29; Palau 154.572.

IEB-LAM

164.
PANVINIUS, Onuphrius, 1529-1568. 1588

ONUPHRII PANVINII// VERONENSIS FRATRIS// EREMITAE AVGVSTINIANI// [marca tipográfica]// PARISIIS,// Apud Egidium & Nicolaum Gillios,// via D. Ioannis Lateranensis, sub signo trium coronarum// M D L X X X V I I I// CVM PREVILEGIO [sic] REGIS.//

379 p., 10 fls. não nums. (Erros de paginação: 78 i. e. 178; 23 i. e. 232; 232 i. e. 332; 345 i. e. 347; 713 i. e. 371; 575 i. e. 375). -- Assinatura: A-Z(8) aA-bB(8).

Restaurada.
Reencadernação flexível em pergaminho.
Acondicionada em caixa com pH neutro.
Tipos romanos diversos.

Verso da página de rosto: em branco.
P. 3-5: IMP. CAESARI FERDINANDO// AVSTRIO. PIO, FELICI// PERPETVO AVGVSTO// ONUPHRIVS, PANVINIVS. VERONENSIS// FRATER EREMITA// AVGVSTINIANVS. S.P.D.// [datado de:] Venetiis Kal. Augusti MDLVIII.//
À p. 6 inicia-se a obra descritiva de Roma, que termina à p. 373.
Da p. 373 a 379 segue, então, "Descriptio vrbis Constantinopolis".
A partir do verso da p. 379 e das 10 folhas não nums., no final, impressas em duas colunas, segue-se: INDEX CERTVS// in Ciuitatem Romanam.//

FD

165.
ACOSTA, José, ca. 1539-1600. 1589

DE NATVRA// NOVI ORBIS// LIBRI DVO,// ET// DE PROMVLGATIONE// EVANGELII, APVD// BARBAROS,// SIVE// DE PROCVRANDA// INDORVM SALVTE// LIBRI SEX,// AVTORE IOSEPHO ACOSTA// presbytero societatis IESV.// [emblema jesuítico]// SALMANTICAE.// Apud Guillelmam Foquel,// – // M. D. LXXXIX.//

10 fls. não nums. prels., 640 p. -- Assinatura: ¶ (10) A-Z(8) Aa-Rr(8).

Notas marginais impressas.

Verso da página de rosto: em branco.
F. 2a-3a: Vem a licença de impressão, [datada de:] 22 de junho de 1586
F. 3b-4b: Outra licença de impressão, [datada de:] 2 de dezembro de 1588.//
F. 5a-7b: [barra ornamental]// PHILIPPO// SECVNDO HI-// SPANIARVM ATQVE// Indiarum Regi Ca-// tholico.// IOSEPHVS ACOSTA// salutem & foelicitatem.D.//
F. 8a: Licença eclesiástica.
Verso da f. 8: em branco.
F. 9a: TASSA.//
F. 9b-10b: ERRATAS.//
Da p. 1 a 110 seguem-se os dois livros de Acosta. O primeiro com 25 capítulos e o segundo com 16.
A partir da p. 111 até o fim segue, então, a obra, que se apresenta com folha de rosto em separado e com data anterior:
DE PROCVRANDA// SALVTE// INDORVM,// LIBRI SEX.// [emblema Jesuítico]// SALMANTICAE.// Apud Guillelmum Foquel.// –// M.D. LXXXVIII.//

Ao citarem esta edição, que é a primeira das inúmeras feitas em latim – como foi traduzida também para os principais idiomas –, todos mencionam 640 páginas, porém, ao citarem a tradução espanhola (Sevilha, 1590 – Maggs 479-460) informam que a edição latina constava apenas de 2 livros e, nesta, foi aumentada para oito. Ora, esta obra possui 8 livros, num total de 640 páginas. As outras edições variam de 535 a 640 páginas, portanto, a obra não foi aumentada.
Seu autor obteve grande reputação entre os seus conterrâneos, o que também atestam as inúmeras edições de sua obra.
Trata o autor de todos os elementos naturais, como metais, plantas e animais notáveis no Peru, bem como dos habitantes, seus feitos e ritos, costumes e governo, guerras e sucessos.
Segundo alguns estudiosos, Acosta é um dos primeiros autores a estudar filosoficamente as Américas e suas produções.

Carayon 656; Kosmos 250-18; Maggs 479-4.057; Nuggets p. 6; Palau 1.978; Sabin 118; Salvá 3.260.

IEB

166.

DISPVTATIONVM// ROBERTI// BELLARMINI// POLITIANI, SOCIE-// TATIS IESV,// [vinheta pequena]// DE CONTROVERSIIS CHRISTIANAE// Fidei, aduersus huius temporis Haereticos,// Tomus secundus.// A.D. S. D. N: SIXTVM V. PONT. MAX.// [marca tipográfica]// LVGDVNI,// SVMP-TIBUS, IQAN. PILLEHOTTE// AD INSIGNE NOMINIS IESV.// – // M. D. LXXXIX.// CVM PRIVILEGIO.//

10 fls. prels., 1403 i. e. 1406 cols., 10 fls. não nums. (Erros de numeração: A partir da col. 1 inicia-se o texto. Da col. 360 volta para 355. Falta numeração da col. 1161 que pula de 1160 para 1162). -- Assinatura: *(6) **(4) A-Z(6) a-z(6) Aa-Nn(6) Oo(8).

Restaurada.
Reencadernação rígida em pergaminho com tiras de couro, tratado ao alúmen, utilizadas como fechos.
Acondicionada em caixa com pH neutro.
Texto impresso em duas colunas.
Existência de algumas letras hebraicas e gregas.

Verso da página de rosto: em branco.
F. 2a-2b: [barra ornamental com emblema dos Jesuítas]// BEATISSIMO// PATRI SIXTO V.// PONT. MAX.// ROBERTVS BELLARMINVS.//
F. 3a-7a: [barra ornamental com a inscrição: PRAEFATIO]// IN SCHOLIS HABITA:// DE HAERETICORVM// LEVITATE IN RE// SACRAMEN-TARIA.//
F. 7b: [barra ornamental]// INDEX GENERALIS// TOMI SECVNDI.//
F. 8a-9b: [barra ornamental]// THEOLOGORVM ET// SCRIPTORVM IN HOC// VOLVMINE CITATORVM,// DVPLEX INDEX.//
F. 9b: [barra ornamental com inscrição central: INDEX]// SECTARIORVM ET// HAERETICORVM RECENTIORVM,// QVORVM ERRORES IN HOC// VOLVMINE PERSTRINGVNTVR.//
F. 10a: [barra ornamental]// INDEX LIBRORVM// ET CAPITVM PRIMAE.// CONTROVERSIAE.// PRAEFATIO,// De haereticorum leuitate in re Sacra-mentorum.// LIBER PRIMVS,// Qui est de natura & caussis Sacramentorum.//
F. 10b: [barra ornamental]// LIBER SECVNDUS,// De effectu, numero, & ceremoniis Sacramentorum.// PARTITIO HVIVS LIBRI.//
A partir da coluna 223 segue a 2ª controvérsia.
A partir da coluna 359 segue a 3ª controvérsia.

A partir da coluna 931 segue a 4ª controvérsia.//
Abaixo das colunas 929/930: // TYPOGRAPHVS// LECTORI S.D.//
F. 1a-3b, folhas não numeradas: [barra ornamental com inscrição central: INDEX]// LOCORVM SACRAE// SCRIPTVRAE, QVAE IN HOC// OPERE EXPLICANTVR [vinheta pequena]//
F. 4a-10a: [barra ornamental]// INDEX RERVM// PRAECIPVARVM.//
F. 10b: em branco.

FD

167.
JESUÍTAS. 1589

LITTERAE// SOCIETATIS// IESV// DVORVM. ANNORVM//M.D.LXXXVI// ET// M. D. LXXXVII// AD. PATRES. ET. FRATRES// eiusdem Societatis.// [emblema jesuítico]// ROMAE// In Collegio eiusdem Societatis.// M.D.LXXXIX// Cum facultate Superiorum//

2 fls. prels. não nums., 592 p. (Erros de paginação: 577 i. e. 377; 451 i. e. 551). -- Assinatura: a(2) A-Z(8) Aa-Oo(8).

Verso da página de rosto: em branco.
A outra folha não numerada é constituída da introdução aos padres e irmãos da Companhia.
Traz notícias das Províncias: ROMANA; NEAPOLITANA; SICILIENSIS; MEDIOLANENSIS; VENETA; POLONIA; AVSTRIA; GERMANIA SVPERIOR; RHENANA; BELGICA; FRANCIA; LVGDVNENSIS; AQVITANIA; ARAGONIA; CASTELLANA; TOLETANA; MEXICANA; PERVANA; LVSITANIA; BRASILIA E INDIA.
Datadas no final: "Ex Collegio Romano. VIII. Idus// Nouembres. M.D.LXXXIX"// e assinadas por Franciscus Bencius.

BB v. 1, p. 31; Carayon 19; Palau 139.067; Sabin 41.507.

IEB

168.

LE ISTORIE// DELLE INDIE// ORIENTALI// DEL REV. P. GIOVAN PIETRO// MAFFEI DELLA COMPAGNIA// DI GIESV.// TRADOTTE DI LATINO IN LINGVA TOSCANA// da M. Francesco Serdonati Fiorentino,// Con vna scelta di lettere scritte dell'Indie, fra le quali ve ne// sono molte non più stampate, tradotte// dal medesimo.// CON INDICI COPIOSI.// [marca tipográfica]// IN FIORENZA,// – // PER FILIPPO GIVNTI.// M. D. LXXXIX.// Con Licenza de Superiori, e Priuilegio.//

26 fls. não nums., 930 p., 3 fls. não nums. (Erros de paginação: 40 i. e. 45; 90 i. e. 94; 175 i. e. 176; 220 i. e. 219; 283 i. e. 281; 338 i. e. 339; 626 i. e. 926). -- Assinatura: *(4) a-e(4) f(2) A-Z(8) Aa-Zz(8) Aaa-Mmm(8) Nnn(4).

Encadernação inteira em pergaminho.

Verso da página de rosto: em branco.
F. 2a-4b: ALL'ILLVSTRISSMO.// ET ECCELLENTISS. SIG.// DON VIRGINIO ORSINI// DVCA DI BRACCIANO.// [datado e assinado:] "Di Fiorenza alli 15. Giugno. 1589.// Di V. Eccellenza Illustrissima// Humilissimo Seruitore// Filippo Giunti."//
F. 5a-20b: Tauola// DELL'HISTORIA// DELL'INDIA// ORIENTALE.//
F. 21a-26b: Tauola// DELLE LETTERE// SCRITTE DA LE// INDIE.//
P. 1-56: [barra ornamental]// DELL'ISTORIA// DELL'INDIA// LIBRO PRIMO.//
P. 57-94: ... LIBRO SECONDO
P. 95-135: ... LIBRO TERZO.
P. 136-176: ... LIBRO QVARTO.
P. 177-215: ... LIBRO QVINTO.
P. 216-243: ... LIBRO SESTO.
P. 244-284: ... LIBRO SETTIMO.
P. 285-336: ... LIBRO OTTAVO.
P. 337-371: ... LIBRO NONO.
P. 372-409: ... LIBRO DECIMO.
P. 410-452: ... LIBRO VNDECIMO.
P. 453-502: ... LIBRO DVODECIMO.
P. 503-542: ... LIBRO TERZODECIMO.
P. 543-581: ... LIBRO DECIMOQVARTO.
P. 582-618: ... LIBRO DECIMOQVINTO.
P. 619-662: ... LIBRO SESTODECIMO.

P. 663-717: [barra ornamental]// DELLA SCELTA// DELLE LETTERE// SCRITTE DELL'INDIA// LIBRO PRIMO.// FATTE LATINE DAL REV. PADRE// Pietro Maffei della Compagnia di GIESV'// E recate in volgare per Messer Francesco Serdonati// Cittadino Fiorentino.//

P. 663-667: [vinheta]// FRANCESCO XAVIERO DELLA COMPAGNIA// di GIESV' à compagni in Europa.// [datada de:] "Di Malaca alli 22. di Giugno.1549."//

P. 667-675: ESTRATTO D'VN ISTRVTTIONE// del medesimo Xauiero, Fatta al padre Gasparo Berzeo,// quando andò in Ormuz.//

P. 675-681: FRANCESCO XAVIERO// à compagni à Goa.// [datada de:] Di Cangossima alli 5.di Nouembre. 1549.//

P. 681: PAOLO GIAPPONESE// alla Compagnia di GIESV' nell'India.// [datada de:] Cangossima, 5 de novembro de 1549.//

P. 681-684: GIOVANNI FERNANDEZ// à Francesco Xauiero.// [datada de:] Amangucci alli 20.d'Ottobre.1551.//

P. 684-693: DVARTE DI SILVA ALLA// Compagnia di GIESV' a Goa.// [datado de:] Di Bungo alli 20. di Settembre. 1555.//

P. 693-694: TAQVA RE DI FIRANDO// a Melchior Nugnez.//

P. 694-696: COSIMO DI TORRES ALLA// Compagnia di GIESV' in Portogallo.// [datada de:] State sani alli 8. di Settembre. 1557.//

P. 696-709: GASPARO VILELA ALLA// Compagnia di Giesv'.// [datada de:] "Dell'Isola di Firando alli 19. di Ottobre. 1557."//

P. 709-713: MELCHIOR NVGVNEZ ALLA// Compagnia di GIESV' in Portogallo.// [datada de:] Cochim a 10 de janeiro de 1558.//

P. 713-715: GASPARO VILELA ALLA// Compagnia di GIESV' a Goa.// [datada de:] "Del Giappone il primo di Settembre. 1559."//

P. 715-717: GIOVANNI FERNANDEZ// a Melchior Nugnez.// [datada de:] "Di Bungo alli 3. d'Ottobre. 1559."//

P. 718: [barra ornamental]// DELLA SCELTA// DELLE LETTERE// SCRITTE DELL'INDIA// LIBRO SECONDO.//

P. 718-723: [vinheta]// LORENZO GIAPPONESE// à compagni.// [datada de:] Meaco a 2 de junho de 1560.//

P. 723-726: CONSALVO FERNANDEZ// a vno della Compagnia di GIESV'.// [datada de:] 1 de dezembro de 1560.//

P. 726-736: LODOVICO ALMEIDA// à compagni in Portogallo.// [datada de:] Bungo a 1 de outubro de 1561.//

P. 736-744: ESTRATTO DELLE LETTERE// della Compagnia di GIESV' scritte in Europa, della// morte del padre Consaluo Silueria Portoghese. [De Goa]

P. 744-754: GASPARO VILELA// à compagni.// [datada de:] Saquai a 17 de agosto de 1562.//

P. 754-758: ESTRATTO D'VNA LETTERA D'ARIAS// Sancez à compagni.// [datada de:] Bungo a 11 de outubro de 1562.//

P. 758-769: LODOVICO ALMEIDA// à compagni.// [datada de:] "Di Giappone alli 25.d'Ottobre. 1562."//

P. 769-770: IL RE DI CANGOSSIMA// al Vicere Portoghese nell'India.// [datada de:] "Di Xazuma l'anno quarto."//

P: 770-771: IL MEDESIMO AD ANTONIO QVADROS// prouinciale dell'India per la Compagnia// di GIESV'.// [datada de:] "Data l'anno quarto, nel settimo mese// il di 28."//

P. 772-822: [barra ornamental]// DELLA SCELTA// DELLE LETTERE// SCRITTE DELL'INDIA// LIBRO TERZO.//

P. 772-776: [vinheta]// GASPARO VILELA ALLA// Compagnia di GIESV'.//

P. 776-785: BALDESSARRI GAGO// à compagni.// [De Goa.]

P. 785-788: GASPARO VILELA// à compagni.//

P. 788-794: LODOVICO FROIS ALL'A COMPAGNIA// di Giesù in India, e in Europa.// [datada de:] Vocossiura,a 14 de novembro de 1563.//

P. 794-800: LODOVICO ALMEIDA// à compagni nell'India.// [datada de:] "Del porto della Vergine Maria del soccorso, alli 27. di Nouembre. 1563."//

P. 800-802: GIOVAMBATISTA MONTANO FERRARESE,// a Michele, Torres della Compagnia di Giesù// in Portogallo.// [datada de:] Bungo a 27 de setembro de 1564.//

P. 802-803: ESTRATTA D'VN'ALTRA LETTERA// del medesimo Giouambatista a Giouanni Polanco della// Compagnia di Giesù a Roma.// [datada de:] Bungo, a 10 de outubro de 1564.//

P. 804-812: LODOVICO FROIS// à compagni nell'India.// [datada de:] Firando a 4 de outubro de 1564.//

P. 812-815: Ciovanni Fernandez al padre// Francesco Petreio della Compagnia di Giesù.// [datada de:] Firando a 10 de outubro de 1564.//

P. 815-822: LODOVICO ALMEIDA À COMPAGNI// in Portogallo.// [datada de:] Bungo a 14 de outubro de 1564.//

P. 823-917: [barra ornamental]// DELLA SCELTA// DELLE LETTERE// SCRITTE DELL'INDIA// LIBRO QVARTO.//

P. 823-847: [vinheta]// LODOVICO ALMEIDA// alla Compagnia di GIESV', nell'India,// e nell'Europa.// [datada de:] 26 de outubro de 1565.//

P. 847-858: LODOVICO FROIS// à compagni nell'India.// [datada de:] Meaco a 19 de fevereiro de 1565.//

P. 858-862: DEL MEDESIMO// à compagni.// [datada de:] Meaco a 6 de março de 1565.//
P. 863-869: DEL MEDESIMO// à compagni.// [datada de:] Meaco a 28 de março de 1565.//
P. 869-875: DEL MEDESIMO// à compagni.// [datada de:] "Canga Isola del Giappone del mese d'Agosto. 1565."//
P. 875-886: DEL PADRE ORGANTINO BRESCIANO// à compagni à Roma.// [datada de:] Goa a 28 de dezembro de 1568.//
P. 886-891: DI FRANCESCO CAPRALE// al Padre Gioumbatista Montano.// [datada de:] Cochinoco a 23 de setembro de 1577.//
P. 892-902: LODOVICO FROIS A ANTONIO// Quadros nell'India// [datada de:] Meaco a 28 de setembro de 1571.//
P. 902-907: DEL MEDESIMO A ANTONIO// Quadros nell'India.// [datada de:] Meaco a 10 de agosto de 1572.//
P. 907-917: DEL MEDESIMO// à Francesco Caprale.// [datada de:] Meaco a 17 de junho de 1573.//
P. 918-930: [barra ornamental]// DVE LETTERE// DE CINQVANTADVE// FRATELLI// DELLA COMPAGNIA// DI GIESV,// Che nauigando al Brasil furono per la fede// Cattolica martirizati.//
P. 918-922: PIERO DIAZ A LIONE ENRIQVEZ// Prouinciale di Portogallo per la Compagnia// di GIESV'.// [datada da:] ilha da Madeira a 18 de agosto de 1570.
P. 922-930: FRANCESCO ENRIQVEZ RETTORE// della casa di Lisbona à compagni à// Roma.// [datada de:] Lisboa a 9 de dezembro de 1571.//
F. 1a-3a: Errori occorsi nello stampare.//
F. 3b: contém o REGISTRO e o colofão: [vinheta] IN FIORENZA.// Nella Stamperia di Filippo Giunti. 1589.// Del Mese di Giugno.// Con Licenza, e Priuilegio.//

É a primeira tradução italiana, embora tenha sido publicada outra no mesmo ano.

BB v. 2, p. 10; Carayon 647; Palau 146.992; Sabin 43.777.

IEB-LAM

169.
MAFFEI, Giovanni Pietro, 1533-1603. 1589

IO PETRI// MAFFEII// BERGOMATIS// E SOCIETATE IESV// HISTORIARVM// INDICARVM LIBRI XVI.// SELECTARVM ITEM EX INDIA//

Epistolarum eodem interprete Libri IIII.// Accessit Ignatij Loiolae Vita postremò recognita. Et in Operae singula copiosus Index.// CVM PRIVILEGIO.// [marca tipográfica]// VENETIIS, Apud Damianum Zenarium. 1589.//

28 fls. não nums., 281 i. e. 283 fls. nums. 1 fl. não num. (Erros de paginação: 62 i. e. 66; 58 i. e. 85; 159 i. e. 156; 193 i. e. 215; 231 i. e. 223; 222 i. e. 224; 263 i. e. 257; 257 i. e. 263; 283 i. e. 281; 281 i. e. 283). -- Assinatura: a-g(4) A-Z(8) Aa-Mm(8) Nn(4).

Encadernação inteira em pergaminho.
Tipos romanos.

Verso da página de rosto: "Priuilegium Senatus Veneti." datado de 7 de agosto de 1588.
F. 2a-2b: [barra ornamental]// PHILIPPO REGI// CATHOLICO.//
F. 3a-15a: [barra ornamental]// IN HISTORIAS// INDICAS RERVM// MEMORABILIVM// Index.//
F. 15b: EPISTOLARVM// INDEX.//
F. 16a-20a: IN EASDEM INDEX// RERVM MEMORABILIVM.//
F. 20b-21a: IN IGNATII VITAM// CAPITVM INDEX.//
F. 21b-28a: IN EANDEM RERVM// MEMORABILIVM// INDEX.//
Verso da f. 28: Erratas.
Divide-se a obra em 16 livros.
F. numeradas 1-24b: LIBER PRIMVS.//
F. 25a-40b: LIBER SECVNDVS.
F. 41a-57b: LIBER TERTIVS.
F. 58a-74b: LIBER QVARTVS.
F. 75a-91a: LIBER QVINTVS.
F. 91b-103a: LIBER SEXTVS.
F. 103b-120b: LIBER SEPTIMVS.
F. 121a-142a: LIBER OCTAVVS.
F. 142b-157a: LIBER NONVS.
F. 157b-173a: LIBER DECIMVS.
F. 174a-192b: LIBER VNDECIMVS.
F. 193a-214b: LIBER DVODECIMVS.
F. 215a-231b: LIBER TERTIVSDECIMVS.
F. 232a-248b: LIBER XIIII.
F. 249a-264b: LIBER XV.
F. 265a-283b: LIBER XVI.

Contém esta *História da Índia* inúmeras referências à América, uma vez que descreve a descoberta das Ilhas Canárias e do Novo Mundo por Colombo, as diversas viagens de Américo Vespucci e a viagem de Martim Behaim.

Encontra-se encadernado com a obra do mesmo autor *Selectarvm epistolarvm ex India...*, que por se achar descrita num outro exemplar deste catálogo o deixamos de fazer aqui (ver nº 162).

Maggs 519-165; Palau 146.977; Sabin 43.770.

IEB-LAM

170.
ORTA, Garcia de, séc. XVI. 1589

DELL'HISTORIA// DE I SEMPLICI AROMATI,// ET ALTRE COSE; CHE VENGONO// portate dall'Indie Orientali pertinenti all'vso// della MEDICINA.// PARTE PRIMA.// Diuisa in Libri IIII.// DI DON GARZIA DALL'HORTO// Medico Portughese ; con alcume breui Annotationi// di CARLO CLVSIO.// ET DVE ALTRI LIBRI PARIMENTE// di quelle cose che si portano dall'Indie Occidentali;// Di NICOLÒ MONARDES Medico di Siuiglia.// Nota tutti tradotti dalle loro lingue nella nostra Italiana da M.// ANNIBALE Briganti, Marrucino da Ciuita di Chicti,// Dottore & Medico eccellentissimo.// CON PRIVILEGIO.// [marca tipográfica]// IN VENETIA, M D LXXXIX.// Appresso Giouanne, & Andrea Zenari Fratelli.//

16 fls. não nums., 347 p. + 5 p. não nums. (Erros de paginação: 89 i. e. 49; 65 i. e. 60; 260 i. e. 160; 104 i. e. 204; 512 i. e. 215; 227 i. e. 223; 144 i. e. 244; 350 i. e. 250; 374 i. e. 274; 28 i. e. 278; 278 i. e. 282; p. 239 não foi paginada). -- Assinatura: A(8) b(8) A-Y(8). (Erros de assinatura: A 5 i. e. A 3; X 2 i. e. Y 2; N 2 i. e. N 3).

Gravuras e ilustrações: p. 36, 39, 71, 89, 95, 101, 104, 108, 109, 130, 131, 140, 147, 168, 214, 215, 216.
A obra divide-se em duas partes com folhas de rosto e paginações em separado.

Parte I.
Verso da página de rosto: em branco.

F. 2a-6a: ALL'ILLVSTRISSM.// SIGNORE IL SIGNOR// DON FERRANTE DO ALARCON,// E DI MENDOZZA,// Marchese dellà Valle.// [datada de:] "Di Chieti, il di 25.// d'Aprile. M D L X X V."// [e assinada por:] Annibale Briganti.//
F. 7a-12a: TAVOLA DI TVTTI// I SEMPLICI, ET ALTRE COSE,// che si contengono ne i quattro Libri// dell'Indie Orientali.//
F. 12b-13a: TAVOLA DE' CAPITOLI// Contenuti, nel primo libro.//
F. 13b: TAVOLA DE' CAPITOLI// contenuti nel secondo libro.//
F. 14a: TAVOLA DE' CAPITOLI// Del libro terzo.//
Verso da f. 14, assim como as folhas 15 e 16: em branco.
O primeiro livro, com 53 capítulos, vai até a p. 192; o segundo, com apenas 28 capítulos, vai até a p. 236. O primeiro livro de Monardes apresenta 22 capítulos e vai até a p. 297, enquanto o segundo com 2 capítulos vai até a p. 347.
As cinco últimas páginas trazem "BORGARVTIO BORGARVCCI,// à Lettori.".//
Termina aqui a "Parte prima" do livro.
Parte II.
DELLE COSE,// CHE VENGONO PORTATE// DALL'INDIE OCCIDENTALI,// pertinenti all'vso della MEDICINA.// Raccolte,& trattate dal Dottor NICOLÒ MONARDES,// Medico in Siuiglia,// Parte Seconda,distinta in due Libri.// Nouamente recata dalla Spagnola nella nostra língua Italiana.// Con vn libro appresso dell'istesso Auttore, che tratta della// NEVE, & del beuer fresco con lei.// Aggiuntiui doi Indici,vno de'Capi principali; l'altro delle cose più re-// leuanti, che si ritrouano in tutta l'opera.// CON PRIVILEGIO.// [marca tipográfica]// IN VENETIA, M D L X X X I X.// Appresso Giouanne, & Andrea Zenari Fratelli.//

3 fls. prels. não nums., p. 9-131 + 13 p. sem numeração. (Erros de paginação: 19 i. e. 29; 29 i. e. 79; 93 i. e. 91; 159 i. e. 129; 170 i. e. 130). -- Assinatura: A-I(8).

Xilogravuras: p. [8], 25, 47, 51, 53, 55, 72, 76, 80, 81, 84.

Verso da página de rosto: em branco.
F. 2a-2b: LO STAMPADORE// A'LETTORI.// [vinheta]//
F. 3a-3b: Apresentam o índice dos livros um e dois e mais o "della Neue".
Da f. 4a inicia-se, então, o primeiro livro com sete capítulos [até a p. 71]; o segundo com 15 capítulos [até a p. 101]. Terminando o livro temos 7 capítulos que tratam da neve. As 13 páginas não numeradas contêm a "TAVOLA// DELLE COSE PIV NOTABILI,// che si ritrouano nella Prima, & Seconda//

Parte, di questo Libro.// Delle cose, che vengono portate dalle Indie Occidentali; &// nel libro appresso, che tratta della Neue."//

A primeira edição desta parte do livro, da autoria de Nicolás Monardes Alfaro, é de 1565-1571. É o primeiro tratado europeu sobre o tabaco, considerado primeiro como remédio, hoje hábito dificilmente curável.

Maggs 502-4978 cita uma edição de 1589, porém, como tipógrafos "Heredi di Franceso Ziletti"; Palau 99.520; Sabin 57.669.

IEB-LAM

171.

JESUÍTAS. 1590

ANNVAE// LITTERAE// SOCIETATIS// IESV// ANNI. M. D. LXXXVIII.// AD PATRES, ET FRATRES// eiusdem Societatis// [emblema jesuítico]// ROMAE,// In Collegio Societatis Iesu.// M. D. XC.// – // Cum facultate Superiorum.//

336 p. (Erros de paginação: 113 i. e. 213). -- Assinatura: A-X(8).

Verso da página de rosto: em branco.
P. 3-4: O relator dirige-se aos padres e irmãos da Companhia de Jesus.
Da p. 5 em diante começa o relato das Províncias: ROMANA; NEAPOLITANA; SICILIENSIS; MEDIOLANENSIS; VENETA; POLONIA; AVSTRIA; GERMANIA SVPERIOR; RHENANA; BELGICA; FRANCIA; LVGDVNENSIS; AQVITANIA; ARAGONIA; TOLETANA; BEOTICA; MEXICANA; LUSITANIA; BRASILIA E INDIA.//
Datada no fim: "E Collegio Romano// Decimo Kalendas Decembres M D XC."// e assinada por Franciscus Bencius.

BB v. 1, p. 31; Carayon 20; Sabin 1.607.

IEB

172.

CASTRACANI, Francesco. 1590

TRACTATVS// DE SOCIETATBVS,// QVAE FIVNT SVPER// OFFICIIS ROMANAE// ECCLESIAE.// FRANCISCI CASTRACANII// Iurisconsulii

Clarissimi Fanensi.// CVM PRIVILEGIO.// [marca tipográfica] R O M AE,// Apud Haeredem Marci Amadori. M. D. XC.// PERMISSV SVPERIORVM.//

4 fls. prels., 209 (+45) p. -- Assinatura: *(4) A-Z(4) Aa-Ii(4).

Restaurada.
Reencadernação flexível em pergaminho de cabra.
Acondicionada em caixa com pH neutro.
Texto impresso em duas colunas.

Verso da página de rosto: em branco.
F. 2a-3a: [barra ornamental]// SIXTO QVINTO// PONT. MAX.// [vinheta]// FRANCISCVS CASTRACANIVS//
F. 3b: [barra ornamental]// MARCELLI PRIMARII// AD AVCTOREM.//
F. 4a: [barra ornamental]// EIVSDEM AD CANDIDVM LECTOREM.// [mais abaixo:] FRANCISCI LANCEI FANENSIS I.C.// de praeclaro Francisci Castracanij Fanensis I.C.// Clarissimi opere societatum ad officia,// Tetrastichon ad Lectorem.//
F. 4b: AD FRANCISCVM CASTRACANIVM// Fanensem virum ornatissimum, & Iuris vtrius-// que singulari cognitione clarum, in li-// brum De societatibus, Petri Pauli// Theophili Carmen.//
[mais abaixo:] EIVSDEM AD LECTOREM.//
Segue agora o texto da obra, que finaliza à p. 209.
Verso da página 209 até p.[4]: LEO X. DE SOCIETATIBVS// OFFICIORVM ROMANAE// CVRIAE.// [datado:] Datum Romae apud Sanctum Petrum. Anno incarnationis Dominice. M.D.XIIII. Pridiae Idus Ianuarij. Pontifici nostri Anno. II.// [vinheta]//
P. [5-7]: SVPER SOCIETATIBVS OFFICIO-// RVM ROMANAE CVRIAE// [vinheta]// PAVLVS IIII.// [datado:] Datum Romae Apud Sanctum Marcum Anno incarna// tionis Dominicae.// M. D. LV. Non. Octobris. Pont. nostri Anno I.// Io. Barengus.// [vinheta]//
P. [8-9]: PIVS PAPA IIII.//
P. [10-45]: INDEX// LOCVPLETISSIMVS// IN FRANCISCI CASTRACANII// TRACTATVM// DE SOCIETATIBVS OFFICIORVM// ROMANAE CVRIAE.// [vinheta]//
P. [45], abaixo do texto: REGESTVM//
[mais abaixo, o colofão:] [vinheta]// ROMAE,// – // Apud Iacobum Ruffinellum, M. D. XC.// Permissu Superiorum.//
Verso da p. [45]: em branco.

Adams C-957; IA 133.759

FD-BTA

173.

FRÓES, Luis, 1528-1597. 1590

LETTERA// ANNALE// DEL GIAPONE// SCRITTA// AL PADRE GENERALE// DELLA GOMPAGNIA// DI GIESV// Alli xx. di Febraio M.D.LXXXVIII.// [emblema jesuítico]// IN ROMA.// Appresso Francesco Zannetti, In Pierre di// Pietta. 1590.// – // CON LICENZA DE'SVPERIORI.//

119 p. + 1 p. não num. -- Assinatura: A(8) B-O(4).

Marca tipográfica.

Verso da página de rosto: em branco.
A carta é datada "alli xx. di Febraio. M. D. LXXXVIII".
A última página, não numerada, traz o registro, a marca tipográfica e mais uma vez as indicações tipográficas.

Esta carta foi originalmente publicada em português na coletânea intitulada: *Cartas que os padres e irmãos da Companhia de Jesus escreveram dos reinos do Japão e China aos da mesma Companhia da India e Europa...* Em Évora, por Manoel de Lyra, 1598, no 2º vol. à p. 187.
Nota manuscrita no livro: "O Collegio de Campolide tem um exemplar em portuguez".

Barb. Mach. v. 3, p. 98; IFS t. 5, p. 292; Maggs 429-85 (entre outros).

IEB-LAM

174.

JESUÍTAS. 1591

ANNVAE// LITTERAE// SOCIETATIS// IESV// ANNI. M. D. LXXXIX// AD. PATRES. ET. FRATRES// eiusdem Societatis.// [emblema jesuítico]//

ROMAE,// In Collegio Societatis IESV. M. D. XCI.// – // Cum Facultate Superiorum,//

473 p. + 1 p. não num. (Erros de paginação: 193 i. e. 163; 138 i. e. 238; 134 i. e. 341). -- Assinatura: A-Z(8) Aa-Ff(8) Gg(6).

Verso da página de rosto: em branco.
P. 3-4: Apresentam o início da carta dirigida aos padres e irmãos da Companhia de Jesus.
Da p. 5 em diante relata o que se passou em 1589 nas Províncias: ROMANA; NEAPOLITANA; SICILIENSIS; MEDIOLANENSIS; VENETA; POLONIA; AVSTRIA; GERMANIA SVPERIOR; RHENANA; BELGICA; FRANCIA; LVGDVNENSIS; AQVITANIA; ARAGONIA; SARDINIA; CASTELLANA; TOLETANA; BAETICA; PERVANA; LVSITANIA; E BRASILIA.
A última página, não numerada, traz as erratas.
É datada: "E Collegio Romano Decimo// Calendas Decembres. M.D.XCI."// e assinada por Franciscus Bencius.

BB v. 1, p. 31; Carayon 21; Sabin 1.607.

IEB

175
BUDELIUS, Renerus. 1591

DE// MONETIS,// ET RE NVMA=// RIA, LIBRI DVO:// QVORVM PRIMVS ARTEM CVDENDAE MO-// NETAE: SECVNDVS VERO QVAESTIONVM MO-// NETARIARVM DECISIONES CONTINET.// HIS ACCESSERVNT TRACTATVS VARII ATQVE// VTILES, NECNON CONSILIA, SINGVLARESQVE ADDI-// tiones tam veterum, quàm Neotericorum Authorum, qui// de Monetis, earundemque valore, liga,pondere,// potestate, mutatione, variatione,falsitate,// ac similibus scripserunt.// Quorum omnium Catalogum pagina duodecima indicat,// AVTHORE ET COLLECTORE CLARISS.// VIRO RENERO BVDELIO RVRSMVNDANO, IC. NECNON REVE-// rendiss.atque Illustriss. Principis ac D.Domini Ernesti Electoris// Colonien. Bauariae Duc.&c. Monetarum, tàm Rhe.// nensium, quàm VVestphalicarum Archie.// piscopalium Praefecto.// CVM SVMMARIIS ET INDICE COPIOSO.// [marca tipográfica]// COLONIAE AGRIPPINAE,// APVD IOANNEM

GYMNICVM.// SVB MONOCEROTE.// ANNO M.D. LXXXXI.// CVM PRIVILEG. CAES. MAIEST. AD SEXENNIVM.//

38 fls. prels., 155 fls. nums. (Erros de foliação: 79 i. e. 70; 116 i. e. 126; 339 i. e. 139; 149 i. e. 147). -- Assinatura: +(6) ++(4) +++(4) ã-ũ(4) &(4) A-T(4) V(2).

Restaurada.
Reencadernação em couro do tipo vaqueta cigana no mesmo estilo do original.
Texto impresso em duas colunas.
Folhas 121-124, 131-147, texto em alemão impresso em letras góticas, outras folhas com trechos menores.
Texto com ilustrações.

Verso da página de rosto: em branco.
F. 2a-5b: [barra ornamental]// REVERENDISSIMIS// ATQVE ILLVSTRISSIMIS, REVE-// RENDIS ATQVE ILLUSTRIBVS, GENEROSIS,// NOBILIBVS, MAGNIFICIS, AC PRVDENTISSIMIS, S.// ROM. IMPERII QVATVOR ELECTORIBVS, RHENI, ET// VVESPHALICI INFERIORIS CIRCVLORVM PRIN-// cibus, & Dominis potentissimis, &c. iugi obseruantia// sibi colendissimis. [datado e assinado:] Datae Salutis humanae anno 1591. die// 18.Mens. Martij.// Illustriss. Celsitudinum ac Dominationum Vestrarum// Humillimus & subiectissimus// seruitor// Renerus Budelius Ruremun-// danus. I.C.//
F. 6a: [barra ornamental] COMSTITVTIO TRIVM IMPER.// GRATID. VALENT. ET// THEODOSII,// IN L. FIN. DE VETER. NVMISM. PO// TEST. LIB. II. C.//
F. 6b: CATALOGVS TRACTATVVM ET// CONSILIORVM OMNIVM, QVI HOC// OPERE CONTINENTVR.//
F. 7a-8a: [barra ornamental]// AD EOSDEM PRIN=// CIPES ELECTORES RHENIQVE// ET VVESTPHALICI CIRCVLORVM// DOMINOS , CARMEN:// EODEM AVCTORE.//
F. 8a: IN DEFENSIONEM HVIVS AR-// TIS, EX SENTENTIA D. GOFFREDI, IVS// cudendae Monetae Principum ossibus cohaerere. E.A.//
F. 8b, 1ª coluna: ROMAE SCHOLA ERE-// CTA AVRI ET ARGEN-// ti probandi.// E.A.//
F. 8b, 1ª e 2ª colunas: QVERIMONIA IVNO-// NIS, QVAE QVONDAM APVD// Romanos pro Tutrice ac Pro-// tectrice Monetarum habita & agnita// fuit.// E.A.//
F. 8b, 2ª coluna-9a, 1ª coluna: AD LECTOREM// ELEGIA E. A.//

F. 9a, 1ª coluna: IN ZOILVM, E. A.//
F. 9a, 1ª coluna: AD CANDIDVM LECTO-// rem D. Matthaei Boiss. I.V.D. & publi-// ci ordin. Professoris Vni-// uers Colon.// EPIGRAMMA.//
F. 9a, 2ª coluna: THEODORVS PHREARAE-// us Falkenburgus S. Theol. Licen. Grae.// carum literarum professor// Vniuers. Colon.// [texto em grego]
F. 9a, 2ª coluna: CARMEN NOBILIS DOMI-// ni Godefridi à Cruchten. LL. L. &// Reipub. Ruremundensis pro// tempore Coss.//
F. 9b, 1ª e 2ª colunas: THEODORI GRAMINAEI// Ruremumdani L.L.L. in libros.// Reneri Budelij Carmen.//
F. 9b, 2ª coluna: MARSILII KOCH KOCH RVRE-// mundani, LL.L. in librum Rene-// ri Budelij IC. decastichon.//
F. 9b, 2a-f. 10a, col. a coluna: IACOBI A LOM RVRE-// mundani LL. Cand. in Clariss. Con-// sultissimique d. Ren. Budelij & conterranei opus.// Carmen.//
F. 10a, 1ª e 2ª colunas: ALIVD EIVSDEM AD// Zoilum.//
F. 10a, 2ª coluna: IVNONIS DEAE AD LI-// brum Auctoris L. Budelij// adhortatio.//
F. 10b: RVBRICAE CAPITVM LIBRI// PRIMI.//
F. 11a-12a: [barra ornamental] ARGVMENTA CAPITVM LIBRI// PRIMI, DE ARTE CVDENDAE MO-// NETAE, AB IPSO AVTHORE HE-// ROICO CARMINE CON-// SCRIPTA.//
F. 12b-14a: [barra ornamental]// DICTIONVM ET VOCABVLORVM// QVORVNDAM MINVS VISITATORVM// EXPLICATIO.//
F. 14a: [depois do índice:] SIMONIS TOELMANNI POMER.// I.V.D. IN CLAR. VIR. D. REINERI// BVDELII, LL. LICENT. LIBROS,// [frase em grego]//
F. 14b: em branco.
F. 15a-37b: [barra ornamental]// INDEX RERVM MEMORABILIVM// QVAE IN HOC OPERE DE MONETIS ET// RE NVMARIA CONTINENTVR.//
F. 38a: SERIES CHARTARVM.//
Abaixo: Errata.
F. 38b: Marca tipográfica.
F. 1-155: DE MONETIS, ET RE NVMARIA,// LIBER PRIMVS,// AVCTORE RENERO BVDELIO// RVREMVNDANO, I.C.//
F. [156]: em branco.
A partir de f. [157], com paginação continuada, segue uma nova página de rosto: DE// MONETIS,// ET RE NVMA=// RIA RENERI BVDELII// RVREMVN. I. C.// LIBER SECVNDVS,// QVAESTIONVM MONETARIARVM// DECISIONES CONTINENS.// Nuc primùm un lucem

editus.// [marca tipográfica]// COLONIAE AGRIPPINAE,// APVD IOANNEM GYMNICVM, SVB MONOCEROTE.// ANNO M. D. LXXXXI.// CVM PRIVILEG. CAES. MAIEST. AD SEXENNIVM.//

De [157]-269 i. e. 267. (Erros de foliação: 202 i. e. 234; 236 pula para 239; 263 i. e. 267). -- Assinatura: A(4) b-i(4) K-L(4) m-n(4) o(4). (Erro de Assinatura: h 2 i. e. i 2).

Verso da página de rosto: em branco.
F. [159]: AVCTORIS LOCO// ARGVMENTI, ET IN COM-// MENDATIONEM HVIVS LIBRI// SECVNDI,// EPIGRAMMA.//
F. [160]: RVBRICAE CAPITVM HVIVS// LIBRI SECVNDI.//
F. 161 a 269: [barra ornamental] DE MONETIS ET RE NVMARIA,// RENERI BVDELII IC.// LIBER SECVNDVS.//
F. [270]: em branco.
A partir da f. [341], com paginação continuada, segue uma nova página de rosto:
[texto emoldurado] DE MONETIS, ET// RE NVMARIA,// VARII// TRACTATVS// ADMODVM VTILES, NEC.// NON CONSILIA, SINGVLARESQVE// ANNOTATIONES, DIVERSORVM AV-// THORVM QVI DE MONETIS, EARVN-// DEMQVE VALORE, LIGA, PONDERE,// Potestate, Mutatione, Variatione, Falsi-// tate, ac similibus, scripserunt,// & responderunt.// Omnia nunc primùm sic collecta.// Cum Summarijs, & Indice copioso.// [marca tipográfica]// COLONIAE AGRIPPINAE,// Apud Ioannem Gymnicum, Sub Monocerote.// ANNO M. D. LXXXXI.// Cum Priuilegio Cas. Maiest.ad sexennium.//

De [341]-798 i. e. 794. (Erros de foliação: 439 i. e. 436; 614 pula para 6l9; 645 i. e. 685; 778 i. e. 768). -- Assinatura: Aa-Zz(4) Aaa-Zzz(4) Aaaa-Iiii(4) Kkkk(2). (Erros de assinatura: Fff i. e. Ffff; Fff 3 i. e. Ffff 3; Tt 2 i. e. Tt 3; Dddd 2 i. e. Bbbb 2).

Verso da página de rosto: AD LECTOREM OCTOSTICHON// Ren. Budelij Ruremun. I.C.//
F. 343-798: seguem capítulos de vários autores sobre o mesmo assunto.

Esta obra rara trata da história da capacidade monetária e consiste de dois volumes de Budel, diretor da Bavarian Mint, e outros autores.

Segundo a foliação, verifica-se que após a f. 270 segue a f. 340, mas observando a SERIES CHARTARVM estão todos os cadernos corretos.
Encontra-se riscado a tinta o nome de Carolo Molinaes em todos os lugares em que aparece. Seu nome consta da lista dos autores proibidos pela Inquisição. Em algumas folhas a tinta chegou a formar furos.

FD-BTA

176.
CAMPANA, Cesare, m. 1606. 1591

ARBORI// DELLE FAMIGLIE// REGALI DI SPAGNA,// Descritti da Cesare Campana.// Gioè// Re antichi di Spagna.// Re di Legione, e di Castiglia.// Re di Sobrarbe, e di Nauarra.// Conti di Castiglia.// Conti di Barcellona.// Re d'Aragona.// Re di Portogallo.// Doue, per via d'elogio, sí discorre di tutte le cose principali, aue-// nute in quei Regni ; del princípio del mondo , fin'a quest'anno// della nostra salute. M D X C.// [marca tipográfica]// IN VERONA,// Nella Stamparia di Gieronimo Discepolo. M D X C I.//

4 fls. não nums. prels., 147 p., 6 fls. não nums. desd. com as árvores genealógicas. (Erros de paginação: 70 i. e. 80). -- Assinatura: a(4) A-S(4) T(2).

Verso da página de rosto: em branco.
F. 2a-4b: AL MOLTO ILLVSTRE// ET ECCELL. SIGNORE// IL SIG. FERMO PORRO.// Cesare Campanha.// [De Verona].
Segue-se, então, a obra, que não se subdivide em capítulos.

Palau 41.126.

IEB

177.
CONSTITUIÇÕES (Coimbra). 1591

CONSTITVICOES// SYNODAES DO BISPADO// DE COIMBRA.// [brasão do bispo D. Afonso de Castelo Branco, com a legenda: ALFONSVS DEI GRA// TIA EPISCOP COMES.// 1591]// Feytas & ordenadas em Synodo pelo Illustrissimo Sõr Dom Affonso de Castel// Biaco Bispo de Coimbra, Cõde

CONSTITVIÇOES
SYNODAES DO BISPADO
DE COIMBRA.

ALFONSVS DEI GRATIA EPISCOPꝰ COMES.

1591

Feytas & ordenadas em Synodo pelo Illustrissimo Sõr Dom Affonso de Castel Brãco Bispo de Coimbra, Cõde de Arganil, & do Cõselho del Rey N. S. &c.

E por seu mandado Impressas em COIMBRA per Antonio de Mariz Impressor da Vniuersidade.
ANNO. 1591.

CONSTITUIÇÕES (Coimbra). *Constitvicoes synodaes do Bispado de Coimbra. Feytas & ordenadas em Synodo...*, 1591. Página de rosto com brasão do bispo D. Afonso de Castelo Branco.
Figura 88 – nº de catálogo 177

de Arganil,& do Cõselho del Rey N.S.&c.// E por seu mandado Impressas em COIMBRA per Antonio// de Mariz Impressor da Vniuersidade.// ANNO. 1591.//

10 fls. prels., 221 fls. nums., 3 fls. não nums. (Erros de paginação: 24 i. e. 42; 181 sem paginação; de 184 a 189, o número 8 foi completado à mão; 180 i. e. 190; 141, 142 i. e. 191, 192 respectivamente; 144 i. e. 194; 218 i. e. 208; 2011 i. e. 211; 221, sem paginação; faltam as folhas 58 e 60). -- Assinatura: [ ](2) ✠(4) ✠✠(6) A-Z(4) Aa-Zz(4) Aaa-Kkk(4). (Erros de assinatura: Faltam P 2 e P 4).

Restaurada.
Reencadernação flexível em pergaminho.
Acondicionada em caixa com pH neutro.
Notas marginais impressas e manuscritas.

Verso da página de rosto: em branco.
F. 2a-2b: PROLOGO// Destas Constituições, s [sic] pessoas ecclesiasticas// & seculares, subditos do Bispado.// [datado:] Dada em Coimbra// aos 28. de Nouembro de// 1591.//
F. 3a-10a: Taboada destas Constituiçoes.//
A partir da f. 1 começam, então, as constituições, que terminam no verso da f. [221].
F. não numerada, final, 1a-1b: Emendas e erratas.
F. não numerada, f. 2a: FORAM Publicadas estas// Constituições, em nossa pre-// sença, & do nosso Cabido, &// Clerezia, e Religiosos dos// Mosteyros, & Collegios desta Cidade;// & approuadas, & aceytadas em Synodo, que celebramos ẽ a nossa See Cathe/ dral, aos quinze dias do mes de No-// uembro, de mil & quinhentos, & nouen// ta & dous Annos.// [assinatura fac-similar.]
Verso da f. 2: em branco.
F. não numerada, 3a: Prouisam de Dom Affonso de Castel-Branco, bispo de Coimbra, conde de Arganil [novamente a assinatura facsimilar que é a de D.Afonso]
Verso desta folha 2: em branco.
Segue, então, com folha de rosto em separado:

REGIMENTO// DOS OFFICIAES DO// AVDITORIO ECCLESIASTI-// co, Do Bispado de Coimbra.// [brasão do bispo D. Afonso de Castelo Branco, com a legenda: ALFONSVS DEI GRA// TIA EPISCOP' COMES.// 1591]// Feyto & ordenado em Synodo pelo Illustrissimo Sõr Dom Affonso de Castel//

Branco Bispo Cõde de Arganil, & do Conselho del Rey nosso Senhor. &.c.// E por seu mandado Impresso em COIMBRA per Antonio// de Mariz Impressor da Vniversidade.// ANNO. 1592.//

2 fls. prels., 28 fls. nums. (Erro de paginação: 20 i. e. 21). -- Assinatura: ✠(2) A-G (4).

Esta parte consta de:
Verso da página de rosto: em branco.
F. 2a, não numerada: PROLOGO// Deste Regimento.// [datado de:] Dada em Coimbra a 3. de Março// de 1592.//
F. 2b: TABOADA DO// Que se contém neste Regimento.
Segue, então, o regimento das Constituições dos oficiais do auditorio eclesiástico.

Anselmo 899-900; Azevedo-Samodães 850; Cat. Res. nº 768 e 2.032 (para o Regimento); Palha 341.

FD

178.
HERRERA Y TORDESILLAS, Antonio de, 1559-1625. 1591

CINCO LIBROS// DE ANTONIO DE// HERRERA DE LA HIS-// toria de Portugal, y conquista de las// Islas de los Açores, en los años// de. 1582. y 1583.// Dirigida à don Luys Carrafa de la Marta// Principe de Stillano.// [marca tipográfica]// CON PRIVILEGIO.// – // En Madrid , En casa Pedro Madrigal,// Año de I 5 9 I.// Vendese en casa de Iuan de Montoya , librero.// Esta tassado en papel en cinco Reales y quatro marauedis.//

4 fls. prels. não nums., 213 i. e. 211 fls. nums., 17 fls. não nums. (Erros de paginação: 34 i. e. 38; 51 i. e. 71; 27 i. e. 72; 27 (assin. T) i. e. 73; 151 i. e. 153; da f. 202 salta a 205). -- Assinatura: ¶(4) A-Z(4) Aa-Zz(4) Aaa-Lll(4).

Notas marginais impressas.

Verso da página de rosto: em branco.
A segunda folha traz o privilégio de “EL REY”, datado de Madri, em 2 de maio de 1591 e dado a Antônio de Herrera.

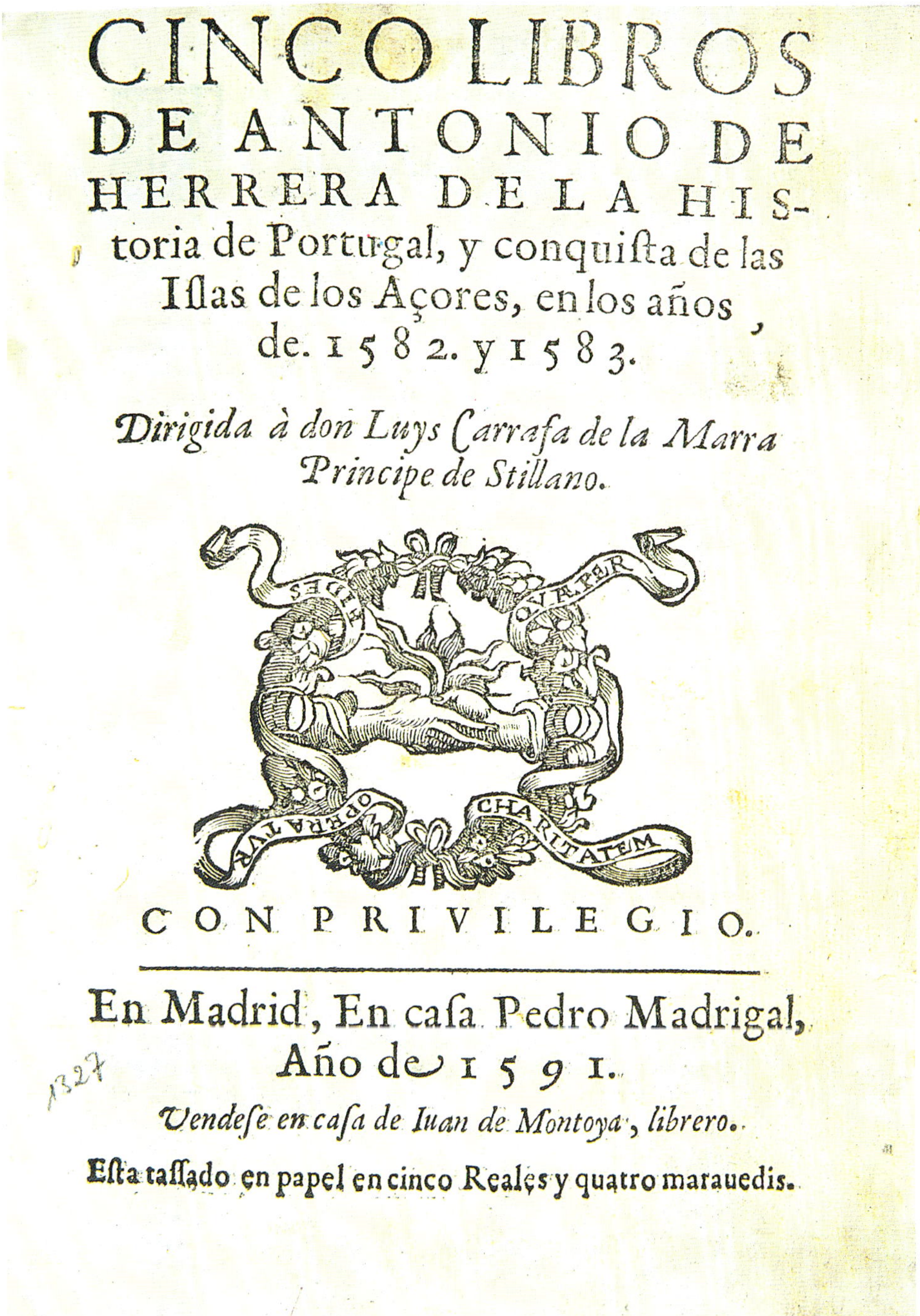

CINCO LIBROS DE ANTONIO DE HERRERA DE LA HIS-
toria de Portugal, y conquiſta de las
Iſlas de los Açores, en los años
de. 1582. y 1583.

Dirigida à don Luys Carrafa de la Marra
Principe de Stillano.

CON PRIVILEGIO.

En Madrid, En caſa Pedro Madrigal,
Año de 1591.

Vendeſe en caſa de Iuan de Montoya, librero.

Eſta taſſado en papel en cinco Reales y quatro marauedis.

1327

HERRERA Y TORDESILLAS, Antonio de. *Cinco libros de Antonio de Herrera de la historia de Portugal*..., 1591. Página de rosto.
Figura 89 – nº de catálogo 178

No verso da f. 2 temos a "TASSA" e as "ERRATAS".
F. 3: Traz a dedicatória "A DON LVYS CARRAFA DELA// Marra, Principe de Stillano."// [datada de:] Madrid a 15 de setembro de 1591.//
F. 4a: EPIGRAMAS.// De Iuan Matias Pochlebouio cauallero Polaco, estudiãte// en Salamanca, AL AVTOR.// [mais abaixo:] ALIVD.// Em seguida vem um "SONETO DE DIEGO DE SALAZAR,// AL AVTOR."//
F. 4b: SONETO DE MARTIO MAZA,// AL AVTOR.// mais abaixo outro "SONETO DE CIERTA SEÑORA// AL AVTOR."//
Inicia-se, então, a obra que se divide em cinco livros: I – F. 1-22a; II – 22b-90b; III – 91a-150b; IV – 151a-185b; V – 186a-213 i. e. 211.

Na primeira folha não numerada temos mais uma vez as indicações tipográficas: EN MADRID// En casa de Pedro Madrigal.// – // Año de. 1591.//
Da f. 2a-17b: Temos, então, a "TABLA DE LAS// cosas notables desta// historia."// Tratam estes cinco livros da usurpação do trono de Portugal pela coroa espanhola. Em conseqüência D. Antônio, prior do Crato, pretendente ao trono português, comparece largamente nas páginas deste livro, assim como Filipe II de Espanha.
A obra é de bastante mérito por ter sido de autoria de historiador contemporâneo e ilustre.

O primeiro livro trata da história mais antiga de Portugal, e os seguintes destacam o caso de D. Antônio e a sucessão espanhola. Os dois últimos livros relatam a conquista dos Açores em 1582 e 1583, quando D. Antônio foi novamente vencido pelos Espanhóis.

Maggs 495-461; Palau 114.283; Sabin 31.538.

IEB

179.

JESUÍTAS. Cartas das Missões. 1591

LETTERE// DEL GIAPONE,// ET DELLA CINA// DE GL'ANNI// M. D. LXXXIX. & M. D. XC.// Scritte al R. P. Generale della Com-// pagnia di GIESV.// [emblema jesuítico]// IN ROMA,// Appresso Luigi Zannetti. M. D. XCI.// – // CON LICENTIA DE'SVPERIORI.//

114 i. e. 214 p. (Erros de paginação: 92 i. e. 82; 93 i. e. 83; 18 i. e. 189; 112 i. e. 212; 113 i. e. 213; 114 i. e. 214). -- Assinatura: A-N(8) O(3).

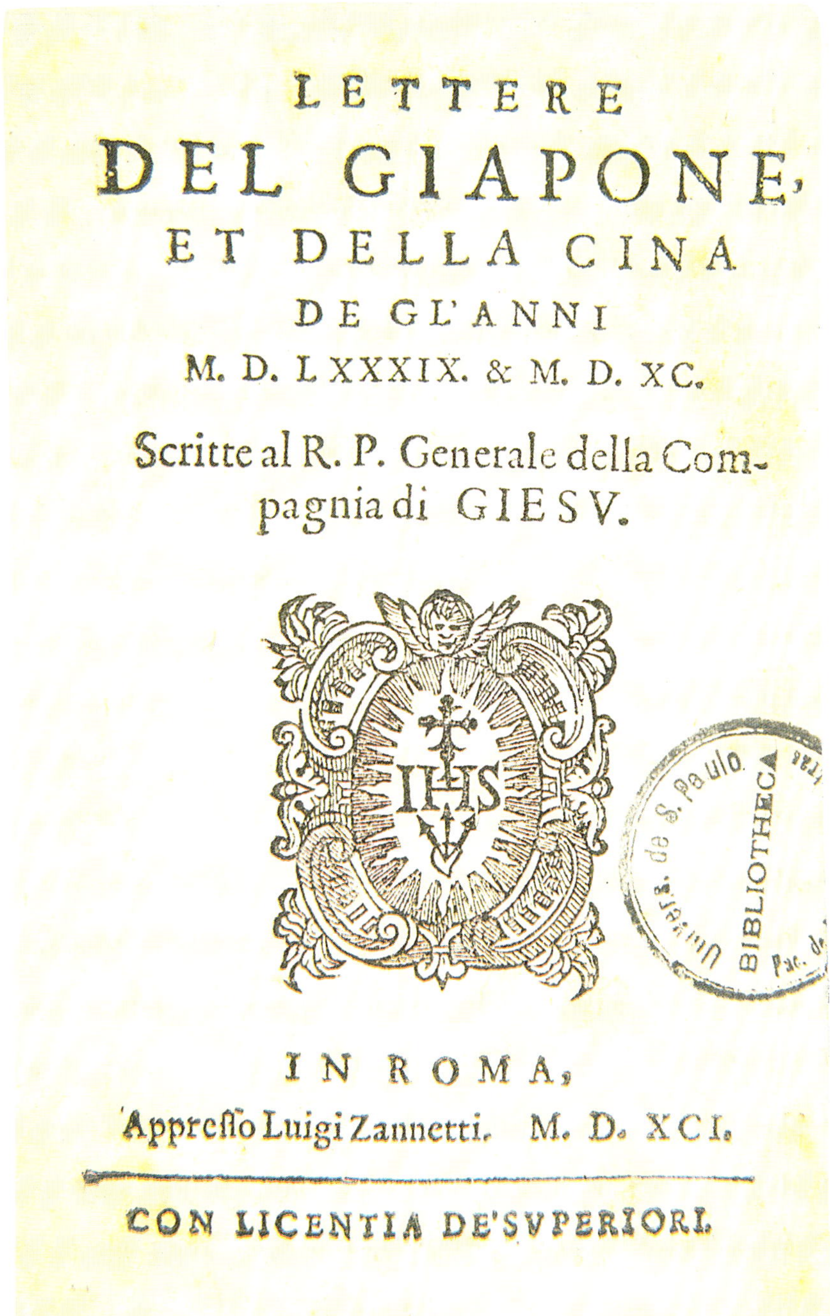

LETTERE
DEL GIAPONE,
ET DELLA CINA
DE GL'ANNI
M. D. LXXXIX. & M. D. XC.

Scritte al R. P. Generale della Compagnia di GIESV.

IN ROMA,
Appresso Luigi Zannetti. M. D. XCI.

CON LICENTIA DE'SVPERIORI.

JESUÍTAS. Cartas das Missões. *Lettere del Giapone, et della Cina degl'anni M.D.LXXXIX & M.D.XC. Scritte al R. P. Generale della della Campagnia di Giesv*, 1591. Página de rosto.
Figura 90 – nº de catálogo 179

Verso da página de rosto: em branco.
P. 3-159: LETTERA ANNALE// DEL GIAPONE// Delli 24. di Febraio. 1589.//
19: DELLA TERRA, ET CHRI-// stianità di Arima.//
43: DELLA TERRA DI OMVRA, AMA-// quusa, Firando, & Goto.//
57: DELLA TERRA, ET CHRISTIA-// nita di Amacusa.//
69: DELLA CHRISTIANITA DELL'// Isola di Firando, & Goto.//
94: DEL REGNO, ET CHRISTIA-// nità di Bungo.//
127: DEL REGNO, ET CHRISTIA-// nità di Meaco.//
P. 159-168: ALTRI AVISI DELLE// MEDESIME PARTI DEL GIA-// pone estratti da vnà lettera del P. Luigi// Frois al P.V.Prouinciale, data// à 22. di Luglio. 1589.//
P. 168-170: DI VN'ALTRA DEL P. FRANCE-// esco Perez Intorno alla Christianità// della Città di Arie.//
P. 170-181: DEL MEDESIMO PADRE FRAN-// cesco Perez intorno à quello chè auuene in// Amangucci dopò la partità de i No-// stri Padri la quella Città.//
P. 181-187: COPIA D'VNA DEL P. EGIDIO// della Matta scritta al P. General della Com// pagnia di Giesù dal medesimo Re-// gno del Giapone à 25. di// Luglio 1590.//
P. 187-188: AVVISI DELLA CINA CAVATI// da vnà del P.Antonio Dalmeida scritta// dalla Città di Sciauchino alli 8. di// Settembre 1588. à Macao al// P. Duarte di Sande.//
P. 188-199: COPIA D'VNA SVPPLICA DATA// dalli Vecchi di Cantone in nome di tutta// quella Prouincia al Visitatore Rea-// le contro i Padri della Com-// pagnia di GIESV.//
P. 199-200: DI VNA DEL P. PROVINCIALE// dell'India al R.P.Generale delli 22. di// Nouembre 1589.//
P. 200-214: COPIA D'VNA DEL P.DVARTE DI// Sande Superiore della Casa della Compa-// gnia di GIESV in Macao Porto// della Cina scritta al R.P.Gene-// rale à 28. di Settembre.// 1589.//

Maggs o declara livro raro, indicando também tratar-se da primeira edição. Streit conhece apenas um exemplar.

Maggs 519-176; Streit v. 4, p. 1.732.

IEB-LAM

180.

MERCADO, Thomas de, m. 1575. 1591

DE' NEGOTII,// ET CONTRATTI// DE MERCANTI,// ET DE NEGOTIANTI,// TRATTATO VTILISSIMO NON SOLA-// mente à chi essercita la mercatura, ma ancora// a Confessori, Predicatori,// & Lettori;// NEL QVALE CON RISOLVTIONE MOL-// to chiara, & compendiosa si tratta di Vendite,// Compre, Cambi , Vsure,// & Restitutione.// COMPOSTO PER IL MOLTO R. P. PRESENTATO// F. Thomaso Mercato di Siuiglia dell'Ordine// de' Predicatori// Et tradotto dalla lingua Spagnnola nella volgare Italiana.// [vinheta]// IN BRESCIA, Appresso Pietro Maria Marchetti. 1591.// Con licenza de' Superiori.//

20 fls. prels., 763 p. i. e. 765. (Erros de paginação: 320 i. e. 420; 325 i. e. 425; 334 i. e. 434; 364 i. e. 464; 657 i. e. 658; 658 i. e. 659; da 704 volta a 703).-- Assinatura: a-z(8) A(12) B-Z(8) Aa-Zz(8) Aaa-Ccc(8). (Erros de assinatura: B(2) i. e. C(2); B(3) i. e. C(3); A(3) i. e. Aa(3); D(4) i. e. Dd(4); kk(2) i. e. Kk(2)).

Restaurada.
Reencadernação flexível em pergaminho de cabra, seguindo o padrão original.
Acondicionada em caixa com pH neutro.
Notas marginais impressas e manuscritas.

Verso da página de rosto: em branco.
F. 2a-3b: [barra ornamental]// ALL'ILLVSTRISS.// ET REVERENDISS.// SIGNORE,// Patron e Signor mio colendiss.// IL SIGNOR LORENZO// PRIVLI// DIGNISSIMO PATRIARCA// di Venetia.// [datado e assinado:] Di Brescia alli xxiij. Febraro. M. D. XCI.// Di V. S. Illma & Reuerma.// Humiliss. & deuotiss.Ser.// Pietro Maria Marchetti.//
F. 4a-5b: DE'// NEGOTII, ET CONTRATTI,// DE MERCANTI,// ET DE NEGOTIATORI DECISI,// ET DETERMINATI,// DEL REVERENDO PADRE PRESENTATO,// F. Thomaso Mercato di Siuiglia de l'ordine// de'Predicatori,// Tradotti da la lingua Spagnuola ne la// volgare Italiana.
F. 6a-7b: Licenças.
F. 8a-18b: INDICE// DELLE PIV SCELTE// ET VTILI COSE;// CHE IN QVESTO VOLVME// SI CONTENGONO.//
F. 19a-20b: INDICE// DELLI CAPI PRINCIPALI// DI CIASCVNO TRATTATO// della presente opera:// Et prima del trattato di Mercanti.//
P. 1-763 i. e. 765: Segue o texto.
No final da p. 763: IN BRESCIA,// M. D. XCI.//

Verso da p. 763: em branco.
Última folha: em branco.

Palau 165.054.

FD-BTA

181.
PATRIZZI, Francesco, bispo de Gaeta, m. 1597. 1591

FRANCISCO// PATRICIO DE REYNO, Y DE// LA INSTITVCION DEL QVE// Ha de Reynar, y de como deue auerse con los subdi-// tos, y ellos con el. Donde se traen notables exemplos,// e historias, y dichos agudos, y peregrinos. Mate-// ria gustosissima para todo genero de gentes.// Tradvzido por Henrique Garces de// Latin en Castellano.// DIRIGIDO A PHILIPPO// Segundo deste nombre, y primer Monarca// de las Españas, y de las Indias.// [marca tipográfica]// CON PRIVILEGIO.// Madrid, por Luis Sanchez// – // MDXCI//

8 fls. prels., 412 fls. nums. (Erros de paginação: 86 i. e. 96; 138 i. e. 136; 146 i. e. 149). -- Assinatura: ¶(4) A(4) B-Z(8) Aa-Zz(8) Aaa-Fff(8) Ggg(4). (Erros de assinatura: Cc 2 i. e. Cc 4).

Restaurada.
Reencadernação em couro em estilo de época.
Índice impresso em duas colunas.

Verso da página de rosto: em branco.
F. 2a-3b: Licenças.
F. 4a-4b: A PHILIPPO SEGVNDO// Deste nombra, monarca de las Españas,// Indias, &c Henrique Garces,... pe-// tua felicidad.// Soneto.//
F. 4b: AL MISMO.//
F. 5a-8b: TABLA DE LOS// Capitulos contenidos en// este Libro.//
Segue, então, a obra propriamente dita, que das folhas 1a a 7b começa com o "Prohemio del Autor."// Divide-se a obra em nove livros.

A primeira edição é na língua latina e foi publicada em Paris, por Pierre Vidone, em 1519.
Segundo Salvá "El nombre de Enrique Garces, conocido por sus traducciones del latin, italiano y portugues está olvidado en el *Ensayo de traductores* de Pellicer".

Adams P-460 (entra por Patricius, Franciscus); Brunet não cita esta trad. v. 4, col. 440-1; Palau 215.064; Salvá 3.968.

FD

182.

SCOTT, Alexander. 1591?

[Vocabularium utriusque juris... opera Alexander Scott... Accesserunt praeterea observationes quaedam Aelli Antonii Nebrissensis in Accursium, juris civilis compilatio...]
(Cópia de Palau para edição de 1601.)

8 fls. prels., 663 (+1) p. (Erros de paginação: 3 i. e. 35; 98 i. e. 96; 341 i. e. 314; 412 i. e. 512; 362 i. e. 562; 489 i. e. 589). -- Assinatura: a-z(8) A-T(8) V(4). (Erros de assinatura: K 5 i. e. L 5; A 4 i. e. A 3).

Exemplar com furos e cortado.
Notas marginais impressas.
Exemplar impresso em duas colunas.
Tipos itálicos, romanos e alguns gregos.
Falta a folha de rosto.

F. 2a-4a: [barra ornamental]// REVERENDISSIMO// DOMINO D. GVLIELMO// CHISOLME EPISCOPO// VAISONENSI DI-// GNISSIMO.// S.P.// [datado e assinado:] Lugdun. Prid. Calend. Iunij Anno par-// tus Virginei. M D XCI// CELmi. tuae Dicatissimus.// Al. Scot.//
F. 4b-8b: [barra ornamental]// ADVERSVS// INFANTES IVRIS-// PERITOS VERBORVM// CVLTVM NON ESSE// ASPERNANDVM.//
P. 1-2: [barra ornamental]// PROOEMIVM// VOCABVLARII// VTRIVSQVE// IVRIS.//
A partir da p. 3 segue, então, o vocabulário até a p. 600.
P. 601-606: [barra ornamental]// EX// OBSERVATIONIBVS// AELII ANTONII NE-// BRICENSIS IN LIBROS// IVRIS CIVILIS.//
P. 607-618: [barra ornamental]// COMPILATIO// IVRIS CIVILIS.//
P. 619-663: [barra ornamental]// LEGVM// ROMANARVM AD// LITTERARVM SERIEM// ACCOMODATARVM// ENVMERATIO.//
Verso da p. 663: – // Series Chartarum.// ...// – // EXCVDEBAT// PETRVS MICHAEL.//

Faltando a folha de rosto, não nos foi possível indicar a edição exata. Baseamo-nos na data mencionada de 1591, por constar da carta-dedicatória, embora saibamos que esta nem sempre condiz com a data da edição.

Palau (303.671) menciona uma edição de Lugduni, Horatii Cordon, 1601, com 4 fls. prels., 664 p. Seria a mesma edição? Ou é o nosso exemplar descrito uma edição anterior?

FD

183.
ACOSTA, Cristobal, o Africano, ca. 1520-1580. 1592

[página de rosto emoldurada com vinhetas e encimada por um brasão espanhol] [vinheta pequena] TRATADO [vinheta pequena] // EN LOOR DE LAS [vinheta pequena]// MVGERES, [vinheta pequena]// Y dela Castidad, Onestidad, Constancia, Silen-// cio,y Iusticia: Con otras muchas particu-// laridades, y varias Historias,// Dirigido Ala Serenissima Sennora Infanta Donna// CATALINA D AVSTRIA.// POR CHRISTOVAL// ACOSTA AFFRICANO.// Fortior est qui se, quàm fortissima vincit.// CON PRIVILEGIO.// – // IN VENETIA. M D X C I I.// Presso Giacomo Cornetti.//

[1], 133 fls. nums., 15 fls. não nums. (Erros de paginação: 40 i. e. 46: 97 i. e. 79; 105 i. e. 106). -- Assinatura: [1] *(4) **(4) ***(4) A-Z(4) Aa-Ii(4) KK-LL(4).

Restaurada.
Reencadernação flexível em pergaminho.
Acondicionada em caixa com pH neutro.
Notas marginais impressas.
Folha de rosto gravada e cortada.

Página de rosto gravada.
Verso da página de rosto: em branco.
F. 1a-3a: [barra]// ALA SERENISSIMA// SENNORA INFANTA// DONNA CATALINA// DAVUSTRIA.// [assinada no final:] Christoual Acosta Africano.//
F. 3b-4b: [dentro de uma tarja:] AL LECTOR//
F. 5a-7b: DE VNA AMIGO// DEL AVTOR.// [vinheta]// AL LECTOR.//

F. 8a-12a: DE VNA DAMA// EN NOMBRE DE// TODAS LAS MVGERES// [vinheta]// AL AVTOR.//
[datado:] De Valladolid y de Agosto 12 de 1585. annos.// Vale// [vinheta]//
F. 12b-13b: EL AVTOR// ALAS// MVGERES.// [vinheta]//
F. 14a-23b: [barra]// RESPVESTA// DE VNA CARTA,// QVE VNA MORDAZ, ENEMIGO// DE MVGERES.// ESCRIVIO, AL DOCTOR,// CRISTOVAL ACOSTA,// AFFRICANO.// [vinheta]//
F. 24a-29a: [barra]// DELA// OBLIGACION// EN QVE LOS// HOMBRES.// ESTAN ALAS MVGERES.// Y de la Soberania, Y los effectos de la yra.//
F. 29b-30b: [barra]// LOORES DE// MVGERES. Y COMO SON MVY NECESSARIAS.// [vinheta]//
F. 31a-36a: [barra]// CONTRA LOS// MVRMVRADORES.// DETRACTORES: Y QVE NO// AMAN AL PROXIMO.// Y LOORES DE MVGERES.// [vinheta]//
F. 36b-50b: [barra]// DEL// MATRIMONIO// Y DE SVS LOORES.// Y DELOS BIENES, QVE TENEMOS// POR LAS MVGERES.//
F. 51a-53a: BIENES DE// Mugeres.//
F. 53b-54b: DEL IVRAMENTO,// y de sus Condiciones.// Y Loores De Mugeres.//
F. 55a-69b: DE LOS PERIVROS,// INGRATOS, CRVELES,// homicidas, y malos hombres.//
F. 69b-70a: DEFENSA Y LOOR// de Mugeres.//
F. 70b-72a: ESCVSA, AL// PECCADO DE EVA.// Y Loores de Mugeres.//
F. 72b-75a: LOORES DELAS// MVGERES, Y DELA MATERIA// de que Dios hizo à Eua.//
F. 75a-77b: DELA MVGER// mal casada.//
F. 77b-79a: MVGERES MALAS// y crueles y loor// de las buenas.//
F. 79b-86a: MVGERES ONESTAS,// VIRTVOSAS, Y SABIAS,// y dela virtud, y del Silencio.//
F. 86b-91a: PARTICVLAR// Amor de Mugeres.//
F. 91b-100b: MVGERES// SABIAS,// y valerossas.//
F. 101a-105a: [barra]// DELA// FORTVNA.// [vinheta].//
F. 105b-109a: DE OTRAS// MVGERES.// Sabias.//
F. 109b-110b: DELAS CRVELES,// Y LOOR DELA SCIENCIA,// Y Delas Mugeres.//
F. 111a-113b: DELA CONSTANCIA,// VALOR, Y SECRETO,// De Mugeres.//
F. 113b-115a: ESTRANNA VIDA// DE HOMBRES.//

F. 115b-117b: [barra]// MVGERES// FVERON// PRINCIPIO.// ET INVENCION DELAS COSSAS// MAS NECESSARIAS// à la vida humana.// [vinheta]//
F. 118a-124b: [barra]// DELA, MISERIA// HVMANA,// Y DELA PRVDENCIA// y contra los escandolosos[sic].// Y NOTA LOS HOMBRES// que fueron Virtuosos, y Iustos, y el Agra-// descimiento de mugeres.//
F. 125a-133b: [barra]// VALOR// DE MVGERES// EN ARMAS.// [vinheta]//
F. 1a-3b, não numerada: [barra]// AVTORES// QVE SE ALGAN// EN ESTA APOLOGIA,// EN VARIOS LVGARES.// [vinheta]//
F. 4a-10b, não numeradas: [barra]// TABLA// DE LAS COSAS// PARTICVLARES,// DESTA APOLOGIA.// [vinheta]//
F. 11a-13a, não numeradas: MVGERES SABIAS, PRVDENTES,// Prophetissas, Eloquentes, Secretas, Constantes,// Piadosas, Caritatiuas, Amorosas, Leales, Castas,// Onestas, Virtuosas, Valerosas, Magnanimas, y Ex-// celentis. De que en este Libro se haze memoria.//
F. 13b: [barra]// MVGERES// IMPRVDENTES,// Y CRVELES,// DE QUE// El Enemigo dellas, competidor mio,// haze memoria.// [vinheta]//
F. 14a-14b: DELOS HOMBRES// PERIVROS,// INGRATOS,// CRVELES,// Homicidas, Traydores, y Peruerssos.// De que se haze memoria, en este tratado.// 55. 56. 57. 58. 59.// [vinheta]//
F. 15a: Erratas de la estampa.//
Verso da f. 15, não numerada: em branco.

Cristobal Acosta ou Cristovam da Costa foi um distinto cirurgião judeu, médico e botânico. Conforme algumas fontes ele teria nascido em Ceuta ou Tânger, na época sob dominação portuguesa, considerado, assim, de origem portuguesa. Já a *Enciclopédia Espasa* informa ser natural de Moçambique. De qualquer maneira indica em seus livros ser africano. Acompanhou Dom Luís de Ataíde à Índia, onde praticou a medicina durante muitos anos, servindo também às armas. Mais tarde viajou por vários países. Visitou a China, a Pérsia e a África para estudar as plantas que pudessem servir à medicina. Sofreu fome, naufrágios e cativeiro. Voltando à Europa, fixou-se em Burgos, na Espanha, onde passou a escrever seus livros na língua espanhola e "vendo-se livre do vínculo conjugal se recolheu a solitária cela de Tirses" (Barb. Mach. t. 1, p. 572).
A obra galante em louvor das mulheres enumera as que se destacam por heroísmo e nobreza; menciona também suas profissões como profetisas, advogadas, astrólogas, escritoras, servindo como políticas ou soldados. Muitas invenções em prol da humanidade este autor lhes atribui, tais como: a arte

de escrever, governo político, legislação, astrologia, relógios, globos, etc. No final apresenta uma lista das mulheres más ou cruéis – em número de quinze – e outra das "boas", cujo número ultrapassa 299! Contudo, existe também uma relação de nomes de homens que fizeram sofrer as mulheres desde os tempos iniciais.

Adams A-120; Barb. Mach. v. 1, p. 572-3; BN Paris v. 1, p. 175; Brunet v. 1, col. 41; IA 100.446; Maggs 495 nº 5; Palau 1.966; Salvá 1.690.

FD

184.

BOTERO, Giovanni, 1540-1617. 1592-1593

DELLE// RELATIONI// VNIVERSALI// DI GIOVANNI BOTERO// BENESE// Da lui corrette, & Ampliate in più luoghi.// Prima Parte.// ALL'ILLmo. ET REVERmo. MONSIG.// AGOSTINO VALERIO// Cardinali di Verona.// [marca tipográfica]// IN FERRARA,// – // Appresso Benedetto Mammarelli, 1592.// Con licenza de' Superiori.//

4 fls. prels., 547 p., 5 p. não nums. de índice. (Erros de paginação: 997 i. e. 297). -- Assinatura: a(4) A-Z(8) Aa-Ll(8) Mm(4) (K 1 erradamente I 1).

Texto dentro de um quadrado.

Verso da página de rosto: em branco.
F. 2a-4a: ALL'ILLVSTRISSMO.// & REUERMO. MONSIG.// AGOSTINO VALERIO// CARDINALE DI VERONA// Sig. & Patron mio Colmo.// [datada de:] ferrara a 8 de novembro de 1592.//
Verso da folha 4 em branco.
A obra se divide em seis livros, que tratam individualmente do seguinte:
P. 1-217: Europa.
P. 218-280: Ásia.
P. 281-349: África.
P. 350-375: "Mondo nuouo".
P. 376-412: "Penisola Meridionale" – é nesta parte que vamos encontrar a descrição referente à ilha do Maranhão e ao Brasil [p. 384-389].
O sexto livro, da p. 413-547, descreve as diversas ilhas.

DELLE
RELATIONI
VNIVERSALI
DI GIOVANNI BOTERO
BENESE
Da lui corrette, & Ampliate in più luoghi.
Prima Parte.
ALL'ILL.mo ET REVER.mo MONSIG.
AGOSTINO VALERIO
Cardinale di Verona.

3370

IN FERRARA,
Appreſſo Benedetto Mammarelli, 1592.
Con Licenza de' Superiori.

BOTERO, Giovanni. *Delle relationi vniversali*..., 1592-1593.
Página de rosto.
Figura 91 – nº de catálogo 184

Do verso da p. 547 à f. 2b, não numerada, vem, então: TAVOLA DEI CAPI// che si contengono nella pre-// sente opera.// [em duas colunas].
Encadernado com, vamos encontrar a segunda parte:
DELLE// RELATIONI// VNIVERSALI// DI GIOVANNI BOTERO// BENESE.// Da lui reuiste, corrette, & Ampliate,// PARTE SECONDA.// ALL'ILLVSTRISS. E REVER. SIG.// IL SIGNORE// CARDINALE SARNANO.// [marca tipográfica]// IN FERRARA.// Appresso Benedetto Mammarello. 1593.// Con licenza de' Superiori.//

326 p., 12 fls. não numeradas de índice. -- Assinatura: *(8) A-V(8) X(6).

Marca tipográfica e colofão na última folha retro.

Verso da página de rosto: em branco.
P. 3-4: ALL'ILLVSTRISSIMO// E REVERENDISS. SIG.// IL SIGNORE// CARDINALE SARNANO// MIO SIG. COLENDISS.// [datada de:] Roma a 1 de julho de 1592.//
Esta segunda parte se subdivide em quatro livros, tendo o primeiro um longo proêmio "DELLE CAGIONI// della grandezza degli stati."// [p. 5-15]; p. 17-123: LIBRO PRIMO; p. 124-218: SECONDO; p. 219-251: LIBRO TERZO e da p. 252-326: LIBRO QVARTO. As folhas não numeradas finais contêm a "TAVOLA// DELLE COSE// NOTABILI,// Contenute nell'Opera."//
F. 12a: Traz o REGISTRO, a marca tipográfica e mais uma vez as indicações tipográficas.
Trata esta parte das diversas personalidades e reinos da época.

Sabin 6.804.

IEB

185.
CONESTAGGIO, Girolamo Franci di, m. 1635. 1592

DELL'VNIONE// DEL REGNO// DI PORTOGALLO// Alla Corona di Castiglia.// ISTORIA// DEL SIGNOR IERONIMO// Conestaggio Gentil'huomo Genouese.// DIVISA IN DIECI LIBRI.// AGGIVNTOVI// Nuouamente dall'istesso Auttore, in questa terza impres-// sione ad ogni Libro il Sommario delle cose in esso con-// tenute:& con molto maggior diligenza ricorretta.//

Con la Tauola delle cose più notabili.// [marca tipográfica]// IN VENETIA,// – // Appresso Paulo Vgolino. 1592.//

20 fls. prels., 295 fls. não nums. (Erros de paginação: 18 i. e. 181; 129 i. e. 229). -- Assinatura: a-b(8) c(4) A-Z(8) Aa-Oo(8). (Erros de assinatura: a 2 i. e. b 2; a 4 i. e. b 4).

Verso da página de rosto: em branco.
F. 2a-3b: AL SERENISS.// DVCE,// ET ILLVSTR. SS.// GOVERNATORI DE// la Republica di Genoua.// IERONIMO CONESTAGGIO.//
F. 4a-8a: AL LETTORE.// IERONIMO CONESTAGGIO.//
Verso da f. 8: em branco.
F. 9a-19b: TAVOLA// DELLE COSE// PIV NOTABILI,// Che in questo Libro si contengono.//
F. 20: em branco.
A obra se divide em 10 livros:
F. numerada I-25b: LIBRO PRIMO.
F. 26-53b: LIBRO SECONDO.
F. 54-90: LIBRO TERZO.
F. 91-125b: LIBRO QVARTO.
F. 126-164a: LIBRO QVINTO.
F. 164b-190a: LIBRO SESTO.
F. 190b-221a: LIBRO SETTIMO.
F. 221b-252a: LIBRO OTTAVO.
F. 252b-278a: LIBRO NONO.
F. 278b-295b: LIBRO DECIMO.
Última folha: em branco.

Esta é a terceira edição italiana.

JCR 704; Palau 313.374.

IEB

186.
HERODOTUS. 1592

[em vermelho:] [as próximas 5 linhas escritas estão em grego; la. e 5a. linhas estão em vermelho] [em vermelho:] HERODOTI// [em preto:] HALI-

CARNASSEI// HISTORIARVM LIB. IX,// IX Musarum nominibus inscripti./ / [em vermelho:] Eiusdem Narratio de vita Homeri.// [em preto:] Cum Vallae [...] pret. Latina historiarum Herodoti,// ab Henr. Stephano recognita.// Item cum iconibus structurarum ab Herodoto descriptarum.// Ctesiae quaedam de reb. Pers. & Ind.// [em vermelho:] EDITIO SECVNDA.// [marca tipográfica]// [em vermelho:] Excudebat Henricus Stephanus // ANNO [em preto:] M. D. XCII.//

24 fls. prels., 731 (+1) p., 12 fls. sem num. (Erros de paginação: 325 i. e. 525; 636 em branco; 711 i. e. 709; 627 i. e. 727). --Assinatura: α-ʒ(4) a-z(6) aa-zz(6) aaa-nnn(6) ooo-ttt(4). (Erros de assinatura: bb ii i. e. dd ii; qqq iii i. e. rrr iii; tt i i. e. ttt i).

Restaurada.
Reencadernação rígida em pergaminho.
Acondicionada em caixa com pH neutro.
Notas marginais impressas.
Texto impresso em duas colunas, uma em grego e a outra em latim.
Nas capas, brasão de armas.

Verso da página de rosto: em branco.
F. 2a-4b: NOBILISS. PRVDENTISS. ET EGRE-// GIIS DOTIBVS ORNATISSIMIS VI-// ris, illustrissimi principis FRIDERICI IIII, ele-// ctoris Palatini, septemuiri imperii, consiliariis intimis,// GEORGIO LVD. HVTTENO,// OTTHONI A GRVNRAD,// VOLRADO A PLESSEN,// HENR. STEPH. S.D.//
F. 5a-7b: HENRICVS STEPHANVS LECTO-// ris Herodoti studiosis. S.D.//
F. 7b-8b: Seguem-se vários epigramas em latim e grego.
F. 9a-14a: EX IOACHIMI CAMERARII// proemio in historias He-// rodoti.//
F. 14b-21b, texto impresso em duas colunas: [barra ornamental]// HERODOTI VOCABVLA IONI-// ca, & quaedam loquendi genera, illi cum Homero// magna ex parte communia: nec-// non alia.//
F. 21b, abaixo do texto: HENRICVS STEPHANVS// lectionis Herodoti studiosis.//
[mais abaixo] IONISMI GALLICI, siue IONICI GAL-// licismi, qui apud Herodotum leguntur.//
F. 22a-24b: [barra ornamental]// HENRICVS STEPHANVS// lectionis Herodoti studiosis.//
Segue a obra de Heródoto, que se divide em nove livros.

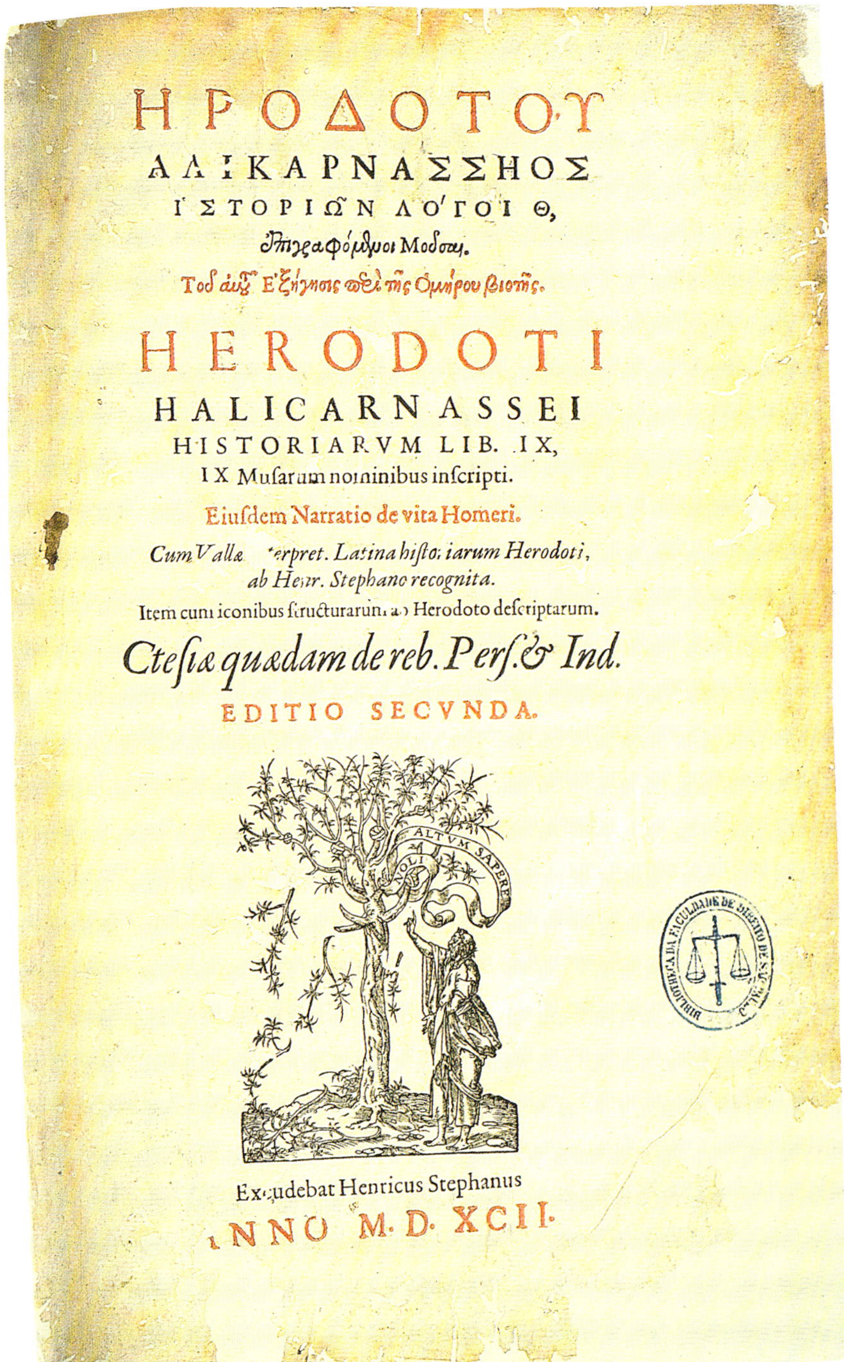
ΗΡΟΔΟΤΟΥ

ΑΛΙΚΑΡΝΑΣΣΗΟΣ

ἹΣΤΟΡΙΩ͂Ν ΛΟ'ΓΟΙ Θ,

ἐπιγραφόμενοι Μοῦσαι.

Τοῦ αὐτοῦ Ἐξήγησις περὶ τῆς Ὁμήρου βιοτῆς.

HERODOTI

HALICARNASSEI

HISTORIARVM LIB. IX,

IX Muſarum nominibus inſcripti.

Eiuſdem Narratio de vita Homeri.

Cum Vallæ interpret. Latina hiſtoriarum Herodoti, ab Henr. Stephano recognita.

Item cum iconibus ſtructurarum ab Herodoto deſcriptarum.

Cteſiæ quædam de reb. Perſ. & Ind.

EDITIO SECVNDA.

Excudebat Henricus Stephanus

ANNO M.D.XCII.

HERODOTUS. *Historiarvm lib. IX, IX musarum nominibus inscripti...*, 1592.
Página de rosto, com título em grego e em latim.
Figura 92 – nº de catálogo 186

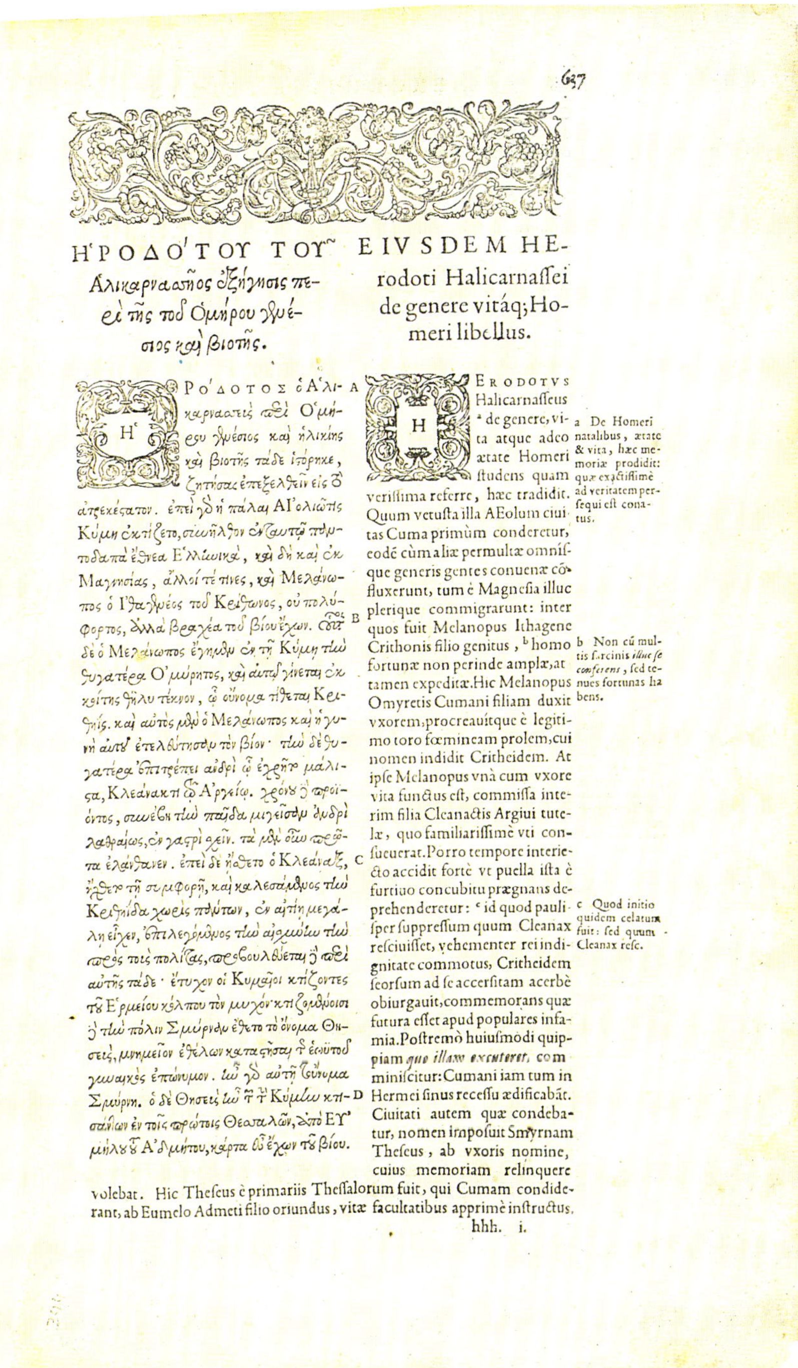

637

ΗΡΟΔΟΤΟΥ ΤΟΥ Ἁλικαρνασσῆος ἐξήγησις περὶ τῆς τοῦ Ὁμήρου γενέσιος καὶ βιοτῆς.

EIVSDEM HErodoti Halicarnassei de genere vitáq; Homeri libellus.

Ἡρόδοτος ὁ Ἁλικαρνασσεὺς περὶ Ὁμήρου γενέσιος καὶ ἡλικίης καὶ βιοτῆς τάδε ἱστόρηκε, ζητήσας ἐπεξελθεῖν εἰς τὸ ἀτρεκέστατον. ἐπεὶ γὰρ ἡ πάλαι Αἰολῖτις Κύμη ἐκτίζετο, συνῆλθον ἐν αὐτῇ παντοδαπὰ ἔθνεα Ἑλληνικά, καὶ δὴ καὶ ἐκ Μαγνησίας, ἄλλοι τέ τινες, καὶ Μελάνωπος ὁ Ἰθαγένεος τοῦ Κρήθωνος, οὐ πολύφορτος, ἀλλὰ βραχέα τοῦ βίου ἔχων. οὗτος δὲ ὁ Μελάνωπος ἔγημεν ἐν τῇ Κύμῃ τὴν θυγατέρα Ὀμύρητος, καὶ αὐτῷ γίνεται ἐκ ταύτης θῆλυ τέκνον, ᾧ οὔνομα τίθεται Κρηθηΐς. καὶ αὐτὸς μὲν ὁ Μελάνωπος καὶ ἡ γυνὴ αὐτοῦ ἐτελεύτησαν τὸν βίον· τὴν δὲ θυγατέρα ἐπιτρέπει ἀνδρὶ ᾧ ἐχρῆτο μάλιστα, Κλεάνακτι τῷ Ἀργείῳ. χρόνου δὲ προϊόντος, συνέβη τὴν παῖδα μιγεῖσαν ἀνδρὶ λαθραίως, ἐν γαστρὶ σχεῖν. τὰ μὲν οὖν πρῶτα ἐλάνθανεν. ἐπεὶ δὲ ᾔσθετο ὁ Κλεάναξ, ἤχθετο τῇ συμφορῇ, καὶ καλεσάμενος τὴν Κρηθηΐδα χωρὶς πάντων, ἐν αἰτίῃ μεγάλῃ εἶχεν, ἐπιλεγόμενος τὴν αἰσχύνην τὴν πρὸς τοὺς πολίτας, προβουλεύεται δὲ περὶ αὐτῆς τάδε· ἔτυχον οἱ Κυμαῖοι κτίζοντες τοῦ Ἑρμείου κόλπου τὸν μυχόν· κτιζομένοισι δὲ τὴν πόλιν Σμύρναν ἔθετο τὸ ὄνομα Θησεύς, μνημεῖον ἐθέλων καταστῆσαι τῆς ἑωυτοῦ γυναικὸς ἐπώνυμον. ἦν γὰρ αὐτῇ τοὔνομα Σμύρνη. ὁ δὲ Θησεὺς ἦν τῶν τὴν Κύμην κτισάντων ἐν τοῖς πρώτοις Θεσσαλῶν, ἀπὸ Εὐμήλου τοῦ Ἀδμήτου, κάρτα εὖ ἔχων τοῦ βίου.

A Herodotvs Halicarnasseus [a] de genere, vita atque adeo ætate Homeri studens quam verissima referre, hæc tradidit. Quum vetusta illa AEolum ciuitas Cuma primùm conderetur, eodē cùm aliæ permultæ omnísque generis gentes conuenæ cōfluxerunt, tum è Magnesia illuc plerique commigrarunt: inter B quos fuit Melanopus Ithagene Crithonis filio genitus, [b] homo fortunæ non perinde amplæ, at tamen expeditæ. Hic Melanopus Omyretis Cumani filiam duxit vxorem, procreauítque è legitimo toro fœmineam prolem, cui nomen indidit Critheidem. At ipse Melanopus vnà cum vxore vita functus est, commissa interim filia Cleanactis Argiui tutelæ, quo familiarissimè vti consueuerat. C Porro tempore interiecto accidit fortè vt puella ista è furtiuo concubitu prægnans deprehenderetur: [c] id quod paulisper suppressum quum Cleanax resciuisset, vehementer rei indignitate commotus, Critheidem seorsum ad se accersitam acerbè obiurgauit, commemorans quæ futura esset apud populares infamia. Postremò huiusmodi quippiam *quo illam excuteret*, comminiscitur: Cumani iam tum in D Hermei sinus recessu ædificabāt. Ciuitati autem quæ condebatur, nomen imposuit Smyrnam Theseus, ab vxoris nomine, cuius memoriam relinquere volebat. Hic Theseus è primariis Thessalorum fuit, qui Cumam condiderant, ab Eumelo Admeti filio oriundus, vitæ facultatibus apprimè instructus.

a De Homeri natalibus, ætate & vita, hæc memoriæ prodidit: quæ exactissimè ad veritatem persequi est conatus.

b Non cū multis sarcinis *illuc se conferens*, sed tenues fortunas habens.

c Quod initio quidem celatum fuit: sed quum Cleanax resc.

hhh. i.

HERODOTUS. *Historiarvm lib. IX, IX musarum nominibus inscripti...*, 1592.
Detalhe do texto impresso em duas colunas (grego e latim).
Figura 93 – nº de catálogo 186

P. [636]: em branco.

P. 637-654: EIVSDEM HE-// rodoti Halicarnassei// de genere vitaqz Ho-// meri libellus.//

P. 655-656: EIVSDEM HERO-// doti vita, ex Suida.//

P. 657-697: EX CTESIAE// scriptis quae Persica// nominata sũt, excer-// pte à Photio historie.

P. 698-723: DE PERSARVM// legibus & institutis,// ex diuersis histo-// ricis.// EX XENOPHONTE.//

P. 724-731: DE AEGYPTIA-// cis legibus & insti-// tutis, è diuersis hi-// storicis, & aliis scri-// ptoribus.//

P. 731 verso: HENR. STEPHANVS LECTIO-// nis Herodoti studiosis.//

F. 1a-12a, não numeradas, em quatro colunas: INDEX EORVM QVAE APVD HERODOTVM// & Cresiam sunt memorabilia,// ...

Verso da f. 12: em branco.

Adams H-398.

FD

187.

FONSECA, Pedro da, p., 1528-1599. 1593

[em preto:] COMMENTARIORVM// [em vermelho:] ETRI FONSECAE// [em preto:] LVSITANI DOCTO-// [em vermelho:] RIS THEOLOGI,// [em preto:] SOCIETATIS// IESV.// Libros Metaphysicorum Aristotelis Stagiritae.// [em vermelho:] TOMVS SECVNDVS.// [em preto:] CONTINET HIC TOMVS// quinti libri explicationem.// [marca tipográfica]// [em vermelho:] LVGDVNI,// [em preto:] EX OFFICINA IVNTARVM.// – // [em vermelho:] M. D. XCIII.// [em preto:] CVM PRIVILEGIO.//

8 fls. prels., 778 i. e. 880 p., 31 fls. não nums. (Erros de paginação: 14 i. e. 10; 15 i. e. 11; 10 i. e. 14; 11 i. e. 15; 22 i. e. 18; 23 i. e. 19; 18 i. e. 22; 19 i. e. 23; 126 i. e. 120; 313 i. e. 213; 253 i. e. 237; 705 i. e. 269; 337 i. e. 377; 334 i. e. 433; 325 i. e. 525; 426 i. e. 526; 527 i. e. 561; 530 i. e. 564; 531 i. e. 565; 534 i. e. 568; 669 i. e. 569; 672 i. e. 572; 673 i. e. 573; 676 i. e. 576; 691 i. e. 591; 577 i. e. 593; 580 i. e. 596; 581 i. e. 597; 584 i. e. 600; 577 i. e. 677; 585 i. e. 685; de 696 volta para 597; 492 i. e. 616; 767 i. e. 633; 674 i. e. 676; 68 i. e. 683; de 684 volta para 683; 701 i. e. 710; Falta uma folha em branco?).

-- Assinatura: *(4) **(4) A-Z(4) Aa-Zz(4) Aaa-Zzz(4) Aaaa-Zzzz(4) Aaaaa-Zzzzz(4) Aaaaaa-Bbbbbb(4) Cccccc(3).

Restaurada.
Reencadernação em pergaminho.
Acondicionada em caixa com pH neutro.
Notas marginais impressas e manuscritas.
Comentários de Fonseca em torno.
Texto de Aristóteles, do lado esquerdo, figura em tipos gregos.
Traz no verso da página de rosto, assim como no verso da folha final, o carimbo da "Real Bibliotheca", ambos colados.

Verso da página de rosto: a não ser pelo carimbo da "Real Biblioteca", em branco.
F. 2a-3b: [barra ornamental]// PHILIPPO HISPANIA-// RVM REGI CA-// THOLICO.// [vinheta]// [assinada por:] Petrus Fonseca.//
F. 4a-4b: [barra ornamental]// PHILOSOPHIAE STVDIOSO.//
F. 5a-8b: – // SVMMA CAPITA EORVM QVAE// in hoc volumine tractantur.//
Seguem, então, os comentários de Pedro da Fonseca sobre os livros metafísicos de Aristóteles.
As folhas não numeradas do final contêm:
F. 1a-12b, impressas em duas colunas: [barra ornamental]// INDEX RERVM// QVAE IN PRIMO ET// SECVNDO TOMO HVIVS.// OPERIS CONTINENTVR, IVXTA// ordinem eorum quae in Philosophiae// curriculo vel disputari solent,// vel à Praeceptoribus// attingi.//
F. 13a-31a, impressas em duas colunas: [barra ornamental]// INDEX RERVM PRAECIPVARVM// QVAE IN HOC VOLVMINE// CONTINENTUR.//
Verso da f. 31: em branco, apenas leva o carimbo da "Real Bibliotheca".
Faltaria uma folha final: em branco?

A obra completa consta de quatro tomos.
A primeira edição do primeiro tomo é de 1572; o segundo veio a lume em 1589. Os outros dois só foram publicados depois da morte do autor, em 1604 e 1602, respectivamente.

Barb. Mach. v. 3, p. 580-2; Cat. Res. nº 1.053.

FD

188.

LOAÍSA, García de, cardeal, 1479?-1546. 1593

COLLECTIO// CONCILIORVM// HISPANIAE.// diligentia// GARSIAE LOAISA// elaborata, eiusque vigilijs// aucta.// MADRITI.// Excudebat Petrus Madrigal.// M. D. XCIII.//

4 fls. prels., xxxix, 778 p., 35 fls. não nums. (Erros de paginação: 159 i. e. 161; 161 i. e. 164; 213 i. e. 215; 287 i. e. 297; de 293 a 300 i. e. 303 a 310; 342 i. e. 346; 690 i. e. 686). -- Assinatura: a(4) b-c(6) d(8) A-Z(6) Aa-Zz(e) Aaa-Zzz(6) Aaaa-Bbbb(6).

Restaurada.
Reencadernação rígida em pergaminho (em duas partes separadas).
Acondicionadas em caixas com pH neutro.
Exemplar cortado nas partes: superior, inferior e na goteira.
Notas marginais impressas e manuscritas.

Verso da página de rosto: em branco.
F. 2a: Tassa//
F. 2b: Regij priuilegij summa.//
F. 3a: CENSVRA.//
F. 3b: Elenchus eorum, quae in hoc volu-// mine continentur.//
F. 4a-b: INDEX CONCILIORVM,// ordine literario.//
P. I-VJ: PHILIPPO.II. Hispaniae Regi Catholico,// potentissimoque// GARSIAS LOAISA// S.D.// [datado, no final:] ... Vale, ex Pardo, pridie Nonas// Decembris M.D.XC.//
P. VIJ-XV: DE CODICIBVS// manuscriptis, quibus vsus sum in// hac collectione; de eorum fide,// & antiquitate.//
P. [XVJ]: em branco.
P. XVIJ-XIX: ORDO REGVM// Gothorum Hispaniae, & eorum// Chronologia ex Concilijs M.ss.// & Isidoro, & Vulfa.//
P. XX: REGES SVEVORVM// in Galloecia.//
P. XXJ-XXIIJ: CHRONOLOGIA// Toletanorum Praesulum.//
P. XXIIIJ-XXVJ: CHRONOLOGIA// Conciliorum Hispaniae, quae t?po-// ribus Gothorum Regum// sunt indicta.//
P. XXVIJ-XXXIIJ: INCIPIT ORDO DE// celebrandro Concílio.
P. XXXIIIJ-XXXIX: EXHORTATIO// ad Principen.//

P. [XL]: em branco.
Começa, então, a obra propriamente dita, que vai na primeira parte até a página 322 [D(5)]. Inicia-se na segunda parte com a página seguinte (323) sem nenhuma folha que pudesse anteceder a obra, apenas uma folha com o título manuscrito, sinal evidente da separação do volume. Entre a última página (778) ainda deveria existir uma folha em branco, pois falta a da assin. Ttt(6).
As folhas não numeradas, intercaladas entre as folhas preliminares e as folhas paginadas com algarismos romanos, contêm:
F. 1a-7b: INDEX LOCORVM// SACRAE SCRIPTURAE, QVAE, ET// quemadmodum in hac Conciliorum Collectione// citantur...
F. 8: em branco [deveria provavelmente constar no final].
F. 9a-36a: INDEX EORVM,// QVAE POTISSIMA IN HOC CON-// ciliorum opere continentur. ...
F. 36b: em branco.

O livro foi dividido, por ocasião da reencadernação e do restauro, em duas partes, provavelmente devido à espessura do volume. Houve, no entanto, também transposição das folhas não numeradas (mas com a assinatura: Vvv(6)-Zzz(6) Aaaa-Bbbb(6)), que deveriam constar no final da obra, para antes do início do texto, eliminando com isso uma provável folha em branco.

Adams S-1.520 (*Spain. Church and Religion*); Palau 99.186.

FD

189.
OSÓRIO, Juan, S. J., 1542-1594. 1593

IOANNIS OSORII// SOCIETATIS IESV, TOMVS SE-// CVNDVS CONCIONVM.// A DOMINICA PRIMA POST,// Paschavsque ad Aduentum.// AD D. FRANCISCVM SARMIEN-// tum Episcopum Giennensem.// CVM INDICE LOCORVM SACRAE// SCRIPTVRAE ET RERVM.// [emblema jesuítico]// CVM PRIVILLEGIO.// SALMANTICAE.// Excudebat Michaël Serranus de Vargas.// ANNO. M.D.XC.III.//

8 fls. prels., [728] p., 40 fls. não nums. (Erros de paginação: 28 i. e. 78; 1 i. e. 155; 131 i. e. 231; 229 i. e. 329; 476 i. e. 470; 457 i. e. 557; 903 i. e. 603; 667 i. e. 607; 651 i. e. 667; 665 i. e. 695). -- Assinatura: § (8) A-Z(8) Aa-Yy(8) Zz(4) a-e(8).

IOANNIS OSORII
SOCIETATIS IESV, TOMVS SE-
CVNDVS CONCIONVM.

A DOMINICA PRIMA POST
Paschavsque ad Aduentum.

AD D. FRANCISCVM SARMIEN-
tum Episcopum Giennensem.

CVM INDICE LOCORVM SACRAE
SCRIPTVRAE ET RERVM.

CVM PRIVI LLEGIO.
SALMANTICAE.
Excudebat Michael Serranus de Vargas.
ANNO. M.D. XC.III.

OSÓRIO, Juan, S. J. *Tomvs secvndvs concionvm. A Dominica prima post...*, 1593.
Página de rosto.
Figura 94 – nº de catálogo 189

Restaurada.
Reencadernação em pergaminho pleno tinto, com capas em papelão Crescent.
Notas marginais impressas.

Verso da página de rosto: Tassa.
F. 2a: Licença de impressão pela Companhia de Jesus.
F. 2b: Licença do Conselho Real.
F. 3a-3b: Licença de El-Rey.
F. 4a-7a: [barra ornamental]// CLARISSIMO// ET AMPLISSIMO DOMINO FRAN// CISCO SARMIENTO EPISCOPO// GIENNENSI IOANNES OSORIO// E SOCIETATE IESV.// S.F.E.//
F. 7b: Ad lectorem.//
F. 8a-8b: TABVLA CON-// GIONVM, QVAE HOC OPE-// re continentur.//
Seguem agora os sermões, que terminam à p. 726.
P. [727], sem numeração, consta o emblema dos Jesuítas e abaixo o colofão: SALMANTICAE.// Excudebat Michaël Serra// nus de Vargas.// Anno. 1592.// – //
P. [728]: Errata.//
F. 1a, não numerada: [barra ornamental]// [vinheta] Ad Lectorem. [vinheta]//
F. 1b-29b: INDEX AV-// THORITATVM// Scripture que sparsim in hoc// opere explicantur ab authore secundũ// ordinem veteris, ac noui testa-// menti.//
F. 30a-40b: INDEX RERVM// notabilium quae in opere// traduntur.//

A obra completa consta de cinco volumes. Este segundo tomo faz parte da primeira edição destes sermões. Segundo informa Palau, existem várias edições, contudo nunca foi publicado o sexto volume, que se conserva manuscrito.

Palau 206.502.

FD

190.
TURSELINO, Horácio, S. J. 1593

HORATII// TVRSELLINI// E SOCIETATE IESV,// DE VITA// FRANCISCI XAVERII// Qui primus e Societate IESV// in India , & Iaponia// Euangelium pro-// mulgauit.// CVM PRIVILEGIO SVMMI PONTIFICIS.// [emblema jesuítico]// R O MAE,// Ex Typograpgia Gabiana, M. D. XCIII// – // Superiorum Permissu.//

20 fls. prels., 393 i. e. 391. (Erros de paginação: 103 i. e. 102; 102 i. e. 103; 167 i. e. 197; 131 i. e. 231; de 368 pula para 371). -- Assinatura: a-b(8) c(4) A-Z(8) Aa(8) Bb(4).

Restaurada.
Reencadernação em pergaminho pleno natural, com capas em papelão Crescent.
Algumas notas manuscritas.
Os índices são impressos em duas colunas.

Verso da página de rosto: em branco.
F. 2a-2b: CLEMENS PP.VIII.// [no fim:] "Datum Romae apud S.Petrum sub// annulo Piscatoris, die XVI. Nouemb. 1593. Pontificatus// Nostri Anno Secundo.// M. Vestrius Barbianus."//
F. 3a-3b: S.D.N.D.// CLEMENTI IIX [sic]// PONT. OPT. MAX.// [assinado pelo autor].
F. 4a-6a: INDEX// CAPITVM OPERIS.//
F. 5b-18b, impressas em duas colunas: INDEX// Alphabeticus.//
F. 19a: ERRATA QVAE IN QVAEDAM// exemplaria.irrepserunt, sic corrige.// [impressas em duas colunas].
F. 19b: em branco, assim como a folha 20.
Segue-se a obra propriamente dita, dividida em quatro livros.
Verso da p. 393: Aprovações.

A grafia do nome do autor varia: alguns adotam a forma latina, Tursellinus, Horatius, Palau remete de Turselino para Torsellini, Orazio.
Do original latino foram feitas traduções para o castelhano, italiano, alemão, francês, inglês, holandês e húngaro.
Palau escreve a respeito desta edição: "Se imprimió esta primeira edición en ausencia de su autor que, para delicia de impressores, no pudo ver prueba alguna. Por ello salió con muchas lagunas y pasajes mal colocadas lo que decidio a Torselino a rehacer la obra, ademas de aumentarla, publicando la [...] segunda edición u obra nueva, con seis libros en lugar de quatro que tiene" esta.
No catálogo de Samodães, ao descrever a edição de 1596, José dos Santos informa: "Livro interessante e muito valioso para a biografia do famoso Apóstolo das Índias S. Francisco Xavier, e também para o estudo e história das missões jesuíticas nas Índias e no Japão durante os anos de 1541 a 1552. Única edição até hoje vinda a lume do original latino...". José dos Santos

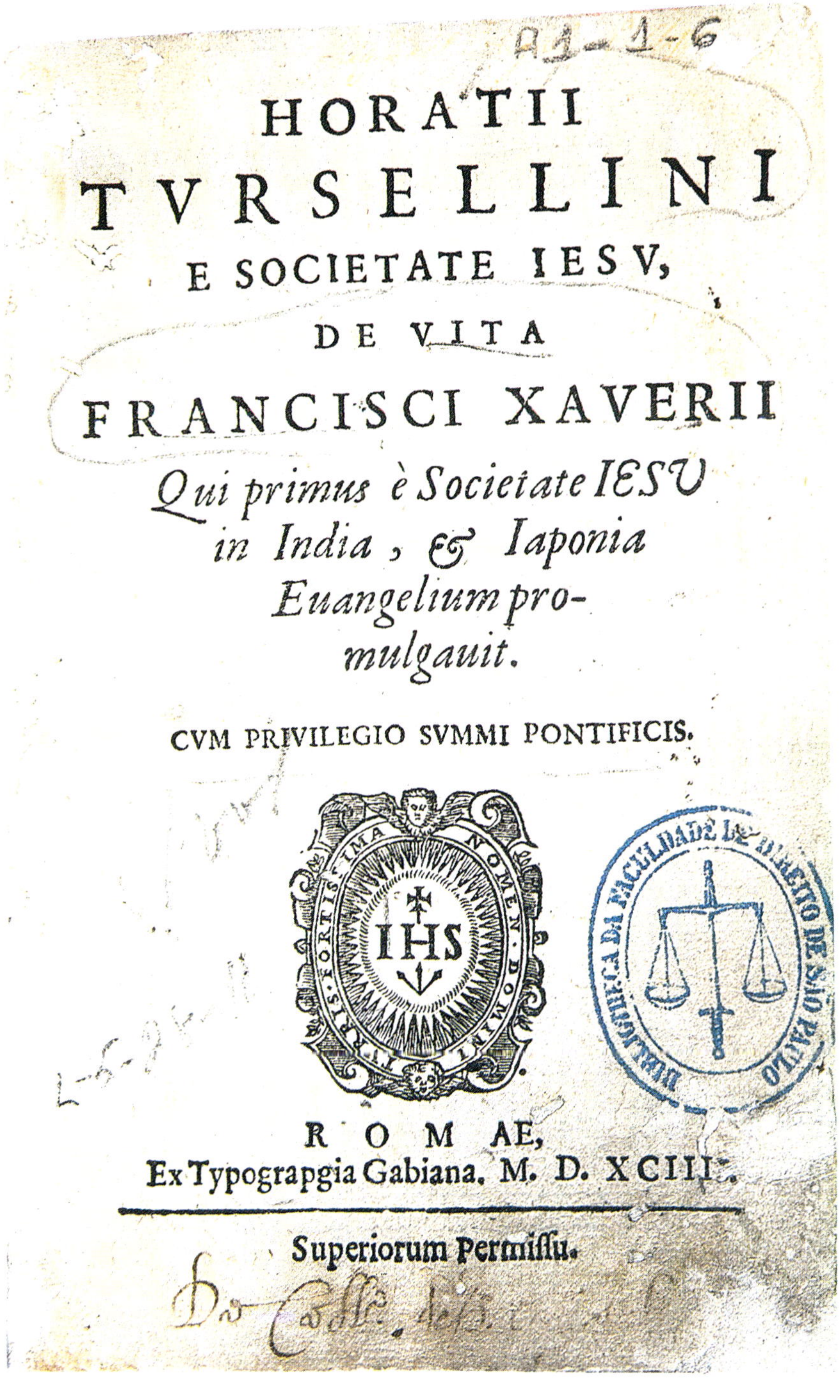

HORATII
TVRSELLINI
E SOCIETATE IESV,
DE VITA
FRANCISCI XAVERII
Qui primus è Societate IESV in India, & Iaponia Euangelium promulgauit.

CVM PRIVILEGIO SVMMI PONTIFICIS.

ROMAE,
Ex Typograpgia Gabiana. M. D. XCIII.

Superiorum Permissu.

TURSELINO, Horácio, S. J. *De vita Francisci Xaverii qui primus e Societate Iesv in India, & Iaponia...*, 1593. Página de rosto.
Figura 95 – nº de catálogo 190

desconhece esta edição de 1593 (Catálogo da biblioteca de Samodães nº 3.406).

Adams T-1.201; Palau 337.808.

FD

191.
BENZONI, Girolamo, 1519-1570. 1594

[página de rosto emoldurada dentro de uma vinheta] Das vierdte Buch// Von der neuwen Welt.// oder// Neuwe vnd gründtliche Historien/von// dem Nidergängischen Indien/so von Chri=// stophoro Columbo im Jar 1492.// erstlich erfunden.// Durch Hieronymum Bentzo von Meyland/welcher 14// Jar dasselbig Land durchwandert/auffs fleissigst// beschrieben vnd an Tag geben.// Mit nuetzlichen Scholien vnd Ausslegungen fast auff jede Capitel/ // von deren Völckern Sitten/Gebräuch vnd Gottesdienst.// Sampt deren Prouintzen Landtafet.// Alles mit schönen und kunstreichen Kupfferstücken und deren an=// gehenckten erklärungen an Tag geben/durch Diterich// von Bry/Bürger in Franckfurt am Mayn.// An den Durchleuchtigen hochgebornen Fürsten vnd Hernn/Her=// ren Moritzen Landtgrauen zu Hessen/&c.// Mit Röm. Keys. Maiestaet Priuilegien begnadet.//

10 fls. prels. não nums., 141 i. e. 143 p., 1 fl. não num., 24 estampas com texto (As p. 49 e 50 encontram-se duplicadas). -- Assinatura: A-T(4) V(6) A-E(4) F(6).

Notas marginais impressas.
Página de rosto gravada.

Verso da página de rosto: em branco.
F. 2a: Estampa com 7 escudos heráldicos acompanhados de 6 virtudes.
Verso da f. 2: Copey dess Keyserlichen Priuilegij.// [datado de:] Praga a 24 de março de 1590, e assinado.: Rudolphus.// Auss sonderlichem Keyserlicher// Majestat Befehl.// Jacob Kurtz// von Senfftenaw.// A.Erstenberger.//
F. 3a-4b: Acima de uma gravura, que representa Colombo sendo guiado pelas divindades marítimas através dos mares, temos: An den günstigen Leser.//
F. 5a-5b: Outra gravura de meia página, dedicada a AMERICAE// RETECTIO// com as efígies de Colombo e Vespucci, seguem poesias em honra a de Bry:

BENZONI, Girolamo. *Das vierdte Buch Von der neuwen Welt...*, 1594.
Detalhe de página com escudos heráldicos.
Figura 96 – nº de catálogo 191

An Dieterich von Bry.// Uma delas está assinada: Ianus Iacobus Boissardus// Vesuntinus.// A outra apenas traz o título: [barra ornamental] Symbolum Dieterichs von Bry.//

F. 6a-10a: [barra ornamental]// Den Christlichen vnd frommen Leser Heyl// vnd Wolfahrt.//

F. 10a: Ainda traz uma explicação do nome da Índia: Von dem namen Indie/ welcher zweyerley// Verstandt hat.//

F. 10a-10b: Ainda traz alguns versos dedicados aos índios: Von dem erbärmlichen zustandt der India=// ner jetziger zeit.// Von der Indianer Bekehrung.// Ein anders.// Von dem fürhaben der Spanier /als sie// in die neuwe Welt geschiffet.//

Começa, então, a obra propriamente dita. [barra ornamental]// Der newen Welt// Neuwe vnnd gründtliche Histori/ // Von allen Geschichten/ handlungen vnnd Thaten der// Spanier vnd anderer Völckern / so sie zu vnserer zeit vnd Gedechtnuss darin// begangen haben. Dessgleichen von der Indianer wunderbarlichen vnd vnge=// bräuchlichen Sitten / Statuten / Religion / Glauben/ Cere=// monien/ Gottesdienst / vnnd andern Ge=// bräuchen /&c.// Erstlich// Durch Hieronymum Bentzon von Meilandt in Wel=// scher Spraach warhafft beschrieben/ vnnd selbs Persönlich in viertzehen// Jahren durchwandert vnd erfahren. Vorhin nie in Teutscher Spraach dess=// gleichen gesehen. Erst jetz mit sonderm fleiss/ allen Liebhabern der Histo=// rien vnnd frembder Sitten zu nutz in das// Teutsch gebracht/ // Durch Nicolaum Höninger von Tauber// Königshofen.// Inhalt oder Summarien dess vierdten Buchs/ // von der neuwen Welt.//

À p. 141 termina o 29º capítulo deste livro. À linha 26 começa o colofão: Gedruckt zu Franckfurt am Mayn bey Johann// Feyrabend / in verlegung Dieterichs// von Bry.// – // M. D. XCIIII.//

Verso da p. 141: em branco.

A folha não numerada, intercalada entre o texto e as gravuras, é a mesma folha de rosto, e o texto aqui se apresenta em latim.

Verso da mesma: em branco.

Em seguida daremos a relação das gravuras contidas nas próximas folhas, todas elas com título, e abaixo da gravura algum texto explicativo.

Verso das mesmas: em branco.

I. Wie Hieronymus Benzo die Schiffahrt in Indiam so gegen// Nidergang der Sonnen gelegen/ erstmals furgenommem.// (1)

II. Fliegende Fisch im Meer.// (5)

III. Eines Königschen Ehegemal in der Prouintz Cumana// bringet dem Landtvogt Errera Schencke.//(3)

IIII. Petri de Calyce grausamkeit gegen die Indianer.// (4)
V. Indianer da sie wolten probieren ob die Spanier unsterbliche// Leuth weren / erseuffen sie einen Spanier Salsedum genandt im Meer.// (5)
VI. Columbus der erste Erfinder der newen Welt.// (ə)
VII. Columbus verspottet seine Verächter sittlich vnd glimpfflich.// (7)
VIII. Columbi erste Schiffahrt in'Indien / Anno 1492.// (8)
IX. Columbus als er in'India erstlich ankommen / wirdt von den// Einwohnern mit grossem Geschenck verehret vnd begabet// auffgenommem.// (9)
X. Columbus straffet die auffrührische Spanier.// (I⁰)
XI. Ein schrecklich vnd vnerhörtes Vngewitter. (II)
XII. Die Perlin Insel von wegen der menge der Perlin so// darinn gefunden / also genennt.// (12)
XIII. Columbus wirdt mit seinem Bruder Bartholomeo ge=// fänglich in Hispanien geschickt.// (13)
XIIII. Ein Schlacht zwischen Columbo vnd Francisco Poresio.// (14)
XV. Erfindung dess Magallanischen Meers. (15)
XVI. Spanier sampt etlichen München werden von India=// nern gemetziget.// (1ə)
XVII. Didacus strafft die auffrührische Indianer.// (17)
XVIII. Etliche Indianer werden erschlagen/ etliche sind durch// Feuwersbrunst verdorben.// (18)
XIX. Olandus verschafft/ das ein Carauel vnd etliche Huetten// gebauwet worden. (19)
XX. Des Benzonis Gespräch/ so er mit einem Könischen Cacico gehalten in der// Landschafft Nicaragua, von dem Wesen vnd Sitten der Christen.// ( )
XXI. Wie sich die Wilden in der Landschafft Nicaragua// in tem Tantzen stellen/ vnd wie sie daher springen.// ( )
XXII. Petrus Aluaradus, welcher von dem Landvogt in new Hispanien Antonio// de Mendozza in die Prouintz Sibolla geschickt wurde / der wirdt fast mit allem// seinem Volck von den Xaliscanern erschlagen.// ( )
XXIII. Indianer können der Spanier Tyranney nicht länger// leiden / erwürgen sich selbs.// (23)
XXIIII. Der indianer religion oder Gottesdienst.// (24)
Ao exemplar falta a última folha (em branco).

Todos os exemplares desta obra apresentam a folha de rosto gravada com o texto alemão colado sobre original latino.
As estampas de XX a XXII pertencem ao quinto livro da série de De Bry, e segundo de Benzoni.

An den günstigen Leser.

GVnstiger lieber Leser / ich halte nicht / daß die drey ersten Bücher dir vnbekannt seyen / welche ich von den dreyen Landschafften der newen Welt / oder deß Nidergängischē Indien / als nemblich / Virginia, Florida vnnd Brasilia fürgangenen Jahren hab lassen außgehen mit Figuren vnnd Bildnussen / in jhrer warhafften Contrafactur in Kupffer gegraben: In welchen deroselben Barbarischen Völcker / Kleidung / Geschmuck / Sitten / Glaub vnd Religion beschrieben vnd außgetruckt seyn / so nit mit weniger belůstigung / als Nutzbarkeit mögen gelesen vnd beschauwet werden. Als mich aber bedauchte / es wölle nit billich noch ziemlich seyn / den Vrsprung vnd Anfang / wie die Landschafften der newen Welt erfunden / zuverschweigen / damit ich nicht allein mir / sonder auch andern guten verständigen Leuthen ein gnůgen thet / hat mich für gut angesehen / dieses vierte Buch zu den ersten dreyen

A iij hinzu-

BENZONI, Girolamo. *Das vierdte Buch Von der neuwen Welt...*, 1594.
Detalhe da primeira página de texto e gravura.
Figura 97 – nº de catálogo 191

A edição original foi publicada em italiano, em Veneza no ano de 1565, pelo tipógrafo Francesco Rampazetto. Houve inúmeras edições: 4 italianas, 15 latinas, 12 alemãs, 12 francesas, 8 holandesas e 2 inglesas.

Interessante não haver tradução para o espanhol, pois trata das conquistas espanholas. Porém a obra de Benzoni, baseada em fontes espanholas, também é fruto de observação pessoal do autor, pois segundo as suas declarações esteve na América Espanhola de 1541 a 1556. Descreve o tratamento dado aos índios em geral pelos espanhóis. Por isso estes consideravam a obra de Benzoni como um panfleto dos inimigos da Espanha.

Falta a este exemplar um mapa desd.: *Occidentalis Americae partis...*

É este o quarto livro das "Grandes viagens" de De Bry. É a primeira parte da *História del Mundo Nuovo* de Benzoni. A Coleção completa das viagens comporta na edição alemã 14 volumes, em que se incluem as obras de Hans Staden e Jean de Lery.

Para a edição de 1594 há dois estados. Este exemplar pertence ao primeiro.

As gravuras pertencem a um terceiro estado, pois quase todas estão numeradas corretamente em algarismos arábicos. No primeiro estado não há numeração, no segundo, os números se apresentam invertidos e só no terceiro estado há numeração arábica.

Se observarmos a numeração indicada por nós após os títulos, poderemos notar que o nosso exemplar apresenta "mistura" dos três estados.

Church 183; IA 126.160.; JCBrown v. 1, p. 359; Palau 27.640; Sabin v. 3, p. 52.

IEB

192.

BERNARDES [PIMENTA], Diogo, 1530-1605. 1594

VARIAS RIMAS// AO BOM IESVS, E A// VIRGEM GLORIOSA SVA// MAY, E A SANCTOS// PARTICVLARES.// Com outras mais de honesta &// proueitosa lição.// DIRIGIDAS AO MESMO// IESVS, SENHOR E SALVA-// DOR NOSSO.// Por Dioguo Bernardez.// [marca tipográfica]// Con licença da S. Inquisição.// EM LISBOA.// Em casa de Simão Lopez. M.D.XCIIII.//

4 fls. prels. não nums., 108 fls. nums., 1 fl. não num. (Erros de foliação: folhas sem numeração: 1, 35, 52, 80, 106). -- Assinatura: *(4) A-N(8) O(4).

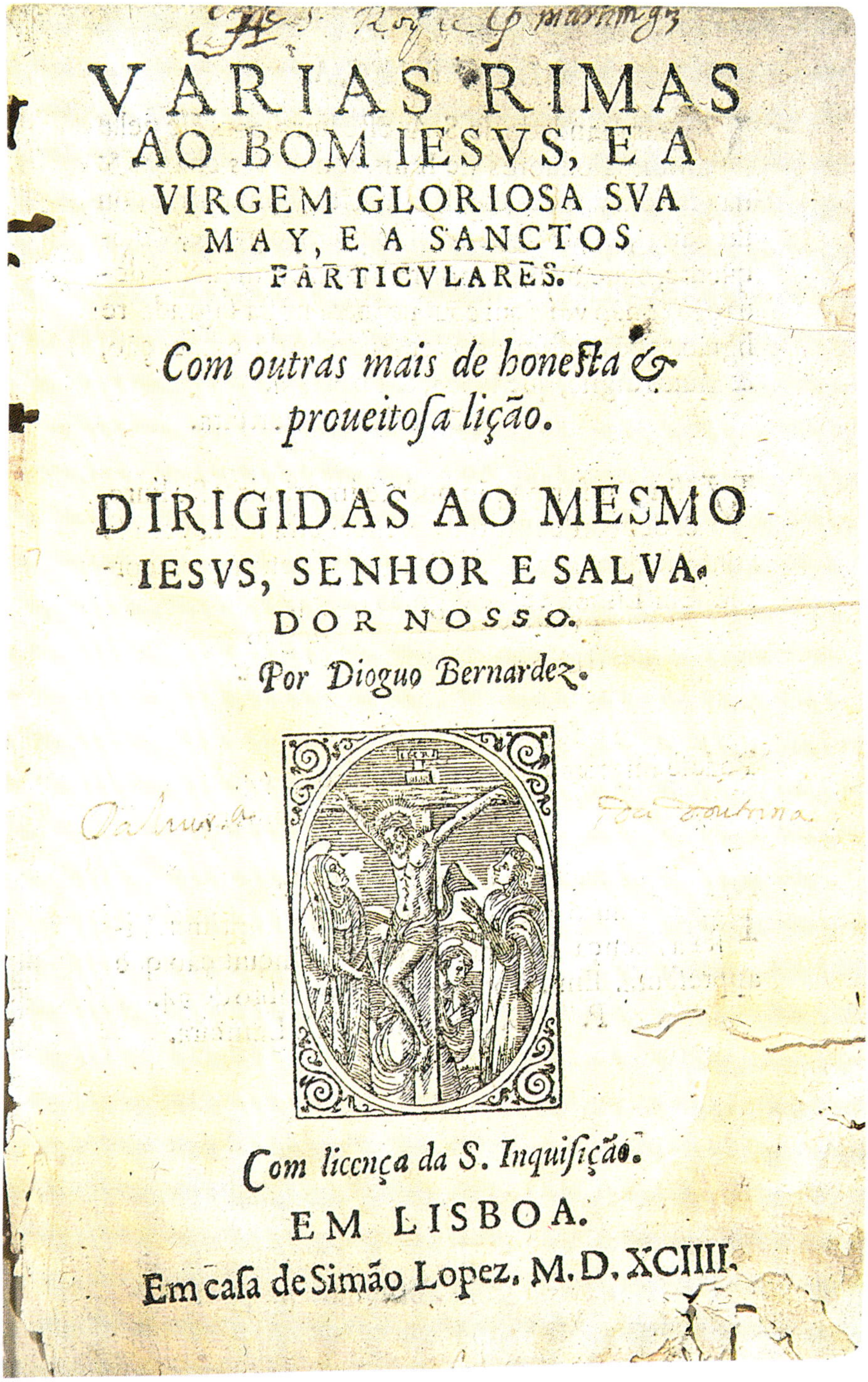
VARIAS RIMAS AO BOM IESVS, E A VIRGEM GLORIOSA SVA MAY, E A SANCTOS PARTICVLARES.

Com outras mais de honesta & proueitosa lição.

DIRIGIDAS AO MESMO IESVS, SENHOR E SALVADOR NOSSO.

Por Dioguo Bernardez.

Com licença da S. Inquisição.

EM LISBOA.

Em casa de Simão Lopez. M.D.XCIIII.

BERNANDES [PIMENTA], Diogo. *Varias rimas ao bom Iesvs, e a Virgem Gloriosa sva may...*, 1594. Página de rosto.
Figura 98 – nº de catálogo 192

Caracteres itálicos e redondos.

Verso da página de rosto: Licenças, [datadas respectivamente de:] 22 de agosto, 9 de setembro e 5 de novembro de 1594.
F. 2a-4a: TABOADA DO QVE// CONTEM O PRESENTE// liuro per ordem do A B C.//
F. 4b: SONETO// DEDICATORIO.//
Segue-se, então, o texto, que consta de Sonetos, Elegias, Epigramas, Estâncias, Endeixas, Sextinas, Églogas, Oda [sic], Trovas e motes glosadas e Canções.
Verso da última folha: em branco.

Segundo Samodães é "obra muitíssimo estimada" e "raríssima". Também Salvá a considera "mui rara". Outras edições citadas por Inocêncio são de 1601, 1608, 1616, 1622 e 1770.

Anselmo 806; IFS t. 2, p. 147; P. de Matos p. 71; Salvá 462; Samodães 378.
IEB-LAM

193.
CORTE REAL, Jerônimo, séc. XVI. 1594

[em vermelho:] NAVFRAGIO// [em preto:] E LASTIMOSO SVCESSO// [em vermelho:] DA PERDICAM DE MA=// [em preto:] noel de Sousa de Sepulueda, & Dona Lia=// [em vermelho:] nor de Sá sua molher & filhos, vindo da In=// [em preto:] dia para este Reyno na não chamada o ga=// [em vermelho:] lião grande S.Ioão que se perdeo no cabo// [em preto:] de boa Esperança, na terra do Natal.// E a peregrinação que tiuerao rodeando terras de Ca=// fres mais de 300. legoas te sua morte.// [em vermelho:] Composto em verso heroico, & octauo ri=// ma por Ieronimo Corte Real.// [em preto:] Dirigido ao excelentissimo príncipe [em vermelho:] D. Theodosio// Duque de Braganca [em preto:] & Barcellos, Marques de Vi// [em preto:] la vicosa, Conde de Ourem, Señor das villas dAr=// rayollos, & Portel [em vermelho:] Summa felicidade.// [em preto:] Com licença da sancta Inquisição, & de ordinário,// & de sua Magestade.// [em vermelho:] Na oficina de Simão López.// [em preto:] Com priuilegio Real por dez annos.// M. [em vermelho:] D. [em preto:] XC [em vermelho:] IIII.//

4 fls. prels. não nums., 206 fls. nums. (Erros de paginação: 126 i. e. 136; 150 i. e. 154; 165 i. e. 156). -- Assinatura: [ ](4) A-Z(8) Aa-Bb(8) Cc(6).

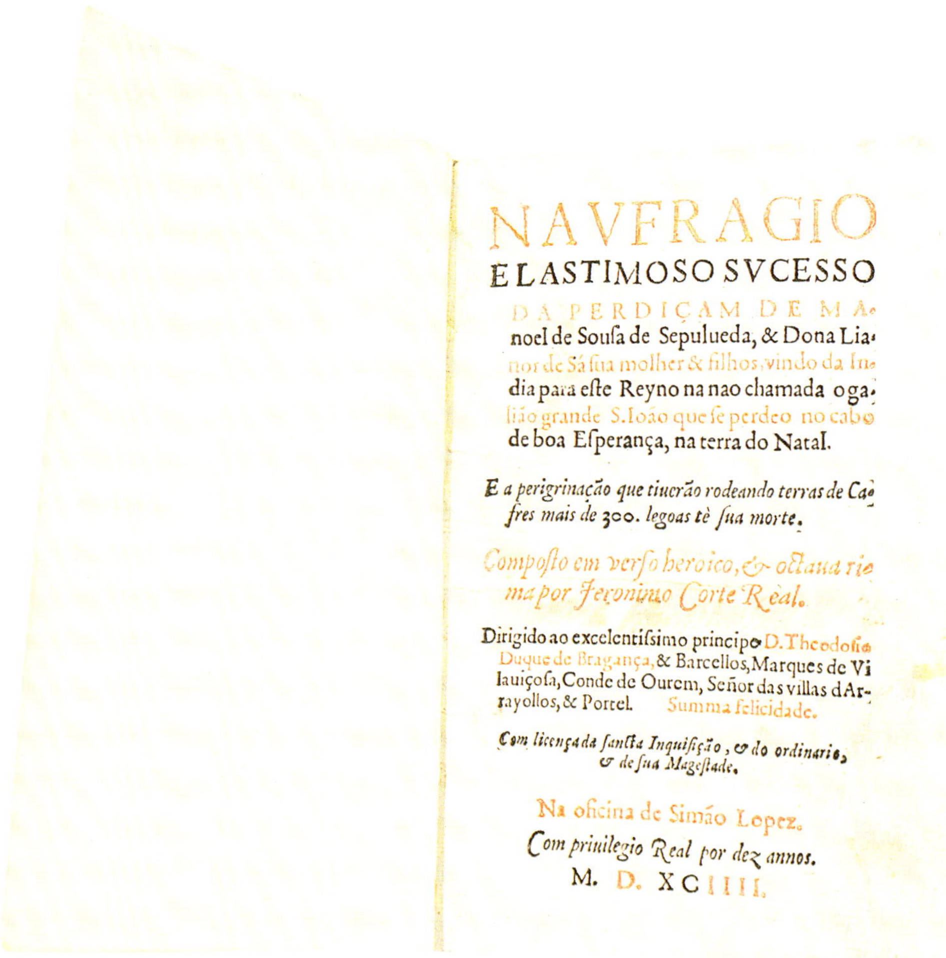

NAVFRAGIO
E LASTIMOSO SVCESSO
DA PERDIÇAM DE MAnoel de Sousa de Sepulueda, & Dona Lianor de Sá sua molher & filhos, vindo da India para este Reyno na nao chamada o galião grande S. Ioão que se perdeo no cabo de boa Esperança, na terra do Natal.

E a perigrinação que tiuerão rodeando terras de Cafres mais de 300. legoas tè sua morte.

Composto em verso heroico, & oitaua rima por Jeronimo Corte Real.

Dirigido ao excelentissimo principe D. Theodosio Duque de Bragança, & Barcellos, Marques de Vilauiçosa, Conde de Ourem, Señor das villas d'Arrayollos, & Portel. Summa felicidade.

Com licença da sancta Inquisição, & do ordinario, & de sua Magestade.

Na oficina de Simão Lopez.
Com priuilegio Real por dez annos.
M. D. XCIIII.

Corte Real, Jerônimo. *Naufragio e lastimoso svcesso...*, 1594. Página de rosto.
Figura 99 – nº de catálogo 193

Verso da página de rosto: em branco.
F. 2a: As licenças, da Inquisição dadas por F. Bartolomeu Ferreira e datadas de 3 de julho de 1590; a de ordinário de 19 de outubro de 1593 e a de sua Majestade de 5 de maio de 1594.
F. 2b: O "PRIVILEGIO" concedido ao impressor, datado de 18 de maio de 1594.
F. 3a: Prologo ao Lector.//
F. 3b-4a: Ao excellẽtissimo Principe D.Theodosio Du// que de Braganca, & de Barcellos, Marques// de Villa vicosa, Conde dOurem, Se-// nhor das villas dArrayolos, &// Portel Summa felicidade.// [assinado:] Antonio de Sousa.//
F. 4b: SONETO// De Esteuão Ribeiro a Antonio de// Sousa na impressão deste liuro.//
Segue-se, então, o poema, dividido em 17 cantos. Termina com um "EPITAFIO" em oitava rima e ao pé da página: "FINIS.// Laus Deo, eiusqz Virgini Mariae."//
Verso da f. 206: em branco.

Poema de grande consideração no contexto da literatura portuguesa. Ferdinand Denis a respeito do mesmo diz que, depois dos *Lusíadas* de Camões, é este o que mais belezas reúne.
Segundo Samodães, os exemplares desta edição são "extremamente raros".
A publicação só foi efetuada após a morte do autor, editada por seu genro, Antonio de Sousa.
Outras edições portuguesas são de 1783 e 1842. Foi traduzido para o espanhol em 1624 por Francisco de Contreras. Há também uma versão francesa de 1844, de Ortaire Fournier.

Anselmo 803; Barb. Mach. v. 2, p. 497; Gay 3.166; IFS t. 3, p. 262, t. 10, p. 128; Maggs 519-179; Palau 63.004; Salvá 551; Samodaes 916.

IEB-LAM

194.
GALLONIUS, Antonius. 1594

DE SS. MARTYRVM// CRVCIATIBVS// ANTONII GALLONII ROM.// CONGREGATIONIS ORATORII// PRESBYTERI// LIBER// Quo potissimum instrumenta, & modi, quibus ijdem CHRISTI/ martyres olim torquebantur, accuratissimè// tabellis expressa describuntur.// [marca tipográfica]// ROMAE// Ex

Typographia Congregationis Oratorij apud S. Mariam// in Vallicella. M.D. XCIV.// Superiorum permissu.//

6 fls. prels., 264 p., 15 fls. não nums., 21 xilogravuras. -- Assinatura: †(4) ††(2) A-Z(6) Aa-Oo(4).

Restaurada.
Reencadernação flexível em pergaminho.
Acondicionada em caixa com pH neutro.
Notas marginais impressas.

Verso da página de rosto: em branco.
F. 2a-2b: SANCTISSIMO// ET BEATISSIMO// PATRI// ET D.N. CLEMENTI VIII.// PONTIFICI MAXIMO// ANTONIVS GALLONIVS// Presbyter Congregationis Oratorij// sempiternam felicitatem.//
F. 3a-5a: PETRVS PAVLVS// CRESCENTIVS// CHRISTIANO LECTORI.//
F. 5b: AVCTOR AD LECTOREM.//
F. 6a: CHRISTOPHORI// CASTELLETTI// PRESBYTERI ROM.// IN SANCTORVM MARTYRVM TORMENTA.// [vinheta]// [poema].
F. 6b: Emblema com as palavras: SOLI DEO HONOR ET GLORIA.//
Começa, então, a descrição dos diversos martírios a que eram submetidos os fiéis, finalizando à p. 264.
F. 1a-14b, não numeradas: INDEX// PRAECIPVARVM RERVM// QVAE HOC VOLVMINE// CONTINENTVR.//
F. 15a: ERRATA SIC CORRIGITO.//
F. 15b: REGESTVM.// [mais abaixo:] // – // ROMAE Excudebat Aloysius Zannetus 1594.// SVPERIORVM PERMISSV.//

Lamentavelmente faltam neste volume as páginas 123/124; 179/180; 181/182 e a última folha, provavelmente em branco. Acreditamos que as páginas faltantes contivessem mais xilogravuras.

Adams G-162.

FD

195.

LERY, Jean de, 1534-1611. 1594

HISTORIA// NAVIGATIONIS// IN BRASILIAM// QVAE ET AMERICA// DICITVR.// [três estrelas] // QVA DESCRIBITVR AVTHORIS// nauigatio, quaéque in mari vidit memoriae prodenda: Villa-// gagnonis in America gesta: Brasiliensium victus & morés,a// nostris admodúm alieni,cum eorum linguae dialogo : ani-// malia etiam , arbores,atque herbae,reliquáque singularia &// nobis penitùs incognita.// A IOANNE LERIO BVRGVNDO// Gallicè scripta. Nunc verò primum Latinitate// donata,& varijs figuris illustrata.// SECVNDA EDITIO.// [marca tipográfica]// GENEVAE.// Apud haeredes Eustathij Vignon.// – // M D XCIIII.//

29 fls. não nums., 340 i. e. 358 p., 8 fls. não nums. (Erros de paginação: 39 i. e. 30; 2 i. e. 32; de 230 volta para 213; 220 i. e. 320. -- Assinatura: *(8) A-Z(8) A-C(8).
Gravuras: p. 90, 185, 193, 225, 218 [sic], 252, 266.
Partituras: p. 128, 140, 214 [sic], 219 [sic], 220 [sic].

Verso da página de rosto: em branco.
F. 2a-4b: [barra ornamental]// ILLVSTRISSIMO// ET POTENTISSIMO// PRINCIPI AC DOMINO// D. VVILLELMO LAND-// GRAVIO HASSIAE, Comiti in// Katzenelbogen, Dietz, Zi-// genhaim & nidda, &c. Domino// suo clementissimo.// [datada e assinada:] "...Cal.// Febr. 1586.// Illustriss.Celsit.// vestrae// addictissimus.// I. LERIVS"//
F. 5a: Traz um poema grego.
F. 5b: [barra ornamental]// AD IOANNEM LERIVM// AMERICANAE HISTO-// riae Scriptorem.// [assinado: J.J.B].
F. 6a: IN HISTORIAM AME-// RICANAM AB IOANNE// Lerio conscriptam. [assinado de:] ST. T.//
F. 6b: [barra ornamental]// IN IOANNEM LERIVM// EIVSQVE DE AMERICA-// NA PEREGRINATIO-// ne historiam. [assinada:] G.M.N.//
F. 7a-8b: [barra ornamental]// TOTIVS HISTORIAE SVM-// MA CAPITA.// Praefatio qua Theueti errores ac fraudes// coarguuntur.//
F. 9a-29b: [barra ornamental]// IOHANNIS LERII// IN HISTORIAM SVAM// PRAEFATIO,// Qua Theueti errores ac fraudes prae-// cipue coarguit.//
Segue-se, então, a obra de Léry, em 22 capítulos.//
F. 1a-8a: [barra ornamental]// INDEX ALPHABETICVS// RERVM ET VERBORVM// in hac história obseruandorum.//
F. 8b: Apenas com anotações manuscritas [no exemplar do IEB].

Esta é a segunda edição latina.
A primeira já se encontra descrita neste catálogo, sob os n°s 150.a, 150.b e 150.c.

BB v. 1, p. 405; Berger p. 183; JC Brown v. 1, p. 334; Sabin 40.154.

IEB; MP

196.1.
SCHRADER, Ludolf, 1531-1589. 1594

Dn Ludolphi// SCHRADERI// BRVNSVICENSIS// IVRISCONSVLTI CELEBERRIMI,// ET INTER PRACTICOS HVIVS SECVLI EMINEN-// TISSIMI, SS. CAES. MAIEST. MAXIMILIANI II. ET RODVL-// phi II Electorum item Brandeburg. Dn. Ioachimi II. & Dñ. Ioannis Georgij,// aliorumq; Germaniae Principum Consiliarij, & in Academia Francofur-// tensi cis Oderan quondam Ordinarij, Legumq; Pro-// fessoris publici & primarij,// Tractatus Feudalis,// In decem partes distributi,// TOMVS PRIMVS.// Nouem priores partes continens.// LIBER, ob perfectam totius feudalis materiae singulari methodo in eo comprehensam doctrinam, acutissi-// mamq; decisionem omnium circa eam occurrentium questionum controuersarum, addi[...] vbiq; iuris// Saxonici consensu & dissensu, omnibus in seholis & foro versantibus vtilissimus.// A MVLTIS hactenus desideratus, & nunc primum post obitum auctoris in communem omnium vtilitatem adhibita// vndiquaqz tam in ipso contextu quàm allegationibus diligentissima correctione,cum Summarius & In-// dicè locupletissimo in lucem editus studio & opera,// IOANNIS BRANDIS HILDESHEMENSIS, I. C.// Dn. Ludolf Schraderi affinis, & ex parte haeredis, ac// [...]bibliothecae eius legatarli.// Cum gratia &// S. Caes. Maiest.// [marca tipográfica com os seguintes dizeres na sua parte esquerda: Cum gratia &// S. Caes. Maiest.// e a parte direita: Priuilegio// decennali.//] // Francofurti, Ex Officina Paltheniana. 1594.//

4 fls. prels., 751 p. (Erros de paginação: 53 i. e. 51; 56 i. e. 58). -- Assinatura: A(6) A-Z(6) AA-ZZ(6) AAA-QQQ(6) RRR(4).

Restaurada.
Reencadernação em pergaminho.
Acondicionada em caixa com pH neutro.
Texto impresso em duas colunas.

Verso da página de rosto: em branco.
F. 2a-4b: [barra ornamental]// ILLVSTRISSIMO// INCLYTOQVE HEROI AC// PRINCIPI, D. IOACHIMO FRIDERICO, ARCHIEPISCO-// PATVS MAGDEBVRGENSIS, ET PRIMATVS GERMANIAE ADMI-// nistratori, Marchioni Brandenburgensi, Borussiae. Stetini, Pomeraniae, Cassubio// rum, Vandalorum, Crosnarum & Silesiae Duci; Burggrauio Norin-// bergensi, & Principi [...] &c. Domino// suo clementissimo.// S.P.D.// [datado de:] ... Dabatur Hildesiae Cal.// Aug. An.1594.// Illust. Cels. tuae Subiectis. Ioannes Brandis I.V.D.// Ioachimi senioris Consulis filius.//
F. 5a: VERBA CLARISS. NOBILISSIMIQVE IVRIS-// CONSVLTI DN. HARTMANNI PISTORIS, IN// secundo suo libr. quaest. Iuris in fine 5. quaest. quae testi-// monii ac Encomii vice, huic Tractatui praefi-// genda duximus.//
[mais abaixo:] IN TRACTATVM FEVDALEM INCOMPARA-// BILIS VIRI DN. LVDOLPHI SCHRADERI, I.V.D.// & vrbis Brunsuicensis Patricii, Hexastichon// Scriptum per// IOACHIMVM A BEVST in Planitz, I.C.//
F. 5b: EPIGRAMMA// IN INSIGNEM COMMENTARIVM FEVDALEM NOBI-// LISSIMI, ET PRAECLARISSIMI VIRI DN. LVDOLPHI// Schraderi I.C. patricij Brunsuicensis, olim Antecessoris in// Academia Francofurtensi ad Oderam// celeberrimi.//
[mais abaixo:] AD CLARISSIMVM, CONSVLTISSIMVMQVE VI-// RVM DN. IOANNEM BRANDIS I.V.D. DE LVDOLPHI SCHRADERI// I.C. commentarijs feudalibus ab ipso in// lucem editis.// [assinado:] Hermanus Vulteius I.C. Hassiae Principum consiliarius & Aca-// demiae Marpurgensis Antecessor primarius.//
[mais abaixo:] CLARISSIMO ET CONSVLTISSIMO VIRO IOANNI BRANDIS// I.V. DOCTORI, PATRICIO HILDESHEIMENSI,// Domino & amico honorando S.// [datado e assinado:] ... Datantur Magde-// burgi XIII. Calend. Iulii Anno M.D.XCIV.// Tuus Ioannes Dauth.D.//
F. 6a: EPIGRAMMA.// IN TRACTATVM ET PROCESSVM FEVDALEM EMINEN-// TISSIMI VTRIVSQVE IVRIS D. DN. LVITHOLFI SCHRADERI// Brunsuicensis, Caesarei, electoralis Brandeburgici, & multorum prae-// terea Ducum, principum atq; statuum sacri Ro-// mani Imperij Consiliari.// [assinado:] Ioannes Dauth Francus D.//
[mais abaixo:] EPIGRAMA.// IN NOBILE ET PRAECLARVM OPVS FEVDALE CLA-// RISSIMI ET CONSVLTISSIMI VIRI D. LVDOLPHI SCHRADERI I.C. CELE-// berrimi, studio, labore & industria clarissimi & praestantissimi viri D. Ioannis Brandis V.I.D. Ioachi-// mi consulis senioris filii patricii Hildesheimensis & Aduocati// expolitum & in lucem editum.// [assinado:] Christophori Osteruualdt Iurium Doctoris, Reuerendissimi atque Illustr.//

Principis ac Domini Domini Henrici Iulii Episcopi Halberstad.// & Ducis Brunsuic & Luneburg. consiliarii, & in ipsius// Celsitud. summo iudicio Ducali Assessoris.//
F. 6b: EPIGRAMMA// IN CLARISSIMI I.C.D. LVDOLPHI SCHRADERI// AVREVM TRACTATVM ET PRO-// cessum feudalem. [assinado:] M. Henricus Wochmanus Gos-// lariensis.//
[mais abaixo:] AD LIBRVM, EIVSQVE EDITOREM// V.CL. IOHAN. BRANDES IC.// [assinado:] Hieron. Treutlerus I.C. scribeb. Budissinae// Lusatiae superioris metropoli.// Cal.Iul.m .d .xciv.//
O texto vai até a p. 751.
Verso da p. 751: em branco.

196.2. 1594

Dn. Ludolphi// SCHRADERI// BRVNSVICENSIS// IVRISCONSVLTI CELEBERRIMI,// ET INTER PRACTICOS HVIVS SECVLI EMINEN-// TISSIMI, SS. CAES. MAIEST. MAXIMILIANI II. ET RODVL-// phi II. Electorum item Brandeburg. Dn. Ioachimi II. & Dn Ioannis Georgij,// aliorumq; Germaniae Principum Consiliarij, & in Academia Francofur-// tensi cis Oderam quondam Ordinarij, Legumq; Pro-// fessoris.publici & primarij,// Tractatus Feudalis,// In decem partes distributi,// TOMVS SECVNDVS,// Decimam partem continens.// LIBER amultis hactenus desideratus,& nunc primùm post obitum Auctoris in// communem omnium vtilitatem, adhibita vndiquaq; tàm in ipso con-// textu, quàm allegationibus,diligentissima correctione,cum Sum-// mariis & Indice locupletissimo in lucem editus,// Studio & opera// IOANNIS BRANDIS HILDESHEMENSIS, I. C.// Dn.Ludolphi Schraderi affinis, & ex parte haeredis,ac// bibliothecae eius Iegatarii.// [marca tipográfica com os seguintes dizeres na sua parte esquerda: Cum gratia &// S. Caes. Maiest.// e a parte direita: Priuilegio// decennali.//] // Francofurti, Ex Officina Paltheniana. 1594.//

4 fls. prels., 637 [642] i. e. 630 p., 101 fls. não nums. (Erros de paginação: 257 i. e. 258; pula de 264 para 277; 636 i. e. 641; 637 i. e. 642). -- Assinatura:)((4) Aa-Zz(6) Aaa-Zzz(6) Aaaa-Zzzz(6) Aaaaa(8).

Restaurada.
Reencadernação em pergaminho.
Acondicionada em caixa com pH neutro.

Texto impresso em duas colunas.
Tipos góticos para texto em alemão.

Verso da página de rosto: em branco.
F. 2a-4a: [barra ornamental]// ILVSTRISSIMO// INCLYTOQVE HEROI AC// PRINCIPI D. GEORGIO FRIEDERICO, MARCHIONI// BRANDEBVRGENSI, BORVSSIAE, STETINI,POMERANIAE,// Cassubiorum, Vandalorum, & Silesiae in Iegerndorff, Duci; Burg-// grauio Norinbergensi, & Principi Rugiae, &c Do-// mino suo clementissimo. S.P.D.// [datado e assinado:] ... Dabantur Hildesiae, Anno 1594.// Calend. Augusti.// Illustriss. Tuae Celsitud.// Subiectissimus// Ioanes Brandis, I.V.D. Ioachi-// mi Senioris Consulis Filius.// [vinheta]//
F. 4b: EPIGRAMMATA// IN TRACTATVM FEVDORVM,CLARISSIMI// & praestantissimi Iurisconsulti D. Ludolphi// Schraderi, &c.//
col. a, [assinado por:] Iohannes Stamler D.Iudicii imperia-// lis Camerae Aduocatus faciebat.//
col. b, [assinado por:] F. Ioannes Baptista, Caesar. V.I.D.// & Reip. Francofurtensis ad Moe-// num Syndicus.//
A partir da p. 1 se inicia a décima parte do Tractatus Feudalis, que ocupa o livro inteiro. Finaliza à p. 637 [sic].
F. 1a-100b, não numeradas: INDEX// LOCVPLETISSIMVS// MATERIARVM, DECI-// SIONVM, RERVM AC VERBORVM// MEMORABILIVM// Ac omnium, quae in his duobus voluminibus Tractatus Feudalis,// Clarissimi I.V.D. Domini Ludolphi Schraderi, Ger-// maniae Iurisconsulti celeberrimi, conti-// nentur.//
F. 101a, final: LECTORI BENEVOLO S.// [abaixo vem a marca tipográfica, e abaixo desta:] FRANCOFVRTI,// Prostat in Taberna Feierabendiana.//

Jurista, nascido em Brunswick em 1531. Iniciou seus estudos jurídicos em Wittenberg, terminando-os em Bolonha, onde se doutorou. Voltou para a sua cidade natal, mas não ficou por muito tempo. Lecionou Direito Civil e Religioso em Wittenberg. Professor da Universidade de Frankfurt sobre o Oder, foi eleito reitor da mesma instituição. Além de suas atividades universitárias, era muito requisitado como consultor jurídico de imperadores, príncipes eleitores, arcebispos e nobreza em geral. Teve desentendimentos com seu irmão, e foi excluído de seu testamento. Sua rica biblioteca foi herdada pelo Dr. jur. Johannes Brandis de Hildesheim, por diversas vezes mencionado nas folhas introdutórias do livro aqui descrito. Faleceu em 8 de julho de 1589 em sua cidade natal.

ADB v. 32, p. 433-4; Keip 395, nº 736.

FD

197.

GOMEZ, Antonio (Jurista). 1596

[em preto:] COMMENTARIORVM,// [em vermelho:] VARIARVM QVE// RESOLVTIONVM IV// [em preto:] RIS CIVILIS, COM[...]V-// NIS, ET REGII// [os dizeres a seguir estão escritos dentro de uma gravura que cobre quase toda a página] [em vermelho:] TOMI TRES.// [em preto:] PRIMVS Vltimarum voluntatum materiam continet:// SECVNDVS Contractuum:// TERTIVS Delictorum.// [em vermelho:] AVTORVM ANTONIO GOMEZIO I. C.// [em preto:] praestantiss[...] in Academia Salmantina olim Iuris// Ciuilis primario Professore.// [em vermelho:] ACCESSERVNT BRVDITISSIMAE ANNOTA-// [em preto:] tiones EMANVELIS SOAREZ à Ribeira, Iutis// vtriusque Consultiss.// [em vermelho:] IAM VERO DENVO RECVSI, ET A MVLTIS,// [em preto:] quod Lector fatebitur aequissimus, mendis, quibus ante scatebant,// repurgati: addito Indice locupletissimo.// [mais abaixo:] FRANCOFVRTI,// – // M. D. XCVI.//

3 fls. prels., 586 p., 8 fls. não nums. (Erros de paginação: p. 27 sem numeração; 224 i. e. 220; 735 i. e. 535; 565 i. e. 556). -- Assinatura: a(3) (falta uma folha em branco) A-Z(6) a-z(6) Aa-Cc(6) Dd(8).

Restaurada.
Reencadernação rígida em pergaminho.
Acondicionada em caixa com pH neutro.
Notas marginais manuscritas.
Texto impresso em duas colunas.

Verso da página de rosto: em branco.
F. 2a-3a: [barra ornamental com efígies na mesma] EMANVELI SOAREZ// DIAS VIRO ORNATISSI-// MO ET CHARISSIMO CON-// SOBRINO.// Emanuel Soarez à Ribeira, P.S.// [datado:] ... Pata-// uij Nonis Decembris.//
F. 3b, impressa em duas colunas: ELENCHVS RVBRICARVM// ET CAPITVM TOMI PRIMI IN// QVO DE VLTIMIS VOLVN-// TATIBVS AGITVR.//

COMMENTARIORVM,
VARIARVMQVE
RESOLVTIONVM IV-
RIS CIVILIS, COMMV-
NIS, ET REGII
TOMI TRES.
PRIMVS Vltimarum voluntatum materiam continet:
SECVNDVS Contractuum:
TERTIVS Delictorum.
AVTORE ANTONIO GOMEZIO I. C.
præstantiss. & in Academia Salmantina olim Iuris
Ciuilis primario Professore.
ACCESSERVNT ERVDITISSIMÆ ANNOTA-
tiones EMANVELIS SOAREZ à Ribeira, Iuris
vtriusque Consultiss.
IAM VERO DENVO RECVSI, ET A MVLTIS,
quod Lector fatebitur æquissimus, mendis, quibus antè scatebant,
repurgati: addito Indice locupletissimo.
FRANCOFVRTI,
M. D. XCVI.

GOMEZ, Antonio (Jurista). *Commentariorvm, variarvm qve resolvtionvm ivris civilis...*, 1596. Página de rosto.
Figura 100 – nº de catálogo 197

[mais abaixo:] RVBRICAE, ET CAPITA SECVNDI TOMI,// IN QVO DE CONTRACTIBVS// TRACTATVR.//
[mais abaixo:] RVBRICAE, ET CAPITA TERTII ET VL-// TIMI TOMI, QVI DELICTORVM MATE-// RIAM CONTINET.//
Começa, então, o texto dos três tomos contidos neste volume. À p. 210 começa o tomo segundo: De contractibus e o terceiro, à p. 420: De delictis. Termina à p. 586.
Segue uma folha em branco [Cc 6].
A partir das f. 1a-7b, não numeradas, segue: IN ANTONII GOMEZII TRA-// CTATVS OMNES INDEX NOVVS ET// COPIOSISSIMVS.//
F. 8a: FRANCOFVRTI AD MOE-// NVM, APVD IOHANNEM FEYRABEND [sic],// IMPENSIS HAEREDVM SIGISMVNDI// FEYRABENDII.// [marca tipográfica]// M.D.LXXXXVI.//
F. 8b: em branco.

No Adams, vem mencionada uma edição de 1572 (G-847), com as mesmas assinaturas e paginação. Também é de Frankfurt sobre o Meno, mas "apud Georgium Coruinum, impens. Sigismundi Feirabend". Acreditamos tratar-se esta, de 1596, apenas de uma edição de "título", aproveitando-se material da edição anterior.
Palau também não menciona este exemplar, mas indica a edição de 1572, assim como várias outras, sendo uma de "Francofurti. 1597". (103.499).
Barbosa Machado diz ser português o autor "Doutor em Direito Civil, é um dos mais famosos Mestres desta Faculdade de Salamanca". Também ele indica apenas uma edição de 1597!

Barb. Mach. v. 1, p. 287-8.

FD

198.
SURDUS, Joannes Petrus. 1596

CONSILIORVM// Siue Responsorum// D. IOAN. PETRISVRDI// CASALENSIS I. C. ET SENATORIS// PRAECLARISSIMI,// Liber Primus.// In quibus multa, quae in controuersiam quotidie vocantur, acutissime excitata,// atque disceptata, indicio grauissimo diffiniuntur.// Adiecto secundum sertem Alphabeticam, rerum & verborum Indice copiosissimo.// Nunc denuo excusa, & à quamplurimis erroribus expurgata.// Cum Priuilegijs Summi Pontificis,

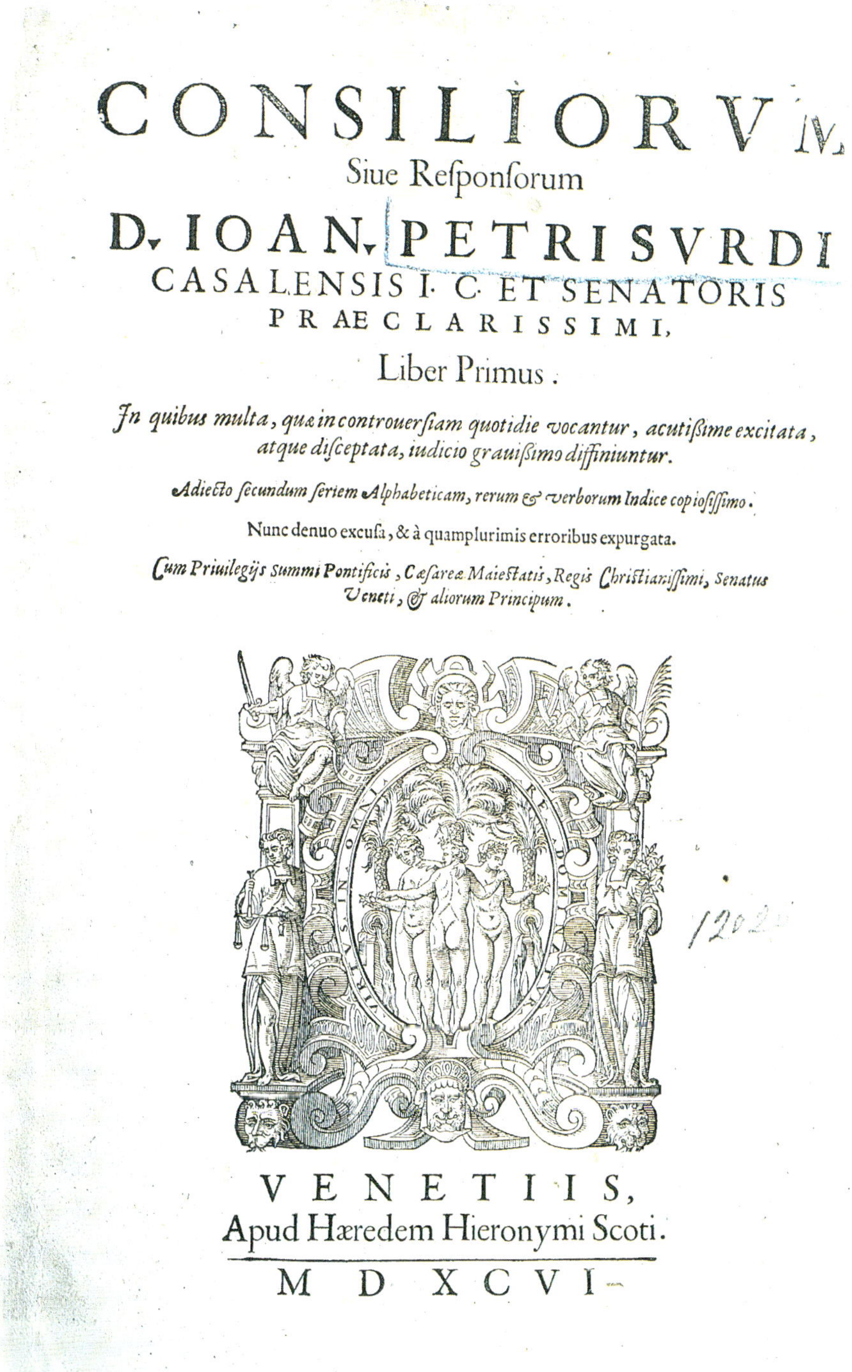

CONSILIORVM

Siue Responsorum

D. IOAN. PETRI SVRDI

CASALENSIS I. C. ET SENATORIS

PRAECLARISSIMI,

Liber Primus.

In quibus multa, quæ in controuersiam quotidie vocantur, acutissime excitata, atque disceptata, iudicio grauissimo diffiniuntur.

Adiecto secundum seriem Alphabeticam, rerum & verborum Indice copiosissimo.

Nunc denuo excusa, & à quamplurimis erroribus expurgata.

Cum Priuilegijs summi Pontificis, Cæsareæ Maiestatis, Regis Christianissimi, Senatus Veneti, & aliorum Principum.

VENETIIS,

Apud Hæredem Hieronymi Scoti.

M D XCVI.

SURDUS, Joannes Petrus. *Consiliorvm siue responsorum ...Liber Primus. In quibus multa...*, 1596. Página de rosto.

Figura 101 – nº de catálogo 198

Caesarea Maiestatis, Regis Christianissimi, Senatus// Veneti, & aliorum Principum.// [marca tipográfica]// VENETIIS,// Apud Haeredem Hieronymi Scoti.// – // M D X C V I//

32 fls. prels., 410 fls. nums. (Erros de foliação: 59 i. e. 49; 10 i. e. 109; 183 i. e. 184; 221 i. e. 321; 346 mal impresso, parece 340). -- Assinatura: a(6) b-c(8) d(10) A-Z(8) Aa-Zz(8) Aaa-Ddd(8) Eee(10).

Restaurada.
Reencadernação em pergaminho pleno natural, com capas em papelão Crescent.
Notas marginais manuscritas.
Texto impresso em duas colunas.

Verso da página de rosto: em branco.
F. 2a: Author ad Lectorem.//
F. 2b, coluna a: OCTAVII MAGNO CABALLI// I.C. CASALENSIS.// Outro poema, coluna a: Ludouici Caninae carmen.//
F. 2b, colunas a-b: Io. Antonij Galli I.C.Crescen-// tinatis in Io. Petri Surdi re-// sponsa, carmen.//
F. 3a-32b: INDEX LOCVPLETISSIMVS// RERVM ET VERBORVM// INSIGNIVM,...//
A partir da folha numerada 1 começa o livro de Joannes Petrus Surdus e vai até a folha 410b, num total de 150 "Consilium".
F. 410b, ao pé da página: SERIES CHARTARVM.

FD

199.
DIAS, Filipe, lusitano, m. 1601. 1597

QVINZE// TRATADOS: EN// LOS QVALES SE CON-// TIENEN MVCHAS, Y MUY EXCE-// lentes consideraciones para los actos generales que// se celebran en la Sancta Iglesia de Dios, muy// [...] para todos los fielos// [...]ristianos.// [...]O POR EL MVY// [...]ippe Diez Lusitano, Predicador// [...] del Conuento de S. Fran-// cisco de Salamanca.// Con dos Indices muy copiosos,// A la buelta de la boja ballaras las materias que contiene este libro.// [marca tipográfica]// Con Priuilegio de Castilla Aragon y Portugal.// – // Salamanca, por Juan Fernandez.// M. D. XCVII.//

4 fls. prels., 628 i. e. 616 p., 20 fls. não nums. (Erros de paginação: Fo i. e. 1; 2 sem numeração; 24 i. e. 20; 24 i. e. 23; 22 i. e. 32; 85 i. e. 81; de 88 pula para 97; de 101 volta para 95; de 95 vai para 104; de 136 para 141; 157 de cabeça para baixo; 883 i. e. 183; 286 i. e. 285; as páginas 333 a 348 estão totalmente numeradas de 233 a 248; 248 i. e. 347; 286 i. e. 386; 894 i. e. 489; 500 i. e. 513). -- Assinatura: ¶ (4) A-Z(8) Aa-Pp(6) Qq(4) Rr-Ss(8) Tt(4). (Erros de assinatura: A 4 i. e. Aa 4).

Restaurada.
Reencadernação em pergaminho pleno natural, com capas em papelão Crescent.
Notas marginais impressas e manuscritas.

Verso da página de rosto: Las materiais notables que se con... // este libro, son las siguientes.//
F. 2a: [...]cia del Commissario general.// [datado e assinado:] Dada en nuestro Conuento de Sant// Francisco de Madrid a 19 de Mayo, de 1596.// años.// Fray Mattheo// de Burgos.//
F. 2b: Licença de impressão dada por Fray Marcos de Salazar, em Madrid a 28 de novembro de 1595.
F. 3a-3b: Carta de "EL REY", [datada de:] 2 de junho de 1595.//
F. 4: em branco.
Segue-se, agora, a obra subdividida em quinze capítulos de diferentes considerações espirituais.
A obra termina à p. 628 e abaixo do texto tem-se a relação das "Erratas".
Nas folhas não numeradas constam:
F. 1a-9a, impressas em duas colunas: TABLA ALPHABETICA// de las cosas y sentencias memorables que// en estos tratados se contienen.//
F. 9a-19b, impressas em duas colunas: TABLA DE LAS AVTO-// ridades de la sagrada Scriptura, que van// declaradas en estos tratados.//
F. 20a: EN SALAMANCA.// [vinheta pequena] En casa de Juan Fernandez [vinheta pequena]// – // M.D.XCVII.//
F. 20b: em branco.

É esta a primeira edição. Em 1602 foi publicada uma segunda, traduzida para o latim e editada em Veneza por Dominicum de Farris, em 1599.
Seu autor era natural de Bragança. Entrou para a Ordem dos Franciscanos, na Província de Santiago. Foi chamado à Universidade de Salamanca, onde pregou por mais de 50 anos e faleceu em 1601.

Barb. Mach. v. 2, p. 70-2; Cat. Res. nº 884; Palau 73.817.

FD

200.

MARIZ, Pedro de, 1567-1635. 1597-1598?

DIALOGOS// DE VARIA HISTORIA// EM que summariamente se referem muy// tas cousas antigas de Hespanha: e to// das as mais notaveis, q̃ em Portugal acontecerão em suas gloriosas Conquistas, an-// tes & depois de ser levantado, a Dignida-// de Real. E outras muytas de outros rey-// nos, dignas de memoria. Com os Retra// tos de todos os Reys de Portugal.// AVTOR PEDRO DE MARIZ.// EM COIMBRA// Na Officina de Antonio// de Mariz// Com Priuilegio Real// MDLXXXXVII.//

11 fls. prels., 388 fls. nums., 11 fls. não nums. (Erros de foliação: de 19 volta para: ⌈² e f. 15; de 54 volta para 44; 48 i. e. 46; 59 i. e. 56; 99 i. e. 59; 89 i. e. 69; 78 i. e. 70; 92 i. e. 72; 95 i. e. 75; 72 i. e. 78; falta f. 91; pula de 92 para 100; 168 i. e. 101; 305 i. e. 105; 206 i. e. 106; pula de 106 para 109; volta para 108 seguindo a foliação normal; 212 i. e. 112; 142 i. e. 147; 518 i. e. 158; 651 i. e. 159; 162 i. e. 163; 166 i. e. 174; 168 i. e. 176; ∠94 i. e. 194; 206 i. e. 205; 260 i. e. 206; 191 i. e. 207; 08 i. e. 208; 109 i. e. 209; ⅃10 i. e. 210; ⅃25 i. e. 225; 2⅃6 i. e. 226; 202 i. e. 242; 245 i. e. 246; 234 i. e. 254; 359 i. e. 259; 269 i. e. 267; 374 i. e. 274; 273 i. e. 275; 188 i. e. 288; 389 i. e. 289; 391 i. e. 291; 205 i. e. 305; 317 i. e. 318; 330 i. e. 344; ε49 i. e. 349). -- Assinatura: A-B(6) C-G(8) F(10) G-M(8) (falta caderno N) O-Z(8) Aa-Zz(8) Aaa-Bbb(8) ddd(8). (Erros de assinatura: kK 1 i. e. Kk 1; KK 4 i. e. Kk 4; Vu 3 i. e. Vv 3; Vu 5 i. e. Vv 5; falta Aaa 2).

Restaurada.
Reencadernação em couro em estilo de época.
Acondicionada em caixa com pH neutro.
Notas marginais impressas e manuscritas.
19 retratos gravados, fora da página, com as efígies dos reis de Portugal.

F. 2a: Petição do Autor à Mesa do S. Oficio e despacho da Mesa, de 27 N 1597.
F. 2b: Approv. de Fr. Man. Coelho, lic. do S. Oficio e Mesa do Paço, de 21 D.1597 e 18. Ja. 1594.

F. 3a-4b: Ded. ao bispo D. Jorge de Ataíde, dat. de 15 O.1594.
F. 5a: Ao Leytor.
F. 6b-9a: Tabuada.
F. 9b: Erratas.
F. 10a-11b: 2 epíst. lat.: Uma de Diogo Menezes de Vasconcelos ao A, e outra deste àquele, dat. de 10 Mr 1595 e 8 Ab.1599.
F. 1a: [barra ornamental]// DIALOGO// PRIMEYRO// de varia história. [...] Capítulo I.
F. 1a, não numerada: [...] Fim do Diálogo quinto e último.
F. 1b-11b, não numeradas: Índice alfabético.
F. 11b: [...] Acabouse de Imprimir, a segunda vez,// esta Primeyra parte dos// Diálogos de Varia História; ẽ a Ribeyra de Sernache dos Alhos// em os Moinhos do açipreste, a 8 Dias de Abril, de 1599.// Na officina de Antonio de Mariz, Impressor da Vniuersidade. [vinheta]
Dados copiados da obra de Antonio Joaquim Anselmo: *Bibliografia das obras impressas em Portugal no século XVI* sob n. 915.
Ao exemplar da Faculdade de Educação faltam as folhas de rosto e preliminares.
Nesta segunda edição existem exemplares publicados com data de 1597 e outros, datados de 1598. Devido à falta da folha de rosto, não podemos precisar qual delas seja.
Em todos os exemplares desta segunda edição faltam as folhas 92-99, sobre a rainha Santa Isabel, capítulo esse também suprimido nas edições seguintes.
De acordo com o próprio autor, ele ampliara esta edição em relação à primeira, publicada em 1594, na qual ainda não constava o capítulo referente à rainha Santa Isabel. Acredita se ser por imposição da Inquisição.

Anselmo 915; BB v. 1, p. 520; Bosch 42; Brunet Supl. col. 951; Inoc. v. 6, p. 432, v. 17, p. 221; Palha 2.814; Sabin 44.608.

FE

201.1.

MASCARDUS, Josephus. 1597

[em vermelho:] IOSEPHI MASCARDI// [em preto:] IVRISCON. SARZANENSIS// PROTHON. APOSTOLICI,// [em vermelho:] CONCLVSIONES OMNIVM PROBATIONVM,// [em preto:] ac quaestionum, quae in vtroque

Foro quotidie versantur, Iudicibus, Aduocatis,// Cau[...]dicis, omnibus denique Iuris Pontificij Caesareiq̃z professoribus// vtiles, practicabiles , ac necessariae.// [em vermelho:] QVIBVS CANONICAE, CIVILES, FEVDALES,// Criminales, caeteraeq; materiae; continentur: Per Ampliationes// [vt dicitur] Limitationes, Intelligentiasq; Alphabe-// tico ordine abundè digestae.// [em preto:] Magis receptis Doctorum opinionibus, vbique hoc asterisco * notatis.// [em vermelho:] Summarijs, ac Indice rerum, sententiarum que magis selectarum// locupletissimo in calce rotius operis a diecto, ornatae.// [em preto:] Ex tribus, vt olim erant, in duo volumina, ementium vtilitatis, & commoditatis gratia, redactae; & hac omnium nouissima Taurinensi// editione, innumeris in locis suo nitori restitutae , sum maq̃; diligentia erroribus expurgatae, & correctae.// [em vermelho:] Volumen Primum.// [em preto:] [marca tipográfica]// [em vermelho:] AVGVSTAE TAVRINORVM.// [em preto:] Apud Io. Domicicum Tarinum.// [em vermelho:] – // [em preto:] M. D. XCVII.//

12 fls. prels., 463 fls. nums. (Erros de foliação: 15 i. e. 14; 198 i. e. 197; 197 i. e. 198; 130 i. e. 230; 305 i. e. 405). -- Assinatura: a-b(6) A-Z(8) Aa-Zz(8) Aaa-Mmm(8) (falta a última folha, em branco?).

Restaurada.
Reencadernação rígida com as capas em pergaminho não aderido e tiras em couro, tratado com alúmen, utilizadas como fechos.
Acondicionada em caixa com pH neutro.
Exemplar cortado.
Texto impresso em duas colunas.

Volume I.
Verso da página de rosto: em branco.
F. 2a: BENEVOLO LECTORI// Typographus.//
F. 2b-3b: SANCTISSMO. AC BEATISSMO.// D.N.D. GREGORIO XIII.// PONT. OPT. MAX.// Iosephus Mascardus.//
F. 4a: IOSEPHVS MASCARDVS// Candido Lectori. S.//
F. 4b: IN EXIMIOS// DE PROBATIONIBVS LIBROS// Ab Illustri ac Reuerendissimi Iosepho Mascardo// Prothonotario Aposto. editos.//
F. 5a: QVAESTIONVM INDEX QVAE IN HOC.// opere continentur.//
F. 5a-11b: ARGVMENTA CONCLVSIONVM OMNIVM QVAE IN HOC// opere continentur , horumq̃; prior numerus est conclusionum posterior paginarum.//

Falta a f. 6: em branco?
F. 1a-463b: IOSEPHI MASCARDI// IVRISCONS. SARZANENSIS,// Protonotarij Apostolici,// PROBATIONVM OMNIVM, QVAE// in vtroque foro quotidiè versantur,// VOLVMEN PRIMVM.//
Abaixo do índice: AVGVSTAE TAVRINORVM,// M. D. XCII.//
Falta a f. 464: em branco?

201.2.
Volume II. 1597

[em vermelho:] IOSEPHI MASCARDI// [em preto:] IVRISCON. SARZANENSIS// PROTHON. APOSTOLICI,// [em vermelho:] CONCLVSIONES OMNIVM PROBATIONVM,// quae in vtroque Foro quotidiè versantur, Iudicibus, Aduocatis,// Causidicis, omnibus deniq; Iuris Pontificij, Casareique// professoribus vtiles, practicabiles, ac necessariae.// [em preto:] QVIBVS CANONICAE, CIVILES, FEVDALES, CRIMINALES,// caeteraeq; materiae continentur: Per Ampliationes [vt dicitur] Limitationes,// Intelligentiasq; Alphabetico ordine Abunde digestae.// [em vermelho:] Magis receptis Doctorum opinionibus vbique hoc asterisco * notatis.// [em preto:] Summarijs, ac Indice rerum, sententiarum que magis selectarum// locupletissmo in calce adiecto, ornatae.// Ex tribus , vt olim erant , in duo volumina, ementium vtilitatis, & commoditatis// gratia redactae.// [em vermelho:] Volumen Secundum.// [em preto:] [marca tipográfica]// [em vermelho:] AVGVSTAE TAVRINORVM,// [em preto:] Apud Io. Dominicum Tarinum.// [em vermelho:] – // [em preto:] M. D. XCVII.//

322 fls. nums., 105 fls. não nums. -- Assinatura: A-Z(8) Aa-Qq(8) Rr(10) a-m(8) n(10) (Falta a última folha, em branco?).

Restaurada.
Reencadernação rígida com as capas em pergaminho não aderido e tiras em couro, tratado com alúmen, utilizadas como fechos.
Acondicionada em caixa com pH neutro.
Texto impresso em duas colunas.
Letra ornamentada iniciando o índice.

Verso da página de rosto: em branco.

F. 2-322: IOSEPHI MASCARDI// IVRISCON. SARZANENSIS,// PROTHONOTARII APOSTOLICI,// Probationvm omnium, quae in vtroque foro quotidie versantur,// VOLVMEN SECVNDVM.//
F. 1a-105b, não numeradas: INDEX RERVM MEMORABILIVM// Quae in toto hoc opere D. Iosephi Mascardi// continentur.//
F. [106]: Falta no exemplar [em branco?].

FD

202.
MEDINA, Bartolomeu de. 1597

Expositio in tertiam D. Thomae partem vsqve ad qvestionem sexagesiman complectens tertium librum Sententiarum. Salamanca, apud Ioannem & Andream Renaut fratres, 1597.//

[4] fls. prels., 972 p., 16 fls. não nums., 122 p. (Erros de paginação: 23 i. e. 32; 62 i. e. 63; 63 i. e. 64; 80 i. e. 90; 129 i. e. 192; 286 i. e. 284; 287 i. e. 285; de 288 pula para 291; de 322 volta para 321; 241 i. e. 341; 451 i. e. 351; 419 i. e. 519; 779 i. e. 799; 647 i. e. 947; 653 i. e. 953. Na segunda paginação de 122 p., consta apenas o erro 011 i. e. 110). -- Assinatura: ¶ (8?) A-Z(8) Aa-Zz(8) Aaa-Ooo(8) Ppp(6) a-b(8) A-G(8) H(6).

Restaurada.
Reencadernação em pergaminho.
Acondicionada em caixa com pH neutro.
Notas marginais impressas.
Texto impresso em duas colunas.
Faltam a folha de rosto e folhas 6, 7 e 8.

F. 2a: SVMMA PRIVILEGII.
F. 2b: Licença datada de Toledo, de 7 de outubro de 1577.
F. 3a-3b: SERENISSIMO PRIN-// CIPI ET ROMANAE ECCLESIAE// CARDINALI AVGVSTISSIMO D. DOMINO// Alberto Austriae, Frater Bartholomaeus à// Medina, S.P.D.//
F. 4a-4b: ADMONITIO AD// LECTOREM.
F. 5a- ?: ARGVMENTVM// OPERIS.//

P. 1 traz como título: [barra ornamental]// REVERENDI P.F.// BARTHOLO-MAEI MEDINAE IN// TERTIAM PARTEM D. THOMAE// Aquinatis Angelici Doctoris expositio.//

O texto segue até a p. 972.

F. 1a, não numerada: INDEX QVAESTIONVM// D. THOMAE, QVAE IN HIS COM-// mentarijs edisseruntur.

F. 1a, mais abaixo – 1b: INDEX HAERETICO-// RVM, QVORVM IN HOC OPERE// errores, confutantur & reprobantur.//

F. 2a-7b: LOCORVM SACRAE// SCRIPTVRAE QVAE SPARSIM// ab autore explicantur & citantur index secundum or-// dinem librorum veteris ac noui Testamenti.//

F. 8a-16b: INDEX RERVM ET// SENTENTIARVM MEMORA-// bilium, quae in hoc opere continentur.//

Com nova paginação e assinaturas segue:

P. 1-122: ANNOTATIONES// ET ADDITIONES// AD TERTIAM PAR-TEM.//

P. 122, abaixo do texto: Salmanti[...], apud Ioannem & Andream Renaut fratres.// M. D. XCVII.//

Adams M-1.012 menciona uma edição com os mesmos tipógrafos, de 1588; Palau 159.391 só cita uma edição de Salamanca de 1596.

FD

203.

DIETTERLIN, WENDEL, 1550?-1599? 1598

ARCHITECTVRA// Von// Ausztheiluug/Sym=// metria vnd Proportion der// Fůnff Seulen/ // Vnd aller darausz volgender Kunst Arbeit=// von Fenstern / Caminen/Thürgerichten/ // Portalen/Bronnen vnd Epita=// phien.// Wie dieselbgn/ Siedweder Art der Fůnff Seulen/ grundt// auffzureissen/zuzurichten/vnd ins Werck zubringen seyen/Al=// len solcher Kunst Liebhabenden/zu einem bes-tendigen vnd ring ergreiffen=// den vnderricht/erfunden/in zweyhundert Stuck gebracht/ // Geetzt/vnd an tag gegeben:// Durch// Wendel Dietterlin/ // Maler zu Straszburg.// Cum Gratia & Priuilegio Caes. Maiest.// ad Decennium.// Getruckt in Nürnberg/in verlegung// Hubrecht vnd Balthasar Caymoy.// 1598.// Profert, commutat, conclu.// bit et omnia tempus.//

210 fls. nums. (Erros de foliação: 28 i. e. 29; apenas parcialmente, algumas gravuras não apresentam numeração, sendo acrescentada à mão). -- Sem assinatura.

Encadernação inteira em couro, feita por Gruel.

Verso da página de rosto: em branco.
Segue, então, uma gravura assinada por V.Wÿn.P., representando Wendelinvs Dietterlin.
Verso da página acima: em branco.
F. 2a-2b: Dem Ehrnvesten/ Fürgeachten// Daniel Soriau/ meinem insonders// grossgünstigen Herren.// [datado de:] Estrasburgo a 15 de fevereiro de 1598.//
F. 3a: An den günstigen// Leser.//
F. 3b: Volgt Erstlichen ein kurtzer Vn=// derricht/ für die angehende Jugendt/ wie in disem mei=// nem geringfügen Werck/ ein jetwedere Linien / Vierung vnd// Rondung/ sampt den Namen/ an einem Gesimbs/geheis=// sen/ oder genennt werden..//..
Iniciam-se, então, as gravuras.
Última folha: [barra ornamental] // Gedruckt zu Nürnberg// Inver legung// Balthasar// Caymocx.// ANNO// M. D. XCVIII.// [vinheta]//

A obra apresenta apenas seis folhas de texto, as outras todas são gravadas em cobre. Divide-se em cinco livros, a saber: TVSCANA, DORICA, IONICA, CORINTHIA e COMPOSITA.

IEB

204.
DUARENUS, Franciscus. 1598

D. FRANCISCI// DVARENI I.C.// CELEBERRIMI OMNIA// QVAE QVIDEM HACTE-// NVS EDITA FVERVNT// OPERA,// NON TANTVM PLVRIMIS IN DIGESTA// seu Pandectas, & Codicem Commentariis, ac methodicis expositionibus,// tam quae ab ipsomet auctore in lucem datae, quam quae p[...]eius Excessum,// vel inter eius membranas, & in Bibliotheca suntrepertae, del ab eius inti-// mis familiaribus exhibitae, quas e o exceperant dictante, illustrata, verum// etiam aliis ipsius in vtroqz iure relictis monumentis, vt sub titulorum IN-// DICE videre licet, locupletata:// Hoc vnico tandem comprehensa volumine.// EDITIO, vt postrema,ita & caeteris vmquam antehac ulibi egressis, compluri[...]// bus in locis, multo tersior, ac emendacior:// Cum Indicibus titu-

DIETTERLIN, Wendel. *Architectvra von Ausztheiluug*, 1598. Página de rosto.
Figura 102 – nº de catálogo 203

lorum, nec non rerum & verborum locupletissimis.// [marca tipográfica]// FRANCOFVRTI,// Apud heredes Andreae Wecheli.// Claudium Marnium, & Ioan. Aubrium:// M D X C V I I I.//

10 fls. prels., (falta f. 9), 1222 p., 11 fls. não nums. (Erros de paginação: 87 i. e. 78; 117 i. e. 116; 777 i. e. 227; 265 i. e. 295; 46 i. e. 456; 257 i. e. 572; 911 i. e. 931; 833 i. e. 933; 640 i. e. 940). -- Assinatura: *(6) **(4) A-Z(6) Aa-Zz(6) AA-ZZ(6) AAa-ZZz(6) AAA-LLL(6) MMM(4) (Falta folha xx(3), que foi arrancada).

Restaurada.
Reencadernação rígida em couro pleno de bezerro.
Acondicionada em caixa com pH neutro.
Notas marginais em todo o texto.
Texto impresso em duas colunas.
Existência de pequenos textos em grego.

Verso da página de rosto: em branco.
F. 2a-3b: [barra ornamental]// AD CLARISSIMOS ET PRV-// DENTISSIMOS VIROS IOAN.// MAT-// THAEVM STAMLERVM REIPV[...] AVGV-// stanae Senatorem, & Conradum Pium Peutingerum// eiusdem Aduocatum.// Nicolai cisneri Iuriscons.in opera Francisci Duareni Praefatio.// [datado:] Spirae Calen. Aprilis.// M. D. LXXVIII.//
F. 4a-4b: EPISTOLAE QVAEDAM// FRANCISCI DVARENI IVRE-// CONS. QVAS QVIBVSDAM COM-// MENTARIIS SVIS PRAE-// POSVIT.// DE IN LITEM IVRANDO.// AMPLISS. VIRO FRANCISCO CRISPI-// NO, DVCIS AVRELIANENSIS CANCEL-// lario, Franc. Duarenus, S.// [datado:] Auarici Biturigibus pridie ca-// lend. Iul. 1553.//
F. 5a-5b: EPISTOLA// QVAM COMMENT. IN// TIT. SOLVTO MATRIMO-// NIO PRAEPOSVIT.// ILLVSTRISS. PRINCIPI MARGARITAE,// HENRICI FRANCORVM REGIS SORORI, DVCI BITVRIGVM,// FRANC. DVARENVS, CONSILIARIVS EIVSDEM ET// libellorum Praefectus S. D.// [datado:] Biturigibus gallo-// rum quasti cauuaas Aprilis.// 1552.//
F. 6a: EPISTOLA// QVAM COMMENT. IN// TIT. DE VERBORVM OBLI-// GATIONIBVS PRAEPO-// SVIT.// Crarissimis viris, Magistratibus, Ecdicis, & Vniuerso conuentui Scholastico, ciui-// tatis Valentina,Franciscus Duarenus S. D.// [datado:] Auarici Biturig mense Iulio.// 1554.//
F. 6b-7b: AD LECTOREM.//

F. 8a-8b: AMPLISSIMO VIRO MI-// CHAELI HOSPITALI, CONSI-// LIARIO REGIO IN CVRIA PA-// RISIENSI FRANCISCVS DVA-// RENVS S. D. [datado:] Biturig.// Idibus Decemb. anno// 1550.//
F. 9: Falta.//
F. 10a: Continuação e final do INDEX.//
F. 10b: em branco.
O texto começa na página 1.
P. 844-857: [barra ornamental] In fecundam partem operum// FRANCISCI DVARENI IVRIS-// CONSVLTI; AD CLARISSIMOS GENERE, DO-// CTRINA ET VIRTVTE VIROS, PHILIPPVM ET ANTONIVM// GEIDEROS, FRATES, NORINBERGENSIS REIPVBLICAE SENATO-// rem & Assessorem; NICOLAI CISNERI TRIBU-// nalis Imperii Assessoris,// PRAEFATIO.//
P. 858: [barra ornamental]// PRAESTANTISSIMO// DOCTISSIMOQUE VIRO// NICOLAO CISNERO, TRIBVNALIS// IMPERII ASSESSORI// Antonius Geuder S. D.// [assinado:] Excell. T. Studiosiss. Antonius Geuder// [datado:]//
P. 859-1026: FRANCISCI DVARENI IVRE-// CONS. IN LIB. III. CODICIS ET TER-// TIAM PARTEM DIGESTORVM,// COMMENTARII// PROOEMIVM.//
P. 1027: [barra ornamental]// FRANCISCI DVARENI IV-// RIS CONSVLTI, DISPVTA-// TIONVM ANNIVERSARIA-// RVM LIB. I.// FRANCISCVS DVARENVS DE-// CVRIONIBVS, ET EC DICIS CIVITA-// TIS BITVRIGVM, VIRIS CLARIS-// SIMIS S. D.//
P. 1028: AD LECTOREM.// [datado:] Biturigibus, anno 1547.//
P. 1029: INDEX CAPITVM// HVIVS LIBRI.//
P. 1030-1074: FRANCISCI DVARENI IVRIS// CONSVLTI CLARISSIMI, DISPVTA-// TIONVM ANNIVERSARIARVM// LIBER PRIMVS.// IN IVS VOCARE, QVID SIT: ET DE VENERI MORE// IN IVS VOCANDI, QVAEDAM NON VVLGARIA.//
P. 1075-1096: HEPTAEMERON SIVE DE IVRE// ACCRESCENDI, LIBRI DVO FRANC. DVARENI// IVRECONSVLTI, AD CLARISSIMVM SENA-// TVM PARISIENSEM.// AMPLISSIMO ORDINI PATRVM SENATO-// rumque Parisiensis Curia Franc. Duarenus S. D.//
P. 1096: [meio da página:] ADMONITIO AD LECTOREM.//
P. 1097: DE IVRISDICICTIONE ET IM-// PERIO, APOLOGIA FRANC. DVARENI IVRE-// CONSVLTI ADVERSVS EGVINARIVM BARONEM IVRE-// CONSVLTVM.// FRANCISCVS DVARENVS EGVINARIO BA-// roni Iurisconsulto S.//

P. 1100-1105: EPISTOLA// FRANCISCI DVARENI AD AN-// DREAM GVILLARTVM, CLARISSIMI VIRI// ANDREAE GVILLARTI, LIBEL-LORVM IN RE-// GIA MAGISTRI, FILIVM,// Deratione docendi, discendique Iuris conscripta.//

P. 1105: [abaixo:] DE// PLAGIARIIS ET SCRIPTORVM// Aliisquerebus cognitu dignis, Francisci Duareni Iurisconsulti,// ad Franciscum Balduinum Iurecon-// sulton epístola.// Franciscus Duarenus Francisco Baldino S. D.//

P. 1110: [abaixo:] IN EPISTOLAS BVDAEI// PRAEFATIO AD LECTO-REM.//

P. 1111: GVLIELMVS BVDAEVS// FRANCISCO DVARENO S.//

P. 1112: ORATIO// FRANCISCI DVARENI, HABI-// TA IN COOPATIONE DOMINI// Hugonis Donelli, Anno 1551.// Die 17. Iulij.//

P. 1113: [abaixo:] ORATIO// FRANCISCI DVARENI// RFCITATA IN CO-OPTATIONE// D. Nicolai Buguerij, Anno 1551. Dier 15. Decemb.//

P. 1116: OMNIBVS// IVRIS VTRIVSQVE STV-// DIOSIS IVVENIBVS, IN CLARISS.// BITVGVM GYMNASIO S.//

P. 1117: SENATVS DECRETVS.//

P. 1118: FRANCISCI DVARENI COM-// MENTARIVS IN CONSVETVDI-// NES FEVDORVM.// Summis rerum & sententiarum, mutuisque testimonis ad singula capita adiectis:// AVCTORE IONNE HAVICHORSTIO MONAST.// Generoso Heroiac Domino Theodoro à Bronckorst & Barthen-borch, Baroniin// Anholt & Baer, ac domino in Lathum, &c. Meccenatisuo,// Ioannes Hauichorstius Monast. I. C. S. D.//

P. 1119-1145: In consuetudines feud.// CAPITA HVIVS COMMEN-// tarijin consuetudines feudorum.//

P. 1145-1147: FRANCISCI DVARENIIVRIS-// CONSVLTI, DE SACRIS ECCLE-// SIAE MINISTERIIS AC BENEFICIIS// LIBRI VIII.// In quibus, quicquid plenam Iuris Pontifici cognitionem necessarium est, breuiter ac dilucide explicatum continetur.// ITEM.// Proliberteecclesie Gallice aduersus Romanam aulam Defensio Parisiensiscurie,// Ludouico XI. Gallorum Regi quondam oblata.// ILLVSTRISSIMAE ET ORNATISSIMAE DOMINAE MAR-// garite Francice,Regis Henrici II. sorori Ducię́ Biturigum,// Franciscus Duare-nus. S. D.//

P. 1147: FRANCISCVS DVARENVS// LECTORIS.//

P. 1147: INDEX SINGVLORVM CAPITVM, QVAE// His OCTO LIBRIS CONTINENTVR.// LIBER PRIMVS.// De Ecclesia, & ministeriis eccle-siasticis.//

P. 1149: PRAEFATIO,// IN QVA DE VNIVERSO IVRE PONTIFI-// CIO, AC DE INSTITVTO AVCTORIS DISSERITVR.//

P. 1151: LIBER PRIMVS DE ECCLESIA ET MINI-// STERIIS ECCLESIASTICIS.// ARGVMENTVM.//
P. 1151-1166: DE ECCLESIA, POSTESTATE[...]// ECCLESIASTICA ET CIVILI, AC DE// VTRIVSQVE DISCRIMINE.// CAPVT PRIMVM.//
P. 1167-1172: DE ORIGINE DIFFINITIONE AC// DIVISIONE BENEFICIORVM,// LIBER SECVNDVS.// ARGVMENTVM.// Superiure libro de ministeriis officiisque ecclesiasticis, propter que beneficta conferuntur, satis copiose disputatum fuit:// Iam de beneficiis tractandum est, & ab origine eorundem diffinitionibusg ac diuisionibus incipiendum.//
P. 1172-1176: DE HIS QVI POSSVNT BENE-// FICIA CONFERRE,// LIBER TERTIVS.// ARGVMENTVM.//
P. 1177-1182: QVIBVS POSSINT BENE-// FICIA CONFERRI,// LIBER QVARTVS,// ARGVMENTVM.//
P. 1183-1194: QVIBVS MODIS ACQVIRANTVR BENE-// FICIA, ET ECCLESIAE MINI-// STRI ORDINENTVR.// LIBER QVINTVS.// ARGVMENTVM.//
P. 1195-1198: DE IIS QVAE IN BENEFICIIS// DISTRIBVENDIS PRAECIPVE// OBSERVANDA SVNT,// LIBER SEXTVS.// ARGVMENTVM.//
P. 1198-1204: QVODIVSHABEAT BENEFI-// CIARIVS IN BENEFICIO SVO, ET QVEM-// ADMODVM BENEFICIA RETI-// neantur, & conseruentur.// LIBER SEPTIMVS.//
P. 1205-1207: QVIBVS MODIS BENEFICIA// AMITTANTVR, ET VACENT,// LIBER OCTAVVS.// ARGVMENTVM.//
P. 1208-1213: FRANCISCVS DVARENVS// SEBAST.// ALBASPINEO REGIS// christianissimi legato.//
P. 1213-1222, abaixo: LECTORI.// PERACTA IAM HORVM FRANC. DVARENI DOCTISS.// Commentariorum postrema hec nostra editione, adiectaque coronide, ecce, superuenere preter spem, eiusdem authoris// Commentarii sequentes in tit. quosdam Codicis, nunquam antea editi: quos, ne tanti viri doctrina, ac labore frustare,// huc apponi oper epretium duxtmux. Vale.//
F. 1a-11a, impressas em três colunas: INDEX IN OMNIA DVARENI// OPERA QVAE EXTANT, IN QVO NVMERVS// PAGINAM: a, AVTEM CVIVSQVE PAGINAE// priorem columnam: b, vero posterio-// rem denotat.//
F. 11a: Finaliza o índice no meio da página [vinheta]//
F. 11b: [Marca tipográfica?].

Adams D-949.

FD-BTA

205.

LANCELLOTTI, Roberto. 1598

[em vermelho:] TRACTATVS// [em preto:] DE ATTENTATIS// ET INNOVATIS// Lite , & Appellatione pendente , & in alijs casibus ,// qui pagina quinta distinctè indicantur.// [em vermelho:] ROBERTO LANCELLOTTO I. C.// [em preto:] PERVSINO AVTHORE.// Nouissimè hac vltima editione ab eodem Authore recognitus, & quàm-// plurimis additionibus suis locis insertis signo manus asteriscoque// notatis , locupletatus, nunc denuò ad communem vtili-// tatem in lucem editus , omnibus in foro versanti-// bus summè vtilis ac necessarius.// Cum Indice rerum , ac verborum locupletissimo.// [em vermelho:] CVM LICENTIA SVPERIORVM, ET PRIVILEGIIS.// [em preto:] [marca tipográfica]// [em vermelho:] VENETIIS, [em preto:] M. D. XCVIII.// [em vermelho:] – // [em preto:] Apud Iacobum Antonium Somaschum.//

48 fls. prels., 422 p., 1 fl. não num. (em branco) (Erros de paginação: 29 i. e. 41; 32 i. e. 44; 104, 105 i. e. 102, 103; 130 i. e. 131; 401 i. e. 410). -- Assinatura: a-h(6) A-Z(6) Aa-Ll(6) Mm(8).

Restaurada.
Reencadernação rígida em pergaminho.
Acondicionada em caixa com pH neutro.
Texto impresso em duas colunas.

Verso da página de rosto: em branco.
F. 2a: PERILLVSTRI// ET REVERENDISSIMO// VIRO AC DOMINO,// DOMINO FRANCISCO ORANO EBVRONI BELGAE// Romanae Rotae praeclarissimo Auditori Domino & Mecenati suo iugi// obseruantia colendo.// Huppertus Faber Vbius Agrippinas felicia precatur.// [datado:] Venetijs, Anno Virginei partus. M. D. XCVIII. Ipsis Kalendis Sextilis.//
F. 2b: Copia.// [licença da Inquisição]//
F. 3a-3b: Índice de títulos.
F. 4a-48a: INDEX LOCVPLETISSIMVS RERVM,// AC VERBORVM,// QVAE IN PRAESENTI TRACTATV DE ATTENTATIS,// & Innouatis continentur alphabetica serie distinctè collectus, & qua// potuit maiori facilitate subordinatus.//
Segue, então, a obra propriamente dita, que finaliza à p. 422.

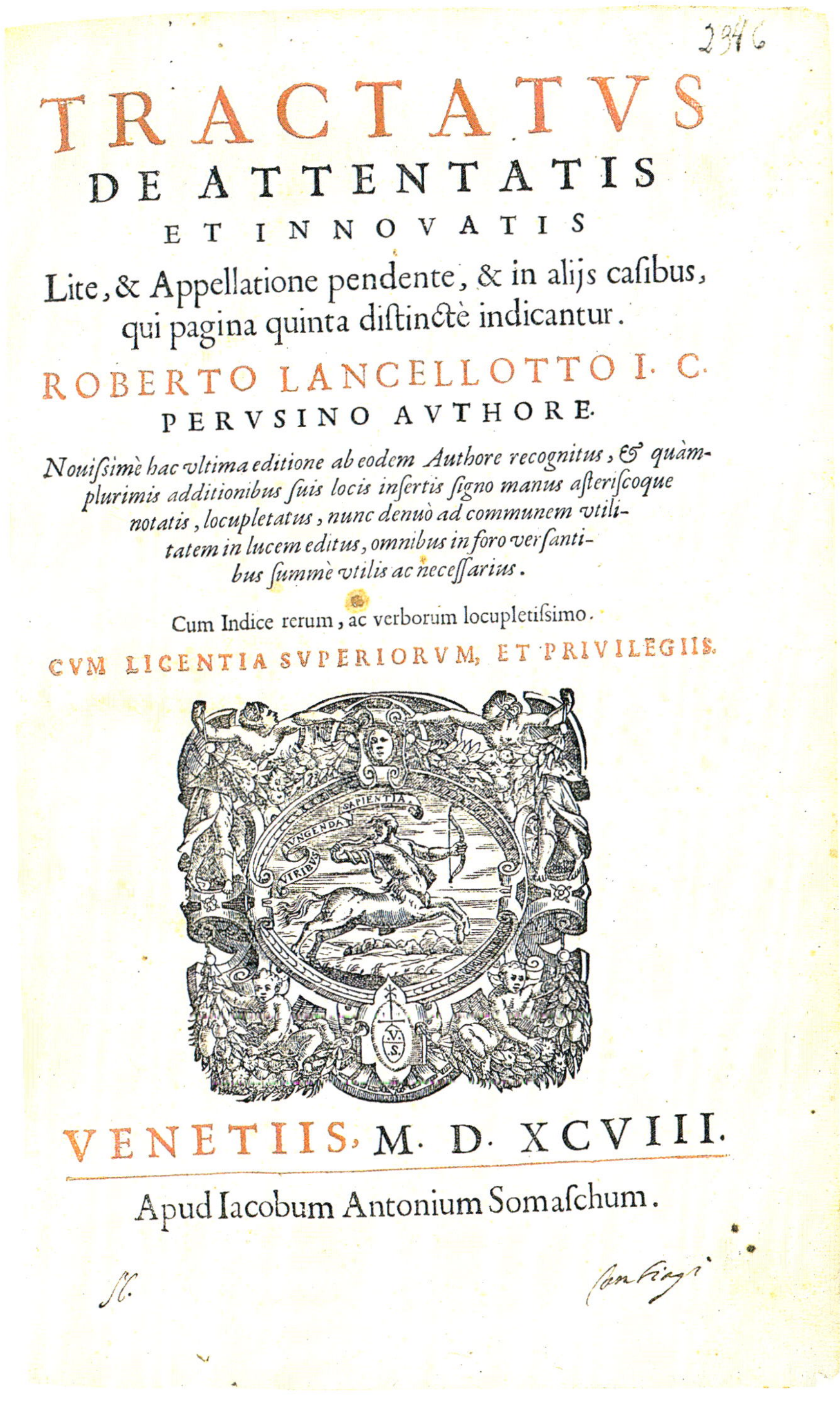

TRACTATVS
DE ATTENTATIS
ET INNOVATIS
Lite, & Appellatione pendente, & in alijs caſibus,
qui pagina quinta diſtinctè indicantur.
ROBERTO LANCELLOTTO I. C.
PERVSINO AVTHORE.

Nouiſsimè hac vltima editione ab eodem Authore recognitus, & quàmplurimis additionibus ſuis locis inſertis ſigno manus aſteriſcoque notatis, locupletatus, nunc denuò ad communem vtilitatem in lucem editus, omnibus in foro verſantibus ſummè vtilis ac neceſſarius.

Cum Indice rerum, ac verborum locupletiſsimo.
CVM LICENTIA SVPERIORVM, ET PRIVILEGIIS.

VENETIIS, M. D. XCVIII.
Apud Iacobum Antonium Somaſchum.

LANCELLOTTI, Roberto. *Tractatvs de attentatis et innovatis lite, & Appellatione pendente*..., 1598. Página de rosto.
Figura 103 – nº de catálogo 205

P. 422, abaixo do texto: Marca tipográfica// VENETIIS, M.D.XCVIII.// Ex Officina Iacobi Antonij Somaschi.//
1 folha em branco.

Segue, então, com nova paginação e novas assinaturas, sem folha de rosto: 135 p. (Erro de paginação: 112 i. e. 108). -- Assinatura: Aaa-Kkk(6) Lll(8).

Texto impresso em duas colunas.
Da p. 1 até 135 segue: TRACTATVS// DE ATTENTATIS// ET INNOVATIS// Tertia Pars.//
P. 135, abaixo do texto: [Marca tipográfica]// VENETIIS, M.D.XCVIII.// Ex Officina Iacobi Antonij Somaschi.//
Verso da p. 135: em branco.

FD-BTA

206.
REBELO, Amador, p., comp. 1539?-1622. 1598

COMPENDIO// DE ALGVAS// CARTAS QVE ESTE ANNO// de 97. vierão dos Padres da Companhia de// IESV, que residem na India, & corte// do grão Mogor, & nos Reinos da// China,& Iapão, & no Brasil,// em que se contem va-// rias cousas.// Collegidas por o padre Ama-// dor Rebello da mesma// companhia.// [emblema jesuítico]// EM LISBOA.// Com licença do Santo Officio, Ordinario, &// Desembargadores do Paço.// Por Alexandre de Siqueira, Impressor de liuros.// Anno de M. D .XC. VIII.//

240 p. (Erros de paginação: 109 i. e. 111; 152 i. e. 151; 177 i. e. 176). -- Assinatura: A-P(8).

Verso da página de rosto: em branco.
P. 3: Com as licencas para a impressão datadas de 30 e 31 de dezembro de 1597 e mais de 2 e 16 de janeiro de 1598.
Da p. 4, em diante, iniciam-se as cartas dos missionários, que apresentamos em seguida:
P. 4-55: COMPÊNDIO DE HṼA CARTA// que o padre Francisco Cabral Prouincial da// Prouincia da India Oriental da Compa-// nhia de IESV,// escreueo ao padre Ge-// ral da mesma Companhia. Em// Goa a 16. de Dezembro// de 1596.//

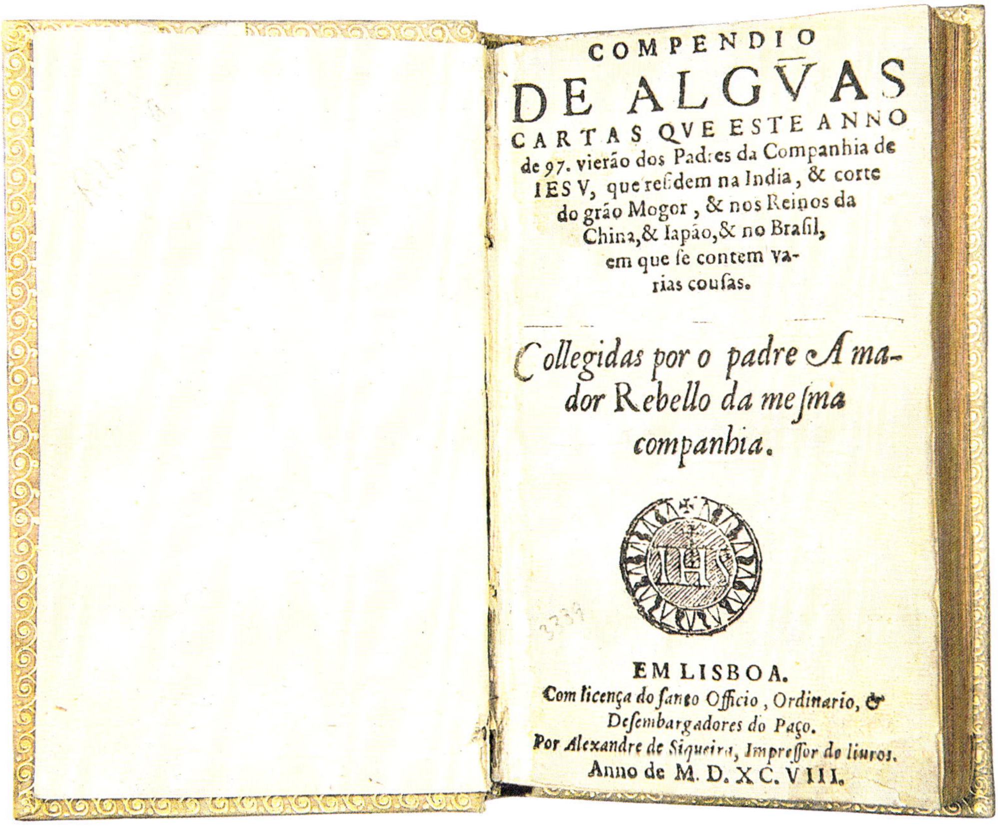
COMPENDIO
DE ALGV̄AS
CARTAS QVE ESTE ANNO
de 97. vierão dos Padres da Companhia de
IESV, que reſidem na India, & corte
do grão Mogor, & nos Reinos da
China, & Iapão, & no Braſil,
em que ſe contem va-
rias couſas.

*Collegidas por o padre Ama-
dor Rebello da meſma
companhia.*

EM LISBOA.
*Com licença do ſanto Officio, Ordinario, &
Deſembargadores do Paço.
Por Alexandre de Siqueira, Impreſſor de liuros.*
Anno de M.D.XC.VIII.

REBELO, Amador, p., comp. *Compendio de algvas cartas...*, 1598. Obra de interesse para a história das missões dos jesuítas (Página de rosto).
Figura 104 – nº de catálogo 206

[Descreve as CASAS PROFESSAS DE GOA, COLLEGIO DO SPIRITO Santo em Salsete; RESIDENCIA DE NOSSA SE// nhora das Neues em Rachel; RESIDENCIA DE SANTA Cruz em Porca; CASA DO SALVADOR em Coulão; RESIDENCIA DE COVLECHE, CASA DE VAYPICOTA; COSTA DA PESCARIA, E ILHA de Manar; MALVCO; MALACA; DA RESIDENCIA DOS NOSOS [sic] que estão na Corte do gram Magor; CAPITVLO DE HṼA CARTA DO Padre Manoel Pinheiro, pera o Prouincial da India.]

P. 56-69: DE HṼA DO PADRE IERONIMO// Xauier superior dos que residem na corte do// grão Mogor do anno de 95.//

P. 69-74: DE OVTRA DO PADRE IERONI-// mo Xauier do anno de. 1596.//

P. 74-121: DE HṼA CARTA DO IAPAO, DOS// annos de 94 & 95. pera o Padre Geral// da Companhia DE IESV.//

[Incluindo nesta: DA CASA DE NANGASAQVI, & suas residencias; DA CASA DE VOMVRA & suas residencias; DA CASA DE ARIMA, e suas residencias; DO SEMINARIO, E RES// idencias de Arje; DO COLLEGIO, E RESIDEN// cias de Amacusa; RESIDENCIA DE FIRANDO; DE ALGṼAS MISSÕES QVE SE// fezerão destas partes do Ximo; DAREI NESTA BREVE RE// lação do que fizemos nesta jornada; DO MEACO ONDE RESIDE// Taicosama senhor da// Tenca.]

P. 122-135: DO PRINCIPIO, E ORIGEM CO=// mo Taicosama se veo a desunir com Quàm-// hacudono seu sobrinho.//

P. 136-150: DA POMPA, E APARATO COM// que se fizerão estas festas, & recebimento da Tai-// cosama na fortaleza do Meaco, chamada// Iuraçu, que quer dizer, ajuntamento// de dilicias, & contenta=// mentos.//

P. 150-163: DA OCCASIAM QVE TOMOV// Toico pera matar a Quambaco// seu sobrinho.//

P. 163-169: DE COMO SE ACABOV DE// effeituar a morte de// Quambaco.//

P. 169-174: DE OVTRAS VARIEDADES, E COV-// sas inhumanas, que Taico mandou fazer, que// vierão do Meaco depois de estar escrito// atèqui o tratado prece-// dente.//

P. 174-179: DA CIDADE QVE// Taicosama edificou em// Fuximi.//

P. 180-183: RESIDENCIA DOS PADRES// da Companhia de IESVS, que// andão na Chi-// na.//

P. 183-213: COMPENDIO DA CARTA// do Padre Matheu// Ricio.//

P. 213-237: DE HṼA DO PADRE PERO RO=// driguez Prouincial da Prouincia do Brasil da// Compnhia de IESV, pera o Padre Ioão// Aluarez da mesma Companhia: As-// sistente do Padre// Gèral.//

P. 237-240: DE HUA CARTA DE MANOEL GO-// mey religioso da Companhia de Iesu, pera hum// padre da mesma Companhia, residente em Lis-// boa, escrita na Baya a 27, de Setembro de 97.//

Segundo Samodães: "Livrinho precioso e de elevado interesse para a história e estudo das missões que, em fins do século XVI, foram pregar e difundir a civilização cristã nas povoações indígenas de várias regiões estrangeiras; e também valioso para o conhecimento exato de alguns importantes sucessos militares ocorridos nessas longínquas paragens durante a referida época". Afirmam os bibliógrafos que se trata de livrinho extremamente raro; Maggs, em sua Bibliotheca Brasiliensis, afirma que só conhece três exemplares. Anselmo, de fato, apenas cita três em Portugal.

Anselmo 1.071; Barb. Mach. v. 1, p. 125; BB v. 2, p. 174; Brunet v. 4, col. 1.132; Figaniere 1.439; IFS t. 1, p. 54; Maggs 546-89A; Sabin 60.329; Samodães 2.630; Ser. Leite v. 8, p. 270, t. 9, p. 91.

IEB

207.
SENECA, Lucius Annaeus. 1598

[em vermelho:] L. ANNAEI// SENECAE// [em preto:] PHILOSOPHI SCRIPTA// [em vermelho:] QVAE EXTANT:// [em preto:] HAC POSTREMA EDITIONE DO-// ctissimorum Virorum , praecipue vero Iani Gruteri & Fr.// Iuretinotis, & obseruationibus aucta, & collatione// aliquot veterum codicum emendatiora multo// quam antea facta.// [em vermelho:] CVM INDICIBVS CERTISSIMIS.// [em preto:] [marca tipográfica]// [em vermelho:] PARISIIS.// [em preto:] Apud Michaëlen Sonnium, via Iacobaea,// sub scuto Basiliensi.// M. D. XCVIII.// CVM PRIVILEGIO REGIS.//

xxviii., 668 p., 30 fls. não nums. (Erros de paginação: 12 em branco; p. xxxiii i. e. xxiiii; 57 i. e. 43; 144 i. e. 134; 182 i. e. 192; 549 i. e. 249; 621 i. e. 261; 263 i. e. 265; 330 i. e. 318; 442 i. e. 472; 478 i. e. 477; 479 i. e. 478; p. 490 em branco; 385 i. e. 538; faltam neste exemplar as páginas 567 e 568; repetem 585, 586, 567 e 568; 426 i. e. 642; 653 i. e. 655). -- Assinatura: ã(6)ẽ(8) a-z(6) A-Z(6) AA-II(6) KK(4) * - *****(6). (Erros de assinatura: falta a assinatura Bbij; repetem bb i. e. Bbij).

Restaurada.
Reencadernação em pergaminho pleno natural, com as capas em papelão Crescent, fixadas em tiras de pergaminho tingidas de marrom.
Folhas iniciais completamente embaralhadas pelo encadernador.
Notas marginais impressas e manuscritas.
Alguns trechos em grego.
Faltam as folhas: v/vi, vii/viii e xi/xii.

Verso da página de rosto: CONTENTA.
P. III-XI: [barra ornamental]// IN LIBROS L. ANNAEI// SENECAE PHILOSOPHI// PRAEFATIO.//
P. [XII]: em branco.
[Faltam as páginas seguintes, só tem a f. 9/10 e mais duas páginas sem numeração.]
P. XIII-XX: [barra ornamental]// D. ERASMI ROTERODAMI// DE SENECA IVDICIVM CVIVS// IN SVPERIORE PRAE... TIONE MEN-// TIO FACTA EST.//
P. XXI-XXII: DE SENECA VETERVM// AVCTORVM LOCI.//
P. XXII-XXIII i. e. XXIIII, logo abaixo: ELOGIA AVCTO-// RVM DE SENECA.//
P. XXXIII i. e. XXIIII-XXVIII: FRAGMENTA EX LI-// BRIS SENECAE QVI IN-// TERCIDERVNT.//
P. 1-489: Segue o texto.
P. [490]: em branco.
P. 491-587: [barra ornamental]// FERNANDI PINCIANI//' IN L. ANNAEI SENECAE PHILO-// SOPHI SCRIPTA CASTIGATIONES EX// vetustissimorum exemplarium collatione.//
P. 588-601: [barra ornamental]// BEATI RHENANI SELE-// STADIENSIS, IN LVDVM L. ANNAEI// SENECAE DE MORTE CLAVDII// CAESARIS, SCHOLIA.//
P. 602-607: [barra ornamental]// HADRIANI IVNII HORNANI// ANNOTATIONES IN L. ANNAEI SENECAE// LVDVM DE MORTE CLAVDII,//
P. 608-616: [barra ornamental]// ERASMI ROTERODAMI// ANNOTATIONES IN// L. ANNAEVM SENECAM.//
P. 617-668 i. e. 670: [barra ornamental]// COLLECTANEA ET// NOTAE IN L. ANNAEVM// SENECAM.// IOANNES OPSOPOEVS LECTORI.//
P. 668 i. e. 670, logo abaixo; FRAGMENTIS ADDENDA,//...

F. 1a-28b: RERVM// VERBORVM// IN L. ANNAEO SENECA MEMORA-// BIBLIORVM INDEX CERTISSIMVS.//
F. 29a-30a, impressas em três colunas: NOTARVM INDEX.//
F. 30b: Com algumas anotações manuscritas, mas sem texto impresso.

Esta foi uma das obras obras oferecidas à "Livraria de S. Franco. de S. Paulo", conforme consta em nota manuscrita na folha de rosto.

Encadernado com: *M. Annaei Senecae Rhetoris...* / Lucius Annaeus Seneca (ver nº 208).

FD

208.
SENECA, Lucius Annaeus. 1598

M. ANNAEI// SENECAE. RHETORIS// CONTROVERSIAR. LIB. X.// SVASORIARVM. LIBER. I.// MVLTIS. LOCIS. EMENDATI// & annotationibus illustrati.// CVM. INDICE. AMPLISSIMO.// [marca tipográfica]// PARISIIS,// Apud Michaelem Sonnium , via Iacobaea,// sub scuto Basiliensi.// M. D. X C V I I I I.// – // CVM PRIVILEGIO REGIS.//

216 p., 12 fls. não nums., 42 p. (Erros de paginação: 16 i. e. 19; 200 sem numeração; 208 i. e. 210). -- Assinatura: Aa-Mm(6) Nn(4) Oo-Rr(6) Ss(8) Tt-Vv(6) a-d(4) e(5) (falta a última folha).

Restaurada.
Reencadernação em pergaminho pleno natural, com capas em papelão Crescent, fixadas em tiras de pergaminho tingidas de marrom.
Há folhas deslocadas, estando, portanto, encadernada com erros.
Alguns trechos em grego.

Verso da página de rosto: em branco.
P. 3-6: [barra ornamental]// AD M. ANNAEI. SENECAE// RHETORIS. LIBROS// PRAEFATIO.//
À p. 7 começa, então, a obra propriamente dita, que finaliza à p. 213.
P. 214-215: CATALOGVS CONTRO-// VERSIARVM.//
P. 216: SVASORIARVM// CATALOGVS.//

F. 1a-9b, impressas em duas colunas: IN M. ANNAEVM SENE-// CAM RHETOREM RERVM ET VER-// BORVM INDEX, MENDOSIS VOCIBVS// ASTERISCO NOTATIS.//
F. 10a-11a: ANNOTATIONVM// INDEX.//
F. 11b: PARISIIS,// Excudebat Leodegarius Delas, anno// Domini M. D. XCVIII. mense Septembri.//
F. 12: em branco.
Com uma nova paginação começa, então:
P. 1-42?: [barra ornamental]// EX IANI GRVTERI IN L.SENECAM// ANIMADVERSIONIBVS EXCERPTA QVAE-// DAM NOTATV DIGIORA, ET AB// alliis nondum explicata.//
Falta a última folha, possivelmente com texto.

Encadernado com: *Annaei Senecae Philosophi* .../ Lucius Annaeus Seneca (ver nº 207).

FD

209.1.
BELLARMINO, Roberto, cardeal, 1542-1621. 1599

R. P. ROBERTI// BELLARMINI// POLITIANI, E// SOCIETATE IESV,// DE INDVLGENTIIS , ET// IVBILEO LIBRI DVO.// Accedunt & alia eiusdem Authoris aliquot opuscula, quorum Cathologum// Omnia nunc primum in lucem edita.// Ad Illustriss. & Reuerendiss. Dominum, D. Iulium, Dei gratia Episcopum Herbipolensem, &// Francia Orientalis Ducem, &c.// [emblema jesuítico]// LVGDVNI,// APVD IOANNEM Pillehotte, sub nomine IESV,// – // M. D. XCI.X.// Permissu Superiorum.//

Com nova página de rosto, nova paginação e assinaturas, seguem: 6 p.; segue contagem por coluna de 9 a 12; da p. 13 em diante a numeração é normal, isto é, por página, 13-113. (Erros de paginação: 51 i. e. 15; pula de 102 para 105; 104 i. e. 106; 102 i. e. 112). -- Assinatura: A(4) B-H(6) I(2) K(4).

Restaurada.
Reencadernação rígida em pergaminho com tiras de couro, tratado ao alúmen, utilizadas como fechos.
Acondicionada em caixa com pH neutro.

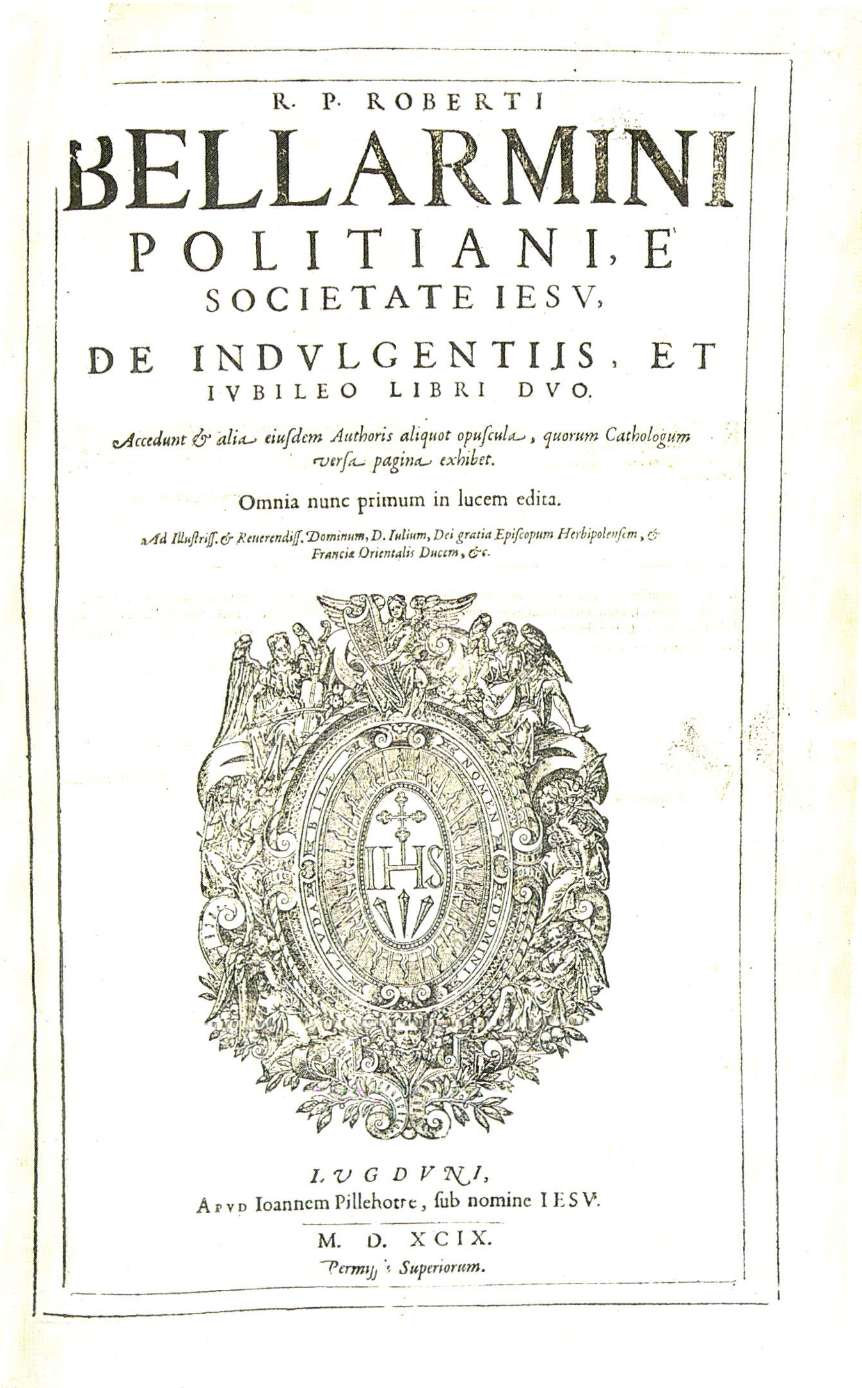

R. P. ROBERTI

BELLARMINI

POLITIANI, E

SOCIETATE IESV,

DE INDVLGENTIIS, ET

IVBILEO LIBRI DVO.

Accedunt & alia eiuſdem Authoris aliquot opuſcula, quorum Cathologum verſa pagina exhibet.

Omnia nunc primum in lucem edita.

Ad Illuſtriſſ. & Reuerendiſſ. Dominum, D. Iulium, Dei gratia Epiſcopum Herbipolenſem, & Franciæ Orientalis Ducem, &c.

LVGDVNI,

Apvd Ioannem Pillehotte, ſub nomine IESV.

M. D. XCIX.

Permiſſu Superiorum.

BELLARMINO, Roberto, cardeal. *De indvlgentiis, et ivbileo libri dvo. Accedunt...*, 1599. Página de rosto.
Figura 105 – nº de catálogo 209.1

O texto inicia-se na coluna 9.
Verso da página de rosto: APROBATIONES.//
P. 3: [barra ornamental]// REVENDISSIMO ATQVE// ILLVSTRISSIMO PRINCIPI AC// DOMINO, D. IVLIO, EPISCOPO// HERBIPOLENSI, AC FRANCIAE// Orientalis Dulci, &c. Domino suo// clementissimo.// [datado e assinado:] Venetijs 1. die Martij 1599.// V. Illustriss. Celsitud.// humillimus cliens// Ioannes Baptista Ciottus,// Typographus Venetus.//
P. 4: CATALOGVS EORVM, QVAE// HOC VOLVMINE CONTINENTVR.//
P. 5: [barra ornamental]// INDEX CAPITVM QVAE// IN DVOBVS DE INDVLGENTIIS// ET IVBILEO, LIBRIS DISCVTIVNTVR.//
P. 6: [barra ornamental]// R P. ROBERTI BELLARMINI,// POLITIANI E SOCIETATE IESV,// DE INDVLGENTIIS LIBER I.// Praefatio, & ordo Disputationis.//
P. 75, no final da página: [barra ornamental]// APPENDIX AD TRACTATVM DE// CVLTV IMAGINVM.// IN QVA CONTINETVR REFVTATIO LIBELLI, QVI// falsò Synodus Parisiensis inscribitur.//
P. 107-113: [barra ornamental]// DISPVTATIO DE EXEMPTIONE// CLERICORVM.//
Verso da p. 113: em branco.

Mencionado pelo *Index Aureliensis* em apenas uma biblioteca: Avignon, Musée Calvet.

IA 116.025.

209.2. 1599

[em preto:] DISPVTATIONVM// [em vermelho:] ROBERTI// [em preto:] BELLARMINI// [em vermelho:] POLITIANI,// [em preto:] SOCIETATIS IESV.// [em vermelho:] DE CONTROVERSIIS CHRISTIANAE// [em vermelho:] fidei, aduersus huius temporis haereticos,// [em preto:] Tomus tertius.// [em vermelho:] AD S.D.N. CLEMENTEM VIII. PONT. MAX.// [em preto:] Access it huic editioni index sacrae Scripturae, auctoris ipsius fusa expositione// [em preto:] illustratus : Rerum verò index priore copiosior & ordinatior// [em preto:] effectus est, & nonnulla alia, quibus haec editio &// [em preto:] ornatior, & illustrior est reddita.// [emblema jesuítico]// [daqui para baixo, não existem mais as indicações tipográficas, por ter-se rasgado a folha, existe apenas um fragmento, impresso em preto: Apud Ioannem]//

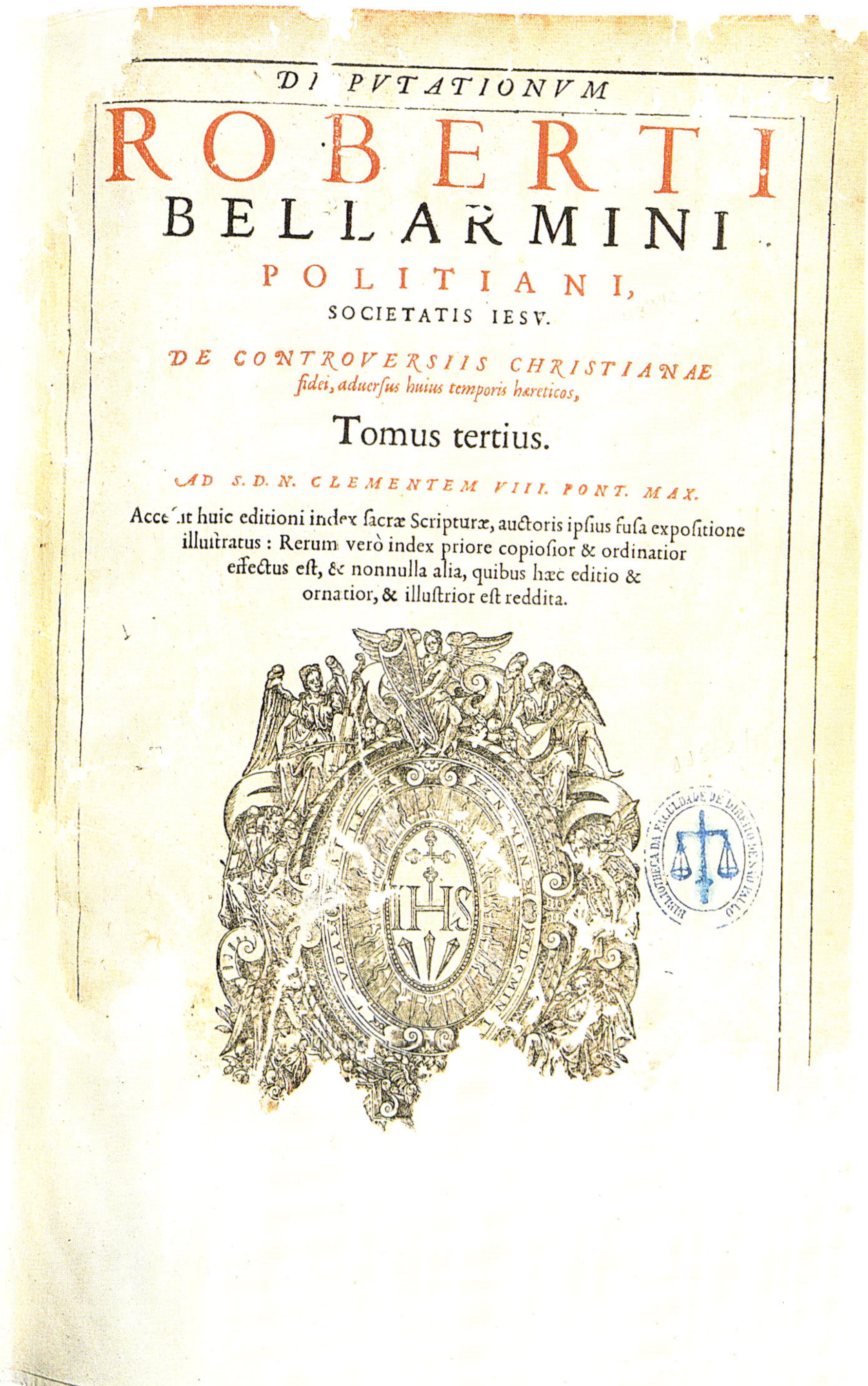
DISPVTATIONVM

ROBERTI

BELLARMINI

POLITIANI,

SOCIETATIS IESV.

DE CONTROVERSIIS CHRISTIANAE
fidei, aduerſus huius temporis hæreticos,

Tomus tertius.

AD S.D.N. CLEMENTEM VIII. PONT. MAX.

Acceſſit huic editioni index ſacræ Scripturæ, auctoris ipſius fuſa expoſitione illuſtratus: Rerum verò index priore copioſior & ordinatior effectus eſt, & nonnulla alia, quibus hæc editio & ornatior, & illuſtrior eſt reddita.

BELLARMINO, Roberto, cardeal. *Dispvtationvm... De controversiis christianae fidei...*, 1599. Página de rosto.
Figura 106 – nº de catálogo 209.2

8 fls. prels., 1121 col. i. e. 1142, 23 fls. não nums. (Erros de numeração das colunas: da col. 52 volta para col. 51; col. 293 i. e. 300; col. 330 i. e. 328; col. 331 i. e. 329; falta numeração na col. 377; da f. 378 até 389, a numeração é por página; na coluna 390 recomeça a numeração por colunas; col. 1091 i. e. 1092). -- Assinatura: *(8) A-Z(6) Aa-Zz(6) Aaa-Ddd(6) Eee(8).

Restaurada.
Reencadernação rígida em pergaminho com tiras de couro, tratado ao alúmen, utilizadas como fechos.
Acondicionada em caixa com pH neutro.
Texto impresso em duas colunas até a coluna 377, quando se inicia a numeração por página, até a de nº 389. Na coluna 390 recomeça a numeração por colunas.
No texto encontram-se algumas letras hebraicas e gregas.
Texto emoldurado.

Verso da página de rosto: em branco.
F. 2a-2b: [barra ornamental com emblema dos Jesuítas]// BEATISSIMO SANCTISSIMOQVE// PATRI CLEMENTI VIII.// PONTIF. MAX.// ROBERTVS BELLARMINVS.//
F. 2b: [barra ornamental]// PRAEFATIO AD LECTOREM.//
F. 3a: DISPVTATIONVM// DE CONTROVERSIIS// CHRISTIANAE FIDEI// ADVERSVS NOSTRI// TEMPORIS HAERETICOS.// [vinheta]// Tomus tertius.// CONTROVERSIA// PRIMA GENERALIS.// DE GRATIA GENERI HVMANO// IN PRIMO PARENTE COLLATA.// VNICO LIBRO EXPLICATA.//
F. 3b: [barra ornamental]// INDEX LIBRORVM// TOMI TERTII.//
F. 4a: [barra ornamental com emblema dos Jesuítas] INDEX CAPITVM// PRIMAE CONTROVERSIAE,// VNICO LIBRO EXPLICATAE,// DE GRATIA PRIMI// HOMINIS.// LIBER VNVS.//
F. 4b-7b: [barra ornamental com emblema dos Jesuítas]// ORATIO IN SCHOLIS// HABITA,//
F. 8a: [barra ornamental]// APPROBATIO.//
F. 8b: em branco.
O texto inicia-se na coluna 1.
A partir da coluna 49 começa a 2ª controvérsia.
A partir da coluna 378 começa a 3ª controvérsia.
O texto termina na coluna 1121.

F. 1a-9b, folhas não numeradas: [barra ornamental]// INDEX LOCORVM S.// SCRIPTVRAE, QVI IN HOC// TERTIO DISPVTATIONVM DE// controuersiis huius temporis tomo explicantur,// vnà cum eorundem locorum fusa, sed clara// admodum & perspicua iuxtà sensum// literalem expositione.// [vinheta]// EX GENESI.//
F. 10a-23a, folhas não numeradas: [barra ornamental com emblema dos Jesuítas]// INDEX RERVM PRAE-// CIPVARVM FVSISSIMVS,// QVAE IN HOC TOTO OPERE// CONTINENTVR.//
F. 23b: em branco.

Mencionado pelo *Index Aureliensis* em apenas uma biblioteca: Avignon, Musée Calvet.

IA 116.012.

FD

210.1.
BOTERO, Giovanni, 1540-1617. 1599

[página de rosto emoldurada] RELATIONI// VNIVERSALI// DI GIOVANNI BOTERO// BENESE// Diuise in quattro Parti.// NOVAMENTE REVISTE,// Corrette, & ampliate dall''Istesso// Auttore.// Et aggiontoui in questa ultima Impres-// sione la figurata Descrittione inta-// gliata in Rame, di tutti i// Paese del Mondo.// [vinheta] IN BRESCIA PER LA COMPAGNIA BRESCIANA [vinheta]//

24 fls. prels. não nums., 536 p. -- Assinatura: †(4) a(8) [b(1), a(2), b(3), b(4)] b(8) c(4) A-Z(8) Aa-Kk(8) Ll(4).

Encadernados inteiramente em couro.
Exemplar dividido em dois volumes.
Mapas: p. 1, 4, 11, 15, 16, 27, 32, 36, 43, 44, 45, 48, 49, 52, 55, 56, 57, 59, 60, 62, 63, 65, 67, 72, 76, 78, 79, 80, 81, 89, 91, 92, 95, 97, 98, 99, 100, 101, 102, 104, 105, 109, 113, 116, 118, 119, 121, 123, 125, 128, 133, 135, 138, 145, 148, 153, 155, 156, 157, 159, 161, 163, 166, 167, 168, 170, 172, 174, 176, 179, 182, 185, 190, 195, 205, 207, 209, 213, 219, 227, 229, 236, 247, 259, 274, 277, 285, 289, 334, 341, 467, 483, 487, 490, 498, 504, 509, 513, 515, 522, 525, 534.

RELATIONI
VNIVERSALI
DI GIOVANNI BOTERO
BENESE
Diuise in quattro Parti.
NOVAMENTE REVISTE,
Corrette, & ampliate dall' Istesso
Auttore.
Et aggiontoui in questa vltima Impres-
sione la figurata Descrittione inta-
gliata in Rame, di tutti i
Paesi del Mondo.
IN BRESCIA PER LA COMPAGNIA BRESCIANA

BOTERO, Giovanni. *Relationi vniversali di Giovanni Botero Benese diuise in quattro parti...*, 1599. Página de rosto.
Figura 107 – nº de catálogo 210

Este primeiro volume contém apenas a primeira parte da obra de Giovanni Botero, que por sua vez se subdivide em:

Verso da página de rosto: em branco.
F. 2a-2b: [barra ornamental]//Al Molto Illustre Sig. il Sig.//ALVISIO// BLASCO,// CAVALIERO DELL'ORDINE// della Madonna di Montessa;// E GENTIL'HVOMO DELLA BOCCA// Del Serenissimo Arciduca Alberto d'Austria.// [datado de:] Milão a 15 de dezembro de 1598.//
F. 3a: Al medesimo,// DI GHERARDO BORGOGNI// D'ALBA POMPEA,// L'ERRANTE ACADEMICO INQVIETO// DI MILANO.// [Soneto].//
F. 3b: AL SERENISSIMO// CARLO EMANVELLE// DVCA DI SAVOIA// POMPEO BARBARITO// Academico Inquieto detto l'Aggirato.//
F. 4a: DI// GHERARDO BORGOGNI// DETTO L'ERRANTE,// NELL'ACADEMIA DE GL'INQVIETI// DI MILANO.// AL SIG. GIOVANNI BOTERO.// [vinheta]//
F. 4b: SOMMARIO// DEL CONTENVTO// NELLE PRESENTI RELATIONI,// secondo la diuisione de' Volumi.//
F. 5a-21b: INDICE// DELLE PROVINCIE// D'EVROPA..//..
F. 22a-22b: TAVOLA// DELLE ISOLE// IN GENERALE,// Et delle più famose in particolare.//
F. 23a-23b: TAVOLA// DELLE COSE// NOTABILI.// [vinheta] [em duas colunas].//
F. 24: em branco.
A descrição da Europa vem no "Il primo Libro della Prima parte", [p. 1-226];
Ásia: "Il secondo..." [p. 227-284];
África: "Il terzo..." [p. 285-343];
P. 345-418: [barra ornamental]// RELATIONE// DE' CONTINENTI// DEL MONDO// NVOVO.//.. [subdividido em três livros];
P. 419-536: Dell'Isole sino as presentes scouerte..//.. [subdividido em quatro livros.]
A parte que descreve o Brasil está nas páginas 393-398.

210.1. 1599

LA SECONDA PARTE// DELLE// RELATIONI// VNIVERSALI// DI GIOVANNI BOTERO// BENESE.// Nella quale si discorre della potenta de' maggior// Principi, che siano al mondo:& delle cagioni del-// la grandezza , e sicurezza de' loro stati.// [marca tipográfica]// IN BRESCIA, M D XCIX.// – // Appresso la Compagnía Bresciana.// Con Licenza de' Superiori.//

4 fls. prels. não nums., 227 p. (Erros de paginação: 145 i. e. 155; mais as páginas: 27, 34, 61, 79, 89, 133, 180, 173, 216). -- Assinatura: A(4) A-N(8) O(10).

Divide-se esta parte em quatro livros.

Verso da página de rosto: em branco.
F. 2a-4b: TAVOLA// DELLE COSE// NOTABILI// CONTENVTE NELLA PRESENTE// SECONDA PARTE.//
Esta segunda parte vai até a p. 227.
Verso desta página: em branco.

210.2. 1599

LA TERZA PARTE// DELLE// RELATIONI// VNIVERSALI// DI GIOVANNI BOTERO// BENESE.// Nella quale, oltre li molte guerre nate da pretesto di religione,// si descriue qual sia lo stato della Religion Christiana per il// mondo & in che termine sia il Giudaismo, il Gentilismo, il// Máhomettismo, e tante altre sette d'empieta per l'vniuerso.// [marca tipográfica]// IN BRESCIA, M D XCIX.// – // Appresso la Compagnia Bresciana// Com licenza de' Superiori.//

6 fls. prels. não nums. 268 p. (Erros de paginação: 21 i. e. 29; 120 i. e. 128; salta de 132 para 135; 141 i. e. 143; duplica a paginação 144 e 145). -- Assinatura: a(6) A-Q(8) R(6).

Verso da página de rosto: em branco.
F. 2a-6a: TAVOLA// DELLE COSE// NOTABILI// CONTENVTE NELLA PRESENTE TERZA PARTE.//
Verso da f. 6: em branco.
Subdivide-se esta parte em três livros. Vai da p. 1 a 268.
Na p. 268 termina o livro "...Questo à quanto m'occorreua dello etato della Re-// ligione, à dieci d'Agosto. 1594."//

210.2. 1599

LA QVARTA PARTE// DELLE// RELATIONI// VNIVERSALI// DI GIOVANNI BOTERO// BENESE.// [marca tipográfica]// IN BRESCIA. M D XCIX.// – // Appresso la Compagnia Bresciana.// Com licenza de' Superiori.//

4 fls. prels. não nums., 112 p. -- Assinatura: A(4) A-G(8).

Verso da página de rosto: em branco.
F. 2a-4a: INDICE// DELLE COSE// NOTABILI// CONTENVTE NELLA PRESENTE// QVARTA PARTE.//
Verso da f. 4: em branco.

Esta quarta parte, subdividida em quatro livros, termina à folha 112. Encerra-se com as palavras: ...Et quì// ho io finito le Relationi Vniuersali questo 15. di Settembre 5595 [sic].//
Nesta quarta parte o quarto livro trata inteiramente do Brasil.
Informa que em 1591 a população no Brasil havia chegado a onze mil famílias portuguesas; os negros eram em número de 40 mil e os habitantes naturais atingiam 50 mil. Esses dados referem-se apenas à população cristã. Descreve também a invasão francesa de Villegagnon.
A primeira edição desta obra data de 1592, e a de Veneza de 1596, porém, a primeira é considerada mais completa. Há inúmeras edições não só na língua italiana, como em alemão, francês, inglês e espanhol, esta última, considerada a mais rara.
Foi seu autor um diplomata erudito, secretário de Carlo Borromeo, duque de Savóia. Seu livro é considerado um dos primeiros manuais de Geografia; há mesmo alguns autores que o consideram precursor de Malthus.
Os mapas que se encontram inscridos em meio ao texto têm, em sua maioria, um tamanho de 10,1 a 10,3 cm de largura por 7,1 a 7,6 cm de altura. São feitos de cobre.

BB v. 1, p. 100.

IEB

211.
SCHNEIDEWIN, Johann, 1519-1568. 1599

IOAN. SCHNEI-// DE VVINI I. V. D. CLARISSIMI,// ET ACADEMIAE VVITEBERGENSIS PRO-// fesssoris quondam publici, & celeberrimi, in quatuor INSTITVTIONVM Impe-// rialium D. Iustiniani libros, COMMENTARII, nunc post mortem eius in vsum &// gratiam iuris Studiosorum, nec non omnium aliorum praxim forensem sectan-// tium, cum multis Libellorum, & Actuum iudicialium formis, atque// iuris Saxonici consensu & antinomia, editi.// Primum à MATTH. VVESENBECIO, deinde a P. BREDERODIO, po-// stremo omnium à DIONYSIO GOTHOFREDO, IC.celeberrimis re-// cogniti, illustrati, & singularibus nouisq́z annota-// tionibus adaucti.// PRAETERIA NON MODO LEGVM, PARAGRAPHORVM, RERVM-// que similium loca pleniùs citata; sed & multa per SCHNEIDEVVINVM directè prola-// ta in orationem obliquam IVSTI HARTMANNI, legum candidati// doctissimi, studio pereleganter conuersa sunt.// ADDITVS ET ITEM INDEX MATERIARVM SCITV DIGNARVM, VETERE// illo dinidia ferè parte ex annotationibus Gothofredianis & aliorum locupletior effectus.// [marca tipográfica]// Cum gratia & Priuilegio Caesareae Maiestatis.// A R G E N T O R A T I.// Excudebat Theodosius Rihelius, Anno// M. D. XCIX.//

6 fls. prels., 1142 p., 39 fls. não nums. (Erros de paginação: 81 i. e. 815). -- Assinatura: [vinheta](6) A-Z(6) Aa-Zz(6) Aaa-Zzz(6) AAa-ZZz(6) AAAa-IIIi(6) KKKk(4).

Restaurada.
Reencadernação de época e para o revestimento foi utilizado couro do tipo vaqueta cigana.
Tipos latinos, itálicos e góticos, utilizados quando o texto está em alemão.
Grande marca tipográfica, tanto na folha de rosto como na última folha.

Verso da página de rosto: em branco.
F. 2a-2b: DIONYS. GOTHOFREDVS// IC. LECTORI BENE=// VOLO, IVRIS STVDIOSO,// S.D.// [datado:] Argentorati Decemb. 12.// Anno 1596.//
F. 3a-3b: AD ILLVSTRISSI=// MVM, ET ILLVSTRISSIMI GE-// NERIS PRINCIPEM AC DOMINVM, DOMI-// num Augustum, Ducem Saxoniae, Sacri Romani Imperij Archimarescalcum // atque Electorem, Landgrauium Thuringiae, Marchionem Misnae,// Burggrauium Magdeburgi,// &c.// [datado e assinado:] Calend. Septemb.// Anno Christi 1571.// Illustriss. Excels. tuae// Subiectissimi// Ioannis Schneideuuin. I.V.D.// heredes filij.//
F. 4a-4b: AD ILLVSTREM ET// GENEROSVM DOMINVM; DO-// MINVM GVNTERVM, VNVM EX QVATVOR// Imperij Comitibus, Comitem in Schuuartzburg, Domi-// num in Arenstadt, Sondershausen, Leutenberg, &c.//

[datado e assinado:] Perscript. Cal. Se-// ptemb. Anno Christi 1571.// Tuae Generositati// addictissimi// Ioannis Schneideuuin// I.V.D. heredes filij.//
F. 5a-6a: INCLYTO ET ILLV=// STRISSIMO PRINCIPI AC DO-// MINO, DOMINO AVGVSTO, SAXONIAE DV-// ci, Sacri Romani Imperij Praetor. praefecto, Septemuiro, Landgrauio Thuringiae, Marchioni Misniae, & Burggrauio// Magdeburgensi.// [assinado:] T. Illustriss. Excels.// Deditiss.// Matthaeus VVesenbecius.// [datado no texto de:] VVitebergae sub initium anni 1573.//
Segue, então, o texto, que se divide em quatro livros, enquanto as anotações do autor seguem à margem e, às vezes, ao pé da página.
F. 1a-38a, não numeradas: INDEX COPIOSISS=// MVS OMNIVM PRAECIPVARVM// MATERIARVM IN HIS COM-// mentarijs contentaturum.//
F. 38b: ARGENTORATI.// [marca tipográfica]// Excudebat Theodosius Rihelius, Anno// M. D. XCIC.//
F. 39: em branco.

Schneidewin ou Schneideweinn nasceu em Stolberg em 20 de dezembro de 1519. Já em 1525, era matriculado na Universidade de Wittenberg. Durante quase 10 anos viveu como 'familiaris et domesticus convictor' na casa de Lutero. Daí também seus contatos intensivos com Melanchthon. Seus estudos de jurisprudência fizeram-no muito conceituado entre os seus e também entre as autoridades. Foi por diversas vezes reitor da universidade e enviado para dirimir questões jurídicas entre os condados e os príncipes eleitores. Faleceu em 3 de dezembro de 1568, em Zerbst.
Sua obra principal, os comentários às *Instituições* de Justiniano, só foi impressa em 1571, após o seu falecimento. O manuscrito apresentava lacunas preenchidas por Matthaeus Wesenbeck, na segunda edição de 1573. Posteriormente, ainda foram acrescentadas anotações de P. Brederode e Dion. Gothofredus. Com a edição de 1597 encerram-se os acréscimos, não havendo, portanto, mais modificações nas edições posteriores. No todo, conhecem-se mais de 80 edições.

ADB v. 32, p. 146-9.

FD

212.

SCHMIDEL, Ulrich, 1510?-1579. 1599

Vierte Schiffart.// Warhafftige Historien// Einer Wunderbaren// Schiffart / welche Ulrich Schmidel von Straubing/ // von Anno 1534. bisz Anno 1554 in Americam oder Newenwelt/ // bey Brasilia vnd Rio della Plata gethan. Was er in diesen Neuntzehen// Jahren auszgestanden/vnd was fůr seltzame Wunderbare Länder vnd// Leut er gesehen: durch ermelten Schmidel selbs beschrieben/ An jetzt a=// ber an Tag geben mit Verbesserung vnd Corrigierung der Stätt/ // Länder vnd Flüsz namen/ deszgleichen mit einer nothwendi=// gen Landtaffel/ Figuren/vnd anderer mehr// Erklerung/ gezieret/ // Durch/ // LEVINVM HVLSIVM.// [gravura]// NORIBERGAE,// Impensis Levini Hulsij 1599.//

4 fls. prels. não nums., 103 p. (Erros de paginação: 19 i. e. 89; 92 i. e. 90). -- Assinatura: A-O(4).

Restaurada.
Reencadernação flexível em pergaminho.
Acondicionada em caixa com pH neutro.
Dois mapas desdobráveis e 16 estampas, das quais falta uma neste exemplar.

Verso da página de rosto: em branco.
F. 2a-3a: Dem Hochwürdigen Fürsten vnnd// Herrn / Herrn Iohan Philip Erwehltem Bischoff// zu Bamberg / meinem gnedigem Fürsten// vnd Herren.// [armas heráldicas do mesmo] ...
F. 3b-4b: [barra ornamental]// Nothwendige Erinnerung an den// günstigen Leser.// Levini Hulsii.//
F. 5a: [barra ornamental]// Vorrede Vlrich Schmidels.//
No verso da f. 5 inicia-se, com a paginação 1, a obra propriamente dita em 55 capítulos.
Ao pé da p. 103 temos, então, o colofão: Gedruckt zu Nürnberg / Durch Christoph// Lochner/ Im Iar 1599.//
Segue a descrição das estampas e mapas contidos na obra:
[1] Contrafactur// Vlrichs Schmidels.// [colorida]
[2] Carendies. No canto sup. esquerdo: Cap. 8.
Reproduz a batalha entre os homens de Schmidel e os Carendies, uma tribo dos índios de Buenos Aires.
[3] Buenas Aeres. No canto sup. esquerdo: Cap. 9.
Mostra a cidade de Buenos Aires rodeada de uma muralha de terra com canhões nos cantos; à direita, uma forca.

[4] Buenas Aeres. No canto sup. esquerdo: Cap. 11.
Ataque e destruição de Buenos Aires pelos índios; em primeiro plano o rio onde vemos 4 navios queimando e outros 3 descarregando canhões.
[5] Grupo de mulheres guerreiras que flecham dois homens pendurados pelos pés numa árvore, enquanto uma das mulheres acende uma foqueira abaixo dos homens. Ao fundo, um grupo de mulheres guerreiras se defendem contra um grupo de homens num barco. No canto sup. esquerdo: 14.
Esta gravura não faz parte da obra de Schmidel, mas sim da de Walter Raleigh: Kurtze wunderbare Beschreibung dess Goldreichen Königreichs Guianae in America... publicada pelo mesmo editor, como 5º volume de sua coleção, em 1599.
[6] Quatro índios Tiembis, um homem, duas mulheres e uma criança. Canto sup. esquerdo: Cap. 13. [meio da página: Tiembvs.]
[7] Macuerendas [canto superior direito]. No canto sup. esquerdo: Cap. 17.
Mostra europeus e nativos caçando anacondas.
[8] Lapere [canto superior direito]. No canto sup. esquerdo: 21. Cap.
Ataque dos nativos e europeus à cidade de Lampere.
[9] Peisenrios [canto superior direito]. No canto sup. esquerdo: Cap. 25.
Combate entre os europeus e nativos. Mostra ainda a localização de 3 vilas indígenas: Peisenrios, Napervs e Paiembos.
[10] Flu: Parana siue Rio della Plata. No canto sup. direito: Cap. 28.
Ataque à cidade de Corpus-Christi pelos nativos e, à direita, indígenas matando europeus prisioneiros na vila de Tiembvs.
[11] Parana flu: siue Rio della Plata [canto inferior esquerdo]. No canto sup. esquerdo: Cap. 30.
Naufrágio no rio.
[12] Scherves [canto superior esquerdo]. No canto superior direito: Cap: 36.
Vila de Cherves. Em primeiro plano um casal indígena, ela com uma cesta de frutas e ele com flechas na mão.
[13] Froemidiere [canto superior esquerdo]. No canto sup. esquerdo: C. 42.
A vila de Froemidiere é atacada pelos europeus e os Jepiris.
[14] Pacos oder Amida. Ein Indianisch Schaff. No canto sup. direito: Cap. 44.
Mostra um índio conduzindo uma lhama por uma corda.
[15] Maigenos. No canto sup. esquerdo: C.47.
A vila dos Maigenos é atacada pelos europeus e Carios.
[16] Cadiz. No canto superior esquerdo: Cap. 54.
Naufrágio de um navio no porto de Cádiz. Aliás o D não recebeu muita tinta, parecendo mais ser um L.

No lugar da quinta estampa deveria estar uma intitulada “Carios” com a indicação de Cap. 20 no canto superior direito, mostrando um casal indígena, ele com arco e flechas na mão e ela carregando uma cesta de frutas.
O mapa que acompanha a obra se divide em duas partes, eis por que alguns bibliógrafos consideram uma peça só e outros declaram tratar-se de dois mapas.
O mapa representa a América do Sul e as Índias Ocidentais.
A parte superior, que traz o Norte da América do Sul, tem uma inscrição no alto: NOVA ET EXACTA DELINEATIO AMERICAE PARTIS AVSTRALIS, QVE EST: BRASILIA, CARIBANA, GVIANA regnũm No$\overset{v}{u}\overset{v}{u}$m CASTILIA// DEL ORO, NICARAGVA, Ins$\overset{v}{V}$lae ANTILLAS et PERV. Et Sub Tropico Capricorni, CHILE, RIO DELLA PLATA, PATAGON$\overset{v}{V}$ & FRET$\overset{v}{V}$ MAGELLANIC$\overset{v}{V}$.// Noribergae, per Leuinum Hulsium. Anno 1599.//
A parte inferior, constante da segunda folha, contém no canto inferior à direita uma inscrição, que neste exemplar está cortada e foi apenas restaurada, sem os dizeres. Deveria trazer a seguinte inscrição: In Chica regione, ad littora S.Juliani, Magellano (ano. 1520.// quando Fretum hoc per lustrauit)] homines apparuere procerae// magnitudinis, 10. pedes longi... (quatro linhas).
Esta quarta viagem da coleção de Levinus Hulsius contém apenas o relato da viagem de Ulrich Schmidel de Straubing. Nas *Grandes Viagens* de De Bry, do mesmo ano, ela já havia sido publicada, porém, muito incorretamente. Hulsius indica que sua edição estaria baseada no manuscrito original, pois diversos nomes mencionados por Schmidel em seu relato estavam corretos.

Asher p. 34-7; BB v. 1, p. 349-50; Brunet v. 3, col. 368; Church 271; JCBrown v. 1, p. 476; JCR 2.209; Sabin 33.656 e 77.680; Ternaux-Compans 239.

MP

213.

STRACCHA, Benvenuto, fl. 1500. 15-?

CLARISSIMI// IVRISCON. BENVENV-// TI STRACCHAE PATRITII// ANCONITANI DE PRO-// xenetis, & proxeneticis Tractatus.// [vinheta pequena] [marca tipográfica]// VENETIIS,// Apud Io. Baptistam, & Melchiorem Sessam fratres.// Cum priuilegio.//

81 fls. nums., 14 fls. sem num. (Erros de paginação: 62 i. e. 58; 64 i. e. 60; 66 i. e. 62; 68 i. e. 64; a numeração das folhas começa só com a folha 6.) -- Assinatura: A-M(8).

Restaurada.
Reencadernação flexível em pergaminho de cabra, seguindo o padrão original.
Acondicionada em caixa com pH neutro.

Verso da página de rosto: em branco.
F. 2a-3a: ILLVSTRISSIMO AC// REVERENDIS. RODVLPHO// PIO CARDINALI CARP. BENVE-// nutus Straccha Anconitanus S.P.D.//
F. 3b-4a: EVENTIVS PICVS SPOLETI-// NVS BENVENVTO STRACCHAE AN-// conitano Iurisconsul. S.P.D.//
F. 4a: Eiusdem ad lectorem.//Eiusdem Distichon.//
F. 4b: HIERONYMVS PILESTER// Anconitanus in tractatum de Proxenetis.// [mais abaixo:] Incerti autoris.//
A partir da f. 5a começa, então, o índice que vai até a f. 13b: TABULA ALPHABETICA// GENERALIS OMNIVM RERVM// ET MATERIARVM IN TOTO// volumine tractatarum.//
F. 14: em branco.

O livro foi publicado sem data, mas segundo Adams (*Catalogue of books printed on the continent of Europe 1501-1600 in Cambridge Libraries*), os irmãos Giovanni Baptista & Melchior Sessa o imprimiram entre 1558 e 1578, conforme os livros existentes nas diversas bibliotecas de Cambridge.

FD-BTA

214.
BENZONI, Girolamo, 1519- 1600

NOVAE NOVI// ORBIS HISTORIAE,// FD EST,// Rerum ab Hispanis in India Occidentali ha-// ctenus gestarum, & acerbo illorum// in eas gentes dominatu,// LIBRI TRES,// VRBANI CALVETONIS// opera industriáque ex Italicis Hieronymi// Benzonis Mediolanẽsis, qui e as terras XIIII-// annorum peregrinatione obijt , commentariis// descripti, Latini facti, ac perpetuis notis , ar-// gumentis & locuplett memorabilium rerum// accessione illustrati.// His ab eodem adiuncta est,// De Gallorum in Floridam expeditione,& insigul// Hispanorum in eos saeuitiae exemplo,// breuis Historia.// [marca tipográfica]// Apud Haeredes Eustathij Vignon.// – //ANNO M. DC.//

16 fls. prels. não nums., 480 p., 8 fls. não nums. (Erros de paginação: 101 i. e. 111; 427 sem paginação.) -- Assinatura: ¶ (8) ¶¶ (8) a-z(8) A-H(8).

Encadernação inteira em pergaminho.
Notas marginais impressas.
Verso da página de rosto: em branco.
F. 2a-6b: [barra ornamental]// EXIMIO DEI SER-// VO, D.THEODORO BEZAE,// PRAECEPTORI ET PAREN-// ti plurimùm semper obseruando. VR-// BANVS CALVATO, Gratiam &// pacem à Domino.// [datada de:] 1578, Kal. Sept.//
F. 7a-14b: [barra ornamental]// CHRISTIANIS// ET PIIS LECTO-// ribvs S.//
F. 14b: DE AMBIGVO INDIAE// nomine.//
F. 15a: [barra ornamental]// EPIGRAMMATA// ALIQVOT.// ¶ De Aurea aetate apud Indos Occid. in// Ferream mutata.// [assinado:] VRB. CALVETONIS.// EIVSDEM.// De Indorum conuersione.// EIVSDEM.//
F. 15b: ¶ De Hispanorum in Indiam Occid. naui-// gantioum consilio.// IVSDEM.
F. 16a-16b: [barra ornamental]// PRIMI LIBRI SVMMA// ET ARGVMENTVM.//
P. 1-133: LIBER I.//
P. 134: [barra ornamental]// SECVNDI LIBRI SVMMA// ET ARGVMENTVM.//
P. 135-264: [barra ornamental]// LIBER SECVNDVS.//
P. 265-266: [barra ornamental]// TERTII LIBRI SVMMA// ET ARGVMENTVM.//
P. 267-415: LIVER TERTIVS.//
P. 416: [barra ornamental]// CANAR. DESCRIPTIONIS// ARGVMENTVM.//
P. 417-426: [barra ornamental]// BREVIS INSVLARVM// QVAE CANARIAE APPEL-// lantur, & rerum in iis memora-// bilium, descriptio.//
P. 427-477: DE GALLORVM// Expeditione in Floridam,// & clade ab Hispanis non// inuiustè quàm im-// maniter ipsis illata, Anno// 1565, Breuis Historia..//..
P. 478: Palavras finais do autor.
P. 478-480: IN COLONIAS// BRASILIENSES.//
F. 1-6: [barra ornamental]// ELENCHVS, SIVE INDEX// rerúm & verborum maximè insignium// quae in his Historiis tra-// ctantur.//
F. 7-8: folhas em branco.

Encadernado com: *Historia Navigationis in Brasiliam...* / Jean de Lery, 1586 (ver nº 150).

Palau 27.629; Sabin 4.794.

IEB

215.
LERY, Jean de, 1534-1611. 1600

HISTOIRE// D'VN VOYAGE// FAIT EN LA TERRE// DV BRESIL, DITE// Amerique.// CONTENANT LA NAVIGATION,// & choses remarquables, venes sur mer par l'Autheur. Le com-// portement de Villegagnon en ce pais la. Les moeurs & façons de// viure estranges des Sauuages Bresiliens: auec vn colloque de leur// langage. Ensemble la description de plusieuus Animaux, Poissons// diformes, Arbres, Herbes, Fruicts, Racines, & autres choses sin-// gulieres, & du tout incognues par deçà: dont on verra les sommaires// des chapitres au commencement du liure.// AVEC LES FIGVRES, REVEVE, COR-// rigee & bien augmentee par l'Autheur.// QVATRIEME EDITION,// DEDIEE// A MADAME LA PRINCESSE D'ORANGE.// Le tout recueilli sur les lieux,par IEAN DE LERY,// natif de la Margelle , Terre de Sainct Sene au// Duché de Bourgongne.// PSEAVME CVIII.// Seigneur, ie te celebrerai entre les peuples, & te dirai// Pseaumes entre les nations.// [vinheta pequena]// POVR les Horitiers d'Eustache Vignon.// – // 1600.//

36 fls. não nums., 478 p., 9 fls. não nums. (Erros de paginação: 64 i. e. 94; 190 i. e. 110; 191 i. e. 111; 190 i. e. 192; 131 i. e. 231; 266 i. e. 272; 292 i. e. 291; 585 i. e. 285; 303 i. e. 304; 324 i. e. 424; faltam as seguintes páginas, provavelmente por conterem gravuras: 121/2; 248/9; 259/260; 311/2; 363/4; 381/2.). -- Assinatura: a-d(8) a(4) a-z(8) Aa-Hh(8). (Erros de assinatura: falta a assinatura: r 2; B 4 i. e. b 4; C 4 i. e. c 4).

Notas marginais impressas e alguns traços manuscritos.
Índice impresso em duas colunas.
Gravuras: p. 241 , 299.
Partituras: p. 173, 188, 307, 314.

Verso da página de rosto: em branco.
F. 2a-2b: [barra ornamental]// ADVERTISSEMENT// de l'Autheur.//
F. 3a-5b: [barra ornamental]// A MADAME LA PRINCESSE// D'ORANGE.//
F. 6a, um soneto: [barra ornamental]// A IEAN DE LERY SVR// son Histoire de l'Amerique.// [assinado:] L. Daneau.//
F. 6a-6b: P. Melet à M. De Lery, son// singulier ami.//
F. 6b: SONNET// A Iean de Lery, sur son Histoire// de l'Amerique.//
F. 6b-7a: SONNET// Sur l'Histoire du voyage de l'Amerique// par B.A.M.//
F. 7a: SONNET// A IEAN DE LERY// [assinado:] Felice l'alma chè per Dio sospira.//

F. 7a-7b: A.M. D e L e r y sur sa quatrieme// Edition de l'Amerique.// [assinado:] B.D.R.//
F. 7b: II. Sonnets de l'Autheur.// [assinado:] Plus voit qu'auoir.//
F. 7b-8a: A IEAN DE LERY SVR SON// Histoire de l'Amerique.// [assinado:] G. Poinssard, Auuergnat.//
F. 8a: Al'Autheur mesme.// [assinado:] N.D.B.//
F. 8a: A. M. De Lery, sur sa quatrieme// Edition de l'histoire de// l'Amerique.// [assinado:] MEILIER.//
F. 8b: A M. IEAN DE LERY SVR// SON HISTOIRE DE// l'Amerique.// SONNET://
F. 9a-34a: [barra ornamental]// PREFACE, MONSTRANT// PRINCIPALEMENT, LES// erreurs & impostures de// Theuet.//
F. 34b-35b: [barra ornamental]// SOMMAIRES DV CONTE-// NV EN CESTE HISTOIRE// de l'Amerique.//
F. 36a-36b: [barra ornamental]// LIVRES ET AVTHEVRS// alleguez en ceste Histoire de// l'Amerique.//
As folhas paginadas contêm, então, a obra de Lery, subdividida em 22 capítulos.//
Depois da p. 478 segue uma folha em branco.
As últimas 8 folhas não numeradas contêm: [barra ornamental]// INDICE DES MATIERES ET// CHOSES NOTABLES, EN CESTE// Histoire de l'Amerique.//
F. 8b, linha 21: Fautes plus remarquables en ceste quatrieme Edition// de l'histoire de l'Amerique: le premier nombre// denote la page, & le second la ligne.//
Embora na folha de rosto e mesmo nos poemas dedicatórios haja referência à quarta edição, já é a sexta. Com esta indicação de quarta, foi publicada outra edição em 1599, que apenas modificou a data de impressão para 1600, segundo nos indica o Dr. Rubens Borba de Moraes.

BB v. 1, p. 404; Garraux p. 216; JCR 1.397; JCBrown v. 2, p. 7; Sabin 40.152.
IEB

216.
RESENDE, André de, 1498?-1573. 1600

Libri Quatuor de ANTIQVITATIS LVSITANIAE à Lucio Resende olim inchoati, & à Iacobo Menoetio Vasconcello recogniti, atq; absoluti. – Acessit liber quintus de antiquitate municipii Eborensis... Coloniae, Agrippinae, ex officina Birckmannica, 1600.

11 fls. prels., 346 p., 2 fls. não nums. (Erros de paginação: 154 i. e. 174). - - Assinatura:) ((8) *(4) A-Y(8).

Restaurada.
Reencadernação flexível em pergaminho.
Acondicionada em caixa com pH neutro.
Ex-libris de Eduardo Prado.

Falta-lhe a folha de rosto.
F. 2a-3a: CLARISSIMO// VIRO// [...]// RODERI-// CIO LVSITANORVM, QVI// Antuerpiae negotantur [sic], Cos.// [...] // AMPLISSIMO// ARNOLDVS MYLIVS ARN. F.// Birckmannus. S. D.// [datado:] Coloniae Agrippinae A.D. IIII// Cal. Mart. sacro anno saecula-// ri 1600.// [três estrelas]//
F. 3b-6b: [vinheta] VITA// L. ANDREAE// RESENDII LVSI-// TANI,// COLLECTA// EX EAQVAM IACOBVS// MENOETIVS VASCONCEL-// lus I. C. conscripsit.//
F. 7a: TOMI PRIMI// ELENCHVS.// ANTIQVITATVM LVSI-// TANIAE LIBRI// quinze.//
F. 7b-8b, com vários poemas: IACOBI MENOE// TII VASCONCELLI// IN LAVDEM.// LVCII ANDREAE// Resendij.// LVSITANIA RESEN-// dium alloquitur.// IOAN. SECVNDVS HA-// giensis L. Andreae Re-// sendio.//
Ad Eundem.//
Ad Eundem.//
ARNOLDI MYLII ARN. F.// Birckmanni, Anagramma.//
F. 9a-10b: ALFONSO S.R.E.// CARD. EMMANVELIS// REGIS FILIO// L. ANDR. RESEN-// dius S.P.D.// [datado:] Calendis Octobris,// M. D. XXXIII.// [três estrelas]//
F. 11a-12a: BARTHOLO-// MEO FRIAE ALBER-// NOTIO I. C. Do-// ctissimo.// L. ANDREAS RE-// sendius. S.P.D.//
F. 12b: em branco.
Segue, então, a obra propriamente dita.
As duas folhas não numeradas, finais, contêm: INDEX CAPITVM,// QVAE HIS QVINQVE AN-// TIQVITATVM LIBRIS// pertractantur.//
Falta a última folha.

MP

SUPLEMENTO
SÉCULO XVI

217.1.

JUSTINIANUS I, imperador do Oriente, 483-565. 1527

DIGESTORVM SEV PANDECTARVM// IVRIS CIVILIS VOLVMEN PRIMVM// VNDECIM LIBROS PRIORES COM=// PLECTENS.// [marca tipográfica]// PARISIIS// EX OFFICINA ROBERTI STEPHANI// E REGIONE SCHOLAE DECRETORVM,// M. D. XXVII.//

12 fls. prels., 318 i. e. 319 fls. (Erros de foliação: 230 i. e. 130; 137 i. e. 139; 159 i. e. 189; repete 256.). -- Assinaturas: *(8) a(4) b-z (8) aa-ss(8).

Restaurada.
Reencadernação flexível em pergaminho de cabra, seguindo o padrão original. As tiras do fecho foram confeccionadas em couro tratado com alúmen. Acondicionada em caixa com pH neutro.

Verso da página de rosto: em branco.
F. 2a-3b: SYLLABVS CAPITVM OMNIVM , SEV TI// TVLORVM PRIMI VOLVMINIS.//

F. 4a-5b: INTERPRETATIO OMNIVM GRAECO=// RVM, QVAE PASSIM IN PRIMO VO=// LVMINE SPARSA SVNT.//
F. 6a-6b: ERRATA , QVAE IMPRESSO CODICE// DEPREHENDIMVS , SIC// CORRIGITO.//
F. 7a-11a: IN NOMINE DOMINI IESV CHRISTI.// IMPERATOR IVSTINIANVS, CAE=// SAR, FLAVIVS, ALEMANICVS, GOTTHI// CVS, FRANCVS, GERMANICVS, ATTI=// CVS,...//
F. 11b: em branco.
F. 12: em branco.
Da folha 1 a 318b: Segue o texto [do livro um ao onze].
F. 318a-b: DE MORTVO INFERENDO, ET SEPVL=// CHROA EDIFICANDO.//
F. 1: em branco.

217.2.
Volume II. 1527

DIGESTORVM SEV PANDECTARVM// IVRIS CIVILIS VOLVMEN SECVN=// DVM, XIIII LIBROS COMPLECTENS// [marca tipográfica]// PARISIIS// EX OFFICINA ROBERTI STEPHANI// EREGIONE SCHOLAE DECRETORVM.// M.D.XXVII.//

8 fls. prels., de 320 a 676 i. e. 677. (Erros de foliação: 339 i. e. 336; 307 i. e. 370; 240 i. e. 440; 248 i. e. 448; 425 i. e. 452; 464 i. e. 494; 492 i. e. 502; 590 i. e. 560; repete 582; 633 i. e. 623. -- Assinatura: **(8) tt-zz(8) Aa-Zz(8) AA-RR(8). (Erros de assinatura: Nn iiij i. e. Oo iiij; T ij i. e. Tt ij).

Restaurada.
Reencadernação flexível em pergaminho de cabra, seguindo o padrão original. As tiras do fecho foram confeccionadas em couro tratado com alúmen. Acondicionada em caixa com pH neutro.

Verso da página de rosto: em branco.
F. 2a-3b: SYLLABVS CAPITVM OMNIVM , SEV TI// TVLORVM SECVNDI VOLVMINIS.//
F. 4a-6a: INTERPRETATIO GRAECORVM , QVAE// PASSIM IN SECVNDO VOLVMI=// NE SPARSA SVNT.//
F. 6b-7a: ERRATA, QVAE IMPRESSO CODICE DEPREHENDIMVS, SIC// CORRIGITO.//

F. 7b: em branco.
F. 8: em branco.
Da folha 319 à 676 i. e. 677: Segue o texto do [livro doze ao vinte e cinco].
F. 676 i. e. 677, logo abaixo: EXCVDEBAT ROBERTVS STEPHA=// NVS IN OFFICINA SVA , ANNO// M. D. XXVII. IIII IDVS// NOVEMBR.//
F. 677b: em branco.

217.3.
Volume III. 1528

DIGESTORVM SEV PANDECTA=// RVM IVRIS CIVILIS VOLVMEN// TERTIVM, XIII LIBROS COM=// PLECTENS. [marca tipográfica]// PARISIIS// EX OFFICINA ROBERTI STEPHA=// NI EREGIONE SCHOLAE DECRE// TORVM. // M. D. XXVIII.//

8 fls. prels., 520 fls. (Erros de foliação: 13 i. e. 5; 177 i. e. 187; 449 i. e. 465). -- Assinatura: a-z(8) aa-zz(8) aaa-vvv (8).

Restaurada.
Reencadernação flexível em pergaminho de cabra, seguindo o padrão original.
As tiras do fecho foram confeccionadas em couro tratado com alúmen.
Acondicionada em caixa com pH neutro.
Alguns trechos em grego.

Verso da página de rosto: em branco.
F. 2a-4b: SYLLABVS CAPITVM OMNIVM SEV//TITVLORVM SECVNDI VOLVMI=// NIS.//
F. 13 i. e. 5a-6b: INTERPRETATIO GRAECORVM,// QVAE IN TERTIO VOLVMINE// SPARSA INVENIVNTVR.//
F. 7a: ERRATA QVAE DEPREHENDIMVS// INTER IMPRIMENDVM , SIC COR// RIGITO.//
F. 7b: em branco.
F. 8b: em branco.
Da folha 1 à 520: Segue o texto [do livro vinte e seis ao trinta e oito].
F. 520, logo abaixo: EXCVDEBAT ROBERTVS STEPHA=// NVS IN SVA OFFICINA , ANNO. M// D. XXVIII . XIIII . CAL . IVL.//
F. 520b: em branco.

217.4.

Volume IV. 1528

DIGESTORVM SEV PANDECTA=// RVM IVRIS CIVILIS VOLVMEN// QVARTVM, VI LIBROS COM=// PLECTENS.// [marca tipográfica]// PARISIIS// EX OFFICINA ROBERTI STEPHA=// NI EREGIONE SCHOLAE DECRE// TORVM.// M. D. XXVIII.//

4 fls. prels., 260 fls. (Erros de foliação: 115 i. e. 125; 176 i. e. 174; 176 i. e. 184). -- Assinatura: **** (4) A-Z(8) Aa-II(8) KK(4).

Restaurada.
Reencadernação flexível em pergaminho de cabra, seguindo o padrão original.
As tiras do fecho foram confeccionadas em couro tratado com alúmen.
Acondicionada em caixa com pH neutro.
Alguns trechos em grego.

Verso da página de rosto: em branco.
F. 2a-3b: SYLLABVS CAPITVM OMNIVM , SEV// TITVLORVM QVARTI VOLVMI=// NIS.//
F. 4a: INTERPRETATIO GRAECORVM// QVAE PASSIM IN QVARTO VOLV// MINE SPARSA INVENIVNTVR.//
F. 4b: ERRATA QVAE INTER IMPRIMEN=// DVM DEPREHENDIMVS, SIC// CORRIGITO.//
Da folha 1 a 260: Segue o texto [do livro trinta e nove ao quarenta e quatro].
F. 260, logo abaixo: EXCVDEBAT ROBERTVS STEPHA=// NVS IN SVA OFFICINA, ANNO. M// D.XXVIII. XIII . CAL . IVL.//
F. 260b: em branco.

217.5.

Volume V. 1528

DIGESTORVM SEV PANDECTARVM// IVRIS CIVILIS VOLVMEN QVIN// TVM, QVINQVE POSTERIORES// LIBROS COMPLECTENS.// [marca tipográfica]// PARISIIS// EX OFFICINA ROBERTI STEPHA=// NI EREGIONE SCHOLAE DECRE// TORVM.// M.D.XXVIIII.//

8 fls. prels., 305 i. e. 311 fls., 1 fl não num. (Erros de foliação: 14 i. e. 15; 156 i. e. 158; 158 i. e. 160; 109 i. e. 209; 11 i. e. 211; 239 i. e. 236; 252 i. e. 255; 245

i. e. 275; 273 i. e. 289; 282 i. e. 290; 245 i. e. 291; 284 i. e. 292; 286 i. e. 294; 288 i. e. 296; 291 i. e. 297; 290 i. e. 298; 293 i. e. 299; 293 i. e. 300; 295 i. e. 301; 294 i. e. 302; 297 i. e. 303; 296 i. e. 304; 299 i. e. 305; 300, 301, 302, 303, 304 e 305 i. e. 306, 307, 308, 309, 310 e 311 respectivamente). -- Assinatura: *****(8) AAA-ZZZ(8) AAAA-QQQQ(8).

Restaurada.
Reencadernação flexível em pergaminho de cabra, seguindo o padrão original.
As tiras do fecho foram confeccionadas em couro tratado com alúmen.
Acondicionada em caixa com pH neutro.
Alguns trechos em grego.

Verso da página de rosto: em branco.
F. 2a-3b: SYLLABVS CAPITVM OMNIVM SEV// TITVLORVM QVINTI VOLVMI=// NIS PANDECTARVM.//
F. 4: em branco.
F. 5a-7b: INTERPRETATIO GRAECORVM QVAE// PASSIM IN QVINTO VOLVMINE// DIGESTORVM SPARSA INVENI=//VNTVR.//
F. 8: em branco.
Da folha 1 à 302 i. e. 308: Segue o texto [do livro quarenta e cinco ao cinqüenta].
F. [302b i. e. 308b]: em branco.
F. 303 i. e. 309-305 i. e. 311: CATALOGVS IVRISCONSVLTO=// RVM, LIBRORVM QVAE EX QVI// BVS PANDECTAE CONFECTAE// SVNT.//
F. [305b i. e. 311b]: em branco.
F. 1a: EXCVDEBAT ROBERTVS STEPHA// NVS PARISIIS IN SVA OFFICI=// NA, ANN. M. D. XXVIII. VIII// IDVS AVGVST.//
F. 1b: IN PRIMO TOMO HAEC DVO ER// RATA REPONE.//

Existe outra edição do mesmo ano, mas publicada em Nuremberg, editada por Gregor Haloandrum (Camus 548). Embora o nome deste editor constasse na lombada, no texto do livro não aparece.

Brunet v. 3, p. 614.

FD-BTA

218.

CIPOLLA, Bartolomeo, 1420?-1475. 1547

[Varii tractatus cautelae inscripti vulgo. Lugduni, excudebant Godefridus & Marcellus Beringi, fratres, 1547].

Sem página de rosto. Apenas na lombada: CEPOLLA// – // DÈ SERVTUTBUS// [sic]
44 fls. prels., 963 p. (Erros de paginação: p. 63 não foi paginado; 338 i. e. 438; 67 i. e. 673; 813 i. e . 815; 956, 957 i. e. 960, 961). -- Assinatura: Bbb-Fff(8) a-z(8) A-Z(8) AaNn(8) Oo(10). (Erros de Assinatura: F2 i. e. Ff2; Ff2 i. e. Ff3).

Restaurada.
Encadernação rígida em pergaminho com tiras de couro, tratado ao alúmen, utilizadas como fechos.
Acondicionada em caixa com pH neutro.
Notas marginais impressas.
Notas marginais manuscritas.
Texto em duas colunas.
Faltam os cadernos Aaa e Bbb1. Provavelmente faltem mais folhas referentes às preliminares, inclusive a folha de rosto.

F. [1a-16b]: INDEX//
F. [17a-27b]: REPERTORIVM SV-// PER TITVLIS DE VSVCAPIONE PRO// emptore, Pro donato, Pro dote, Pro suo, Pro soluto, Pro legato,// Pro derelicto. Praeterea super tractatu De simulatione con// tractuũ. & titulo, De seruis fugitiuis. cum autent.// Sed nouo ire. ac etiam tractatu De// fuga Laconica.//
F. [27b-38b], logo abaixo: REPERTORIVM// IN TRACTATVM CAV=// telarum Barthol. Caepollae.//
F. [39a-44a]: REPERTORIVM// SVPER CAVTELIS// D. THOMAE FER-// RATII.//
F. [44b]: em branco.
P. 1-197: TRACTATVS// DE SERVITVTIBVS// VRBANORVM PRAE-// DIORVM// * // BARTHOLEMAEI// CAEPOLLAE I. V.// DOCTOR.//
P. 198-404: TRACTATVS// DE SERVITVTIBVS// RVSTICORVM PRAE-// DIORVM// * // BARTHOLEMAEI// CAEPOLLAE I. V. // DOCTORIS.//
P. 405-537: BARTHOLEMAEI// CAEPOLLAE VE-// RONENSIS I. V.// DOCTOR.// * // TRACTATVS DE// VSVCAPIONE PRO EMPTO-// re, Pro donato, Pro dote, Pro suo, // Pro soluto , Prolegato,// Pro derelicto.//

P. 538-620: BARTHOLEMAEI// CAEPOLLAE VE-// RONENSIS I. V.// DOCTOR.// * // TRACTATVS DE// CONTRACTIBVS EMPTIO-// num & Locationum cum pacto// de retrouendendo sí=// mulatis, // * // AD R. D. D. HERMOLAVM// Barbarum sacri Pontificij ciui=// lisqz iuris Doctor.// * //
P. 620-678, logo abaixo: BARTHOLEMAEI// CAEPOLLAE VE-// RONENSIS I. V.// DOCTOR.// * // REPETITIO L. SI FV-// GITIVI. CVM AVTENT.// Sed nouo iure. C. de Seruis// fugitiuis.// * // Vbi abunde tractatur de poena furum & latronum, ma-// ximè in Autent. Sed nouo iure.//
P. 678-682, logo abaixo: TRACTATVS// D. IO. THIERRI I. V.// DOCTOR. TOTAM MA=// TERIAM FVGAE LA-// CONICAE COM-// PLECTENS.// * //
P. 683-850: TRACTATVS// CAVTELARVM BAR.// CAEPOLLAE VERO-// NENSIS I. V.// DOCTOR.// * // Omnibus Iureconsultis, & praecipuè pra=// cticis longe quam necessarius.//
P. 851-957: CAVTELAE// I. V. DOCTORIS// EMINENTIS-// SIMI// * // D. THOMAE FER-// RATII ADVO=// CATI BRIXI-// ANI.//
P. [957b], dentro de um círculo: SINE// FRAVDE.//

Consultamos a British Library a respeito desta obra, cuja resposta nos comunicava tratar-se da publicação: *Varii tractatus cautelae inscripti vulgo. Lugduni, excudebant Godefridus & Marcellus Beringi, fratres, 1547*, existente na biblioteca do St. John's College de Cambridge.
Faltam ao nosso exemplar 11 folhas iniciais.
Cipolla conhecia os autores da Antiguidade clássica, mas demonstra, em suas publicações, com suas numerosas edições, ser um tradicionalista da linha bartolista. Em suas obras se reconhece o bom conhecedor da doutrina precedente, mas atento às exigências da prática.
Cipolla, cujo sobrenome tem várias grafias: Caepolla, Cepola, Cepolla, Cevola, Zevola, também conhecido como Bartolomeo de Verona e Bartholomaeus Veronensis, nasceu em Verona, em torno de 1420. Dedicou-se ao estudo de Direito, freqüentando a Universidade de Bolonha; transferiu-se para a de Pádua, onde se aprofundou no estudo do Direito Civil, Canônico e Feudal, formando-se em 1445. Iniciou a sua carreira de docente em Ferrara (1449-50), retornando a Verona para colaborar no estatuto da cidade. Voltou a Pádua assumindo a carreira de professor de Direito Canônico. Teve ainda vários encargos como o de advogado consistorial da Cúria Romana, embaixador do governo veneziano à Dieta de Ratisbona, em 1471. Faleceu em Pádua em 10 ou 11 de maio de 1475.

Adams C-16.

FD-BTA

219.

SOTO, Domingo de. 1561

COMMENTA// RIORVM FRATRIS DO-// MINICI SOTO SEGOBIENSIS,// Theologi, ordinis praedicatorum, Caesareae Maie-// stati à sacris confessionibus, publici apud// Salmanticenses professoris, in Quar-// tum Sententiarum// TOMVS PRIMVS.// Cum Indice Copiossimo, atque locupletissimo.// [marca tipográfica com inscrição jesuítica no alto da mesma]// Cum priuilegio.// SALMANTICAE// Excudebat Ioannes Maria à Terranova.// M. D. LXI.// Esta tassado à tres marauedis el pliego.//

23 fls. não nums., 1 fl. em branco (faltam as quatro primeiras páginas, começando, assim, no nº 5) 448 i. e. 438p. (Erros de paginação: de 148 pula para 159; 160 i. e. 150; 297 i. e. 197; 100 i. e. 200; 207 i. e. 205; 262, 263 i. e. 261, 262, 284 i. e. 287, 432 i. e. 342. -- Assinatura: *(8) **(8) ***(8). A(6) B-Z(8) Aa-Ee(8). (Erro de assinatura: falta a assinatura **(1)).

Restaurada.
Reencadernação rígida em pergaminho com tiras de couro, tratado ao alúmen, utilizadas como fechos.
Acondicionada em caixa com pH neutro.
Notas marginais impressas.
Exemplar cortado nas partes: superior, inferior e na goteira.

Verso da página de rosto: Summa priuilegij.//
F. 2a-2b: [vinheta] CAROLO MAGNO [vinheta]// HISPANIARVM SERENISSI-// mo Principi suus frater Domini-// cus Soto foelici-// tatem.//
F. 3a-6b, em duas colunas: [vinheta] INDEX COPIO-// SISSIMVS RERVM MAXIME NO-// tabilium, quae in hoc primo Tomo Commentariorum// in Quartum librum Sententiarum continen-// tur, ordine Alphabetico// digestus.// Cui, in gratiam Canonistarum , addidimus indicem locorum Iuris Canonici, quae in hoc ope// repeculiariter aut declarantur aut emendantur.// SVMMA BREVIS VIGINTITRIVM// Distinctionum, quaestionum, & articulorum, quibus// hic primus Tomus perficitu.//
F. 7a-8b, em duas colunas: [vinheta] LOCA IVRIS CANONI// CI IN HOC PRIMO TOMO COM// mentariorum in Quartum librum Sententiarum pe// culiariter aut declarata, aut emendata.//
F. 9a-23b: INDEX COPIOSISSI// mus rerũ maximè notabilium, quae// in hoc primo Commentariorum tomo cõtinen-// tur ordine Alphabetico// digestus.
F. 1a sem numeração: em branco.

F. 1b sem numeração: Marca tipográfica com inscrição jesuítica no alto da mesma.
P. 5-6: [vinheta] FRATRIS DOMINICI// SOTO SEGOBIENSIS, THEOLO-// gi, ordinis Praedicatorum, publici apud Sal-// manticenses professoris, in Quar-// tum. Sententiarum Com-// mentarij.// [vinheta]// PROOEMIVM.//
P. 7-448 i. e. 438: Segue o texto até a 9ª "distinctio".

Parte II do 1º tomo 1561

Sem folha de rosto.

Segue com paginação e assinatura continuadas.

P. 449-1058, 1 fl. não num. (Erros de paginação: 458 i. e. 468; 474 i. e. 472; 476 i. e. 475; 520 i. e. 522; 682 i. e. 568; 475 i. e. 575; 476 i. e. 576; 614 i. e. 617; 938 i. e. 638; 893 i. e. 863). -- Assinatura: Ff-Zz(8) Aaa-Ttt(8) Vvv(10). (Erros de Assinatura: Vu i. e. Vv)

Restaurada.
Reencadernação rígida em pergaminho com tiras de couro, tratado ao alúmen, utilizadas como fechos.
Acondicionada em caixa com pH neutro.
Notas marginais impressas.
Exemplar cortado nas partes: superior, inferior e na goteira.
Algumas folhas totalmente escurecidas.

P. 449-1058: Segue o texto continuando a 9ª "Distinctio" e terminando na 23ª.
P. 1058, logo abaixo do texto: ¶ Registrum huius operis.//
P. 1058, logo abaixo do texto: ERRATA.//
F. 1a: [colofão:] EXCVDEBAT SALMAN-// ticae Ioannes Maria à Terranoua, Typo-// graphus longè accuratissimus, an-// no à Christo nato. 1561.//
F. 1b: Marca tipográfica com inscrição jesuítica no alto.

Domingo de Soto, teólogo e religioso dominicano, nasceu em Segóvia em 1494 e morreu em Salamanca em 1570. Estudou Humanidades provavelmente com Sancho de Villaveses e Juan Oteo. Estudante da Universidade de Alcalá, teve por professor Santo Tomás de Villanueva e por condiscípulo Hernando de Saavedra. Escreveu inúmeras obras.

Falta o volume II (1592).

Espasa v. 57, p. 643-5; Palau 320.168.

FD

220.

STRACCHA, BENVENUTO, 1509-1678. 1569

CLARISSIMI IVRISC.// BENVENVTI STRACCHAE,// PATRITII ACONITANI,// COMITIS, EQVITISQVE,// De Assecurationibus, Tractatus.// In quo praeter materiam ipsam bono ordine expositam,// QVAESTIONES COMPLVRES QVOTTIDIANAE,// Formulaeque loquendi ex vulgari vsu explicantur,// & litterarum genera, & pleraque alia quottidie// in foro uersantia utiliter declarantur.// Quibus accessit quottidianus de ADIECTO Tractatus, in quo etiam// dotium stipulationes usitatae, & quaestiones quottidianae quidem// plenè explicantur. Ex quibus Tractatus de Mercatura ab// Autore olim editus perfectus redditur.// Quae summariis, ac copioso Indice sunt illustrata.// CVM PRIVILEGIO.// [marca tipográfica]// VENETIIS, M D LXIX.//

284 fls., 24 fls. não nums. -- Assinatura: A-Z(8) Aa-Mn(8) Nn(4) Oo-Qq(8).

Restaurada.
Reencadernação flexível em pergaminho de cabra, seguindo o padrão original.
Acondicionada em caixa com pH neutro.
Alguns trechos em grego.

F. [1a]: Página de rosto.
Verso da página de rosto: em branco.
F. [2a-4b]: ILLVSTRISSIMO// AC REVERENDISSIMO// VGONI BONCOMP.// TITVLI SANCTI SIXTI// S. Rom. Eccles. Card. Amplissimo,// Benuenutus Straccha. S. P. D.//
F. [5a]: CLARISS. IVRISCONSVLTI// IO. BA. FERRETTI ANCONITANI,// AD LECTOREM.//
F. [5a-5b], logo abaixo: CAESARIS MEGANINI// FORO SEMPRONIEN.// AD LECTOREM.//
F. [5b], logo abaixo: EIVSDEM.//
F. [6a]: IOANNIS BAPTISTAE// EVANGELISTAE FIRMANI// Iuuentutis Anconitanae Moderatoris,// Ad Lectorem.//
F. [6b]: PAVLI BENII VRBINATIS// ut. iur. Professoris ad Lectorem.//

F. 7-40: SVMMAE RERVM NOTABI// lium, quae in Praefat. Tractatus continentur.//
F. 40-41b, logo abaixo: FORMVLA ASSECVRATIONIS.// Iesus Maria. à di 20. D´ Ottobre 1567.//
F. 41b-42a, logo abaixo: Subscriptiones Assecuratorum.//
F. 42a-154a: Segue o texto, dividido em 60 "Glossa".
F. 154b: Licença.
F. 155a-156a: REVERENDISS.// DOMINO IO. ANTO.// A FACCHINETTIS,// EPISCOPO NEOCASTREN.// apud Illustrissimam REMP. VENETAM// Legato Apostolico,// Benuenutus Straccha. I. C.// S. P. D.//
F. 156b-157a: NICOLAVS STRACCHA// IVRIS PROFESSOR// Candido Lectori. S.//
F. 157b-284b: CLARISSIMI I. C.// BENVENVTI STRACCHAE// PATRITII ANCONITANI// EQVITIS COMITISQVE,// De Adiecto Tractatus.// (dividido em cinco partes).
F. 284b, logo abaixo: LAVS DEO OPTI. MAXI.// Beatiss. Virgini Marię, Diuis Hieronymo &// Catherinae Patronis meis.//
F. 1a-24b: ELENCVS RERVM// ELECTARVM IN TRACTAT.// De ASSECVRATIONIBVS,// & Adiecto contentarum.//
Faltam as folhas finais.

Straccha viveu no século XVI e foi jurisconsulto em Ancona, sua cidade natal. Teve ampla formação humanística. Estudou de 1533 a 1538 na Universidade de Bolonha onde se formou em jurisprudência. Foi advogado e consultor muito considerado. É o primeiro que trata do Direito Comercial como uma ciência específica.

FD-BTA

221.
ROMA (cidade). 1580

STATVTA// ALMAE VRBIS ROMAE// AVCTORITATE S. D. N.// D. GREGORII PAPAE XIII. PONT. MAX.// A SENATV, POPVLOQ. ROM.// REFORMATA, ET EDITA.// [vinheta]// [brasão da cidade de Roma]// ROMAE,// In Aedibus Populi Romani. M D LXXX.//

10 fls. prels., 210 p., 2 fls. não nums., 88 p. (Erros da 2ª paginação: 8 i. e. 38). -- Assinatura: [ ](4) b(6) A-P(4) Q(2) R-Z(4) Aa-Cc(4) Dd (5) A-L(4).

Restaurada.
Reencadernação flexível em pergaminho.
Notas marginais manuscritas.
Exemplar cortado nas partes: superior, inferior e na goteira.

Verso da página de rosto: em branco.
F. 2a-4a: LITERAE// SANCTISS. DOMINI NOSTRI// D. GREGORII PAPAE XIII.// Confirmationis Statutorum Almae Vrbis// nouissimè editorum.// [datado e assinado:] Datum Romae, apud Sanctum Petrum,// Anno Incarnationis Dominicae, Millesimo, Quingentesi-// mo, Octuagesimo, Octauo Kal. Iunij, Pontificatus no-// stri Anno Nono.// M. Dat.// Cae. Glorierius// A. de Alexijs.// Bulla plumbea appensa.// [logo abaixo: dois selos, tendo o primeiro dois papas e a inscrição: S. S.// P P// AE// e o segundo: GRE// GORIVS// PAPA// XIII//] a tergo earundem literarum// Registrata Apud Caesarem Secretarium.//
F. 4b: Licenças.
F. 5a-10b: INDEX// RVBRICARVM// IVXTA SERIEM SCRIPTVRAE//
P. 1-210: Segue o texto em três livros.
F. 1a-1b: ERRATA CORRIGENDA.//
F. 2a: Licenças.
F. 2b: em branco.
P. 1-2: GRATIAE IMMVNITATES,// & facultates per summos Romanos Pon// tifices Almae Vrbi Romae Popu=// loque Romano concessae.// [vinheta]// LITTERAE BONIFACII PAPAE OCTAVI IN FA-// uorem Magistrorum & Scholasticorum in Gymnasio Almae// Vrbis profitentium.//
P. 3-88: DIVERSORVM PONT.// LITTERAE EVGENII PAPAE QVARTI, IN QVIBVS// salarium Magistris in Gymnasio Almae vrbis profitentibus, de// Vini forensis uectigali assignatur.//

Adams R-711.

FD-BTA

222.1.
BÍBLIA. N. T. Grego, 1584. 1584

NOVVM// TESTAMENTVM// GRAECVM,// C V M vulgata interpretatione Latina Graeci contextus li-// neis inserta: Quae quidem interpretatio cum à Graecarum// dictionum proprietate discedit, sensum, videlicet, magis// quam verba exprimens, in margine libri est collocata : at-// que alia BEN. ARIAE MONTANI HISPALENSIS// operâ è verbo reddita, ac diuerso characterum genere di-// stincta, in eius substituta locum.// ACCESSERVNT & huic Libri Graecè scripti, quos Ecclesia// Orthodoxa, Hebraeorum Canonem secuta, [as próximas três palavras riscadas à tinta] inter Apocryphos// recenset; Cum interlineari interpretatione Latina// ex Bibliis Complutensibus deprompta.// [segue um trecho à tinta, que, no entanto, também foi riscado.]// [marca tipográfica]// ANTVERPIAE, // Ex officina Christophori Plantini.// M. D. LXXXIIII.//

4 fls. prels., 186 p. (Erros de paginação: 23 i. e. 25; 75 i. e. 73; 38 i. e. 83; 171 i. e. 177). -- Assinaturas: ¶(4) A-I(4) K(3) L-Y(4) Z(5).

Restaurada.
Reencadernação rígida em pergaminho, com tiras, para fechos e reforços, de couro tratado ao alúmen.
Acondicionada em caixa com pH neutro.
Exemplar cortado nas margens.
Texto impresso em duas colunas.
Notas marginais impressas.

Verso da página de rosto: em branco.
F. 2a-4b: BENEDICTI ARIAE// MONTANI HISPALENSIS, IN// NOVI TESTAMENTI GRAECI LATINAM// INTERPRETATIONEM E VERBO EXPRESSAM,// AD CHRISTIANVM LECTOREM// PRAEFATIO.// [datado de:] Datum Antverpiae, Cal. Augusti.//
P. 1-186: S. IESV CHRISTI// EVANGELII LATINA INTER-// PRETATIO, QVAM AD GRAECI// IDIOMATIS RATIONEM EXPENDE-// BAT BEN. ARIAS MONTANVS// HISPALENSIS.//
Euangelium secundum Matthaeum.//
P. 1-24: Evangelho de S. Mateus.
P. 24-38: Evagelho de S. Marcos.
P. 39-64: Evangelho de S. Lucas.
P. 64-83: Evangelho de S. João.
P. 84-109: ACTA APOSTOLORVM, SANCTI.//
P. 110-186: Cartas dos apóstolos.
P. 186, abaixo do texto: Aprovações datadas de dezembro de 1571 e a de Louvain, VII. Calend. Apriles Anno 1571.

Fazendo parte do mesmo volume, mas com página de rosto em separado, assim como paginação e assinatura próprias, está a Bíblia Hebraica, do mesmo impressor e data.

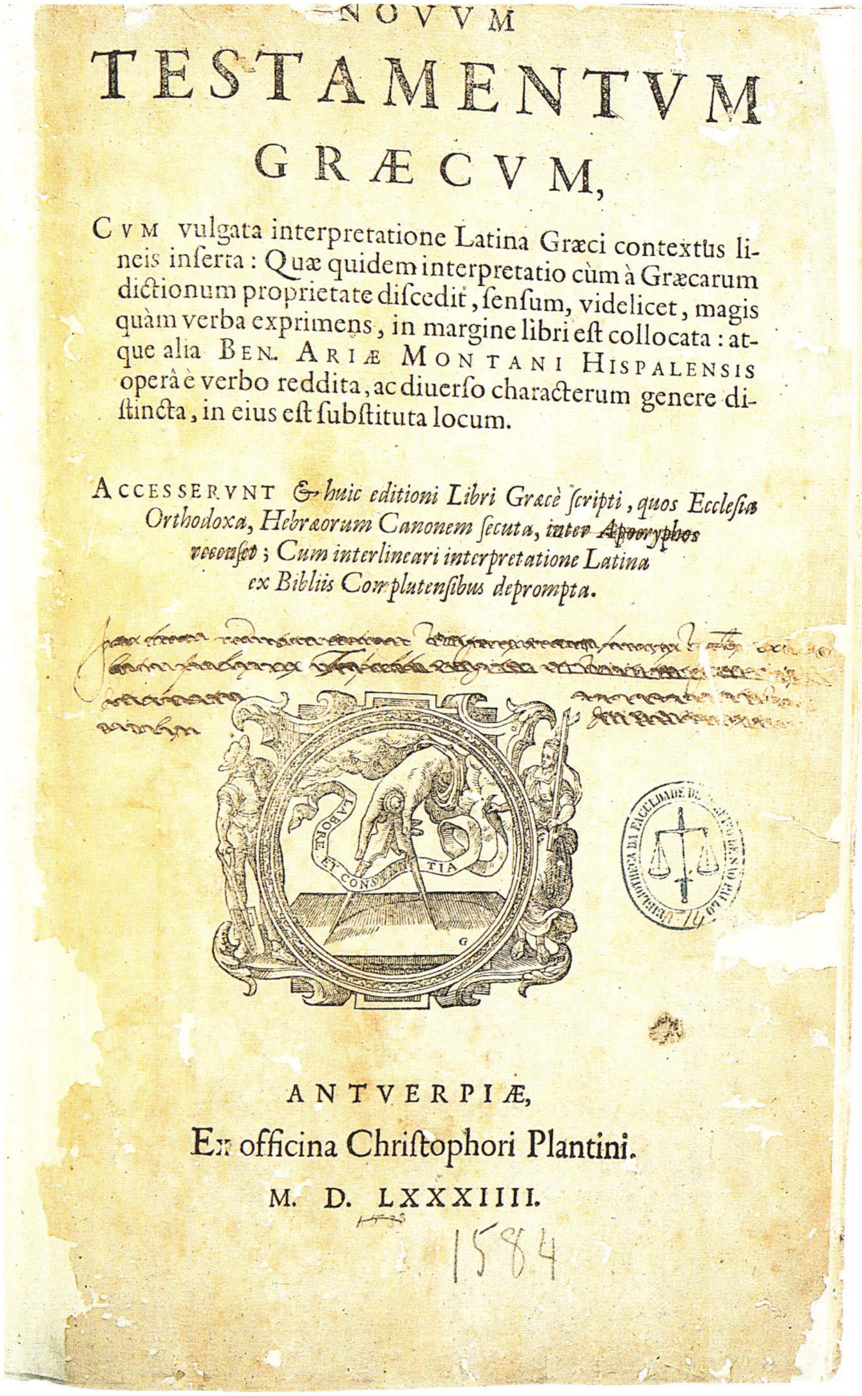
NOVVM

TESTAMENTVM

GRÆCVM,

CVM vulgata interpretatione Latina Græci contextus lineis inserta: Quæ quidem interpretatio cùm à Græcarum dictionum proprietate discedit, sensum, videlicet, magis quàm verba exprimens, in margine libri est collocata: atque alia BEN. ARIÆ MONTANI HISPALENSIS operâ è verbo reddita, ac diuerso characterum genere distincta, in eius est substituta locum.

ACCESSERVNT & huic editioni Libri Græcè scripti, quos Ecclesia Orthodoxa, Hebræorum Canonem secuta, inter Apocryphos recenset; Cum interlineari interpretatione Latina ex Bibliis Complutensibus deprompta.

ANTVERPIÆ,

Ex officina Christophori Plantini.

M. D. LXXXIIII.

1584

BÍBLIA. N. T. Grego. *Novvm Testamentvm Graecvm, cvm vulgata interpretatione Latina Graeci...*, 1584. Página de rosto.
Figura 108 – nº de catálogo 222.1

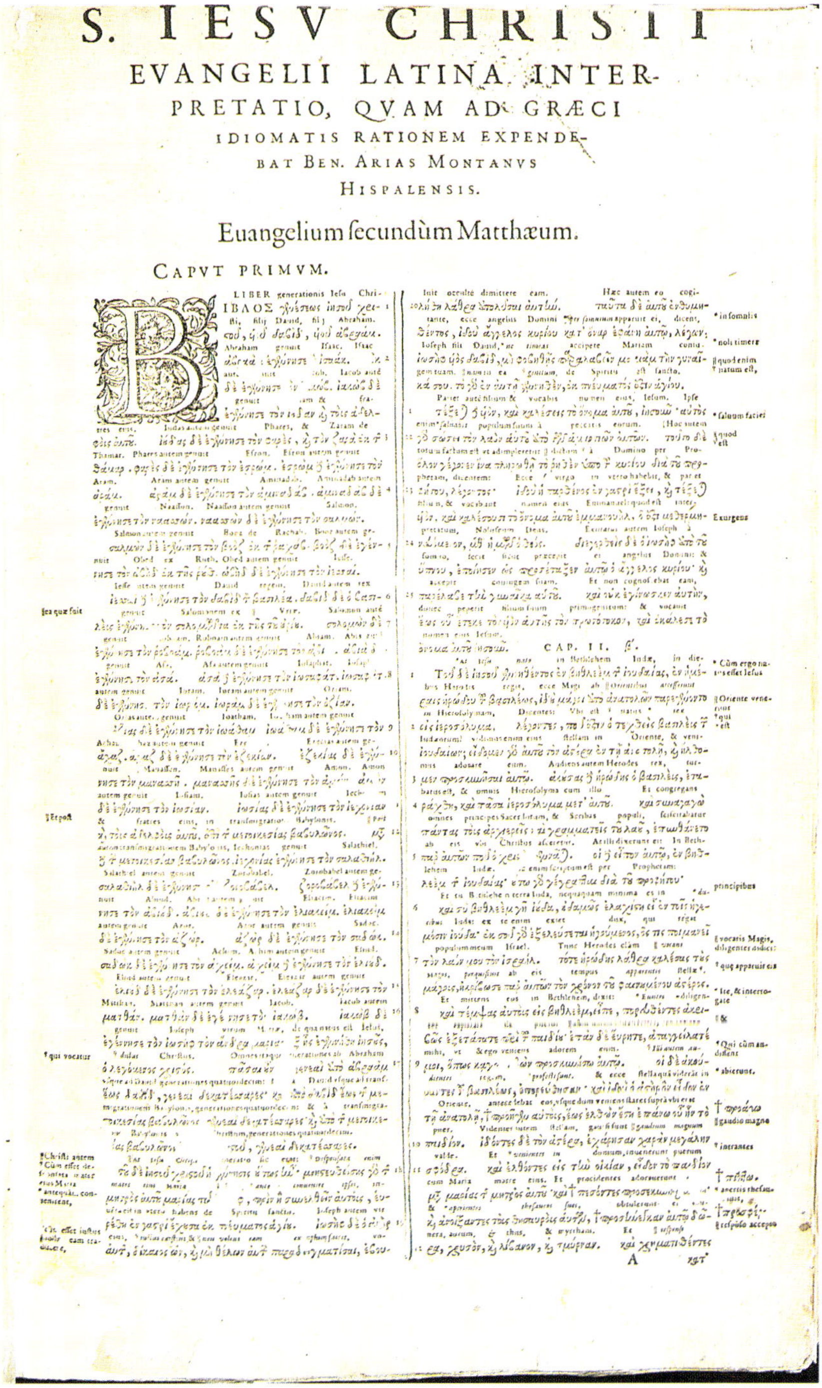
S. IESV CHRISTI EVANGELII LATINA INTERPRETATIO, QVAM AD GRÆCI IDIOMATIS RATIONEM EXPENDEBAT BEN. ARIAS MONTANVS HISPALENSIS.

Euangelium secundùm Matthæum.

CAPVT PRIMVM.

BÍBLIA. N. T. Grego. *Novvm Testamentvm Graecvm, cvm vulgata interpretatione Latina Graeci...*, 1584. Detalhe de texto impresso em duas colunas.
Figura 109 – nº de catálogo 222.1

222.2.

BÍBLIA. A.T. Hebraica, 1584. 1584

BIBLIA// HEBRAICA.// EORVNDEM LATINA INTERPRETATIO// XANTIS PAGNINI LVCENSIS,// Recenter BENEDICTI ARIAE MONTANI Hispal. & quorundam// aliorum collato studio, ad Hebraicam dictionem// diligentissimè expensa.// Accesserunt & huic editioni libri Graecè scripti, quos Ecclesia orthodoxa,// Hebraeorum Canonem secuta,// [inter Apocryphos recenset] [riscado] cum inter-// lineari interpretatione Latina ex Bibliis Complutensibus petita.// [marca tipográfica]// ANTVERPIAE,// Ex Officina Christophori Plantini.// M. D. LXXXIIII.//

Restaurada.
Reencadernação rígida em pergaminho, com tiras, para fechos e reforços, de couro tratado ao alúmen.
Acondicionada em caixa com pH neutro.
Exemplar com paginações individuais para certas partes da Bíblia.

10 fls. prels., 183(+1) p. (Erros de paginação: 87 i. e. 85; 117 i. e. 115.). -- Assinaturas: †(4) ††(6) A-O(6) P(8).

Verso da página de rosto: em branco.
F. 2a-4b: BEN. ARIAE MONTANO// HISPALENSIS IN LATINAM EX// HEBRAICA VERITATE VETERIS TESTAMENTI// interpretationem, ad Christianae doctrinae studiosus,// PRAEFATIO// [datado:] Antuerpiae Calen. Septembr. Anno à virgi-// nis partu M D LXXXI.//
F. 5a-10a: BENEDICTI ARIAE MONTANI// DE VARIA HEBRAICORVM LIBRORVM// SCRIPTIONE ET LECTIONE// COMMENTATIO.// [datado e assinado:] Datum in Rupe Aracenensi, Calend. April M. D. LXXXI.// Benedictus Arias Montanus.//
F. 10b: em branco.

Segue o Livro da Lei ou Pentateuco, que compreende: Gênesis, Êxodo, Levítico, Números e Deuteronômio, até a p. 183.

Verso da p. 183: em branco.

2º
203 p. -- Assinaturas: AA-RR(6).

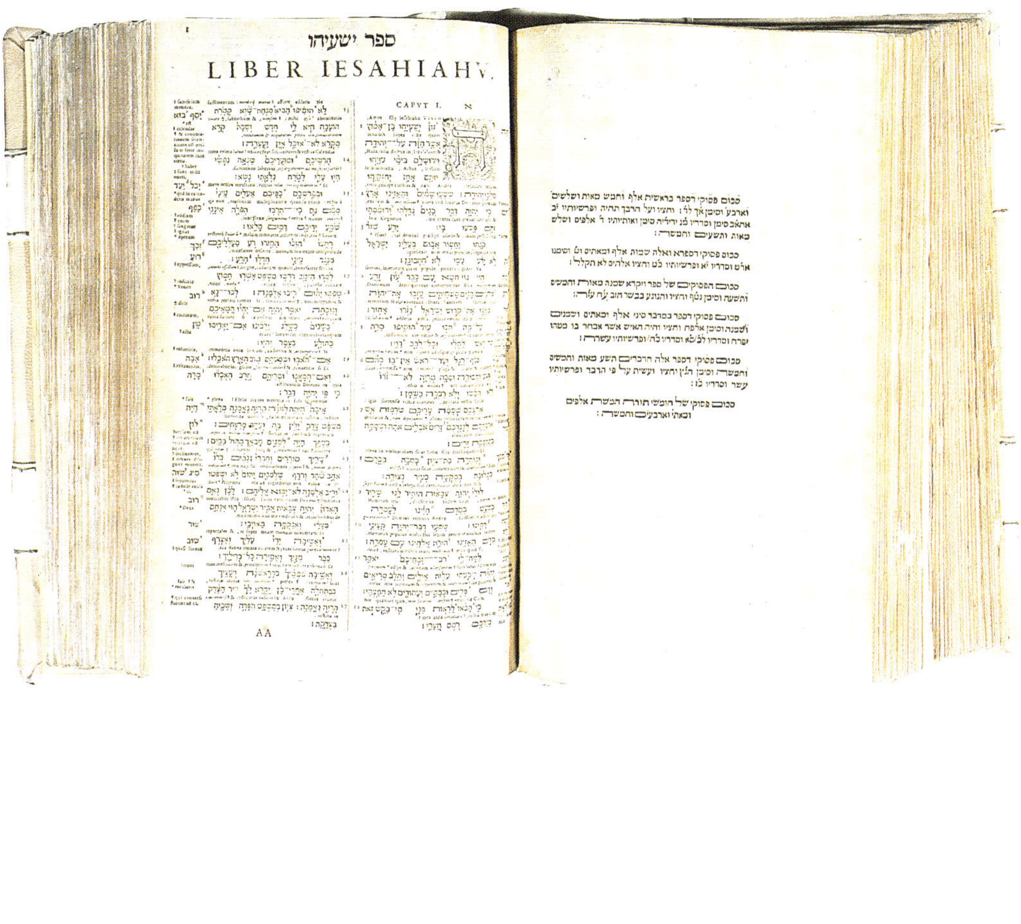

BÍBLIA. A. T. Hebraica. *Biblia hebraica. Eorvndem latina interpretatio...*, 1584.
Detalhe de texto impresso.
Figura 110 – nº de catálogo 222.2

Compreende o livro II dos Profetas: Isaías, Jeremias, as "Lamentações" de Jeremias, Ezequiel, Daniel, Oséias, Joel, Amós, Abdias, Jonas, Miquéias, Naum, Sofonias, Zacarias e Malaquias.

Verso da p. 203: em branco.

3º
283 p. (Erros de paginação: 134 i. e. 130; 69 i. e. 169). -- Assinatura: a-x(6) y-z(8).

Esta parte contém: Josué, Juízes, Rute, Samuel, 1º e 2º reunidos, dos Reis, 1º e 2º reunidos, Habacuc, Esdras, Neemias, Ester e Jó.

Verso da p. 283: em branco.

4º
84 p. -- Assinatura: aa-gg(6).

Esta parte inclui os livros dos Salmos, Provérbios, Eclesiastes e o Cântico dos Cânticos.

5º
128 p. (Erros de paginação: 144, 145 i. e. 124, 125.). -- Assinatura: Aa-Pp(4) Qq(4).

Fazem parte os livros de Tobias, Judite, Ester, Sabedoria, Eclesiastes, Baruc e Macabeus, livros 1, 2 e 3: LIBER TERTIVS MACCABAEORVM,// QVI IN LATINO NON HABETVR.//

Em 1569-1573 lançava Christoforo Plantin a sua monumental *Biblia sacra* poliglota, em oito volumes com os comentários de Benedito Arias Montanus. Embora não fosse sua especialidade, saíram várias edições de Bíblias da impressora de Plantin.
O exemplar acima descrito deve, em seus comentários de Montanus, basear-se na edição poliglota.
Existem exemplares impressos em pergaminho, conforme informa Brunet.
A edição aqui descrita já é cópia de uma anterior, porém, acrescida dos livros apócrifos, em grego, com tradução para o latim.

Brunet v. 1, p. 857; Cat. das Bíblias da BN Rio, p. 52-3 (Anais da BN v. 17)

FD

223.

ONDEDEI, Giovanni Vincenzo, m. 1603. 1600

CONSILIORVM// SITE RESPONSORVM// IO. VINCENTII HONDEDEI// NOBILIS EVGVBINI// Praestantissimi Celeberrimique Iuris Consulti & in// Ciuitate Perusiae Aduocati & Consultoris// Integerrimi.// VOLVMEN SECVNDVM.// Diuisum in sex partes continuato tamen numero// Consiliorum.// PARTES AVTEM SVNT// [1ª coluna:] De Statutis.// De Judicijs.// De Contractibus.// [2ª coluna:] De Testamentis & vltim. volunt.// De varijs Rebus.// De Rebus Criminalibus.// CVM PRIVILEGIO// [marca tipográfica]// VENETIIS,// Apud Haeredem Hieronymi Scoti.// – // MDC.//

46 fls. prels,. 723 i. e. 721 p. (Erros de paginação: 4 i. e. 7; 105 i. e. 195; 479 i. e. 477; de 674 pula para 677). -- Assinatura: †(8) a-e(6) f(8) Aa-Zz(6) Aaa-Ooo(6).

Restaurada.
Reencadernação em pergaminho.
Acondicionada em caixa com pH neutro.
Texto em duas colunas.
Alguns trechos impressos em tipo itálico.

Verso da página de rosto: em branco.
F. 2a-2b: ILLVSTRISSIMO ET REVERENMO// PETRO ALDO BRANDINO// SANCTAE ROMANAE ECCLESIAE// CARDINALI AMPLISSIMO.// Joannes Vincentius Hondedeus.//
F. 3a-7a: ARGVMENTA// SINGVLORVM CONSILIORVM,// INDICANTIA PRINCIPALES QVAESTIONES,// Quae in quolibet consilio tractantur.// ARGVMENTA CONSILIORVM// sexdecim ad diuersa statuta pertinentium.//
F. 7b-8a, em três colunas: Errata notabiliora inter imprimendum commissa, leuioribus, quae sensum non peruertunt, consulto omissis,// Lector sic corriget: vbi erit littera L. interpretabitur, legatu : vbi littera A addatur:// vbi littera D. Deleatur.//
F. 8b: em branco.
F. 9a-46b: INDEX// LOCVPLETISSIMVS// RERVM OMNIVM// ET VERBORVM,// Quae in hoc Secundo Responsorum Volumine Praestantissimi// Celeberrimique Juris Consulti// IOANNIS VINCENTII HONDEDEI// CONTINENTVR.// Ordine Alphabetico digestus.//
P. 1-723 i. e. 721: Segue o texto do Volumen Secundum.

P. [721b]: em branco.

O nome do autor só foi localizado na LC.

FD-BTA

Índice Onomástico

- O número remete para a entrada da obra correspondente, em cuja descrição se encontra o nome citado neste Índice.
- O número grifado remete para a entrada da obra e sinaliza o autor da mesma.
- Para obras editadas em tomos ou partes, os números encontrados no Índice são subdivididos no Catálogo (Ex: 33.1, 33.2, etc.).

Século XV

SÉCULO XVI

A

B

C

D

E

F

G

H

I

J

K

L

M

N

O

P

Q

R

S

T

U

V

W

X

Z

Índice Geográfico de Tipografias e Tipógrafos

- O número remete para a entrada da obra correspondente.

Século XV

Alemanha

Nuremberg

Século XVI

Alemanha

Colônia (Coloniae Agrippinae)

Frankfurt sobre o Meno (Frankfurt am Main)

Marburgo

Nuremberg

Bélgica

Antuérpia (Antuerpen, Anvers)

ESPANHA

MADRI

SALAMANCA

SEVILHA (Hispali)

VALLADOLID

FRANÇA

ESTRASBURGO (Argentorati)

La Rochelle

Lyon (Lugduni)

Sem Editor

Orleans (Aurelianus)

Paris

Itália

Bergamo (Bergomi)

Bolonha (Bononiae)

Brescia

Ferrara

Florença (Monte Regali)

Gênova

Sem Editor

Mântua

Nápoles

Piacenza

Roma

TURIM (Augustae Taurinorum)

VENEZA

Sem Editor

Verona

Portugal

Coimbra

Lisboa

Viseu

Suíça

Basiléia

Genebra

SEM LOCAL E SEM EDITOR

Índice Alfabético de Tipografias e Tipógrafos

- O número remete para a entrada da obra correspondente.

SÉCULO XV

SÉCULO XVI

Índice das Obras Anônimas

- Os números remetem para a entrada da obra correspondente, em cuja descrição se encontra o título citado neste Índice.
- O número grifado corresponde à entrada principal.

ÍNDICE DE ILUSTRAÇÕES SÉCULOS XV E XVI

(ORDEM ALFABÉTICA)

VITRUVIUS POLLIO, Marcus. *I Dieci libri dell'architettvra...* Venetia: Francesco de' Franceschi Senese & Giouanni Chrieger, 1567. 81

APÊNDICE

AS PUBLICAÇÕES ARROLADAS e descritas no presente *Catálogo* foram também avaliadas quanto a seu estado de conservação. Cuidados especiais de higienização, reparos de encadernação e restauro em geral foram aplicados a grande parte da coleção, com o objetivo de preservá-la. Para os volumes que receberam esse tratamento, uma descrição sucinta do mesmo se encontra incluída no conjunto de informações de cada entrada deste *Catálogo*. O trabalho executado e devidamente documentado por especialistas é de elevada qualidade, como pode ser apreciado por ilustrações constantes neste Apêndice, tanto referentes ao resultado final, como a algumas etapas do processo.

Simultaneamente, foram providenciadas, pelas Bibliotecas do SIBi/USP, salas especiais para ambientação e conservação adequadas desse material, preparando-o para pesquisas de docentes e pesquisadores.

O apoio financeiro da Fundação de Amparo à Pesquisa do Estado de São Paulo (Fapesp) contribuiu substancialmente para a concretização dessa iniciativa de conservação e restauro.

I - Obras do acervo da Faculdade de Direito da USP, submetidas a restauro, e detalhes de algumas etapas do tratamento realizado por especialistas (ABER – Associação Brasileira de Encadernação e Restauro; LS Library Services; Luccas & Tuenze S/C Ltda.).

Conjunto de Obras Submetidas a Tratamento de Restauro

Caixa para Acondicionamento de Obra após Restauro

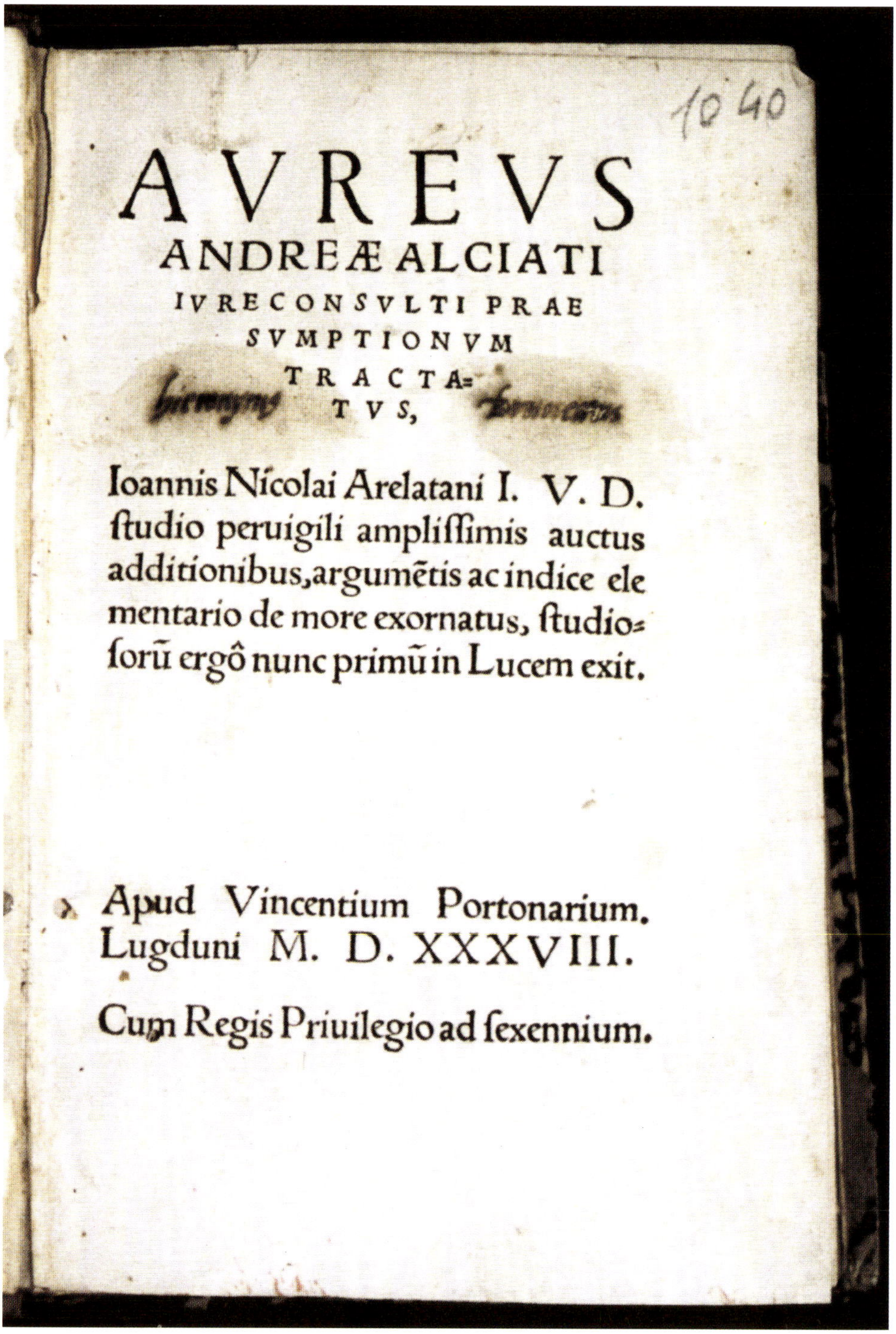
AVREVS
ANDREÆ ALCIATI
IVRECONSVLTI PRAE
SVMPTIONVM
TRACTA-
TVS,

Ioannis Nicolai Arelatani I. V. D.
ſtudio peruigili ampliſſimis auctus
additionibus, argumẽtis ac indice ele
mentario de more exornatus, ſtudio-
ſorũ ergô nunc primũ in Lucem exit.

Apud Vincentium Portonarium.
Lugduni M. D. XXXVIII.

Cum Regis Priuilegio ad ſexennium.

ALCIATO, Andrea. *Tractatus, Ioannis Nicolai Arelatani...*, 1538.
FOLHA DE ROSTO DO LIVRO ANTES DO TRATAMENTO

Acondicionamento de Obras de Alciato, Andrea, após Tratamento

EXEMPLOS DE OBRAS DEPOIS DO TRATAMENTO

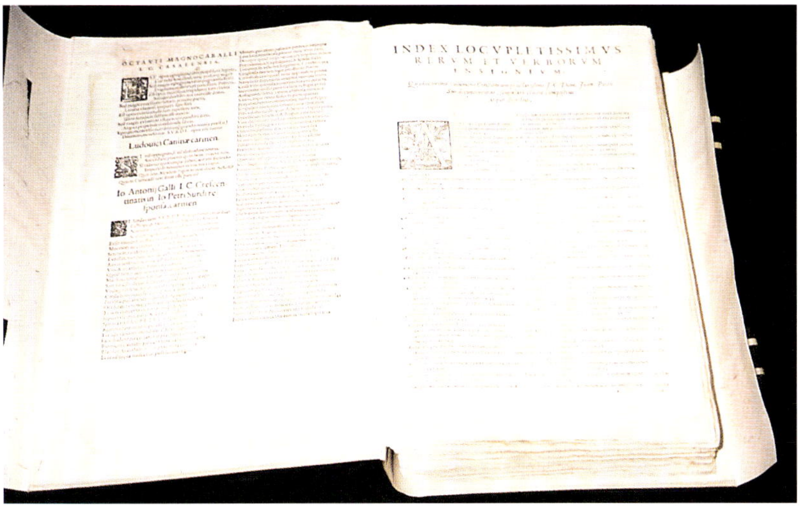

EXEMPLOS DE OBRAS DEPOIS DO TRATAMENTO

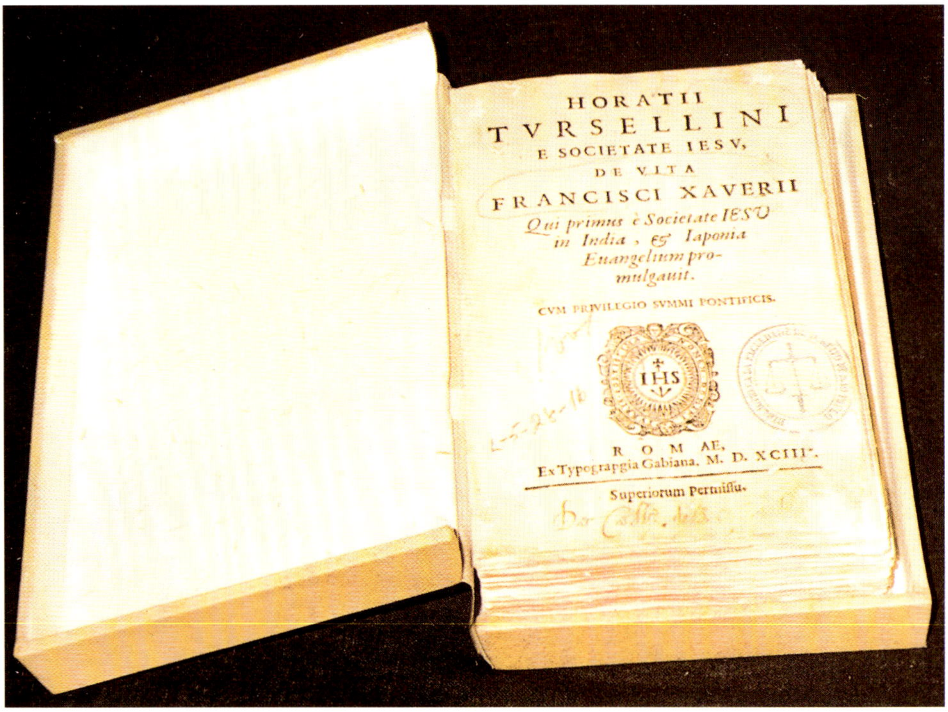

TURSELINO, Horácio, S. J. *De vita Francisci Xaverii..., 1593.*
OBRA ANTES DO TRATAMENTO

LITURGIA. Rito Latino. Pontifical.
Gregorio XIII. Pont. Max. Pontificale Romanvm ad omnes..., 1582.
O LIVRO REENCADERNADO

TARAFA, F. *De origine, ac rebus gestis...*, 1553.
OBRA ANTES DO RESTAURO

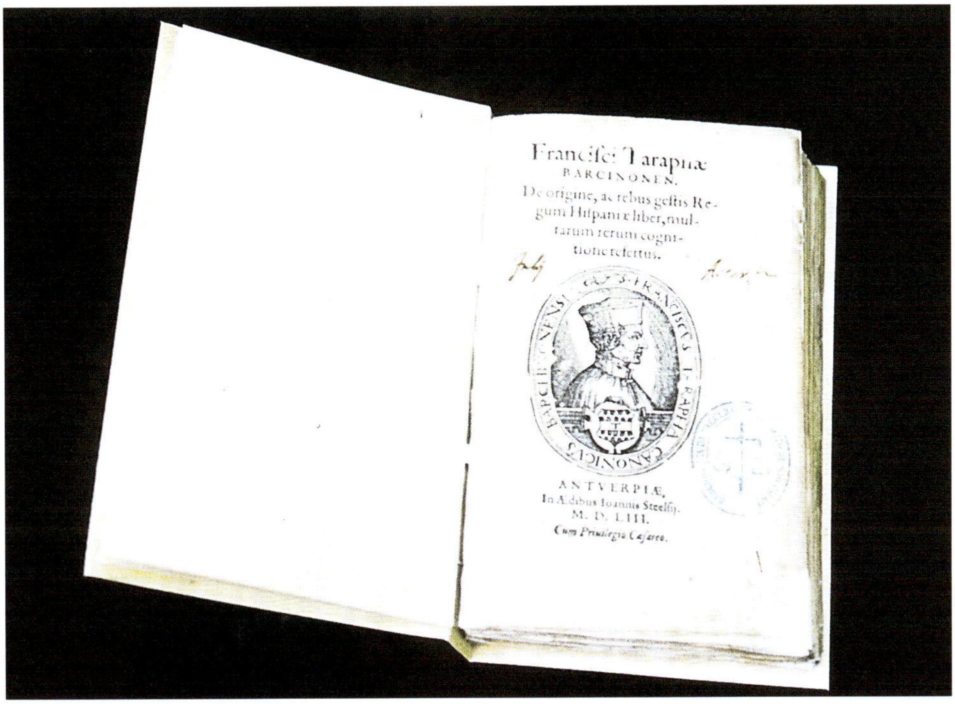

TARAFA, F. *De origine, ac rebus gestis...*, 1553.
OBRA DEPOIS DO RESTAURO

II - Obras do acervo do Instituto de Estudos Brasileiros da USP, submetidas a restauro, e detalhes de algumas etapas do tratamento realizado por especialistas (Luccas & Tuenze S/C Ltda.; Luiza e Márcia Toledo S/C Ltda.).

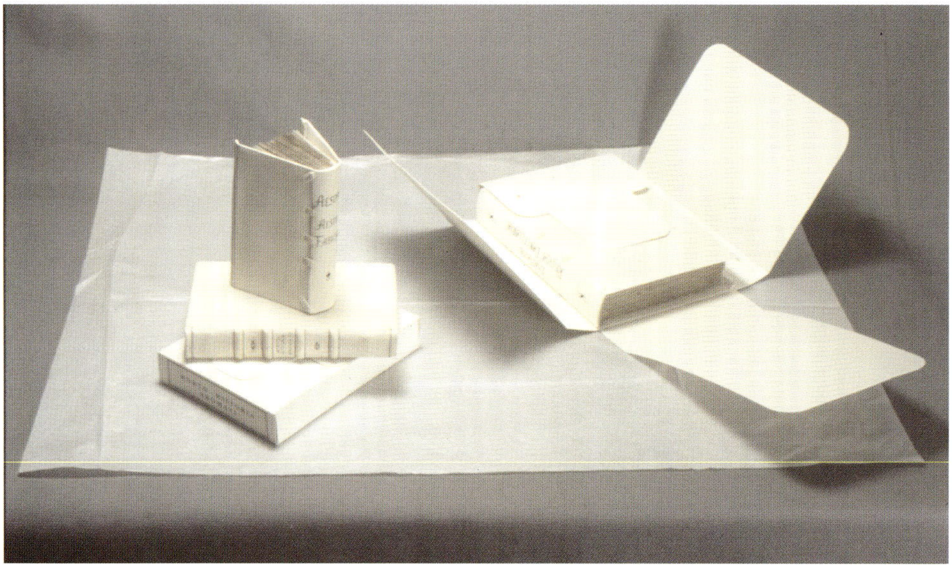

ENSAIO FOTOGRÁFICO

AESOPUS. *Phrygis, et aliorvn fabulae...*, 1564.
FOLHA DE ROSTO ANTES E APÓS O TRATAMENTO DE RESTAURO

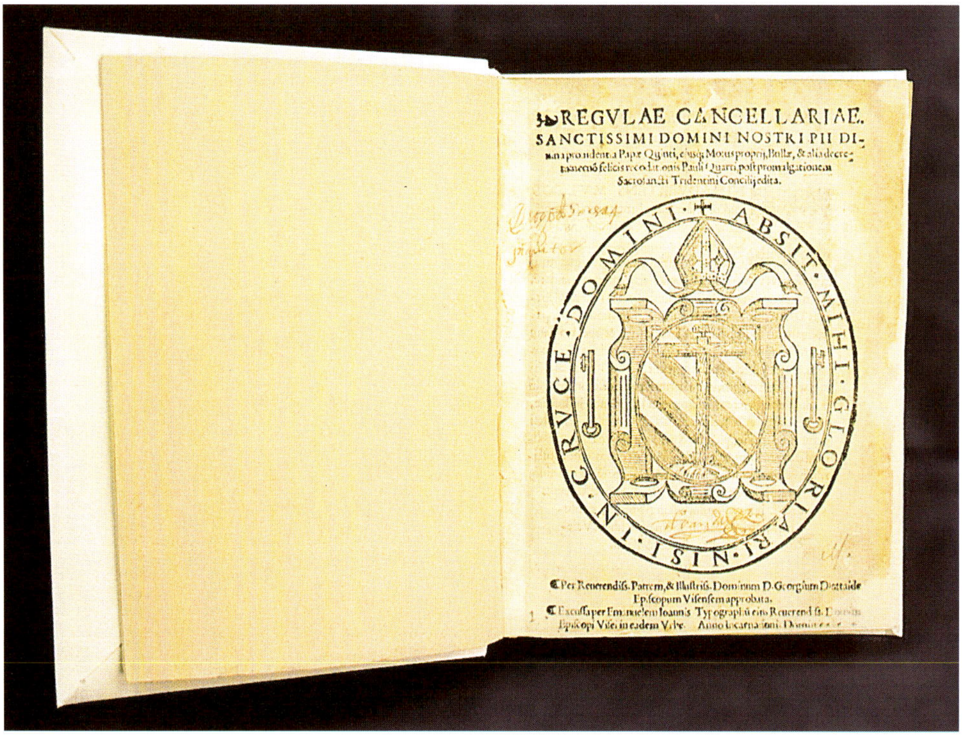

ATAÍDE, Jorge de, bispo. *Regulae Cancellariae sanctissimi domini...*, 1570.
FOLHA DE ROSTO APÓS O TRATAMENTO DE RESTAURO

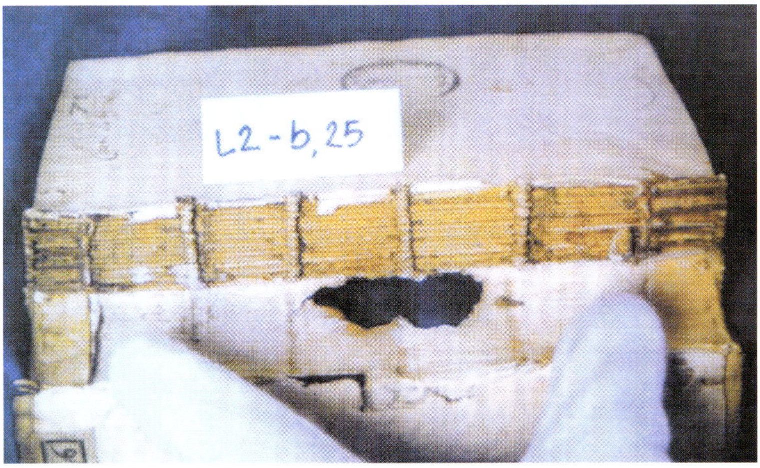

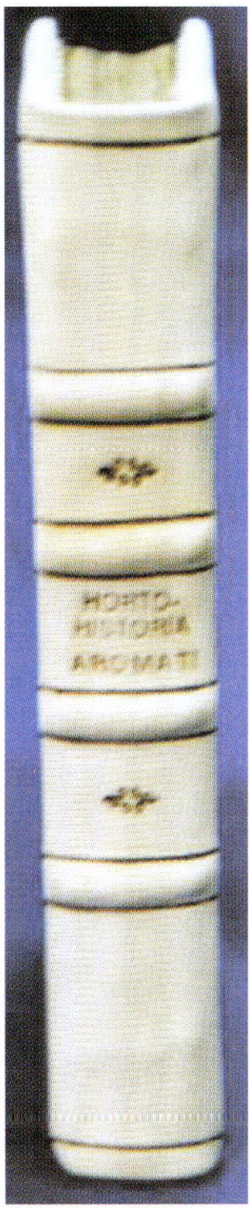

ETAPAS DE TRATAMENTO DO LIVRO: ANTES E APÓS O RESTAURO

ARISTÓTELES. *Gli otto libri della Republica...*, 1547.
EXEMPLOS DE RESTAURO

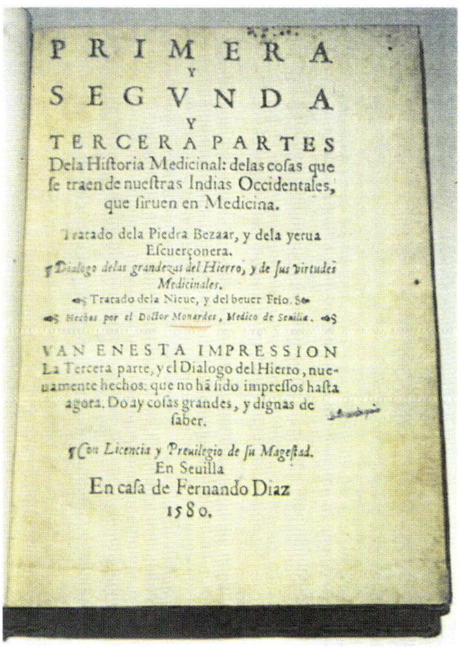

PRIMERA
Y
SEGVNDA
Y
TERCERA PARTES
Dela Hiſtoria Medicinal: delas coſas que ſe traen de nueſtras Indias Occidentales, que ſiruen en Medicina.

Tratado dela Piedra Bezaar, y dela yerua Eſcuerçonera.

Dialogo delas grandezas del Hierro, y de ſus virtudes Medicinales.

Tratado dela Nieue, y del beuer Frio.

Hechos por el Doctor Monardes, Medico de Seuilla.

VAN EN ESTA IMPRESSION La Tercera parte, y el Dialogo del Hierro, nueuamente hechos: que no hã ſido impreſſos haſta agora. Do ay coſas grandes, y dignas de ſaber.

Con Licencia y Preuilegio de ſu Mageſtad.
En Seuilla
En caſa de Fernando Diaz
1580.

MONARDES, Nicolás. *Primera y segunda y tercera partes Dela Historia Medicinal...*, 1580.
EXEMPLOS DE RESTAURO

III - Obra do acervo da Faculdade de Arquitetura e Urbanismo da USP, submetida a restauro, e detalhes de algumas etapas do tratamento realizado por especialistas (Luiza e Márcia Toledo S/C Ltda.).

VITRUVIUS POLLIO, Marcus. *I Dieci Libri dell'Architettura...*, 1567
ASPECTOS DA OBRA RESTAURADA

VITRUVIUS POLLIO, Marcus. *I Dieci Libri dell'Architettura...*, 1567
ETAPAS DO RESTAURO

Título	*Bibliotheca Universitatis*
Coordenação Geral	Sistema Integrado de Bibliotecas da USP – Departamento Técnico
Coordenação Técnica (Obras Raras)	Drª Rosemarie Erika Horch (Seleção, Catalogação e Pesquisas)
Elaboração do Catálogo (Área Técnica)	Equipe do Departamento Técnico do SIBi/USP Bibl. Márcia Rosetto (coordenação de equipe) Bibl. Maria Inês Conte (supervisão de equipe) Bibl. Edijanailde Costa Ribeiro (pesquisa e normalização) Helaine Cristina de Oliveira (digitação) Maria de Fátima Filgueira Brito Dias (digitação) Nilda Aparecida Lisboa (digitação)
Elaboração da Base de Dados	Anal. Sistemas Ricardo Amaral de Faria
Bibliotecárias com Participação Temporária (Apoio Comissão de Patrimônio Cultural da USP)	Alda Oliveira Silva Clarice Vital da Silva Maria Isabel Neves da Silva Odina Maria Lúcia Adamo Attar Maria Lúcia Rodrigues da Silva Sayonara Virgínia Santos
Editoração do Catálogo	Bibl. Rosaly Favero Krzyzanowski Bibl. Inês Maria de Morais Imperatriz Drª Rosemarie Erika Horch Profª Drª Ana Maria de Almeida Camargo Prof. Dr. Plinio Martins Filho
Fotografias (Apoio IEB/USP)	Alexandra Neuber Ângela Garcia
Conservação e Restauro (Apoio FAPESP)	
Supervisão Técnica	Bibl. Dione Seripierri
Controle de Projeto	Bibl. Roberto Barsotti
Especialistas	Associação Brasileira de Encadernação e Restauro LS Library Services Lucas & Tuenze S/C Ltda. Luiza e Márcia Toledo S/C Ltda. - ME

Título	*Bibliotheca Universitatis*
Coordenadores Técnicos	Drª Rosemarie Erika Horch
	Bibl. Márcia Rosetto
Produção	Edusp
Projeto Gráfico e Editoração Eletrônica	Studium Generale – produções editoriais
	Flávia Cristina Moino
	Maria Cristina Bugan Oliveira
Capa	Marcelo Cordeiro
Editoração de Texto	Alice Kyoko Miyashiro
Revisão de Texto	Drª Rosemarie Erika Horch
	Bibl. Inês Maria M. Imperatriz
	Bibl. Edijanailde Costa Ribeiro
Pesquisa e Normalização	Bibl. Edijanailde Costa Ribeiro
Reproduções Fotográficas	Alexandra Neuber
	Ângela Garcia
Arte-final	Julia Yagi
	Andrea Yanaguita
Divulgação	Regina Brandão
	Mônica Cristina G. dos Santos
	Rafaela G. Müller
Secretaria Editorial	Eliane Reimberg
	Rose Pires
Formato	18 x 25 cm
Mancha	12,9 x 19,8 cm
Tipologia	Times New Roman 11/14,5
Papel	Couché 120 g/m^2 (miolo)
Número de Páginas	712
Tiragem	2000
Impressão e Acabamento	Imprensa Oficial do Estado de São Paulo